房地产财税实战丛书之一

后"营改增"时代房地产行业开发流程税收问题答疑解惑

（第一辑）

林佳良／编著

立信会计出版社
LIXIN ACCOUNTING PUBLISHING HOUSE

图书在版编目(CIP)数据

后"营改增"时代房地产行业开发流程税收问题答疑
解惑. 第一辑/林佳良编著. —上海：立信会计出版社，
2018.5

ISBN 978-7-5429-5789-4

Ⅰ.①后… Ⅱ.①林… Ⅲ.①房地产开发—税收
管理—中国—问题解答 Ⅳ.①F812.424-44

中国版本图书馆 CIP 数据核字(2018)第 094100 号

策划编辑	张巧玲
责任编辑	张巧玲
封面设计	南房间

**后"营改增"时代房地产行业开发流程税收问题答疑
解惑(第一辑)**

出版发行	立信会计出版社		
地 址	上海市中山西路 2230 号	邮政编码	200235
电 话	(021)64411389	传 真	(021)64411325
网 址	www.lixinaph.com	电子邮箱	lxaph@sh163.net
网上书店	www.shlx.net	电 话	(021)64411071
经 销	各地新华书店		

印 刷	涿州市新华印刷有限公司	
开 本	787 毫米×1092 毫米	1/16
印 张	26	
字 数	581 千字	
版 次	2018 年 5 月第 1 版	
印 次	2018 年 5 月第 1 次	
书 号	ISBN 978-7-5429-5789-4/F	
定 价	89.00 元	

序 言

　　2016 年 5 月 1 日,是中国税制发展历史上具有重大纪念意义的一个日子。在这一天,已经提了多年的全面营业税改征增值税改革终于开始正式施行,至此,经过多次"营改增"后剩余的生活服务业、金融保险业、建筑安装业和房地产业等四大行业全面纳入了征收增值税范畴;也就在这一天,从 1984 年开始在我国设立施行的营业税全面停止施行,并在 2017 年 11 月 19 日被国务院令第 691 号予以正式废止,退出中国税制舞台。全面"营改增"后,对房地产新老项目认定,增值税进项税额抵扣,销售额确定,发票开具等等众多问题不仅是房地产业界从事财税业务人士急需了解掌握的新课题,也是国家税务机关履行税收征收管理的新领域,更是广大税务师事务所、会计师事务所、律师事务所等中介行业从事经济鉴证、纳税咨询、税收筹划以及代理涉税纠纷事项必须熟练掌握的新问题。

　　笔者长期从事税务稽查、税政工作,在业余时间专注房地产业税收政策研究、培训讲学等事宜近十年,对房地产行业涉税问题的处理颇有心得。多年的税务稽查、税政研究、培训讲学等经历表明,房地产行业在涉税问题的处理上,特别在收入确认、开发成本列支等方面或多或少都存在一些问题,而全面"营改增"后,随着增值税链条管理、增值税发票管理新系统的全面覆盖,房地产行业之前虚开发票、成本混乱的现象将得到极大遏制,若房地产开发企业没有及时转变观念,继续先前不合规、不合法的一些做法,涉税风险无疑将骤然提高,而行业最为关心的科学纳税、合法节税的实现将遥遥无期。

　　为帮助广大房地产行业财税从业人员、税务人员、中介行业从业人员、财税爱好者等各界人士能更好理解、切实熟悉房地产业各项涉税事宜的处理,应广大读者和出版社邀请,笔者从房地产行业取得土地、开发建设、预(销)售以及自持物业等主要开发流程入手,对此过程中所涉及的各种税收包括但不限于增值税、土地增值税、企业所得税、房产税、城镇土地使用税、耕地占用税以及契税等问题都以案例分析形式予以答疑解惑,并对部分涉税事项在增值税时代缴纳增值税和在营业税时代缴纳营业税存在哪些差异也予以比较分析,对广大读者学习和参考应该有所启发。

　　本书主要由五章二十七节构成。第一章有四节,主要介绍房地产"营改增"一些基础知识、增值税发票使用和开具要求、增值税进项税额抵扣的操作指南;第二章有十节,主要针对包括招拍挂方式取得土地,土地直接转让、划拨、置换、抵债以及投资入股、合并分立等各种方式取得土地涉及的各种税收问题进行案例分析和答疑解惑;第三章有五节,主要针对开发建设阶段所缴纳的各种规费、发生的设计费、建筑安装费以及园林绿化工程支出涉及的税收问题进行案例分析和答疑解惑;第四章有六节,主要针对预售销售阶段的各种促销模式如买一赠一、折扣、售后回租以及合作建房等涉及的税收问题进行案例分析和答疑解惑;第五章有两节,主要针对房地产开发企业将开发产品转为自持物业是否涉税以及自持物业运营过程中产生的税收问题进行案例分析和答疑解惑。

本书附录部分汇集了房地产行业现行适用的重要税收法规政策,供读者参考与查阅。

限于时间和笔者的学识水平,书中不足之处在所难免,恳望广大读者朋友在阅读本书时将遇到的问题与改进意见及时反馈给我们,以便再版时修正。

作　者

2018 年 6 月于厦门

目　　录

第一章　增值税基础知识介绍 ……………………………………………… 1
　　第一节　营业税改征增值税简述 ……………………………………… 1
　　第二节　房地产业营改增税收政策指引 ……………………………… 5
　　第三节　增值税发票使用和开具有关问题解析 ……………………… 13
　　第四节　营改增一般纳税人进项税额抵扣操作指南 ………………… 46

第二章　土地取得阶段涉税问题处理 …………………………………… 70
　　第一节　招拍挂方式取得土地使用权涉税问题处理 ………………… 70
　　第二节　直接转让方式取得土地使用权涉税问题处理 ……………… 104
　　第三节　划转（赠与）方式取得土地使用权涉税问题处理 ………… 114
　　第四节　置换方式取得土地使用权涉税问题处理 …………………… 135
　　第五节　抵债方式取得土地使用权涉税问题处理 …………………… 145
　　第六节　以土地作价投资入股涉税问题处理 ………………………… 150
　　第七节　以土地使用权作为投资合作建房涉税问题处理 …………… 159
　　第八节　以股权转让方式取得土地使用权涉税问题处理 …………… 168
　　第九节　以合并方式取得土地使用权涉税问题处理 ………………… 187
　　第十节　以分立方式取得土地使用权涉税问题处理 ………………… 198

第三章　开工建设阶段涉税问题处理 …………………………………… 207
　　第一节　开工建设阶段涉及费用 ……………………………………… 207
　　第二节　开发建设过程中交纳的各种规费的涉税处理 ……………… 211
　　第三节　支付境外设计费等各项支出涉税问题处理 ………………… 218
　　第四节　建安工程类支出增值税问题处理 …………………………… 227
　　第五节　园林绿化类工程支出涉税处理 ……………………………… 235

第四章　商品房预（销）售阶段涉税问题处理 ………………………… 248
　　第一节　商品房预售阶段涉税问题解析 ……………………………… 248
　　第二节　房地产项目折扣促销模式的涉税处理 ……………………… 263
　　第三节　房地产项目"买一赠一"营销模式的涉税处理 …………… 268

第四节 合作建房涉税问题处理 …………………………………………… 281

第五节 房地产企业视同销售项目的涉税处理 …………………………… 293

第六节 房地产项目售后回租销售模式的涉税处理 ……………………… 301

第五章 自持物业阶段涉税问题处理 ………………………………………… 319

第一节 开发产品转为自持物业的涉税问题处理 ………………………… 319

第二节 自持物业运营租赁涉税问题处理 ………………………………… 331

附录一 房地产业涉及的 "营改增" 重要税收法规政策 ………………… 342

附录二 房地产业涉及的土地增值税重要法规政策 ……………………… 393

附录三 房地产业涉及的企业所得税重要法规政策 ……………………… 403

Chapter 1 第一章 增值税基础知识介绍

第一节 | 营业税改征增值税简述

一、营业税改征增值税定义

营业税改征增值税（简称营改增）是指以前缴纳营业税的应税项目改成缴纳增值税，增值税只对产品或者服务的增值部分纳税，减少了重复纳税的环节，是党中央、国务院根据经济社会发展新形势，从深化改革的总体部署出发作出的重要决策，目的是加快财税体制改革、进一步减轻企业赋税，调动各方积极性，促进服务业尤其是科技等高端服务业的发展，促进产业和消费升级、培育新动能、深化供给侧结构性改革。

二、营改增背景分析

在我国现行税制结构中，增值税和营业税是最为重要的两个流转税税种，两者分立并行。增值税诞生于 1954 年的法国，我国于 1979 年引入，1984 年我国又设立了营业税。在 1994 年，我国通过分税制改革，确立了增值税和营业税两税并存的货物和劳务税税制格局。其中，将增值税征税范围扩大到除建筑业之外的第二产业，包括所有货物和加工修理修配劳务；对第三产业的大部分行业则课征营业税，包括除加工修理修配劳务外的其他劳务、无形资产和不动产。2009 年，为了鼓励投资，促进技术进步，在地区试点的基础上，全面实施增值税转型改革，将机器设备纳入增值税抵扣范围。这一始于 1994 年的税制安排，适应了当时的经济体制和税收征管能力，为促进经济发展和财政收入增长发挥了重要的作用。然而，随着市场经济的建立和发展，这种划分行业分别适用不同税制的做法，日渐显现出其内在的不合理性和缺陷，对经济运行造成扭曲，不利于经济结构优化。

其一，从税制完善性的角度看，两税并行，抵扣中断，影响了增值税作用的发挥。为避免重复征税，我国对工商业采取增值征税方法，实施增值征税的基本要求是环环相扣而增值税和营业税两税并存，使增值税抵扣中断。具体表现在：第一，从工商业看，征收增值税时外购服务缴纳的营业税不能在产品增值税中抵扣，使抵扣中断。第二，从服务业看，征收营业税时外购产品缴纳的增值税不能在营业税中抵扣，使抵扣中断。第三，从产业流程看，当处于中间环节的服务业征收营业税时，不但服务业从上一环节外购产品服务的增值税和营业税不能抵扣,而且服务业为下一环节提供服务的营业税也不能抵扣,使抵扣中断。

其二,从产业发展和经济结构调整的角度来看,将我国大部分第三产业排除在增值税的征税范围之外,对服务业的发展造成了不利影响。这种影响主要表现在:由于营业税是对营业额全额征税,且无法抵扣,不可避免地会使企业为避免重复征税而倾向于"小而全""大而全"模式,进而扭曲企业在竞争中的生产和投资决策。比如,由于企业外购服务所含营业税无法得到抵扣,企业更愿意自行提供所需服务而非外购服务,导致服务生产内部化,不利于服务业的专业化细分和服务外包的发展。同时,出口适用零税率是国际通行的做法,但由于我国服务业适用营业税,在出口时无法退税,导致服务含税出口。与其他对服务业课征增值税的国家相比,我国的服务出口由此易在国际竞争中处于劣势。

其三,从税收征管的角度看,两套税制并行造成了税收征管实践中的一些困境。随着多样化经营和新的经济形势不断出现,税收征管也面临着新的难题。比如,在现代市场经济中,商品和服务捆绑销售的行为越来越多,形势越来越复杂,要准确划分商品和服务各自的比例也越来越难,这给两税的划分标准提出了挑战。再如,随着信息技术的发展,某些传统商品已经服务化了,商品和服务的区别日益模糊,两者难以清晰界定,是适用增值税还是营业税的难题也就随之产生。

其四,从我国的发展战略上来看,我国当前的增值税制度与我国开发西部的地区发展战略不适应。从区域经济结构来看,由于内陆地区是资源等原材料的主要供应地,这些基础产业资本有机构成高,一般属于资本密集型企业,而沿海一些省份主要发展的是加工工业,资本有机构成低,属于劳动密集型企业,两者的增值税税负不平衡。税负的不平衡不利于缩小中西部内陆地区与东部沿海地区的差距。

其五,从全球经济发展的角度看,两套税制并行不利于进出口贸易的发展,阻碍了我国经济全球化的进程。出口适用零税率是国际通行的做法,但由于我国服务业适用营业税,在出口时无法退税,导致服务含税出口。由于绝大多数实行增值税的国家,都是对商品和服务共同征收增值税,与这些对服务业课征增值税的国家相比,我国的服务出口由此易在国际竞争中处于劣势。

上述分析无不说明,在新形势下,逐步将增值税征税范围扩大至全部的商品和服务,以增值税取代营业税,符合国际惯例,是深化我国税制改革的必然选择。

三、营改增整体介绍

营改增在全国的推开,大致经历了以下三个阶段。

第一阶段,在部分行业部分地区进行"营改增"试点。上海作为首个试点城市 2012 年 1 月 1 日已经正式启动"营改增"。

2011 年 11 月 16 日,财政部和国家税务总局发布经国务院同意的《财政部 国家税务总局关于印发〈营业税改征增值税试点方案〉的通知》(财税〔2011〕110 号),同时印发了《交通运输业和部分现代服务业营业税改征增值税试点实施办法》《交通运输业和部分现代服务业营业税改征增值税试点有关事项的规定》和《交通运输业和部分现代服务业营业

税改征增值税试点过渡政策的规定》,明确从 2012 年 1 月 1 日起,在上海市交通运输业和部分现代服务业开展营业税改征增值税试点。

2012 年 7 月 25 日,国务院总理温家宝主持召开国务院常务会议,决定扩大营业税改征增值税试点范围,2012 年 7 月 31 日,财政部和国家税务总局根据国务院第 212 次常务会议决定精神印发了《财政部 国家税务总局关于在北京等 8 省市开展交通运输业和部分现代服务业营业税改征增值税试点的通知》(财税〔2012〕71 号),明确自 2012 年 8 月 1 日起至年底,将交通运输业和部分现代服务业营业税改征增值税试点范围,由上海市分批扩大至北京市、天津市、江苏省、浙江省(含宁波市)、安徽省、福建省(含厦门市)、湖北省、广东省(含深圳市)等 8 个省(直辖市)。

第二阶段,选择部分行业在全国范围内进行试点。这一阶段从 2013 年 8 月 1 日开始,交通运输业以及 6 个部分现代服务业率先在全国范围内推广,并在征税内容上新增了广播影视作品的制作、发行、播放试点行业。

财政部和国家税务总局 2013 年 5 月 24 日联合印发《财政部 国家税务总局关于在全国开展交通运输业和部分现代服务业营业税改征增值税试点税收政策的通知》(财税〔2013〕37 号),进一步明确从 2013 年 8 月 1 日起在全国范围内开展交通运输业和部分现代服务业营业税改征增值税试点的相关税收政策。

2013 年 12 月 9 日,财政部、国家税务总局联合发文《关于将铁路运输和邮政业纳入营业税改征增值税试点的通知》(财税〔2013〕106 号),明确自 2014 年 1 月 1 日起,在全国范围内开展铁路运输和邮政业"营改增"试点,至此交通运输业已全部纳入营改增范围。

2014 年 4 月 30 日,财政部、国家税务总局联合发布《财政部 国家税务总局关于将电信业纳入营业税改征增值税试点的通知》(财税〔2014〕43 号),从 2014 年 6 月 1 日起电信业正式纳入"营改增"范围。

第三阶段,试点范围扩大到所有行业,即从 2016 年 5 月 1 日起,将试点范围扩大到建筑业、房地产业、金融业、生活服务业,并将所有企业新增不动产所含增值税纳入抵扣范围,确保所有行业税负只减不增。

2016 年 3 月 18 日召开的国务院常务会议决定,自 2016 年 5 月 1 日起,中国将全面推开营改增试点,将建筑业、房地产业、金融业、生活服务业全部纳入营改增试点。

2016 年 3 月 23 日,财政部、国家税务总局联合发布《财政部 国家税务总局关于全面推开营业税改征增值税试点的通知》(财税〔2016〕36 号),明确自 2016 年 5 月 1 日起,在全国范围内全面推开营业税改征增值税试点,建筑业、房地产业、金融业、生活服务业等全部营业税纳税人均被纳入试点范围,由缴纳营业税改为缴纳增值税。至此,建筑业、房地产业、金融业、生活服务业全部纳入了试点范围,营改增试点全面推开,执行了 20 多年的营业税将从此退出历史舞台,这是自 1994 年分税制改革以来,财税体制的又一次深刻变革,增值税制度将更加规范。

四、营改增试点范围

以下是营业税改征增值税的应税行为的具体范围。

(一) 销售服务

销售服务,是指提供交通运输服务、邮政服务、电信服务、建筑服务、金融服务、现代服务、生活服务。

交通运输服务:陆路运输服务、水路运输服务、航空运输服务、管道运输服务。

邮政服务:邮政普遍服务、邮政特殊服务、其他邮政服务。

电信服务:基础电信服务、增值电信服务。

建筑服务:工程服务、安装服务、修缮服务、装饰服务、其他建筑服务。

金融服务:贷款服务、直接收费金融服务、保险服务、金融商品转让。

现代服务:研发和技术服务、信息技术服务、文化创意服务、物流辅助服务、租赁服务、鉴证咨询服务、广播影视服务、其他现代服务。

生活服务:文化体育服务、教育医疗服务、旅游娱乐服务、餐饮住宿服务、居民日常服务、其他生活服务。

(二) 销售无形资产

销售无形资产,是指转让无形资产所有权或者使用权的业务活动。无形资产,是指不具实物形态,但能带来经济利益的资产,包括技术、商标、著作权、商誉、自然资源使用权和其他权益性无形资产。

技术,包括专利技术和非专利技术。

自然资源使用权,包括土地使用权、海域使用权、探矿权、采矿权、取水权和其他自然资源使用权。

其他权益性无形资产,包括基础设施资产经营权、公共事业特许权、配额、经营权(包括特许经营权、连锁经营权、其他经营权)、经销权、分销权、代理权、会员权、席位权、网络游戏虚拟道具、域名、名称权、肖像权、冠名权、转会费等。

(三) 销售不动产

销售不动产,是指转让不动产所有权的业务活动。不动产,是指不能移动或者移动后会引起性质、形状改变的财产,包括建筑物、构筑物等。

建筑物,包括住宅、商业营业用房、办公楼等可供居住、工作或者进行其他活动的建造物。

构筑物,包括道路、桥梁、隧道、水坝等建造物。

转让建筑物有限产权或者永久使用权的,转让在建的建筑物或者构筑物所有权的,以及在转让建筑物或者构筑物时一并转让其所占土地的使用权的,按照销售不动产缴纳增值税。

五、营改增特点和变化

营改增的最大特点是减少重复征税,可以促使社会形成更好的良性循环,有利于企业降低税负。营改增可以说是一种减税的政策。在当前经济下行压力较大的情况下,全面实施营改增,可以促进有效投资带动供给,以供给带动需求。对企业来讲,如果提高了盈利能力,就有可能进一步推进转型发展。每个个体企业的转型升级,无疑将实现产业乃至整个经济体的结构性改革，这也是推动结构性改革尤其是供给侧结构性改革和积极财政政策的重要内容。

营改增最大的变化，就是避免了营业税重复征税、不能抵扣、不能退税的弊端，实现了增值税"道道征税，层层抵扣"的目的，能有效降低企业税负。更重要的是，"营改增"改变了市场经济交往中的价格体系，把营业税的"价内税"变成了增值税的"价外税"，形成了增值税进项和销项的抵扣关系，这将从深层次上影响到产业结构的调整及企业的内部架构。下面将多角度、多层次诠释此次税改政策，帮助试点企业即刻分析，掌握新规，应对新规。

第二节 房地产业营改增税收政策指引

一、房地产业增值税纳税人

（1）在中华人民共和国境内销售自行开发的房地产项目的纳税人，为房地产业增值税纳税人。

> **笔者注** （1）销售自行开发的房地产项目，是在依法取得土地使用权的土地上进行基础设施和房屋建设转让房地产项目所有权的业务活动。
>
> （2）房地产开发企业以接盘等形式购入未完工的房地产项目继续开发后，以自己的名义立项销售的，属于销售自行开发的房地产项目。

（2）纳税人类型：

① 纳税人类型分为一般纳税人和小规模纳税人。

② 应税行为（包括在境内销售服务、无形资产或者不动产）的年应征增值税销售额（以下简称应税销售额）超过500万元的房地产业纳税人为一般纳税人，未超过规定标准的纳税人为小规模纳税人。

> **笔者注** （1）根据《中华人民共和国增值税暂行条例实施细则》第二十九条规定，非企业性单位、不经常发生应税行为的企业可选择按照小规模纳税人纳税。
>
> （2）根据《营业税改征增值税试点实施办法》（财税〔2016〕36号）第三条规定，年应税销售额超过规定标准但不经常发生应税行为的单位和个体工商户可选择按照小规模纳税人纳税。
>
> （3）根据《增值税一般纳税人登记管理办法》（国家税务总局令第43号）第四条第（二）项规定，年应税销售额超过规定标准的其他个人。

二、征税范围

（1）房地产业纳税人销售自行开发的房地产项目适用"销售不动产"税目。

（2）房地产业纳税人出租自行开发的房地产项目(包括商铺、写字楼、公寓等),适用"租赁服务"税目中的"不动产经营租赁服务"税目,以及"不动产融资租赁服务"税目(不含"不动产售后回租融资租赁")。

三、税率和征收率

（1）房地产业纳税人销售、出租不动产适用税率均为10%。

> **笔者注** 根据《财政部 国家税务总局关于调整增值税税率的通知》(财税〔2018〕32号)第一条和第六条的有关规定,自2018年5月1日起,纳税人发生增值税应税销售行为或者进口货物,原适用17%和11%税率的,税率分别调整为16%、10%。
>
> 本书其他章节涉及的税率适用问题,均按此备注执行,不另一一备注说明。

（2）房地产业开发企业中的小规模纳税人销售、出租不动产,以及一般纳税人销售、出租不动产业务按规定可选择简易计税方法的,征收率为5%。

> **笔者注** 根据《财政部 税务总局关于调整增值税税率的通知》(财税〔2018〕32号)规定,从自5月1日起,纳税人发生增值税应税销售行为或者进口货物,原适用17%和11%税率的,税率分别调整为16%、10%;纳税人购进农产品,原适用11%扣除率的,扣除率调整为10%;原适用17%税率且出口退税率为17%的出口货物,出口退税率调整至16%。原适用11%税率且出口退税率为11%的出口货物、跨境应税行为,出口退税率调整至10%。

四、计税方法

增值税的计税方法,包括一般计税方法和简易计税方法。

(一) 一般计税方法

房地产开发企业中的一般纳税人销售自行开发的房地产项目,适用一般计税方法计税。一般计税方法应纳税额按以下公式计算:

$$应纳税额 = 当期销项税额 - 当期进项税额$$

当期销项税额小于当期进项税额不足抵扣时,其不足部分可以结转下期继续抵扣。

公式中所述销项税额,是指纳税人销售房地产项目按照销售额和增值税税率计算并收取的增值税额。

销项税额计算公式:

$$销项税额 = 含税销售额 \div (1 + 税率) \times 税率$$

(二) 简易计税方法

（1）房地产开发企业中的小规模纳税人,以及部分销售自行开发房地产项目按规定

选择简易计税方法计税的一般纳税人,适用简易计税方法计税,按以下公式计算应纳税额:

$$应纳税额＝含税销售额÷(1＋征收率)×征收率$$

(2) 房地产开发企业中的一般纳税人销售自行开发的房地产老项目,按规定可以选择适用简易计税方法计税。一经选择,36个月内不得变更。

> **笔者注** 房地产老项目是指:①《建筑工程施工许可证》注明的合同开工日期在2016年4月30日前的房地产项目。②《建筑工程施工许可证》未注明合同开工日期或者未取得《建筑工程施工许可证》但建筑工程承包合同注明的开工日期在2016年4月30日前的建筑工程项目。

五、销售额确定

(一) 基本规定

销售额,是指纳税人发生应税行为取得的全部价款和价外费用,财政部和国家税务总局另有规定的除外。

价外费用,是指价外收取的各种性质的收费,但不包括以下项目:

(1) 代为收取并符合规定的政府性基金或者行政事业性收费。

(2) 以委托方名义开具发票代委托方收取的款项。

> **笔者注** 房地产主管部门指定开发企业代收的住宅专项维修资金不征收增值税。

(二) 差额扣除规定

(1) 房地产开发企业中的一般纳税人销售其开发的房地产项目(选择简易计税方法的房地产老项目除外),以取得的全部价款和价外费用,扣除当期销售房地产项目对应的土地价款后的余额计算销售额。

计算公式:

$$销售额＝(全部价款和价外费用－当期允许扣除的土地价款)÷(1＋11\%)$$

> **笔者注** (1) 房地产开发企业一般纳税人适用一般计税方法计税,允许差额扣除销售房地产项目所对应的土地价款。对选择简易计税方法的房地产老项目,则不允许差额扣除。
>
> (2) 土地价款并非一次性从销售额中全额扣除,而是要随着销售额的确认,逐步扣除。
>
> (3) 计算销售额时,按当期取得的全部价款和价外费用扣除土地价款后,要按11%适用税率换算为不含税价款。

(2) 当期允许扣除的土地价款计算公式:

$$当期允许扣除的土地价款=\left(\frac{当期销售房地产}{项目建筑面积}\div\frac{房地产项目可供}{销售建筑面积}\right)\times 支付的土地价款$$

> **笔者注** (1) 当期销售房地产项目建筑面积,是指当期进行纳税申报的增值税销售额对应的建筑面积。
>
> (2) 房地产项目可供销售建筑面积,是指房地产项目可以出售的总建筑面积,不包括销售房地产项目时未单独作价结算的配套公共设施的建筑面积。
>
> (3) 支付的土地价款,是指向政府、土地管理部门或受政府委托收取土地价款的单位直接支付的土地价款。扣除的土地价款不得超过纳税人实际支付的土地价款。差额扣除凭据以省级以上(含省级)财政部门监(印)制的财政票据为合法有效凭证。

【例1-1】 某房地产开发企业 2015 年 1 月从政府购买取得某地块土地使用权,支付土地价款 10 亿元,2016 年 6 月开发完成,共计可供销售建筑面积 10 000 平方米,选择一般计税方法,7 月销售房地产项目建筑面积 8 000 平方米,允许差额扣除土地价款多少?

7 月允许差额扣除土地价款 = 8 000÷10 000×10 = 8(亿元)

(三) 混合销售规定

一项销售行为如果既涉及应税服务又涉及货物,为混合销售。从事货物的生产、批发或者零售的单位和个体工商户的混合销售行为,按照销售货物缴纳增值税;其他单位和个体工商户的混合销售行为,按照销售服务缴纳增值税。

所称从事货物的生产、批发或者零售的单位和个体工商户,包括以从事货物的生产、批发或者零售为主,并兼营销售建筑服务的单位和个体工商户在内。

(四) 兼营销售规定

纳税人兼营销售货物、劳务、服务、无形资产或者不动产,适用不同税率或者征收率的,应当分别核算适用不同税率或者征收率的销售额;未分别核算的,从高适用税率。

六、进项抵扣

进项税额指纳税人购进货物、劳务、服务、不动产和无形资产,所支付或者负担的增值税额。

(1) 下列进项税额准予从销项税额中抵扣:

① 从销售方取得的增值税专用发票(含税控机动车销售统一发票,下同)上注明的增值税额。

② 从海关取得的海关进口增值税专用缴款书上注明的增值税额。

③ 购进农产品,除取得增值税专用发票或者海关进口增值税专用缴款书外,按照农产品收购发票或者销售发票上注明的农产品买价和 13% 的扣除率计算的进项税额。计算公式为:

进项税额＝买价×扣除率

④ 从境外单位或者个人购进服务、无形资产或者不动产，自税务机关或者扣缴义务人取得的解缴税款的完税凭证上注明的增值税额。

（2）纳税人取得的增值税扣税凭证不符合法律、行政法规或者国家税务总局有关规定的，其进项税额不得从销项税额中抵扣。

（3）下列项目的进项税额不得从销项税额中抵扣：

① 用于简易计税方法计税项目、免征增值税项目、集体福利或者个人消费的购进货物、加工修理修配劳务、服务、无形资产和不动产。其中涉及的固定资产、无形资产、不动产，仅指专用于上述项目的固定资产、无形资产（不包括其他权益性无形资产）、不动产。

纳税人的交际应酬消费属于个人消费。

不动产、无形资产的具体范围，按照营改增实施办法所附的《销售服务、无形资产或者不动产注释》执行。

固定资产，是指使用期限超过 12 个月的机器、机械、运输工具以及其他与生产经营有关的设备、工具、器具等有形动产。

> **笔者注** 对纳税人固定资产、无形资产、不动产，只有专用于简易计税方法计税项目、免征增值税项目、集体福利或者个人消费的，才不得抵扣。对发生兼用于增值税应税项目与上述项目情况的，该进项税额准予全部抵扣。

② 非正常损失的购进货物，以及相关的加工修理修配劳务和交通运输服务。

③ 非正常损失的在产品、产成品所耗用的购进货物（不包括固定资产）、加工修理修配劳务和交通运输服务。

④ 非正常损失的不动产，以及该不动产所耗用的购进货物、设计服务和建筑服务。

⑤ 非正常损失的不动产在建工程所耗用的购进货物、设计服务和建筑服务。

纳税人新建、改建、扩建、修缮、装饰不动产，均属于不动产在建工程。

④⑤中所称货物，是指构成不动产实体的材料和设备，包括建筑装饰材料和给排水、采暖、卫生、通风、照明、通讯、煤气、消防、中央空调、电梯、电气、智能化楼宇设备及配套设施。

②③④⑤中所称非正常损失，是指因管理不善造成货物被盗、丢失、霉烂变质，以及因违反法律法规造成货物或者不动产被依法没收、销毁、拆除的情形。

⑥ 购进的旅客运输服务、贷款服务、餐饮服务、居民日常服务和娱乐服务。

纳税人接受贷款服务向贷款方支付的与该笔贷款直接相关的投融资顾问费、手续费、咨询费等费用，其进项税额不得从销项税额中抵扣。

（4）适用一般计税方法的房地产业纳税人销售自行开发的房地产项目，兼营简易计税方法计税项目、免征增值税项目而无法划分不得抵扣的进项税额，按照下列公式计算不得抵扣的进项税额：

$$不得抵扣的进项税额 = \frac{当期无法划分的}{全部进项税额} \times \left(\frac{简易计税、免税房地}{产项目建设规模} \div \frac{房地产项目}{总建设规模} \right)$$

笔者注 (1) 划分标准:以《建筑工程施工许可证》注明的"建设规模"为依据进行划分。

(2) 清算:主管税务机关可以按照上述公式依据年度数据对不得抵扣的进项税额进行清算。

(5) 已抵扣进项税额的购进货物(不含固定资产)、劳务、服务,发生不得从销项税额中抵扣情形(简易计税方法计税项目、免征增值税项目除外)的,应当将该进项税额从当期进项税额中扣减;无法确定该进项税额的,按照当期实际成本计算应扣减的进项税额。

(6) 已抵扣进项税额的固定资产、无形资产或者不动产,发生不得从销项税额中抵扣的规定情形当期,按照下列公式计算不得抵扣的进项税额:

$$不得抵扣的进项税额 = 固定资产、无形资产或者不动产净值 \times 适用税率$$

固定资产、无形资产或者不动产净值,是指纳税人根据财务会计制度计提折旧或摊销后的余额。

(7) 纳税人适用一般计税方法计税的,因销售折让、中止或者退回而退还给购买方的增值税额,应当从当期的销项税额中扣减;因销售折让、中止或者退回而收回的增值税额,应当从当期的进项税额中扣减。

(8) 按照《营业税改征增值税试点实施办法》第二十七条第(一)项规定不得抵扣且未抵扣进项税额的固定资产、无形资产、不动产,发生用途改变,用于允许抵扣进项税额的应税项目,可在用途改变的次月按照下列公式计算可以抵扣的进项税额:

$$可以抵扣的进项税额 = 固定资产、无形资产、不动产净值 \div (1 + 适用税率) \times 适用税率$$

上述可以抵扣的进项税额应取得合法有效的增值税扣税凭证。

(9) 适用一般计税方法的纳税人,2016 年 5 月 1 日后取得并在会计制度上按固定资产核算的不动产或者 2016 年 5 月 1 日后取得的不动产在建工程,其进项税额应自取得之日起分 2 年从销项税额中抵扣,第一年抵扣比例为 60%,第二年抵扣比例为 40%。

取得不动产,包括以直接购买、接受捐赠、接受投资入股、自建以及抵债等各种形式取得不动产,不包括房地产开发企业自行开发的房地产项目。

融资租入的不动产以及在施工现场修建的临时建筑物、构筑物,其进项税额不适用上述分 2 年抵扣的规定。

七、纳税地点

(一) 基本规定

(1) 固定业户应当向其机构所在地或者居住地主管税务机关申报纳税。总机构和分支机构不在同一县(市)的,应当分别向各自所在地的主管税务机关申报纳税;经财政部和国家税务总局或者其授权的财政和税务机关批准,可以由总机构汇总向总机构所在地的主管税务机关申报纳税。

(2) 非固定业户应当向应税行为发生地主管税务机关申报纳税;未申报纳税的,由其机构所在地或者居住地主管税务机关补征税款。

(3) 其他个人销售或者租赁不动产,转让自然资源使用权,应向不动产所在地、自然资源所在地主管税务机关申报纳税。

(4) 扣缴义务人应当向其机构所在地或者居住地主管税务机关申报缴纳扣缴的税款。

(二) 销售老项目规定

房地产开发企业中的一般纳税人销售房地产老项目,适用一般计税方法计税的,应以取得的全部价款和价外费用,按照 3% 的预征率在不动产所在地预缴税款后,向机构所在地主管税务机关进行纳税申报。

八、纳税义务发生时间

(1) 房地产企业确认纳税义务发生时间。

① 纳税人发生应税行为并收讫销售款项或者取得索取销售款项凭据的当天;先开具发票的,为开具发票的当天。

收讫销售款项,是指纳税人销售、出租不动产过程中或者完成后收到款项。

取得索取销售款项凭据的当天,是指书面合同确定的付款日期;未签订书面合同或者书面合同未确定付款日期的,为服务、无形资产转让完成的当天或者不动产权属变更的当天。

② 纳税人提供租赁服务采取预收款方式的,其纳税义务发生时间为收到预收款的当天。

③ 纳税人发生视同销售服务、无形资产或者不动产行为(不包括用于公益事业或者以社会公众为对象),其纳税义务发生时间为服务、无形资产转让完成的当天或者不动产权属变更的当天。

④ 增值税扣缴义务发生时间为纳税人增值税纳税义务发生的当天。

⑤ 房地产开发企业采取预收款方式销售所开发的房地产项目,不确认纳税义务,但在收到预收款时按照 3% 预征率预缴增值税。

(2) 房地产开发企业销售所开发的房地产项目采取预收款方式,应在收到预收款时按照 3% 预征率预缴增值税。

计算公式:

$$应预缴税款 = 预收款 \div (1 + 适用税率或征收率) \times 3\%$$

适用一般计税方法计税的,按照 10% 的适用税率计算;适用简易计税方法计税的,按照 5% 的征收率计算。

预缴期限:一般纳税人应在取得预收款的次月纳税申报期向主管国税机关预缴税款。小规模纳税人应在取得预收款的次月纳税申报期或主管国税机关核定的纳税期限向主管国税机关预缴税款。

申报表格:房地产开发企业销售自行开发的房地产项目预缴税款时,应填报《增值税预缴税款表》。

抵减凭证:房地产开发企业以预缴税款抵减应纳税额,应以完税凭证作为合法有效凭证。

九、发票开具

(一) 一般纳税人

一般纳税人销售自行开发的房地产项目,自行开具增值税发票。

一般纳税人销售自行开发的房地产项目,其 2016 年 4 月 30 日前收取并已向主管地税机关申报缴纳营业税的预收款,未开具营业税发票的,可以开具增值税普通发票,不得开具增值税专用发票。

一般纳税人向其他个人销售自行开发的房地产项目,不得开具增值税专用发票。

(二) 小规模纳税人

小规模纳税人销售自行开发的房地产项目,自行开具增值税普通发票。购买方需要增值税专用发票的,小规模纳税人向主管国税机关申请代开。

小规模纳税人销售自行开发的房地产项目,其 2016 年 4 月 30 日前收取并已向主管地税机关申报缴纳营业税的预收款,未开具营业税发票的,可以开具增值税普通发票,不得申请代开增值税专用发票。

小规模纳税人向其他个人销售自行开发的房地产项目,不得申请代开增值税专用发票。

十、销售开发房地产营改增政策要点明细表(见表 1-1)

表 1-1　销售开发房地产营改增改政策要点明细表

纳税人资格类型	房产类型		发票开具		申报	预缴《增值税预缴税款表》
			普通发票	专用发票		
一般纳税人	自行开发老项目	简易计税	自开	自开	全额申报,5% 征收率,扣减预缴	全额 3% 预缴,含税价÷(1+5%)
		一般计税			按面积配比扣土地价款差额申报,10% 税率,扣减预缴	全额 3% 预缴,含税价÷(1+10%)
	自行开发新项目				按面积配比扣土地价款差额申报,10% 税率,扣减预缴	全额 3% 预缴,含税价÷(1+10%)
小规模纳税人	自行开发老项目		自开	主管国税机关代开	全额申报,5% 征收率,扣减预缴	全额 3% 预缴,含税价÷(1+5%)
	自行开发新项目					

政策依据:《财政部　国家税务总局关于全面推开营业税改征增值税试点的通知》(财税〔2016〕36 号)。

涉及主要文件:《房地产开发企业销售自行开发的房地产项目增值税征收管理暂行办法》(国家税务总局公告 2016 年第 18 号)。

第三节 | 增值税发票使用和开具有关问题解析

经国务院批准,自 2016 年 5 月 1 日起,在全国范围内全面推开营业税改征增值税试点,建筑业、房地产业、金融业、生活服务业等全部营业税纳税人均被纳入试点范围,由缴纳营业税改为缴纳增值税。为此,财政部、国家税务总局下发了《财政部 国家税务总局关于全面推开营业税改征增值税试点的通知》(财税〔2016〕36 号,简称《全面推开营改增试点的通知》),其中包括《营业税改征增值税试点实施办法》《营业税改征增值税试点有关事项的规定》《营业税改征增值税试点过渡政策的规定》和《跨境应税行为适用增值税零税率和免税政策的规定》。根据《全面推开营改增试点的通知》及现行增值税有关规定,国家税务总局发布了《国家税务总局关于全面推开营业税改征增值税试点后增值税纳税申报有关事项的公告》(国家税务总局公告 2016 年第 13 号)、《国家税务总局关于发布〈纳税人转让不动产增值税征收管理暂行办法〉的公告》(国家税务总局公告 2016 年第 14 号,简称《纳税人转让不动产增值税征收管理暂行办法》)、《国家税务总局关于发布〈不动产进项税额分期抵扣暂行办法〉的公告》(国家税务总局公告 2016 年第 15 号)、《国家税务总局关于发布〈纳税人提供不动产经营租赁服务增值税征收管理暂行办法〉的公告》(国家税务总局公告 2016 年第 16 号,简称《纳税人提供不动产经营租赁服务增值税征收管理暂行办法》)、《国家税务总局关于发布〈纳税人跨县(市、区)提供建筑服务增值税征收管理暂行办法〉的公告》〔国家税务总局公告 2016 年第 17 号,简称《纳税人跨县(市、区)提供建筑服务增值税征收管理暂行办法》〕、《国家税务总局关于发布〈房地产开发企业销售自行开发的房地产项目增值税征收管理暂行办法〉的公告》(国家税务总局公告 2016 年第 18 号,简称《房地产开发企业销售自行开发的房地产项目增值税征收管理暂行办法》)、《国家税务总局关于营业税改征增值税委托地税机关代征税款和代开增值税发票的公告》(国家税务总局公告 2016 年第 19 号,简称《营改增委托地税机关代征税款和代开增值税发票的公告》)等相关的配套文件。

本次纳入营改增范围的建筑业、房地产业、金融业、生活服务业,涉及纳税人户数多、行业广、业态复杂,税收制度设计上,既要考虑遵循规范的增值税税理原则,也要兼顾原有营业税政策的过渡;既要保证所有营改增行业税负只减不增,又要兼顾不影响财政体制;既要方便纳税人操作遵从,又要便于税务机关执行。在方方面面兼顾的前提下,税收制度上就必然安排了许多过渡性政策,同时也有许多制度上的尝试和创新。税收征管是落实税收政策制度的基础和保障,发票管理是税务机关重要的工作内容,是税收征收管理的重要抓手,无论是税务局还是税务局都采用了信息化手段"以票控税"的措施。为配合营改增各项税收制度的执行,保障全面推开营改增试点如期顺利实施,本次在发票使用和开具等方面作出了许多新的规定和新的变化,甚至是突破,既涉及纳税人自开发票,也涉及税务机关代开发票;既涉及机构所在地税务局,也涉及项目所在地税务局;既涉及税务局,也涉及税务局。针对不同的行业、不同的纳税人类型,明确了发票使用的种类和范围。为保障营改增顺利实施,减轻纳税人和基层税务机关负担,还扩大了取消增值税发票认证的纳税人范围。

为方便纳税人掌握和税务机关执行,现对发票使用和开具的有关问题进行讲解说明。

一、增值税发票使用和开具的历史和背景

(一) 增值税发票使用和开具的历史和相关背景主要有什么

1994 年我国确立了新的增值税制度,加上近几年推行的营业税改征增值税工作,共同构成了我国现行的增值税制度。与大部分开征增值税的国家相同,我国的增值税也实行"凭票扣税制",即纳税人凭从销售方取得的增值税专用发票注明的增值税额抵扣税款。这一制度不仅是国际通行做法,更重要的是方便纳税人和税务机关进行税款核算,符合我国的国情、便于实施,客观上还有增值税链条购销双方通过发票相互制约维护税基的优点。因此,增值税专用发票的重要性是不言而喻的。税制改革实施初期,不法分子铤而走险,从事倒卖、虚开专用发票的犯罪活动非常猖獗,国家税款流失严重,大案要案频发,严重破坏了市场经济秩序,甚至威胁到新税制的实施。我国实行增值税制度必须依靠强大、有效的税收征管手段作支撑,加强增值税专用发票的管理成为强化增值税征收管理的关键所在。为了有效遏止利用专用发票进行的涉税犯罪势头,保证国家税收不受侵害,国务院领导同志曾亲自指导和协调增值税专用发票管理事宜,决定将增值税专用发票比照人民币管理,由中国印钞造币总公司专门印制,并对发票造假以偷骗国家税收的行为采取直至极刑的严厉惩治措施,同时要求我们利用信息化手段加强专用发票的管理。1994 年开始,以加强专用发票管理为主要目标的"金税工程"开始着手建设,2003 年 7 月底,增值税防伪税控系统全面覆盖全国所有增值税一般纳税人。"金税工程"的建立,对防范和打击利用专用发票进行的违法犯罪起到了积极作用,取得了显著效果,依托该系统实现了增值税"以票控税,网络比对,税源监控,综合管理"的闭环管理,有力打击了利用增值税专用发票的违法犯罪,保障了新税制的顺利实施。

随着经济社会的发展,现行增值税发票管理存在的不足逐渐显现,主要有两个方面:一是未能将增值税普通发票纳入管理系统。二是未能将增值税专用发票的票面全部信息进行采集和管理(技术上只能采集数字,不能采集汉字如购销单位、货物品名等),并且按月采集数据的时效性也难以满足管理的需要。这使得不法分子利用发票管理漏洞进行各种不法活动甚至铤而走险的问题日益突出。最主要的表现形式就是买卖真发票、填写假内容、骗取抵扣款。比如,加油站利用个人消费者不索取发票的机会,与其他企业或通过中介交易,对外开具销售铁矿石或其他货物的发票用于骗抵国家税款。这类问题,仅靠税务人员进行人工核对堵漏,特别是异地人工核对堵漏是很难解决的。粗略估算,每年因此流失税收上千亿元。随着营改增试点的全面推开,营业税和营业税发票将终结使命,纳税人将全部使用增值税发票(包括增值税专用发票和增值税普通发票)。由于大量生活类服务业下游受众一般是个人,而个人往往又不索取发票,这一方面将进一步加剧真票假开等违法犯罪行为的发生,另一方面,也为我们利用信息化手段彻底解决"发票乱象"问题提供了机遇。

随着国家经济结构重大战略性调整,营改增税制改革的逐步推进,增值税纳税人户数急剧增加,国税机关征管工作量及大厅办税压力激增,对税务机关税收管理水平和纳税服务水平提出了更高的要求。随着近年来现代信息技术的飞速发展,尤其是互联网技术的普遍应用,广大纳税人提出了更高的办税需求。这些变化使得现有的系统难以完全适应和满足基层税务机关和纳税人的需要,有必要与时俱进,对现有增值税发票系统进行升级,打造覆盖所有增值税纳税人以及所有发票的增值税发票管理新系统。

国家税务总局针对发票管理面临的新形势,抓住营改增全覆盖的重要机遇,经反复研究论证,提出了对增值税发票管理系统进行技术改造和全面升级、建设推广增值税发票管理新系统的工作方案。2014年6月,国家税务总局决定着眼税制改革的长远规划和增值税统一规范管理的要求,借助现代信息技术,升级现有增值税发票系统,将一般纳税人使用的增值税专用发票系统和在部分小规模纳税人中推行的增值税发票系统整合升级为所有增值税纳税人使用的增值税发票管理系统,形成"一个系统两个覆盖"的增值税一体化管理架构。"一个系统",即增值税发票管理新系统;"两个覆盖",即覆盖所有增值税纳税人(包括一般纳税人、小规模纳税人和临时散户),覆盖所有发票(包括增值税专用发票和普通发票)。税务机关以完整、准确、及时的发票数据为抓手,强化税源管理、风险控制,为宏观分析决策提供依据,为税制改革保驾护航,便民办税减轻纳税人负担,提升税收现代化水平。

建设推广新系统意义深远,是利国利民利税的大事好事,是国家税务总局的重点工作之一,使增值税的信息化管理工作取得了革命性的变化,为构建现代税收征管体系奠定了坚实的基础,将为基本实现税收现代化提供有力的支撑,主要体现在以下几个方面:系统推行到位后将使假发票难以立足;基层税务机关和纳税人减负明显;实施营改增扩围将更为顺利;有利于净化社会风气和反腐败工作开展;税务部门可以更好地服务宏观决策和经济社会发展。

增值税发票管理新系统是对增值税防伪税控系统、货物运输业增值税专用发票税控系统、稽核系统以及税务数字证书系统等进行整合升级完善,实现纳税人经过税务数字证书安全认证、加密开具的发票数据,通过互联网实时上传税务机关,生成增值税发票电子底账,作为纳税申报、发票数据查验以及税源管理、数据分析利用的依据。

增值税发票管理新系统纳税人端税控设备包括金税盘和税控盘(以下统称专用设备)。专用设备均可开具增值税专用发票、货物运输业增值税专用发票、增值税普通发票和机动车销售统一发票、增值税电子普通发票。除通用定额发票、客运发票和二手车销售统一发票,一般纳税人和小规模纳税人发生增值税业务对外开具发票应当使用专用设备开具。

为适应税收现代化建设需要,满足增值税一体化管理要求,切实减轻基层税务机关和纳税人负担,国家税务总局决定2015年起全国范围分步全面推行增值税发票管理新系统。

增值税纳税人购买增值税税控系统专用设备支付的费用以及缴纳的技术维护费可按照《财政部 国家税务总局关于增值税税控系统专用设备和技术维护费用抵减增值税税额有关政策的通知》(财税〔2012〕15号)规定,在增值税应纳税额中全额抵减。

纳税人应在互联网连接状态下在线使用增值税发票管理新系统开具发票。增值税发票管理新系统可自动上传已开具的发票明细数据。纳税人因网络故障等原因无法在线开票的,在税务机关设定的离线开票时限和离线开具发票总金额范围内仍可开票,超限将无法开具发票。纳税人开具发票次月仍未连通网络上传已开具发票明细数据的,也将无法开具发票。纳税人需连通网络上传发票数据后方可开票,若仍无法连通网络的需携带专用设备到税务机关进行征期报税或非征期报税后方可开票。

纳税人已开具未上传的增值税发票为离线发票。离线开票时限是指自第一份离线发票开具时间起开始计算可离线开具的最长时限。离线开票总金额是指可开具离线发票的累计不含税总金额,离线开票总金额按不同票种分别计算。纳税人离线开票时限和离线开票总金额的设定标准及方法由各省、自治区、直辖市和计划单列市国家税务局确定。

按照有关规定不使用网络办税或不具备网络条件的特定纳税人,以离线方式开具发票,不受离线开票时限和离线开具发票总金额限制。特定纳税人的相关信息由主管税务机关在综合征管系统中设定,并同步至增值税发票管理新系统。纳税人应在纳税申报期内将上月开具发票汇总情况通过增值税发票管理新系统进行网络报税。特定纳税人不使用网络报税,需携带专用设备和相关资料到税务机关进行报税。除特定纳税人外,使用增值税发票管理新系统的纳税人,不再需要到税务机关进行报税,原使用的网上报税方式停止使用。

一般纳税人发票认证、稽核比对、纳税申报等涉税事项仍按照现行规定执行。

一般纳税人和小规模纳税人自愿选择使用增值税税控主机共享服务系统开具增值税发票,任何税务机关和税务人员不得强制纳税人使用。

(二) 增值税发票管理新系统的主要功能与创新亮点有哪些

1. 一个系统两个覆盖

新系统覆盖所有增值税纳税人及所有增值税发票。将所有增值税纳税人纳入全国统一的一体化系统管理,建立了全国统一的增值税纳税人档案库,覆盖包括一般纳税人、小规模纳税人在内的所有增值税纳税人。新系统实现了增值税一般纳税人和小规模纳税人均可通过一个系统开具增值税专用发票、货物运输业专用发票(2016 年 6 月底前停止使用)、增值税普通发票、机动车销售统一发票和增值税电子普通发票等 5 种增值税发票。新系统彻底解决了增值税管理中税务机关掌握的发票数据不完整不及时、对小规模纳税人税收管理不到位以及不法分子篡改发票信息、虚开发票等税收征管的难题。

2. 全程网络化办税

新系统推行后,纳税人发票申领、开具、验旧、缴销、报税、查验、办理红字发票手续、系统升级以及纳税申报等大部分办税事项均可通过网络实现,避免了到办税服务厅排长队、来回跑的麻烦,大大减轻了纳税人的办税负担,提高了办税效率。新系统的推行也是国家税务总局"便民办税春风行动"的重要内容之一。本次营改增将使国税部门管理的纳税人户数增加 1 000 多万户。尤其是考虑到办税服务厅的容量不可能在短时间内成倍扩展,改为网络运行后,将较好解决工作量激增与税务机关人手、场地紧张的矛盾,助推营改增扩围顺利实施。

3. 建立发票电子底账库

新系统的核心就是建立了及时、完整、准确的发票电子底账库,即开具发票信息库。纳税人开具的发票全票面信息(包括所有汉字和数字内容)实时加密上传税务机关,生成发票电子底账库,作为纳税申报、发票数据查验以及税源管理、数据分析利用的依据。开票数据实时跨省异地推送,实现增值税纳税人纳税申报"一窗式"票票比对、票表比对管理。有效解决不法分子虚开发票、篡改发票汉字信息等问题,全面提升税收管理的质量和效率。

4. 为税收征收管理提供了快速有效的手段

新系统插上了互联网的翅膀,为税务机关加强税收征收管理提供了快速有效的征管手段。税务机关可实时采集、监控纳税人发票开具情况,及时分析发现开票异常、申报异常的疑点纳税人,并调整其离线开票参数控制,通过网络远程控制纳税人端税控系统,暂停其发票开具,快速处理,防范税收风险。

5. 全国统一的发票真伪查验平台

新系统建立全国统一的发票真伪查验平台,向一般纳税人提供进项税额专用发票数据,向受票方及相关第三方提供普通发票数据查验服务,实现发票"真票真开",有效解决虚假发票泛滥问题,极大地压缩虚假发票的空间,净化社会环境,促进社会诚信体系建设。目前系统已经在北京、上海等部分地区试点,近期将在全国推广。下一步,会计人员、审计人员、纪检人员可通过电脑、手机进入查验系统,实时便捷地对每一张发票信息进行查询、查验和核对。

6. 大数据分析应用

增值税发票新系统涵盖全部纳税人的增值税专用发票和普通发票信息,税务部门可实时采集包括交易双方名称、交易商品名称、交易金额、数量、单位等内容的信息。及时完整准确的全票面信息,能够客观、快捷、方便、真实反映地区、行业、企业经济发展和物流情况。税务机关通过增值税发票管理新系统,能够掌握大部分经济活动的基本数据及动向,从而强化税源管理、风险控制。通过大数据分析应用,可为宏观经济决策提供更为真实、全面、详细的数据支持。

7. 数据安全可靠

新系统实现了纳税人网上办税税务数字证书安全认证和发票数据加密验签,税务机关采集传输的发票数据、申报数据均为加密安全数据,保障纳税人网上办税数据的安全性,防止数据被篡改、盗取;同时可防范税务机关内部人为篡改、删除数据的内控风险,满足税务机关内控机制建设的要求,强化廉政建设。

8. 为推进发票无纸化应用打下坚实的基础

新系统的推行为推进发票无纸化应用创造了条件,打下了坚实的基础。

国家税务总局自2015年1月1日起,对新认定的增值税一般纳税人和新办小规模纳税人推行了增值税发票管理新系统,自2015年4月1日起新系统在全国范围分步全面推行。本着"积极稳妥,先易后难"的推行工作原则,按照先一般纳税人后小规模纳税人的顺序开展推行工作,推行工作稳步推进,扎实有序。增值税一般纳税人的推行工作已全部完成,实现了新系统对一般纳税人的全覆盖。全国起征点以上小规模纳税人增值税普通发票新系统的推行工作也已全部完成。推行工作取得阶段性胜利,圆满完成了总局既定的推行工作目标。

增值税发票管理新系统流程图如图1-1所示。

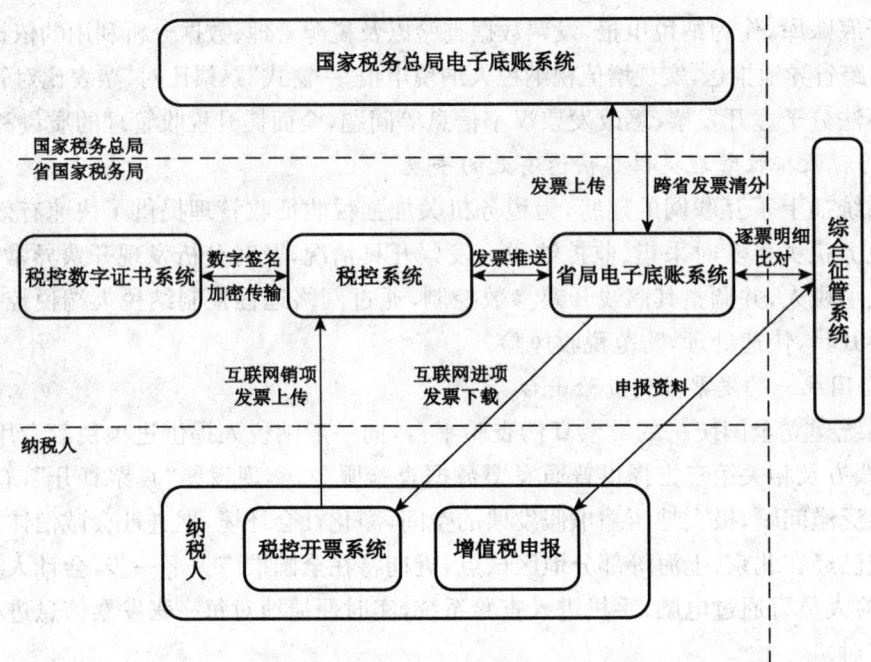

图 1-1 增值税发票管理新系统流程图

二、增值税发票的使用

《中华人民共和国发票管理办法》(简称《发票管理办法》)及其实施细则规定:发票,是指在购销商品、提供或者接受服务以及从事其他经营活动中,开具、收取的收付款凭证。国务院税务主管部门统一负责全国的发票管理工作。省、自治区、直辖市国家税务局和地方税务局依据各自的职责,共同做好本行政区域内的发票管理工作。发票的种类、联次、内容以及使用范围由国家税务总局规定。在全国范围内统一式样的发票,由国家税务总局确定。在省、自治区、直辖市范围内统一式样的发票,由省、自治区、直辖市国家税务局、地方税务局确定。

全面推开营改增试点后,营业税发票将停止使用,所有的发票都属于增值税发票。增值税发票既是商事凭证,也是计税凭证,承载了方方面面的许多功能。增值税发票分为增值税专用发票和普通发票,两者的主要区别就是增值税专用发票具有税款抵扣功能。

《增值税专用发票使用规定》明确:增值税专用发票,是增值税一般纳税人销售货物或者提供应税劳务开具的发票,是购买方支付增值税额并可按照增值税有关规定据以抵扣增值税进项税额的凭证。

(一) 增值税发票管理新系统的适用对象范围和开具发票的种类有哪些

增值税发票管理新系统具有一个系统开具多种增值税发票的功能,方便从事兼营多种应税、免税项目的纳税人发票开具,可以满足营改增纳税人的不同开票需求。

1. 增值税一般纳税人

增值税一般纳税人销售货物、服务、无形资产、不动产和提供应税劳务,使用增值税发票管理新系统开具增值税专用发票、增值税普通发票、机动车销售统一发票、增值税电子普通发票。

2. 销售额超过规定标准的小规模纳税人

月销售额超过3万元(按季纳税9万元)的小规模纳税人销售货物、服务、无形资产、不动产和提供应税劳务,使用增值税发票管理新系统开具增值税普通发票、机动车销售统一发票、增值税电子普通发票。

根据《国家税务总局关于增值税发票管理若干事项的公告》(国家税务总局公告2017年第45号)第二条规定:"自2018年2月1日起,月销售额超过3万元(或季销售额超过9万元)的工业以及信息传输、软件和信息技术服务业增值税小规模纳税人(以下简称试点纳税人)发生增值税应税行为,需要开具增值税专用发票的,可以通过增值税发票管理新系统自行开具。

试点纳税人销售其取得的不动产,需要开具增值税专用发票的,应当按照有关规定向地税机关申请代开。

试点纳税人应当在规定的纳税申报期内将所开具的增值税专用发票所涉及的税款,向主管税务机关申报缴纳。在填写增值税纳税申报表时,应当将当期开具增值税专用发票的销售额,按照3%和5%的征收率,分别填写在《增值税纳税申报表》(小规模纳税人适用)第2栏和第5栏'税务机关代开的增值税专用发票不含税销售额'的'本期数'相应栏次中。"

增值税纳税人购买增值税税控系统专用设备支付的费用以及缴纳的技术维护费可按照《财政部 国家税务总局关于增值税税控系统专用设备和技术维护费用抵减增值税税额有关政策的通知》(财税〔2012〕15号)规定,在增值税应纳税额中全额抵减。但由于不达增值税起征点的小规模纳税人购买增值税税控系统专用设备支付的费用以及缴纳的技术维护费暂无法抵减税款,需日后发生应纳增值税后才能享受国家优惠政策,部分纳税人认为增加了其负担。为保障系统推行工作平稳有序,2015年国家税务总局发布《国家税务总局关于再次明确不得将不达增值税起征点的小规模纳税人纳入增值税发票系统升级版推行范围的通知》(税总函〔2015〕199号),明确不达增值税起征点的小规模纳税人当前暂不纳入增值税发票管理新系统推行范围,暂可继续使用现有方式开票。为保障系统推行工作平稳有序,要求各地国税机关认真做好纳税人的宣传解释工作,加强小规模纳税人代开发票等纳税服务工作,同时做好服务单位的监督管理工作。

(二)增值税发票种类有哪些

根据是否通过增值税发票管理新系统开具,可以把增值税发票分为两类,一类是需要通过增值税发票管理新系统开具的增值税发票,包括增值税专用发票、增值税普通发票、增值税电子普通发票和机动车销售统一发票;另一类是不需要通过增值税发票管理新系统开具的增值税发票,包括通用定额发票、客运发票和二手车销售统一发票等,现分析如下。

1. 增值税专用发票(见图1-2)

增值税专用发票由基本联次或者基本联次附加其他联次构成,分为三联版和六联版两种。基本联次为三联:第一联为记账联,是销售方记账凭证;第二联为抵扣联,是购买方扣税凭证;第三联为发票联,是购买方记账凭证。其他联次用途,由纳税人自行确定。纳

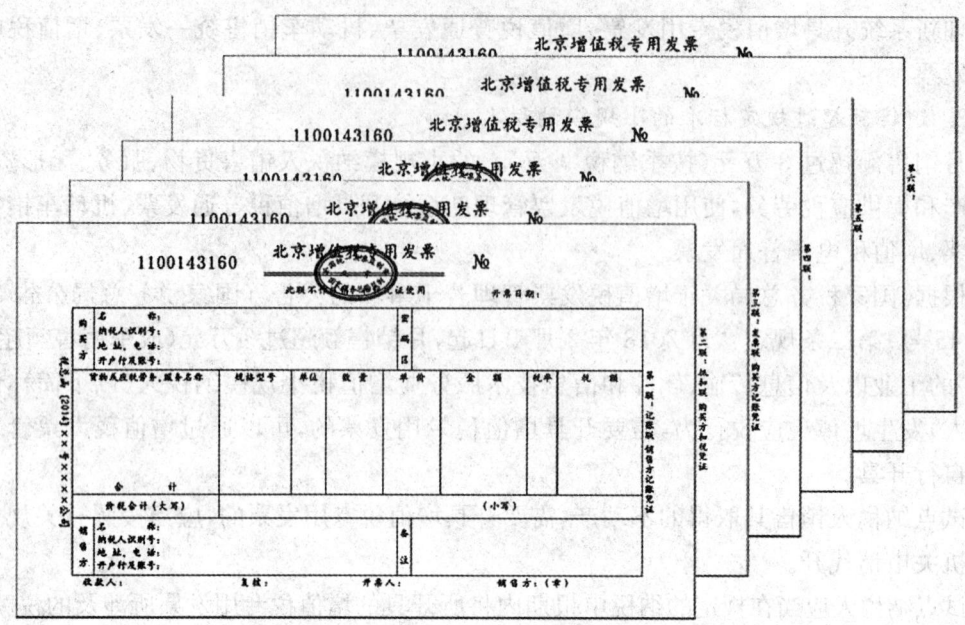

图1-2　增增值税专用发票票样

税人办理产权过户手续需要使用发票的,可以使用增值税专用发票第六联。

2. 增值税普通发票

增值税普通发票又分为增值税普通发票(折叠票)和增值税普通发票(卷票)两种。

1) 增值税普通发票(折叠票)(见图1-3)

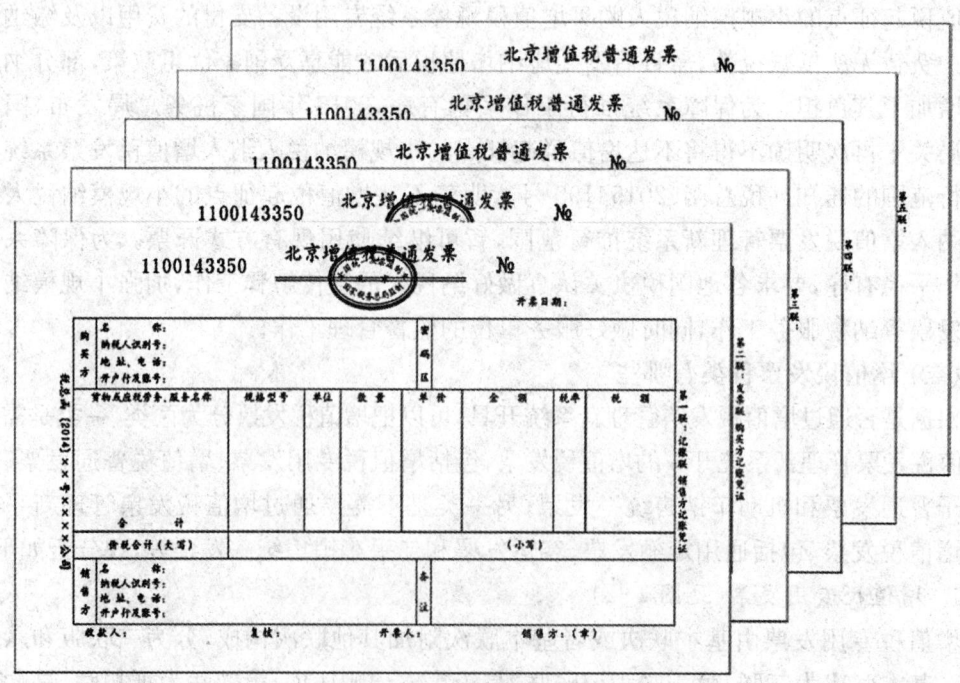

图1-3　增值税普通发票(折叠票)票样

增值税普通发票(折叠票)联次:增值税普通发票(折叠票)由基本联次或者基本联次附加其他联次构成,分为两联版和五联版两种。基本联次为两联:第一联为记账联,是销售方记账凭证;第二联为发票联,是购买方记账凭证。其他联次用途,由纳税人自行确定。纳税人办理产权过户手续需要使用发票的,可以使用增值税普通发票第三联。增值税普通发票各联次颜色:第一联为蓝色,第二联为棕色,第三联为绿色,第四联为紫色,第五联为粉红色。

增值税普通发票(折叠票)防伪措施:增值税普通发票的防伪措施为灰变红防伪油墨。增值税普通发票各联次左上方的发票代码及右上方的字符(№)使用灰变红防伪油墨印制,油墨印记在外力摩擦作用下可以发生颜色变化,产生红色擦痕。使用白纸摩擦票面的发票代码和字符(№)区域,在白纸表面以及发票代码和字符(№)的摩擦区域均会产生红色擦痕。具体如图1-4和图1-5所示。

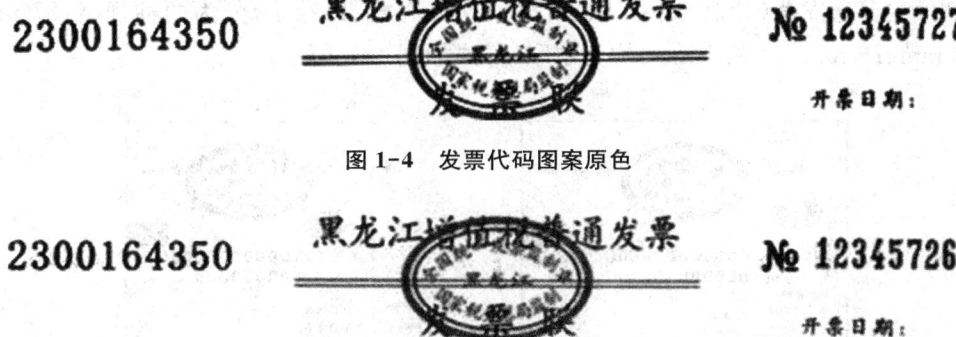

图1-4　发票代码图案原色

图1-5　原色摩擦可产生红色擦痕

根据《国家税务总局关于增值税普通发票管理有关事项的公告》(国家税务总局公告2017年第44号)规定:

"一、调整增值税普通发票(折叠票)发票代码

增值税普通发票(折叠票)的发票代码调整为12位,编码规则:第1位为0,第2~5位代表省、自治区、直辖市和计划单列市,第6~7位代表年度,第8~10位代表批次,第11~12位代表票种和联次,其中04代表二联增值税普通发票(折叠票)、05代表五联增值税普通发票(折叠票)。

税务机关库存和纳税人尚未使用的发票代码为10位的增值税普通发票(折叠票)可以继续使用。

二、印有本单位名称的增值税普通发票(折叠票)

(一)纳税人可按照《发票管理办法》及其实施细则规定,书面向国税机关要求使用印有本单位名称的增值税普通发票(折叠票),国税机关按规定确认印有该单位名称发票的种类和数量。纳税人通过增值税发票管理新系统开具印有本单位名称的增值税普通发票(折叠票)。

(二)印有本单位名称的增值税普通发票(折叠票),由税务总局统一招标采购的增值税普通发票(折叠票)中标厂商印制,其式样、规格、联次和防伪措施等与税务机关统一印制的增值税普通发票(折叠票)一致,并加印企业发票专用章。

(三) 印有本单位名称的增值税普通发票(折叠票)的发票代码按照本公告第一条规定的编码规则编制。发票代码的第8~10位代表批次,由省国税机关在501~999范围内统一编制。

(四) 使用印有本单位名称的增值税普通发票(折叠票)的企业,按照《国家税务总局财政部关于冠名发票印制费结算问题的通知》(税总发〔2013〕53号)规定,与发票印制企业直接结算印制费用。

本公告自2018年1月1日起施行,《国家税务总局关于启用增值税普通发票有关问题的通知》(国税发明电〔2005〕34号)第一条第二款、《国家税务总局关于启用新版增值税发票有关问题的公告》(国家税务总局公告2014年第43号)第一条同时废止。"

2) 增值税普通发票(卷票)

增值税普通发票(卷票)规格、联次:增值税普通发票(卷票)分为两种规格:57 mm×177.8 mm、76 mm×177.8 mm,均为单联,样式如图1-6所示。

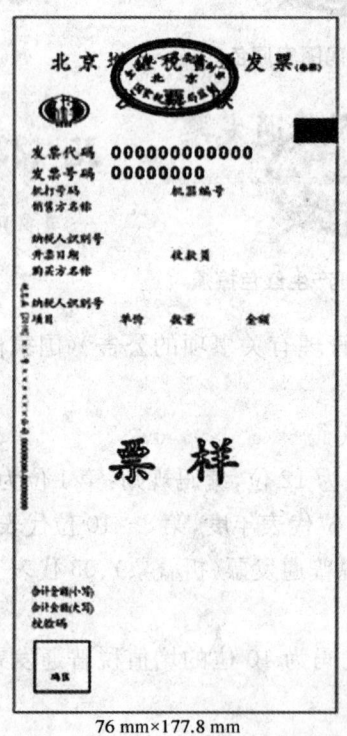

76 mm×177.8 mm

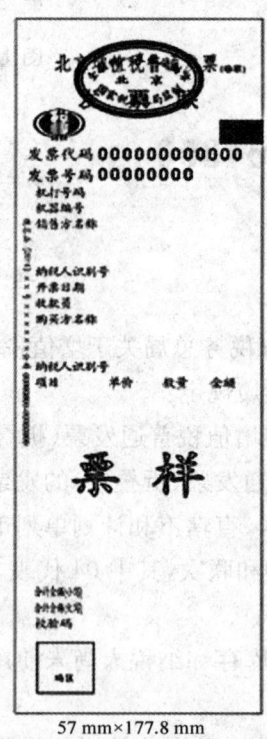

57 mm×177.8 mm

图1-6　增值税普通发票(卷票)票样

增值税普通发票(卷票)防伪措施:增值税普通发票(卷票)的防伪措施为光变油墨防伪。税徽使用光变油墨印制,直视颜色为金属金色,斜视颜色为金属绿色,显示效果明显、清晰。税徽在目视观察下光学入射角分别为90度和30度时,呈不同颜色。具体如图1-7所示。

图 1-7　增值税普通发票(卷票)防伪措施

增值税普通发票(卷票)代码及号码：增值税普通发票(卷票)的发票代码为 12 位,编码规则：第 1 位为 0,第 2～5 位代表省、自治区、直辖市和计划单列市,第 6～7 位代表年度,第 8～10 位代表批次,第 11～12 位代表票种和规格,其中 06 代表 57 mm×177.8 mm 增值税普通发票(卷票)、07 代表 76 mm×177.8 mm 增值税普通发票(卷票)。

增值税普通发票(卷票)的发票号码为 8 位,按年度、分批次编制。

从 2017 年 1 月 1 日起,增值税普通发票(卷票)由纳税人自愿选择使用,重点在生活性服务业纳税人中推广使用。而且为了方便纳税人使用发票,纳税人可按照《发票管理办法》及其实施细则要求,使用印有本单位名称的增值税普通发票(卷票),通过增值税发票管理新系统开具。根据《国家税务总局关于使用印有本单位名称的增值税普通发票(卷票)有关问题的公告》(国家税务总局公告 2017 年第 9 号)规定,自 2017 年 7 月 1 日起,纳税人可按照《中华人民共和国发票管理办法》及其实施细则要求,书面向国税机关要求使用印有本单位名称的增值税普通发票(卷票),国税机关按规定确认印有该单位名称发票的种类和数量。纳税人通过新系统开具印有本单位名称的增值税普通发票(卷票)。印有本单位名称的增值税普通发票(卷票),由国家税务总局统一招标采购的增值税普通发票(卷票)中标厂商印制,其式样、规格、联次和防伪措施等与原有增值税普通发票(卷票)一致,并加印企业发票专用章。使用印有本单位名称的增值税普通发票(卷票)的企业,按照《国家税务总局　财政部关于冠名发票印制费结算问题的通知》(税总发〔2013〕53 号)规定,与发票印制企业直接结算印制费用。

3. 机动车销售统一发票(见图 1-8)

从事机动车零售业务的单位和个人,在销售机动车(不包括销售旧机动车)收取款项时,开具机动车销售统一发票。机动车销售统一发票为电脑六联式发票：第一联为发票联,是购货单位付款凭证；第二联为抵扣联,是购货单位扣税凭证；第三联为报税联,车购税征收单位留存；第四联为注册登记联,车辆登记单位留存；第五联为记账联,销货单位记账凭证；第六联为存根联,销货单位留存。

4. 增值税电子普通发票

增值税电子普通发票版式：同增值税普通发票一样,增值税电子普通发票的开票方和受票方需要纸质发票的,可以自行打印增值税电子普通发票的版式文件,其法律效力、基本用途、基本使用规定等与税务机关监制的增值税普通发票相同。发票版式如图 1-9 所示。

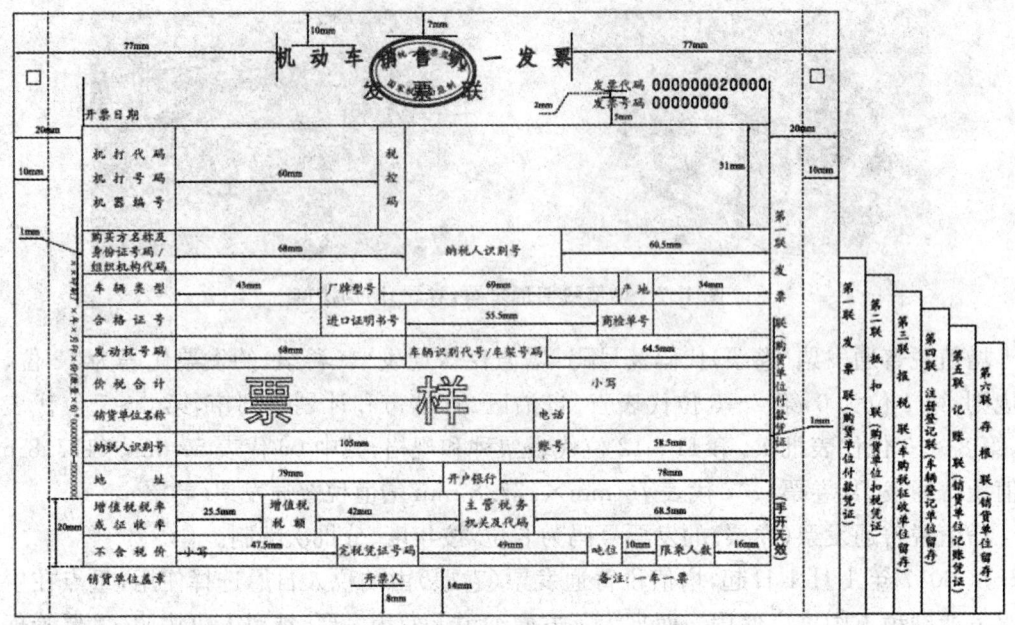

图 1-8　机动车销售统一发票票样

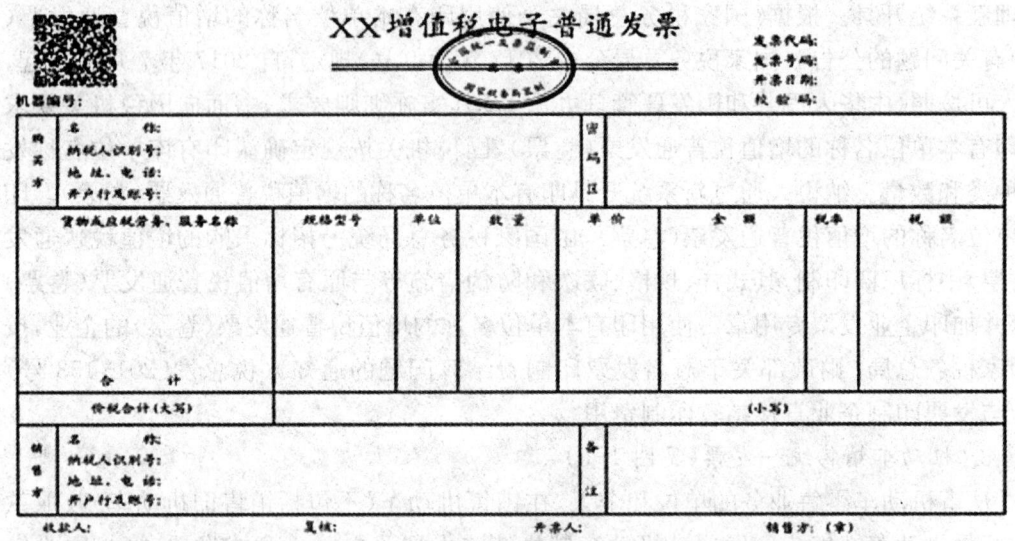

图 1-9　增值税电子普通发票版式

　　增值税电子普通发票代码和号码编码规则:增值税电子普通发票的发票代码为 12 位,编码规则:第 1 位为 0,第 2~5 位代表省、自治区、直辖市和计划单列市,第 6~7 位代表年度,第 8~10 位代表批次,第 11~12 位代表票种("11"代表增值税电子普通发票)。发票号码为 8 位,按年度、分批次编制。

　　根据国家税务总局公告 2017 年第 45 号第一条规定,自 2018 年 1 月 1 日起,纳税人通过增值税发票管理新系统开具增值税发票(包括增值税专用发票、增值税普通发票、增值税电子普通发票)时,商品和服务税收分类编码对应的简称会自动显示并打印在发票票面"货物或应税劳务、服务名称"或"项目"栏次中。

笔者注 电子发票是现代信息社会的产物,是在购销商品、提供或者接受服务以及从事其他经营活动中,开具、收取的数据电文形式的收付款凭证。电子发票与传统发票的区别主要有两点:一是从传统的物理介质发展为数据电文形式,二是打破了纸质发票作为会计记账凭证的传统,具备了发票会计档案电子记账的条件。推行增值税电子发票系统不仅可节约财政资金而且有利于促进社会进步,节约社会资源,降低纳税人经营成本,方便消费者保存使用发票,便于税务管理和大数据应用,营造健康公平的税收环境,是税务机关推进税收现代化建设、实现"互联网+税务"的重要举措。与传统纸质发票相比,纳税人申领、开具、流转、查验电子发票等都可以通过税务机关统一的电子发票管理系统在互联网上进行,发票开具更快捷、查询更方便。具体来看,主要体现在以下三方面:一是有利于企业节约经营成本。电子发票不需要纸质载体,没有印制、打印、存储和邮寄等成本,企业可以节约相关费用,大大降低经营成本。据北京市某电商企业测算,其每年可节约相关费用 4 000 多万元。二是有利于消费者保存使用发票。消费者可以在发生交易的同时收取电子发票,并可以在税务机关网站查询验证发票信息。在凭电子发票进行相关售后维修服务时,可以对电子发票进行下载或打印,解决了纸质发票查询和保存不便的缺陷。三是有利于税务部门规范管理和数据应用。企业通过增值税发票管理新系统开具电子发票后,税务机关可以及时对纳税人开票数据进行查询、统计、分析,及时发现涉税违法违规问题,有利于提高工作效率,降低管理成本。国务院发布的《关于加快构建大众创业万众创新支撑平台的指导意见》中已将"加快推广使用电子发票,并允许将电子发票作为报销凭证"列入下一步工作重点。2015 年财政部、国家档案局等相关部委修订了《会计档案管理办法》,为电子发票入账报销扫除了制度障碍。

为进一步适应经济社会发展和税收现代化建设需要,国家税务总局在增值税发票管理新系统基础上,组织开发了增值税电子发票系统,经过前期试点,系统运行平稳,具备了全国推行的条件。为了满足纳税人开具增值税电子普通发票的需求,2015 年国家税务总局发布了《国家税务总局关于推行通过增值税电子发票系统开具的增值税电子普通发票有关问题的公告》(国家税务总局公告 2015 年第 84 号),自 2015 年 12 月起全面推行通过增值税电子发票系统开具的增值税电子普通发票。公告还明确:增值税电子普通发票的开票方和受票方需要纸质发票的,可以自行打印增值税电子普通发票的版式文件,其法律效力、基本用途、基本使用规定等与税务机关监制的增值税普通发票相同。

上述四种发票均需通过增值税发票管理新系统开具。

(三) 未纳入增值税发票管理新系统开具的其他发票有哪些

除上述四种发票之外,根据《国家税务总局关于全面推开营业税改征增值税试点有关税收征收管理事项的公告》(国家税务总局公告 2016 年第 23 号)第三条第四项规定,门票、过路(过桥)费发票、定额发票、客运发票和二手车销售统一发票继续使用,目前尚不需要使用金税盘或税控盘开具。其中，定额发票按人民币等值以元为单位，划分为壹元、贰元、伍元、拾元、贰拾元、伍拾元、壹佰元，共 7 种面额，规格为 175 mm×70 mm。有奖发票规格为 213 mm×77 mm（式样见附件）。定额发票联次为并列二联，即存根联和发票联；有奖发票为并列三联，即存根联、发票联、兑奖联。通用定额发票的用纸和底纹由各省税务机关确定。定额发票的使用对象限定于在税控收款机和网上开具发票使用范围外，开票量及开票金额较小，或者不适合使用机具开票的纳税人。各地可以根据本地实际情况，选择是否设置定额发票。

2015 年 3 月，国家税务总局发布《国家税务总局关于全面推行增值税发票系统升级版有关问题的公告》（国家税务总局公告 2015 年第 19 号）规定：一般纳税人销售货物、提供应税劳务和应税服务开具增值税专用发票、货物运输业增值税专用发票和增值税普通发票。小规模纳税人销售货物、提供应税劳务和应税服务开具增值税普通发票。税务机关为小规模纳税人代开增值税专用发票和货物运输业增值税专用发票，按照《国家税务总局关于印发〈税务机关代开增值税专用发票管理办法（试行）〉的通知》（国税发〔2004〕153号）和《国家税务总局关于在全国开展营业税改征增值税试点有关征收管理问题的公告》（国家税务总局公告 2013 年第 39 号）有关规定执行。一般纳税人和小规模纳税人从事机动车（旧机动车除外）零售业务开具机动车销售统一发票。通用定额发票、客运发票和二手车销售统一发票继续使用。纳税人使用增值税普通发票开具收购发票，系统在发票左上角自动打印"收购"字样。

根据国家税务总局公告 2017 年第 45 号第三条规定："自 2018 年 4 月 1 日起，二手车交易市场、二手车经销企业、经纪机构和拍卖企业应当通过增值税发票管理新系统开具二手车销售统一发票。二手车销售统一发票'车价合计'栏次仅注明车辆价款。二手车交易市场、二手车经销企业、经纪机构和拍卖企业在办理过户手续过程中收取的其他费用，应当单独开具增值税发票。通过增值税发票管理新系统开具的二手车销售统一发票与现行二手车销售统一发票票样保持一致。发票代码编码规则调整为：第 1 位为 0，第 2～5 位代表省、自治区、直辖市和计划单列市，第 6～7 位代表年度，第 8～10 位代表批次，第 11～12位为 17。发票号码为 8 位，按年度、分批次编制。"

单位和个人可以登录全国增值税发票查验平台（https://inv-veri.chinatax.gov.cn），对增值税发票管理新系统开具的二手车销售统一发票信息进行查验。

《国家税务总局关于全面推开营业税改征增值税试点有关税收征收管理事项的公告》（国家税务总局公告 2016 年第 23 号）的附件《商品和服务税收分类与编码（试行）》自 2018年 1 月 1 日起废止。《国家税务总局关于统一二手车销售发票式样问题的通知》（国税函〔2005〕693 号）第六条、第八条、第七条中的"各地税务局印制的涉及二手车交易的服务业发票按上述时间同时启用"自 2018 年 4 月 1 日起废止。

笔者注 本次纳入营改增试点范围的一些行业存在开具发票的特殊需求：比如，公园、博物馆等现用的门票基本上都属于个性化的定额发票，有些还制成了含邮资可邮寄使用的明信片,而且基本均由纳税人自印,套印税务机关发票监制章,每年门票使用数量巨大。再比如,提供路边停车服务收费,基本上使用停车收费专用的定额发票,面额从 0.25 元、0.5 元至 50 元、100 元不等。还比如,目前提供过路(过桥)服务收费,开具的发票有定额发票和机打发票两种。过路(过桥)服务收费开具发票的效率上有很高的要求,必须保证车辆通行效率,避免因开具发票时间过长造成车辆拥堵现象。而且高速公路运营企业经营模式各有不同,税收管理水平参差不齐,高速公路通行费发票普遍不记名、无税控。针对纳入营改增试点范围的一些行业存在开具发票的特殊需求,在《国家税务总局关于全面推行增值税发票系统升级版有关问题的公告》(国家税务总局公告 2015 年第 19 号)规定可继续使用的普通发票基础上,进一步明确:门票、过路(过桥)费发票、定额发票、客运发票和二手车销售统一发票继续使用。

(四) 增值税发票管理新系统推广应用后增值税专用发票如何代开

《税务机关代开增值税专用发票管理办法(试行)》规定:代开专用发票是指主管税务机关为所辖范围内的增值税纳税人(是指已办理税务登记的小规模纳税人,包括个体经营者以及国家税务总局确定的其他可予代开增值税专用发票的纳税人)代开专用发票,其他单位和个人不得代开。主管税务机关应设立代开专用发票岗位和税款征收岗位,并分别确定专人负责代开专用发票和税款征收工作。代开专用发票统一使用增值税防伪税控代开票系统开具。非防伪税控代开票系统开具的代开专用发票不得作为增值税进项税额抵扣凭证。增值税纳税人发生增值税应税行为、需要开具专用发票时,可向其主管税务机关申请代开。为增值税纳税人代开的专用发票应统一使用六联专用发票,第五联代开发票岗位留存,以备发票的扫描补录,第六联交税款征收岗位,用于代开发票税额与征收税款的定期核对,其他联次交增值税纳税人。

随着增值税发票管理新系统的推广应用,国税机关代开发票(包括代开增值税专用发票和增值税普通发票),均通过新系统开具,原代开普通发票使用的通用机打发票等票种不再使用,新系统开具的发票可以及时完整采集所有开票信息。《营改增委托地税机关代征税款和代开增值税发票的公告》以及《国家税务总局关于营业税改征增值税委托税务局代征税款和代开增值税发票的通知》(税总发〔2016〕145 号)规定,地税机关使用新系统代开增值税专用发票和增值税普通发票。代开增值税专用发票使用六联票,代开增值税普通发票使用五联票。

(五) 营改增税制转换过程中普通发票使用如何衔接

关于营改增税制转换过程中的普通发票衔接问题,各地税务局、税务局以及广大纳税人都很关心。部分税务局库存的营业税发票还较多。国家税务总局综合考虑各方面因素,制定了普通发票衔接方案,自 2016 年 5 月 1 日起,地税机关不再发放发票。营改增纳税人已领取地税机关印制的发票以及印有本单位名称的发票,可继续使用一段时间,特殊情况经省税务局确定,可适当延长使用期限。

营改增税制转换过程中,还有一些发票使用的特殊情况,比如,纳税人在地税机关已申报营业税但因种种原因未开具发票,2016 年 5 月 1 日以后需要补开发票的处理问题。对此,可于一定时期内开具增值税普通发票,但是,对于国家税务总局另有规定的除外,如《房地产开发企业销售自行开发的房地产项目增值税征收管理暂行办法》第二十四条规定:小规模纳税人销售自行开发的房地产项目,其 2016 年 4 月 30 日前收取并已向主管地税机关申报缴纳营业税的预收款,未开具营业税发票的,可以开具增值税普通发票,不得申请代开增值税专用发票。该条并没有规定可以开具增值税普通发票的时间期限要求。

三、纳税人开具增值税发票有哪些基本规定

根据国家税务总局编写的《增值税发票开具指南》,纳税人开具发票的基本规定主要有:

(1) 增值税一般纳税人销售货物、提供加工修理修配劳务和发生应税行为,使用新系统开具增值税专用发票、增值税普通发票、机动车销售统一发票、增值税电子普通发票。

纳入新系统推行范围的小规模纳税人,使用新系统开具增值税普通发票、机动车销售统一发票、增值税电子普通发票。

纳入增值税小规模纳税人自开增值税专用发票试点的小规模纳税人需要开具增值税专用发票的,可以通过新系统自行开具,主管国税机关不再为其代开。纳入增值税小规模纳税人自开增值税专用发票试点的小规模纳税人销售其取得的不动产,需要开具增值税专用发票的,仍须向地税机关申请代开。

(2) 销售商品、提供服务以及从事其他经营活动的单位和个人,对外发生经营业务收取款项,收款方应当向付款方开具发票;特殊情况下,由付款方向收款方开具发票。

所有单位和从事生产、经营活动的个人在购买商品、接受服务以及从事其他经营活动支付款项时,应当向收款方取得发票。取得发票时,不得要求变更品名和金额。

根据《国家税务总局关于增值税发票开具有关问题的公告》(国家税务总局公告 2017 年第 16 号)规定,销售方开具增值税发票时,发票内容应按照实际销售情况如实开具,不得根据购买方要求填开与实际交易不符的内容。销售方开具发票时,通过销售平台系统与增值税发票税控系统后台对接,导入相关信息开票的,系统导入的开票数据内容应与实际交易相符,如不相符应及时修改完善销售平台系统。

(3) 不符合规定的发票不得作为税收凭证用于办理涉税业务,如计税、退税、抵免等。增值税纳税人购买货物、劳务、服务、无形资产或不动产,索取增值税专用发票时,须向销售方提供购买方名称(不得为自然人)、纳税人识别号或统一社会信用代码、地址电话、开户行及账号信息,不需要提供营业执照、税务登记证、组织机构代码证、开户许可证、增值税一般纳税人资格登记表等相关证件或其他证明材料。

针对税收实际管征中发现的部分销售方允许购买方可通过其销售平台,自行选择需要开具发票的商品服务名称等内容,并按照购买方的要求开具与实际经营业务不符的发票问题,《国家税务总局关于增值税发票开具有关问题的公告》(国家税务总局公告 2017 年第 16 号)明确规定,自 2017 年 7 月 1 日起,购买方为企业的,索取增值税普通发票时,应向销售方提供纳税人识别号或统一社会信用代码;销售方为其开具增值税普通发票时,

应在"购买方纳税人识别号"栏填写购买方的纳税人识别号或统一社会信用代码。不符合规定的发票,不得作为税收凭证。本公告所称企业,包括公司、非公司制企业法人、企业分支机构、个人独资企业、合伙企业和其他企业。另根据2017年7月6日国家税务总局货物和劳务税司有关负责人就增值税发票开具有关问题的答问,国家税务总局公告2017年第16号仅适用于通过增值税税控开票系统开具的增值税普通发票,对于使用印有企业名称发票的行业,如电商、成品油经销等,可暂不填写购买方纳税人识别号,仍按照企业现有方式开具发票。如果购买的商品种类较多,销售方可以汇总开具增值税普通发票。购买方可凭汇总开具的增值税普通发票以及购物清单或小票作为税收凭证。

除企业之外的所有个人消费者、个体工商户以及行政机关、事业单位、社会团体等非企业性单位购买货物、劳务、服务、无形资产或不动产,索取增值税普通发票时,均无需向销售方提供纳税人识别号、地址电话、开户行及账号信息,也不需要提供相关证件或其他证明材料。

(4)纳税人应在发生增值税纳税义务时开具发票。

(5)单位和个人在开具发票时,必须做到按照号码顺序填开,填写项目齐全,内容真实,字迹清楚,全部联次一次打印,内容完全一致,并在发票联和抵扣联加盖发票专用章。

开具发票应当使用中文。民族自治地方可以同时使用当地通用的一种民族文字。

(6)国家税务总局编写了《商品和服务税收分类与编码(试行)》,并在新系统中增加了商品和服务税收分类与编码相关功能。使用新系统的增值税纳税人,应使用新系统选择相应的商品和服务税收分类与编码开具增值税发票。

(7)纳税人应在互联网连接状态下在线使用新系统开具增值税发票,新系统可自动上传已开具的发票明细数据。

纳税人因网络故障等原因无法在线开票的,在税务机关设定的离线开票时限和离线开具发票总金额范围内仍可开票,超限将无法开具发票。纳税人开具发票次月仍未连通网络上传已开具发票明细数据的,也将无法开具发票。纳税人需连通网络上传发票数据后方可开票,若仍无法连通网络的,需携带专用设备到税务机关进行征期报税或非征期报税后方可开票。

纳税人已开具未上传的增值税发票为离线发票。离线开票时限是指自第一份离线发票开具时间起开始计算可离线开具的最长时限。离线开票总金额是指可开具离线发票的累计不含税总金额,离线开票总金额按不同票种分别计算。

纳税人离线开票时限和离线开票总金额的设定标准及方法由各省、自治区、直辖市和计划单列市国家税务局确定。

按照有关规定不使用网络办税或不具备网络条件的特定纳税人,以离线方式开具发票,不受离线开票时限和离线开具发票总金额限制。

(8)任何单位和个人不得有下列虚开发票行为:

① 为他人、为自己开具与实际经营业务情况不符的发票。

② 让他人为自己开具与实际经营业务情况不符的发票。

③ 介绍他人开具与实际经营业务情况不符的发票。

(9) 取得增值税发票的单位和个人可登录全国增值税发票查验平台(https://inv-veri. chinatax. gov. cn),对新系统开具的增值税专用发票、增值税普通发票、机动车销售统一发票和增值税电子普通发票的发票信息进行查验。单位和个人通过网页浏览器首次登录平台时,应下载安装根证书文件,查看平台提供的发票查验操作说明。

(10) 一般纳税人有下列情形之一的,不得使用增值税专用发票:

第一,会计核算不健全,不能向税务机关准确提供增值税销项税额、进项税额、应纳税额数据及其他有关增值税税务资料的。上列其他有关增值税税务资料的内容,由省、自治区、直辖市和计划单列市国家税务局确定。

第二,应当办理一般纳税人资格登记而未办理的。

第三,有《中华人民共和国税收征收管理法》规定的税收违法行为,拒不接受税务机关处理的。

第四,有下列行为之一,经税务机关责令限期改正而仍未改正的:

① 虚开增值税专用发票。

② 私自印制增值税专用发票。

③ 向税务机关以外的单位和个人买取增值税专用发票。

④ 借用他人增值税专用发票。

⑤ 未按《增值税专用发票使用规定》第十一条开具增值税专用发票。

⑥ 未按规定保管增值税专用发票和专用设备。

⑦ 未按规定申请办理防伪税控系统变更发行。

⑧ 未按规定接受税务机关检查。

有上列情形的,如已领取增值税专用发票,主管税务机关应暂扣其结存的增值税专用发票和税控专用设备。

(11) 属于下列情形之一的,不得开具增值税专用发票:

第一,向消费者个人销售货物、提供应税劳务或者发生应税行为的。

第二,销售货物、提供应税劳务或者发生应税行为适用增值税免税规定的,法律、法规及国家税务总局另有规定的除外。

第三,部分适用增值税简易征收政策规定的:

① 增值税一般纳税人的单采血浆站销售非临床用人体血液选择简易计税的。

② 纳税人销售旧货,按简易办法依 3% 征收率减按 2% 征收增值税的。

③ 纳税人销售自己使用过的固定资产,适用按简易办法依 3% 征收率减按 2% 征收增值税政策的。

纳税人销售自己使用过的固定资产,适用简易办法依照 3% 征收率减按 2% 征收增值税政策的,可以放弃减税,按照简易办法依照 3% 征收率缴纳增值税,并可以开具增值税专用发票。

第四,法律、法规及国家税务总局规定的其他情形。

(12) 增值税专用发票应按下列要求开具:

① 项目齐全,与实际交易相符。

② 字迹清楚,不得压线、错格。

③ 发票联和抵扣联加盖发票专用章。

④ 按照增值税纳税义务的发生时间开具。

不符合上列要求的增值税专用发票,购买方有权拒收。

(13) 一般纳税人销售货物、提供加工修理修配劳务和发生应税行为可汇总开具增值税专用发票。汇总开具增值税专用发票的,同时使用新系统开具《销售货物或者提供应税劳务清单》,并加盖发票专用章。

(14) 纳税人丢失增值税专用发票的,按以下方法处理:

① 一般纳税人丢失已开具增值税专用发票的抵扣联,如果丢失前已认证相符的,可使用增值税专用发票发票联复印件留存备查,如果丢失前未认证的,可使用增值税专用发票发票联认证,增值税专用发票发票联复印件留存备查。

② 一般纳税人丢失已开具增值税专用发票的发票联,可将增值税专用发票抵扣联作为记账凭证,增值税专用发票抵扣联复印件留存备查。

③ 一般纳税人丢失已开具增值税专用发票的发票联和抵扣联,如果丢失前已认证相符的,购买方可凭销售方提供的相应增值税专用发票记账联复印件及销售方主管税务机关出具的《丢失增值税专用发票已报税证明单》或《丢失货物运输业增值税专用发票已报税证明单》(简称《证明单》),作为增值税进项税额的抵扣凭证;如果丢失前未认证的,购买方凭销售方提供的相应增值税专用发票记账联复印件进行认证,认证相符的可凭增值税专用发票记账联复印件及销售方主管税务机关出具的《证明单》,作为增值税进项税额的抵扣凭证。增值税专用发票记账联复印件和《证明单》留存备查。

(15) 纳税人在开具增值税专用发票当月,发生销货退回、开票有误等情形,收到退回的发票联、抵扣联符合作废条件的,按作废处理;开具时发现有误的,可即时作废。

作废增值税专用发票须在新系统中将相应的数据电文按"作废"处理,在纸质增值税专用发票(含未打印的增值税专用发票)各联次上注明"作废"字样,全联次留存。

同时具有下列情形的,为本条所称作废条件:

① 收到退回的发票联、抵扣联,且时间未超过销售方开票当月。

② 销售方未抄税且未记账。

③ 购买方未认证,或者认证结果为"纳税人识别号认证不符""增值税专用发票代码、号码认证不符"。

(16) 纳税人开具增值税专用发票后,发生销货退回、开票有误、应税服务中止等情形但不符合发票作废条件,或者因销货部分退回及发生销售折让,需要开具红字增值税专用发票的,按以下方法处理:

① 购买方取得增值税专用发票已用于申报抵扣的,购买方可在新系统中填开并上传《开具红字增值税专用发票信息表》(简称《信息表》),在填开《信息表》时不填写相对应的蓝字增值税专用发票信息,应暂依《信息表》所列增值税税额从当期进项税额中转出,待取得销售方开具的红字增值税专用发票后,与《信息表》一并作为记账凭证。

购买方取得增值税专用发票未用于申报抵扣、但发票联或抵扣联无法退回的,购买方填开《信息表》时应填写相对应的蓝字增值税专用发票信息。

销售方开具增值税专用发票尚未交付购买方,以及购买方未用于申报抵扣并将发票联及抵扣联退回的,销售方可在新系统中填开并上传《信息表》。销售方填开《信息表》时应填写相对应的蓝字增值税专用发票信息。

② 主管税务机关通过网络接收纳税人上传的《信息表》,系统自动校验通过后,生成带有"红字发票信息表编号"的《信息表》,并将信息同步至纳税人端系统中。

③ 销售方凭税务机关系统校验通过的《信息表》开具红字增值税专用发票,在新系统中以销项负数开具。红字增值税专用发票应与《信息表》一一对应。

④ 纳税人也可凭《信息表》电子信息或纸质资料到税务机关对《信息表》内容进行系统校验。

(17) 纳税人开具增值税普通发票后,如发生销货退回、开票有误、应税服务中止等情形但不符合发票作废条件,或者因销货部分退回及发生销售折让,需要开具红字发票的,应收回原发票并注明"作废"字样或取得对方有效证明。

纳税人需要开具红字增值税普通发票的,可以在所对应的蓝字发票金额范围内开具多份红字发票。红字机动车销售统一发票需与原蓝字机动车销售统一发票一一对应。

四、增值税发票开具有关问题

(一) 商品和服务税收分类与编码如何编制

为加快税收现代化建设,方便纳税人便捷、规范地开具增值税发票,有利于税务机关加强增值税征收管理,国家税务总局编写了《商品和服务税收分类与编码(试行)》,并在增值税发票管理新系统中增加了编码相关功能。自 2016 年 5 月 1 日起,纳入新系统推行范围的营改增纳税人及新办纳税人,按照编码开具增值税发票。自 2018 年 1 月 1 日起,纳税人通过增值税发票管理新系统开具增值税发票(包括增值税专用发票、增值税普通发票、增值税电子普通发票)时,商品和服务税收分类编码对应的简称会自动显示并打印在发票票面"货物或应税劳务、服务名称"或"项目"栏次中。

税收编码分为税收分类编码和企业自定义代码。企业自定义代码由 10 层 20 位数字构成。税收分类编码以统计部门的产品代码和国民经济行业代码为基础,涵盖包括本次营改增试点征收品目在内的所有增值税征收范围(见表 1-2),兼顾现行有关增值税、消费税的相关政策;适用税率、简易征收、增值税优惠政策、消费税、其他特殊管理政策。编码由 19 位数字构成,分篇、类、章、节、条、款、项、目、子目、细目 10 层,共计 4 140 项。

(1) 5 大类:按货物、劳务、销售服务、无形资产和不动产归类。

(2) 4 140 项:3 487 个明细开票项,653 个汇总项。

(3) 829 个增值税优惠政策及特殊管理要求。

(4) 76 个消费税管理政策。

(5) 对应 2.8 万个统计局的产品和劳务。

货物和劳务分类编码表由总局统一维护,未经同意,任何人不得变动。纳税人不得修改目前总局已有的编码,允许纳税人自行修改的编码,只能是在现有商品和服务分类再细分的情况下,在已有编码基础上增加下一层编码,纳税人自行增加的编码为系统自动赋码,如:包装饮用水(103030704),纳税人可以在这个基础上增加:10303070401 代表农夫山泉,10303070402 代表雀巢纯净水。税务机关做后期开票量统计分析时,按照"纳税人识别号+总局编码+纳税人增加编码"为要素采集并统计数据。

除特殊纳税人可以按汇总项开票外,其他纳税人在开票时均不允许按上一级代码开具发票。

目前只有电信服务及国家税务总局明确的其他服务,开具发票时可以选择上级节点开票,具体要求:开具专用发票时,项目名称可按照"基础电信服务""增值电信服务"汇总项开具;开具普通发票时,可以按照"电信服务"汇总项开具。

货物和劳务分类编码由 19 位代码组成,分 10 级,第 1 级为货物和劳务分类代码,由 1 位数字组成;第 2 至第 19 位每 2 位为一级。

表 1-2 税收编码系统

编码										合并编码	商品和服务名称
篇	类	章	节	条	款	项	目	子目	细目		
1	01	01	15							10101150000000000	水果及坚果
1	01	01	15	01						10101150100000000	水果(园林水果)
1	01	01	15	01	01					10101150101000000	苹果
1	01	01	15	01	02					10101150102000000	梨
1	01	01	15	01	03					10101150103000000	柑橘类水果
1	01	01	15	01	04					10101150104000000	葡萄
1	01	01	15	01	05					10101150105000000	香蕉
1	01	01	15	01	06					10101150106000000	菠萝
1	01	01	15	01	07					10101150107000000	龙眼

税收编码系统涉及税务端和企业端,如表 1-3 所示。

表 1-3 税收编码系统的税务端和企业端

系统	税务端	企业端
需求	(1)增强税务机关信息化管理能力,大数据应用; (2)编码与海关代码、统计部门的产品代码及行业代码等挂钩,具有比对和统计分析功能; (3)编码编制留有空间,相关功能逐步完善	(1)纳税人一次性维护,日常开票时自动调用编码的方式,不改变纳税人日常开票习惯,不影响纳税人开票效率; (2)配有关键字索引和模糊查询功能,并有随机说明,方便纳税人查阅及选用; (3)编码与适用税率、优惠政策挂钩,有助于防止纳税人错用税率

（续表）

系统	税务端	企业端
变动情况	(1) 货运税控系统增加商品和服务税收分类与编码管理模块； (2) 防伪税控系统增加税收编码查询同步模块和数据库中增加税收编码字段； (3) 电子底账系统增加商品和服务税收分类与编码查询模块，在后期增加统计分析功能模块	(1) 增加编码赋码功能； (2) 除电信企业外，其他纳税人不允许按大类汇总开具； (3) 折扣、折让、价外费用没有单独编码，需按实际商品和服务编码开具发票； (4) 将原票面上的税率为 * 的几种情形，细化为"0%""免税""不征税"，进行区分

注意：企业端商品和服务税收分类与编码的升级只涉及开票软件的升级。

下一步工作打算：全面推行税收编码；对已使用税收编码的纳税人进行编码情况、税率执行情况、优惠执行情况、重名分类情况的跟踪分析；初步探索开展带编码增值税发票的后续应用；针对税收编码的宏观分析；针对税收编码的风险管理。

笔者注 根据《国家税务总局关于增值税发票管理若干事项的公告》（国家税务总局公告 2017 年第 45 号）第一条规定，自 2018 年 1 月 1 日起，纳税人通过增值税发票管理新系统开具增值税发票（包括增值税专用发票、增值税普通发票、增值税电子普通发票）时，商品和服务税收分类编码对应的简称会自动显示并打印在发票票面"货物或应税劳务、服务名称"或"项目"栏次中。

（二）差额征税如何开票

《全面推开营改增试点的通知》附件 2《营业税改征增值税试点有关事项的规定》规定：试点纳税人提供有形动产融资性售后回租服务，向承租方收取的有形动产价款本金，不得开具增值税专用发票，可以开具普通发票。试点纳税人提供旅游服务，可以选择以取得的全部价款和价外费用，扣除向旅游服务购买方收取并支付给其他单位或者个人的住宿费、餐饮费、交通费、签证费、门票费和支付给其他接团旅游企业的旅游费用后的余额为销售额。选择上述办法计算销售额的试点纳税人，向旅游服务购买方收取并支付的上述费用，不得开具增值税专用发票，可以开具普通发票。

【政策解读】

按照现行政策规定适用差额征税办法缴纳增值税，且不得全额开具增值税发票的（财政部、国家税务总局另有规定的除外），纳税人自行开具或者税务机关代开增值税发票时，通过新系统中差额征税开票功能，录入含税销售额（或含税评估额）和扣除额，系统自动计算税额和不含税金额，备注栏自动打印"差额征税"字样，发票开具不应与其他项目混开。

【例 1-2】 某纳税人销售商品房适用差额征税。含税销售额 100 万元,扣除额 80 万元,征收率 5%。

$$原营业税=(1\ 000\ 000-800\ 000)\times5\%=10\ 000(元)$$
$$现增值税=(1\ 000\ 000-800\ 000)\times5\%\div(1+5\%)=9\ 523.81(元)$$
$$金额=1\ 000\ 000-9\ 523.81=990\ 476.19(元)$$

差额征税票样如图 1-10 所示。

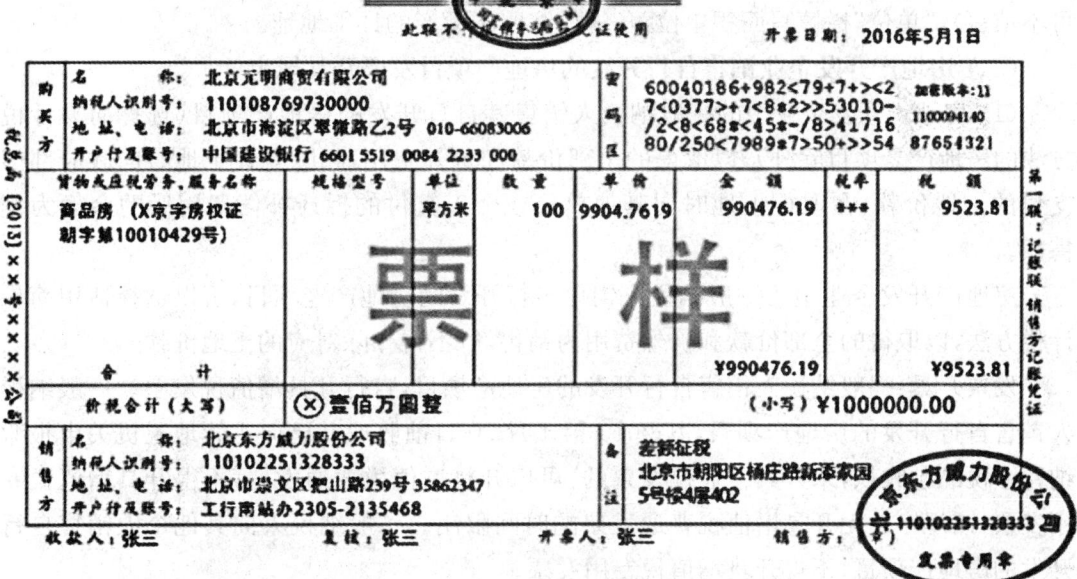

图 1-10 差额征税票样

五、纳税人应如何开具增值税电子普通发票

根据《国家税务总局关于推行通过增值税电子发票系统开具的增值税电子普通发票有关问题的公告》(国家税务总局公告 2015 年第 84 号)规定,使用增值税电子普通发票的纳税人应通过增值税电子发票系统开具。增值税电子普通发票的开票方和受票方需要纸质发票的,可以自行打印增值税电子普通发票的版式文件,其法律效力、基本用途、基本使用规定等与税务机关监制的增值税普通发票相同。

六、纳税人销售建筑服务开具增值税发票有哪些特殊规定

按照《纳税人跨县(市、区)提供建筑服务增值税征收管理暂行办法》有关规定,为加强税收征收管理,明确提供建筑服务,纳税人自行开具或者税务机关代开增值税发票时,应在发票的备注栏注明建筑服务发生地县(市、区)名称及项目名称。

《纳税人跨县(市、区)提供建筑服务增值税征收管理暂行办法》规定:纳税人从取得的

全部价款和价外费用中扣除支付的分包款,应当取得符合法律、行政法规和国家税务总局规定的合法有效凭证,否则不得扣除。该凭证指从分包方取得的 2016 年 5 月 1 日后开具的、备注栏注明建筑服务发生地所在县(市、区)、项目名称的增值税发票。

七、纳税人销售不动产开具增值税发票有哪些规定

(一)销售不动产发票开具基本规定

按照《纳税人转让不动产增值税征收管理暂行办法》的有关规定,进一步加强税收征收管理,明确:销售不动产,纳税人自行开具或者税务机关代开增值税发票时,应在发票"货物或应税劳务、服务名称"栏填写不动产名称及房屋产权证书号码(无房屋产权证书的可不填写),"单位"栏填写面积单位,备注栏注明不动产的详细地址。

(二)房地产开发企业销售自行开发的房地产项目发票开具规定

(1)房地产开发企业中的一般纳税人销售其自行开发的房地产项目(选择简易计税方法的房地产老项目除外),以取得的全部价款和价外费用,扣除受让土地时向政府部门支付的土地价款、在取得土地时向其他单位或个人支付的拆迁补偿费用后的余额为销售额。

房地产开发企业中的一般纳税人销售自行开发的房地产老项目,可以选择适用简易计税方法,以取得的全部价款和价外费用为销售额,不得扣除对应的土地价款。

发票开具:一般纳税人销售自行开发的房地产项目,自行开具增值税发票。一般纳税人销售自行开发的房地产项目,其 2016 年 4 月 30 日前收取并已向主管地税机关申报缴纳营业税的预收款,未开具营业税发票的,可以开具增值税普通发票,不得开具增值税专用发票,该规定并无开具增值税普通发票的时间限制。一般纳税人向其他个人销售自行开发的房地产项目,不得开具增值税专用发票。

商品和服务税收分类与编码的"6 未发生销售行为的不征税项目",用于纳税人收取款项但未发生销售货物、应税劳务、服务、无形资产或不动产的情形。

"未发生销售行为的不征税项目"下设 601"预付卡销售和充值"、602"销售自行开发的房地产项目预收款"、603"已申报缴纳营业税未开票补开票"。

使用"未发生销售行为的不征税项目"编码,发票税率栏应填写"不征税",不得开具增值税专用发票。

(2)房地产开发企业中的小规模纳税人,销售自行开发的房地产项目,按照 5% 的征收率计税。

发票开具:小规模纳税人销售自行开发的房地产项目,自行开具增值税普通发票。购买方需要增值税专用发票的,小规模纳税人向主管国税机关申请代开。小规模纳税人销售自行开发的房地产项目,其 2016 年 4 月 30 日前收取并已向主管地税机关申报缴纳营业税的预收款,未开具营业税发票的,可以开具增值税普通发票,不得申请代开增值税专用发票,该规定并无开具增值税普通发票的时间限制。小规模纳税人向其他个人销售自行开发的房地产项目,不得申请代开增值税专用发票。

八、不动产经营租赁增值税征收管理有什么特殊规定

(一) 发票备注栏填写要求

按照《纳税人提供不动产经营租赁服务增值税征收管理暂行办法》有关规定,进一步加强税收征收管理,明确:出租不动产,纳税人自行开具或者税务机关代开增值税发票时,应在备注栏注明不动产的详细地址。

(二) 个人出租不动产开票要求

按照《纳税人提供不动产经营租赁服务增值税征收管理暂行办法》有关规定,进一步加强税收征收管理,明确:个人出租不动产适用优惠政策减按 1.5% 征收,纳税人自行开具或者税务机关代开增值税发票时,通过新系统中征收率减按 1.5% 征收开票功能(票样见图 1-11),录入含税销售额,系统自动计算税额和不含税金额。发票开具不应与其他项目混开。

【例 1-3】 某个体户出租住房取得含税租金 1 万元。

$$原营业税 = 10\ 000 \times 1.5\% = 150(元)$$
$$现增值税 = 10\ 000 \div (1+5\%) \times 1.5\% = 142.86(元)$$
$$金额 = 10\ 000 - 142.86 = 9\ 857.14(元)$$

图 1-11　1.5% 征税票样

(三) 跨县(市、区)代开增值税发票要求

按照《纳税人提供不动产经营租赁服务增值税征收管理暂行办法》有关规定,进一步加强税收征收管理,明确:国税机关为跨县(市、区)提供不动产经营租赁服务、建筑服务的小规模纳税人(不包括其他个人),代开增值税发票时,在发票备注栏中自动打印"YD"字样。

九、税务机关代开发票发生了哪些变化

为配合营改增相关政策制度的执行,在原有发票管理制度基础上,税务机关代开发票的规定相应发生了较大的变化。

(一) 代开机关的变化

(1) 按照《营改增委托地税机关代征税款和代开增值税发票的公告》(国家税务总局公告 2016 年第 19 号)、《国家税务总局关于营业税改征增值税委托税务局代征税款和代开增值税发票的通知》(税总发〔2016〕145 号)有关规定,为保证营改增工作平稳顺利,方便纳税人办税,明确部分业务由地税机关负责代开增值税发票。小规模纳税人销售取得的不动产以及其他个人出租不动产,购买方或承租方不属于其他个人,纳税人缴纳增值税后,可以申请税务局代开增值税专用发票。不能自开增值税普通发票的小规模纳税人销售取得的不动产,以及其他个人出租不动产,可以申请税务局代开增值税普通发票。

(2) 按照《纳税人跨县(市、区)提供建筑服务增值税征收管理暂行办法》(国家税务总局公告 2016 年第 17 号)有关规定:小规模纳税人跨县(市、区)提供建筑服务,不能自行开具增值税发票的,可向建筑服务发生地主管国税机关按照其取得的全部价款和价外费用申请代开增值税发票。

按照《纳税人提供不动产经营租赁服务增值税征收管理暂行办法》(国家税务总局公告 2016 年第 16 号)有关规定,小规模纳税人中的单位和个体工商户出租不动产,不能自行开具增值税发票的,可向不动产所在地主管国税机关申请代开增值税发票。

(二) 代开对象的变化

《税务机关代开增值税专用发票管理办法(试行)》(国税发〔2004〕153 号)规定:代开专用发票是指主管税务机关为所辖范围内的增值税纳税人(是指已办理税务登记的小规模纳税人,包括个体经营者以及国家税务总局确定的其他可予代开增值税专用发票的纳税人)代开专用发票,其他单位和个人不得代开。

为保障增值税抵扣链条完整,减轻纳税人税收负担,《国家税务总局关于营业税改征增值税委托地税机关代征税款和代开增值税发票的公告》(国家税务总局公告 2016 年第 19 号)规定,自 2016 年 5 月 1 日起,根据《中华人民共和国税收征收管理法》《财政部 国家税务总局关于全面推开营业税改征增值税试点的通知》(财税〔2016〕36 号)和《国家税务总局关于加强国家税务局、地方税务局互相委托代征税收的通知》(税总发〔2015〕155 号)等有关规定,国家税务总局决定,营业税改征增值税后由地税机关继续受理纳税人销售其取得的不动产和其他个人出租不动产的申报缴税和代开增值税发票业务,以方便纳税人办税。

根据《国家税务总局关于营业税改征增值税委托税务局代征税款和代开增值税发票的通知》(税总函〔2016〕145 号)规定,其他个人销售取得的不动产以及其他个人出租不动产,购买方或承租方不属于其他个人,纳税人缴纳增值税后,可以申请税务局代开增值税专用发票。另据《国家税务总局关于跨境应税行为免税备案等增值税问题的公告》(国家税务总局公告 2017 年第 30 号)规定,自 2017 年 9 月 1 日起,其他个人委托房屋中介、住房租赁企业等单位出租不动产,需要向承租方开具增值税发票的,可以由受托单位代其向主管地税机关按规定申请代开增值税发票。

《纳税人跨县(市、区)提供建筑服务增值税征收管理暂行办法》(国家税务总局公告2016年第17号)规定:小规模纳税人跨县(市、区)提供建筑服务,不能自行开具增值税发票的,可向建筑服务发生地主管国税机关按照其取得的全部价款和价外费用申请代开增值税发票。

(三) 代开发票票种的变化

国税机关、地税机关全部使用增值税发票管理新系统代开增值税专用发票和增值税普通发票。税务机关代开普通发票使用的通用机打发票、不动产销售统一发票、建筑业统一发票等票种不再使用。

(四) 代开发票增加特殊的计税方法

(1) 按照《纳税人提供不动产经营租赁服务增值税征收管理暂行办法》(国家税务总局公告2016年第16号)有关规定,个人出租住房适用优惠政策减按1.5%征收。

个人出租不动产适用优惠政策减按1.5%征收税额计算公式如下:

$$税额 = 含税销售额 \div (1 + 5\%) \times 1.5\%$$
$$金额 = 价税合计 - 税额$$

(2) 按照现行政策规定适用差额征税办法缴纳增值税,且不得全额开具增值税发票的(财政部、国家税务总局另有规定的除外),纳税人自行开具或者税务机关代开增值税发票时,通过新系统中差额征税开票功能,录入含税销售额(或含税评估额)和扣除额,系统自动计算税额和不含税金额,备注栏自动打印"差额征税"字样,发票开具不应与其他项目混开。

差额征税计算公式如下:

$$税额 = (含税销售额 - 扣除额) \times 税率或征收率 \div (1 + 税率或征收率)$$
$$金额 = 含税销售额 - 税额$$

(五) 小规模纳税人跨县(市、区)提供建筑服务实际预缴税款可能会不等于发票票面注明的税款

《纳税人跨县(市、区)提供建筑服务增值税征收管理暂行办法》(国家税务总局公告2016年第17号)规定:

(1) 小规模纳税人跨县(市、区)提供建筑服务,以取得的全部价款和价外费用扣除支付的分包款后的余额,按照3%的征收率计算应预缴税款。

(2) 小规模纳税人跨县(市、区)提供建筑服务,不能自行开具增值税发票的,可向建筑服务发生地主管国税机关按照其取得的全部价款和价外费用申请代开增值税发票。

【政策解读】

【例1-4】 某小规模纳税人跨县(市、区)提供建筑服务,取得的全部价款和价外费用为100万元,分包款为40万元。

其在项目所在地预缴税款 = $(1\,000\,000 - 400\,000) \times 3\% \div (1 + 3\%) = 17\,475.73$(元)

其向项目所在地国税机关申请代开增值税专用发票,专用发票注明的税款 = $1\,000\,000 \times 3\% \div (1 + 3\%) = 29\,126.21$(元)。

十、税务机关代开发票有哪些基本规定

(一) 代开发票范围

(1) 已办理税务登记的小规模纳税人(包括个体工商户)以及国家税务总局确定的其他可予代开增值税专用发票的纳税人,发生增值税应税行为,可以申请代开增值税专用发票。

(2) 有下列情形之一的,可以向税务机关申请代开增值税普通发票:

① 被税务机关依法收缴发票或者停止发售发票的纳税人,取得经营收入需要开具增值税普通发票的。

② 正在申请办理税务登记的单位和个人,对其自领取营业执照之日起至取得税务登记证件期间发生的业务收入需要开具增值税普通发票的。

③ 应办理税务登记而未办理的单位和个人,主管税务机关应当依法予以处理,并在补办税务登记手续后,对其自领取营业执照之日起至取得税务登记证件期间发生的业务收入需要开具增值税普通发票的。

④ 依法不需要办理税务登记的单位和个人,临时取得收入,需要开具增值税普通发票的。

(二) 代开发票种类

国税机关和地税机关使用新系统代开增值税专用发票和增值税普通发票。代开增值税专用发票使用六联票,代开增值税普通发票使用五联票。

国税机关为增值税纳税人代开的增值税专用发票中,第五联代开发票岗位留存,以备发票的扫描补录;第六联交税款征收岗位,用于代开发票税额与征收税款的定期核对;其他联次交增值税纳税人。地税机关为纳税人代开的增值税专用发票,第四联由代开发票岗位留存,以备发票扫描补录;第五联交征收岗位留存,用于代开发票与征收税款的定期核对;其他联次交纳税人。

税务机关代开发票部门通过新系统代开增值税发票,系统自动在发票上打印"代开"字样。

(三) 月销售额不超过 3 万元(按季纳税 9 万元)的增值税小规模纳税人代开增值税专用发票税款有关问题

增值税小规模纳税人月销售额不超过 3 万元(按季纳税 9 万元)的,当期因代开增值税专用发票(含货物运输业增值税专用发票)已经缴纳的税款,在增值税专用发票全部联次追回或者按规定开具红字增值税专用发票后,可以向主管税务机关申请退还。

(四) 印章加盖要求

增值税纳税人应在代开增值税专用发票的备注栏上,加盖本单位的发票专用章(为其他个人代开的特殊情况除外)。税务机关在代开增值税普通发票以及为其他个人代开增值税专用发票的备注栏上,加盖税务机关代开发票专用章。

十一、税务机关代开发票有哪些特殊规定

(一) 国税机关代开发票具体规定

1. 国税机关代开发票岗位填开增值税发票要求

(1) "单价"和"金额"栏分别填写不含增值税税额的单价和销售额。

(2)"税率"栏填写增值税征收率。

(3)"销售方名称"栏填写代开税务机关名称。

(4)"销售方纳税人识别号"栏填写代开税务机关的统一代码。

(5)"销售方开户行及账号"栏填写税收完税凭证字轨及号码或系统税票号码(免税代开增值税普通发票可不填写)。

(6)备注栏:

① 备注栏内注明纳税人名称和纳税人识别号。

② 税务机关为跨县(市、区)提供不动产经营租赁服务、建筑服务的小规模纳税人(不包括其他个人),代开增值税发票时,在发票备注栏中自动打印"YD"字样。

③ 税务机关为纳税人代开建筑服务发票时应在发票的备注栏注明建筑服务发生地县(市、区)名称及项目名称。

④ 税务机关为个人保险代理人汇总代开增值税发票时,应在备注栏内注明"个人保险代理人汇总代开"字样。

⑤ 税务机关为出售或出租不动产代开发票时应在备注栏注明不动产的详细地址。

(7)代开增值税普通发票的,购买方为自然人或符合下列4项条件之一的单位(机构),纳税人识别号可不填写:

① 我国在境外设立的组织机构。

② 非常设组织机构。

③ 组织机构的内设机构。

④ 军队、武警部队的序列单位等。

2. 国税机关代开发票办理流程

(1)在税务局委托税务局代征税费的办税服务厅,纳税人按照以下次序办理:

① 在税务局办税服务厅指定窗口:

a. 提交《代开增值税发票缴纳税款申报单》。

b. 自然人申请代开发票,提交身份证件及复印件。

其他纳税人申请代开发票,提交加载统一社会信用代码的营业执照(或税务登记证或组织机构代码证)、经办人身份证件及复印件。

② 在同一窗口申报缴纳增值税等有关税费。

③ 在同一窗口领取发票。

(2)在国税地税合作、共建的办税服务厅,纳税人按照以下次序办理:

① 在办税服务厅国税指定窗口:

a. 提交《代开增值税发票缴纳税款申报单》。

b. 自然人申请代开发票,提交身份证件及复印件。

其他纳税人申请代开发票,提交加载统一社会信用代码的营业执照(或税务登记证或组织机构代码证)、经办人身份证件及复印件。

② 在同一窗口缴纳增值税。

③ 到地税指定窗口申报缴纳有关税费。

④ 到国税指定窗口凭相关缴纳税费证明领取发票。

(二) 地税机关代开发票具体规定

增值税小规模纳税人销售其取得的不动产以及其他个人出租不动产,购买方或承租方不属于其他个人的,纳税人缴纳增值税后可以向地税机关申请代开增值税专用发票。不能自开增值税普通发票的小规模纳税人销售其取得的不动产,以及其他个人出租不动产,可以向地税机关申请代开增值税普通发票。

地税机关代开发票岗位应按下列要求填开增值税发票:

(1) "税率"栏填写增值税征收率。免税、差额征税以及其他个人出租其取得的不动产适用优惠政策减按 1.5% 征收的,"税率"栏自动打印"＊＊＊"。

(2) "销售方名称"栏填写代开税务局名称。

(3) "销售方纳税人识别号"栏填写代开发票税务局代码。

(4) "销售方开户行及账号"栏填写税收完税凭证字轨及号码(免税代开增值税普通发票可不填写)。

(5) 备注栏填写销售或出租不动产纳税人的名称、纳税人识别号(或者组织机构代码)、不动产的详细地址。

(6) 差额征税代开发票,通过系统中差额征税开票功能,录入含税销售额(或含税评估额)和扣除额,系统自动计算税额和金额,备注栏自动打印"差额征税"字样。

(7) 纳税人销售其取得的不动产代开发票,"货物或应税劳务、服务名称"栏填写不动产名称及房屋产权证书号码,"单位"栏填写面积单位。

(8) 按照核定计税价格征税的,"金额"栏填写不含税计税价格,备注栏注明"核定计税价格,实际成交含税金额×××元"。

(9) 其他项目按照增值税发票填开的有关规定填写。

(10) 代开发票部门应在代开增值税发票的备注栏上,加盖地税代开发票专用章。

十二、扩大取消增值税发票认证的纳税人范围

增值税发票认证是指通过增值税发票税控系统对增值税发票所包含的数据进行识别、确认。纳税人通过增值税发票税控系统开具发票时,系统会自动将发票上的开票日期、发票号码、发票代码、购买方纳税人识别号、销售方纳税人识别号、金额、税额等要素,经过加密形成防伪电子密文打印在发票上。认证时,税务机关利用扫描仪采集发票上的密文和明文图像,或由纳税人自行采集发票电子信息传送至税务机关,通过认证系统对密文解密还原,再与发票明文进行比对,比对一致则通过认证。

发票认证是税务机关进行纳税申报管理、出口退税审核、发票稽核比对、异常发票核查以及税务稽查的重要依据,在推行"以票控税"、加强税收征管中发挥着重要作用。

一是识别专用发票信息真伪。发票是纳税人开展经营活动的主要记录凭证,承载着商业活动的基本信息。经过专用发票认证,税务部门通过信息比对可以有效识别假发票,防范和打击专用发票违法犯罪。

二是采集纳税人用于申报抵扣税款或出口退税的专用发票信息。增值税专用发票由

于可以抵扣税款,具有金钱符号的性质。很多不法分子铤而走险,倒卖、虚开专用发票,导致国家税款流失,严重破坏市场经济秩序。实施发票认证后,纳税人必须将从销售方获取的进项发票拿到税务局进行认证,认证相符后才能用于抵扣增值税或办理出口退税。

增值税发票认证是防范发票违法犯罪的重要环节,也是办税的"难点""痛点"和"堵点"。全国认证增值税专用发票几亿份,发票认证已成为基层税务机关最繁重的工作之一,同时纳税人往返税务局,要花大量时间、精力进行发票认证后才能准确申报纳税,由于要逐张发票确认,工作量大,往往在申报期造成办税服务厅排队和拥挤。税务部门也在不断简化办税流程,提供自助办税设施,提高税收管理服务信息化水平,方便纳税人办税。

为认真落实《深化国税、地税征管体制改革方案》有关要求,进一步优化纳税服务,完善税收分类管理,国家税务总局前后发布多个政策,决定分步取消A级、B级、C级增值税发票认证,即:

(1)根据《国家税务总局关于纳税信用A级纳税人取消增值税发票认证有关问题的公告》(国家税务总局公告2016年第7号),决定自2016年3月1日起对纳税信用A级增值税一般纳税人取消增值税发票认证,纳税人取得销售方使用增值税发票系统升级版开具的增值税发票(包括增值税专用发票、货物运输业增值税专用发票、机动车销售统一发票,下同),可以不再进行扫描认证,通过增值税发票税控开票软件登录本省增值税发票查询平台,查询、选择用于申报抵扣或者出口退税的增值税发票信息。增值税发票查询平台的登录地址由各省税务局确定并公布。纳税人取得增值税发票,通过增值税发票查询平台未查询到对应发票信息的,仍可进行扫描认证。

(2)根据《国家税务总局关于全面推开营业税改征增值税试点有关税收征收管理事项的公告》(国家税务总局公告2016年第23号),自2016年5月1日起,扩大对纳税信用B级增值税一般纳税人取消增值税发票认证。

①纳税信用B级增值税一般纳税人取得销售方使用新系统开具的增值税发票(包括增值税专用发票、货物运输业增值税专用发票、机动车销售统一发票,下同),可以不再进行扫描认证,登录本省增值税发票查询平台,查询、选择用于申报抵扣或者出口退税的增值税发票信息,未查询到对应发票信息的,仍可进行扫描认证。

②2016年5月1日新纳入营改增试点的增值税一般纳税人,2016年5月至7月不需进行增值税发票认证,登录本省增值税发票查询平台,查询、选择用于申报抵扣或者出口退税的增值税发票信息,未查询到对应发票信息的,可进行扫描认证。2016年8月起,按照纳税信用级别分别适用发票认证的有关规定。

(3)根据《国家税务总局关于按照纳税信用等级对增值税发票使用实行分类管理有关事项的公告》(国家税务总局公告2016年第71号)规定,自2016年12月1日起,决定将取消增值税发票认证的纳税人范围由纳税信用A级、B级的增值税一般纳税人扩大到纳税信用C级的增值税一般纳税人。

对2016年5月1日新纳入营改增试点、尚未进行纳税信用评级的增值税一般纳税人,2017年4月30日前不需进行增值税发票认证,登录本省增值税发票选择确认平台,查询、选择、确认用于申报抵扣或者出口退税的增值税发票信息,未查询到对应发票信息的,可进行扫描认证。

另外,《国家税务总局关于按照纳税信用等级对增值税发票使用实行分类管理有关事项的公告》(国家税务总局公告 2016 年第 71 号)还规定,纳税信用 A 级的纳税人可一次领取不超过 3 个月的增值税发票用量,纳税信用 B 级的纳税人可一次领取不超过 2 个月的增值税发票用量。以上两类纳税人生产经营情况发生变化,需要调整增值税发票用量,手续齐全的,按照规定即时办理。

【政策解读】

取消发票认证是落实《深化国税、地税征管体制改革方案》要求、推进办税便利化改革的重要任务。该方案提出,要创新纳税服务机制,推进办税便利化改革,让纳税人少跑腿、少费时、少花费。国家税务总局细化改革措施,深入开展新一轮"便民办税春风行动",以纳税人关心关注的问题为焦点,推出 10 类 31 项便民办税举措,逐步取消增值税专用发票认证就是其中重要一项改革措施。

增值税发票管理新系统的推行为取消发票认证提供了条件。增值税发票管理新系统将包括增值税普通发票在内的所有增值税发票纳入管理范围,实现购销单位、货物品名等发票全要素信息自动实时采集,形成所有发票的电子底账库。用于申报抵扣或办理出口退税的发票只需与电子底账自动比对,便可确认发票信息的真实性,免去了以往纸质发票必须逐张扫描后解密认证的烦琐程序,特别是解决了有些发票由于票面污损、扫描设备分辨率过低而导致密文无法识别的难题。目前增值税发票管理新系统已覆盖全部一般纳税人,具备了取消专用发票认证的基础条件。

试点的顺利推行确立了取消发票认证的可行性。2015 年 12 月,国家税务总局在浙江省宁波市试点取消增值税专用发票认证,纳税人无须配备扫描仪,只需登录税务局官网的"发票免认证"系统,即可申报抵扣,还可以实现多张发票批量确认。

取消增值税发票认证后,税务机关会将所有使用增值税发票管理新系统开具的增值税发票进行清分并推送至纳税人,纳税人登录本省增值税发票查询平台,销售方开具给纳税人的所有发票信息一目了然,只要查询、选择用于申报抵扣或出口退税的增值税发票信息,即可申报抵扣或办理出口退税,有利于征纳双方减负增效。

一是减轻纳税人办税负担。以往办理发票认证,纳税人需要往返税务局进行认证,即使购买扫描仪等设备,也要逐张扫描,一些大企业每月需要认证的发票多达几万张,需要专人承担此项工作,工作量巨大,费时费力,遇到票面污损、扫描设备分辨率过低导致密文无法识别的,仍需前往税务局排队识别。取消认证后,纳税人不仅节省了购置扫描设备的费用,也节省了大量的时间和精力,办税更轻松、更便捷。

二是保护纳税人合法权益,避免造成损失。一方面,发票在邮寄、传送过程中,容易造成票面毁损,影响发票正常扫描,甚至无法认证,给纳税人带来麻烦。另一方面,由于发生自然灾害、经济纠纷、办税人员生病等特殊情况,会造成纳税人未按期认证发票,无法抵扣税款或办理出口退税。

取消认证后,进项税发票无需扫描,实时比对,没有漏抵的问题,避免了因无法扫描认证给纳税人造成损失。

三是减少基层税务机关窗口办税工作量。认证高峰时办税服务厅的拥挤排队现象已成为历史。

为保障营改增顺利实施,有效缓解大厅压力,减轻纳税人负担,国家税务总局决定,自2016年5月1日起,扩大取消增值税发票认证的纳税人范围,纳税信用B级增值税一般纳税人取消发票认证,此次新纳入营改增试点的增值税一般纳税人,2016年5月至7月期间取消增值税发票认证,8月起按照纳税信用等级分别适用发票认证的有关规定。

十三、发票违章处理的内容主要有哪些

发票违章处理的主要内容有:

(1) 根据《发票管理办法》规定,有下列情形之一的,由税务机关责令改正,可以处1万元以下的罚款;有违法所得的予以没收:

① 应当开具而未开具发票,或者未按照规定的时限、顺序、栏目,全部联次一次性开具发票,或者未加盖发票专用章的。

② 使用税控装置开具发票,未按期向主管税务机关报送开具发票的数据的。

③ 扩大发票使用范围的。

④ 以其他凭证代替发票使用的。

⑤ 跨规定区域开具发票的。

⑥ 未按照规定缴销发票的。

⑦ 未按照规定存放和保管发票的。

(2) 跨规定的使用区域携带、邮寄、运输空白发票,以及携带、邮寄或者运输空白发票出入境的,由税务机关责令改正,可以处1万元以下的罚款;情节严重的,处1万元以上3万元以下的罚款;有违法所得的予以没收。

丢失发票或者擅自损毁发票的,依照前款规定处罚。

(3) 违反《发票管理办法》第二十二条第二款的规定虚开发票的,由税务机关没收违法所得;虚开金额在1万元以下的,可以并处5万元以下的罚款;虚开金额超过1万元的,并处5万元以上50万元以下的罚款;构成犯罪的,依法追究刑事责任。

非法代开发票的,依照前款规定处罚。

(4) 有下列情形之一的,由税务机关处1万元以上5万元以下的罚款;情节严重的,处5万元以上50万元以下的罚款;有违法所得的予以没收:

① 转借、转让、介绍他人转让发票、发票监制章和发票防伪专用品的。

② 知道或者应当知道是私自印制、伪造、变造、非法取得或者废止的发票而受让、开具、存放、携带、邮寄、运输的。

(5) 对违反发票管理法规情节严重构成犯罪的,税务机关应当依法移送司法机关处理。

第四节 │ 营改增一般纳税人进项税额抵扣操作指南

一、基本规定

(一) 什么是增值税进项税额

进项税额是指纳税人购进货物、加工修理修配劳务、服务、无形资产或者不动产,支付或者负担的增值税额。

增值税一般纳税人适用一般计税方法的,以当期销项税额抵扣当期进项税额后的余额为当期应纳税额。

笔者注 当期销项税额小于当期进项税额不足抵扣时,其不足部分可以结转下期继续抵扣。

【例 1-5】 某房地产企业为增值税一般纳税人,选择适用一般计税方式,2016 年 10 月 8 日,购进建筑服务,取得的增值税专用发票上注明的税额为 100 万元,则 100 万元为该纳税人当期的进项税额。

(二) 哪些进项税额准予从销项税额中抵扣

下列进项税额准予从销项税额中抵扣:

(1) 从销售方取得的《增值税专用发票》(含税控《机动车销售统一发票》)上注明的增值税额。

(2) 从海关取得的《海关进口增值税专用缴款书》上注明的增值税额。

(3) 购进农产品,全部取得《增值税专用发票》或《海关进口增值税专用缴款书》,可以按照注明的增值税额进行抵扣。未全部取得的,采取《农产品增值税进项税额核定扣除办法》进行抵扣。

(4) 从境外单位或者个人购进服务、无形资产或者不动产,自税务机关或者扣缴义务人取得的解缴税款的完税凭证上注明的增值税额。

笔者注 (1) 根据《国家税务总局关于进一步明确营改增有关征管问题的公告》(国家税务总局公告 2017 年第 11 号)规定:"自 2017 年 7 月 1 日起,增值税一般纳税人取得的 2017 年 7 月 1 日及以后开具的增值税专用发票和机动车销售统一发票,应自开具之日起 360 日内认证或登录增值税发票选择确认平台进行确认,并在规定的纳税申报期内,向主管国税机关申报抵扣进项税额。

增值税一般纳税人取得的 2017 年 7 月 1 日及以后开具的海关进口增值税专用缴款书,应自开具之日起 360 日内向主管国税机关报送《海关完税凭证抵扣清单》,

申请稽核比对。

纳税人取得的 2017 年 6 月 30 日前开具的增值税扣税凭证,仍按《国家税务总局关于调整增值税扣税凭证抵扣期限有关问题的通知》(国税函〔2009〕617 号)规定的期限(180 日)执行。"

(2) 根据《交通运输部 国家税务总局关于收费公路通行费增值税电子普通发票开具等有关事项的公告》(交通运输部 国家税务总局公告 2017 年第 66 号)规定:"增值税一般纳税人取得符合规定的通行费电子发票后,应当自开具之日起 360 日内登录本省(区、市)增值税发票选择确认平台,查询、选择用于申报抵扣的通行费电子发票信息。

按照有关规定不适用网络办税的特定纳税人,可以持税控设备前往主管国税机关办税服务厅,由税务机关工作人员通过增值税发票选择确认平台(税务局端)为其办理通行费电子发票选择确认。

收费公路通行费增值税进项税额抵扣政策按照国务院财税主管部门有关规定执行。"

【例 1-6】 某房地产企业增值税一般纳税人 2018 年 5 月取得一份购进广告服务增值税专用发票,发票上注明金额 100 万元,税额 6 万元,并于当月在增值税发票查询平台对该发票进行了勾选确认。该纳税人应于 11 月申报期内申报抵扣进项税额 6 万元。会计处理如下:

借:销售费用——广告费   1 000 000

应交税费——应交增值税(进项税额)   60 000

贷:银行存款   1 060 000

(三) 哪些进项税额不得从销项税额中抵扣

下列情形的进项税额不得从销项税额中抵扣:

第一种情形:纳税人取得的增值税扣税凭证不符合法律、行政法规或者国家税务总局有关规定的,其进项税额不得从销项税额中抵扣。

纳税人凭完税凭证抵扣进项税额的,应当具备书面合同、付款证明和境外单位的对账单或者发票。资料不全的,其进项税额不得从销项税额中抵扣。

【例 1-7】 A 房地产企业为增值税一般纳税人,2018 年 5 月境外 B 企业向其提供项目设计服务,A 房地产企业在主管税务机关为 B 企业代扣代缴增值税 60 000 元,但 A 房地产企业不能够提供与该业务相关的境外单位的对账单或者发票。故该笔进项税额不得抵扣。会计处理如下:

借:开发成本——前期费用(设计费)   60 000

贷:银行存款   60 000

第二种情形:用于简易计税方法计税项目的购进货物、加工修理修配劳务、服务、无形资产和不动产。

简易计税方法是指一般纳税人发生财政部和国家税务总局规定的特定应税行为，可以选择适用简易计税方法计税，适用简易计税方法计税的一般纳税人，其取得的用于简易计税方法计税项目的进项税额不得抵扣。例如：房地产开发企业一般纳税人销售自行开发的房地产老项目、一般纳税人为建筑工程老项目提供的建筑服务等。

【例 1-8】　某房地产企业为增值税一般纳税人，2018 年 5 月购买材料，取得增值税专用发票注明金额 100 000 元，进项税额 16 000 元，该批材料用于适用简易计税方法的房地产老项目，该笔进项税额不得抵扣，应直接计入成本。会计处理如下：

借：原材料或开发成本等相关科目　　　　　　　　　　　　　　　　116 000
　　贷：银行存款或应付账款等相关科目　　　　　　　　　　　　　　116 000

第三种情形：用于免征增值税项目的购进货物、加工修理修配劳务、服务、无形资产和不动产。

免征增值税是指财政部及国家税务总局规定的免征增值税的项目。例如：为了配合国家住房制度改革，企业、行政事业单位按房改成本价、标准价出售住房取得的收入，农业生产者销售的自产农产品等。

第四种情形：用于集体福利的购进货物、加工修理修配劳务、服务、无形资产和不动产。

集体福利是指纳税人为内部职工提供的各种内设福利部门所发生的设备、设施等费用，包括职工食堂、职工浴室、理发室、医务所、托儿所、疗养院等集体福利部门的设备、设施及维修保养费用。

第五种情形：用于个人消费的购进货物、加工修理修配劳务、服务、无形资产和不动产。

个人消费是指纳税人内部职工个人消费的货物、劳务及服务等所发生的费用。例如：交际应酬消费、职工个人的车辆加油费等。纳税人的交际应酬消费属于个人消费。

上述第二至五种情形其中涉及的固定资产、无形资产、不动产，仅指专用于上述项目的固定资产、无形资产（不包括其他权益性无形资产）、不动产。若纳税人取得的进项税额同时用于正常缴纳增值税项目和简易计税方法计税项目、免征增值税项目、集体福利或者个人消费的，则进项税额可以抵扣。

第六种情形：非正常损失的购进货物，以及相关的加工修理修配劳务和交通运输服务。

非正常损失的购进货物是指因管理不善造成货物被盗、丢失、霉烂变质，以及因违反法律法规造成货物被依法没收、销毁、拆除的。该货物及相关的加工修理修配劳务和交通运输服务所对应的进项税额不得抵扣。

【例 1-9】　某房地产企业为选择一般计税方法的增值税一般纳税人，2018 年 5 月因管理不善一批甲供材料霉烂变质，该批材料购买时，取得增值税专用发票注明金额 100 000 元，进项税额 16 000 元，该笔进项税额已抵扣。假设无相关责任人赔偿，则该批材料的进项税额如何处理？

非正常损失的购进货物,其取得的进项税额不得抵扣,故该笔进项税额应做进项税额转出处理。会计处理如下:

借:待处理财产损溢——待处理流动资产损溢　　　　　116 000
　贷:原材料或相关科目　　　　　　　　　　　　　100 000
　　　应交税费——应交增值税(进项税额转出)　　　16 000
借:管理费用　　　　　　　　　　　　　　　　　116 000
　贷:待处理财产损溢——待处理流动资产损溢　　　116 000

第七种情形:非正常损失的在产品、产成品所耗用的购进货物(不包括固定资产)、加工修理修配劳务和交通运输服务。

非正常损失的在产品、产成品所耗用的购进货物、加工修理修配劳务和交通运输服务是指因管理不善造成在产品、产成品被盗、丢失、霉烂变质,以及因违反法律法规造成在产品、产成品被依法没收、销毁、拆除的。该在产品、产成品所耗用的购进货物、加工修理修配劳务和交通运输服务所对应的进项税额不得抵扣。

第八种情形:非正常损失的不动产,以及该不动产所耗用的购进货物、设计服务和建筑服务。

非正常损失的不动产是指因管理不善造成不动产被盗、丢失、霉烂变质,以及因违反法律法规造成不动产被依法没收、销毁、拆除的。该不动产以及该不动产所耗用的购进货物、设计服务和建筑服务所对应的进项税额不得抵扣。

上述所称货物,是指构成不动产实体的材料和设备,包括建筑装饰材料和给排水、采暖、卫生、通风、照明、通讯、煤气、消防、中央空调、电梯、电气、智能化楼宇设备及配套设施。

第九种情形:非正常损失的不动产在建工程所耗用的购进货物、设计服务和建筑服务。

纳税人新建、改建、扩建、修缮、装饰不动产,均属于不动产在建工程。非正常损失的不动产在建工程所耗用的购进货物、设计服务和建筑服务是指因管理不善造成不动产在建工程被盗、丢失、霉烂变质,以及因违反法律法规造成不动产在建工程被依法没收、销毁、拆除的。该不动产在建工程所耗用的购进货物、设计服务和建筑服务所对应的进项税额不得抵扣。所称货物,是指构成不动产实体的材料和设备,包括建筑装饰材料和给排水、采暖、卫生、通风、照明、通讯、煤气、消防、中央空调、电梯、电气、智能化楼宇设备及配套设施。

第十种情形:购进的旅客运输服务。

旅客运输服务是指客运服务,包括通过陆路运输、水路运输、航空运输为旅客个人提供的客运服务。纳税人取得的旅客运输服务的进项税额不得抵扣。

【例1-10】 某房地产企业为选择一般计税方法的增值税一般纳税人,2018年5月,职工报销差旅费,其中报销交通费用(飞机票)11 000元,取得增值税专用发票注明金额10 000元,进项税额1 000元。则该笔旅客运输对应的进项税额如何处理?

纳税人购进的旅客运输服务,对应的进项税额不得抵扣,故该笔进项税额应直接计入相关损益类科目,不得抵扣。会计处理如下:

  借：管理费用或相关科目   11 000
    贷：其他应收款——××   11 000

  第十一种情形：购进的贷款服务。

  贷款服务是指将资金贷与他人使用而取得利息收入的业务活动。例如：银行提供的贷款服务、金融商品持有期间利息收入、信用卡透支利息收入、买入返售金融商品利息收入、融资融券收取的利息收入，以及融资性售后回租、押汇、罚息、票据贴现、转贷等业务取得的利息及利息性质的收入。纳税人取得的贷款服务的进项税额不得抵扣。

  第十二种情形：购进的餐饮服务。

  餐饮服务是指通过同时提供饮食和饮食场所的方式为消费者提供饮食消费服务的业务活动，纳税人取得的餐饮服务的进项税额不得抵扣。

  第十三种情形：购进的居民日常服务。

  居民日常服务是指主要为满足居民个人及其家庭日常生活需求提供的服务，包括市容市政管理、家政、婚庆、养老、殡葬、照料和护理、救助救济、美容美发、按摩、桑拿、氧吧、足疗、沐浴、洗染、摄影扩印等服务。纳税人取得的居民日常服务的进项税额不得抵扣。

  第十四种情形：购进的娱乐服务。

  娱乐服务是指为娱乐活动同时提供场所和服务的业务。具体包括：歌厅、舞厅、夜总会、酒吧、台球、高尔夫球、保龄球、游艺(包括射击、狩猎、跑马、游戏机、蹦极、卡丁车、热气球、动力伞、射箭、飞镖)。纳税人取得的娱乐服务的进项税额不得抵扣。

(四) 取得的不动产和不动产在建工程怎样抵扣

  1. 基本规定

  (1) 适用一般计税方法的试点纳税人，2016 年 5 月 1 日后取得并在会计制度上按固定资产核算的不动产或者 2016 年 5 月 1 日后取得的不动产在建工程，其进项税额应自取得之日起分 2 年从销项税额中抵扣，第一年抵扣比例为 60%，第二年抵扣比例为 40%。

  ① 抵扣时间。60% 的部分于取得扣税凭证的当期从销项税额中抵扣；40% 的部分为待抵扣进项税额，于取得扣税凭证的当月起第 13 个月从销项税额中抵扣。

  ② 取得的形式。取得不动产，包括以直接购买、接受捐赠、接受投资入股、自建以及抵债等各种形式取得不动产，不包括房地产开发企业自行开发的房地产项目。房地产开发企业自行开发的房地产项目，是指房地产开发企业在依法取得土地使用权的土地上进行基础设施和房屋建设的行为。房地产开发企业以接盘等形式购入未完工的房地产项目继续开发后，以自己的名义立项销售的，也属于销售自行开发的房地产项目。

  ③ 融资租入的不动产以及在施工现场修建的临时建筑物、构筑物，其进项税额不适用分 2 年抵扣的规定。

  融资租入的不动产即出租人根据承租人要求购入不动产租赁给承租人，合同期内租赁物所有权属于出租人，承租人只拥有使用权，合同期满付清租金后，承租人有权按照残值购入租赁物，以拥有其所有权。不论出租人是否将租赁物销售给承租人，均属于融资租赁行为。

  施工现场修建的临时建筑物、构筑物，包括在施工现场修建的临时工棚、简易住房等。

【例1-11】 2018年5月8日,某房地产增值税一般纳税人购进办公大楼一座,该大楼用于公司办公,计入固定资产,并于次月开始计提折旧。5月20日,该纳税人取得该大楼的增值税专用发票并认证相符,专用发票注明的增值税税额为2 000万元。按照规定,2 000万元进项税额中的60%,1 200万元将在本期(2018年5月)抵扣,剩余的40%,800万元于取得扣税凭证的当月起第13个月(2019年5月)抵扣。

(2) 纳税人2016年5月1日后购进货物和设计服务、建筑服务,用于新建不动产,或者用于改建、扩建、修缮、装饰不动产并增加不动产原值超过50%的,其进项税额分2年从销项税额中抵扣。

不动产原值,是指取得不动产时的购置原价或作价。

分2年从销项税额中抵扣的购进货物,是指构成不动产实体的材料和设备,包括建筑装饰材料和给排水、采暖、卫生、通风、照明、通讯、煤气、消防、中央空调、电梯、电气、智能化楼宇设备及配套设施。

笔者注 纳税人购进货物和设计服务、建筑服务用于改建、扩建、修缮、装饰不动产,购进的该部分材料成本计入不动产原值的,按照如下情况处理:

① 购进该部分材料成本未达到不动产原值50%,则该项购进材料的进项税额可于当期全部抵扣。

② 购进该部分材料成本达到或超过不动产原值50%,该项购进材料进项税额中的60%于当期抵扣,剩余的40%于取得扣税凭证的第13个月抵扣。

【例1-12】 某房地产增值税一般纳税人2018年4月10日购入材料用于不动产(办公楼)的改建,增值税专用发票上注明的金额为1 000万元,税额为170万元,该部分材料成本计入不动产原值。

① 如果不动产(办公楼)原值为2 500万元,该次改建支出未达到不动产原值50%,则170万元可以在当期(2018年4月)全部抵扣。

② 如果不动产原值(办公楼)为1 500万元,该次改建支出超过不动产原值50%,则170万元当期(2018年4月)只能抵扣102万元(170×60%),剩余68万元(170×40%)在取得扣税凭证的第13个月(2019年4月)抵扣。

(3) 已抵扣进项税额的不动产,发生非正常损失,或者改变用途,专用于简易计税方法计税项目、免征增值税项目、集体福利或者个人消费的,按照下列公式计算不得抵扣的进项税额:

不得抵扣的进项税额=(已抵扣进项税额+待抵扣进项税额)×不动产净值率
不动产净值率=(不动产净值÷不动产原值)×100%

【例1-13】 2017年10月15日,某房地产企业一般纳税人买了一座楼办公用,金额 2 000 万元,进项税额 220 万元,该纳税人在当期(2017 年 10 月)抵扣 132 万元,待抵扣 88 万元。2018 年 5 月,纳税人将办公楼改造成员工食堂,用于集体福利。

如果 2018 年 5 月该不动产的净值为 1 600 万元,不动产净值率就是 80%,则该纳税人 2017 年需要转出的进项税额为:

$$(132+88)\times80\%=176(万元)$$

(4) 按照规定不得抵扣进项税额的不动产,发生用途改变,用于允许抵扣进项税额项目的,按照下列公式在改变用途的次月计算可抵扣进项税额:

$$可抵扣进项税额=增值税扣税凭证注明或计算的进项税额\times不动产净值率$$

依照该条规定计算的可抵扣进项税额,应取得 2016 年 5 月 1 日后开具的合法有效的增值税扣税凭证。60%的部分于改变用途的次月从销项税额中抵扣,40%的部分为待抵扣进项税额,于改变用途的次月起第 13 个月从销项税额中抵扣。

笔者注 增值税一般纳税人取得增值税专用发票,未在规定期限内到税务机关办理认证、申报抵扣或者申请稽核比对的,不得作为合法的增值税扣税凭证,不得计算进项税额抵扣。

【例 1-14】 2017 年 6 月 15 日,某增值税一般纳税人购进办公楼一座共计 3 330 万元(含税)。该大楼专用于职工宿舍使用,计入固定资产,并于次月开始计提折旧,分 10 年计提,无残值。6 月 20 日,该纳税人取得该大楼如下 3 份发票:增值税专用发票一份并认证相符,专用发票注明的金额为 1 500 万元,税额 165 万元;增值税专用发票一份一直未认证,专用发票注明的金额为 600 万元,税额 66 万元;增值税普通发票一份,普通发票注明的金额为 900 万元,税额 99 万元。该大楼用于集体福利,当期进项税额不得抵扣,计入对应科目核算。

2018 年 6 月,纳税人将该大楼改变用途,用于生产经营。该纳税人可按照不动产净值计算可抵扣进项税额。允许抵扣进项税额为:

$$不动产净值率=[3\ 330-3\ 330\div(10\times12)\times12]\div3\ 330=90\%$$

纳税人购进该大楼共计取得三份增值税发票,其中两份增值税专用发票属于增值税扣税凭证,但其中一份增值税专用发票在用途改变前仍未认证相符,属于不得抵扣的增值税扣税凭证。取得的一份增值税普通发票,不属于增值税扣税凭证。因此,按照规定,该大楼允许抵扣的增值税扣税凭证注明税额为 165 万元。

$$可抵扣进项税额=\frac{增值税扣税凭证}{注明或计算的进项税额}\times不动产净值率=165\times90\%=148.5(万元)$$

2. 会计核算

(1) 纳税人取得不动产或者不动产在建工程,按规定一年可以抵扣的,在进行账务处理时,将进项税额记入"应交税费——应交增值税(进项税额)"科目进行核算。

【例1-15】 某增值税一般纳税人,2018年6月购入材料用于不动产的改建,增值税专用发票上注明的金额为1 000万元,税额为160万元,该部分材料成本计入不动产原值。该不动产原值为2 500万元,则该企业当月进项税额应如何处理?

该次改建支出未达到不动产原值50%,则160万元可以在当期(2018年6月)全部抵扣,会计处理如下:

借:固定资产 10 000 000

应交税费——应交增值税(进项税额) 1 600 000

贷:银行存款 或相关科目 11 600 000

(2)纳税人取得不动产或者不动产在建工程,按规定两年可以抵扣的,将当期可以抵扣的60%进项税额记入"应交税费——应交增值税(进项税额)"科目进行核算;将取得进项税额的40%作为待抵扣进项税额,记入"应交税费——待抵扣进项税额"科目,并于该不动产允许抵扣的当期,转入"应交税费——应交增值税(进项税额)"科目进行正常的申报抵扣。

【例1-16】 某增值税一般纳税人,2017年6月购入办公楼一栋,会计上作为固定资产处理,取得增值税专用发票,发票上注明金额1 000万元,税额170万元,则,该纳税人购入办公楼涉及的进项税额如何处理?

该纳税人取得的不动产,其进项税额应自取得之日起分2年从销项税额中抵扣,第一年抵扣比例为60%,第二年抵扣比例为40%。

2017年6月会计处理:

借:固定资产 10 000 000

应交税费——应交增值税(进项税额) 1 020 000

应交税费——待抵扣进项税额 680 000

贷:银行存款 11 700 000

2018年6月会计处理:

借:应交税费——应交增值税(进项税额) 680 000

贷:应交税费——待抵扣进项税额 680 000

二、各种增值税扣税凭证抵扣方式

(一)增值税专用发票的抵扣方式是什么

增值税专用发票抵扣可以通过增值税发票查询平台进行勾选、网上扫描认证、到办税服务厅扫描认证等三种方式。本次营改增试点的增值税一般纳税人,2016年5月至7月期间不需进行增值税发票认证,而是通过增值税发票查询平台选择确认用于抵扣的增值税发票信息。

(二)海关进口增值税缴款书抵扣方式是什么

海关进口增值税缴款书通过海关缴款书数据采集及比对结果接收办理平台先进行稽核比对,比对相符后,其增值税额方能作为进项税额在销项税额中抵扣。

（三）农产品抵扣方式是什么

房地产业中按一般计税方法缴纳增值税的纳税人购进农产品，除取得增值税专用发票或者海关进口增值税专用缴款书外，按照农产品收购发票或者销售发票上注明的农产品买价和 10% 的扣除率计算的进项税额，国务院另有规定的除外。进项税额计算公式：

$$进项税额 ＝ 买价 × 扣除率$$

笔者注 房地产增值税一般纳税人购进农产品进项抵扣政策前后出现了三次重大变化：在 2017 年 7 月 1 日之前适用的扣除率为 13%；其次，根据《财政部 税务总局关于简并增值税税率有关政策的通知》（财税〔2017〕37 号）规定，自 2017 年 7 月 1 日起，简并增值税税率结构，取消 13% 的增值税税率。据此，纳税人购进农产品，取得一般纳税人开具的增值税专用发票或海关进口增值税专用缴款书的，以增值税专用发票或海关进口增值税专用缴款书上注明的增值税额为进项税额；从按照简易计税方法依照 3% 征收率计算缴纳增值税的小规模纳税人取得增值税专用发票的，以增值税专用发票上注明的金额和 11% 的扣除率计算进项税额；取得（开具）农产品销售发票或收购发票的，以农产品销售发票或收购发票上注明的农产品买价和 11% 的扣除率计算进项税额。最后，根据《财政部 税务总局关于调整增值税税率的通知》（财税〔2018〕32 号）规定，自 2018 年 5 月 1 日起，纳税人购进农产品，原适用 11% 扣除率的，扣除率调整为 10%。

生活服务业中的餐饮业以及房地产业、建筑业和其他建筑服务的园林绿化等行业可能购进农产品。农产品是指初级农产品，其类别与分类说明如表 1-4 所示。

表 1-4 农产品分类表

农产品类别		分 类 说 明
大类	小类	
粮食	原粮	包括主粮（如小麦、稻谷、玉米、高粱、谷子）、杂粮（如大麦、燕麦、食用豆类等）及其他粮食作物
	成品粮	经碾磨、脱壳、分级包装等工艺简单加工后的粮食，如：大米、面粉、小米、玉米面、燕麦粉、高粱面等
	粮食复制品	如切面、饺子皮、馄饨皮、面皮、米粉等
蔬菜	根菜类	如萝卜、胡萝卜、芜菁、芜菁甘蓝、根恭菜、美洲防风等
	薯芋类	如马铃薯、姜、芋、魔芋、山药、甘薯、豆薯、葛、菊芋等
	葱蒜类	如韭、大葱、洋葱、蒜苔、蒜苗、分葱、胡葱、细香葱等
	白菜类	如大白菜、普通白菜、乌塌菜、菜苔、薹菜、紫菜薹等
	芥菜类	如茎芥、叶芥、根芥、苔芥等
	甘蓝类	如结球甘蓝、球茎甘蓝、花椰菜、青花菜、芥蓝、抱子甘蓝、羽衣甘蓝等
	叶菜类	如菠菜、芹菜、苋菜、蕹菜、莴菜、叶恭菜、菊苣、冬寒菜、落葵、茼蒿、芫荽、茴香等
	瓜类	如黄瓜、冬瓜、节瓜、南瓜、笋瓜、西葫芦、越瓜、菜瓜、丝瓜、苦瓜等
	茄果类	如番茄、茄子、辣椒、青椒、酸浆等

(续表)

农产品类别		分 类 说 明
大类	小类	
	豆类	如菜豆、长豇豆、菜用大豆、豌豆、蚕豆、扁豆、莱豆、刀豆等
	水生蔬菜	如莲藕、慈姑、水芹、荸荠、菱、豆瓣菜、芡实、莼菜、蒲菜、海带、紫菜等
	多年生及杂类蔬菜	如笋用竹、芦笋、黄花菜、百合、香椿、枸杞等
	食用菌	如香菇、双孢蘑菇、槽皮侧耳、草菇、金针菇、黑木耳等
	芽苗类	如绿豆芽、黄豆芽、黑豆芽、豌豆苗、苜蓿芽、香椿苗、豌豆尖、碧玉笋等
	干制蔬菜	将蔬菜通过干制加工处理后制成的各类干菜,如黄花菜、玉兰片、萝卜干、冬菜、梅干菜、木耳、香菇、平菇等
	腌制蔬菜	如腌菜、咸菜、酱菜和盐渍蔬菜等
茶叶	茶青	指从茶树上采摘下来的鲜叶和嫩芽
	毛茶	经吹干、揉拌、发酵、烘干等工序初制的茶,如红毛茶、绿毛茶、乌龙毛茶、白毛茶、黑毛茶等
园艺植物	仁果类	如苹果、梨、海棠、山楂、枇杷等
	核果类	如桃、杏、李、枣、樱桃、橄榄、油橄榄、芒果、杨梅等
	坚果类	如栗、椰子、山竹、榴莲、菠萝蜜等
	浆果类	如葡萄、提子、草莓、猕猴桃、树莓、石榴、桑葚等
	柑橘类	如柑、桔、甜橙、柚、柠檬等
	果用瓜类	如西瓜、哈密瓜、香瓜等
	果干、干果及果仁	如葡萄干、桂圆干、腰果、榛子、松子、西瓜子等
	其他园艺植物	如胡椒、花椒、大料、咖啡豆等
药用植物		指用作中药原药的各种植物的根、茎、皮、叶、花、果实等,以及利用药用植物加工制成的片、丝、块、段等中药饮片
油料植物		如芥菜籽、花生、大豆、葵花籽、蓖麻籽、芝麻籽、胡麻籽、茶籽、桐籽、橄榄仁、棕榈仁、棉籽等
纤维植物		如棉(包括籽棉、皮棉、絮棉)、大麻、黄麻、槿麻、苎麻、苘麻、亚麻、罗布麻、蕉麻、剑麻等
糖料植物		指主要用作制糖的各种植物,如甘蔗、甜菜等,以及通过对各种糖料植物进行清洗、切割、包装等加工处理的初级产品
林业产品	原木	指将砍伐倒的乔木去其枝芽、梢头或者皮的乔木、灌木,以及锯成一定长度的木段
	天然树脂	指木科植物的分泌物,包括生漆、树脂和树胶,如松脂、桃胶、樱胶、阿拉伯胶、古巴胶和天然橡胶(包括乳胶和干胶)等
	其他林业产品	指除上述列举林业产品以外的其他各种林业产品

(续表)

农产品类别		分 类 说 明
大类	小类	
其他植物		指除上述列举植物以外的其他各种人工种植和野生的植物,如树苗、花卉、植物种子、植物叶子、草、麦秸、豆类、薯类、藻类植物等。干花、干草、干制的藻类植物,农业产品的下脚料等也属于本类
水产品	鲜活水产品	指人工放养和人工捕捞的鱼、虾、蟹、鳖、贝类、棘皮类、软体类、腔肠类、海兽类、鱼苗(卵)、虾苗、蟹苗、贝苗(秧)等,包括活鲜和冰鲜水产品
	初加工水产品	将水产品经冷冻、盐渍、干制等保鲜防腐处理和包装的水产动物初加工品
畜牧产品	兽类、禽类和爬行类动物	如牛、马、猪、羊、鸡、鸭等
	兽类、禽类和爬行类动物的肉产品	包括整块或者分割的鲜肉、冷藏或者冷冻肉、盐渍肉,兽类、禽类和爬行类动物的内脏、头、尾、蹄等组织
	肉类生制品	如腊肉、腌肉、熏肉等
	鲜蛋及冷藏蛋	指各种禽类动物和爬行类动物的卵
	经加工的蛋类	如咸蛋、松花蛋、腌制的蛋等
	鲜奶	指各种哺乳类动物的乳汁和经净化、杀菌等加工工序生产的乳汁
动物皮张		指从各种动物(兽类、禽类和爬行类动物)身上直接剥取的,未经鞣制的生皮、生皮张
天然蜂蜜		指采集的未经加工的天然蜂蜜、鲜蜂王浆等
其他动物组织		如动物骨、壳、兽角、动物血液、动物分泌物、蚕种等

(四) 完税凭证抵扣方式是什么

按照完税凭证上注明的税额,通过申报方式进行抵扣。

三、增值税专用发票抵扣相关规定

(一) 取得增值税专用发票后怎样抵扣

增值税一般纳税人购进服务、无形资产、不动产取得的属于增值税扣税范围的增值税专用发票,需认证相符或在增值税查询平台进行勾选确认后,其增值税额方能作为进项税额在销项税额中抵扣。

笔者注 认证结果"不符"或无法认证的不能抵扣进项。

（二）取得增值税专用发票多长时间内进行认证或勾选

属于增值税扣税范围的增值税专用发票,应自开具之日起360天内进行认证或勾选。未在规定期限内认证或勾选,不得作为有效的增值税扣税凭证,不得计算进项税额抵扣。

【笔者注】超过360天无法进行认证或勾选。

（三）认证相符或勾选确认后,什么时候抵扣进项

认证相符或进行勾选确认的增值税专用发票,纳税人应在认证相符或勾选确认的次月纳税申报期内申报抵扣,逾期的其进项税额不予抵扣。

【例1-17】 某房地产企业增值税一般纳税人2018年5月取得一份增值税专用发票,发票上注明金额100万元,税额6万元,并于当月在增值税发票查询平台对该发票进行了勾选确认。该纳税人应于6月申报期内申报抵扣进项税额6万元,如6月未申报抵扣,则以后月份不得抵扣。

（四）丢失已认证相符或已勾选确认的增值税专用发票该如何处理

一般纳税人丢失已开具专用发票的发票联和抵扣联,如果丢失前已认证相符或已勾选确认的,购买方凭销售方提供的相应专用发票记账联复印件及销售方主管税务机关出具的《丢失增值税专用发票已报税证明单》,可作为增值税进项税额的抵扣凭证。

一般纳税人丢失已开具专用发票的抵扣联,如果丢失前已认证相符或已勾选确认的,可使用专用发票发票联复印件留存备查。

一般纳税人丢失已开具专用发票的发票联,可将专用发票抵扣联作为记账凭证,专用发票抵扣联复印件留存备查。

（五）丢失未认证或未勾选的增值税专用发票该如何处理

一般纳税人丢失已开具专用发票的发票联和抵扣联,如果丢失前未认证或未勾选的,购买方凭销售方提供的相应专用发票记账联复印件进行认证或直接在增值税发票查询平台进行勾选,认证相符的或勾选确认后凭专用发票记账联复印件及销售方主管税务机关出具的《丢失增值税专用发票已报税证明单》,可作为增值税进项税额的抵扣凭证。专用发票记账联复印件和《丢失增值税专用发票已报税证明单》留存备查。

一般纳税人丢失已开具专用发票的抵扣联,如果丢失前未认证或未勾选,可使用专用发票发票联认证或直接在增值税发票查询平台进行勾选,专用发票发票联复印件留存备查。

一般纳税人丢失已开具专用发票的发票联,可将专用发票抵扣联作为记账凭证,专用发票抵扣联复印件留存备查。

四、海关进口增值税专用缴款书抵扣相关规定

(一)海关进口增值税专用缴款书取得后怎样才能抵扣

一般纳税人进口货物取得的属于增值税扣税范围的海关进口增值税专用缴款书,需经税务机关稽核比对相符后,其增值税额方能作为进项税额在销项税额中抵扣。

> **笔者注** 未经稽核比对或比对结果不"相符"的不能抵扣进项。

(二)取得海关进口增值税专用缴款书多长时间内申请稽核比对

属于增值税扣税范围的海关进口增值税专用缴款书,应自开具之日起360天内向主管税务机关报送《海关完税凭证抵扣清单》(电子数据),申请稽核比对。未在规定期限内申请稽核比对的,不得作为合法的增值税扣税凭证,不得计算进项税额抵扣。

> **笔者注** 超过360天无法上传《海关完税凭证抵扣清单》(电子数据)。

会计处理:在"应交税费"科目下设"待抵扣进项税额"明细科目,用于核算已申请稽核但尚未取得稽核相符结果的海关进口增值税专用缴款书进项税额。

纳税人取得海关进口增值税专用缴款书后,应借记"应交税费——待抵扣进项税额"明细科目,贷记相关科目。

(三)收到稽核比对结果,什么时候抵扣进项

对稽核比对结果为相符的海关进口增值税专用缴款书,纳税人应在税务机关提供稽核比对结果的当月纳税申报期内申报抵扣,逾期的其进项税额不予抵扣。

会计处理:稽核比对相符以及核查后允许抵扣的,应借记"应交税费——应交增值税(进项税额)"科目,贷记"应交税费——待抵扣进项税额"科目。

> **笔者注** 此规定时限与增值税专用发票的抵扣时限一致。

(四)稽核比对结果有哪几种

稽核比对的结果分为相符、不符、滞留、缺联、重号五种。

> **笔者注** 稽核比对结果"相符",可以抵扣进项;"滞留"留待下期继续比对;"不符""缺联""重号",不得抵扣进项。

会计处理:经核查不得抵扣的进项税额,红字借记"应交税费——待抵扣进项税额"科目,红字贷记相关科目。

(五)什么是滞留票

"滞留"是指纳税人取得并上传申请稽核的海关进口增值税专用缴款书,在稽核系统中暂没有找到海关"已核销"信息,留待下期继续比对,直到取得比对结果,包括:相符、不

符、缺联、重号。

> **笔者注** 滞留期限为 3 个月。

（六）滞留票怎么处理

检查上传的数据正确无误则留待下期继续比对。

检查上传的数据是否正确，数据有误，可重新上传正确信息。

> **笔者注** 重新上传时间不能超过开具之日起的 180 天。

（七）什么是不符票

"不符"是指上传申请稽核的海关进口增值税专用缴款书除号码一致外，其他相关数据有一项或多项不同。

（八）什么是缺联票

"缺联"是指上传申请稽核的海关进口增值税专用缴款书，比对结果"滞留"超过 3 个月。

（九）什么是重号票

"重号"是指两个或两个以上的纳税人申请稽核同一份海关进口增值税专用缴款书。

（十）缺联、不符、重号票怎么处理

1. 处理方法

如上传的数据有误，可于未超过开具之日起的 180 天内重新上传正确信息。或于产生稽核结果的 180 日内持海关进口增值税专用缴款书前往办税服务厅进行数据修改。

如上传的数据无误，纳税人应持海关进口增值税专用缴款书、《"异常"海关进口增值税专用缴款书数据核对申请书》、重号票情况说明（需要进行重号票核对的纳税人提供），向主管税务机关申请数据核对。主管税务机关会同海关、重号另一方企业主管税务机关进行核查。

2. 稽核结果下发

经核查，海关进口增值税专用缴款书票面信息与纳税人实际进口货物业务一致的，主管税务机关向提出申请的纳税人发放《海关进口增值税专用缴款书核查结果通知书》。

3. 进项税抵扣

纳税人应在收到主管税务机关《海关进口增值税专用缴款书核查结果通知书》的次月申报期内申报抵扣，逾期的进项税额不予抵扣。

五、农产品抵扣计算

（一）生活服务业中的餐饮业以及房地产业、建筑业等增值税一般纳税人购进农产品的抵扣税率是多少

（1）如果纳税人购买农产品所取得的抵扣凭证全部为增值税专用发票和海关进口增值税专用缴款书，则可以按照农产品增值税专用发票和海关进口增值税专用缴款书注明

的增值税额进行抵扣。

【例1-18】 2018年5月,某房地产企业增值税一般纳税人从国外进口名贵树木供项目园林绿化用,取得海关进口增值税专用缴款书。专用缴款书注明的不含税金额为1 000 000元,税率为10%,则纳税人当期允许抵扣农产品增值税进项税额为:

$$1\,000\,000 \times 10\% = 100\,000(元)$$

(2)按照农产品增值税进项税额核定扣除办法进行抵扣,生活服务业中的餐饮业计算进项税额的扣除率是6%;房地产业、建筑业进项税额的扣除率是10%。

(二)按照农产品增值税进项税额核定扣除办法如何计算抵扣进项税额

当期允许抵扣农产品增值税进项税额=当期主营业务成本×农产品耗用率×扣除率÷(1+扣除率)。

其中:农产品耗用率=上年投入生产的农产品外购金额÷上年生产成本。

> **笔者注** ① 农产品外购金额指含税金额,不包括不构成货物实体的农产品(包括包装物、辅助材料、燃料、低值易耗品等)和在购进农产品之外单独支付的运费、入库前的整理费用。
> ② 主营业务成本、生产成本中不包括其未耗用农产品的产品的成本。
> ③ 扣除率是指行业的适用税率。
> ④ 农产品耗用率由纳税人向主管税务机关申请核定。

【例1-19】 2018年5月,某餐饮业增值税一般纳税人从农业生产者处购入肉鸡,加工成香辣鸡丁进行销售。该试点纳税人按照成本法核定的农产品耗用率是0.621 5,当月的销售成本是200 000元,餐饮业的适用税率为6%,则纳税人当期允许抵扣农产品增值税进项税额为:

$$200\,000 \times 0.621\,5 \times 6\% \div (1+6\%) = 7\,036(元)$$

六、完税凭证抵扣计算

纳税人从境外单位或者个人购进服务、无形资产或者不动产,自税务机关或者扣缴义务人取得的解缴税款的完税凭证上注明的增值税额,可以申报抵扣。

【例1-20】 某房地产企业增值税一般纳税人,2018年5月替境外单位代扣代缴一笔咨询服务费,代扣代缴的税额为6万元。则这6万元该纳税人可以申报抵扣,于抵扣当期填写在《增值税纳税申报表(一般纳税人适用)》附列资料二第7行"代扣代缴税收缴款凭证"金额和税额。

七、进项税额转出规定

(一) 货物用于集体福利和个人消费如何处理

纳税人已抵扣进项税额的购进货物(不含固定资产)、劳务、服务,用于集体福利和个人消费的,应当将已经抵扣的进项税额从当期进项税额中转出;无法确定该进项税额的,按照当期实际成本计算应转出的进项税额。

【例 1-21】 某房地产企业为一般纳税人,适用一般计税方法。2018 年 5 月 10 日购进一批小家电准备用于项目的广告宣传,取得增值税专用发票列明的增值税额 1 万元,当月认证抵扣。2018 年 6 月,该纳税人将所购进的该批小家电全部用于职工食堂。

纳税人将已抵扣进项税额的购进货物用于集体福利的,应于发生的当月将已抵扣的 1 万元进行进项税额转出。

会计处理如下:

借:应付职工薪酬——职工福利费
　贷:原材料
　　　应交税费——应交增值税(进项税额转出)

(二) 货物发生非正常损失如何处理

纳税人购进的货物发生因管理不善造成的被盗、丢失、霉烂变质,或因违反法律法规造成的依法没收、销毁、拆除情形,其购进货物,以及相关的加工修理修配劳务和交通运输服务所抵扣的进项税额应进行转出。

【例 1-22】 某建筑设计企业为一般纳税人,提供设计服务,适用一般计税方法。2018 年 5 月购进复印纸张,取得增值税专用发票列明的货物金额 10 万元,运费 1 万元,并于当月认证抵扣。2018 年 6 月,该纳税人由于管理不善造成上述复印纸张全部丢失。

纳税人购进货物因管理不善造成的丢失,应于发生的当月将已抵扣的货物及运输服务的进项税额进行转出。

$$应转出的进项税额 = 100\,000 \times 16\% + 10\,000 \times 10\% = 17\,000(元)$$

会计处理如下:

借:待处理财产损溢——待处理流动资产损溢
　贷:库存商品
　　　应交税费——应交增值税(进项税额转出)

(三) 在产品、产成品发生非正常损失如何处理

纳税人在产品、产成品发生因管理不善造成的被盗、丢失、霉烂变质,或因违反法律法规造成的依法没收、销毁、拆除情形,其耗用的购进货物(不包括固定资产),以及相关的加

工修理修配劳务和交通运输服务所抵扣的进项税额应进行转出。

无法确定该进项税额的,按照当期实际成本计算应转出的进项税额。

【例 1-23】 某房地产企业为一般纳税人,适用一般计税方法。2018 年 5 月其某在建项目因违法国家法律法规被依法拆除,该在建项目已经耗用建筑成本不含税 10 万元,当期已取得增值税专用发票,并于购进当月认证抵扣。

纳税人在建项目因违法国家法律法规被依法拆除,应于发生的当月将所耗用的购进建筑服务的进项税额进行转出。

$$应转出的进项税额 = 100\ 000 \times 10\% = 10\ 000(元)$$

会计处理如下:

借:待处理财产损溢——待处理流动资产损溢

　　贷:在产品

　　　应交税费——应交增值税(进项税额转出)

(四) 纳税人适用一般计税方法兼营简易计税项目、免税项目如何处理

适用一般计税方法的纳税人,兼营简易计税项目、免税项目而无法划分不得抵扣的进项税额,应按照下列公式计算不得抵扣的进项税额:

$$不得抵扣的进项税额 = \frac{当期无法划分的}{全部进项税额} \times \left(\frac{当期简易计税方法}{计税项目销售额} + \frac{免征增值税}{项目销售额} \right) \div 当期全部销售额$$

房地产企业一般纳税人销售自行开发的房地产项目,兼有一般计税方法计税、简易计税方法计税、免征增值税的房地产项目而无法划分不得抵扣的进项税额的,应以《建筑工程施工许可证》注明的"建设规模"为依据进行划分。

$$不得抵扣的进项税额 = \frac{当期无法划分的}{全部进项税额} \times \left(\frac{简易计税、免税}{房地产项目建设规模} \div \frac{房地产项目}{总建设规模} \right)$$

【例 1-24】 某房地产企业为一般纳税人,既有新项目也有老项目,其中新项目适用一般计税方法,老项目选择适用简易计税方法。该纳税人 2018 年 5 月缴纳当月电费 11.6 万元,取得增值税专用发票并于当月认证抵扣,且该进项税额无法在新项目和老项目间划分。该纳税人新项目建设规模 6 万平方米,老项目建设规模 4 万平方米。

纳税人因兼营简易计税项目而无法划分所取得进项税额的,按照下列公式计算应转出的进项税额:

$$应转出的进项税额 = 116\ 000 \div (1 + 16\%) \times 40\ 000 \div (40\ 000 + 60\ 000) = 40\ 000(元)$$

会计处理如下:

借:管理费用

　　贷:应交税费——应交增值税(进项税额转出)

(五) 固定资产、无形资产发生应进项税额转出的情形如何处理

已抵扣进项税额的固定资产,发生应进项税额转出情形的,按照下列公式计算不得抵扣的进项税额:

不得抵扣的进项税额＝固定资产、无形资产或者不动产净值×适用税率

固定资产、无形资产或者不动产净值,是指纳税人根据财务会计制度计提折旧或摊销后的余额。

【例1-25】 某房地产企业为一般纳税人,适用一般计税方法,既有开发商品房销售项目也有为了配合国家住房制度改革,按房改成本价、标准价出售住房的项目,其中为了配合国家住房制度改革,按房改成本价、标准价出售住房取得的收入享受免征增值税优惠政策。2017年10月8日购进固定资产一批,税率17%,折旧期5年,兼用于上述两个项目服务,取得增值税专用发票列明的货物金额10万元,于当月认证抵扣。2018年4月,该纳税人将上述固定资产移送至专用于免征增值税的按房改成本价、标准价出售住房项目。

纳税人购进的固定资产专用于免税项目,应于发生的次月按下列公式计算不得抵扣的进项税额:

$$固定资产的净值＝100\ 000－(10\ 000÷5÷12×6)＝90\ 000(元)$$
$$应转出的进项税额＝90\ 000×17\%＝15\ 300(元)$$

会计处理如下:

借:固定资产
　贷:应交税费——应交增值税(进项税额转出)

(六) 取得不得抵扣进项税额的不动产如何处理

纳税人取得不动产专用于简易计税方法计税项目、免征增值税项目、集体福利或者个人消费的,应取得2016年5月1日后开具的合法有效的增值税扣税凭证,并进行进项税额转出。

如取得的增值税扣税凭证为增值税专用发票,应在认证期内进行认证。

【例1-26】 某企业为一般纳税人,2018年5月购进一栋楼用作职工宿舍一座,购进含税价款为1 100万元,已取得增值税专用发票并于当月认证。

纳税人取得不动产用于集体福利,应将相应的增值税额列入进项税额,并于当期进行进项税额转出。

$$应转出的进项税额＝11\ 000\ 000÷(1+10\%)×10\%＝1\ 000\ 000(元)$$

会计处理如下:

借:固定资产　　　　　　　　　　　　　　　　　　　　　　1 000 000
　贷:应交税费——应交增值税(进项税额转出)　　　　　　　　1 000 000

(七)购货方发生销售折让、中止或者退回如何处理

纳税人适用一般计税方法计税的,因销售折让、中止或者退回而退还给购买方的增值税额,购买方应暂依《开具红字增值税专用发票信息表》所列增值税税额从当期进项税额中转出,待取得销售方开具的红字专用发票后,与《开具红字增值税专用发票信息表》一并作为记账凭证。

【例 1-27】 某企业为一般纳税人,2018 年 1 月租赁办公用房一间,当月预付一年租金 126 万元,已取得增值税专用发票并于当月认证抵扣。2018 年 6 月因房屋质量问题停止租赁,收到退回的剩余部分租金 63 万元,并开具了《开具红字增值税专用发票信息表》。

税务处理:

纳税人因销售中止而收到退还的剩余价款,应于开具《开具红字增值税专用发票信息表》的当月进行进项税额转出。

$$应转出的进项税额 = 630\,000 \div (1 + 5\%) \times 5\% = 30\,000(元)$$

会计处理如下:

借:银行存款   630 000
 贷:长期待摊费用   600 000
  应交税费——应交增值税(进项税额转出)   30 000

(八)不动产及不动产在建工程进项税额转出规定

1. 已全额抵扣的货物和服务转用于不动产在建工程如何处理

购进时已全额抵扣进项税额的货物和服务,转用于不动产在建工程的,其已抵扣进项税额的 40% 部分,应于转用的当期从进项税额中扣减,计入待抵扣进项税额,并于转用的当月起第 13 个月从销项税额中抵扣。

> **笔者注** 纳税人原购进货物和服务用于生产经营,且于购进时取得了相应的增值税专用发票并认证抵扣完毕,但这部分货物和服务在购进后实际领用时没有用于生产经营而是转用在某项不动产在建工程里了,则这部分货物和服务不能再适用当期全额抵扣的办法,而将适用不动产分期抵扣的办法,即第一年只允许抵扣 60%,因此,之前已全额抵扣部分的 40% 应在转用当期先转入待抵扣进项税额,然后在转用的当月起第 13 个月再从待抵扣进项税额转入当期抵扣进项税额用于抵扣。

【例 1-28】 某一般纳税人企业于 2018 年 5 月购进了一批水泥 116 万元用于开发项目,购进时企业取得增值税专用发票上注明的税额 16 万元,企业已于当期认证抵扣;2018 年 6 月,该企业实际领用该笔水泥时,没有将该笔水泥用于开发项目,而是改用于企业正在修建的办公楼,则该笔水泥已抵扣的进项税额 16 万元的 40%,即 6.4

万元,应在所属期5月做进项税额转出至待抵扣进项税额,然后在所属期2019年6月从待抵扣进项税额中转出至当期进项税额并于当期抵扣。

会计处理如下:

2018年5月,将6.4万元转入待抵扣进项税额的会计处理:

借:应交税费——待抵扣进项税额　　　　　　　　　　　　　　64 000

　　贷:应交税费——应交增值税(进项税额转出)　　　　　　　　64 000

2019年6月,可以抵扣6.4万元时的会计处理:

借:应交税费——应交增值税(进项税额)　　　　　　　　　　　64 000

　　贷:应交税费——待抵扣进项税额　　　　　　　　　　　　　64 000

【例1-29】 某房地产一般纳税人企业A于2018年5月与设计公司B签署了106万元的设计协议,并于当期取得了B公司开具的增值税专用发票且已认证抵扣进项税额6万元;2018年6月,A企业决定由B公司为A公司新建的办公楼提供设计方案,则项设计服务的进项税额6万元的40%,即2.4万元,应在所属期6月做进项税额转出至待抵扣进项税额,然后在所属期2019年7月从待抵扣进项税额中转出至当期进项税额并于当期抵扣。

会计处理如下:

2018年6月,将2.4万元转入待抵扣进项税额的会计处理:

借:应交税费——待抵扣进项税额　　　　　　　　　　　　　　24 000

　　贷:应交税费——应交增值税(进项税额转出)　　　　　　　　24 000

2019年7月,可以抵扣2.4万元时的会计处理:

借:应交税费——应交增值税(进项税额)　　　　　　　　　　　24 000

　　贷:应交税费——待抵扣进项税额　　　　　　　　　　　　　24 000

2. 不动产在建工程发生非正常损失如何处理

不动产在建工程发生非正常损失的,其所耗用的购进货物、设计服务和建筑服务已抵扣的进项税额应于当期全部转出;其待抵扣进项税额不得抵扣。

笔者注 不动产在建工程发生非正常损失是指不动产在建工程被依法没收、销毁、拆除的情形。企业在修建不动产在建工程时耗用的货物、设计服务和建筑服务已按照不动产分期抵扣的规则正常抵扣进项税,即第一年抵扣60%而剩下40%转入待抵,但因不动产在建工程发生非正常损失时,这些货物、设计服务和建筑服务就成为不能抵扣进项税额的项目了,所以对于已抵扣的60%的部分应全额做进项税额转出,而40%待抵扣的部分不能再用于抵扣。

【例1-30】 某一般纳税人企业A于2018年4月开始新建办公楼,期间购进了水泥117万元用于建设,并由某建筑设计公司提供办公楼设计服务,金额106万元,该项目交由某建筑公司进行建设,金额111万元,上述项目均取得了增值税专用发票,A企业已于当期认证并分别抵扣了进项税额的60%,即10.2万元、3.6万元和6.6万元,共计20.4万元,剩余的40%,即13.6万元按要求转入待抵扣进项税。2018年12月,该办公楼被建委认定为违章建筑,被依法拆除,企业应当在所属期12月将上述已抵扣的10.2万元进项税额全额转出,已转入待抵扣的13.6万元不得再抵扣。

会计处理如下:

2018年4月,抵扣进项税额和转入待抵扣的会计处理:

借:在建工程		3 000 000
应交税费——应交增值税(进项税额)		204 000
应交税费——待抵扣进项税额		136 000
贷:银行存款		3 340 000

2018年12月,进项税额转出和待抵扣进项税额不得抵扣的会计处理:

借:在建工程		340 000
贷:应交税费——应交增值税(进项税额转出)		204 000
应交税费——待抵扣进项税额		136 000

3. **已抵扣进项税额的不动产发生非正常损失或改变用途,专用于不得抵扣项目的情形如何处理**

已抵扣进项税额的不动产,发生非正常损失,或者改变用途,专用于简易计税方法计税项目、免征增值税项目、集体福利或者个人消费的,按照下列公式计算不得抵扣的进项税额:

$$不得抵扣的进项税额=(已抵扣进项税额+待抵扣进项税额)×不动产净值率$$
$$不动产净值率=(不动产净值÷不动产原值)×100\%$$

不得抵扣的进项税额小于或等于该不动产已抵扣进项税额的,应于该不动产改变用途的当期,将不得抵扣的进项税额从进项税额中扣减。

不得抵扣的进项税额大于该不动产已抵扣进项税额的,应于该不动产改变用途的当期,将已抵扣进项税额从进项税额中扣减,并从该不动产待抵扣进项税额中扣减不得抵扣进项税额与已抵扣进项税额的差额。

> **笔者注** 当不动产发生非正常损失,即发生被依法没收、销毁、拆除的情形时,或发生改变用途,专用于简易计税方法计税项目、免征增值税项目、集体福利或者个人消费的,即由可以抵扣的项目转为不能抵扣进项税额的项目时,由于之前不动产抵扣采取了分期抵扣的方式,因此进项税额转出时应按以下步骤操作处理:

（1）计算不得抵扣的进项税额：

不得抵扣的进项税额＝（已抵扣进项税额＋待抵扣进项税额）×不动产净值率

不动产净值率＝（不动产净值÷不动产原值）×100％

（2）比较不得抵扣的进项税额与已抵扣进项税额：

① 不得抵扣的进项税额≤已抵扣进项税额的，应在当期对不得抵扣的进项税额应做进项税额转出。

② 不得抵扣的进项税额≥已抵扣进项税额的，应在当期对不得抵扣的进项税额做进项税额转出，同时，计算"差额"＝不得抵扣的进项税额－已抵扣的进项税额，然后在待抵扣进项税额中扣除上述"差额"。

【例1-31】 某一般纳税人企业斥资1 110万元于2017年12月购进一座厂房用于生产经营，购进时取得增值税专用发票，并于当期抵扣进项税额66万元，转入待抵扣进项税额44万元。2018年6月，企业决定将该厂房专用于仓储服务，根据36号文要求可采用简易计税办法计税，假设企业计算折旧使用平均年限法，预计使用寿命20年，净残值率5％，此时应当：

（1）计算不得抵扣的进项税额：

不动产净值＝1 000－（1 000－1 000×5％）÷20÷12×6≈976（万元）

不得抵扣的进项税额＝（66＋44）×（976÷1 000）≈107（万元）

（2）比较不得抵扣的进项税额与已抵扣进项税额：

由于107万元＞66万元，则应首先将66万元做进项税额转出，接着计算"差额"＝107－66＝41（万元），然后将41万元"差额"从44万元的待抵扣进项税额中扣除。

会计处理如下：

2017年12月购进厂房时的会计处理：

借：固定资产	10 000 000
应交税费——应交增值税（进项税额）	660 000
应交税费——待抵扣进项税额	440 000
贷：银行存款	11 100 000

2018年6月将该厂房用于仓储服务的会计处理：

借：固定资产	1 070 000
贷：应交税费——应交增值税（进项税额转出）	660 000
应交税费——待抵扣进项税额	410 000

2017年12月继续抵扣待抵扣进项税额中的剩余部分：

借：应交税费——应交增值税（进项税额转出）	30 000
贷：应交税费——待抵扣进项税额	30 000

如果企业是 2018 年 12 月决定将该厂房用于仓储服务,假设该厂房当时的净值因故减为 550 万元,则计算方法如下:

(1) 计算不得抵扣的进项税额:

$$不得抵扣的进项税额 = (66 + 44) \times (550 \div 1\,000) = 60.5(万元)$$

(2) 比较不得抵扣的进项税额与已抵扣进项税额:

由于 60.5 万元 < 66 万元,则应直接将 60.5 万元做进项税额转出。

会计处理如下:

2018 年 12 月将该厂房用于仓储服务的会计处理:

借:固定资产   605 000
  贷:应交税费——应交增值税(进项税额转出)   605 000

4. 不得抵扣的不动产发生用途改变,转为可以抵扣进项税额的情形如何处理

按照规定不得抵扣进项税额的不动产,发生用途改变,用于允许抵扣进项税额项目的,按照下列公式在改变用途的次月计算可抵扣进项税额。

$$可抵扣进项税额 = 增值税扣税凭证注明或计算的进项税额 \times 不动产净值率$$

依照该规定计算的可抵扣进项税额,应取得 2016 年 5 月 1 日后开具的合法有效的增值税扣税凭证。60% 的部分于改变用途的次月从销项税额中抵扣,40% 的部分为待抵扣进项税额,于改变用途的次月起第 13 个月从销项税额中抵扣。

> **笔者注** 专用于简易计税方法计税项目、免征增值税项目、集体福利或者个人消费的不动产,不得抵扣进项税额,但当该不动产改变用途,可以抵扣进项税额时,应当在改变用途的次月,按照不动产分期抵扣的办法,分期抵扣不动产净值中所含的进项税额。

【例 1-32】 某一般纳税人企业斥资 1 110 万元于 2017 年 12 月购进一栋楼用作职工宿舍,购进时取得增值税专用发票并已认证,但因用于集体福利故未抵扣增值税进项税额。2018 年 6 月,企业决定将该职工宿舍改建为生产经营场所,假设不动产净值率为 90%,则企业应在 2018 年 7 月做如下处理:

(1) 计算可抵扣进项税额

$$可抵扣进项税额 = 1\,110 \div (1 + 11\%) \times 11\% \times 90\% = 99(万元)$$

(2) 其中 59.4 万元(99 × 60%)可在当期用于进项税额抵扣,剩余 39.6 万元(99 × 40%)转入待抵扣进项税额,可以于 2019 年 1 月抵扣进项税额。

会计处理如下:

2017 年 12 月购进职工宿舍时的会计处理:

借：固定资产   11 100 000
　　贷：银行存款   10 000 000
　　　　应交税费——应交增值税(进项税额转出)   1 100 000

2018 年 7 月职工宿舍改为生产经营场所的会计处理：

借：应交税费——应交增值税(进项税额)   594 000
　　应交税费——待抵扣进项税额   396 000
　　贷：固定资产   990 000

2019 年 1 月抵扣进项税额的会计处理：

借：应交税费——应交增值税(进项税额)   396 000
　　贷：应交税费——待抵扣进项税额   396 000

Chapter 2 第二章 土地取得阶段涉税问题处理

第一节 | 招拍挂方式取得土地使用权涉税问题处理

一、土地招拍挂制度简介

我国土地使用权的出让方式有四种：招标、拍卖、挂牌和协议方式。2007 年 9 月 28 日，国土资源部发布了《招标拍卖挂牌出让国有建设用地使用权规定》（国土资源部令第 39 号），自 2007 年 11 月 1 日起施行。该文第四条明确规定，工业、商业、旅游、娱乐和商品住宅等经营性用地以及同一宗地有两个以上意向用地者的，应当以招标、拍卖或者挂牌方式出让。其中工业用地包括仓储用地，但不包括采矿用地。

1. 土地招标

招标出让国有土地使用权，是指市、县人民政府土地行政主管部门发布招标公告，邀请特定或者不特定的公民、法人和其他组织参加国有土地使用权投标，根据投标结果确定土地使用者的行为。

在招标出让中土地主管部门要根据出让土地的具体情况编制招标文件，并实施投标的登记，投标人在登记时必须缴纳投标保证金，并提交营业执照的副本、法人代表人证明等文件。投标人在按照招标文件的要求编制标书后，在规定的时间内将标书密封投入指定标箱。经由专家组成的评标委员会按照评标标准对企业提交的投标文件进行评审后，在规定的时间地点开标。在中标人确定后，招标人应向中标人发出《中标通知书》，中标人则在《中标通知书》约定的时间，按照招标文件与土地管理部门签订《国有土地使用权出让合同》。公开招标的投标单位不能少于三家，如果少于三家则招标人应当停止开标。在公开招标中投标企业投标的价格是重要的评标因素，但评标委员会为了防止土地开发的后续资金无法到位，出现土地闲置浪费现象，房地产企业的从业经验和实力也是评标委员们重点关注的要点。

2. 土地拍卖

拍卖出让国有土地使用权，是指市、县人民政府土地行政主管部门发布拍卖公告，由竞买人在指定时间、地点进行公开竞价，根据出价结果确定土地使用者的行为。

土地的主管部门根据被拍卖土地的特征编制拍卖文件，竞买人在竞买申请截止日期前提出竞买申请,交纳不少于拍卖文件规定的保证金,并同样提交法定代表人证明书等资信证明。竞买人通过审查后,得到印有编号的竞买标志牌,拍卖会在拍卖公告规定的时间、地点进行。参加的竞买人同样不能少于三人,否则应终止拍卖。在拍卖中最终的成交价格必须高于拍卖方所制定的底价,否则也需终止拍卖。拍卖成交后,竞得人按照《拍卖成交书》规定的时间和土地管理部门签订《国有土地使用权出让合同》。土地拍卖中最重要的原则是"价高者得",与其他形式的拍卖原理相同。

3. 土地挂牌

挂牌出让国有土地使用权,是指市、县人民政府土地行政主管部门发布挂牌公告,按公告规定的期限将拟出让宗地的交易条件在指定的土地交易场所挂牌公布,接受竞买人的报价申请并更新挂牌价格,根据挂牌期限截止时的出价结果确定土地使用者的行为。

政府土地主管部门编制挂牌文件,竞买人在规定日期前提出竞买申请,按规定交纳保证金、提交法定代表人证明书等资信证明后提交竞买申请书。在挂牌文件规定的挂牌起始日期,挂牌人应该将挂牌宗地的位置、面积、用途、使用年限、规划要求、起始价、增价规则、增价幅度等内容,在土地交易市场挂牌公布,符合条件的竞买人应定按照文件的要求填写竞买报价单,在挂牌期限内竞买人可多次报价。如果在挂牌期限内只有一个竞买人,且报价不低于挂牌底价,并符合其他交易条件的,挂牌成交;在挂牌期限内有两个或两个以上竞买人报价的,报价最高者为竞得人;报价相同的,先提交报价单者为竞得人。但报价低于底价者除外,在挂牌期限内无应价者或者竞买人的报价均低于底价或均不符合其他交易条件的,挂牌不成交。挂牌交易的挂牌期限不得少于 10 个工作日。

竞买人确定后.挂牌人应当向竞买人发出《挂牌成交确认书》。竞得人应该根据《挂牌成交确认书》所约定的时间与市国土房管局签订《国有土地使用权出让合同》。挂牌同样遵循"价高者得"的原则,不同之处在于不是现场报价。由于挂牌是以书面的形式报价,所引发的关注程度及曝光不如招标与拍卖。

一般来说,六类情形的土地必须实行招标拍卖挂牌方式,即:

(1) 供应工业、商业、旅游、娱乐和商品住宅等各类经营性用地。

(2) 其他土地供地计划公布后同一宗地有两个或者两个以上意向用地者的。

(3) 划拨土地使用权改变用途,《国有土地划拨决定书》或法律、法规、行政规定等明确应当收回土地使用权,实行招标拍卖挂牌出让的。

(4) 划拨土地使用权转让,《国有土地划拨决定书》或法律、法规、行政规定等明确应当收回土地使用权,实行招标拍卖挂牌出让的。

(5) 出让土地使用权改变用途,《国有土地使用权出让合同》约定或法律、法规、行政规定等明确应当收回土地使用权,实行招标拍卖挂牌出让的。

(6) 依法应当招标拍卖挂牌出让的其他情形。

特别需要明确的是,2006 年国土资源部下发的《招标拍卖挂牌出让国有土地使用权规范》(国土资发〔2006〕114 号)中,建立了国有土地出让的集体认定程序,对不能确定是否符合协议或招标拍卖挂牌出让范围的具体宗地,由国有土地使用权出让协调决策机构集体认定出让的具体方式。因此,对不能确定是否符合上述招标拍卖挂牌出让范围六种情形的出让宗地,应当经国有土地使用权出让协调决策机构集体认定,集体认定应当采取招标拍卖挂牌方式的,也应当以招标拍卖挂牌方式出让。

二、招拍挂方式取得土地使用权所支付的土地价款涉税处理

【案例 2-1】 2016 年 7 月 29 日,融信中国(03301)经过 126 轮的竞拍,以 31.55 亿元竞得了上海市杨浦区新江湾城 N091101 单元 A4-01(B3)地块,溢价率 50.97%,成交楼面价约 52 840 元/平方米,成为上海新地王(此后不到一个月的时间里,融信中国再次震惊业界:2016 年 8 月 17 日,融信中国以人民币 110.1 亿元价格竞得上海市静安区中兴社区 N070202 单元 332-01-A、333-01-A 地块,溢价 139.35%,成交楼板价 10.03 万元/平方米,扣除配建的保障房等因素外,纯可售面积楼板价高达 14.53 万元,不仅成为静安区双料地王,同时也荣登新中国新地王)。据了解,新江湾城地处上海中心城区东北部,紧邻复旦大学江湾校区,四至范围:东至政硕路,南至国帆路,西至政学路,北至国咏路。规划用途为普通商品房,出让面积 39 805.8 平方米,规划建筑面积:59 708.70 平方米;容积率:1.5;出让年限:70 年;起始价:208 980 万元;起拍楼面价:34 999.92 元/平方米。地上建设用地规划性质为二类住宅组团用地,建筑形态以多层为主,高度 10~24 米;住宅套数下限 579 套;中小套型比重 80%;全装修住宅比例 100%;自持住宅建筑面积不低于 15% 用于租赁。

按照出让要求,地块未来必须符合的条件包括:①该地块预出让合同中规定,本地块内配建保障性住房建筑面积不得低于该出让宗地地上计容建筑面积的 25%,计 14 927.2 平方米以上。配建的保障性住房具体类型为公共租赁住房,应成套无偿移交给杨浦区住房保障机构或者公共租赁住房运营机构;②受让人应当按出让年限自持建筑面积不低于 15%(计 8 956 平方米以上)的住宅物业,以上自持面积须用于租赁;③公共设施共计 1 230 平方米。扣掉 25% 保障房,15% 自持住宅,1 230 平方米的公共设施面积后,建筑面积仅剩 35 045.5 平方米,即这幅地块只有约 58% 的建筑面积是可以出售的。据此测算,纯可售面积楼板价高达 8.8 万/平方米。

【问题 1】 融信中国取得的政府出让的"招拍挂土地"需要申报缴纳耕地占用税吗?

答:根据《中华人民共和国耕地占用税暂行条例》(国务院令第 511 号)第三条规定:"占用耕地建房或者从事非农业建设的单位或者个人,为耕地占用税的纳税人,应当依照本条例规定缴纳耕地占用税。"

《中华人民共和国耕地占用税暂行条例实施细则》(财政部 国家税务总局令第 49 号)第四条规定:"经申请批准占用耕地的,纳税人为农用地转用审批文件中标明的建设用地人;农用地转用审批文件中未标明建设用地人的,纳税人为用地申请人。未经批准占用耕地的,纳税人为实际用地人。"

《中华人民共和国土地管理法》(主席令第 41 号)明确规定,建设占用土地,涉及农用地转为建设用地的,应当办理农用地转用手续。

《财政部 国土资源部 中国人民银行关于加强土地成交价款管理规范资金缴库行为

的通知》(财综〔2009〕89号)第二条规定:"耕地占用税由农用地转用审批文件所标明的建设用地人缴纳,企业是农用地转用审批文件所标明的建设用地人时,由企业缴纳;市县人民政府作为用地申请人的,由市县人民政府缴纳,已缴税款在土地出让时计入土地出让底价,不在土地成交价款外再单独收取。"

根据以上规定,开发商取得的政府出让的招拍挂土地是否需要缴纳耕地占用税,关键要看农用地转用审批文件或用地申请人文件,从中确认建设用地人或用地申请人,从而确定耕地占用税纳税义务人。如果开发商不是农用地转用审批文件或用地申请人文件中的建设用地人或用地申请人,则开发商通过招拍挂方式取得的土地都是建设用地,不属于直接取得耕地,原则上不能认定其为耕地占用税纳税义务人。

【税务征管实践的税企争议】 近年耕地占用税征管方面税企争议最大的一个问题就是政府将农用耕地征用后以"招拍挂"方式出让,开发商取得国有建设用地后往往被税务机关要求缴纳耕地占用税,企业不服,税企争议产生,笔者觉得税务部门的做法值得商榷,理由如下:

近年来,随着我国土地使用制度改革的深化和土地管理方式的逐步规范,按照《中华人民共和国土地管理法》(简称《土地管理法》)和《国务院关于促进节约集约用地的通知》(国发〔2008〕3号)等有关文件规定,严格落实工业和经营性用地招标拍卖挂牌出让制度。工业用地和商业、旅游、娱乐、商品住宅等经营性用地(包括配套的办公、科研、培训等用地),以及同一宗土地有两个以上意向用地者的,都必须实行招标拍卖挂牌等方式公开出让。未利用的土地出让前,应当完成必要的前期开发,经过前期开发的土地,才能依法由市、县人民政府国土资源部门统一组织出让,直接由土地使用人申请征地的情形已几乎不见。所以,土地出让形式一般是由地方土地储备中心征用后,经过前期开发,然后以招标、拍卖、挂牌等方式出让给土地使用人。《财政部 国土资源部 中国人民银行关于加强土地成交价款管理规范资金缴库行为的通知》(财综〔2009〕89号)第二条明确规定:"耕地占用税由农用地转用审批文件所标明的建设用地人缴纳,企业是农用地转用审批文件所标明的建设用地人时,由企业缴纳;市县人民政府作为用地申请人的,由市县人民政府缴纳,已缴税款在土地出让时计入土地出让底价,不在土地成交价款外再单独收取。"即此时作为土地储备中心或市县人民政府为农用地转用审批文件所标明的建设用地人或用地申请人(实践中土地征收的申请人一般为国土部门),开发商属于受让方,其通过"招拍挂"方式取得的土地都是建设用地,不属于直接取得耕地,不应负责缴纳耕地占用税。

此外,《国家税务局关于发布〈关于土地使用税若干具体问题的解释和暂行法规〉的通知》(国税地字〔1988〕15号)第十二项"关于征用的耕地与非耕地的确定"规定:"征用的耕地与非耕地,以土地管理机关批准征地的文件为依据确定。"《国家税务总局关于通过招拍挂方式取得土地缴纳城镇土地使用税问题的公告》(国家税务总局公告2014年第74号)也明确规定,通过招标、拍卖、挂牌方式取得的建设用地,不属于新征用的耕地,纳税人均应按照《财政部 国家税务总局关于房产税、城镇土地使用税有关政策的通知》(财税〔2006〕186号)第二条规定,从合同约定交付土地时间的次月起缴纳城镇土地使用税;合同未约定交付土地时间的,从合同签订的次月起缴纳城镇土地使用税。而不能适用《中华人民共和国城镇土地使用税暂行条例》第九条第一款规定:"新征用的耕地,自批准征用之日起满一年时开始缴纳土地使用税。"也从另外一个侧面说明开发商通过"招拍挂"方式取得的土地都是建设用地,不属于直接取得耕地。

因此,不论市县人民政府或土地储备中心征收的是否属于耕地,也不论市县人民政府或土地储备中心是否申报缴纳过耕地占用税(目前地方土地储备中心征用耕地后,对应缴纳的耕地占用税有两种处理方式,一种方式是由地方土地储备中心缴纳,作为土地开发成本费用的一部分,体现在招拍挂的价格当中;另一种方式是由受让土地者缴纳耕地占用税),税务机关要求开发商申报缴纳耕地占用税,都存在是否重复纳税或纳税主体是否适合的问题。

【问题2】 融信中国取得土地使用权时契税的计税价格如何确定?配建的保障房建造成本支出需要并入契税计税价格缴纳契税吗?

答:根据《财政部 国家税务总局关于国有土地使用权出让等有关契税问题的通知》(财税〔2004〕134号)规定:

"一、出让国有土地使用权的,其契税计税价格为承受人为取得该土地使用权而支付的全部经济利益。

(一)以协议方式出让的,其契税计税价格为成交价格。成交价格包括土地出让金、土地补偿费、安置补助费、地上附着物和青苗补偿费、拆迁补偿费、市政建设配套费等承受者应支付的货币、实物、无形资产及其他经济利益。

没有成交价格或者成交价格明显偏低的,征收机关可依次按下列两种方式确定:

1. 评估价格:由政府批准设立的房地产评估机构根据相同地段、同类房地产进行综合评定,并经当地税务机关确认的价格。

2. 土地基准地价:由县以上人民政府公示的土地基准地价。

(二)以竞价方式出让的,其契税计税价格,一般应确定为竞价的成交价格,土地出让金、市政建设配套费以及各种补偿费用应包括在内。

二、先以划拨方式取得土地使用权,后经批准改为出让方式取得该土地使用权的,应依法缴纳契税,其计税依据为应补缴的土地出让金和其他出让费用。

三、已购公有住房经补缴土地出让金和其他出让费用成为完全产权住房的,免征土地权属转移的契税。"

另根据《国家税务总局关于明确国有土地使用权出让契税计税依据的批复》(国税函〔2009〕603号)规定:"根据《财政部 国家税务总局关于土地使用权出让等有关契税问题的通知》(财税〔2004〕134号)规定,出让国有土地使用权,契税计税价格为承受人为取得该土地使用权而支付的全部经济利益。对通过'招、拍、挂'程序承受国有土地使用权的,应按照土地成交总价款计征契税,其中的土地前期开发成本不得扣除。"

根据以上规定,融信中国通过"招、拍、挂"程序取得的国有土地使用权,应按照土地成交总价款计征契税,即包括土地出让金、市政建设配套费以及各种补偿费用应包括在内作为计税价格计算缴纳契税,其中包括为本地块内配建保障性住房所占用的土地而支付的土地价款,而对于配建并需无偿移交给政府的不低于14 927.2平方米以上的保障房所承担的建造成本,虽然表现形式不是开发商获得土地时支付的土地价款的一个组成部分,但实质上是开发商为了获取该地块必须额外承受的费用支出,是一种隐性的拿地成本支出,在现有市场条件下,开发商配建保障房的建造成本也正如其支付的土地价款一样完全转嫁给了商品房消费者承担,因此应视为是开发商为获得土地而支付的"各种补偿费用"中的一种,一并计入契税的计税价格计算征收。由于"招、拍、挂"土地竞配建保障房是近年来刚出现的新事物,而且发生的配建保障房建造成本支出也在取得土地使用权后,开发商无法准确预知具体的保障房建造成本,在办理土地使用权过户手续计算缴纳契税时往往没有把未来的配建保障房建造成本计算在契税计税价格内。而目前为止,全国各地地税部门对配建保障房发生的建造成本是否需要并入契税计税价格以及何时征收理解不一,口径各异,建议财政部、国家税务总局应尽快对此类问题予以明确,保持税收政策的统一性、严肃性。

【问题3】 融信中国取得政府出让的"招、拍、挂"土地需要缴纳印花税吗?

答:根据《财政部 国家税务总局关于印花税若干政策的通知》(财税〔2006〕162号)规定:"对土地使用权出让合同、土地使用权转让合同按产权转移书据征收印花税。"

因此,融信中国取得政府出让的"招、拍、挂"土地应按照产权转移书据5‰征收印花税。

【问题4】 融信中国取得政府出让的"招、拍、挂"土地需要缴纳土地使用税吗?应从什么时候开始缴纳,什么时候终止缴纳?

答:根据《财政部 国家税务总局关于房产税城镇土地使用税有关政策的通知》(财税〔2006〕186号)规定:"以出让或转让方式有偿取得土地使用权的,应由受让方从合同约定交付土地时间的次月起缴纳城镇土地使用税;合同未约定交付土地时间的,由受让方从合同签订的次月起缴纳城镇土地使用税。"

《国家税务总局关于通过招拍挂方式取得土地缴纳城镇土地使用税问题的公告》(国家税务总局公告2014年第74号)规定:"通过招标、拍卖、挂牌方式取得的建设用地,不属于新征用的耕地,纳税人应按照《财政部 国家税务总局关于房产税、城镇土地使用税有关政策的通知》(财税〔2006〕186号)第二条规定,从合同约定交付土地时间的次月起缴纳城镇土地使用税;合同未约定交付土地时间的,从合同签订的次月起缴纳城镇土地使用税。"

《财政部 国家税务总局关于房产税城镇土地使用税有关问题的通知》(财税〔2008〕152号)规定:"纳税人因房产、土地的实物或权利状态发生变化而依法终止房产税、城镇土地使用税纳税义务的,其应纳税款的计算应截止到房产、土地的实物或权利状态发生变化的当月月末。"

根据上述规定,通过招标、拍卖、挂牌方式取得的建设用地,开发商应按《中华人民共和国城镇土地使用税暂行条例》及相关政策规定,从合同约定交付土地时间的次月起缴纳城镇土地使用税;合同未约定交付土地时间的,从合同签订的次月起缴纳城镇土地使用税,其应纳税款的计算应截止到房产、土地的实物或权利状态发生变化的当月末。

【税务征管实践的税企争议】 企业使用建设用地,到底该如何确定城镇土地使用税纳税义务发生起始和终止时间,在实际工作中税企之间往往存在较大争议。笔者对这一问题尝试做如下分析。

假设某开发商 A 公司通过招拍挂方式取得建设用地一块。2011 年 6 月 10 日,A 公司与国土部门签订《国有建设用地使用权出让合同》,约定"出让人同意在 2011 年 11 月 10 日前将出让宗地交付给受让人"。此地块实际交付时间是 2012 年 3 月 18 日,取得土地使用权证的时间是 2013 年 1 月 20 日。2014 年 6 月 18 日,A 公司开发的项目开始预售,开盘当日全部售罄,2015 年 10 月 1 日开始交付业主使用,2016 年 8 月通知业主可以办理产权过户。那么,A 公司该宗地城镇土地使用税纳税义务起始和终止时间应如何确定?

1. 城镇土地使用税纳税义务发生的起始时间

根据《国土资源部、住房和城乡建设部关于进一步加强房地产用地和建设管理调控的通知》(国土资发〔2010〕151 号)第四条规定,土地出让必须以宗地为单位提供规划条件、建设条件和土地使用标准,严格执行商品住房用地单宗出让面积规定,不得将两宗以上地块捆绑出让,不得"毛地"出让。

《财政部 国家税务总局关于房产税城镇土地使用税有关政策的通知》(财税〔2006〕186 号)第二条规定:"以出让或转让方式有偿取得土地使用权的,应由受让方从合同约定交付土地时间的次月起缴纳城镇土地使用税;合同未约定交付土地时间的,由受让方从合同签订的次月起缴纳城镇土地使用税。"

《国家税务总局关于通过招拍挂方式取得土地缴纳城镇土地使用税问题的公告》(国家税务总局公告 2014 年第 74 号)规定:"通过招标、拍卖、挂牌方式取得的建设用地,不属于新征用的耕地,纳税人应按照《财政部 国家税务总局关于房产税城镇土地使用税有关政策的通知》(财税〔2006〕186 号)第二条规定,从合同约定交付土地时间的次月起缴纳城镇土地使用税;合同未约定交付土地时间的,从合同签订的次月起缴纳城镇土地使用税。"

根据以上政策规定:

首先,在现有市场环境下,土地出让应为"净地"出让而不得"毛地"出让,而受让人缴纳城镇土地使用税的纳税义务发生起始时间的判定是出让人与受让人是否签订了《国有土地使用权出让合同》,如果已经签订出让合同,则从理论上而言,受让人就可能需要承担土地使用税的纳税义务了;而如果出让合同还没有签订,即使受让人已经占有土地,也不承担土地使用税纳税义务。而《土地使用证》是否办理或取得(如本案例 2013 年 1 月 20 日取得土地使用权证书)以及地价款是否已经全部缴纳都不能作为判定土地使用税纳税义务发生时间的依据。

其次,出让合同如果有约定土地具体交付时间的,则从出让合同约定交付土地时间的次月起缴纳城镇土地使用税;如果出让合同虽未约定具体交地日期,但却约定了截止日期,当交付日期约定不明确时,一般应遵循有利于纳税人的原则,以截止日期作为约定交付日期,从截止日期次月如本案例即应从 2011 年 12 月起缴纳税款。(笔者注:当前,土地出让合同中普遍约定的是交付土地的截止日期,而不是某个具体日期)。出让合同如未约定交付土地时间的,从合同签订的次月起缴纳城镇土地使用税。因为根据有关法律法规规定,除另有规定外,合同一经签订即发生法律效力,所以要求受让人开始缴纳土地使用税也是合法合理的。

最后,实践中另要特别注意城镇土地使用税以下两点纳税义务开始时间:第一,土地管理局与企业办理土地交付使用手续的时间滞后于合同中约定的交付使用时间,则城镇土地使用税应从合同约定交付土地时间的次月起缴纳,如本案例约定在 2011 年 11 月 10 日前将出让宗地交付给受让人,实际交付时间在 2012 年 3 月 18 日,则受让人应计算缴纳土地使用税的开始时间应为 2011 年 12 月而非 2012 年 4 月;第二,土地管理局与企业办理土地交付使用手续的时间早于合同中约定的交付使用时间,则城镇土地使用税从土地实际交付的次月起缴纳。

根据以上分析,企业在签订土地转让和出让合同时,必须在土地出让或转让合同中,应根据实际情况注明土地交付使用时间以节省土地使用税。

2. 土地使用税纳税义务发生的截止时间

根据《财政部　国家税务总局关于房产税城镇土地使用税有关问题的通知》(财税〔2008〕152 号)规定,自 2009 年 1 月 1 日起,纳税人因房产、土地的实物或权利状态发生变化应依法终止房产税、城镇土地使用税纳税义务。

实践中,税务机关和纳税人往往对文中提到的"房产、土地的实物或权利状态发生变化"理解不一,造成了征纳双方分歧。尤其是对于房地产开发企业,其土地使用税纳税义务的截止时间各省市税务机关存在不同规定或执行口径。有些全国性开发商在不同省份开发的项目在土地使用税纳税义务截止时间上就遭遇不同的待遇,有的地方按开发商与购买者签订预(销)售合同时间作为截止时间,有的以房屋交付使用时间作为截止时间,有的以办理产权证时间作为截止时间,企业对此质疑多多,破坏了税法的统一性和严肃性。应如何理解财税〔2008〕152 号文件所称的"因房产、土地的实物或权利状态发生变化而依法终止房产税、城镇土地使用税纳税义务"这个规定呢?其实这个规定从某种意义上讲,就是土地使用税纳税义务一方终止,则另一方开始承接缴纳,从而保证土地使用税的纳税义务不会因为房产、土地的实物或权利状态发生变化而发生中断,当然除另有规定不需要承担纳税义务或享受免税等税收优惠待遇的以外。具体判定依据为:

(1)《最高人民法院关于审理建筑物区分所有权纠纷案件具体应用法律若干问题的解释》(法释〔2009〕7 号)第一条规定:"基于与建设单位之间的商品房买卖民事法律行为,已经合法占有建筑物专有部分,但尚未依法办理所有权登记的人,可以认定为物权法第六章所称的业主。"

(2)《国家税务总局关于房产税、城镇土地使用税有关政策规定的通知》(国税发〔2003〕89 号)规定:"一、关于房地产开发企业开发的商品房征免房产税问题

鉴于房地产开发企业开发的商品房在出售前,对房地产开发企业而言是一种产品,因此,对房地产开发企业建造的商品房,在售出前,不征收房产税;但对售出前房地产开发企

业已使用或出租、出借的商品房应按规定征收房产税。

二、关于确定房产税、城镇土地使用税纳税义务发生时间问题

(一)购置新建商品房,自房屋交付使用之次月起计征房产税和城镇土地使用税。

(二)购置存量房,自办理房屋权属转移、变更登记手续,房地产权属登记机关签发房屋权属证书之次月起计征房产税和城镇土地使用税。

(三)出租、出借房产,自交付出租、出借房产之次月起计征房产税和城镇土地使用税。

(四)房地产开发企业自用、出租、出借本企业建造的商品房,自房屋使用或交付之次月起计征房产税和城镇土地使用税。"[笔者注:该文件第二条第(四)款中有关房地产开发企业城镇土地使用税纳税义务发生时间的规定被财税〔2006〕186号文件废止]

(3)《国家税务总局关于未取得房屋产权证书期间如何确定房产税纳税人的批复》(国税函〔2002〕284号)规定:"根据《房产税暂行条例》第二条规定:'房屋产权未确定及租典纠纷未解决的,由房产代管人或者使用人缴纳',凡以分期付款方式购买使用商品房,且购销双方均未取得房屋产权证书期间,应确定房屋的实际使用人为房产税的纳税义务人,缴纳房产税。"

根据以上规定可知,开发商取得的土地在所开发的商品房售出前以及售出后交付使用前,开发商自身是该宗土地的使用权人,土地使用税的纳税义务自然应由开发商承担。但在所售出的商品房交付给购买者使用后,根据上述最高人民法院法释〔2009〕7号规定,此时购买者已经合法占有其购买者的房屋即所谓的"建筑物专有部分",虽然可能还没有依法办理所有权登记,但已经可以认定为物权法第六章所称的业主了,所以国家税务总局国税发〔2003〕89号文件也明确规定:"购置新建商品房,自房屋交付使用之次月起计征房产税和城镇土地使用税。"此时针对开发商而言,正是财政部、国家税务总局财税〔2008〕152号文件所称的"纳税人因房产、土地的实物或权利状态发生变化而依法终止房产税、城镇土地使用税纳税义务",即土地使用税的纳税义务自房屋交付使用之次月起由开发商转移到了购买者,而开发商缴纳城镇土地使用税的纳税义务依法终止。

【部分地方性政策规定参考】

(1)《青岛市地方税务局关于明确房地产企业商品房开发期间城镇土地使用税有关问题的通知》(青地税函〔2009〕128号)规定,房地产企业开发商品房已经销售的,土地使用税纳税义务的截止时间为商品房实物或权利状态发生变化即商品房交付使用的当月末。

(2)《安徽省地方税务局关于若干税收政策问题的公告》(安徽省地方税务局公告2012年第2号)规定,房地产开发企业销售新建商品房的城镇土地使用税纳税义务截止时间,为房屋交付使用的当月末。房屋交付使用的时间为合同约定时间。未按合同约定时间交付使用的,为房屋的实物或权利状态发生变化的当月末。

(3)《西安市地方税务局关于明确房地产开发企业房地产开发用地城镇土地使用税征收起止时间有关问题的通知》(西地税发〔2009〕248号)规定:房地产开发企业房地产开发用地城镇土地使用税征收截止时间应为《商品房买卖合同》或其他协议文件约定房屋交

付的当月末;未按《商品房买卖合同》或其他协议文件约定时间交付房屋的,城镇土地使用税征收截止时间为房屋实际交付的当月末。房地产开发企业商品房销售期间,应逐月统计已交付和未交付部分,并按建筑面积比例分摊计算当月应缴纳土地使用税。

(4)《重庆市地方税务局关于明确房地产开发企业城镇土地使用税纳税义务终止有关问题的公告》(重庆市地方税务局公告2012年第6号)规定:

房地产开发企业已销售房屋的占地面积,可从房地产开发企业的计税土地面积中扣除。房地产开发企业销售房屋并终止城镇土地使用税纳税义务时间按"房屋交付时间和购房者房屋产权登记时间孰先"的原则确定。

已销售房屋的占地面积计算公式如下:

已销售房屋的占地面积=(已销售房屋的建筑面积÷开发项目房屋总建筑面积)×总占地面积

房地产开发企业应在每年的4月、10月征期申报缴纳城镇土地使用税,其中4月征期应以土地总面积扣除截至当年3月31日累计已销售房屋的占地面积为计税依据,计算缴纳上半年应纳的税款;10月征期以土地总面积扣除截至当年9月30日累计已销售房屋的占地面积为计税依据,计算缴纳下半年应纳的税款。

(5)《北京市地方税务局关于城镇土地使用税征收管理有关问题的通知》(京地税地〔2007〕303号)规定:从2007年1月1日起,对房地产开发企业开发用地征收的城镇土地使用税应在每年的4、10月份征期征收,其中4月份征期应以当年3月31日未售出房屋的占地面积为计税依据,计算缴纳上半年应纳的税款;10月份征期应以当年9月30日未售出房屋的占地面积为计税依据,计算缴纳下半年应纳的税款。

对于房地产开发企业缴纳的开发用地城镇土地使用税,纳税人也可以采取按各月末未售出房屋的占地面积为计税依据,计算全年应纳税款,并于下一年度1月31日前到主管地方税务机关办理上一个年度的税款清算。

【问题5】 融信中国付出的31.55亿土地出让金未来在缴纳增值税时如何计算扣除?

答:

(一)土地价款如何在增值税销售额中计算扣除

根据《财政部 国家税务总局关于全面推开营业税改征增值税试点的通知》(财税〔2016〕36号)附件2《营业税改征增值税试点有关事项的规定》有关销售额的规定:房地产开发企业中的一般纳税人销售其开发的房地产项目(选择简易计税方法的房地产老项目除外),以取得的全部价款和价外费用,扣除受让土地时向政府部门支付的土地价款后的余额为销售额。

据此,融信中国在2016年7月29日及以后的日子里支付给向政府、土地管理部门或受政府委托收取土地价款的单位的土地出让金31.55亿元,在未来该项目立项开发并确认销售收入后,可以直接作为该项目销售收入的减项进行处理,即将该项目销售后所取得的全部价款和价外费用,扣除支付的31.55亿元土地价款后的余额作为计算增值税销项税额的销售额。但由于取得土地后,真正的项目开发有可能是一次性开发并销售的,也有可能是分期开发分期销售,因此对支付的土地款如何扣除应有进一步的明确。对此,《国家税务总局关于发布〈房地产开发企业销售自行开发的房地产项目增值税征收管理暂行办法〉的公告》(国家税务总局公告 2016 年第 18 号)给出了明确答案,该公告第四条规定,房地产开发企业中的一般纳税人(以下简称一般纳税人)销售自行开发的房地产项目,适用一般计税方法计税,按照取得的全部价款和价外费用,扣除当期销售房地产项目对应的土地价款后的余额计算销售额。销售额的计算公式如下:

$$销售额 = (全部价款和价外费用 - 当期允许扣除的土地价款) \div (1 + 11\%)$$

首先,根据《财政部 国家税务总局关于全面推开营业税改征增值税试点的通知》(财税〔2016〕36 号)附件 1《营业税改征增值税试点实施办法》第三十七条规定,销售额,是指纳税人发生应税行为取得的全部价款和价外费用,财政部和国家税务总局另有规定的除外。

价外费用,是指价外收取的各种性质的收费,但不包括以下项目:

(1) 代为收取并符合本办法第十条规定的政府性基金或者行政事业性收费。

(2) 以委托方名义开具发票代委托方收取的款项。

关于价外费用的具体范围,在增值税暂行条例实施细则中做了较详尽的列举,包括价外向购买方收取的手续费、补贴、基金、集资费、返还利润、奖励费、违约金、滞纳金、延期付款利息、赔偿金、代收款项、代垫款项、包装费、包装物租金、储备费、优质费、运输装卸费以及其他各种性质的价外收费。但是由于纳税人实际业务的复杂性,仍然会存在列举不尽的情况。因此,本条规定只对价外费用进行了概括性描述,没有进行逐一列举。

同时,本条明确了"符合条件的政府性基金和行政事业性收费"以及"以委托方名义开具发票代委托方收取的款项"不属于价外费用范畴。

增值税暂行条例列举的不属于价外费用的项目一共有三个:

(1) 受托加工应征消费税的消费品所代收代缴的消费税。

(2) 同时符合以下条件的代垫运输费用:

① 承运部门的运输费用发票开具给购买方的。

② 纳税人将该项发票转交给购买方的。

(3) 同时符合以下条件代为收取的政府性基金或者行政事业性收费:

① 由国务院或者财政部批准设立的政府性基金,由国务院或者省级人民政府及其财政、价格主管部门批准设立的行政事业性收费。

② 收取时开具省级以上财政部门印制的财政票据。

③ 所收款项全额上缴财政。

可见,除了第一项"代收代缴的消费税"营改增纳税人不涉及外,试点实施办法继续延续了"政府性基金和行政事业性收费"的条款,并把"符合条件的代垫运费"条款更新为"符合条件的委托收款",即以委托方名义开具发票代委托方收取的款项。

其次,国家税务总局公告 2016 年第 18 号明确了土地出让金价款并不能一次性扣除,而应根据销售当期的实际情况予以计算,逐步扣除。该公告的第五条规定,当期允许扣除的土地价款按照以下公式计算：

$$当期允许扣除的土地价款 = \left(\frac{当期销售房地产项目建筑面积}{房地产项目可供销售建筑面积} \right) \times 支付的土地价款$$

当期销售房地产项目建筑面积，是指当期进行纳税申报的增值税销售额对应的建筑面积。

房地产项目可供销售建筑面积，是指房地产项目可以出售的总建筑面积，不包括销售房地产项目时未单独作价结算的配套公共设施的建筑面积。

这里需要明确几点：

第一，允许抵扣的土地价款包括2016年5月1日开始开工建设的新项目和选择一般计税方法的老项目。对于房地产老项目，如果选择适用一般计税方法，其5月1日后确认的增值税销售额，也可以扣除对应的土地出让价款。只有一般纳税人销售自行开发的房地产老项目选择适用简易计税方法计税的，才以取得的全部价款和价外费用为销售额，不得扣除对应的土地价款。

根据《国家税务总局关于发布〈房地产开发企业销售自行开发的房地产项目增值税征收管理暂行办法〉的公告》（国家税务总局公告2016年第18号）第八条规定，一般纳税人销售自行开发的房地产老项目，可以选择适用简易计税方法按照5%的征收率计税。一经选择简易计税方法计税的，36个月内不得变更为一般计税方法计税。

房地产老项目，是指：

（1）《建筑工程施工许可证》注明的合同开工日期在2016年4月30日前的房地产项目。

（2）《建筑工程施工许可证》未注明合同开工日期或者未取得《建筑工程施工许可证》但建筑工程承包合同注明的开工日期在2016年4月30日前的建筑工程项目。

而房地产开发企业中的小规模纳税人销售自行开发的房地产项目（无论新项目还是老项目），都按照5%的征收率计算应纳税额，均不得扣除对应的土地价款。

$$销售额 = 全部价款和价外费用 \div (1 + 5\%)$$

第二，国家税务总局公告2016年第18号对采用一般计税方式缴纳增值税的房地产企业一般纳税人支付的土地价款的扣除，实质上是以建筑面积法来划分当期允许扣除的土地价款，当期销售房地产项目建筑面积占房地产项目可供销售建筑面积的比例大小直接决定了当期允许从销售额中扣除的土地价款的多寡。如果房地产企业是一次性购地，分次开发，可供销售建筑面积无法一次全部确定的，应按以下顺序计算当期允许扣除分摊土地价款：

（1）计算出已开发项目所对应的土地价款：

$$已开发项目所对应的土地价款 = 土地价款 \times (已开发项目占地面积 \div 开发用地总面积)$$

（2）计算当期允许扣除的土地价款：

$$当期允许扣除的土地价款 = \left(\frac{当期销售房地产项目建筑面积}{房地产项目可供销售建筑面积} \right) \times 已开发项目所对应的土地价款$$

(3) 按上述公式计算出的允许扣除的土地价款要按项目进行清算,且其总额不得超过支付的土地出让金总额。

第三,当期销售房地产项目建筑面积,需要按照不动产销售的纳税义务发生时间来确定销售额,根据销售额来确定已经销售的建筑面积。根据《财政部 国家税务总局关于全面推开营业税改征增值税试点的通知》(财税〔2016〕36 号)附件 1《营业税改征增值税试点实施办法》第四十五条规定,增值税纳税义务、扣缴义务发生时间为:

(1) 纳税人发生应税行为并收讫销售款项或者取得索取销售款项凭据的当天;先开具发票的,为开具发票的当天。

收讫销售款项,是指纳税人销售服务、无形资产、不动产过程中或者完成后收到款项。取得索取销售款项凭据的当天,是指书面合同确定的付款日期;未签订书面合同或者书面合同未确定付款日期的,为服务、无形资产转让完成的当天或者不动产权属变更的当天。

(2) 纳税人提供建筑服务、租赁服务采取预收款方式的,其纳税义务发生时间为收到预收款的当天。

(3) 纳税人从事金融商品转让的,为金融商品所有权转移的当天。

(4) 纳税人发生本办法第十四条规定情形的,其纳税义务发生时间为服务、无形资产转让完成的当天或者不动产权属变更的当天。

(5) 增值税扣缴义务发生时间为纳税人增值税纳税义务发生的当天。

房地产开发企业采取预收款方式销售开发的房地产项目,应在收到预收款时按照 3% 的预征率预缴增值税,此时预收款不扣除土地价款。待纳税义务发生时间确定时,再清算应纳税款,并扣除已预缴的增值税款。

① 一般纳税人。

$$应预缴税款＝预收款÷(1＋适用税率或征收率)×3\%$$

适用一般计税方法计税的,按照 11% 的适用税率计算;适用简易计税方法计税的,按照 5% 的征收率计算。

房地产开发企业收到这类预收款以后,应区分项目的具体情况,是老项目还是新项目,确定适用的计税方法,计算当期应预缴的税款。一般纳税人应在取得预收款的次月纳税申报期向项目所在地主管国税机关预缴税款。

② 小规模纳税人。

$$应预缴税款＝预收款÷(1＋5\%)×3\%$$

小规模纳税人应在取得预收款的次月纳税申报期或主管国税机关核定的纳税期限(季度申报)向项目所在地主管国税机关预缴税款。

第四,房地产项目可供销售建筑面积,是指房地产项目可以出售的总建筑面积,不包括销售房地产项目时未单独作价结算的配套公共设施的建筑面积。这里必须强调的是,税收上所言的可供销售建筑面积与预售许可证上的建筑面积的概念是不一致的,应该说前者的内涵与外延都要比后者大,一是若房地产企业存在超批准范围的违建行为,比如,批准建 10 000 平方米,实际建了 12 000 平方米,其违建的 2 000 平方米建筑面积如果用于出售,可认定为增值税意义上的可售面积,也应分摊一部分土地价款,但其肯定不能取得预售许可。二是房地产企业在住宅区内所建的市政公用设施,包括道路、公交站场、环卫设施、各类公用管线(自来水、电力、电信、燃气、热力、有线电视、雨水、污水等)及绿地(包括公园、小游园、组团绿地及其他块状、带状绿地)等相应的建筑物、构筑物。这些设施在项目销售是都已经包含在了业主所支付的房款之中,不会单独作价出售给业主。对这些建筑物、构筑物的面积,该公告并未将其包含在"可供出售的建筑面积"中,也就是在计算"当期允许扣除的土地价款"时,并未将这部分面积包含在分母当中。而房地产企业在住宅区内所建的教育(学校)、医疗卫生(医院)、文化体育(文体场馆)、商业服务(商业用房)、行政管理(物业管理用房)、社区服务(派出所、居委会等)以及无产权的车库车位等相应的建筑物、构筑物,业主在购房时一般是不分摊其建筑面积的,但房地产企业如果将这些所建的不可售的项目公共配套设施用于出售或者无偿赠与等视同销售,在税收上必须作为可售面积处理,而这部分不会体现在预售许可证上。假设案例中融信中国所建的公共配套设施是学校、医院等设施,建好后用于出售或者应视同销售的无偿赠与等用途,则这部分出售或应视同销售的公共配套设施也应作为税收上的"可供出售的建筑面积",也就是说这部分公共配套设施也应计算分摊一部分土地价款。三是地块出让时的附加条件可能出现的视同销售行为也应视为"可供出售的建筑面积"分摊一部分土地价款,这也是不能取得预售许可的。比如,案例中融信中国取得的地块,在该地块预出让合同中就明确规定,本地块内配建保障性住房建筑面积不得低于该出让宗地地上计容建筑面积的25%,计 14 927.2 平方米以上。配建的保障性住房具体类型为公共租赁住房,应成套无偿移交给杨浦区住房保障机构或者公共租赁住房运营机构。这些日后无偿移交给政府或其指定的相关部门时,如果不符合不征收或者免征增值税的相关规定,则应视同销售,同时将其作为税收上的"可供出售的建筑面积"分摊一部分土地价款。根据《财政部 国家税务总局关于全面推开营业税改征增值税试点的通知》(财税〔2016〕36 号)附件 1《营业税改征增值税试点实施办法》第十四条规定,下列情形视同销售服务、无形资产或者不动产:

(1)单位或者个体工商户向其他单位或者个人无偿提供服务,但用于公益事业或者以社会公众为对象的除外。

(2)单位或者个人向其他单位或者个人无偿转让无形资产或者不动产,但用于公益事业或者以社会公众为对象的除外。

(3)财政部和国家税务总局规定的其他情形。

这些都是房地产企业在计算土地价款扣除确认销售额方面遇到的一大难题,也是今后税务稽查时最容易产生的涉税风险问题。

(二) 支付的土地价款应取得的合法有效凭证

根据《国家税务总局关于发布〈房地产开发企业销售自行开发的房地产项目增值税征收管理暂行办法〉的公告》(国家税务总局公告 2016 年第 18 号)第五条规定,支付的土地价款,是指向政府、土地管理部门或受政府委托收取土地价款的单位直接支付的土地价款。该公告第六条明确了在计算销售额时从全部价款和价外费用中扣除土地价款,应当取得省级以上(含省级)财政部门监(印)制的财政票据。其实,这在《财政部 国家税务总局关于全面推开营业税改征增值税试点的通知》(财税〔2016〕36号)附件2《营业税改征增值税试点有关事项的规定》有关"销售额"的规定中就已经做了明确,即试点纳税人按照上述4～10款的规定从全部价款和价外费用中扣除的价款,应当取得符合法律、行政法规和国家税务总局规定的有效凭证。否则,不得扣除。

上述凭证是指:

(1)支付给境内单位或者个人的款项,以发票为合法有效凭证。

(2)支付给境外单位或者个人的款项,以该单位或者个人的签收单据为合法有效凭证,税务机关对签收单据有疑议的,可以要求其提供境外公证机构的确认证明。

(3)缴纳的税款,以完税凭证为合法有效凭证。

(4)扣除的政府性基金、行政事业性收费或者向政府支付的土地价款,以省级以上(含省级)财政部门监(印)制的财政票据为合法有效凭证。

(5)国家税务总局规定的其他凭证。

纳税人取得的上述凭证属于增值税扣税凭证的,其进项税额不得从销项税额中抵扣。

什么是财政票据?根据财政部2012年10月颁布的《财政票据管理办法》(财政部令第70号)规定,财政票据是指由财政部门监(印)制、发放、管理,国家机关、事业单位、具有公共管理或者公共服务职能的社会团体及其他组织(以下简称"行政事业单位")依法收取政府非税收入或者从事非营利性活动收取财物时,向公民、法人和其他组织开具的凭证。财政票据是财务收支和会计核算的原始凭证,是财政、审计等部门进行监督检查的重要依据。

财政票据的种类和适用范围如下。

1. 非税收入类票据

(1)非税收入通用票据,是指行政事业单位依法收取政府非税收入时开具的通用凭证。

(2)非税收入专用票据,是指特定的行政事业单位依法收取特定的政府非税收入时开具的专用凭证。主要包括行政事业性收费票据、政府性基金票据、国有资源(资产)收入票据、罚没票据等。

(3)非税收入一般缴款书,是指实施政府非税收入收缴管理制度改革的行政事业单位收缴政府非税收入时开具的通用凭证。

2. 结算类票据

资金往来结算票据,是指行政事业单位在发生暂收、代收和单位内部资金往来结算时开具的凭证。

3. 其他财政票据

(1)公益事业捐赠票据,是指国家机关、公益性事业单位、公益性社会团体和其他公益性组织依法接受公益性捐赠时开具的凭证。

(2)医疗收费票据,是指非营利医疗卫生机构从事医疗服务取得医疗收入时开具的凭证。

(3)社会团体会费票据,是指依法成立的社会团体向会员收取会费时开具的凭证。

（4）其他应当由财政部门管理的票据。

一般而言，房地产企业支付土地价款时取得的应是非税收入类票据，可以是非税收入专用票据如土地出让金专用收据，也可以是非税收入通用票据或非税收入一般缴款书，但无论如何不能以"资金往来结算票据"来替代非税收入类票据并作为入账原始凭证处理。因为根据有关规定，资金往来结算票据，是行政事业单位发生暂收、代收和单位内部资金往来结算等经济活动时开具的凭证。其适用范围仅限于下列行为：

（1）行政事业单位暂收款项。由行政事业单位暂时收取，在经济活动结束后需退还原付款单位或个人，不构成本单位收入的款项，如押金、定金、保证金及其他暂时收取的各种款项等。

（2）行政事业单位代收款项。由行政事业单位代为收取，在经济活动结束后需付给其他收款单位或个人，不构成本单位收入的款项，如代收教材费、体检费、水电费、供暖费、电话费等。

（3）单位内部各部门之间、单位与个人之间发生的其他资金往来且不构成本单位收入的款项。

（4）财政部门认定的不作为行政事业单位收入的其他资金往来行为。

而对于下列行为，均不得使用资金往来结算票据：

（1）行政事业单位按照自愿有偿的原则提供下列服务，其收费属于经营服务性收费，应当依法使用税务发票，不得使用资金往来结算票据。

① 信息咨询、技术咨询、技术开发、技术成果转让和技术服务收费。

② 法律法规和国务院部门规章规定强制进行的培训业务以外，由有关单位和个人自愿参加培训、会议的收费。

③ 组织短期出国培训，为来华工作的外国人员提供境内服务等收取的国际交流服务费。

④ 组织展览、展销会收取的展位费等服务费。

⑤ 创办刊物、出版书籍并向订购单位和个人收取的费用。

⑥ 开展演出活动，提供录音录像服务收取的费用。

⑦ 复印费、打字费、资料费；

⑧ 其他经营服务性收费行为。

（2）行政事业性收费、政府性基金、国有资源有偿使用收入、国有资产有偿使用收入、国有资本经营收益、彩票公益金、罚没收入、以政府名义接受的捐赠收入、主管部门集中收入等政府非税收入，应当按照规定使用行政事业性收费票据、政府性基金票据、罚没票据、非税收入一般缴款书等相应的财政票据，不得使用资金往来结算票据。

（3）行政事业单位受政府非税收入执收单位的委托，代行收取政府非税收入，应当按照有关委托手续，使用委托单位领购的有关政府非税收入票据代收相应的政府非税收入，不得使用资金往来结算票据。

（4）社会团体收取会费收入，使用社会团体会费专用收据；公立医疗机构从事医疗服务取得收入，使用医疗票据；公益性单位接收捐赠收入，使用捐赠票据，均不得使用资金往来结算票据。

(5) 行政事业单位取得的拨入经费、财政补助收入、上级补助收入等形成本单位收入,不得使用资金往来结算票据。

(6) 财政部门认定的其他行为。

显然,支付给政府的土地价款属于资金往来结算票据不得使用的范围,房地产企业支付土地价款取得的资金往来结算票据不属于税务部门认可的合法有效凭证,不能作为计算增值税时减除销售额的凭证,也不得作为企业所得税税前扣除凭证和计算土地增值税时的土地成本扣除凭证。

三、拆迁补偿费或征收补偿费支出涉税问题处理

【案例 2-2】 北京市朝阳区农业展览馆北路 8 号位于东三环东侧,原北京军区总医院东院旧址上。该地块四至范围是:东至规划枣营西一路东红线,南至国土证[国军陆朝国用(2007 划)01344 号]边界,西至全国农业展览馆现状围墙,北至国土证[国军陆朝国用(2007 划)01344 号]边界。用地性质为 F1 住宅混合公建用地,土地面积为 2.81 万平方米,其中建设用地面的达到 25 209.56 平方米,建筑控制规模控制在 59 152 平方米以下,容积率最高为 2.346。2013 年 9 月 4 日,北京国土资源局现场,经过 69 轮拍,融创以 21 亿元土地出让金加异地配建 27.8 万平方米医院面积一举拿下农展馆北路 8 号住宅地块!根据标书规定异地建设医院的建造单价为 8 000 元/平方米,竞得人需按照现场竞报异地建设医院的面积向军区总医院支付相应的建设费用,即融创将支付给军区总医院 22.24 亿元的建设费用,因此,融创拿地总成本已达 43.24 亿元。经计算农业展览馆北路 8 号土地溢价率为 16%,楼面价为 35 501 元/平方米,考虑到配建的医院成本,楼面价高达 73 099 元/平方米,成为北京乃至当时全国名副其实的新地王。

【问题】 在拆迁安置补偿过程中开发商和被拆迁人各自都有哪些涉税问题?假设融创公司此项目未来选择适用一般计税方式缴纳增值税,其按建造单价 8 000 元/平方米向北京军区总医院支付的异地配建 27.8 万平方米医院面积的 22.24 亿元建设费用能否获得进项抵扣?

【案例分析】 房地产开发企业为取得土地使用权支付的费用主要包括土地出让金、拆迁补偿费、征收补偿款、开发规费等。

土地出让金通常是指各级政府土地管理部门将土地使用权出让给土地使用者,按规定向买受人收取的土地出让的全部价款。土地出让金根据批租地块的条件,可以分为"熟地价"(即提供"七通一平"的地块价,包括土地使用费和开发费)、"毛地"或"生地"价。其票据由财政部门出具。

拆迁补偿费通常是指拆建单位依照规定标准向被拆迁房屋的所有权人或使用人支付的各种补偿金,主要包括房屋补偿费、周转补偿费和奖励性补偿费三方面。其票据主要是被拆迁房屋的所有权人或使用人出具的发票或者收据。

征收补偿款通常是指政府先将土地拍卖出让,再由政府出面征收拆迁但由房地产开

发企业承担、并通过政府向被拆迁房屋的所有权人或使用人支付的款项。其票据为政府财政部门出具的非税收入票据。

开发规费通常是指在房地产开发过程中,房地产开发企业按照项目所在地的收取标准向政府多个部门缴纳若干项的各种规费。其票据为政府部门出具的非税收入票据。

融创中国支付的 21 亿元土地出让金的增值税处理,前面已经详述,不再赘述,这里主要来了解一下其异地配建 27.8 万平方米的医院而按建造单价为 8 000 元/平方米支付给北京军区总医院 22.24 亿元的建设费用的"营改增"前后处理的差异。

(一)异地配建 27.8 万平方米医院面积的法律性质

首先需要明确的是,这一异地配建医院属于拆迁补偿或者征收补偿性质而不是"红线外附加工程"。拆迁补偿是在征地过程中对住宅或者非住宅房屋的价值评估后对该房屋合法拆除并给予房屋产权所有人一定补偿。在城市旧城改造和城市规划过程中,或多或少会涉及单位和个人的房屋拆迁补偿问题。拆迁工程涉及拆迁人、被拆迁人、拆迁公司多方。企业和个人的搬迁大致可分为政策性搬迁和商业性搬迁。政策性搬迁因为涉及政府对城市的规划或其他主导原因,会有许多税收优惠。而商业性搬迁是由企业之间或企业与个人之间的自由协定为依据而进行的一种市场行为,政府不参与其中。政策性搬迁和商业性搬迁在税收上适用各种不同规定。根据国家税务总局公告 2012 年第 40 号的规定,政策性搬迁是指由于社会公共利益的需要,在政府主导下企业进行整体搬迁或部分搬迁。税务对此类搬迁的认定是审核有无政府搬迁文件或公告。如果没有,则一般不会认同为政策性搬迁,从而将此类涉税处理界定为商业行为。目前,城市改造都是以政府为主导进行的。由政府或政府有关主管部门根据审批通过的城市规划确定进行城市改造的搬迁安置,具体由政府土地收储中心受国土资源部门的委托将拆迁安置的土地先行收回进行重新规划,妥善处理好出让地块内的土地收购和房屋拆迁安置补偿事项,再通过招标、拍卖形式将土地使用权出让。房地产公司通过参加招标或拍卖,签订拍卖成交确认书,并在规定的期限内交付土地出让金,获得国有土地使用权。在此模式下,城市的拆迁改造完全处于政府的控制之下。

根据农展馆地块的拍卖结果,融创中国将异地配建 27.8 万平方米医院面积,以 8 000 元/平方米的建造单价计算,融创将支付给军区总医院 22.24 亿元的建设费用。而事实是,北京市朝阳区农展馆北路 8 号位于东三环东侧,原北京军区总医院东院旧址上。所以,这个异地配建的医院应该属于拆迁补偿或征收补偿,而且是政策性搬迁性质!根据国务院 2011 年颁布的《国有土地上房屋征收与补偿条例》(国务院令第 590 号,笔者注:2001 年 6 月 13 日国务院公布的《城市房屋拆迁管理条例》同时废止)第八条规定,为了保障国家安全、促进国民经济和社会发展等公共利益的需要,有下列情形之一,确需要征收房屋的,由市、县级人民政府作出房屋征收决定:

(1)国防和外交的需要。

(2)由政府组织实施的能源、交通、水利等基础设施建设的需要。

(3)由政府组织实施的科技、教育、文化、卫生、体育、环境和资源保护、防灾减灾、文物保护、社会福利、市政公用等公共事业的需要。

（4）由政府组织实施的保障性安居工程建设的需要。

（5）由政府依照城乡规划法有关规定组织实施的对危房集中、基础设施落后等地段进行旧城区改建的需要。

（6）法律、行政法规规定的其他公共利益的需要。

国有土地上房屋征收与补偿活动，由市、县级人民政府负责本行政区域的房屋征收与补偿工作。所以，房屋征收与补偿活动是一种政府行为，针对被征收单位或个人如北京军区总医院而言，其是被动接受而非主动所为，其取得的不论是货币补偿，还是房屋产权调换（笔者注：根据《国有土地上房屋征收与补偿条例》有关规定，被征收单位或个人可以选择货币补偿，也可以选择房屋产权调换），都是属于非经营性质的政策性搬迁。

（二）拆迁安置或补偿双方的税收政策

1. 被拆迁人方面

1）营改增后被拆迁人的增值税处理

根据《财政部 国家税务总局关于全面推开营业税改征增值税试点的通知》（财税〔2016〕36 号）附件 3《营业税改征增值税试点过渡政策的规定》"一、下列项目免征增值税……（三十七）土地所有者出让土地使用权和土地使用者将土地使用权归还给土地所有者。"

据此，营改增后，增值税基本延续了营业税时代的政策，对土地使用者将土地使用权归还给土地所有者的行为继续给予税收优惠待遇，免征增值税。

2）被拆迁人土地增值税处理

根据《中华人民共和国土地增值税暂行条例》（简称《土地增值税暂行条例》）及其实施细则规定，以出售或者其他方式有偿转让国有土地使用权、地上的建筑物及其附着物并取得收入（包括转让房地产的全部价款及有关的经济收益，不包括以继承、赠与方式无偿转让房地产的行为）的单位和个人，为土地增值税的纳税义务人，应当依照规定缴纳土地增值税。这里的单位，是指各类企业单位、事业单位、国家机关和社会团体及其他组织。个人，包括个体经营者。所以不论是何种性质的企事业单位还是国家机关，只要存在有偿转让房地产行为，就属于土地增值税的纳税义务人。案例中被拆迁人北京军区总医院应属其中之一。

《土地增值税暂行条例》第八条规定，有下列情形之一的，免征土地增值税："（二）因国家建设需要依法征用、收回的房地产。"

《中华人民共和国土地增值税暂行条例实施细则》（简称《土地增值税暂行条例实施细则》）规定，条例第八条（二）项所称的因国家建设需要依法征用、收回的房地产，是指因城市实施规划、国家建设的需要而被政府批准征用的房产或收回的土地使用权。

因城市实施规划、国家建设的需要而搬迁，由纳税人自行转让原房地产的，比照本规定免征土地增值税。

符合上述规定的单位和个人，须向房地产所在地税务机关提出免税申请，经税务机关审核后，免予征收土地增值税。

《财政部 国家税务总局关于土地增值税若干问题的通知》（财税〔2006〕21 号）第四点

"关于因城市实施规划、国家建设需要而搬迁,纳税人自行转让房地产的征免税问题"规定:《土地增值税暂行条例实施细则》第十一条第四款所称:因"城市实施规划"而搬迁,是指因旧城改造或因企业污染、扰民(指产生过量废气、废水、废渣和噪音,使城市居民生活受到一定危害),而由政府或政府有关主管部门根据已审批通过的城市规划确定进行搬迁的情况;因"国家建设的需要"而搬迁,是指因实施国务院、省级人民政府、国务院有关部委批准的建设项目而进行搬迁的情况。

根据上述土地增值税相关法规、文件精神,在判断被拆迁人取得的拆迁补偿收入的土地增值税征免时,需要确定两个条件。一是是否因城市实施规划、国家建设的需要而被政府批准征用;二是如属于"城市实施规划"而搬迁,还需要确定是否因旧城改造或因企业污染、扰民(指产生过量废气、废水、废渣和噪音,使城市居民生活受到一定危害),而由政府或政府有关主管部门根据已审批通过的城市规划确定进行搬迁。具体到本案例中,如果被拆迁人能够向税务主管部门提供政府进行"旧城改造"批复文件、具体规划等相关文件,则其最后折现取得的22.24亿元拆迁补偿收入可以认定为土地增值税的免税收入,应到税务机关办理相关减免税手续,经税务机关审核后,免予缴纳土地增值税。

3)被拆迁人企业所得税处理

如果被拆迁人属于应缴纳企业所得税的企业,则应主要考虑这种拆迁是否属于政策性搬迁,根据《国家税务总局关于发布〈企业政策性搬迁所得税管理办法〉的公告》(国家税务总局公告2012年第40号,简称《办法》)第三条规定:"企业政策性搬迁,是指由于社会公共利益的需要,在政府主导下企业进行整体搬迁或部分搬迁。企业由于下列需要之一,提供相关文件证明资料的,属于政策性搬迁:

(一)国防和外交的需要;

(二)由政府组织实施的能源、交通、水利等基础设施的需要;

(三)由政府组织实施的科技、教育、文化、卫生、体育、环境和资源保护、防灾减灾、文物保护、社会福利、市政公用等公共事业的需要;

(四)由政府组织实施的保障性安居工程建设的需要;

(五)由政府依照《中华人民共和国城乡规划法》有关规定组织实施的对危房集中、基础设施落后等地段进行旧城区改建的需要;

(六)法律、行政法规规定的其他公共利益的需要。"

对符合上述规定的政策性搬迁,可以按《办法》第十五条的规定处理,即企业在搬迁期间发生的搬迁收入和搬迁支出,可以暂不计入当期应纳税所得额,而在完成搬迁的年度,对搬迁收入和支出进行汇总清算。企业的搬迁收入[包括搬迁过程中从本企业以外(包括政府或其他单位)取得的搬迁补偿收入,以及本企业搬迁资产处置收入等],扣除搬迁支出(包括搬迁费用支出以及由于搬迁所发生的企业资产处置支出)后的余额,为企业的搬迁所得。企业应在搬迁完成年度,将搬迁所得计入当年度企业应纳税所得额计算纳税。

搬迁完成年度有两种计算方法,一种是符合下列情形之一的,为搬迁完成年度,企业应进行搬迁清算,计算搬迁所得:

(1)从搬迁开始,5年内(包括搬迁当年度)任何一年完成搬迁的。

(2)从搬迁开始,搬迁时间满5年(包括搬迁当年度)的年度。

另外一种是视为搬迁完成年度,即企业同时符合下列条件的,视为已经完成搬迁:

(1)搬迁规划已基本完成。

(2)当年生产经营收入占规划搬迁前年度生产经营收入50%以上。

鉴于政策性搬迁情况比较复杂,容易产生征管漏洞,《办法》要求企业政策性搬迁,应该单独进行税务管理和会计核算。不能单独进行的,应按企业自行搬迁或商业性搬迁进行所得税处理,不得执行《办法》规定。同时要求,企业应当自搬迁开始年度,至次年5月31日前,向主管税务机关(包括迁出地和迁入地)报送政策性搬迁依据、搬迁规划等相关材料。逾期未报的,除特殊原因经主管税务机关认可外,搬迁收入和以后实际发生的、与搬迁相关的各项支出,均应按税法规定进行税务处理。此外,企业在搬迁完成年度,向主管税务机关报送企业所得税年度纳税申报表时,还应同时报送《企业政策性搬迁清算损益表》及相关材料。

总而言之,《办法》中对政策性搬迁所作出的规定,与非政策性搬迁的主要区别体现为:一是,非政策性搬迁,企业取得搬迁补偿收入,应立即作为当年度的应税收入征收企业所得税;而政策性搬迁,企业取得的搬迁补偿收入,不用立即作为当年度的应税收入征税,而是在搬迁周期内,扣除搬迁支出后统一核算。二是,政策性搬迁,企业所得税给予最长五年的搬迁期限得税收优惠,在这个期限内没有达到要求的不需要确认搬迁补偿收入。三是,企业以前年度发生尚未弥补的亏损的,搬迁期间从法定亏损结转年限中减除。

被拆迁人应根据上述规定,判断是否符合政策性搬迁规定。认为符合规定的,企业应当自搬迁开始年度,至次年5月31日前,向主管税务机关(包括迁出地和迁入地)报送政策性搬迁依据、搬迁规划等相关材料。逾期未报的,除特殊原因并经主管税务机关认可外,按非政策性搬迁处理,即应在搬迁年度当期确认搬迁补偿收入计算缴纳企业所得税,不得执行《办法》中政策性搬迁的有关规定。企业应向主管税务机关报送的政策性搬迁依据、搬迁规划等相关材料,主要包括:①政府搬迁文件或公告;②搬迁重置总体规划;③拆迁补偿协议;④资产处置计划;⑤其他与搬迁相关的事项。

另外,由于案例中的被拆迁人属于医疗机构,是否属于企业所得税纳税义务人呢?《中华人民共和国企业所得税法》(简称《企业所得税法》)规定:"在中华人民共和国境内,企业和其他取得收入的组织(以下统称企业)为企业所得税的纳税人,依照本法的规定缴纳企业所得税。本法所称居民企业,是指依法在中国境内成立,或者依照外国(地区)法律成立但实际管理机构在中国境内的企业。"

《中华人民共和国企业所得税法实施条例》(简称《企业所得税法实施条例》)规定:"企业所得税法第二条所称依法在中国境内成立的企业,包括依照中国法律、行政法规在中国境内成立的企业、事业单位、社会团体以及其他取得收入的组织。"

根据上述规定,不管是营利性医院,还是非营利性医院;不管是事业单位性质的医院,还是民办非企业单位性质的医院;不管是公立医院,还是民营医院,除依照中国法律、行政法规成立的个人独资企业、合伙企业外,都是企业所得税的纳税义务人。当然,针对非营利性医疗机构取得收入的所得税征免问题,《关于非营利组织免税资格认定管理有关问题的通知》(财税〔2014〕13号)作出了明确规定,即:经有权部门批准设立或登记的非营利组织,符合一定条件的,可以向税务机关提出免税资格认定。经认定后,对于其取得的符合《关于非营利组织企业所得税免税收入问题的通知》(财税〔2009〕122号)规定的免税收入范围的收入,免征企业所得税。对于未经过免税资格认定的,其取得的全部收入,或虽经过免税资格认定,但其取得的收入不符合免税收入条件的,均应计征企业所得税。

4) 被拆迁人个人所得税

如果被拆迁人属于个人(包括自然人、个体工商业户、个人独资企业、个人合伙企业等),则根据《财政部 国家税务总局关于城镇房屋拆迁有关税收政策的通知》(财税〔2005〕45号)规定:"对被拆迁人按照国家有关城镇房屋拆迁管理办法规定的标准取得的拆迁补偿款,免征个人所得税。"也就是说,个人取得的拆迁补偿款,只要是按照国家有关城镇房屋拆迁补偿管理办法规定标准取得的,就可免征个人所得税。

5) 被拆迁人契税

被拆迁人如果是个人,则根据《财政部 国家税务总局关于企业以售后回租方式进行融资等有关契税政策的通知》(财税〔2012〕82号)规定:市、县级人民政府根据《国有土地上房屋征收与补偿条例》有关规定征收居民房屋,居民因个人房屋被征收而选择货币补偿用以重新购置房屋,并且购房成交价格不超过货币补偿的,对新购房屋免征契税;购房成交价格超过货币补偿的,对差价部分按规定征收契税。居民因个人房屋被征收而选择房屋产权调换,并且不缴纳房屋产权调换差价的,对新换房屋免征契税;缴纳房屋产权调换差价的,对差价部分按规定征收契税。

被拆迁人如果是企业,且采取的是产权调换方式的,则根据《中华人民共和国契税暂行条例》(简称《契税暂行条例》)及其实施细则规定,土地使用权交换、房屋交换,契税的计税依据为所交换的土地使用权、房屋的价格的差额。土地使用权交换、房屋交换,交换价格不相等的,由多交付货币、实物、无形资产或者其他经济利益的一方缴纳税款。交换价格相等的,免征契税。土地使用权与房屋所有权之间相互交换,按照前述规定征税。

2. 房地产企业方面

1) 取得土地契税的计税依据确定

房地产企业(如本案例中融创)为取得土地而支付的拆迁补偿费、市政配套费及其他各种补偿是否需要并入土地出让金作为缴纳契税的计税依据呢?在这个问题上,税企双方争议很大,有必要做一分析。

《财政部 国家税务总局关于国有土地使用权出让等有关契税问题的通知》(财税〔2004〕134号)第一条规定:

"一、出让国有土地使用权的,其契税计税价格为承受人为取得该土地使用权而支付的全部经济利益。

(一)以协议方式出让的,其契税计税价格为成交价格。成交价格包括土地出让金、土地补偿费、安置补助费、地上附着物和青苗补偿费、拆迁补偿费、市政建设配套费等承受者应支付的货币、实物、无形资产及其他经济利益。

没有成交价格或者成交价格明显偏低的,征收机关可依次按下列两种方式确定:

1. 评估价格:由政府批准设立的房地产评估机构根据相同地段、同类房地产进行综合评定,并经当地税务机关确认的价格。

2. 土地基准地价:由县以上人民政府公示的土地基准地价。

(二)以竞价方式出让的,其契税计税价格,一般应确定为竞价的成交价格,土地出让金、市政建设配套费以及各种补偿费用应包括在内。

二、先以划拨方式取得土地使用权,后经批准改为出让方式取得该土地使用权的,应依法缴纳契税,其计税依据为应补缴的土地出让金和其他出让费用。"

《国家税务总局关于明确国有土地使用权出让契税计税依据的批复》(国税函〔2009〕603号)规定:根据《财政部 国家税务总局关于土地使用权出让等有关契税问题的通知》(财税〔2004〕134号)规定,出让国有土地使用权,契税计税价格为承受人为取得该土地使用权而支付的全部经济利益。对通过"招、拍、挂"程序承受国有土地使用权的,应按照土地成交总价款计征契税,其中的土地前期开发成本不得扣除。

上述两个文件是引起拆迁补偿费是否应作为契税计税依据的税企争议主要根源,现分析如下:

(1)针对以协议方式取得出让地。《财政部 国家税务总局关于国有土地使用权出让等有关契税问题的通知》(财税〔2004〕134号)规定:以协议方式出让的,其契税计税价格为成交价格。成交价格包括土地出让金、土地补偿费、安置补助费、地上附着物和青苗补偿费、拆迁补偿费、市政建设配套费等承受者应支付的货币、实物、无形资产及其他经济利益。以协议方式取得政府出让地,拆迁补偿费属于取得土地使用权人应自行承担的成本组成部分,拆迁补偿费自然应该计入土地成交总价格,按规定应当计算缴纳契税。

(2)针对以竞价方式取得出让毛地。根据原《城市房屋拆迁管理条例》(笔者注:该条例已被2011年1月21日颁布的《国有土地上房屋征收与补偿条例》废止失效)规定,拆迁人是指取得房屋拆迁许可证的建设单位或者个人。被拆迁人是指被拆除房屋及其附属物的所有人(包括代管人、国家授权的国有房屋及其附属物的管理人)和被拆除房屋及其附属物的使用人。拆迁人必须依照本条例规定,对被拆迁人给予补偿和安置;被拆迁人必须服从城市建设需要,在规定的搬迁期限内完成搬迁。任何单位或者个人需要拆迁房屋,必须持国家规定的批准文件、拆迁计划和拆迁方案,向县级以上人民政府房屋拆迁主管部门提出拆迁申请,经批准并发给房屋拆迁许可证后,方可拆迁。房屋拆迁需要变更土地使用权的,必须依法取得土地使用权。补偿、安置协议应当规定补偿形式和补偿金额、安置用房面积和安置地点、搬迁过渡方式和过渡期限、违约责任和当事人认为需要订立的其他条款。拆迁补偿实行产权调换、作价补偿,或者产权调换和作价补偿相结合的形式。产权调换的面积按照所拆房屋的建筑面积计算。作价补偿的金额按照所拆房屋建筑面积的重置价格结合成新结算。

在原拆迁政策规定下,房地产开发企业取得的可能并非净地(指的是已完成宗地内基础设施开发和场地内拆迁、平整,土地权利单一的土地),更多的是所谓的"毛地"(指的是已完成宗地内基础设施开发,但尚未完成宗地内房屋拆迁补偿安置的土地),土地受让人取得土地前还要取得房屋拆迁许可证实施拆迁。而拆迁必然就会涉及货币补偿和安置用房补偿。因此,正是在这种背景下,财政部、国家税务总局出台了财税〔2004〕134号文件,明确规定:以竞价方式出让的,其契税计税价格,一般应确定为竞价的成交价格,土地出让金、市政建设配套费以及各种补偿费用应包括在内。这里面的"各种补偿费用",包括土地受让人交付的货币、实物、无形资产或者其他经济利益。而拆迁安置补偿费支出是取得土地使用权必须支付的经济利益。因此,土地受让人缴纳契税的计税依据应当等于"土地出让金+市政建设配套费+安置房屋视同销售价格+拆迁补偿货币支付+其他各种支出"的金额之和。其中安置房屋视同销售价格应该按公允价格为准,具体如何计算契税相关规定并没有作出明确,但《国家税务总局关于土地增值税清算有关问题的通知》(国税函〔2010〕220号)第六条"关于拆迁安置土地增值税计算问题"规定:

① 房地产企业用建造的本项目房地产安置回迁户的,安置用房视同销售处理,按《国家税务总局关于房地产开发企业土地增值税清算管理有关问题的通知》(国税发〔2006〕187号)第三条第(一)款规定确认收入,同时将此确认为房地产开发项目的拆迁补偿费。房地产开发企业支付给回迁户的补差价款,计入拆迁补偿费;回迁户支付给房地产开发企业的补差价款,应抵减本项目拆迁补偿费。

② 开发企业采取异地安置,异地安置的房屋属于自行开发建造的,房屋价值按国税发〔2006〕187号第三条第(一)款的规定计算,计入本项目的拆迁补偿费;异地安置的房屋属于购入的,以实际支付的购房支出计入拆迁补偿费。

③ 货币安置拆迁的,房地产开发企业凭合法有效凭据计入拆迁补偿费。

而《国家税务总局关于房地产开发企业土地增值税清算管理有关问题的通知》(国税发〔2006〕187号)第三条第(一)款规定:"房地产开发企业将开发产品用于职工福利、奖励、对外投资、分配给股东或投资人、抵偿债务、换取其他单位和个人的非货币性资产等,发生所有权转移时应视同销售房地产,其收入按下列方法和顺序确认:

1. 按本企业在同一地区、同一年度销售的同类房地产的平均价格确定;

2. 由主管税务机关参照当地当年、同类房地产的市场价格或评估价值确定。"

所以土地受让人在以产权调换作为拆迁安置补偿支出的,应在安置房发生所有权转移时按本企业同类房地产的公允价值或税务机关的评估价值视同销售房地产,同时计入本项目的拆迁补偿费,而此时应根据上述契税的相关规定,计算补缴契税,因为这也是土地受让人取得土地必须承担的一个成本,构成土地受让人取得该土地使用权而支付的土地成交总价款或全部经济利益。

(3)针对以竞价方式取得出让净地。《国土资源部 住房和城乡建设部关于进一步加强房地产用地和建设管理调控的通知》(国土资发〔2010〕151号)规定,土地出让必须以宗地为单位提供规划条件、建设条件和土地使用标准,严格执行商品住房用地单宗出让面积规定,不得将两宗以上地块捆绑出让,不得"毛地"出让。根据2011年1月21日开始施行的《国有土地上房屋征收与补偿条例》规定,市、县级人民政府负责本行政区域的房屋征收与补偿工作。市、县级人民政府确定的房屋征收部门(简称房屋征收部门)组织实施本行政区域的房屋征收与补偿工作。房屋征收部门可以委托房屋征收实施单位,承担房屋征收与补偿的具体工作。房屋征收实施单位不得以营利为目的。房屋征收部门对房屋征收实施单位在委托范围内实施的房屋征收与补偿行为负责监督,并对其行为后果承担法律责任。市、县级人民政府作出房屋征收决定后应当及时公告。公告应当载明征收补偿方案和行政复议、行政诉讼权利等事项。房屋被依法征收的,国有土地使用权同时收回。作出房屋征收决定的市、县级人民政府对被征收人给予的补偿包括:①被征收房屋价值的补偿;②因征收房屋造成的搬迁、临时安置的补偿;③因征收房屋造成的停产停业损失的补偿。市、县级人民政府应当制定补助和奖励办法,对被征收人给予补助和奖励。被征收人可以选择货币补偿,也可以选择房屋产权调换。被征收人选择房屋产权调换的,市、县级人民政府应当提供用于产权调换的房屋,并与被征收人计算、结清被征收房屋价值与用于产权调换房屋价值的差价。

另外,《财政部 国土资源部 中国人民银行关于印发〈国有土地使用权出让收支管理办法〉的通知》(财综〔2006〕68号)规定,国有土地使用权出让收入(简称土地出让收入)是指政府以出让等方式配置国有土地使用权取得的全部土地价款。具体包括:以招标、拍卖、挂牌和协议方式出让国有土地使用权所取得的总成交价款(不含代收代缴的税费);转让划拨国有土地使用权或依法利用原划拨土地进行经营性建设应当补缴的土地价款;处置抵押划拨国有土地使用权应当补缴的土地价款;转让房改房、经济适用住房按照规定应当补缴的土地价款;改变出让国有土地使用权土地用途、容积率等土地使用条件应当补缴的土地价款,以及其他和国有土地使用权出让或变更有关的收入等。国土资源管理部门依法出租国有土地向承租者收取的土地租金收入;出租划拨土地上的房屋应当上缴的土地收益;土地使用者以划拨方式取得国有土地使用权,依法向市、县人民政府缴纳的土地补偿费、安置补助费、地上附着物和青苗补偿费、拆迁补偿费等费用(不含征地管理费),一并纳入土地出让收入管理。土地出让收入使用范围包括征地和拆迁补偿支出、土地开发支出、支农支出、城市建设支出以及其他支出。其中,征地和拆迁补偿支出包括土地补偿费、安置补助费、地上附着物和青苗补偿费、拆迁补偿费,按照地方人民政府批准的征地补偿方案、拆迁补偿方案以及财政部门核定的预算执行。土地开发支出包括前期土地开发性支出以及财政部门规定的与前期土地开发相关的费用等,含因出让土地涉及的需要进行的相关道路、供水、供电、供气、排水、通讯、照明、土地平整等基础设施建设支出,以及相关需要支付的银行贷款本息等支出,按照财政部门核定的预算安排。

从以上规定可以看出,房屋征收补偿是市、县人民政府的一项权责,不再是土地受让人(如房地产开发企业)的分内之事。而政府取得的土地出让收入包括了以招标、拍卖、挂牌和协议方式出让国有土地使用权所取得的总成交价款(不含代收代缴的税费),而土地出让收入的主要用途是用于征地和拆迁补偿支出、土地开发支出、支农支出、城市建设支出以及其他支出。因此,正常的情况下,应先由市、县人民政府负责征收拆迁和补偿后,将征收补偿费支出计入土地成本再以招标、拍卖、挂牌等出让。此时,土地受让人支付的土地出让金其实就是土地成交总价款,取得的票据一般为省级以上(含省级)财政部门出具的非税收入票据。这种情况下,征收补偿费其实已经包含在其最终取得土地的成交价格内,契税的计税依据直接按土地出让金计算即可。

如果政府委托房屋征收实施单位,承担房屋征收与补偿的具体工作,此时土地受让人在法律性质上算是接受政府委托实施拆迁。全面"营改增"前,国家税务总局曾针对受托实施拆迁营业税问题作出明确,即《国家税务总局关于政府收回土地使用权及纳税人代垫拆迁补偿费有关营业税问题的通知》(国税函〔2009〕520号)规定,纳税人受托进行建筑物拆除、平整土地并代委托方向原土地使用权人支付拆迁补偿费的过程中,其提供建筑物拆除、平整土地劳务取得的收入应按照"建筑业"税目缴纳营业税;其代委托方向原土地使用权人支付拆迁补偿费的行为属于"服务业—代理业"行为,应以提供代理劳务取得的全部收入减去其代委托方支付的拆迁补偿费后的余额为营业额计算缴纳营业税。目前土地招拍挂制度要求土地以"熟地"(指已完成了土地开发等基础设施建设,具备建设条件的土地)出让,但现实工作中确实存在一些开发商先期介入拆迁,政府或生地(指已完成土地使用权批准手续,而未进行或部分进行基础设施配套开发和土地平整的土地)招拍挂,由开发商代为拆迁。在开发商交纳土地出让金后,政府部门对开发商进行部分返还,用于拆迁或安置补偿。但不管怎样,土地受让人(如房地产开发企业)为此所支付的拆迁补偿费实质都属于一种垫资,市、县人民政府作为征收主体,应对此进行偿还或补偿。土地受让人参加竞拍如果得到土地,其竞价的土地出让金应包括了其代垫的征收补偿费在内,所以在这种情况下,契税的计税依据直接以土地出让金计算即可。而且,虽然土地受让人实施拆迁后志在必得参与竞拍,但由于是公开竞价,不可避免会半道杀出"程咬金"竞价抢走。那么此种情形下,所实施的拆迁但未取得土地所支付的拆迁补偿费只能以政府偿还或另外补偿的方式解决,当然更不是契税的计税依据了。

本案例中,农业展览馆北路8号住宅地块的标书明确规定竞得人拿地必须异地配建一定面积的医院,而且规定异地建设医院的建造单价为8 000元/平方米,竞得人需按照现场竞报异地建设医院的面积向军区总医院支付相应的建设费用。经过69轮激烈争夺,融创以21亿元土地出让金加异地配建27.8万平方米医院面积拿下了这块宗地,据此融创将支付给军区总医院22.24亿元的建设费用。由此可见,融创拿到这宗地的成交总价格是由两部分组成的,一是支付给政府的土地出让金21亿元,二是支付给北京军区总医院的建设费用22.24亿元,合计43.24亿元,而这正是拿到这宗地的总代价,所以根据上述分析,融创缴纳土地契税的计税依据应该是43.24亿元。

2)营改增后增值税处理

(1)支付拆迁补偿费增值税抵扣问题。

《财政部 国家税务总局关于明确金融 房地产开发 教育辅助服务等增值税政策的通知》(财税〔2016〕140号)第七条规定,《营业税改征增值税试点有关事项的规定》(财税〔2016〕36号)第一条第(三)项第10点中"向政府部门支付的土地价款",包括土地受让人向政府部门支付的征地和拆迁补偿费用、土地前期开发费用和土地出让收益等。房地产开发企业中的一般纳税人销售其开发的房地产项目(选择简易计税方法的房地产老项目除外),在取得土地时向其他单位或个人支付的拆迁补偿费用也允许在计算销售额时扣除。纳税人按上述规定扣除拆迁补偿费用时,应提供拆迁协议、拆迁双方支付和取得拆迁补偿费用凭证等能够证明拆迁补偿费用真实性的材料。

《国家税务总局关于土地价款扣除时间等增值税征管问题的公告》(国家税务总局公

告 2016 年第 86 号)第一条规定,房地产开发企业向政府部门支付的土地价款,以及向其他单位或个人支付的拆迁补偿费用,按照财税〔2016〕140 号文件第七、八条规定,允许在计算销售额时扣除但未扣除的,从 2016 年 12 月份(税款所属期)起按照现行规定计算扣除。

根据上述规定,只要土地受让人能够提供拆迁协议、拆迁双方支付和取得拆迁补偿费用凭证等能够证明拆迁补偿费用真实性的材料,其支付的拆迁补偿费用均可以在计算增值税销售额时扣除,而且为了避免对以前的申报结果进行调整,税务总局公告 2016 年第 86 号明确,房地产开发企业向政府部门支付的土地价款,以及向其他单位或个人支付的拆迁补偿费用,按照财税〔2016〕140 号文件允许在计算销售额时扣除但未扣除的,从 2016 年 12 月份(税款所属期)起按照现行规定计算扣除。这两个规范性文件解决了全面"营改增"后土地受让人支付的拆迁补偿费用到底能不能扣除的问题。

(2)房地产企业用于"拆一还一"房屋的增值税处理。

根据《企业会计准则第 7 号——非货币性资产交换》第三条规定,非货币性资产交换具有商业实质、且换入资产或换出资产的公允价值能够可靠地计量的,应当以公允价值和应支付的相关税费作为换入资产的成本,公允价值与换出资产账面价值的差额计入当期损益。第六条规定,未同时满足具有商业实质、且换入资产或换出资产的公允价值能够可靠地计量条件的非货币性资产交换,应当以换出资产的账面价值和应支付的相关税费作为换入资产的成本,不确认损益。而土地开发中采取产权调换的拆迁安置补偿,明显具有商业实质且换入房屋(被拆迁房屋)和用以交换的房屋的公允价值都可以可靠计量,所以对换出去的房屋应作为正常销售处理,计算缴纳增值税。

根据《财政部 国家税务总局关于全面推开营业税改征增值税试点的通知》(财税〔2016〕36 号)附件 1《营业税改征增值税试点实施办法》有关规定,在我国境内有偿(指取得货币、货物或其他经济利益)提供服务、有偿转让无形资产或者不动产的单位和个人都是增值税的纳税义务人,房地产企业若是用房屋作为拆迁安置房返还给被拆迁人,无疑是以房屋换取被拆迁人的房屋或建筑物,即取得了"货物或其他经济利益",用做拆迁安置的房屋也应该作为销售不动产征收增值税。而且按该附件 1 第十四条的有关规定,下列情形视同销售无形资产或者不动产:单位或者个人向其他单位或者个人无偿转让无形资产或者不动产,但用于公益事业或者以社会公众为对象的除外。无疑,即使开发商是无偿将房屋(不论是自建的还是外购的)用于与被征收单位或个人进行产权调换,也不符合"用于公益事业或者以社会公众为对象"的要求,也应视同销售不动产计算缴纳增值税。

根据以上规定和分析,房地产企业用于"拆一还一"的房屋不论从会计处理上还是税收政策上而言,都需要作为销售或视同销售处理计算缴纳增值税。

四、土地出让金返还的增值税进项税额抵扣难点

【案例 2-3】 2016 年 5 月 1 日,房地产企业营改增正式实施以后,国有土地出让进入了新一轮高潮,全国各地地王如雨后春笋,一个接一个地冒出来,一个比一个价格更高,刚加冕的地王,没过几天就被新的地王摘走桂冠。特别是一线城市,地王没有最高,只有更

高。营改增在其中可能起了一个推波助澜作用,因营改增后,房地产开发企业中的一般纳税人可以享受一项重大的税收优惠政策,即土地成本不但可以按照10%(2018年5月1日起)计算进项税额,抵扣售房收入增值税销项税额,减少应纳增值税额,还可以不需要价税分离降低土地成本。举个简单的例子,假设房地产开发企业花10亿元买来一块土地开发销售,则可以减少应纳增值税额0.91亿元[10亿元÷(1+10%)×10%],占土地成本的9.1%(0.91÷10)。同时在土地增值税和企业所得税税前扣除的土地成本还是原来的10亿元,而不像正常采购材料一样,进项税额0.91亿元需要从10亿元的成本中扣除出来,这又导致可以在土地增值税和企业所得税前扣除的土地成本增加了,间接减少土地增值税和企业所得税。除此以外,可能还有一个"潜规则"也起了作用,有些企业之所以能承受地王的高地价,是因为招拍挂之后可从政府获得总地价一定比例的返还,如果地块涉及棚户区改造,地价返还金额还会更高。还有一些定向出让,地块公开出让时的起始价,往往是由政府征求房地产企业意见后确定,而出让价款的具体返还事宜由双方订立补充协议。房地产企业对该地块供水、电力、排污、燃气市政管网等公用设施及道路的投资费用,由政府返还给房地产企业。这种土地出让金再返还模式,不仅导致地王频出,变相推高房价,而且导致很多地方的土地招拍挂流于形式。

【问题】 返还的土地出让金可否不需要从实际支付的土地价款中扣除,而按房地产企业取得的省级以上(含省级)财政部门监(印)制的财政票据所体现的土地价款从房地产企业项目销售后取得的全部价款和价外费用中扣除后的余额计算销售额?

【案例分析】 根据《国家税务总局关于发布〈房地产开发企业销售自行开发的房地产项目增值税征收管理暂行办法〉的公告》(国家税务总局公告2016年第18号)第七条规定,(房地产企业中的)一般纳税人应建立台账登记土地价款的扣除情况,扣除的土地价款不得超过纳税人实际支付的土地价款。该文第六条规定,在计算销售额时从全部价款和价外费用中扣除土地价款,应当取得省级以上(含省级)财政部门监(印)制的财政票据。

目前为止,国家税务总局尚未对何为"纳税人实际支付的土地价款"作出进一步的解释或明确,全国各省(直辖市、自治区)在营改增政策执行口径把握上,基本分为三种观点:同意、不同意以及骑墙派。

第一种是同意派,其对返还的土地出让金允许不从纳税人实际支付的土地价款扣除,即直接按房地产企业取得的省级以上(含省级)财政部门监(印)制的财政票据所体现的土地价款从房地产企业项目销售后取得的全部价款和价外费用中扣除后的余额计算销售额,持这种观点的省份目前主要有海南省、湖北省等,如海南省税务局在2016年6月24日《海南省国家税务局全面推开营改增政策指引——四大行业座谈会问题系列解答之房地产业》"九、关于房地产公司一般纳税人一次购地、分期开发的,其土地成本如何分摊的问题"就明确提出"从政府部门取得的土地出让金返还款,可不从支付的土地价款中扣除"。

第二种是不同意派,如大连市税务局就持不同意的观点,其在2016年5月25日《营改增热点问题解答》"56.房地产企业取得土地时支付的土地出让金已经取得符合规定的财政票据,之后又从相关部门取得土地返还款,那么计算增值税时允许抵扣的土地价款怎么计算?企业取得土地时单独支付的拆迁费和契税是否允许计算扣除?

答:按净支出额计算允许抵扣的土地价款,土地返还款部分不允许抵扣;单独支付的拆迁费和契税不允许计算扣除。"

第三种就是骑墙派,即不予以明确,如福建税务局 2016 年 7 月 18 日发布的《福建国税 12366 营改增热点问答》第 5 问:"如果存在土地返还款,企业实际需要支付的土地价款可能要小于土地出让合同列明的土地价款,该种情况下可以扣除的土地价款的范围是不是只包含企业直接支付的土地价款?

答:根据国家税务总局公告 2016 年第 18 号第七条,允许扣除的土地价款不得超过纳税人实际支付的土地价款。"

全国大部分地方目前态度模糊,以便给自己灵活把握的空间,但也由于这个原因,不仅税法的刚性受到质疑,纳税人的涉税风险也随之产生。笔者在此建议财政部和国家税务总局层面应尽快对此问题进行明确,改变各地目前各自为政局面,提高纳税人的税法遵从度。

五、项目外或红线外附加工程所发生支出的扣除难点

【案例 2-4】 目前土地招拍挂市场,竞得人在拿地时,除支付土地出让金外,可能还要额外接受一些条件,即要承诺为政府或其相关部门在竞得地块红线以外建设某些道路、桥梁或市政公园等附加工程,这就是所谓的"项目外或红线外附加工程"。如近期广州市国土资源和房屋管理局的《国有土地使用权挂牌出让公告》里对某一地块的竞拍条件就明确"受让人须负责投资建设地块周边的滨江大道首期 20 米宽道路(北斗大桥至南城路段,为城市次干路,位于地块南侧,长约 1.11 公里,道路宽 20 米)以及南城路(福愉路至滨江大道段,为城市次干路,位于地块东面,长约 0.5 公里,道路宽 40 米),并于土地成交之日起 16 个月内完成道路的建设,建成后无偿移交给番禺区相关部门(市政道路需按城市道路技术标准进行设计及建设)。"

【问题】 这些房地产开发企业在项目建设用地边界外(国家有关部门审批的项目规划外,即"红线"外)承诺为政府或其他单位建设公共设施或其他工程所发生的支出税收上如何处理?

【案例分析】

1. 能否作为土地增值税清算时扣除项目金额处理

首先,项目外或红线外附加工程所发生的支出能否作为本项目计算土地增值税增值额的扣除项目金额。根据《土地增值税暂行条例实施细则》(财法字〔1995〕006 号)第七条规定:"条例第六条所列的计算增值额的扣除项目,具体为:

......

(二)开发土地和新建房及配套设施(以下简称房地产开发)的成本,是指纳税人房地产开发项目实际发生的成本(以下简称房地产开发成本),包括土地征用及拆迁补偿费、前期工程费、建筑安装工程费、基础设施费、公共配套设施费、开发间接费用。

......

基础设施费，包括开发小区内道路、供水、供电、供气、排污、排洪、通讯、照明、环卫、绿化等工程发生的支出。"

公共配套设施费，包括不能有偿转让的开发小区内公共配套设施发生的支出。"

根据上述规定，只有在"开发小区内"，也就是纳税人发生在实际取得土地使用权范围内所发生的基础设施费和公共配套设施费支出才能作为实际支出作为计算土地增值税增值额的扣除项目。发生在红线外，也就是纳税人取得土地使用权外的基础设施费和公共配套设施费支出不能作为计算土地增值税增值额的扣除项目。全国大部分地区基本都把握这个口径，如《江苏地方税务局关于土地增值税有关业务问题的公告》（苏地税规〔2012〕1号）"（二）公共配套设施成本费用的扣除：房地产开发企业建造的各项公共配套设施，建成后移交给全体业主或无偿移交给政府、公共事业单位用于非营利性社会公共事业的，准予扣除相关成本、费用；未移交的，不得扣除相关成本、费用。项目规划范围之外的，其开发成本、费用一律不予扣除。"但对纳税人而言，这是明显不公平的，因为这些工程特别是已经在招拍挂文件或公告中列示的"项目外或红线外附加工程"，是政府或其相关部门强加给纳税人的，无疑是纳税人拿地成本的一个组成部分，与纳税人为了提高房地产项目的品质，在红线外建造灯塔、人造景观、公园等行为完全不同，不让扣除法通理不通，所以有些省份根据实际情况予以分别处理，如湖北省地方税务局在《关于进一步规范土地增值税征管工作的若干意见》（鄂地税发〔2013〕44号）第七点"关于审批项目规划外所建设施发生支出的扣除问题"中就明确提出："房地产开发企业在项目建设用地边界外（国家有关部门审批的项目规划外，即'红线'外）承诺为政府或其他单位建设公共设施或其他工程所发生的支出，能提供与本项目存在关联关系的直接依据的，可以计入本项目扣除项目金额；不能提供或所提供依据不足的（如与建设项目开发无直接关联，仅为开发产品销售提升环境品质的支出，不得计入本项目扣除金额），不得计入本项目扣除金额"。

综上，竞得人（如房地产企业）在审批项目规划外为政府额外承担的部分市政建设费用（支出），原则上不能作为计算本项目土地增值税增值额的扣除金额。出于企业利益最大化考虑，笔者建议竞得人（如房地产企业）应尽量做到以下两点：一是竞得人（如房地产企业）要在与国土资源管理部门签订的《国有土地使用权出让合同》中对所要承担的"项目外或红线外附加工程"予以约定明确或国土资源管理部门在《国有土地使用权招拍挂出让公告》中注明有竞得人（如房地产企业）在项目建设用地边界外应政府要求建设公共设施或其他工程等内容的，如案例中广州土地招拍挂公告的明确列示；二是竞得人（如房地产企业）在项目建设用地边界外应政府要求建设公共设施或其他工程所发生的支出，能提供与本项目存在关联关系的直接依据（如新建、扩建出入小区的市政道路、桥梁等）和县级以上（包括县级、市辖城区）人民政府的正式文件。对能够实现以上两点的"项目外或红线外附加工程"，笔者建议纳税人应与当地主管税务机关积极沟通，争取获得理解以作为计算土地增值税增值额的扣除项目。当然，对于不满足上述条件的项目建设用地边界外的市政建设费用（支出），包括房地产开发企业为提升项目周围环境品质、促进开发产品的销售而自行对项目周边绿化、道路进行整治发生的成本费用等，均不得计入本项目计算土地增值税增值额的扣除金额。

其次,项目外或红线外附加工程所建造的设施无偿移交给政府或其相关部门时需不需要视同销售收入处理。应该明确的是,竞得人(如房地产企业)为政府或其相关部门所建并无偿移交的项目外或红线外附加工程是一种代建工程,也属于房地产企业的开发产品。开发产品是指企业已经完成全部开发建设过程,并已验收合格,符合国家建设标准和设计要求,可以按照合同规定的条件移交订购单位,或者作为对外销售、出租的产品,包括土地(建设场地)、房屋、配套设施和代建工程。根据《国家税务总局关于房地产开发企业土地增值税清算管理有关问题的通知》(国税发〔2006〕187号)和《国家税务总局关于印发〈土地增值税清算管理规程〉的通知》(国税发〔2009〕91号)规定,房地产开发企业将开发产品用于职工福利、奖励、对外投资、分配给股东或投资人、抵偿债务、换取其他单位和个人的非货币性资产等,发生所有权转移时应视同销售房地产。竞得人(如房地产企业)为政府或其相关部门所建并无偿移交的项目外或红线外附加工程不符合视同销售定义。而《中华人民共和国土地增值税暂行条例实施细则》(财法字〔1995〕006号)第二条规定:"条例第二条所称的转让国有土地使用权、地上的建筑物及其附着物取得收入,是指以出售或者其他方式有偿转让房地产的行为。不包括以继承、赠与方式无偿转让房地产的行为。"《财政部 国家税务总局关于土地增值税一些具体问题规定的通知》(财税字〔1995〕048号)进一步明确:"四、关于细则中'赠与'所包括的范围问题

细则所称的'赠与'是指如下情况:

(一)房产所有人、土地使用权所有人将房屋产权、土地使用权赠与直系亲属开承担直接赡养义务人的。

(二)房产所有、土地使用权所有人通过中国境内非营利的社会团体、国家机关将房屋产权、土地使用权赠与教育、民政和其他社会福利、公益事业的。

上述社会团体是指中国青少年发展基金会、希望工程基金会、宋庆龄基金会、减灾委员会、中国红十字会、中国残疾人联合会、全国老年基金会、老区促进会以及经民政部门批准成立的其他非营利的公益性组织。"

综上可知,竞得人(如房地产企业)投资建造并无偿移交给政府或其相关部门的项目外或红线外附加工程不需要视同销售收入处理。

2. 能否作为企业所得税税前扣除处理

首先,项目外或红线外附加工程所发生的支出是否属于房地产开发项目的基础设施建设费或公共配套设施费,作为项目开发产品的计税成本处理。《国家税务总局关于印发〈房地产开发经营业务企业所得税处理办法〉的通知》(国税发〔2009〕31号)第二十七条规定:"开发产品计税成本支出的内容如下:

......

(四)基础设施建设费。指开发项目在开发过程中所发生的各项基础设施支出,主要包括开发项目内道路、供水、供电、供气、排污、排洪、通讯、照明等社区管网工程费和环境卫生、园林绿化等园林环境工程费。

(五)公共配套设施费:指开发项目内发生的、独立的、非营利性的,且产权属于全体业主的,或无偿赠与地方政府、政府公用事业单位的公共配套设施支出。"

也就是说,允许作为开发产品计税成本支出的基础设施建设费和公共配套设施费都必须是在"开发项目内"发生的,而对于在开发项目外或红线外发生的支出明显不属于本项目开发产品计税成本的归集内容。对符合本项目开发产品计税成本归集范围的基础设施建设费和公共配套设施费,再根据其不同的处置而给予不同的企业所得税税前扣除处理。如《国家税务总局关于印发〈房地产开发经营业务企业所得税处理办法〉的通知》(国税发〔2009〕31号)第十七条规定:"企业在开发区内建造的会所、物业管理场所、电站、热力站、水厂、文体场馆、幼儿园等配套设施,按以下规定进行处理:

(一)属于非营利性且产权属于全体业主的,或无偿赠与地方政府、公用事业单位的,可将其视为公共配套设施,其建造费用按公共配套设施费的有关规定进行处理。

(二)属于营利性的,或产权归企业所有的,或未明确产权归属的,或无偿赠与地方政府、公用事业单位以外其他单位的,应当单独核算其成本。除企业自用应按建造固定资产进行处理外,其他一律按建造开发产品进行处理。"

该文件第十八条规定,企业在开发区内建造的邮电通讯、学校、医疗设施应单独核算成本,其中,由企业与国家有关业务管理部门、单位合资建设,完工后有偿移交的,国家有关业务管理部门、单位给予的经济补偿可直接抵扣该项目的建造成本,抵扣后的差额应调整当期应纳税所得额。

由上可见,竞得人(如房地产企业)投资建造并无偿移交给政府或其相关部门的项目外或红线外附加工程所发生的支出不能作为本项目开发产品的计税成本处理。财务账务处理方面,项目外或红线外附加工程应作为一个单独项目核算其发生的支出,不能并入本项目的开发成本。

其次,项目外或红线外附加工程所发生的支出能否在企业所得税税前扣除。房地产企业为建造项目外或红线外附加工程所发生的支出不能作为本项目开发产品的计税成本处理,那能不能作为企业发生的其他成本费用而在税前扣除呢?

根据《企业所得税法》(主席令第63号)第八条规定,企业实际发生的与取得收入有关的、合理的支出,包括成本、费用、税金、损失和其他支出,准予在计算应纳税所得额时扣除。

《中华人民共和国企业所得税法实施条例》(国务院令第512号)第二十七条:"企业所得税法第八条所称有关的支出,是指与取得收入直接相关的支出。企业所得税法第八条所称合理的支出,是指符合生产经营活动常规,应当计入当期损益或者有关资产成本的必要和正常的支出。"

竞得人(如房地产企业)所发生的这些项目外或红线外附加工程支出是否属于"与取得收入直接相关的支出"历来有正反两种观点,一种认为如果没有这些支出,竞得人就拿不到地,自然不存在后续的项目开发以及所谓的收入问题了,所以这些项目外或红线外附加工程支出是与房地产企业取得收入密切相关的直接支出,可以税前扣除;另一种观点认为"与取得收入直接相关的支出"应该指的就是"开发区内"发生的支出,何况这种附加的要为政府或其有关部门无偿建造的项目外或红线外的道路、桥梁、市政公用等,只是个别现象,不能成为房地产行业生产经营活动的常规,也不符合企业所得税法实施条例所称合理的支出，因此不能税前扣除。目前从财政部、国家税务总局到省（直辖市、自治区）级国、地税层面都没有出台相关文件予以明确，一般都是个案处理或者以口头、邮件等方式统一政策执行口径，其中以允许税前扣除的居多，如浙江省某市地方税务局的企业所得税政策执行口径就规定，红线外建造灯塔、人造景观等如果是属于招拍挂拿地时的附带条件，并且是开发项目验收的必备条件，在该种情况下，红线外支出相当于土地成本的一部分，属于开发的直接成本，应当计入开发成本，按规定予以企业所得税税前扣除；如果是开发商为了提升红线内楼盘的品质，在红线外自行建造灯塔、人造景观等，该支出属于销售费用范畴，可以按照广告宣传费用有关规定进行企业所得税税前扣除。

房地产企业出资在项目建设用地边界外应政府要求建设的公共设施或其他工程等，笔者认为这其实是房地产企业的一个开发产品，是企业财产的一个组成部分，其无偿移交给政府或相关部门时，应视为企业对政府或相关部门的一种捐赠。根据《企业所得税法》（主席令第63号）第九条规定，企业发生的公益性捐赠支出，在年度利润总额12%以内的部分，准予在计算应纳税所得额时扣除。《企业所得税法实施条例》（国务院令第512号）第五十一条进一步明确"企业所得税法第九条所称公益性捐赠，是指企业通过公益性社会团体或者县级以上人民政府及其部门，用于《中华人民共和国公益事业捐赠法》规定的公益事业的捐赠"。而根据《财政部 国家税务总局 民政部关于公益性捐赠税前扣除有关问题的通知》（财税〔2008〕160号）有关规定，用于公益事业的捐赠支出，"是指《中华人民共和国公益事业捐赠法》规定的向公益事业的捐赠支出，具体范围包括：

（一）救助灾害、救济贫困、扶助残疾人等困难的社会群体和个人的活动；

（二）教育、科学、文化、卫生、体育事业；

（三）环境保护、社会公共设施建设；

（四）促进社会发展和进步的其他社会公共和福利事业。"

综上，房地产企业为政府或有关部门建造并无偿移交的项目外或红线外附加工程符合上述规定，应作为公益性捐赠按规定在计算应纳税所得额时扣除。根据《财政部 国家税务总局、民政部关于公益性捐赠税前扣除有关问题的通知》（财税〔2008〕160号）规定，企业通过公益性社会团体或者县级以上人民政府及其部门，用于公益事业的捐赠支出，在年度利润总额12%以内的部分，准予在计算应纳税所得额时扣除。年度利润总额，是指企业依照国家统一会计制度的规定计算的大于零的数额。

最后，项目外或红线外附加工程所建造的设施无偿移交给政府或其相关部门时需不需要视同销售收入处理。根据《国家税务总局关于印发〈房地产开发经营业务企业所得税处理办法〉的通知》（国税发〔2009〕31号）第七条规定："企业将开发产品用于捐赠、赞助、职工福利、奖励、对外投资、分配给股东或投资人、抵偿债务、换取其他企事业单位和个人的非货币性资产等行为，应视同销售，于开发产品所有权或使用权转移，或于实际取得利益权利时确认收入（或利润）的实现。确认收入（或利润）的方法和顺序为：

（一）按本企业近期或本年度最近月份同类开发产品市场销售价格确定；

（二）由主管税务机关参照当地同类开发产品市场公允价值确定；

（三）按开发产品的成本利润率确定。开发产品的成本利润率不得低于15%，具体比例由主管税务机关确定。"

上述对开发产品的范畴已经说过,为政府或其相关部门代建的项目外或红线外附加工程也是属于房地产企业的一种开发产品(这其实也解决了前面为什么不能计入"开发项目内开发产品计税成本"问题,即投入建造的支出应单独核算),竞得人(如房地产企业)建好后无偿将其移交给政府或其相关部门,符合上述视同销售定义,也应视同销售处理。其实,早在企业所得税法实施条例和相关文件中,已经对此问题进行过明确,如《企业所得税法实施条例》(国务院令第 512 号)第二十五条规定,企业发生非货币性资产交换,以及将货物、财产、劳务用于捐赠、偿债、赞助、集资、广告、样品、职工福利或者利润分配等用途的,应当视同销售货物、转让财产或者提供劳务,但国务院财政、税务主管部门另有规定的除外。《国家税务总局关于企业处置资产所得税处理问题的通知》(国税函〔2008〕828 号)进一步明确:"企业将资产移送他人的下列情形,因资产所有权属已发生改变而不属于内部处置资产,应按规定视同销售确定收入:

(一)用于市场推广或销售;

(二)用于交际应酬;

(三)用于职工奖励或福利;

(四)用于股息分配;

(五)用于对外捐赠;

(六)其他改变资产所有权属的用途。"

企业发生上述规定情形时,属于企业自制的资产,应按企业同类资产同期对外销售价格确定销售收入;属于外购的资产,可按购入时的价格确定销售收入。

由此可知,竞得人投资建造的项目外或红线外的设施无偿移交给政府或其有关部门时需要视同销售处理,按上述规定确认视同销售收入,并同时结转视同销售成本。

3. 能否作为增值税进项税额予以抵扣

第一,针对增值税而言,主要考虑的应当是竞得人(如房地产企业)投资建造无偿移交给政府或其有关部门的项目外或红线外的设施所发生的支出,如果有取得合法有效的增值税扣税凭证(包括增值税专用发票、海关进口增值税专用缴款书、农产品收购发票、农产品销售发票和完税凭证)能否可以作为进项税额予以抵扣问题。首先,我们来看看营改增试点纳税人增值税进项税额是如何规定的。《财政部 国家税务总局关于全面推开营业税改征增值税试点的通知》(财税〔2016〕36 号)附件 1《营业税改征增值税试点实施办法》第二十四条规定,进项税额,是指纳税人购进货物、加工修理修配劳务、服务、无形资产或者不动产,支付或者负担的增值税额。从这个规定看,营改增试点纳税人的增值税进项税额与增值税条例里规定的进项税额(纳税人购进货物或者接受应税劳务支付或者负担的增值税额,为进项税额)是一致的,并没有附加其他条件,如"开发小区内"或"开发项目内"等字眼。其次,《财政部 国家税务总局关于全面推开营业税改征增值税试点的通知》(财税〔2016〕36 号)附件 1《营业税改征增值税试点实施办法》第二十七条规定:"下列项目的进项税额不得从销项税额中抵扣:

(一)用于简易计税方法计税项目、免征增值税项目、集体福利或者个人消费的购进货物、加工修理修配劳务、服务、无形资产和不动产。其中涉及的固定资产、无形资产、不动产,仅指专用于上述项目的固定资产、无形资产(不包括其他权益性无形资产)、不动产。税人的交际应酬消费属于个人消费。

(二)非正常损失的购进货物,以及相关的加工修理修配劳务和交通运输服务。

(三)非正常损失的在产品、产成品所耗用的购进货物(不包括固定资产)、加工修理修配劳务和交通运输服务。

(四)非正常损失的不动产,以及该不动产所耗用的购进货物、设计服务和建筑服务。

(五)非正常损失的不动产在建工程所耗用的购进货物、设计服务和建筑服务。

纳税人新建、改建、扩建、修缮、装饰不动产,均属于不动产在建工程。

(六)购进的旅客运输服务、贷款服务、餐饮服务、居民日常服务和娱乐服务。

(七)财政部和国家税务总局规定的其他情形。"

非正常损失是指因管理不善造成货物被盗、丢失、霉烂变质,以及因违反法律法规造成货物或者不动产被依法没收、销毁、拆除的情形。

从上述营改增纳税人增值税进项税额的定义范畴以及部分进项税额不得从销项税额中抵扣的规定看,项目外或红线外的设施发生的支出而取得的进项税额明显不在不允许从销项税额中抵扣的行列。因此,按法无明文禁止即允许的行政法依法行政原则,竞得人发生的项目外或红线外设施支出所取得合法有效的增值税扣税凭证应允许纳税人作为进项税额予以抵扣。

第二,竞得人(如房地产企业)投资建造无偿移交给政府或其有关部门的项目外或红线外设施需要视同销售处理吗?根据《财政部 国家税务总局关于全面推开营业税改征增值税试点的通知》(财税〔2016〕36号)附件1《营业税改征增值税试点实施办法》第十四条规定:"下列情形视同销售服务、无形资产或者不动产:

(一)单位或者个体工商户向其他单位或者个人无偿提供服务,但用于公益事业或者以社会公众为对象的除外。

(二)单位或者个人向其他单位或者个人无偿转让无形资产或者不动产,但用于公益事业或者以社会公众为对象的除外。

(三)财政部和国家税务总局规定的其他情形。"

由此可知,竞得人(如房地产企业)投资建造无偿移交给政府或其有关部门的项目外或红线外设施,如果符合"公益事业或者以社会公众为对象"的条件,如房地产企业投资建造无偿移交的道路、桥梁、市政公园等,不需要作为视同销售处理。

第二节 | 直接转让方式取得土地使用权涉税问题处理

一、土地使用权转让相关法律规定简介

土地使用权出让是国家将土地使用权出让给公民或法人;土地使用权转让则是土地

使用权在公民或法人之间的转移,指的是土地使用者将土地使用权再转移的行为,包括出售、交换、赠送、继承等方式。

关于土地使用权转让的方式,《城镇国有土地使用权出让和转让暂行条例》第十九条规定有出售、交换和赠与三种方式。后《城市房地产管理法》第三十六条略作发展,将转让的方式规定为买卖、赠与或其他合法方式。"其他合法方式"一般包括抵债、交换、作价入股、合建、继承等。

(一) 以出让方式取得的土地使用权的转让条件

房地产项目转让时,应当符合《中华人民共和国城市房地产管理法》(简称《城市房地产管理法》)第三十八条规定的转让房地产的条件。

(1) 要按照出让合同约定,已经支付全部土地使用权出让金,并取得土地使用权证书,这是出让合同成立的必要条件,也只有出让合同成立,才允许转让。

(2) 要按照出让合同约定进行投资开发,完成一定开发规模后才允许转让。这里又分为两种情形:一是属于房屋建设的,实际投入房屋建设工程的资金额应占全部开发投资总额的 25% 以上;二是属于成片开发土地的,应形成工业或其他建设用地条件,方可转让。

上述两项条件必须同时具备,才能转让房地产项目,否则就可能涉嫌非法转让土地使用权,严重的话需要追究刑事责任。这样规定,其目的在于严格限制炒买炒卖地皮,牟取暴利,以保证开发建设的顺利实施。

(二) 以划拨方式取得的土地使用权的转让条件

根据《城市房地产管理法》有关规定,对于以划拨方式取得土地使用权的房地产项目,要转让的前提是必须经有批准权的人民政府审批。经审查除不允许转让外,对准予转让的有两种处理方式:第一种是由受让方先补办土地使用权出让手续,并依照国家有关规定缴纳土地使用权出让金后,才能进行转让;第二种是可以不办理土地使用权出让手续而转让房地产,但转让方应将转让房地产所获收益中的土地收益上缴国家或作其他处理。

对以划拨方式取得土地使用权的,转让房地产时,属于下列情形之一的,经有批准权的人民政府批准,可以不办理土地使用权出让手续。

(1) 经城市规划行政主管部门批准,转让的土地用于《城市房地产管理法》第二十三条规定的项目,即用于国家机关用地和军事用地;城市基础设施用地和公益事业用地;国家重点扶持的能源、交通、水利等项目用地以及法律、行政法规规定的其他用地。经济适用住房采取行政划拨的方式进行,因此,经济适用住房项目转让后仍用于经济适用住房的,经有批准权限的人民政府批准,也可以不补办出让手续。

(2) 私有住宅转让后仍用于居住的。

(3) 按照国务院住房制度改革有关规定出售公有住宅的。

(4) 同一宗土地上部分房屋转让而土地使用权不可分割转让。

(5) 转让的房地产暂时难以确定土地使用权出让用途、年限和其他条件的。

(6) 根据城市规划,土地使用权不宜出让的。

(7) 县级以上人民政府规定暂时无法或不需要采取土地使用权出让方式的其他情形。

二、以买卖方式直接转让土地使用权的涉税问题

【案例 2-5】 甲开发企业在 2011 年通过挂牌形式以每亩 15 万元的价格获得 1 000 多亩工业用地开发权,并取得某省财政厅监制的土地出让金财政票据。目前该地块已经建造了部分标准厂房,但由于投入的资金量大且已经建造的标准厂房销售和招租情况不如预期,企业资金链压力大,2016 年决定将剩余的部分已经"三通一平"达到建设条件的工业用地分割转让以回笼部分资金。其中一块分割并取得独立土地使用权证的 100 亩土地在 2016 年 10 月份与买家乙投资公司签订了转让协议。双方约定,甲开发企业同意以每亩 40 万元的价格将土地转让给乙投资公司用于建材专业市场的建设经营,乙投资公司应在合同签订之日支付 50%计 2 000 万元给甲开发企业;剩余的 50%价款在办理土地使用权过户当日一次性支付,土地使用权过户手续必须在合同签订之日起 30 日内办妥。

【问题】 甲乙双方在土地转让过程中各自的涉税问题如何处理?

【案例分析】

(一) 土地转让方的涉税问题处理

1. 土地转让方增值税处理

首先,根据《财政部 国家税务总局关于全面推开营业税改征增值税试点的通知》(财税〔2016〕36 号)附件 1《营业税改征增值税试点实施办法》(简称《营改增实施办法》)第一条规定,在中华人民共和国境内销售服务、无形资产或者不动产(简称应税行为)的单位和个人,为增值税纳税人,应当按照本办法缴纳增值税,不缴纳营业税。按此规定,从 2016 年 5 月 1 日起,纳税人有偿提供服务、有偿转让无形资产或者不动产的行为全部改征增值税,不再缴纳营业税。

《营改增实施办法》第十条规定:"销售服务、无形资产或者不动产,是指有偿提供服务、有偿转让无形资产或者不动产,但属于下列非经营活动的情形除外:

(一) 行政单位收取的同时满足以下条件的政府性基金或者行政事业性收费。

1. 由国务院或者财政部批准设立的政府性基金,由国务院或者省级人民政府及其财政、价格主管部门批准设立的行政事业性收费;

2. 收取时开具省级以上(含省级)财政部门监(印)制的财政票据;

3. 所收款项全额上缴财政。

(二) 单位或者个体工商户聘用的员工为本单位或者雇主提供取得工资的服务。

(三) 单位或者个体工商户为聘用的员工提供服务。

(四) 财政部和国家税务总局规定的其他情形。"

《营改增实施办法》第十一条:"有偿,是指取得货币、货物或者其他经济利益。"

甲开发企业以每亩 40 万元的价格将土地转让给乙投资公司的行为明显属于这一"有偿"范畴,应征收增值税。

其次,根据《营改增实施办法》有关规定,增值税纳税人分为一般纳税人和小规模纳税人。应税行为的年应税销售额超过 500 万元(含本数)的纳税人为一般纳税人,未超过规

定标准的纳税人为小规模纳税人。年应税销售额超过规定标准的其他个人（笔者注：指自然人）不属于一般纳税人。年应税销售额超过 500 万元（含本数）但不经常发生应税行为的单位和个体工商户可选择按照小规模纳税人纳税。此外，年应税销售额未超过 500 万元（含本数）的纳税人，会计核算健全，能够提供准确税务资料的，可以向主管税务机关办理一般纳税人资格登记，成为一般纳税人。据此，甲开发企业 2016 年 10 月份按每亩 40 万元价格直接转让 100 亩土地，总价款高达 4 000 万元，应按增值税一般纳税人规定计算缴纳增值税。

1）选择按一般计税方法计算缴纳增值税

除另有规定外，一般纳税人发生应税行为适用一般计税方法计税。根据《营改增实施办法》第十五条第（二）项规定，提供交通运输、邮政、基础电信、建筑、不动产租赁服务，销售不动产，转让土地使用权，税率为 11%。

《财政部　国家税务总局关于全面推开营业税改征增值税试点的通知》（财税〔2016〕36 号）附件 1《营业税改征增值税试点实施办法》附《销售服务、无形资产、不动产注释》第二条规定，销售无形资产，是指转让无形资产所有权或者使用权的业务活动。无形资产，是指不具实物形态，但能带来经济利益的资产，包括技术、商标、著作权、商誉、自然资源使用权和其他权益性无形资产。

技术，包括专利技术和非专利技术。

自然资源使用权，包括土地使用权、海域使用权、探矿权、采矿权、取水权和其他自然资源使用权。

根据上述规定，甲开发企业转让土地取得的 4 000 万元收入属于增值税销售无形资产应税税目，应按适用税率 11% 计缴增值税。一般计税方法的应纳税额，是指当期销项税额抵扣当期进项税额后的余额，计算公式为：应纳税额＝当期销项税额－当期进项税额。当期销项税额小于当期进项税额不足抵扣时，其不足部分可以结转下期继续抵扣。销项税额，是指纳税人发生应税行为按照销售额和增值税税率计算并收取的增值税额。销项税额计算公式：销项税额＝销售额×税率。一般计税方法的销售额不包括销项税额，纳税人采用销售额和销项税额合并定价方法的，按照下列公式计算销售额：销售额＝含税销售额÷（1＋税率）。而根据《财政部　国家税务总局关于全面推开营业税改征增值税试点的通知》（财税〔2016〕36 号）附件 1《营业税改征增值税试点实施办法》第三十七条规定："销售额，是指纳税人发生应税行为取得的全部价款和价外费用，财政部和国家税务总局另有规定的除外。

价外费用，是指价外收取的各种性质的收费，但不包括以下项目：

（一）代为收取并符合本办法第十条规定的政府性基金或者行政事业性收费。

（二）以委托方名义开具发票代委托方收取的款项。"

据此，甲开发企业若选择适用 11% 税率的一般计税方法，则其转让土地的销售额＝4 000 万元÷（1＋11%）＝3 603.60（万元），其销项税额＝3 603.60×11%＝396.40（万元）。而根据《营改增实施办法》第二十六条规定："纳税人取得的增值税扣税凭证不符合法律、行政法规或者国家税务总局有关规定的，其进项税额不得从销项税额中抵扣。

增值税扣税凭证,是指增值税专用发票、海关进口增值税专用缴款书、农产品收购发票、农产品销售发票和完税凭证。

纳税人凭完税凭证抵扣进项税额的,应当具备书面合同、付款证明和境外单位的对账单或者发票。资料不全的,其进项税额不得从销项税额中抵扣。"

甲开发企业取得的某省财政厅监制的土地出让金财政票据,明显不属于符合法律、行政法规或者国家税务总局有关规定的增值税扣税凭证,无法据以计算进项税额并从销项税额中抵扣。则甲开发企业取得的 4 000 万元转让土地收入应纳税额＝当期销项税额－当期进项税额＝396.40－0＝396.40(万元)。

2) 选择按简易计税方法计算缴纳增值税

根据《营改增实施办法》第十六条规定,增值税征收率为 3%,财政部和国家税务总局另有规定的除外。即一般纳税人发生财政部和国家税务总局规定的特定应税行为,可以选择适用简易计税方法计税,但一经选择,36 个月内不得变更。

《财政部 国家税务总局关于进一步明确全面推开营改增试点有关劳务派遣服务、收费公路通行费抵扣等政策的通知》(财税〔2016〕47 号)规定,纳税人转让 2016 年 4 月 30 日前取得的土地使用权,可以选择适用简易计税方法,以取得的全部价款和价外费用减去取得该土地使用权的原价后的余额为销售额,按照 5% 的征收率计算缴纳增值税。

根据以上规定,由于该土地属于 2016 年 4 月 30 日之前取得的,甲开发企业也可以选择简易计税方法,以取得的全部价款和价外费用减去取得该土地使用权的原价后的余额为销售额,按照 5% 的征收率计算缴纳增值税。简易计税方法的应纳税额,是指按照销售额和增值税征收率计算的增值税额,不得抵扣进项税额,计算公式为:应纳税额＝销售额×征收率。这里的销售额不包括其应纳税额,纳税人采用销售额和应纳税额合并定价方法的,按照下列公式计算销售额:销售额＝含税销售额÷(1＋征收率)。据此,甲开发企业转让土地取得的销售额＝[4 000－(100×15)]÷(1＋5%)＝2 380.95(万元),其应纳税额＝2 380.95×5%＝119.05(万元)。

综上,甲开发企业转让营改增前取得的土地,若选择适用一般计税方法,其 4 000 万元转让收入的增值税税负＝396.40÷4 000＝9.91%,明显比选择适用简易计税方法所产生的增值税税负 2.98%(119.05÷4 000)高,前者是后者的三倍多!

结论:纳税人转让 2016 年 4 月 30 日前取得的国有土地,适用 11% 税率的一般计税方法计算缴纳增值税,但也可通过选择适用简易计税方法来降低税负。纳税人如果转让的是 2016 年 5 月 1 日后通过招拍挂方式取得的国有土地,增值税一般纳税人只能适用 11% 税率的一般计税方法,不能选择适用简易计税方法,则纳税人需要将发生土地转让行为取得的全部价款和价外费用作为销售额。如[案例 2-4]采用销售额和应纳税额合并定价方法的,按含税销售额÷(1＋11%)作为销售额来计算销项税额,而又由于纳税人通过招拍挂方式取得的国有土地获得的省级以上(含省级)财政部门监(印)制的财政票据,属于不符合法律、行政法规或者国家税务总局有关规定的增值税扣税凭证,不能计算进项税额从销项税额中抵扣,其转让土地所取得收入的增值税应纳税额最终将等于其销项税额,没有该项土地的进项税额可以抵扣,从而产生极高的税负,这明显与营改增前取得的土地转让

差异很大,建议财政部和国家税务总局应尽快予以明确,确保税负公平。另特别提醒广大纳税人,在财政部、国家税务总局尚未对此问题进行明确前,一定要注意营改增后取得的土地再次转让时所蕴含的巨大涉税风险。

2. 土地转让方土地增值税

我们知道,土地增值税的征税对象是有偿转让国有土地使用权、地上的建筑物及其附着物所取得的增值额。增值额为纳税人转让房地产的收入减除《土地增值税暂行条例》规定的扣除项目金额后的余额。计算增值额需要把握两个关键:一是转让房地产的收入,二是扣除项目金额。转让房地产的收入包括货币收入、实物收入和其他收入,即与转让房地产有关的经济利益。对纳税人申报的转让房地产的收入,税务机关要进行核实,对隐瞒收入等情况要按评估价格确定其转让收入。扣除项目按《土地增值税暂行条例》及其实施细则规定有下列几项:

(1)取得土地使用权所支付的金额。它包括纳税人为取得土地使用权所支付的地价款和按国家统一规定交纳的有关费用。具体为:以出让方式取得土地使用权的,为支付的土地出让金;以行政划拨方式取得土地使用权的,为转让土地使用权时按规定补交的出让金;以转让方式取得土地使用权的,为支付的地价款。

(2)开发土地和新建房及配套设施的成本。它包括土地征用及拆迁补偿费、前期工程费、建筑安装工程费、基础设施费、公共设施配套费、开发间接费用。这些成本允许按实际发生额扣除。

(3)开发土地和新建房及配套设施的费用是指销售费用、管理费用、财务费用。根据新会计制度规定,与房地产开发有关的费用直接计入当年损益,不按房地产项目进行归集或分摊。为了便于计算操作,土地增值税暂行条例实施细则规定,财务费用中的利息支出,凡能够按转让房地产项目计算分摊,并提供金融机构证明的,允许据实扣除,但最高不能超过按商业银行同类同期贷款利率计算的金额。房地产开发费用按取得土地使用权所支付的金额及房地产开发成本之和的5%以内予以扣除。凡不能提供金融机构证明的,利息不单独扣除,三项费用的扣除按取得土地使用权所支付的金额及房地产开发成本的10%以内计算扣除。

(4)旧房及建筑物的评估价格。是指在转让已使用的房屋及建筑物时,由政府批准设立的房地产评估机构评定的重置成本价乘以成新度折扣率后的价值,并由当地税务机关参考评估机构的评估而确认价格。

(5)与转让房地产有关的税金。这是指在转让房地产时缴纳的营业税、城市维护建设税、印花税。因转让房地产交纳的教育费附加,也可视同税金予以扣除。

(6)加计扣除。对从事房地产开发的纳税人,可按取得土地使用权所支付的金额与房地产开发成本之和加计20%的扣除。

根据《国家税务总局关于印发〈土地增值税宣传提纲〉的通知》(国税函发〔1995〕110号)有关规定,在具体计算增值额时,要区分以下几种情况进行处理:

(1)对取得土地或房地产使用权后,未进行开发即转让的,计算其增值额时,只允许扣除取得土地使用权时支付的地价款、交纳的有关费用,以及在转让环节缴纳的税金。这样规定,其目的主要是抑制"炒"买"炒"卖地皮的行为。

(2)对取得土地使用权后投入资金,将生地变为熟地转让的,计算其增值额时,允许扣除取得土地使用权时支付的地价款、交纳的有关费用,和开发土地所需成本再加计开发成本的20%以及在转让环节缴纳的税金。这样规定,是鼓励投资者将更多的资金投向房地产开发。

(3)对取得土地使用权后进行房地产开发建造的,在计算其增值额时,允许扣除取得土地使用权时支付的地价款和有关费用、开发土地和新建房及配套设施的成本和规定的费用、转让房地产有关的税金,并允许加计20%的扣除。这可以使从事房地产开发的纳税人有一个基本的投资回报,以调动其从事正常房地产开发的积极性。

(4)转让旧房及建筑物的,在计算其增值额时,允许扣除由税务机关参照评估价格确定的扣除项目金额(即房屋及建筑物的重置成本价乘以成新度折扣率后的价值),以及在转让时交纳的有关税金。这主要是考虑到如果按原成本价作为扣除项目金额,不尽合理。而采用评估的重置成本价能够相对消除通货膨胀因素的影响,比较合理。

本案例中甲开发企业将剩余的部分已经"三通一平"达到建设条件的工业用地分割转让以回笼部分资金,说明其取得土地(生地)后又投入部分资金将其变为了达到建设条件的工业用地(熟地)。所以在计算其增值额时,可以享受加计开发成本20%扣除优惠,即允许扣除取得土地使用权时支付的地价款、交纳的有关费用,和开发土地所需成本再加计开发成本的20%以及在转让环节缴纳的税金。

3. 土地转让方企业所得税

一般情况下,直接土地转让取得的收入应并入收入总额按规定计算缴纳企业所得税比较好理解,因为《企业所得税法》及其实施条例明确规定,除个人独资企业、合伙企业外,包括居民企业和非居民企业以及其他取得收入的组织都是企业所得税的纳税人,都必须按照规定缴纳企业所得税。而所谓的"收入"包罗万象,是指除了税法明确规定的不征税收入以外,企业以货币形式(包括现金、存款、应收账款、应收票据、准备持有至到期的债券投资以及债务的豁免等)和非货币形式(包括固定资产、生物资产、无形资产、股权投资、存货、不准备持有至到期的债券投资、劳务以及有关权益等)从各种来源取得的收入,包括:①销售货物收入:销售商品、产品、原材料、包装物、低值易耗品以及其他存货取得的收入;②提供劳务收入:从事建筑安装、修理修配、交通运输、仓储租赁、金融保险、邮电通信、咨询经纪、文化体育、科学研究、技术服务、教育培训、餐饮住宿、中介代理、卫生保健、社区服务、旅游、娱乐、加工以及其他劳务服务活动取得的收入;③转让财产收入:转让固定资产、生物资产、无形资产、股权、债权等财产取得的收入;④股息、红利等权益性投资收益;⑤利息收入;⑥租金收入;⑦特许权使用费收入;⑧接受捐赠收入;⑨其他收入:包括企业资产溢余收入、逾期未退包装物押金收入、确实无法偿付的应付款项、已作坏账损失处理后又收回的应收款项、债务重组收入、补贴收入、违约金收入、汇兑收益等。所以甲开发企业直接转让土地取得的所得无疑属于其中,应根据企业所得税法相关规定在取得的当期申报缴纳企业所得税。

但由于甲开发企业转让的土地是其实质经营性资产,所谓实质经营性资产,根据《国家税务总局关于发布〈企业重组业务企业所得税管理办法〉的公告》第五条规定,是指企业用于从事生产经营活动、与产生经营收入直接相关的资产,包括经营所用各类资产、企业拥有的商业信息和技术、经营活动产生的应收款项、投资资产等。甲开发企业获得的1 000多亩工业用地本来就是其产生经营收入直接相关的资产,所以属于实质经营性资产范畴。根据《财政部 国家税务总局关于企业重组业务企业所得税处理若干问题的通知》(财税〔2009〕59号,简称59号文)的规定,符合条件的资产收购,可以适用特殊性税务处理,对取得的股权支付部分,可以递延确认所得,不需要在当期确认所得计算缴纳企业所得税。所谓资产收购,根据59号文,是指一家企业(简称受让企业)购买另一家企业(以下称为转让企业)实质经营性资产的交易。受让企业支付对价的形式包括股权支付、非股权支付或两者的组合。股权支付,是指企业重组中购买、换取资产的一方支付的对价中,以本企业或其控股企业的股权、股份作为支付的形式;非股权支付,是指以本企业的现金、银行存款、应收款项、本企业或其控股企业股权和股份以外的有价证券、存货、固定资产、其他资产以及承担债务等作为支付的形式。所以,企业转让的土地如果达到一定比例,且取得收入中对方给予的股权支付比例也达到一定比例,则有可能适用特殊性税务处理递延确认所得,不需要在取得当期计算缴纳企业所得税。综合59号文和《财政部 国家税务总局关于促进企业重组有关企业所得税处理问题的通知》(财税〔2014〕109号)等规范性文件的有关规定,资产收购适用特殊性税务处理,需要同时符合下列条件:

(1) 具有合理的商业目的,且不以减少、免除或者推迟缴纳税款为主要目的。

(2) 被收购的资产不低于转让企业全部资产的50%。

(3) 企业重组后的连续12个月内不改变重组资产原来的实质性经营活动。

(4) 受让企业在该资产收购发生时的股权支付金额不低于其交易支付总额的85%。

(5) 企业重组中取得股权支付的原主要股东,在重组后连续12个月内,不得转让所取得的股权。

据此,甲开发企业转让的土地如果符合上述条件,则其取得的土地受让方支付的股权支付部分,可以按59号文适用特殊性税务处理,暂不确认有关资产的转让所得或损失,同时,甲开发企业取得土地受让企业股权的计税基础,以被转让土地的原有计税基础(每亩15万元和契税及过户费等合计数)确定。但其取得的土地受让方给付的非股权支付部分仍应在交易当期确认相应的资产转让所得或损失,并调整相应资产的计税基础。计算公式如下:

$$\text{非股权支付对应的资产转让所得或损失} = \left(\text{被转让资产的公允价值} - \text{被转让资产的计税基础}\right) \times \left(\text{非股权支付金额} \div \text{被转让资产的公允价值}\right)$$

这是直接土地买卖中特殊的一种企业所得税处理,也是企业税收筹划的空间所在,需要引起关注。

4. 土地转让方印花税

《国家税务局关于印花税若干具体问题的解释和规定的通知》(国税发〔1991〕155号)规定,"财产所有权"转移书据的征税范围是:经政府管理机关登记注册的动产、不动产的所有权转移所立的书据,以及企业股权转让所立的书据。《国家税务总局关于印花税若干政策的通知》(财税〔2006〕162号)第三条规定,对土地使用权出让合同、土地使用权转让合同按产权转移书据征收印花税。

根据上述规定,转让方直接转让土地,需要按"产权转移书据"贴花。由签订"产权转移书据"的双方按万分之五的税率缴纳印花税。

(二)土地受让方的涉税问题

1.土地受让方增值税进项税额扣除票据处理

发票,是指在购销商品、提供或者接受服务以及从事其他经营活动中,开具、收取的收付款凭证。进项税额,是指纳税人购进货物、加工修理修配劳务、服务、无形资产或者不动产,支付或者负担的增值税额。针对乙投资公司而言,其在2016年5月1日起购进的土地需要取得合法有效的增值税扣税凭证才能在未来作为进项税额抵扣增值税。根据《营改增实施办法》第二十五条规定:"下列进项税额准予从销项税额中抵扣:

(一)从销售方取得的增值税专用发票(含税控机动车销售统一发票,下同)上注明的增值税额。

(二)从海关取得的海关进口增值税专用缴款书上注明的增值税额。

(三)购进农产品,除取得增值税专用发票或者海关进口增值税专用缴款书外,按照农产品收购发票或者销售发票上注明的农产品买价和13%的扣除率计算的进项税额。计算公式为:

$$进项税额=买价×扣除率$$

买价,是指纳税人购进农产品在农产品收购发票或者销售发票上注明的价款和按照规定缴纳的烟叶税。

购进农产品,按照《农产品增值税进项税额核定扣除试点实施办法》抵扣进项税额的除外。

(四)从境外单位或者个人购进服务、无形资产或者不动产,自税务机关或者扣缴义务人取得的解缴税款的完税凭证上注明的增值税额。"

增值税扣税凭证,是指增值税专用发票、海关进口增值税专用缴款书、农产品收购发票、农产品销售发票和完税凭证。纳税人取得的增值税扣税凭证不符合法律、行政法规或者国家税务总局有关规定的,其进项税额不得从销项税额中抵扣。

另外,根据《国务院关于修改〈中华人民共和国发票管理办法〉的决定》(国务院令第587号)第十九条规定,销售商品、提供服务以及从事其他经营活动的单位和个人,对外发生经营业务收取款项,收款方应当向付款方开具发票;特殊情况下,由付款方向收款方开具发票。

根据以上规定,乙投资公司必须取得甲开发企业开具的增值税专用发票,才能按增值税专用发票上注明的增值税额经认证相符后作为进项税额抵扣。这又有三种情况:一是甲开发企业转让的土地是2016年4月30日前取得的招拍挂国有土地,且甲开发企业选择适用11%税率(2018年5月1日起为10%)的一般计税方法,则乙投资公司取得的增值税专用发票上注明的增值税额应为 396.40 万元,作为土地成本的金额为 3 603.60 万元;二是甲开发企业转让的土地是 2016 年 4 月 30 日前取得的招拍挂国有土地,且甲开发企业选择适用 5%征收率的简易计税方法,则乙投资公司取得的增值税专用发票上注明的增值税额应为 119.05 万元,作为土地成本的金额为 3 880.95 万元;三是甲开发企业转让的土地是 2016 年 5 月 1 日起取得的招拍挂国有土地,则乙投资公司取得的增值税专用发票上注明的增值税额为 396.40 万元,作为土地成本的金额为 3 603.60 万元。

2. 土地受让方企业所得税处理

一般情况下,如果受让方取得土地给付的是现金、银行存款、应收款项、本企业或其控股企业股权和股份以外的有价证券、存货、固定资产、其他资产以及承担债务等作为支付的形式,则其应按这些非股权支付的公允价值作为取得土地的计税基础。如果受让方收购的土地达到转让方的一定比例,且是以本企业或其控股企业的股权、股份作为支付的形式,则根据 59 号文规定,其取得土地的计税基础的确定应与土地转让方企业所得税的处理相对应,当土地转让方按公允价值确认土地转让收入时,受让方也按公允价值确认其取得土地的计税基础;当土地转让方选择适用特殊性税务处理,暂不确认转让土地的所得或损失时,土地转让方取得土地受让方股权的计税基础,以被转让土地的原有计税基础确定。而土地受让方取得转让方土地的计税基础,以被转让土地的原有计税基础确定。

3. 土地受让方印花税

依据同土地转让方的印花税处理,因为合同双方适用的印花税税目、税率是一样的,这里不再赘述。

4. 土地受让方契税

根据国家土地管理相关法律法规和《契税暂行条例》及其实施细则的规定,土地使用权转让,包括出售、赠与和交换或者以其他方式将土地使用权转移,承受的单位和个人为契税的纳税人,应当按照成交价格包括承受者应交付的货币、实物、无形资产或者其他经济利益等所有价款作为计税依据计算缴纳契税。

根据《财政部 国家税务总局关于营改增后契税、房产税、土地增值税、个人所得税计税依据问题的通知》(财税〔2016〕43 号)规定,计征契税的成交价格不含增值税。

根据以上规定,乙投资公司计算缴纳契税的计税依据也有三种情况:一是甲开发企业转让的土地是 2016 年 4 月 30 日前取得的招拍挂国有土地,且甲开发企业选择适用 11%税率的增值税一般计税方法,则乙投资公司取得的增值税专用发票上注明的增值税额应为 396.40 万元,作为土地成本的金额为 3 603.60 万元,这也是乙投资公司计算缴纳契税的计税依据;二是甲开发企业转让的土地是 2016 年 4 月 30 日前取得的招拍挂国有土地,且甲开发企业选择适用 5%征收率的增值税简易计税方法,则乙投资公司取得的增值税专用发票上注明的增值税额应为 119.05 万元,作为土地成本的金额为 3 880.95 万元,这也是乙投资公司计算缴纳契税的计税依据;三是甲开发企业转让的土地是 2016 年 5 月 1 日起取得的招拍挂国有土地,则乙投资公司取得的增值税专用发票上注明的增值税额必然为 396.40 万元,作为土地成本的金额为 3 603.60 万元,这也是乙投资公司计算缴纳契税的计税依据。

第三节 划转(赠与)方式取得土地使用权涉税问题处理

【案例2-6】 为进一步整合公司与所属子公司资源,优化产业结构,加快产业转型升级,推进经济结构战略性调整,促进企业提高经营质量效益,2016年阳光房地产开发公司(以下简称"甲方")与100%直接控制的全资子公司——龙胜投资公司(以下简称"乙方")之间进行资产整合。《资产划转协议》主要内容:①甲方同意将其2013年投资建造完工并投入使用、拥有房屋所有权和国有土地使用权的固定资产——泷澄总部经济大楼及其附属设施按账面净值划转给乙方。泷澄总部经济大楼及其附属设施账面净值为159 455 477.38元(其中土地净值17 155 345.24元,房屋建筑物净值142 300 132.14元)。②甲方同意将其2010年通过招拍挂方式取得的尚未开发的45亩国有土地按账面价值划转给乙方。该地块分摊的账面价值为63 852 000元(其中分摊的土地出让金5 780 000元,契税和大市政配套费等分摊合计6 052 000元)。③乙方同意以100%的股权支付的形式接受,资产划转后,甲方拥有乙方100%的股权。④本次划转基准日为2016年10月31日。本次资产划转不涉及职工分流安置事宜,划出方全体职工仍按其与公司签订的劳动合同履行各自的权利义务。

【问题】 资产划转双方各自的涉税问题如何处理?

【案例分析】

一、无偿划转简介

应该明确的是,"划转"作为一种资产处置方式,起源于我国国有资产管理实践,其正式法律用语出现在我国《中华人民共和国企业国有资产法》(主席令第5号,简称《企业国有资产法》)中。该法第五十一条规定,本法所称国有资产转让,是指依法将国家对企业的出资所形成的权益转移给其他单位或者个人的行为;按照国家规定无偿划转国有资产的除外。截至日前,无偿划转还是属于国有资产管理领域的专属名词,指国有企业或部门因重组兼并或撤销等业务将国有资产在不同企业部门间调配并不给调出方支付任何代价的行为,是企业国有产权在政府机构、事业单位、国有独资企业、国有独资公司之间的无偿转移。根据《企业国有产权无偿划转管理暂行办法》(国资发产权〔2005〕239号)、《财政部关于印发〈关于企业国有资产办理无偿划转手续的规定〉的通知》(财管字〔1999〕301号)、《企业国有产权无偿划转工作指引》(国资发产权〔2009〕25号)等有关规定,企业国有土地的无偿划转只要符合以下条件并履行必要的程序,就是合法有效的。

(1) 无偿划转的主体,必须是国有独资企业、国有独资公司、国有事业单位投资设立的一人有限责任公司及其再投资设立的一人有限责任公司。如《企业国有产权无偿划转工作指引》(国资发产权〔2009〕25号),第二条对无偿划转的主体进行了界定:"国有独资企业、国有独资公司、国有事业单位投资设立的一人有限责任公司及其再投资设立的一人有限责任公司(以下统称国有一人公司),可以作为划入方(划出方)。"由此可以看出,无偿

划转一般在纯国有产权单位之间进行。

(2) 无偿划转的客体如土地、房屋等企业国有产权必须没有权利上的瑕疵,具有可转让性。无偿划转的国有产权必须权属清晰,在权属上不存在划转的障碍,即不存在查封、权属争议等法律瑕疵问题。如果该土地上存在抵押等权利限制的,无偿划转应该符合《中华人民共和国物权法》(简称《物权法》)、《中华人民共和国担保法》(简称《担保法》)的相关规定。如果集团拟划转的土地存在权属上的瑕疵或权利限制,应该消除该瑕疵或权利限制后才能无偿划转。

(3) 企业国有产权的无偿划转还要履行必要的审批程序。

① 企业国有产权的划转要经过划出方和划入方内部决策机构的批准。企业国有产权的划出方,首先需要董事会作出决议,再经过股东会形成决议。作为企业国有产权划入方的全资子公司,首先要公司的董事会作出决议,同时也要股东作出决定或者股东会形成决议。

② 企业国有产权的无偿划出方,应该通知其债权人,并制定相应的债务处置方案。根据《中华人民共和国合同法》第七十四条的规定,如果无偿划转土地的行为损害了其债权人的利益,债权人有权申请法院撤销无偿划转土地的行为。所以,为避免对无偿划转的企业国有产权造成潜在的法律风险,无偿划出方应该事先将无偿划转企业国有产权的事宜书面通知其债权人,并制定相应的债务处置方案。

③ 企业国有产权的无偿划出方应按照有关规定开展审计或清产核资,以中介机构出具的审计报告或经国资委批准的清产核资结果作为企业国有产权无偿划转的依据。

④ 企业国有产权的无偿划出方和全资子公司设签订企业国有产权无偿划转协议。

⑤ 企业国有产权的无偿划出方应将无偿划转企业国有产权事项向国资委备案,如果国资委对此规定需要履行批准手续的,还要经过国资委的批准,具体的报批文件要符合国资委的要求。

而针对非国有企业性质的民营、集体以及股份制等企业,目前相关法律法规没有给予明确界定,也没有明确定义,但非国有企业的资产划转现象却现实存在着。

二、划出方的涉税问题

(一) 划出方增值税

1. 有偿划转增值税

《财政部 国家税务总局关于全面推开营业税改征增值税试点的通知》(财税〔2016〕36 号)附件 1《营业税改征增值税试点实施办法》第十条对应税行为的具体范围作出了明确规定,即销售服务、无形资产或者不动产,是指有偿提供服务、有偿转让无形资产或者不动产,但属于下列非经营活动的情形除外:

(1) 行政单位收取的同时满足以下条件的政府性基金或者行政事业性收费。

① 由国务院或者财政部批准设立的政府性基金,由国务院或者省级人民政府及其财政、价格主管部门批准设立的行政事业性收费。

② 收取时开具省级以上(含省级)财政部门监(印)制的财政票据。

③ 所收款项全额上缴财政。

(2) 单位或者个体工商户聘用的员工为本单位或者雇主提供取得工资的服务。

(3) 单位或者个体工商户为聘用的员工提供服务。

(4) 财政部和国家税务总局规定的其他情形。

根据《财政部 国家税务总局关于全面推开营业税改征增值税试点的通知》(财税〔2016〕36 号)附件 1《营业税改征增值税试点实施办法》第十一条规定,有偿,是指取得货币、货物或者其他经济利益。

增值税将"其他经济利益"与货币、货物并列为"有偿",说明"其他经济利益"是除货币、货物之外尚未穷尽列举项目的对价流入,防止经济发展以及社会情势产生新的业务而缺漏,作为税法的兜底条款。"有偿"这个概念在增值税的条例、营业税的条例中就有。与原增值税业务相比,营改增部分业务中的无偿与有偿之间的界线更隐蔽。纳税人之间互换不动产,相对容易理解,是用不动产所有权换取另一不动产的所有权,服务换服务相对更难分辨。例如,a 公司将一层门面给 b 餐馆无偿使用,b 餐馆无偿向 a 公司员工提供工作餐。上述行为不能看做无偿,a、b 双方销售服务都获取了经济利益,应属于增值税征税范围。案例中,甲方以自身拥有的房屋所有权和国有土地使用权按账面净值划转给乙方。乙方同意以 100% 的股权支付的形式接受,资产划转后,甲方拥有乙方 100% 的股权。很明显,这种所谓的"划转"是有偿的,即甲方划出资产后得到了乙方的"股权支付",取得了"其他经济利益",所以应属于增值税征税范围。

关于有偿转让土地使用权的增值税,本章第二节[案例 2-5]已经做了详细分析,不再赘述。这里主要针对不动产——房屋所有权有偿划转(转让)如何缴纳增值税做一分析,由于划转给乙方的泷澄总部经济大楼及其附属设施是甲方于 2013 年投资建造并作为固定资产核算的,根据《财政部 国家税务总局关于全面推开营业税改征增值税试点的通知》(财税〔2016〕36 号)附件 2《营业税改征增值税试点有关事项的规定》有关规定,甲方销售不动产增值税也有三种处理方式:①一般纳税人销售其 2016 年 4 月 30 日前自建的不动产,适用一般计税方法计税的,应以取得的全部价款和价外费用为销售额计算应纳税额。纳税人应以取得的全部价款和价外费用,按照 5% 的预征率在不动产所在地预缴税款后,向机构所在地主管税务机关进行纳税申报。②一般纳税人销售其 2016 年 4 月 30 日前自建的不动产,可以选择适用简易计税方法,以取得的全部价款和价外费用为销售额,按照 5% 的征收率计算应纳税额。纳税人应按照上述计税方法在不动产所在地预缴税款后,向机构所在地主管税务机关进行纳税申报。③一般纳税人销售其 2016 年 5 月 1 日后自建的不动产,应适用一般计税方法,以取得的全部价款和价外费用为销售额计算应纳税额。纳税人应以取得的全部价款和价外费用,按照 5% 的预征率在不动产所在地预缴税款后,向机构所在地主管税务机关进行纳税申报。当然,要是阳光房地产开发公司属于增值税小规模纳税人,则根据规定,小规模纳税人销售其自建的不动产,应以取得的全部价款和价外费用为销售额,按照 5% 的征收率计算应纳税额。纳税人应按照上述计税方法在不动产所在地预缴税款后,向机构所在地主管税务机关进行纳税申报。也就是说,小规模纳税人销售其自建的不动产,不管该不动产是营改增前建造的还是营改增后建造的,都适用 5% 的征收率计算增值税应纳税额,不过阳光房地产开发公司的体量,现实中不太可能按增值税小规模纳税人管征。

根据《财政部 国家税务总局关于全面推开营业税改征增值税试点的通知》（财税〔2016〕36号）附件1《营业税改征增值税试点实施办法》第三十七条规定，销售额，是指纳税人发生应税行为取得的全部价款和价外费用，财政部和国家税务总局另有规定的除外。

价外费用，是指价外收取的各种性质的收费，但不包括以下项目：

（1）代为收取并符合本办法第十条规定的政府性基金或者行政事业性收费。

（2）以委托方名义开具发票代委托方收取的款项。

根据《财政部 国家税务总局关于全面推开营业税改征增值税试点的通知》（财税〔2016〕36号）附件1《营业税改征增值税试点实施办法》第四十四条规定，纳税人发生应税行为价格明显偏低或者偏高且不具有合理商业目的的，或者发生本办法第十四条所列行为而无销售额的，主管税务机关有权按照下列顺序确定销售额：

（1）按照纳税人最近时期销售同类服务、无形资产或者不动产的平均价格确定。

（2）按照其他纳税人最近时期销售同类服务、无形资产或者不动产的平均价格确定。

（3）按照组成计税价格确定。组成计税价格的公式为：

$$组成计税价格 = 成本 \times (1 + 成本利润率)$$

成本利润率由国家税务总局确定。

不具有合理商业目的，是指以谋取税收利益为主要目的，通过人为安排，减少、免除、推迟缴纳增值税税款，或者增加退还增值税税款。

阳光房地产开发公司按账面净值划转给龙胜投资公司的房屋所有权和国有土地使用权，如果价格明显偏低且符合上述"不具有合理商业目的"情形，则主管税务机关有权按照上述顺序进行纳税调整，确定销售额。上述的成本利润率目前国家税务总局暂定为10%。

综上，甲方以自身拥有的房屋所有权和国有土地使用权按账面净值（国有土地按账面价值）划转给乙方，并取得乙方股权支付的形式，属于取得"其他经济利益"性质的有偿转让不动产，应按规定缴纳增值税，如果出现价格明显偏低且不具有合理商业目情形的，还应根据有关规定进行纳税调整确定销售额。

2. 无偿划转增值税

如［案例2-5］，假设阳光房地产开发公司只将房屋所有权和国有土地使用权按账面净值（国有土地按账面价值）划转给龙胜投资公司，龙胜投资公司没有以股权支付作为对价，而是无偿接受划转，其他条款不变，那阳光房地产开发公司需要缴纳增值税吗？

关于国有资产无偿划转的交易定性，存在捐赠说，销售转让说，不构成交易说，减资、增资说等观点。其中，捐赠说认为，国有资产无偿划转是划出方将划出资产赠与划入方。销售转让说认为，国有资产无偿划转是划出方无偿转让划出资产给划入方。不构成交易说认为，国有资产无偿划转是国有资产监督管理部门行使权力的体现，不构成不同交易主体的交易行为。减资、增资说认为，国有资产无偿划转是划出方先行对所投资企业减资，然后再用减资所得资产对划入方进行增资的行为。上述观点主要为国有资产无偿划转的会计处理及税务处理提供依据。但不管是哪种观点,都不否认这种"划转"都涉及被划转资产的产权转移或过户,正如《企业国有产权无偿划转管理暂行办法》(国资发产权〔2005〕239 号)第二条规定:"本办法所称企业国有产权无偿划转,是指企业国有产权在政府机构、事业单位、国有独资企业、国有独资公司之间的无偿转移。国有独资公司作为划入或划出一方的,应当符合《中华人民共和国公司法》的有关规定。"既然无偿划转是无偿转移,那就涉及被划转资产从一方所有让渡或过户给另一方所有,其实在法律属性上是转让的一种特殊形式。其实在《企业国有资产法》在第五章第五节"国有资产转让"里就确立了国有资产有偿转让、无偿划转分别规范的法律框架。有偿转让适用《企业国有资产法》《企业国有产权转让管理暂行办法》(国资委 财政部令第 3 号)及相关规范性文件的规定,无偿划转适用《企业国有产权无偿划转管理暂行办法》(国资发产权〔2005〕239 号)、《企业国有产权无偿划转工作指引》(国资发产权〔2009〕25 号)等规范性文件的规定,而比较特殊的上市公司国有股权转让则适用《国有股东转让所持上市公司股份管理暂行办法》(国资委 证监会令第 19 号)的规定。

截至日前,已经出台的营改增相关文件没有单独对何为"无偿划转"以及"无偿划转"如何缴纳增值税作出明确规定,但根据《财政部 国家税务总局关于全面推开营业税改征增值税试点的通知》(财税〔2016〕36 号)附件 1《营业税改征增值税试点实施办法》第十四条规定:"下列情形视同销售服务、无形资产或者不动产:

......

(二)单位或者个人向其他单位或者个人无偿转让无形资产或者不动产,但用于公益事业或者以社会公众为对象的除外。

(三)财政部和国家税务总局规定的其他情形。"

在无明确且为普遍性的规定前,无偿划转资产中如果涉及的是无形资产或者不动产,它们的转移或过户,无疑是上述规定的调整范畴,需要视同销售无形资产或者不动产,按规定计算缴纳增值税。由于这种应税行为没有产生现金流,体现不了销售额,应根据上述财税〔2016〕36 号文第四十四条的规定确定销售额。另外,根据《中华人民共和国增值税暂行条例实施细则》(财政部 国家税务总局令 2008 年第 50 号)第四条规定:"单位或者个体工商户的下列行为,视同销售货物:

......

(六)将自产、委托加工或者购进的货物作为投资,提供给其他单位或者个体工商户;

(七)将自产、委托加工或者购进的货物分配给股东或者投资者;

(八)将自产、委托加工或者购进的货物无偿赠送其他单位或者个人。"

据此,无偿划转资产中涉及的货物,无论是自产、委托加工还是购进的,也不论是上述的捐赠说,销售转让说,减资、增资说等,无疑也是上述规定的视同销售行为之一,应按有关规定计算缴纳增值税。由于这种应税行为也没有产生现金流,照样体现不了销售额,根据《中华人民共和国增值税暂行条例实施细则》(财政部 国家税务总局令 2008 年第 50 号,简称《增值税暂行条例实施细则》)第十六条规定,纳税人有条例第七条所称价格明显偏低并无正当理由或者有本细则第四条所列视同销售货物行为而无销售额者,按下列顺序确定销售额：

（1）按纳税人最近时期同类货物的平均销售价格确定。

（2）按其他纳税人最近时期同类货物的平均销售价格确定。

（3）按组成计税价格确定。组成计税价格的公式为：

$$组成计税价格＝成本×（1＋成本利润率）$$

属于应征消费税的货物，其组成计税价格中应加计消费税额。

公式中的成本是指：销售自产货物的为实际生产成本，销售外购货物的为实际采购成本。公式中的成本利润率由国家税务总局确定。

综上，划转资产无论是有偿还是无偿的，若无明确规定或批复，如《财政部 国家税务总局关于中国建银投资有限责任公司有关税收政策问题的通知》（财税〔2005〕160号）规定"重组分立过程中，原中国建设银行无偿划转给建银投资的货物、不动产，不征收增值税、营业税和土地增值税"，根据现有的增值税暂行条例及其实施细则以及营改增相关文件，都需要作为视同销售的应税行为处理，按有关规定计算缴纳增值税。

（二）划出方土地增值税

1. 有偿划转土地增值税

根据《中华人民共和国土地增值税暂行条例》（国务院令第138号）第二条规定："转让国有土地使用权、地上的建筑物及其附着物（以下简称转让房地产）并取得收入的单位和个人，为土地增值税的纳税义务人（以下简称纳税人），应当依照本条例缴纳土地增值税。"

根据《中华人民共和国土地增值税暂行条例实施细则》（财法字〔1995〕第6号）第二条规定："条例第二条所称的转让国有土地使用权、地上的建筑物及其附着物并取得收入，是指以出售或者其他方式有偿转让房地产的行为。不包括以继承、赠与方式无偿转让房地产的行为。"第三条规定："条例第二条所称的国有土地，是指按国家法律规定属于国家所有的土地。"

首先，根据上述规定，应该明确的是，纳税人只要发生条例规定的有偿转让国有土地使用权行为就应征收土地增值税。因此案例中甲方以自身拥有的房屋所有权和国有土地使用权按账面净值划转给乙方并取得乙方股权支付的形式，属于有偿转让的一种形式，应按规定计算缴纳土地增值税。

其次，既然要征收土地增值税，那收入如何确定，扣除成本如何确定，特别是收入，甲方按账面净值划转资产有价格体现不同于无价格体现的视同销售，不适用视同销售的有关规定，根据《中华人民共和国土地增值税暂行条例》（国务院令第138号）第九条规定，纳税人有下列情形之一的，按照房地产评估价格计算征收：

（1）隐瞒、虚报房地产成交价格的。

（2）提供扣除项目金额不实的。

（3）转让房地产的成交价格低于房地产评估价格，又无正当理由的。

根据《中华人民共和国土地增值税暂行条例实施细则》（财法字〔1995〕第6号）第十四条规定，该条例第九条（一）项所称的隐瞒、虚报房地产成交价格，是指纳税人不报或有意低报转让土地使用权、地上建筑物及其附着物价款的行为。

该条例第九条(二)项所称的提供扣除项目金额不实的,是指纳税人在纳税申报时不据实提供扣除项目金额的行为。

该条例第九条(三)项所称的转让房地产的成交价格低于房地产评估价格,又无正当理由的,是指纳税人申报的转让房地产的实际成交价低于房地产评估机构评定的交易价,纳税人又不能提供凭据或无正当理由的行为。

隐瞒、虚报房地产成交价格,应由评估机构参照同类房地产的市场交易价格进行评估。税务机关根据评估价格确定转让房地产的收入。

提供扣除项目金额不实的,应由评估机构按照房屋重置成本价乘以成新度折扣率计算的房屋成本价和取得土地使用权时的基准地价进行评估。税务机关根据评估价格确定扣除项目金额。

转让房地产的成交价格低于房地产评估价格,又无正当理由的,由税务机关参照房地产评估价格确定转让房地产的收入。

根据以上规定,甲方将泷澄总部经济大楼及其附属设施按账面净值、45亩国有土地按账面价值划转给乙方,在土地增值税处理方面应遵循一般税收原则,按市场价格确定收入,即由政府批准设立的房地产评估机构根据相同地段、同类房地产进行综合评定的价格确定收入。对评估价与市场交易价差距较大的转让项目,税务机关有权不予确认,要求其重新评估。

最后,扣除项目金额确定方面,对于按账面净值划转的泷澄总部经济大楼及其附属设施,应按照《关于土地增值税一些具体问题规定的通知》(财税字〔1995〕48号)第十条的规定进行处理,即"关于转让旧房如何确定扣除项目金额的问题,转让旧房的,应按房屋及建筑物的评估价格、取得土地使用权所支付的地价款和按国家统一规定交纳的有关费用以及在转让环节缴纳的税金作为扣除项目金额计征土地增值税。对取得土地使用权时未支付地价款或不能提供已支付的地价款凭据的,不允许扣除取得土地使用权所支付的金额"。对于甲方按账面价值划转的尚未开发的45亩国有土地使用权,和本章第二节[案例2-5]的处理相同,即应根据《国家税务总局关于印发〈土地增值税宣传提纲〉的通知》(国税函发〔1995〕110号)的规定,在具体计算增值额时,要区分以下情况进行处理:①对取得土地或房地产使用权后,未进行开发即转让的,计算其增值额时,只允许扣除取得土地使用权时支付的地价款、交纳的有关费用,以及在转让环节缴纳的税金。这样规定,其目的主要是抑制"炒"买"炒"卖地皮的行为。②对取得土地使用权后投入资金,将生地变为熟地转让的,计算其增值额时,允许扣除取得土地使用权时支付的地价款、交纳的有关费用,和开发土地所需成本再加计开发成本的20%以及在转让环节缴纳的税金。这样规定,是鼓励投资者将更多的资金投向房地产开发。

2. 无偿划转土地增值税

如[案例2-5],假设阳光房地产开发公司只将房屋所有权和国有土地使用权按账面净值(国有土地按账面价值)划转给龙胜投资公司,龙胜投资公司没有以股权支付作为对价,而是无偿接受划转,其他条款不变,那阳光房地产开发公司需要缴纳土地增值税吗?

如上所述,无偿划转是资产的被划转方让渡其房产土地的所有权或使用权没有取得任何货币、货物或其他经济利益的情形,在法律属性上其实是转让的一种特殊形式。根据土地增值税条例规定,纳税人转让房地产并取得收入,构成纳税义务。如果被划转方让渡其房产土地的所有权或使用权没有取得任何货币、货物或其他经济利益,笔者认为它不属于土地增值税征税范围,不应征收土地增值税。

目前在税务理论界,有人认为无偿划转其实是一种捐赠,应根据《财政部 国家税务总局关于土地增值税一些具体问题规定的通知》(财税字〔1995〕48号)第四条规定:"关于细则中'赠与'所包括的范围问题细则所称的'赠与'是指如下情况:①房产所有人、土地使用权所有人将房屋产权、土地使用权赠与直系亲属或承担直接赡养义务人的。②房产所有人、土地使用权所有人通过中国境内非营利的社会团体、国家机关将房屋产权、土地使用权赠于教育、民政和其他社会福利、公益事业的。上述社会团体是指中国青少年发展基金会、希望工程基金会、宋庆龄基金会、减灾委员会、中国红十字会、中国残疾人联合会、全国老年基金会、老区促进会以及经民政部门批准成立的其他非营利的公益性组织。"而甲方无偿划转自身资产给他人的行为,明显不属于条例规定的以继承、赠与方式无偿转让房地产行为,则进一步反推出这种行为属于以其他方式转让国有土地使用权,要求按规定征收土地增值税,如案例中阳光房地产开发公司将泷澄总部经济大楼及其附属设施按账面净值、45亩国有土地按账面价值无偿划转给龙胜投资公司的行为。笔者认为这种观点似是而非,虽然赠与也是赠与人将自己的财产无偿给予受赠人、受赠人表示接受的一种行为。但它和无偿划转还是有很大区别的,即赠与行为一般要通过签订赠与合同(也有口头合同和其它形式)法律程序来完成,为诺成性合同,顾名思义就是只要"承诺"就可以"成立",不一定需要被赠与人同意。而无偿划转不一定要经过法律程序完成,但划转双方需要达成一致才可以履行,应采用标的由出让方出让,受让方接受的形式。在税务实践中,不论是国家层面还是地方层面,其实都有对无偿划转作出一些具体的批复或规定,都是不征收土地增值税的。国家层面如财政部、国家税务总局2005年下发的《关于中国建银投资有限责任公司有关税收政策问题的通知》(财税〔2005〕160号)就明确规定,重组分立过程中,原中国建设银行无偿划转给建银投资的货物、不动产,不征收增值税、营业税和土地增值税。再如《财政部 国家税务总局关于中国邮政储蓄银行改制上市有关税收政策的通知》(财税〔2013〕53号)规定,对中国邮政集团公司与原中国邮政储蓄银行有限责任公司之间划转、变更土地、房屋等资产权属交易涉及的土地增值税予以免征[《财政部 国家税务总局关于土地增值税若干问题的通知》(财税〔2006〕21号)第五条规定不予免征的情形除外]。地方层面如北京市地方税务局《关于北京房地集团有限公司无偿承受非经营性房产有关契税、土地增值税问题的通知》(京地税地〔2009〕187号)就规定:"根据《中华人民共和国土地增值税暂行条例》的规定,北京汽车工业控股有限责任公司等八家企业将非经营性房产无偿划转北京房地集团有限公司,不属于土地增值税征收范围,不征收土地增值税。"重庆市地方税务局2014年出台的《关于土地增值税若干政策执行问题的公告》(重庆市地方税务局公告2014年第9号):"三、无偿划转房地产有关规定

（一）同一投资主体划转

同一投资主体内部所属企业之间无偿划转（调拨）房地产，不征收土地增值税。'同一投资主体内部所属企业之间'是指母公司与其全资子公司之间；同一公司所属全资子公司之间；自然人与其设立的个人独资企业、一人有限公司之间。

（二）行政性调整划转

经县级以上人民政府或国有资产管理部门批准，按照国有产权无偿划转的相关规定，国有企业、事业单位、国家机关之间无偿划转房地产不征收土地增值税。"

这是鉴于同一投资主体内部所属企业之间无偿划转（调拨）房地产，以及经县级以上人民政府或国有资产管理部门批准，按照国有产权无偿划转管理的相关规定，国有企业、事业单位、国家机关等之间无偿划转房地产，转让方未取得收入，因此不征收土地增值税。当然同一投资主体内部企业之间的有偿转让、投资（增资）等不属于无偿划转范畴。

综上，阳光房地产开发公司将房屋所有权和国有土地使用权按账面净值（国有土地按账面价值）划转给龙胜投资公司，龙胜投资公司以股权支付作为对价的行为，应属于有偿转让性质，按照有关规定需要征收土地增值税。

（三）划出方企业所得税

《企业所得税法实施条例》第七十五条规定："除国务院财政、税务主管部门另有规定外，企业在重组过程中，应当在交易发生时确认有关资产的转让所得或者损失，相关资产应当按照交易价格重新确定计税基础。"《国家税务总局关于企业处置资产所得税处理问题的通知》（国税函〔2008〕828 号）规定：企业将资产移送他人的下列情形，因资产所有权属已发生改变而不属于内部处置资产，应按规定视同销售确定收入：

（1）用于市场推广或销售。

（2）用于交际应酬。

（3）用于职工奖励或福利。

（4）用于股息分配。

（5）用于对外捐赠。

（6）其他改变资产所有权属的用途。

从以上规定可知，除另有规定外，企业资产重组，只要出现资产所有权属发生改变，从一个法人单位转移（包括销售、投资、划转、捐赠等）到另外一个法人单位，改变权属的资产就应该做视同销售处理行为，原则上要按照公允价值确认其交易价格视同销售收入，而《财政部　国家税务总局关于企业重组业务企业所得税处理若干问题的通知》（财税〔2009〕59 号）、《国家税务总局关于企业所得税应纳税所得额若干问题的公告》（国家税务总局公告 2014 年第 29 号）、《财政部　国家税务总局关于促进企业重组有关企业所得税处理问题的通知》（财税〔2014〕109 号）、《国家税务总局关于资产（股权）划转企业所得税征管问题的公告》（国家税务总局公告 2015 年第 40 号）等就是《企业所得税法实施条例》第七十五条所称的另有规定，适用递延纳税的特殊性税务处理政策。由此可见资产重组交易的税务处理，遵循三个原则：

第一，法人税制原则。原则上，只要资产的所有权从一个法人单位转移到另外一个法人单位，资产应该做视同销售处理，资产的隐含增值在税收上需要得到实现。

第二，分解理论。资产重组交易行为的一般性税务处理分为两步，第一步，先对资产做视同销售行为；第二，对资产接收方接受资产的计税基础按照公允价值确认。

第三，计税基础延续理论。资产重组交易行为符合财税〔2009〕59号或财税〔2014〕109号文件条件，采取特殊性税务处理时，资产划出方不确认所得，同时资产接收方接受资产的计税基础按照资产的原计税基础确定。

近年来，我国企业兼并重组步伐加快，但仍面临审批多、融资难、负担重、服务体系不健全、体制机制不完善、跨地区跨所有制兼并重组困难等问题。为营造良好的市场环境，充分发挥企业在兼并重组中的主体作用，2014年3月7日国务院出台了《国务院关于进一步优化企业兼并重组市场环境的意见》（国发〔2014〕14号，以下简称《意见》）。《意见》提出："修订完善兼并重组企业所得税特殊性税务处理的政策，降低收购股权（资产）占被收购企业全部股权（资产）的比例限制，扩大特殊性税务处理政策的适用范围。"为贯彻落实《意见》精神，2014年底以来，财政部、国家税务总局先后颁发了一系列鼓励重组的重大税收政策。主要包括：

（1）《财政部　国家税务总局关于促进企业重组有关企业所得税处理问题的通知》（财税〔2014〕109号，以下简称109号文）及配套的《国家税务总局关于资产（股权）划转企业所得税征管问题的公告》（国家税务总局公告2015年第40号，以下简称40号公告），明确特殊性税务处理中，被收购股权、资产比例由75%降到50%，符合条件的资产（股权）划转，可以享受特殊性税务处理政待遇。

（2）《财政部　国家税务总局关于非货币性资产投资企业所得税政策问题的通知》（财税〔2014〕116号）及配套的《国家税务总局关于非货币性资产投资企业所得税有关征管问题的公告》（国家税务总局2015年第33号公告），明确企业非货币性资产对外投资所得，可在5年内均匀计入应纳税所得额。

（3）《财政部　国家税务总局关于个人非货币性资产投资有关个人所得税政策的通知》（财税〔2015〕41号）及配套的《国家税务总局关于个人非货币性资产投资有关个人所得税征管问题的公告》（国家税务总局2015年第20号公告），明确个人非货币性资产对外投资所得，在5年内递延纳税。

（4）《财政部　国家税务总局关于企业改制重组有关土地增值税政策的通知》（财税〔2015〕5号），对合并、分立、投资等行为的土地增值税处理，给予了宽松政策。

（5）《财政部　国家税务总局关于进一步支持企业事业单位改制重组有关契税政策的通知》（财税〔2015〕37号），对合并、分立、划转等行为的契税政策进行了延续和修正，并明确了"原投资主体存续"等关键条件的含义所在。

现主要针对划转的企业所得税处理，综合109号文和40号公告两个文件做一分析。

109号文第三条规定，对100%直接控制的居民企业之间，以及受同一或相同多家居民企业100%直接控制的居民企业之间按账面净值划转股权或资产，凡具有合理商业目的、不以减少、免除或者推迟缴纳税款为主要目的，股权或资产划转后连续12个月内不改变被划转股权或资产原来实质性经营活动,且划出方企业和划入方企业均未在会计上确认损益的,可以选择按以下规定进行特殊性税务处理:

(1) 划出方企业和划入方企业均不确认所得。

(2) 划入方企业取得被划转股权或资产的计税基础,以被划转股权或资产的原账面净值确定。

(3) 划入方企业取得的被划转资产,应按其原账面净值计算折旧扣除。

上述"100%直接控制的居民企业"是指母企业与其直接控制的全资子公司均在我国境内或实际管理机构在我国境内;"受同一或相同多家居民企业100%直接控制的居民企业"是指受相同居民企业直接控制的两个或多个全资子公司。这两种情况的资产或股权划转发生在同一集团公司内部的母公司与其全资子公司之间或者全资子公司相互之间。

如前所述,无偿划转原本是国有产权管理领域的专属名词,一般在纯国有产权单位之间进行,109号文的一个突出贡献,就是将"划转"这一国有资产特有的处置方式扩大到了非国有资产处置的税务处理,即新政策不仅适用于国有企业集团,也适用于其他企业集团内部的股权或资产划转交易,保证了不同所有制性质的市场主体在同一税收政策起跑线上公平竞争,有利于引导非公有制经济健康发展。根据109号文,资产划转适用特殊性税务处理应满足以下条件:

(1) 须为100%直接控制的居民企业之间,以及受同一或相同多家居民企业100%直接控制的居民企业之间的资产划转。

(2) 须具有合理商业目的、不以减少、免除或者推迟缴纳税款为主要目的。

(3) 须按账面净值划转且划出方企业和划入方企业均未在会计上确认损益。

(4) 须自股权或资产划转完成日起连续12个月内不改变被划转股权或资产原来实质性经营活动。股权或资产划转完成日,是指股权或资产划转合同(协议)或批复生效,且交易双方已进行会计处理的日期。

在具体的企业所得税征管问题上,与109号文配套的40号公告明确了包括母公司向子公司、子公司向母公司以及子公司之间等四种情形的股权或资产划转,可以享受递延纳税待遇,大大缓解了企业纳税资金压力,很大程度上节约了融资成本,有利于促进集团业务重组。具体为40号公告第一条的规定:"《通知》第三条所称'100%直接控制的居民企业之间,以及受同一或相同多家居民企业100%直接控制的居民企业之间按账面净值划转股权或资产',限于以下情形:

(1) 100%直接控制的母子公司之间,母公司向子公司按账面净值划转其持有的股权或资产,母公司获得子公司100%的股权支付。母公司按增加长期股权投资处理,子公司按接受投资(包括资本公积,下同)处理。母公司获得子公司股权的计税基础以划转股权或资产的原计税基础确定。

(2) 100%直接控制的母子公司之间,母公司向子公司按账面净值划转其持有的股权或资产,母公司没有获得任何股权或非股权支付。母公司按冲减实收资本(包括资本公积,下同)处理,子公司按接受投资处理。

(3) 100%直接控制的母子公司之间,子公司向母公司按账面净值划转其持有的股权或资产,子公司没有获得任何股权或非股权支付。母公司按收回投资处理,或按接受投资处理,子公司按冲减实收资本处理。母公司应按被划转股权或资产的原计税基础,相应调减持有子公司股权的计税基础。

(4)受同一或相同多家母公司100%直接控制的子公司之间,在母公司主导下,一家子公司向另一家子公司按账面净值划转其持有的股权或资产,划出方没有获得任何股权或非股权支付。划出方按冲减所有者权益处理,划入方按接受投资处理。"

因此,阳光房地产开发公司与100%直接控制的全资子公司——龙胜投资公司之间的资产划转应根据上述规定进行处理,即阳光房地产开发公司按账面净值划转其持有的资产,并获得龙胜投资公司100%的股权支付。阳光房地产开发公司按增加长期股权投资处理,龙胜投资公司按接受投资(包括资本公积,下同)处理。阳光房地产开发公司获得龙胜投资公司股权的计税基础以划转股权或资产的原计税基础确定。

为更好说明资产划转的企业所得税处理,下列对109号文及其配套40号公告规定的不同情形进行例释。

【第一种情形例释】 母公司向子公司划转股权或资产并获得相应支付对价

甲公司持有丙公司100%的股权,2016年10月,甲公司将自身账上一项资产与持有的60%丙公司股权划转至100%控股的乙公司,并获得乙公司100%的股权。其中自身资产账面净值为400万元,计税基础为500万元,公允价格为800万元的不动产;甲公司持有的丙公司60%股份,其账面净值与计税基础均为600万元,公允价值为1 200万元。问:甲乙双方账务如何处理?(单位:万元)

(1)会计处理:

甲公司:

借:长期股权投资——乙公司	1 000
贷:固定资产清理	400
长期股权投资——M公司60%股份	600

乙公司:

借:固定资产	400
长期股权投资——M公司60%股份	600
贷:实收资本或资本公积	1 000

(2)会计处理依据:

《企业会计准则第7号——非货币性资产交换》中的"不具有商业实质,或者虽然具有商业实质但换入资产和换出资产的公允价值均不能可靠计量"的会计处理。

(3)关于"原账面净值"与"计税基础"的理解:

109号文将划入、划出方取得资产(股权)的计税基础,均表述为按照"原账面净值"确定,一般来说"原财产净值"等同于"原计税基础",也等同于《企业所得税法实施条例》第七十四条所称的"财产净值",但是特殊情况下,"原账面净值"与"原计税基础"可能出现背离的情况。例如:假设①甲公司自身固定资产账面净值为400万元,计税基础为500万元,是由于甲公司多提取的 100 万元固定资产累计折旧没有得到税务机关的认可而被做了纳税调整,甲公司为此缴纳了企业所得税,则案例中甲公司划转该项资产给乙公司,取得乙公司的长期股权投资计税基础,乙公司取得该项固定资产的计税基础都应当确定为 500 万元,而不是 400 万元;②甲公司划转给乙公司的丙公司股权,系甲公司前些年以非货币性资产交换方式取得的,且不具有商业交易实质,该部分股权取得时的公允价值为 800 万元,换出资产的账面价值为 600 万元,则甲公司在取得该部分股权时,应确认 200 万元的应纳税所得额,同时将持有丙公司股权的计税基础确定为 800 万元。那么在该案例中,乙公司取得丙公司股权的计税基础,以及甲公司取得乙公司长期股权投资的计税基础,应当确定为 800 万元,而不是 600 万元。

因此原 109 号文"原账面净值"的表述,略有瑕疵,40 号公告进行了补正,将"原账面净值"均改为了"原计税基础"。40 号公告第三条:"《通知》第三条所称'划入方企业取得被划转股权或资产的计税基础,以被划转股权或资产的原账面净值确定',是指划入方企业取得被划转股权或资产的计税基础,以被划转股权或资产的原计税基础确定。

《通知》第三条所称'划入方企业取得的被划转资产,应按其原账面净值计算折旧扣除',是指划入方企业取得的被划转资产,应按被划转资产的原计税基础计算折旧扣除或摊销。"

【第二种情形例释】 母公司向子公司划转股权或资产没有获得支付对价

甲公司持有丙公司 100% 的股权,2016 年 10 月,甲公司将自身账上一项资产与持有的 60% 丙公司股权无偿划转至 100% 控股的乙公司,其中自身资产账面净值为 400 万元,计税基础为 500 万元,公允价格为 800 万元的不动产;甲公司持有的丙公司 60% 股份,其账面净值与计税基础均为 600 万元,公允价值为 1 200 万元。问:甲乙双方账务如何处理?(单位:万元)

甲公司:

借:实收资本或资本公积 ... 1 000
　贷:固定资产清理 ... 400
　　长期股权投资——丙公司 60% 股份 ... 600

乙公司:

借:固定资产 ... 400
　长期股权投资——丙公司 60% 股份 ... 600
　贷:资本公积 ... 1 000

【第三种情形例释】 子公司向母公司划转股权或资产没有获得支付对价

乙公司是甲公司 100% 控股的子公司,2016 年 10 月,乙公司将自身账上一项资产与持有的 60% 丙公司股权无偿划转至甲公司,其中自身资产账面净值为 400 万元,计税基础为 500 万元,公允价格为 800 万元的不动产;乙公司持有的丙公司 60% 股份,其账面净值与计税基础均为 600 万元,公允价值为 1 200 万元。问:甲乙双方账务如何处理?(单位:万元)

甲公司:

借:固定资产 400
　长期股权投资——丙公司60%股份 600
　贷:长期股权投资(乙公司)或资本公积 1 000

乙公司:

借:实收资本 1 000
　贷:固定资产清理 400
　　长期股权投资——丙公司60%股份 600

【第四种情形例释】 子公司与子公司之间划转股权或资产没有获得支付对价

甲公司与乙公司都是A集团100%控股的全资子公司,2016年10月,经A集团董事会同意,甲公司将自身账上一项资产与持有的60%丙公司股权无偿划转至乙公司,其中自身资产账面净值为400万元,计税基础为500万元,公允价格为800万元的不动产;甲公司持有的丙公司60%股份,其账面净值与计税基础均为600万元,公允价值为1 200万元。问:甲乙双方账务如何处理?(单位:万元)

甲公司:

借:资本公积 1 000
　贷:固定资产清理 400
　　长期股权投资——丙公司60%股份 600

乙公司:

借:固定资产 400
　长期股权投资——丙公司60%股份 600
　贷:资本公积 1 000

享受递延纳税待遇的109号文和40号公告规定的四种情形,交易双方应在股权或资产划转完成后的下一年度的企业所得税年度申报时,各自向主管税务机关提交书面情况说明,以证明被划转股权或资产自划转完成日后连续12个月内,没有改变原来的实质性经营活动。股权或资产划转完成日,是指股权或资产划转合同(协议)或批复生效,且交易双方已进行会计处理的日期。如果交易一方在股权或资产划转完成日后连续12个月内发生生产经营业务、公司性质、资产或股权结构等情况变化,致使股权或资产划转不再符合特殊性税务处理条件的,发生变化的交易一方应在情况发生变化的30日内报告其主管税务机关,同时书面通知另一方。另一方应在接到通知后30日内将有关变化报告其主管税务机关。在情况发生变化后60日内原交易双方应按以下规定进行一般性税务处理:

(1)100%直接控制的母子公司之间,母公司向子公司按账面净值划转其持有的股权或资产,母公司获得子公司100%的股权支付。母公司应按原划转完成时股权或资产的公允价值视同销售处理,并按公允价值确认取得长期股权投资的计税基础;子公司按公允价值确认划入股权或资产的计税基础。

(2) 100%直接控制的母子公司之间,母公司向子公司按账面净值划转其持有的股权或资产,母公司没有获得任何股权或非股权支付。母公司应按原划转完成时股权或资产的公允价值视同销售处理;子公司按公允价值确认划入股权或资产的计税基础。

(3) 100%直接控制的母子公司之间,子公司向母公司按账面净值划转其持有的股权或资产,子公司没有获得任何股权或非股权支付。子公司应按原划转完成时股权或资产的公允价值视同销售处理;母公司应按撤回或减少投资进行处理。

(4) 受同一或相同多家母公司100%直接控制的子公司之间,在母公司主导下,一家子公司向另一家子公司按账面净值划转其持有的股权或资产,划出方没有获得任何股权或非股权支付。划出方应按原划转完成时股权或资产的公允价值视同销售处理;母公司根据交易情形和会计处理对划出方按分回股息进行处理,或者按撤回或减少投资进行处理,对划入方按以股权或资产的公允价值进行投资处理;划入方按接受母公司投资处理,以公允价值确认划入股权或资产的计税基础。

交易双方应调整划转完成纳税年度的应纳税所得额及相应股权或资产的计税基础,向各自主管税务机关申请调整划转完成纳税年度的企业所得税年度申报表,依法计算缴纳企业所得税。

【原来的实质性经营活动改变例释】 承接上述[第一种情形例释]资料,假设乙公司在完成划转交易后的第11个月(2017年9月)进行增资扩股,引进了战略投资者丁公司,增资扩股完成后,甲公司占乙公司70%股份,丁公司占乙公司30%股份。问:此时甲、乙公司应当如何进行税务处理?

40号公告第七条规定:"交易一方在股权或资产划转完成日后连续12个月内发生生产经营业务、公司性质、资产或股权结构等情况变化,致使股权或资产划转不再符合特殊性税务处理条件的,发生变化的交易一方应在情况发生变化的30日内报告其主管税务机关。另一方应在接到通知后的30日内将有关变化报告其主管税务机关。"

因此本案例中甲公司的资产(股权)划转交易不再符合特殊性税务处理条件,应当进行纳税调整。按照40号公告第八条的规定,特殊性税务处理条件发生变化后,甲、乙公司应当分别进行如下税务处理:

甲公司应当视同销售,即:①甲公司自身资产应按公允价格800万元确认不动产销售收入;②持有的丙公司60%股份应按公允价值1 200万元确认销售收入。应确认的应纳税所得额=800+1 200(公允价格)-500+600(计税基础)=900(万元)。

乙公司税务处理为:一是应将取得的不动产计税基础调整为800万元,并对从2016年11月份至2017年8月份已经确认的折旧费用进行纳税调整(当年度事项可以在汇算清缴调整,跨年度事项则追溯进行纳税调减);二是应将取得丙公司股权的计税基础由600万元调整为1 200万元。

其他几种情形下原来的实质性经营活动改变的处理与上述类似,不再赘述。

(四) 划出方印花税

根据国资发产权〔2005〕239号文,无偿划转双方应签订无偿划转协议。按照现行印花税政策规定,印花税的征税范围采取正列举方式,而无偿划转资产协议不在《中华人民共和国印花税暂行条例》(以下简称《印花税暂行条例》)列举的应纳税凭证中,因此,无偿划转协议不交印花税。但无偿划转资产,如果涉及产权过户登记的,则根据《印花税暂行条例》的规定:"产权转移书据按所载金额万分之五贴花。包括财产所有权和版权、商标专有权、专利权、专有技术使用权等转移书据,均应当按规定缴纳印花税。"产权转移书据是指单位和个人产权的买卖、继承、赠与、交换、分割等所立的书据。它包括企业股权转让所立的书据。

《国家税务局关于印花税若干具体问题的解释和规定的通知》(国税发〔1991〕155 号)对"产权转移书据"税目中"财产所有权"转移书据的征税范围如何划定做了进一步明确:"财产所有权"转移书据的征税范围是:经政府管理机关登记注册的动产、不动产的所有权转移所立的书据,以及企业股权转让所立的书据。当然,凡事都有例外,若无偿划转涉及的产权转移能被认定为改制,就可以免税,且相关变更实施主体的合同也不需贴花。根据《财政部国家税务总局关于企业改制过程中有关印花税政策的通知》(财税〔2003〕183 号)的规定,企业因改制签署的产权转移书据免予贴花。企业改制之前签署但尚未施行完的各类印花税应税合同,若改制后只需变更施行主体,其他条款没有变化,则之前已贴花的不再重新贴花。所谓企业改制是指依法改变企业原有的资本结构、组织形式、经营管理模式或体制等,使其在客观上适应企业发展的新的需要的过程。在我国,一般是将原单一所有制的国有、集体企业改为多元投资主体的公司制企业和股份合作制企业或者是内外资企业互转。如公司制改造包括国有企业依《中华人民共和国公司法》(简称《公司法》)整体改造成国有独资有限责任公司;企业通过增资扩股或者转让部分产权,实现他人对企业的参股,将企业改造成有限责任公司或股份有限公司;企业以其部分财产和相应债务与他人组建新公司;企业将债务留在原企业,而以其优质财产与他人组建的新公司。

值得注意的是,上述的"企业股权转让所立的书据"要排除以买卖、继承、赠与等方式所书立的上市公司的股权(股票)转让书据,这是因为国家对上市公司证券交易的印花税又作出了单独的规定,根据《国家税务局 国家体改委关于印发〈股份制试点企业有关税收问题的暂行规定〉的通知》(国税发〔1992〕137 号)的规定,向社会公开发行的股票,因购买、继承、赠与所书立的股权转让书据,均依书立时证券市场当日实际成交价格计算的金额,由立据双方当事人分别缴纳印花税,目前是按照 1‰税率缴纳证券交易印花税。而通过证券交易所无偿划转上市公司股权的印花税问题,根据《国家税务总局关于办理上市公司国有股权无偿转让暂不征收证券(股票)交易印花税有关审批事项的通知》(国税函〔2004〕941 号)规定:"对经国务院和省级人民政府决定或批准进行的国有(含国有控股)企业改组改制而发生的上市公司国有股权无偿转让行为,暂不征收证券(股票)交易印花税。对不属于上述情况的上市公司国有股权无偿转让行为,仍应征收证券(股票)交易印花税。"但根据《财政部 国家税务总局关于以上市公司股权出资有关证券(股票)交易印花税政策问题的通知》(财税〔2010〕7 号)规定:"按照现行印花税政策规定,投资人以其持有的上市公司股权进行出资而发生的股权转让行为,不属于证券(股票)交易印花税的征税范围,不征收证券(股票)交易印花税。"

另外,在全国中小企业股份转让系统买卖、继承、赠与股票所书立的股权转让书据,根据《财政部　国家税务总局关于在全国中小企业股份转让系统转让股票有关证券(股票)交易印花税政策的通知》(财税〔2014〕47号)规定,依书立时实际成交金额,由出让方按1‰的税率计算缴纳证券(股票)交易印花税。

综上,阳光房地产开发公司划转给龙胜投资公司的房屋所有权和国有土地使用权都需要按"产权转移数据"缴纳印花税。

三、划入方的涉税问题

(一)划入方增值税进项税额扣除票据处理

针对资产的划入方而言,其增值税问题主要考虑的是能否取得合法有效的增值税扣税凭证,获得增值税进项税额抵扣。如本章第二节[案例2-5]所述,若甲方划转给乙方的资产或股权是有偿即取得支付对价的,则甲方应按规定缴纳增值税并开具增值税专用发票给乙方,而乙方也必须取得甲开发企业开具的增值税专用发票,才能按增值税专用发票上注明的增值税额经认证相符后作为进项税额抵扣。但是,若是甲方划转给乙方的资产或股权是无偿的,情况则复杂得多,笔者在此尝试做一分析:从现行的《发票管理办法》及实施细则来看,发票是指在购销商品、提供或者接受服务以及从事其他经营活动中,开具、收取的收付款凭证。可见,开具发票应当同时满足以下条件:

(1)从事"销售商品、提供服务以及其他经营活动"。

(2)"对外"发生经营业务。

(3)具有收付款行为。

显然,从理论上讲,税法中的"视同销售"由于没有存在收付款行为,所以不完全符合开具发票条件。在税收实践中,"视同行为"开具发票问题曾有过相关规定,有的目前还在执行。例如:①已于2007年1月1日起失效废止的原《增值税专用发票使用规定》(国税发〔1993〕150号)第三条、第四条规定,除将货物用于非应税项目、将货物用于集体福利或个人消费、将货物无偿赠送他人等情形不得开具专用发票外,一般纳税人销售货物(包括视同销售货物在内),必须向购买方开具专用发票。②现仍然有效的《国家税务总局关于增值税若干征收问题的通知》(国税发〔1994〕122号)第三条规定:"一般纳税人将货物无偿赠送给他人,如果受赠者为一般纳税人,可以根据受赠者的要求开具专用发票。"

从上可以看出,增值税对视同销售行为包括《增值税暂行条例实施细则》第四条所规定的将自产、委托加工或者购进的货物作为投资,提供给其他单位或者个体工商户;将自产、委托加工或者购进的货物分配给股东或者投资者;以及一般纳税人将货物无偿赠送给一般纳税人等都是允许开具增值税专用发票的。

2007年1月1日起生效的《增值税专用发票使用规定》也没有"视同销售行为"不能开增值税专用发票的规定,根据《国家税务总局关于修订〈增值税专用发票使用规定〉的通知》(国税发〔2006〕156号)第十条规定:"一般纳税人销售货物或者提供应税劳务,应向购买方开具专用发票。

商业企业一般纳税人零售的烟、酒、食品、服装、鞋帽(不包括劳保专用部分)、化妆品等消费品不得开具专用发票。

增值税小规模纳税人(以下简称小规模纳税人)需要开具专用发票的,可向主管税务机关申请代开。

销售免税货物不得开具专用发票,法律、法规及国家税务总局另有规定的除外。"

按法理,这里的"销售货物或者提供应税劳务"应包含《增值税暂行条例实施细则》和财税〔2016〕36号文等营改增相关文件规定的几种"视同销售"行为在内,因为"视同销售"是税法规定的一种特殊的销售实现形式。即:

(1)将货物交付其他单位或者个人代销的行为视同销售货物、销售代销货物的行为视同销售货物。这两项行为都与一般的销售货物没有实质区别,前者针对的是委托方,对受托代销货物方为一般纳税人的,开具专用发票,对受托代销货物方为小规模纳税人的,开具普通发票。后者针对的是受托方,受托方销售代销货物则要根据销售对象开具相应发票。

(2)设有两个以上机构并实行统一核算的纳税人,其相关机构不在同一县(市)的,将货物从一个机构移送其他机构用于销售的行为,视同销售货物。该项行为属于机构内部的货物移送,不应该征税,然而,我国目前增值税的征收管理是实行属地管理的,按规定增值税专用发票不能跨地区使用,为确保不会增加纳税人的税收负担,充分发挥增值税链条机制的作用,需要开具专用发票。

(3)将自产或者委托加工的货物用于非增值税应税项目、集体福利或者个人消费的行为视同销售货物。这两项行为属于内部自产自用性质,不开具发票。

(4)将自产、委托加工或者购进的货物作为投资提供给其他单位或者个体工商户,分配给股东或者投资者和无偿赠送其他单位或者个人的行为视同销售货物。除国家税务总局发文明确无偿赠送货物可以开具专用发票外,其余两项行为基于货物对外流出,货物的所有权发生改变,为保证货物继续流转,不论从增值税链条还是企业所得税扣除凭证考虑,允许对一般纳税人开具专用发票,对小规模纳税人开具普通发票。还有,纳税人开具专用发票时一定要注意两点:一是视同销售的货物属于免税货物不得开具增值税专用发票;二是向消费者个人视同销售的货物不得开具增值税专用发票。

(5)营改增后,除以公益活动为目的或者以社会公众为对象的外,向其他单位或者个人无偿提供应税服务、无偿转让无形资产或者不动产,视同销售服务、无形资产或者不动产缴纳增值税。类似增值税实施细则里所讲的无偿赠送货物行为,视无偿提供或无偿转让的对象开具相应发票。

综上所述,笔者认为"视同行为"在税收征管实务中可以根据实际情况开具增值税专用发票给对方,以保持增值税链条的完整性,不然一方被视同销售征收增值税,另一方却由于没有取得合法有效的增值税扣税凭证而无法获得进项税额的抵扣,明显是不合理的。

(二)划入方企业所得税

近年来,企业资产重组改制事项日益增多。在企业资产重组改制过程中,经常发生各级人民政府等将其拥有或控制的经营性资产划拨给国有企业或集团企业等将其拥有或控制的经营性资产划拨给下属企业进行经营管理的情况。针对资产或股权划入方而言,其企业所得税的处理,除上述109号文和40号公告规定的四种情形可以享受递延纳税待遇外,国家税务总局2014年5月份出台的《国家税务总局关于企业所得税应纳税所得额若干问题的公告》(国家税务总局公告 2014 年第 29 号,以下简称 29 号公告)也对该类事项的企业所得税处理进行了统一和规范,该文将企业接收他方划转的资产包括企业接收政府划入资产和企业接收股东划入资产的企业所得税处理作出了明确规定,解决了在实际税收征管和纳税申报过程中,税企双方经常出现理解不一、引发分歧的情况。

1. 29 号公告企业接收他方划入资产相关内容

(1)企业接收政府划入资产的企业所得税处理。

① 县级以上人民政府(包括政府有关部门,下同)将国有资产明确以股权投资方式投入企业,企业应作为国家资本金(包括资本公积)处理。该项资产如为非货币性资产,应按政府确定的接收价值确定计税基础。

② 县级以上人民政府将国有资产无偿划入企业,凡指定专门用途并按《财政部国家税务总局关于专项用途财政性资金企业所得税处理问题的通知》(财税〔2011〕70 号)规定进行管理的,企业可作为不征税收入进行企业所得税处理。其中,该项资产属于非货币性资产的,应按政府确定的接收价值计算不征税收入。

县级以上人民政府将国有资产无偿划入企业,属于上述(一)、(二)项以外情形的,应按政府确定的接收价值计入当期收入总额计算缴纳企业所得税。政府没有确定接收价值的,按资产的公允价值计算确定应税收入。

(2)企业接收股东划入资产的企业所得税处理。

① 企业接收股东划入资产(包括股东赠予资产、上市公司在股权分置改革过程中接收原非流通股股东和新非流通股股东赠予的资产、股东放弃本企业的股权,下同),凡合同、协议约定作为资本金(包括资本公积)且在会计上已做实际处理的,不计入企业的收入总额,企业应按公允价值确定该项资产的计税基础。

② 企业接收股东划入资产,凡作为收入处理的,应按公允价值计入收入总额,计算缴纳企业所得税,同时按公允价值确定该项资产的计税基础。

2. 企业接收他方划入资产企业所得税处理的解读

(1) 关于企业接收政府划入资产的企业所得税处理。

对企业接收政府划入资产,29 号公告明确了部分问题的税务处理原则,可以概括为"一个范围,两个突破,三种处理"。一个范围,是指要注意该条款只适用于政府(包括政府有关部门)划入资产,没有规范企业间的无偿划转;两个突破,一是将国家投资由增加"实收资本"扩大到"资本公积",二是将有专项用途的财政性资金可以作为不征税收入的范围,由单纯的货币资金扩大到非货币性资产;三种处理是指,企业接受政府划资产,区别不同情况,按照接受投资(不属于收入范围)、指定用途(不征税收入)、其他无偿(应税收入)三种情形来进行税务处理,具体为:

① 企业接收政府投资资产的企业所得税处理。县级以上人民政府及其有关部门将国有资产作为股权投资划入企业,属于政策性划转(投资)行为,按现行企业所得税规定,不属于收入范畴,因此,企业应将其作为国家资本金(资本公积)进行企业所得税处理。另外,由于该项资产价值通常由政府在划转时直接确定,因此,该项资产的计税基础可以按其实际接收价值确定。

② 企业接收政府指定用途资产的企业所得税处理。县级以上人民政府及其有关部门将国有资产无偿划入企业，凡划出单位或业务监管部门指定了专门用途，且企业已按《财政部　国家税务总局关于专项用途财政性资金企业所得税处理问题的通知》（财税〔2011〕70号）规定进行了管理，就具备了财政性资金性质，因此，根据《企业所得税法》第七条规定，可以作为不征税收入进行税务处理。其中，无偿划入资产属于非货币性资产的，应按该项资产实际接收价值确定不征税收入。

③ 企业接收政府无偿划入资产的企业所得税处理。企业无偿接受县级以上人民政府及其有关部门无偿划入资产，属于上述①②项情形以外的（税法另有规定除外），企业应按政府确定的该项资产的实际接收价值，并入当期应税收入，计算缴纳企业所得税。如果政府没有确定接收价值的，应按资产的公允价值确定应税收入。上述处理的政策依据是：现行企业所得税法将企业收入总额分为免税收入、不征税收入和应税收入三类，显然，该项收入如果不属于免税收入或不征税收入，就应当属于应税收入。

（2）关于企业接收股东划入资产的企业所得税处理。

企业接受股东划入资产的税务处理，分为两种情况，第一种情况，作为接受投资处理，即无需作为收入缴纳企业所得税；第二种情况，作为企业所得税应税收入处理，即按照接受捐赠，计入应纳税所得额。具体为：

① 企业接收股东划入资产（包括股东赠予资产、上市公司在股权分置改革过程中接收原非流通股股东和新非流通股股东赠予的资产、股东放弃本企业的股权，下同），凡作为资本金（包括资本公积），且在会计上已做实际处理的，说明该事项属于企业正常接受股东股权投资行为，因此，不能作为收入进行所得税处理。

② 企业接收股东划入资产，凡作为收入处理的，说明该事项不属于企业正常接受股东股权投资行为，而是接受捐赠行为，因此，应计入收入总额计算缴纳企业所得税。

3. 税法与企业会计准则的协调

企业会计准则对"股东划入资产"的界定。

（1）《关于做好执行会计准则企业2008年年报工作的通知》（财会函〔2008〕60号）第八条规定：企业接受的捐赠和债务豁免，按照会计准则规定符合确认条件的，通常应当确认为当期收益。如果接受控股股东或控股股东的子公司直接或间接的捐赠，从经济实质上判断属于控股股东对企业的资本性投入，应作为权益性交易，相关利得计入所有者权益（资本公积）。

（2）《企业会计准则解释第5号》第六条：问：企业接受非控股股东（或非控股股东的子公司）直接或间接代为偿债、债务豁免或捐赠的，应如何进行会计处理？

答：企业接受代为偿债、债务豁免或捐赠，按照企业会计准则规定符合确认条件的，通常应当确认为当期收益；但是，企业接受非控股股东（或非控股股东的子公司）直接或间接代为偿债、债务豁免或捐赠，经济实质表明属于非控股股东对企业的资本性投入，应当将相关利得计入所有者权益（资本公积）。

企业发生破产重整，其非控股股东因执行人民法院批准的破产重整计划，通过让渡所持有的该企业部分股份向企业债权人偿债的，企业应将非控股股东所让渡股份按照其在让渡之日的公允价值计入所有者权益(资本公积),减少所豁免债务的账面价值,并将让渡股份公允价值与被豁免的债务账面价值之间的差额计入当期损益。控股股东按照破产重整计划让渡了所持有的部分该企业股权向企业债权人偿债的,该企业也按此原则处理。

由此可见,企业会计准则对无论控股股东,还是非控股股东的投入,均分为两种情形,符合收入确认条件的,作为收入处理,否则作为资本金(资本公积)处理,这种规定同29号公告规定是相符的。其实29号公告政策就是会计准则股东划入资产会计界定的翻版,至此在这个问题上,会计与税收达成了统一意见。

以第一种接受投资不确认收入的划转而言,这时候的划转双方的会计处理如下:

(1)资产划出方的会计处理:

划出资产时:

借:长期股权投资(子公司)或营业外支出

　　贷:营业收入

同时结转:

借:营业成本

　　贷:划出的资产或赠与的资产

(2)资产接收方的会计处理:

借:接收的资产(公允价值)

　　贷:资本公积

也就是说,资产划出方或赠与方必须按公允价值处置资产进行税务处理。

第二种情形企业接收股东划入资产作为收入处理的,此时针对资产划出方而言就是一种赠与,根据企业所得税相关规定,应视同销售处理。

综上109号文、40号公告以及29号公告等规定,阳光房地产开发公司将房屋所有权和国有土地使用权按账面净值(国有土地按账面价值)划转给龙胜投资公司,龙胜投资公司以股权支付作为对价的行为,如果阳光房地产开发公司选择适用109号文和40号公告的规定进行企业所得税处理不确认所得,那作为资产划入方的龙胜投资公司也必须按109号文的规定处理,即:龙胜投资公司账务处理不确认所得,同时,取得被划转土地和房屋的计税基础,以被划转股权或资产的原账面净值确定,也就是以浼澄总部经济大楼及其附属设施原账面净值159 455 477.38元(其中土地净值17 155 345.24元,房屋建筑物净值142 300 132.14元)和尚未开发的45亩国有土地按账面价值63 852 000元确认为计税基础,并据此计算折旧扣除。

当然,如果资产划出方阳光房地产开发公司选择适用29号公告进行确认收入的税务处理,则龙胜投资公司接收阳光房地产开发公司划入的资产也要按29号公告分别处理,第一种情形的接收划入资产(包括股东赠予资产、上市公司在股权分置改革过程中接收原非流通股股东和新非流通股股东赠予的资产、股东放弃本企业的股权),而且《资产划转协议》明确约定以股权支付作为对价,即增加龙胜公司的资本金(包括资本公积),所以龙胜

投资公司取得的这部分资产不需要计入企业的收入总额,应按公允价值确定该项资产的计税基础。第二种情形接收划入资产,龙胜投资公司需要按获得赠与确认所得进行企业所得税处理,这种情况下,自然应该按公允价值确定该项资产的计税基础。

4. 划入方契税

根据《财政部 国家税务总局关于进一步支持企业事业单位改制重组有关契税政策的通知》(财税〔2015〕37号)规定:"对承受县级以上人民政府或国有资产管理部门按规定进行行政性调整、划转国有土地、房屋权属的单位,免征契税。

同一投资主体内部所属企业之间土地、房屋权属的划转,包括母公司与其全资子公司之间,同一公司所属全资子公司之间,同一自然人与其设立的个人独资企业、一人有限公司之间土地、房屋权属的划转,免征契税。"

根据这一规定,阳光房地产开发公司将房屋所有权和国有土地使用权按账面净值(国有土地按账面价值)划转给100%控股的全资子公司龙胜投资公司的行为,承受人龙胜投资公司享受免征契税税收优惠待遇。

5. 划入方印花税

划入方龙胜投资公司的印花税处理与划出方阳光房地产开发公司的处理一致,这里不再赘述。

第四节 置换方式取得土地使用权涉税问题处理

【案例 2-7】甲上市公司 2016 年 10 月份连续发布两个公告,披露该公司近期发生的两起土地置换重大事项(有删改):

一是该公司 2000 年获得的 A 宗工业用地,因市政规划调整,某高新区政府认为该块土地已不再适宜用于工业生产,下发了《关于××公司部分化工配套及仓储设施拆迁的函》,要求:甲上市公司将位于高新区的部分化工配套及仓储设备进行搬迁。经具有证券期货从业资格的资产评估机构出具的资产评估报告原土地、房屋建(构)筑物及机器设备账面净值为 8 000 万元,评估值为 11 000 万元。经积极友好协商,甲公司与高新区管委会初步达成《搬迁补偿协议》和《土地置换协议》,主要内容为:(1)甲公司自行拆除位于高新区的化工资产搬迁至××化工循环产业园,土地交付给管委会。(2)管委会同意给予甲公司 1.1 亿元的补偿款。(3)管委会同意将一块约 220 亩商住土地作为补偿。按 90 万元/亩的挂牌价计算,上述约 220 亩商住土地合计总金额约为 1.98 亿元。该公告称,如本公司竞拍取得上述土地,管委会同意将购买土地款中的 1.1 亿元作为补偿款返还给本公司,扣除补偿返还款后,本公司还需支付约 0.88 亿元购地款。若本公司未能摘牌成功,上述土地被其他公司摘得,管委会同意给予本公司 1.1 亿元现金补偿。

二是甲上市公司 2012 年竞拍下位于市区商务区尚未开发的 B 宗 58 亩商住用地,支付地价款 2.1 亿元,并取得省级财政监制的土地出让金票据;丙金融企业 2014 年年底也通过挂牌形式取得了另一区域 69 亩 C 宗商住地块,支付地价款 2 亿元,并取得省级财政监制的土地出让金票据。因当地政府希望在B宗地块附近建设统一的金融机构一条街,经市会议纪要和市国土资源局行政协调,决定由甲上市公司与丙金融企业两家置换土地。根据甲上市公司与丙金融企业签订的《土地置换协议》,甲上市公司将位于市区B宗商住用地与丙金融企业拥有的C宗商住用地置换。置换采取市场评估实行等价值差额结算。置换的B宗商住用地市场评估作价为2.9亿元,C宗商住用地市场评估作价为2.4亿元,置换后丙金融企业需要另外支付甲上市公司现金5000万元。置换的土地由市国土资源局负责变更。

【问题】 甲上市公司两宗置换土地都会涉及哪些税收问题?

【案例分析】 土地置换一般是指通过土地功能布局调整、土地整理等形式,使不同权属之间,不同用途之间的土地进行交换(置换)的行为。土地置换包括权属性置换和用途性置换两大类。权属性土地置换即指国有土地与集体土地之间的置换、不同国有土地之间的置换和不同集体土地之间的置换。用途性土地置换包括建设用地与农用地之间的置换、建设用地与建设用地之间的置换以及农用地与农用地之间的置换等。实际工作中,土地置换可以是等量(面积)的置换,也可以是等质(价值)的置换。

土地置换是土地转让的一种特殊形式,一般意义上的转让即买卖,出让方交付物或权利,受让方支付价款。而在置换中,一方在交付物或权利时,从另一方受领的不是价款,而是另一物或权利,表现为物或权利的交换,这种形式上的差别不能改变转让的本质,适用相关的法律调整当无异议。

一、土地置换增值税处理

1. 第一种情形,即上述土地经政府收回后再挂牌置换

这种情形的置换往往是"被动"的,一般分两步走:第一步是被置换人把原来拥有的国有建设用地土地使用权归还给政府;第二步是政府将拟用于置换的土地一般以挂牌的形式出让给被置换人。根据《财政部 国家税务总局关于全面推开营业税改征增值税试点的通知》(财税〔2016〕36号)附件2《营业税改征增值税试点过渡政策的规定》:"一、下列项目免征增值税

......

(三十七)土地所有者出让土地使用权和土地使用者将土地使用权归还给土地所有者。"

根据以上规定,甲上市公司将A宗工业用地归还给高新区政府,并获得高新区政府给予的1.1亿元现金补偿款的行为可以享受免征增值税待遇。

2. 第二种情形,即上述土地由甲、丙双方直接置换

虽然这种情形不一定是甲上市公司或丙金融企业的主动行为,如案例中所述的甲、丙双方的这种行为其实也是根据政府要求置换的,但由于置换方式并非是政府通过将甲、丙双方名下各自拥有的国有建设用地土地使用权征收后再通过招拍挂方式分别出让给甲、丙双方,所以对甲、丙双方而言,这种土地置换其实是一种土地转让。针对甲上市公司而言,实质上是先按公允价(评估价2.9亿元)出售自己所持有的土地给丙金融企业,再按公允价(评估价2.4亿元)购入丙金融企业所持有的土地;针对丙金融企业而言,实质上是先按公允价(评估价2.4亿元)出售自己所持有的土地给甲上市公司,再按公允价

(评估价 2.9 亿元)购入甲上市公司所持有的土地。在增值税的处理上,甲上市公司与丙金融企业的增值税与本章第二节[案例 2-5]所述的以买卖方式直接转让土地的增值税处理没有什么差异,都要按规定征收增值税。如针对甲上市公司而言,其转让 B 宗商住用地的价格就是市场评估作价 2.9 亿元。但应注意的是,该市场评估作价 2.9 亿元是包含增值税销项税额在内的含税价格,根据《财政部 国家税务总局关于全面推开营业税改征增值税试点的通知》(财税〔2016〕36 号)附件 1《营业税改征增值税试点实施办法》第二十三条规定,一般计税方法的销售额不包括销项税额,纳税人采用销售额和销项税额合并定价方法的,按照下列公式计算销售额:销售额=含税销售额÷(1+税率);另《财政部 国家税务总局关于全面推开营业税改征增值税试点的通知》(财税〔2016〕36 号)附件 1《营业税改征增值税试点实施办法》第三十五条规定,简易计税方法的销售额不包括其应纳税额,纳税人采用销售额和应纳税额合并定价方法的,按照下列公式计算销售额:销售额=含税销售额÷(1+征收率)。按照规定,一般纳税人转让土地使用权,适用增值税一般计税方法的,税率为 11%;选择适用简易计税方法的,征收率为 5%。《财政部 国家税务总局关于进一步明确全面推开营改增试点有关劳务派遣服务、收费公路通行费抵扣等政策的通知》(财税〔2016〕47 号)规定:纳税人转让 2016 年 4 月 30 日前取得的土地使用权,可以选择适用简易计税方法,以取得的全部价款和价外费用减去取得该土地使用权的原价后的余额为销售额,按照 5% 的征收率计算缴纳增值税。由于甲上市公司用于置换的土地是营改增前的 2012 年取得的,可以按规定选择适用简易计税方法,征收率为 5%。则甲上市公司 B 宗 58 亩商住用地,支付地价款 2.1 亿元,置换评估作价 2.9 亿元,应纳增值税如下:

$$销售额=[含税销售额-取得该土地使用权的原价]÷(1+征收率)$$
$$=[2.9-2.1]÷(1+5\%)$$
$$=0.761\ 9(亿元)$$
$$应纳税额=销售额×征收率$$
$$=0.761\ 9×5\%$$
$$=380.95(万元)$$

若甲上市公司选择适用增值税一般计税方法,则甲上市公司应纳增值税有关事项如下:

$$销售额=含税销售额÷(1+税率)$$
$$=2.9÷(1+11\%)$$
$$=2.612\ 6(亿元)$$
$$销项税额=销售额×税率$$
$$=2.612\ 6×11\%$$
$$=2\ 874(万元)$$

根据《财政部 国家税务总局关于全面推开营业税改征增值税试点的通知》(财税〔2016〕36 号)附件 1《营业税改征增值税试点实施办法》第二十一条规定,一般计税方法的

应纳税额,是指当期销项税额抵扣当期进项税额后的余额。应纳税额计算公式:

$$应纳税额＝当期销项税额－当期进项税额$$

当期销项税额小于当期进项税额不足抵扣时,其不足部分可以结转下期继续抵扣。

进项税额是指纳税人购进货物、加工修理修配劳务、服务、无形资产或者不动产,支付或者负担的增值税额。根据《财政部　国家税务总局关于全面推开营业税改征增值税试点的通知》(财税〔2016〕36号)附件1《营业税改征增值税试点实施办法》:

"第二十五条 下列进项税额准予从销项税额中抵扣:

(一)从销售方取得的增值税专用发票(含税控机动车销售统一发票,下同)上注明的增值税额。

(二)从海关取得的海关进口增值税专用缴款书上注明的增值税额。

(三)购进农产品,除取得增值税专用发票或者海关进口增值税专用缴款书外,按照农产品收购发票或者销售发票上注明的农产品买价和13%的扣除率计算的进项税额。计算公式为:

$$进项税额＝买价×扣除率$$

买价,是指纳税人购进农产品在农产品收购发票或者销售发票上注明的价款和按照规定缴纳的烟叶税。

购进农产品,按照《农产品增值税进项税额核定扣除试点实施办法》抵扣进项税额的除外。

(四)从境外单位或者个人购进服务、无形资产或者不动产,自税务机关或者扣缴义务人取得的解缴税款的完税凭证上注明的增值税额。

第二十六条 纳税人取得的增值税扣税凭证不符合法律、行政法规或者国家税务总局有关规定的,其进项税额不得从销项税额中抵扣。

增值税扣税凭证,是指增值税专用发票、海关进口增值税专用缴款书、农产品收购发票、农产品销售发票和完税凭证。

纳税人凭完税凭证抵扣进项税额的,应当具备书面合同、付款证明和境外单位的对账单或者发票。资料不全的,其进项税额不得从销项税额中抵扣。"

甲上市公司支付地价款2.1亿元取得的省级财政部门监制的土地出让金票据明显不属于上述规定的增值税扣税凭证,不能作为进项税额抵扣凭证,无法获得进项税额抵扣。

另外,单纯的土地转让(置换)也不能享受《财政部　国家税务总局关于全面推开营业税改征增值税试点的通知》(财税〔2016〕36号)附件2《营业税改征增值税试点有关事项的规定》规定的"房地产开发企业中的一般纳税人销售其开发的房地产项目(选择简易计税方法的房地产老项目除外),以取得的全部价款和价外费用,扣除受让土地时向政府部门支付的土地价款后的余额为销售额"。因为所谓的销售房地产项目,根据《国家税务总局关于发布〈房地产开发企业销售自行开发的房地产项目增值税征收管理暂行办法〉的公告》(国家税务总局公告2016年第18号)有关规定,是指在依法取得土地使用权的土地上进行基础设施和房屋建设的房地产项目,或者是房地产开发企业以接盘等形式购入未完工的房地产项目继续开发后,以自己的名义立项销售的房地产项目。也就是说转让的是已经验收竣工的项目或者是已进入建筑物施工阶段的在建项目(在建项目是指已经立项建设但尚未完工的房地产项目或其他建设项目)。它从税收性质上而言归属于销售不动产。不动产,是指不能移动或者移动后会引起性质、形状改变的财产,包括建筑物、构筑物等。而土地使用权转让(置换)则归属于销售无形资产。它是一种权利,转让的是尚未进入土地前期开发或已完成土地前期开发或正在进行土地前期开发但尚未进入施工阶段的,不具实物形态,但能带来经济利益的资产。两者性质不同,前者属于有形资产,后者属于无形资产。目前营改增相关法律、法规及政策尚未对 2016 年 5 月 1 日(即全面营改增起始日期)以后以招拍挂形式取得的土地在转让时能够扣减原土地取得成本作出明确,因此不能扣减。而营改增后房地产开发企业中的一般纳税人都得适用一般计税方法计税,即适用 11% 税率计算土地转让收入的增值税销项税额,而该土地转让收入既无法获得进项扣除又无法获得销售收入的抵减,将导致按 11% 税率计算出来的增值税销项税额直接等于增值税应纳税额,产生极高的增值税税负。

丙金融企业的增值税处理与甲上市公司类似。

综上,土地置换若是通过先由政府或其有关部门下文收储,再由政府将置换的土地以招拍挂形式出让给土地置换人,则土地置换人归还土地给政府而得到货币、实物或其他经济利益补偿的行为可以享受免征增值税待遇。土地置换若是由市场主体之间直接进行,则该置换行为视为转让行为,置换双方均应按规定计算征收增值税。而且针对选择一般计税方法的增值税纳税人而言,土地置换的增值税税负极高,应慎重操作。

笔者注 根据《财政部 国家税务总局关于全面推开营业税改征增值税试点的通知》(财税〔2016〕36 号)附件 2《营业税改征增值税试点有关事项的规定》有关规定,营改增试点期间,试点纳税人在资产重组过程中,通过合并、分立、出售、置换等方式,将全部或者部分实物资产以及与其相关联的债权、负债和劳动力一并转让给其他单位和个人,其中涉及的不动产、土地使用权转让行为,不征收增值税。这与国家税务总局发布的《国家税务总局关于纳税人资产重组有关增值税问题的公告》(国家税务总局公告 2011 年第 13 号,简称 13 号公告)对纳税人资产重组有关应税货物增值税的处理规定一致。所谓资产重组,是指企业资产的拥有者、控制者与企业外部的经济主体进行的,对企业资产的分布状态进行重新组合、调整、配置的过程,或对设在企业资产上的权利进行重新配置的过程。它包括企业合并和分立、资产剥离或所拥有股权出售、资产置换等公司资产(含股权、债权等)与公司外部资产或股权互换的活动,所以资产重组从法律形式上看有四种:合并、分立、出售、置换。适用财税〔2016〕36 号文与税总 13 号公告,应注意以下三点:

一是资产重组的纳税人,在合并、分立、出售、置换过程中,必须将实物资产、不动产、土地使用权以及与其相关联的债权、负债和劳动力"一并"转让给其他单位和个人。否则就是单纯的资产转让行为或资产收购,不论单笔转让的资产金额多大,都应当征收增值税。

二是无论是全部产权转让的资产重组交易,还是部分产权转让的资产重组交易,涉及的货物或不动产、土地使用权的转让均不属于增值税的征税范围。转让企业全部产权是整体转让企业资产、债权、债务及劳动力的行为;转让企业部分产权是部分转让企业资产、债权、债务及劳动力的行为。

三是按文件规定,只有与相关的债权、负债和劳动力一并转让的实物资产包括货物、不动产和土地使用权属于不征收增值税项目,而增值税应税劳务没有包括在内,也就是说如果资产重组时,即使纳税人将增值税应税劳务与相关的债权、负债和劳动力一并转让,按规定也是不免税的。

[案例2-7]中所述的土地置换行为只是单纯的土地交换,不存在与相关的债权、负债和劳动力一并转让,不符合资产重组的要求,所以应按规定征收增值税。

二、土地置换土地增值税处理

1. 第一种情形,即上述土地经政府收回后再挂牌置换

根据《中华人民共和国土地增值税暂行条例》(国务院令第138号)第二条规定,转让国有土地使用权,地上的建筑物及其附着物并取得收入的单位和个人,为土地增值税的纳税义务人。《中华人民共和国土地增值税暂行条例实施细则》(财法字〔1995〕6号)第二条:"条例第二条所称的转让国有土地使用权,地上的建筑物及其附着物并取得收入,是指以出售或者其他方式有偿转让房地产的行为,不包括以继承,赠与方式无偿转让房地产的行为。"

很显然,甲上市公司(土地使用者)将A宗工业用地归还给政府(土地所有者),并按评估价取得高新区政府1.1亿元补偿款的行为,是一种等价补偿的行为,不属于上述文件规定的无偿转让房地产的行为,按规定应归类到"出售或者其他方式有偿转让房地产的行为",属于土地增值税的征收范畴。但根据《土地增值税暂行条例》第八条和《土地增值税暂行条例实施细则》第十一条规定,因国家建设需要依法征用、收回的房地产,是指因城市实施规划、国家建设的需要而被政府批准征用的房产或收回的土地使用权。因城市实施规划、国家建设的需要而搬迁,由纳税人自行转让原房地产的,比照本规定免征土地增值税。符合上述免税规定的单位和个人,须向房地产所在地税务机关提出免税申请,经税务机关审核后,免予征收土地增值税。在新地块进行商品房开发,土地成本应当按照置换时的公允价值即220亩商住土地合计总金额确认为1.98亿元。

何为"城市实施规划、国家建设的需要"?《财政部 国家税务总局关于土地增值税若干问题的通知》(财税〔2006〕21号)第四条规定:"《中华人民共和国土地增值税暂行条例实施细则》第十一条第四款所称:因'城市实施规划'而搬迁,是指因旧城改造或因企业污染、扰民(指产生过量废气、废水、废渣和噪音,使城市居民生活受到一定危害),而由政府或政府有关主管部门根据已审批通过的城市规划确定进行搬迁的情况;因'国家建设的需要'而搬迁,是指因实施国务院、省级人民政府、国务院有关部委批准的建设项目而进行搬迁的情况。"

由此可见,本案例中某高新区政府因市政规划调整,认为 A 宗土地已不再适宜用于工业生产,向甲上市公司下发了《关于××公司部分化工配套及仓储设施拆迁的函》,要求甲上市公司将位于高新区的部分化工配套及仓储设备进行搬迁的行为,符合上述的因"城市实施规划"而搬迁,可以享受免征土地增值税待遇。只是按照规定,纳税人享受土地增值税免税待遇需要向税务机关提出免税申请并经审核后才行。根据《国家税务总局办公厅关于印发〈全国税务机关纳税服务规范〉2.3 版更新事项的通知》(税总办发〔2015〕224号)有关规定,因国家建设需要依法征用、收回的房地产享受土地增值税优惠,需要报送的资料主要有:

(1)《纳税人减免税申请核准表》。

(2)减免税申请报告(列明减免税理由、依据、范围、期限、数量、金额等,加盖公章)。

(3)房地产权属证明原件及复印件。

(4)政府依法征用、收回房地产权文件原件及复印件。

(5)政府征用、收回房地产权补偿协议原件及复印件。

2. 第二种情形,即上述土地由甲、丙双方直接置换

甲上市公司将自身拥有的 B 宗商住用地与丙金融企业拥有的 C 宗商住用地进行交换,实质上应分为两项经济业务进行处理,一是置换双方先按市场公允价(评估价)转让各自拥有的土地使用权并取得转让收益;二是置换双方按市场公允价(评估价)受让对方拥有的土地使用权并支付对价。根据《国家税务总局关于房地产开发企业土地增值税清算管理有关问题的通知》(国税发〔2006〕187 号):"三、非直接销售和自用房地产的收入确定

(一)房地产开发企业将开发产品用于职工福利、奖励、对外投资、分配给股东或投资人、抵偿债务、换取其他单位和个人的非货币性资产等,发生所有权转移时应视同销售房地产,其收入按下列方法和顺序确认:

1. 按本企业在同一地区、同一年度销售的同类房地产的平均价格确定;

2. 由主管税务机关参照当地当年、同类房地产的市场价格或评估价值确定。"

土地置换无疑是上述"换取其他单位和个人的非货币性资产"行为,在发生土地使用权转移时应视同销售房地产。即除了上述"第一种情形土地经政府收回后再挂牌置换"可以按照程序提出免税申请并经核准后享受免征土地增值税待遇外,企业间直接置换土地使用权的行为应视同销售房地产,甲上市公司与丙金融企业均应按照有关规定计算缴纳土地增值税。如针对甲上市公司而言,其转让 B 宗商住用地的价格就是市场评估作价2.9亿元。但应注意的是,根据《财政部 国家税务总局关于营改增后契税、房产税、土地增值税、个人所得税计税依据问题的通知》(财税〔2016〕43 号)第三条规定:"土地增值税纳税人转让房地产取得的收入为不含增值税收入。"即营改增后,纳税人转让房地产的土地增值税应税收入不含增值税。适用增值税一般计税方法的纳税人,其转让房地产的土地增值税应税收入不含增值税销项税额;适用简易计税方法的纳税人,其转让房地产的土地增值税应税收入不含增值税应纳税额。所以该市场评估作价2.9亿元应为包含增值税销项税额在内的含税价格,应扣除增值税销项税额(一般计税方法)或增值税应纳税额(简易计税方法)后确认土地增值税转让收入。如本例选择一般计税方法的销项税额为 2 874

万元,扣除后应确认的土地增值税转让收入为 26 126 万元;选择简易计税方法的应纳税额为 380.95 万元,扣除后应确认的土地增值税转让收入为 28 619.05 万元。很明显,两者确认的土地增值税转让收入存在差异。

应该注意的是,根据《国家税务总局关于未办理土地使用权证转让土地有关税收问题的批复》(国税函〔2007〕第 645 号)的规定,只要土地使用者享有占有、使用、收益或处置该土地的权利,且有合同等证据表明其实质转让、抵押或置换了土地并取得了相应的经济利益,土地使用者及其对方当事人应当依照税法规定缴纳营业税、土地增值税和契税等相关税收,则需要缴纳增值税。因此,即使双方均不支付补价的土地置换的行为,也无论是否办理土地使用证的变更手续,都应该按缴纳土地增值税处理。

三、土地置换企业所得税处理

1. 第一种情形,即上述土地经政府收回后再挂牌置换

如上所述,第一种情形属于政府主导的政策性搬迁,按照《国有土地房屋征收与补偿条例》(国务院令第 590 号)的规定,国家税务总局发布了《企业政策性搬迁所得税管理办法》(国家税务总局公告 2012 年第 40 号),《办法》第三条规定:"企业政策性搬迁,是指由于社会公共利益的需要,在政府主导下企业进行整体搬迁或部分搬迁。企业由于下列需要之一,提供相关文件证明资料的,属于政策性搬迁:

(一) 国防和外交的需要;

(二) 由政府组织实施的能源、交通、水利等基础设施的需要;

(三) 由政府组织实施的科技、教育、文化、卫生、体育、环境和资源保护、防灾减灾、文物保护、社会福利、市政公用等公共事业的需要;

(四) 由政府组织实施的保障性安居工程建设的需要;

(五) 由政府依照《中华人民共和国城乡规划法》有关规定组织实施的对危房集中、基础设施落后等地段进行旧城区改建的需要;

(六) 法律、行政法规规定的其他公共利益的需要。"

对符合上述规定的政策性搬迁,可以按《办法》第十五条的规定处理,即企业在搬迁期间发生的搬迁收入和搬迁支出,可以暂不计入当期应纳税所得额,而在完成搬迁的年度,对搬迁收入和支出进行汇总清算。企业的搬迁收入[包括搬迁过程中从本企业以外(包括政府或其他单位)取得的搬迁补偿收入,以及本企业搬迁资产处置收入等],扣除搬迁支出(包括搬迁费用支出以及由于搬迁所发生的企业资产处置支出)后的余额,为企业的搬迁所得。企业应在搬迁完成年度,将搬迁所得计入当年度企业应纳税所得额计算纳税。

搬迁完成年度有两种计算方法,一种是符合下列情形之一的,为搬迁完成年度,企业应进行搬迁清算,计算搬迁所得:

(1) 从搬迁开始,5 年内(包括搬迁当年度)任何一年完成搬迁的。

(2) 从搬迁开始,搬迁时间满 5 年(包括搬迁当年度)的年度。

另外一种是视为搬迁完成年度,即企业同时符合下列条件的,视为已经完成搬迁:

(1) 搬迁规划已基本完成。

（2）当年生产经营收入占规划搬迁前年度生产经营收入50%以上。

鉴于政策性搬迁情况比较复杂，容易产生征管漏洞，《办法》要求企业政策性搬迁，应该单独进行税务管理和会计核算。不能单独进行的，应按企业自行搬迁或商业性搬迁进行所得税处理，不得执行《办法》规定。同时要求，企业应当自搬迁开始年度，至次年5月31日前，向主管税务机关（包括迁出地和迁入地）报送政策性搬迁依据、搬迁规划等相关材料。逾期未报的，除特殊原因，经主管税务机关认可外，搬迁收入和以后实际发生的、与搬迁相关的各项支出，均应按《税法》规定进行税务处理。此外，企业在搬迁完成年度，向主管税务机关报送企业所得税年度纳税申报表时，还应同时报送《企业政策性搬迁清算损益表》及相关材料。

总而言之，《办法》中对政策性搬迁所作出的规定，与非政策性搬迁的主要区别体现为：一是，企业取得搬迁补偿收入，不立即作为当年度的应税收入征税，而是在搬迁周期内，扣除搬迁支出后统一核算；二是，给予最长五年的搬迁期限；三是，企业以前年度发生尚未弥补的亏损的，搬迁期间从法定亏损结转年限中减除。据此，甲上市公司处置原土地、房屋建（构）筑物及机器设备取得的处置收入包括土地置换时评估增值收益3 000万元（11 000万元—8 000万元）、机器设备处置收益等均不需要在搬迁当年度作为应税收入征税，而待搬迁完成年度（最长五年）再确认收入纳入当期应纳税所得税缴纳企业所得税。

此外，《办法》第十三条规定："企业搬迁中被征用的土地，采取土地置换的，换入土地的计税成本按被征用土地的净值，以及该换入土地投入使用前所发生的各项费用支出，为该换入土地的计税成本，在该换入土地投入使用后，按《企业所得税法》及其实施条例规定年限摊销。"因为第一种情形政府置换土地行为与企业政策性搬迁都属于政府行为，所以，土地置换也应当按照国家税务总局公告2012年第40号执行，即土地置换不确认处置损益，土地成本应当以原账面价值和补交的土地出让金为计税基础计入开发成本。《国家税务总局关于企业政策性搬迁所得税有关问题的公告》（国家税务总局公告2013年第11号）做了类似的明确，即企业政策性搬迁被征用的资产，采取资产置换的，其换入资产的计税成本按被征用资产的净值，加上换入资产所支付的税费（涉及补价，还应加上补价款）计算确定。以本案例来讲，土地置换不确认处置损益，即总的评估增值额3 000万元中属于土地评估增值额部分不确认处置损益，同时应作为计税基础计入开发成本的土地成本是原土地账面净值（即总额8 000万元中属于土地部分的净值）和另需支付约0.88亿元购地款以及该换入土地投入使用前所发生的各项费用支出如契税、过户费等，而非1.98亿元，这和土地增值税的处理不一致，需特别注意。

2. 第二种情形，即上述土地由甲、丙双方直接置换

如前所述，甲上市公司将自身拥有的B宗商住用地与丙金融企业拥有的C宗商住用地进行交换，性质上属于企业自行搬迁或商业性搬迁，根据《办法》第二条的规定"本办法执行范围仅限于企业政策性搬迁过程中涉及的所得税征收管理事项，不包括企业自行搬迁或商业性搬迁等非政策性搬迁的税务处理事项"，不能适用政策性搬迁的企业所得税政策，应按非政策性搬迁在搬迁当期确认搬迁收入、搬迁支出、搬迁资产税务处理、搬迁所得等进行企业所得税处理。而《企业所得税法实施条例》（国务院令第512号）第二十五条规定：企业发生非货币性资产交换，以及将货物、财产、劳务用于捐赠、偿债、赞助、集资、广告、样品、职工福利或者利润分配等用途的，应当视同销售货物、转让财产或者提供劳务，但国务院财政、税务主管部门另有规定的除外。土地置换就是一种非货币性资产交换，换句话说，该第二种情形的土地置换实质上应分为两项经济业务进行处理，一是置换双方先按市场公允价（评估价）转让各自拥有的土地使用权并取得转让收益；二是置换双方按市场公允价（评估价）受让对方拥有的土地使用权并支付对价。如针对甲上市公司而言，其转让 B 宗商住用地的价格就是市场评估作价 2.9 亿元。但应注意的是，该市场评估作价 2.9 亿元应为包含增值税销项税额在内的含税价格，应扣除增值税销项税额（一般计税方法）或增值税应纳税额（简易计税方法）后确认企业所得税转让收入，支付的地价款 2.1 亿元以及过户费等是其成本，两者差额就是该宗土地置换的转让收益，应并入甲上市公司当年度的应纳税所得额申报缴纳企业所得税。

四、土地置换契税

1. 第一种情形，即上述土地经政府收回后再挂牌置换

根据《中华人民共和国契税暂行条例》（国务院令第 224 号，以下简称《契税暂行条例》）第一条规定，在中华人民共和国境内转移土地、房屋权属，承受的单位和个人为契税的纳税人，应当依照本条例的规定缴纳契税。转移土地、房屋权属是指下列行为：

（1）国有土地使用权出让。

（2）土地使用权转让，包括出售、赠与和交换，不包括农村集体土地承包经营权的转移。

（3）房屋买卖。

（4）房屋赠与。

（5）房屋交换。

据此，土地交换是土地转让的一种形式，属于契税的征收范畴，甲上市公司作为置换人一方，其置换的土地应按有关规定申报缴纳契税。

根据《中华人民共和国契税暂行条例细则》（财法字〔1997〕52 号，简称《契税暂行条例细则》）第六条第四款规定：条例所称土地使用权交换，指土地使用者之间相互交换土地使用权的行为。即只有土地使用者之间相互交换土地使用权的行为，才适用《契税暂行条例》第六条的差额征收。而第一种情形的土地置换行为，对应的一方是高新区政府，是土地的所有者，不是土地使用者，所以不适用该条款征税。笔者认为，甲上市公司的土地置换业务，本质其实是政府征用了其原土地，甲上市公司重新承受土地使用权，这种土地置换行为，契税征收应依据《契税暂行条例》第六条："有下列情形之一的，减征或者免征契税……（四）财政部规定的其他减征、免征契税的项目。"对此财政部是如何规定的呢？

《契税暂行条例细则》第十五条："根据条例第六条的规定，下列项目减征、免征契税：

（一）土地、房屋被县级以上人民政府征用、占用后，重新承受土地、房屋权属的，是否减征或者免征契税，由省、自治区、直辖市人民政府确定。"

因此甲上市公司土地置换行为是否征免税，还应看其所处省、自治区、直辖市人民政府的具体规定，如《安徽省契税暂行办法》就明确规定："土地、房屋被县级以上人民政府征

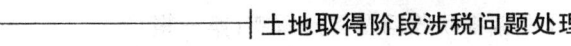

用、占用后,重新承受土地、房屋权属的,免征契税。"

2. 第二种情形,即上述土地由甲、丙双方直接置换

第二种情形就属于上述土地使用者之间相互交换土地使用权的行为。根据《契税暂行条例》第四条第一款"契税计税依据"第(三)项的规定,土地使用权交换、房屋交换,为所交换的土地使用权、房屋的价格的差额。前款成交价格明显低于市场价格并且无正当理由的,或者所交换土地使用权、房屋的价格的差额明显不合理并且无正当理由的,由征收机关参照市场价格核定。而根据《契税暂行条例细则》第十条"土地使用权交换、房屋交换,交换价格不相等的,由多交付货币、实物、无形资产或者其他经济利益的一方缴纳税款。交换价格相等的,免征契税"的规定,第二种情形中,甲上市公司 B 宗商住用地,支付地价款 2.1 亿元,市场评估作价为 2.9 亿元;丙金融企业 C 宗商住地块,支付地价款 2 亿元,市场评估作价为 2.4 亿元,置换采取市场评估实行等价值差额结算,置换后由丙金融企业另外支付甲上市公司现金 5 000 万元。另外根据《财政部 国家税务总局关于营改增后契税、房产税、土地增值税、个人所得税计税依据问题的通知》(财税〔2016〕43 号)规定,计征契税的成交价格不含增值税。因此,金融企业需要对另外支付的 5 000 万元扣除所包含的增值税后计算缴纳契税,而甲上市公司对置换回的土地则不需要计算缴纳契税。

五、土地置换印花税

对于土地所有者收回土地使用权目前尚未有免税规定。根据《财政部 国家税务总局关于印花税若干政策的通知》(财税〔2006〕162 号)规定,对土地使用权出让合同、土地使用权转让合同按产权转移书据征收印花税。印花税税目税率表规定,产权转移书据按所载金额万分之五贴花。因此案例中,第一种情形,即上述土地经政府收回后再挂牌置换,国土部门需要与企业分别签署土地收储协议和土地出让协议,并据此办理了产权登记,对于原地块和新取得的地块均存在转移行为,甲上市公司都应按产权转移均应按协议价格的万分之三,分别申报缴纳印花税。而第二种情形,即上述土地由甲、丙双方直接置换,应由甲上市公司和丙金融企业分别针对土地置换协议按产权转移均应按协议价格的万分之五,各自申报缴纳印花税。

第五节 | 抵债方式取得土地使用权涉税问题处理

【案例 2-8】 鑫都房地产开发有限公司(简称鑫都房地产)2009 年通过招拍挂渠道取得了 100 亩商住地,支付地价款 15 000 万元。2010 年因资金困难,将该尚未开发的 100 亩商住地评估作价 18 000 万元作为抵押品向玖玖投资担保股份有限公司(非金融机构和金融企业,简称玖玖担保公司)借了 18 000 万元,年利率 18%,期限两年,2012 年 4 月到期。因种种原因,鑫都房地产开发的项目经营失败,已逾期三年没有归还玖玖担保公司的本金与截止至 2015 年 4 月份的部分利息,合计 23 000 万元,2015 年 5 月玖玖担保公司向法院提起诉讼,要求直接以 100 亩商住地作价 23 000 万元抵债。鑫都房地产对借款本金

及利息没有异议,但对商住地作价提出异议,认为按市场公允价,其100亩商住地的现价值至少在40 000万元以上,远超过借款本金及利息,玖玖担保公司应支付差价。2016年8月鑫都房地产所在地中级法院作出终审判决,支持玖玖担保公司的诉讼请求,100亩商住地被判决作价23 000万元作为抵债用于归还借款及其利息,并于2016年11月份办理了土地使用权属变更登记。

【问题】 土地使用权抵债双方各自的涉税问题如何处理?

【案例分析】

一、债务人涉税处理

1. 债务人增值税处理

根据规定,从2016年5月1日起,纳税人有偿提供服务、有偿转让无形资产或者不动产的行为全部改征增值税,不再缴纳营业税。根据《财政部 国家税务总局关于全面推开营业税改征增值税试点的通知》(财税〔2016〕36号)附件1《营业税改征增值税试点实施办法》第十一条规定:"有偿,是指取得货币、货物或者其他经济利益。"鑫都房地产以成本15 000万元的100亩商住地作价23 000万元抵债给玖玖担保公司以归还其借款和利息的行为明显属于这一"有偿"范畴,应按增值税有关规定申报纳税。

根据《财政部 国家税务总局关于进一步明确全面推开营改增试点有关劳务派遣服务、收费公路通行费抵扣等政策的通知》(财税〔2016〕47号)规定,纳税人转让2016年4月30日前取得的土地使用权,可以选择适用简易计税方法,以取得的全部价款和价外费用减去取得该土地使用权的原价后的余额为销售额,按照5%的征收率计算缴纳增值税。据此,鑫都房地产可以选择适用简易计税方法,以抵债作价23 000万元减去土地成本15 000万元后的8 000万元作为销售额,以5%的征收率按规定计算缴纳增值税。

另外,虽然鑫都房地产主张该100亩商住地实际价值不止23 000万元,但没有得到法院的认可,而司法判决属于最终认定,其法律效力高于行政认定,因此税务机关不能根据《财政部 国家税务总局关于全面推开营业税改征增值税试点的通知》(财税〔2016〕36号)附件1《营业税改征增值税试点实施办法》第四十四条中"价格明显偏低或者偏高且不具有合理商业目的"的规定对纳税人进行纳税调整重新确定其销售额。这在部分省份营改增问题的解答中也得到印证,如2017年1月6日福建省国家税务局解答的《福建国税全面营改增试点问题解答20170106》第五个问题:"根据法院判决企业以不动产抵债,抵债额为10年前的房价,是否应根据36号文调整计税价格?

答:遵循司法判决高于行政认定的原则,该情形不属于财税〔2016〕36号第四十四条中'价格明显偏低或者偏高且不具有合理商业目的'。"

2. 债务人土地增值税处理

根据《中华人民共和国土地增值税暂行条例》(国务院令第138号)第二条规定,转让国有土地使用权、地上的建筑物及其附着物并取得收入的单位和个人,为土地增值税的纳税义务人,应当依照本条例缴纳土地增值税。《中华人民共和国土地增值税暂行条例实施细则》(财法字〔1995〕6号)第五条规定:"条例第二条所称的收入,包括转让房地产的全部价款及有关的经济收益。"用土地抵押取得贷款行为是指土地使用权人作为债务人或第人,将依法拥有的土地使用权作为抵押物提供给债权人,作为清偿债务的担保而不转移土地使用权属的法律行为。在这种情况下土地使用权在抵押期间并没有发生变更,债务人在抵押期间仍然享有占有、使用、收益等权利。可是在贷款到期后,债务人无力偿还贷款本息,债权人依据当初的协议要求将债务人作为抵押物的土地使用权通过司法判决或合法拍卖等途径用以偿债。此种行为期间土地使用权属发生了变更,由债务人的变更为债权人的,同时,债务人也因此减少了债务支出,获得了经济利益。根据《国家税务总局关于房地产开发企业土地增值税清算管理有关问题的通知》(国税发〔2006〕187号):

"三、非直接销售和自用房地产的收入确定

(一)房地产开发企业将开发产品用于职工福利、奖励、对外投资、分配给股东或投资人、抵偿债务、换取其他单位和个人的非货币性资产等,发生所有权转移时应视同销售房地产,其收入按下列方法和顺序确认:

1. 按本企业在同一地区、同一年度销售的同类房地产的平均价格确定;

2. 由主管税务机关参照当地当年、同类房地产的市场价格或评估价值确定。"

依据上述规定,在债务人无力偿还贷款本息后用土地抵债的,债务人应缴纳土地增值税。另据《财政部 国家税务总局关于营改增后契税、房产税、土地增值税、个人所得税计税依据问题的通知》(财税〔2016〕43号)第三条规定,土地增值税纳税人转让房地产取得的收入为不含增值税收入。鑫都房地产的土地抵债作价23 000万元中包含增值税税额在内,应扣除增值税销项税额(一般计税方法)或增值税应纳税额(简易计税方法)后确认计算土地增值税转让收入并据以计算缴纳土地增值税。

3. 债务人企业所得税处理

《企业所得税法实施条例》(国务院令第512号)第二十五条规定:企业发生非货币性资产交换,以及将货物、财产、劳务用于捐赠、偿债、赞助、集资、广告、样品、职工福利或者利润分配等用途的,应当视同销售货物、转让财产或者提供劳务,但国务院财政、税务主管部门另有规定的除外。《国家税务总局关于企业处置资产所得税处理问题的通知》(国税函〔2008〕828号)第二条规定:"企业将资产移送他人的下列情形,因资产所有权属已发生改变而不属于内部处置资产,应按规定视同销售确定收入。

(一)用于市场推广或销售;

(二)用于交际应酬;

(三)用于职工奖励或福利;

(四)用于股息分配;

(五)用于对外捐赠;

(六)其他改变资产所有权属的用途。"

据以上规定,债务人以土地抵债的行为应视同销售无形资产——土地使用权确定企业所得税收入,而根据《国家税务总局关于企业所得税有关问题的公告》(国家税务总局公告2016年第80号)第二条的规定,企业发生《国家税务总局关于企业处置资产所得税处理问题的通知》(国税函〔2008〕828号)第二条规定情形的,除另有规定外,应按照被移送资产的公允价值确定销售收入。目前涉及被移送资产的另有规定,主要集中在企业重组领域,如企业发生《财政部 国家税务总局关于促进企业重组有关企业所得税处理问题的通知》(财税〔2014〕109 号)第三条规定的股权、资产划转行为的,应按照财税〔2014〕109 号文件规定进行税务处理。案例中,鑫都房地产成本 15 000 万元的商住地作价 23 000 万元抵债,该作价属于市场公允价,应予以认可,其差价部分应计入抵债年度的应纳税所得额进行税务处理,同时,23 000 万与 18 000 万元之间的差额 5 000 万元,鑫都公司可以作为利息支出,在所得税前扣除,但应取得相应合法有效票据。而且这是企业用单一资产抵押并最后变成抵偿债务行为,也不属于企业重组范畴,不适用企业重组的企业所得税规则。

> **笔者注** 根据《国家税务总局关于房地产开发经营业务企业所得税处理办法的通知》(国税发〔2009〕31 号)第七条规定:"企业将开发产品用于捐赠、赞助、职工福利、奖励、对外投资、分配给股东或投资人、抵偿债务、换取其他企事业单位和个人的非货币性资产等行为,应视同销售,于开发产品所有权或使用权转移,或于实际取得利益权利时确认收入(或利润)的实现。确认收入(或利润)的方法和顺序为:
>
> (一) 按本企业近期或本年度最近月份同类开发产品市场销售价格确定;
>
> (二) 由主管税务机关参照当地同类开发产品市场公允价值确定;
>
> (三) 按开发产品的成本利润率确定。"
>
> 开发产品的成本利润率不得低于 15%,具体比例由主管税务机关确定。鑫都房地产虽然属于房地产开发性质的企业,但其用尚未开发的商住地做抵押并最终抵债,不属于该文件所说的"企业将开发产品用于抵偿债务"行为,不适用该特殊规则,应适用企业所得税法有关视同销售法则。

4. 债务人印花税

根据《财政部 国家税务总局关于印花税若干政策的通知》(财税〔2006〕162 号)规定,对土地使用权出让合同、土地使用权转让合同按产权转移书据征收印花税。印花税税目税率表规定,产权转移书据按所载金额万分之五贴花。根据《国家税务局关于印花税若干具体问题的解释和规定的通知》(国税发〔1991〕155 号)第十条规定,"财产所有权"转移书据的征税范围是:经政府管理机关登记注册的动产、不动产的所有权转移所立的书据,以及企业股权转让所立的书据。债务人鑫都房地产虽然没有和债权人签订《债务重组协议》等合同,但根据上述规定,其用土地使用权抵债办理过户手续时所立的书据也应作为计征印花税的依据,所以应该申报缴纳印花税。

二、债权人涉税问题

1. 债权人增值税

《营改增实施办法》规定,在中华人民共和国境内提供金融服务的单位和个人,为增值税纳税人。单位,是指企业、行政单位、事业单位、军事单位、社会团体及其他单位。个人,是指个体工商户和其他个人。在境内销售提供金融服务是指金融服务的销售方或者购买方在境内。《营改增实施办法》附《销售服务、无形资产、不动产注释》规定,金融服务是指经营金融保险的业务活动。它包括贷款服务、直接收费金融服务、保险服务和金融商品转让。贷款是指将资金贷与他人使用而取得利息收入的业务活动。各种占用、拆借资金取得的收入，包括金融商品持有期间（含到期）利息（保本收益、报酬、资金占用费、补偿金等）收入、信用卡透支利息收入、买入返售金融商品利息收入、融资融券收取的利息收入，以及融资性售后回租、押汇、罚息、票据贴现、转贷等业务取得的利息及利息性质的收入，按照贷款服务缴纳增值税。据此，玖玖担保公司借出 18 000 万元，最后通过司法判决以 23 000 万元的作价获得 100 亩商住地作为抵债用于归还其借款和利息，所以除了其借出的 18 000 万元本金外，剩余的 5 000 万元作价应确认为提供贷款服务获得的利息收入。根据《营改增实施办法》有关规定，增值税纳税人分为一般纳税人和小规模纳税人，纳税人提供金融服务的年应征增值税销售额超过 500 万元（含本数）的为一般纳税人；未超过规定标准的纳税人为小规模纳税人。一般纳税人金融服务适用税率为 6%；小规模纳税人提供金融服务，以及特定金融机构中的一般纳税人提供的可选择简易计税方法的金融服务，征收率为 3%。境内的购买方为境外单位和个人扣缴增值税的，按照适用税率扣缴增值税。而玖玖担保公司不属于金融机构或金融企业，所以应按 6% 税率计算缴纳增值税，并开具增值税发票给债务人，而且一般情况下只需开具增值税普通发票，而不需要开具增值税专用发票，虽然根据《营改增实施办法》等有关规定，金融业纳税人提供金融服务，除不得开具增值税专用发票情形（①向消费者个人销售金融服务；②销售免征增值税的金融服务；③金融商品转让）外，购买方索取增值税专用发票的，应当开具专用发票。但因纳税人接受贷款服务和因接受贷款服务向贷款方支付的与该笔贷款直接相关的投融资顾问费、手续费、咨询费等费用，其进项税额不得从销项税额中抵扣，所以，金融业纳税人提供贷款服务时不需要向购买方开具增值税专用发票。

2. 债权人企业所得税

除了增值税外，抵债土地作价的 23 000 万元与债权人借出本金 18 000 万元之间的差额 5 000 万元，应确认为债权人提供贷款服务获得的利息收入，属于企业取得应税收入的组成部分，应按规定缴纳企业所得税。因玖玖担保公司属于居民企业范畴，所以应适用 25% 税率征税。

3. 债权人契税

根据《契税暂行条例》第一条规定，在中华人民共和国境内转移土地、房屋权属，承受的单位和个人为契税的纳税人，应当依照本条例的规定缴纳契税。玖玖投资担保公司通过抵债方式取得房屋就是承受方，应该为契税的纳税人。根据《财政部 国家税务总局关于营改增后契税、房产税、土地增值税、个人所得税计税依据问题的通知》（财税〔2016〕43号）规定，计征契税的成交价格不含增值税。鑫都房地产的土地抵债作价 23 000 万元中包含增值税在内，玖玖投资担保公司应予以扣除后确认契税计税依据并据以计算缴纳。

4. 债权人土地使用税

《财政部 国家税务总局关于房产税、城镇土地使用税有关政策的通知》（财税〔2006〕186 号）第二条规定，以出让或转让方式有偿取得土地使用权的，应由受让方从合同约定交付土地时间的次月起缴纳城镇土地使用税；合同未约定交付土地时间的，由受让方从合同签订的次月起缴纳城镇土地使用税。可见，玖玖投资担保公司应从法院判决书（抵债合同)约定交付土地时间的次月起缴纳城镇土地使用税,法院判决书(抵债合同)未约定交付土地时间的,由玖玖投资担保公司从法院判决书(抵债合同)判决(签订)之日的次月起缴纳城镇土地使用税。

5. 债权人印花税

依据同债务人的印花税处理,因为合同双方适用的印花税税目、税率是一样的,这里不再赘述。

第六节 以土地作价投资入股涉税问题处理

一、土地使用权投资入股简介

以土地使用权作价投资入股,主要有两个层面意思:

第一层面是各级政府代表国家以土地使用权作价投资入股。根据《国有企业改革中划拨土地使用权管理暂行规定》(国家土地管理局令第8号)规定,国家以土地使用权作价出资(入股),是指国家以一定年期的国有土地使用权作价,作为出资投入改组后的新设企业,该土地使用权由新设企业持有,可以依照土地管理法律、法规关于出让土地使用权的规定转让、出租、抵押。土地使用权作价出资(入股)形成的国家股股权,按照国有资产投资主体由有批准权的人民政府土地管理部门委托有资格的国有股权持股单位统一持有。2016年年底,经国务院同意,国土资源部会同发展改革委、财政部、住房城乡建设部、农业部、人民银行、林业局、银监会联合印发了《关于扩大国有土地有偿使用范围的意见》(国土资规〔2016〕20号),对国有土地使用制度进行改革完善,扩大了国有建设用地有偿使用范围,推进国有农用地有偿使用,并规范国有未利用地使用管理。主要有:一是适应投融资体制改革要求,对可以使用划拨土地的相关公共服务项目(包括能源、环境保护、保障性安居工程、养老、教育、文化、体育及供水、燃气供应、供热设施等),除可按划拨方式供应土地外,在自愿的前提下,鼓励以出让、租赁方式供应土地,支持以作价出资或者入股的方式提供土地,使项目拥有完整的土地产权,增加其资产总量和融资能力。适应国有企事业单位改革要求,事业单位等改制为企业的,其使用的原划拨建设用地,改制后不符合划拨用地法定范围的,应按有偿使用方式进行土地资产处置,符合划拨用地法定范围的,可继续以划拨方式使用,也可依申请按有偿使用方式进行土地资产处置。二是国有农用地使用权可根据取得方式的不同,分别办理国有农用地划拨、出让、租赁、作价出资或者入股、授权经营使用权登记手续。国有农用地的有偿使用,严格限定在农垦改革的范围内。国有农用地的使用权人,可根据取得土地的权利类型,分别采取承包租赁、转让、出租、抵押等方式经营管理。三是对相关法律法规和规划明确禁止开发的区域,严禁以任何名义和方式供应国有土地,用于与保护无关的建设项目。作价出资或者入股土地使用权实行与出让土地使用权同权同价管理制度。工业用地可采取先租后让、租让结合方式供应。支持各地以土地使用权作价出资或者入股方式供应标准厂房、科技孵化器用地。农垦国有农用地使用权担保要以试点的方式有序开展。

第二层面是各类企事业单位等市场经济主体之间以土地作价投资入股。根据《土地管理法》《城市房地产管理法》等法律、法规的相关规定，以出让或转让方式等依法取得的国有土地使用权可以直接作价出资，而划拨土地使用权和集体土地需经一定程序方可。而且，土地使用权上不应存在抵押等权利负担。

（1）注册资本中以土地使用权出资的，公司章程应当就土地使用权出资事宜作出规定。以划拨土地使用权出资的，使用人应当向市、县人民政府土地管理部门申请办理土地使用权出让手续后方能作为出资；城市规划区内的集体所有的土地应当先依法征为国有土地后方能作为出资；农村和城市郊区的集体所有的土地（除法律规定属于国家所有的以外）应当经县级人民登记注册，核发证明，确认所有权后方能作为出资。

（2）委托具有相关资质的评估公司评估土地使用权的价值。评估之后，才有可能确定自己的股份大小。《公司法》第二十七条规定："对作为出资的非货币财产应当评估作价，核实财产，不得高估或者低估作价。法律、行政法规对评估作价有规定的，从其规定。"

（3）要将土地使用权过户登记于公司的名下。《公司法》第二十八条规定："股东应当按期足额缴纳公司章程中规定的各自所认缴的出资额。股东以货币出资的，应当将货币出资足额存入有限责任公司在银行开设的账户；以非货币财产出资的，应当依法办理其财产权的转移手续。"

这里主要对市场经济主体之间的以土地作价投资入股涉及的税收问题进行阐述，对国家以土地作价投资入股行为不详述。需要注意的是，虽然《公司法》第二十七条规定"股东可以用货币出资，也可以用实物、知识产权、土地使用权等可以用货币估价并可以依法转让的非货币财产作价出资"，《房地产管理法》第二十七条规定"依法取得的土地使用权，可以依照本法和有关法律、行政法规的规定，作价入股，合资、合作开发经营房地产"，但如果是在城市规划区国有土地范围内取得的房地产开发用地，从事房地产开发、房地产交易的土地使用权，则按照《城市房地产管理法》第三十九条规定"按照出让合同约定进行投资开发，属于房屋建设工程的，完成开发投资总额的百分之二十五以上，属于成片开发土地的，形成工业用地或者其他建设用地条件"。即必须完成或达到《城市房地产管理法》第三十九条规定的条件才能转让。因为根据国务院《中华人民共和国城镇国有土地使用权出让和转让暂行条例》第十九条的规定，土地使用权转让，是指土地使用者将土地使用权出售、交换、赠与的行为。而土地作价出资实质上是土地转让的一种特殊形式，某房地产开发企业以出让方式获得的土地使用权作价入股，实际上是将土地使用权作为资本，投资（转让）于其他的股份制企业，企业的身份因之由原来的土地使用权人（个人独资有限责任公司除外）转变为股份制企业的股东，并以股东身份参与企业分红和享受其他收益。因此，只有满足《城市房地产管理法》规定的条件如完成开发投资总量 25% 以上的投资比例要求，才能办理作价入股手续并办理土地使用权变更登记（过户到股份制企业）手续。实践中，各地国土资源行政主管部门也都是把作价入股作为转让的一个特殊类型来办理的。如果是非房地产开发性质的土地作价投资入股，则不受该限制。

二、案例

【案例2-9】 盈鸿房地产开发公司(简称盈鸿公司)2012年以出让方式取得了一宗180亩住宅国有建设用地使用权,900万元/亩,容积率2.3,分两期开发,取得两本独立的土地使用权证,第一期50亩建设用地已经开发完毕,完成的投资量已经达到了投资总量的25%以上。现因自身资金不足,第二期土地无力独自开发,且第一期开发的楼盘纠纷不断,经与合作商协商,盈鸿公司于2016年7月将第二期130亩土地作价1 450万元/亩与合作商共同成立了盛鸿房地产开发公司(简称盛鸿公司),盈鸿公司将土地投资到盛鸿公司,占股份比例为38%,并于2016年9月份办妥土地过户手续。双方约定共担风险,共享利润。

【问题】 投资双方的涉税问题各是如何处理?

【案例分析】

(一) 投资方涉税问题

1. 投资方增值税

如前所述,以土地作价投资入股,其实是土地使用权有偿转让的一种特殊形式,针对投资方而言,根据《财政部 国家税务总局关于全面推开营业税改征增值税试点的通知》(财税〔2016〕36号)附件1《营业税改征增值税试点实施办法》第十一条规定:"有偿,是指取得货币、货物或者其他经济利益。"国家税务总局货劳司在《全面推开营业税改征增值税试点政策培训参考材料》中的第十条政策解读,对如何理解"有偿"进行了解读,即:

(1) 有偿,是确立一项经济行为是否缴纳增值税的前置条件之一。

(2) 有偿,包括取得货币、货物或者其他经济利益。

以土地使用权作价投资,是以土地使用权为对价换取了被投资企业的股权,取得了"其他经济利益",所以盈鸿公司以成本900万元/亩的130亩住宅地作价1 450万元/亩投资到盛鸿公司的行为明显属于这一"有偿"范畴,应按增值税有关规定申报纳税。2016年5月1日全面"营改增"后,各地在对"营改增"有关问题解答或政策执行口径中也纷纷对此进行了明确,如《海南省国家税务局全面推开营改增政策指引——四大行业座谈会问题系列解答之房地产业》明确:"纳税人以无形资产或不动产作为投资,应按规定缴纳增值税。"《营改增实施办法》第十条规定:"销售服务、无形资产或者不动产,是指有偿提供服务、有偿转让无形资产或者不动产。"《营改增实施办法》第十一条规定:"有偿,是指取得货币、货物或者其他经济利益。"以不动产投资,是以不动产为对价换取了被投资企业的股权,取得了"其他经济利益",应当缴纳增值税。此外还有北京、上海、江西、新疆、河北、河南等地在全面"营改增"执行口径中也有类似明确,如《北京国税2016年度热点问题——增值税》第42个问题"财税〔2002〕191文件规定以无形资产、不动产投资入股,参与接受投资方利润分配,共同承担投资风险的行为,不征收营业税。营改增后上述情形是否需要缴纳增值税? 答:需要缴纳增值税。"

另根据《财政部 国家税务总局关于进一步明确全面推开营改增试点有关劳务派遣服务、收费公路通行费抵扣等政策的通知》(财税〔2016〕47号)规定,纳税人转让2016年4月30日前取得的土地使用权,可以选择适用简易计税方法,以取得的全部价款和价外费用减去取得该土地使用权的原价后的余额为销售额,按照 5% 的征收率计算缴纳增值税。据此,盈鸿公司可以选择适用简易计税方法,以作价 1 450 万元减去土地成本 900 万元后的 550 万元作为销售额,以 5% 的征收率按规定计算缴纳增值税,并开具增值税专用发票给盛鸿公司以抵扣土地的进项税额。当然盈鸿公司也可以选择适用 11% 税率的一般计税方法计算缴纳增值税,并开具相应税率的增值税专用发票给盛鸿公司以抵扣土地的进项税额,不过正如本章第二节[案例 2-5]所述,由于目前政策尚没有明确一般计税方法下对原购置的土地成本如何扣除,投资方如果按照一般计税方法计算缴纳增值税产生的税负将极高,具体参见本章第二节[案例 2-5]相关内容,这里不再赘述。

2. 投资方土地增值税

在《财政部 国家税务总局关于企业改制重组有关土地增值税政策的通知》(财税〔2015〕5 号)出台(2015 年 1 月 1 日起生效,执行期限为 2015 年 1 月 1 日至 2017 年 12 月 31 日)之前,纳税人以土地使用权、不动产作价投资入股,主要适用两个税收政策,一是《财政部 国家税务总局关于土地增值税一些具体问题规定的通知》(财税〔1995〕48 号)第一条规定:"对于以房地产进行投资、联营的,投资、联营的一方以土地(房地产)作价入股进行投资或作为联营条件,将房地产转让到所投资、联营的企业中时,暂免征收土地增值税。对投资、联营企业将上述房地产再转让的,应征收土地增值税。"二是《财政部 国家税务总局关于土地增值税若干问题的通知》(财税〔2006〕21 号)第五条规定:"对于以土地(房地产)作价入股进行投资或联营的,凡所投资、联营的企业从事房地产开发的,或者房地产开发企业以其建造的商品房进行投资和联营的,均不适用《财政部 国家税务总局关于土地增值税一些具体问题规定的通知》(财税字〔1995〕48 号)第一条暂免征收土地增值税的规定。"综合上述两个文件,可以这么理解:一是针对非房地产开发性质的企业如制造业、服务业等等其他企业,其以自身依法取得的国有土地使用权作价对外投资或者联营,凡所投资、联营的企业不是从事房地产开发的,均可适用《财政部 国家税务总局关于土地增值税一些具体问题规定的通知》(财税字〔1995〕48 号)第一条暂免征收土地增值税的规定。凡所投资、联营的企业从事房地产开发的,均不适用《财政部 国家税务总局关于土地增值税一些具体问题规定的通知》(财税字〔1995〕048 号)第一条暂免征收土地增值税的规定,应要按《国家税务总局关于房地产开发企业土地增值税清算管理有关问题的通知》(国税发〔2006〕187 号)的规定"房地产开发企业将开发产品用于职工福利、奖励、对外投资、分配给股东或投资人、抵偿债务、换取其他单位和个人的非货币性资产等,发生所有权转移时应视同销售房地产"计算缴纳土地增值税。二是针对房地产开发性质的企业而言,即房地产开发企业以其建造的商品房进行投资和联营的,均不适用《财政部 国家税务总局关于土地增值税一些具体问题规定的通知》(财税字〔1995〕48 号)第一条暂免征收土地增值税的规定,都应视同销售房地产计算缴纳土地增值税。

从 2015 年 1 月 1 日起,根据《财政部 国家税务总局关于企业改制重组有关土地增值税政策的通知》(财税〔2015〕5 号)第四条规定,单位、个人在改制重组时以国有土地、房屋进行投资,对其将国有土地、房屋权属转移、变更到被投资的企业,暂不征土地增值税。同时第五条规定,上述改制重组有关土地增值税政策不适用于房地产开发企业。这是财政部、国家税务总局为落实党中央和国务院有关要求[2014年国务院颁布了《关于进一步优化企业兼并重组市场环境的意见》(国发〔2014〕14号),明确要求营造良好的市场环境,充分发挥企业在改制重组中的主体作用,抓紧研究完善企业改制重组涉及的土地增值税政策],研究出台的支持企业改制重组的土地增值税政策,主要是对原有企业改制重组土地增值税优惠政策的规范与整合,延续了企业以房地产作价投资、企业兼并相关土地增值税优惠政策,但为减少税收政策漏洞,避免部分房地产开发企业以"改制"之名,行"转让房地产"之实,规避土地增值税,这次出台的政策延续了《财政部 国家税务总局关于土地增值税若干问题的通知》(财税〔2006〕21号)规定的房地产开发企业不得享受改制重组土地增值税优惠政策,即以土地使用权投资于房地产企业用于开发,或房地产企业以商品房对外投资,需视同销售转让国有土地使用权或视同销售开发产品征收土地增值税。

根据以上分析,盈鸿公司以900万元/亩的土地作价1 450万元/亩投资过户到盛鸿公司,其行为符合土地增值税的征税要求,应按《国家税务总局关于房地产开发企业土地增值税清算管理有关问题的通知》(国税发〔2006〕187号)的规定"房地产开发企业将开发产品用于职工福利、奖励、对外投资、分配给股东或投资人、抵偿债务、换取其他单位和个人的非货币性资产等,发生所有权转移时应视同销售房地产"计算缴纳土地增值税。当然,具体确认收入时一样要把增值税是价外税的因素考虑在内,即根据《财政部 国家税务总局关于营改增后契税、房产税、土地增值税、个人所得税计税依据问题的通知》(财税〔2016〕43号)第三条规定:"土地增值税纳税人转让房地产取得的收入为不含增值税收入。"即营改增后,纳税人转让房地产的土地增值税应税收入不含增值税。适用增值税一般计税方法的纳税人,其转让房地产的土地增值税应税收入不含增值税销项税额;适用简易计税方法的纳税人,其转让房地产的土地增值税应税收入不含增值税应纳税额。

> **笔者注** 根据《财政部 国家税务总局关于继续实施企业改制重组有关土地增值税政策的通知》(财税〔2018〕57号)有关规定,从2018年1月1日起至2020年12月31日,单位、个人在改制重组时以房地产作价入股进行投资,对其将房地产转移、变更到被投资的企业,暂不征土地增值税。但该改制重组有关土地增值税政策不适用于房地产转移任意一方为房地产开发企业的情形。

2018年5月16日,为支持企业改制重组,优化市场环境,财政部、国家税务总局出台了《关于继续实施企业改制重组有关土地增值税政策的通知》(财税〔2018〕57号),继续延续了《财政部 国家税务总局关于企业改制重组有关土地增值税政策的通知》(财税〔2015〕5号)有关企业在改制重组过程中涉及的土地增值税政策的执行,且明确规定:"改制重组有关土地增值税政策不适用于房地产转移任意一方为房地产开发企业的情形。"

3. 投资方企业所得税

企业以国有土地使用权作价对外进行股权投资,其实是以土地使用权换取股权的非货币性资产交换行为,根据《企业所得税法实施条例》(国务院令第512号)第二十五条规定,企业发生非货币性资产交换,以及将货物、财产、劳务用于捐赠、偿债、赞助、集资、广告、样品、职工福利或者利润分配等用途的,应当视同销售货物、转让财产或者提供劳务,但国务院财政、税务主管部门另有规定的除外。《国家税务总局关于企业处置资产所得税处理问题的通知》(国税函〔2008〕828号)第二条规定,其他改变资产所有权属的用途,因资产所有权属已发生改变而不属于内部处置资产,应按规定视同销售确定收入。据此,盈鸿公司以土地作价投资入股行为应视同销售无形资产——土地使用权确认财产损益计缴企业所得税。而根据《国家税务总局关于企业所得税有关问题的公告》(国家税务总局公告2016年第80号)第二条的规定,企业发生《国家税务总局关于企业处置资产所得税处理问题的通知》(国税函〔2008〕828号)第二条规定情形的,除另有规定外,应按照被移送资产的公允价值确定销售收入。即盈鸿公司应以投资时双方认可作价的1 450万元/亩作为公允价值确定销售收入。

笔者注1 根据《房地产开发经营业务企业所得税处理办法》(国税发〔2009〕31号)第三十七条规定:"企业以换取开发产品为目的,将土地使用权投资其他企业房地产开发项目的,按以下规定进行处理:企业应在首次取得开发产品时,将其分解为转让土地使用权和购入开发产品两项经济业务进行所得税处理,并按应从该项目取得的开发产品(包括首次取得的和以后应取得的)的市场公允价值计算确认土地使用权转让所得或损失。"

笔者注2 如果盈鸿公司是以其开发的产品如住宅、商业铺面、办公楼宇等作价投资,则应适用房地产行业的企业所得税特殊规则进行处理,即根据《国家税务总局关于印发〈房地产开发经营业务企业所得税处理办法〉的通知》(国税发〔2009〕31号)第七条规定:"企业将开发产品用于捐赠、赞助、职工福利、奖励、对外投资、分配给股东或投资人、抵偿债务、换取其他企事业单位和个人的非货币性资产等行为,应视同销售,于开发产品所有权或使用权转移,或于实际取得利益权利时确认收入(或利润)的实现。确认收入(或利润)的方法和顺序为:

(一)按本企业近期或本年度最近月份同类开发产品市场销售价格确定;

(二)由主管税务机关参照当地同类开发产品市场公允价值确定;

(三)按开发产品的成本利润率确定。开发产品的成本利润率不得低于15%,具体比例由主管税务机关确定。"

4. 投资方印花税

《国家税务局关于印花税若干具体问题的解释和规定的通知》(国税发〔1991〕155)号规定,"财产所有权"转移书据的征税范围是:经政府管理机关登记注册的动产、不动产的所有权转移所立的书据,以及企业股权转让所立的书据。《国家税务总局关于印花税若干政策的通知》(财税〔2006〕162号)第三条规定,对土地使用权出让合同、土地使用权转让合同按产权转移书据征收印花税。

根据上述规定,投资合同涉及土地使用权、房屋和建筑物等不动产产权转移的,均应按"产权转移书据"贴花。由签订"产权转移书据"的双方按万分之五的税率缴纳印花税。

（二）被投资方的涉税问题

1. 被投资方增值税进项税额处理

正如本章第二节[案例 2-5]中所述，进项税额，是指纳税人购进货物、加工修理修配劳务、服务、无形资产或者不动产，支付或者负担的增值税额。根据《财政部 国家税务总局关于全面推开营业税改征增值税试点的通知》（财税〔2016〕36 号）附件 1《营业税改征增值税试点实施办法》第二十五条规定，从销售方取得的增值税专用发票上注明的增值税额可以作为进项税额准予从未来实现的销项税额中抵扣。针对被投资方盛鸿公司而言，其在 2016 年 5 月 1 日起通过投资形式转移过来的土地所支付或负担的增值税额可以从未来实现的销项税额中抵扣，但必须取得合法有效的增值税扣税凭证。《财政部 国家税务总局关于全面推开营业税改征增值税试点的通知》（财税〔2016〕36 号）附件 1《营业税改征增值税试点实施办法》第二十六条规定，增值税扣税凭证，是指增值税专用发票、海关进口增值税专用缴款书、农产品收购发票、农产品销售发票和完税凭证。纳税人取得的增值税扣税凭证不符合法律、行政法规或者国家税务总局有关规定的，其进项税额不得从销项税额中抵扣。

综上，被投资方盛鸿公司必须取得投资方盈鸿公司开具的增值税专用发票，才能按增值税专用发票上注明的增值税额经认证相符后作为进项税额抵扣。

2. 被投资方土地增值税扣除金额认定

对接受投资方式取得开发用地，在土地增值税清算时，对该土地成本的扣除金额如何确定，历来是纳税人和税务机关产生争议分歧的所在。纳税人认为一般坚持清算时其土地成本应按投资时双方认可的投资作价作为扣除依据，而且《企业所得税法实施条例》第六十六条也明确规定："通过投资方式取得的无形资产（含土地使用权），以该资产的公允价值和支付的相关税费为计税基础。"据此，计算土地增值税时，也应当按照投资作价及缴纳的契税计算扣除。而税务机关往往是按投资方股东购入土地时支付的成本（出让金及契税）确定。理由主要有以下两方面：

一是《土地增值税暂行条例实施细则》（财法字〔1995〕6 号）第七条规定："条例第六条所列的计算增值额的扣除项目，具体为：（一）取得土地使用权所支付的金额，是指纳税人为取得土地使用权所支付的地价款和按国家统一规定交纳的有关费用。"所以认为在计算土地增值税的扣除项目时，可扣除的土地使用权价款是投资方取得该宗土地使用权时所支付的地价款和按国家统一规定交纳的有关费用，而不是接受投资时双方认可的作价价款。

二是根据《国家税务总局关于房地产开发企业土地增值税清算管理有关问题的通知》（国税发〔2006〕187 号）规定："四、土地增值税的扣除项目（一）房地产开发企业办理土地增值税清算时计算与清算项目有关的扣除项目金额，应根据土地增值税暂行条例第六条及其实施细则第七条的规定执行。除另有规定外，扣除取得土地使用权所支付的金额、房地产开发成本、费用及与转让房地产有关税金，须提供合法有效凭证；不能提供合法有效凭证的，不予扣除。"而被投资方能够提供的合法有效凭证只有取得土地使用权时所支付的地价款财政票据和按国家统一规定交纳有关费用时获得的相关票据、完税凭证，对土地使用权评估报告、投资协议等不认为是合法有效凭证。

笔者认为,对接受投资方式取得开发用地,在土地增值税清算时,对该土地成本扣除金额的确定应以 2016 年 5 月 1 日全面"营改增"为界限分为两个时间段进行分析,一是在 2016 年 5 月 1 日全面"营改增"之前以接受投资方式取得的开发用地,在土地增值税清算时,对该宗土地成本的扣除金额,笔者认为应以投资时双方作价的金额进行确定,并且不需要开具发票或财政票据,其理由如下:

首先,关于取得土地使用权所支付的金额问题。根据《土地增值税暂行条例实施细则》(财法字〔1995〕006 号)第七条规定:"取得土地使用权所支付的金额,是指纳税人为取得土地使用权所支付的地价款和按国家统一规定交纳的有关费用。"这里的取得并不是只有通过招拍挂等方式取得的政府出让地一种,也包含了企业在二级市场上取得的由其他单位依法转让或转移的土地,包括转让、入股、联营联建、置换和赠与等,这个时候企业"取得土地使用权所支付的金额"时获得的合法有效票据就是其他单位开具的营业税发票(营改增前)或增值税发票(营改增后)或其他合法有效凭据。正如上述,以土地使用权作价投资入股,是土地使用权合法转让的一种形式,它是企业以支付或评估的土地使用权价值为对价而获得被投资企业的股权,而针对被投资企业而言,它是以本公司的股权为对价而获得投资方的土地使用权,这一对价是双方认可的公允价,股权作价与投资作价相等,因此,允许扣除的土地成本应当按照投资协议确定的价格与土地使用权过户时缴纳的契税和按国家统一规定交纳的有关费用之和确定。

其次,关于合法凭据问题。2016 年 5 月 1 日全面"营改增"前,根据《财政部 国家税务总局关于股权转让有关营业税问题的通知》(财税〔2002〕191 号)第二条规定:"以无形资产、不动产投资入股,参与接受投资方利润分配,共同承担投资风险的行为,不征收营业税。"所以,以土地使用权对外投资入股,参与接受投资方利润分配,共同承担投资风险的行为不征营业税,也就是说这种投资行为不是企业的经营业务,不属于营业税的管辖范畴,而根据《中华人民共和国发票管理办法实施细则》(国家税务总局令第 25 号)第二十六规定:"填开发票的单位和个人必须在发生经营业务确认营业收入时开具发票。未发生经营业务一律不准开具发票。"因此,接受投资的土地使用权不得开具也无法获得发票。针对被投资方而言,这时候土地使用权评估报告、投资协议、契税完税凭证等就是其作为入账依据的合法凭据。2016 年 5 月 1 日全面"营改增"后,如上所述,由于增值税认为以土地使用权、不动产等作价投资入股,是以土地使用权、不动产等为对价换取了被投资企业的股权,取得了"其他经济利益",应当缴纳增值税,所以应开具或取得增值税专用发票才属于合法有效的增值税扣税凭证。

最后,2015 年 1 月 1 日前,《财政部 国家税务总局关于土地增值税一些具体问题规定的通知》(财税〔1995〕48 号)第一点"关于以房地产进行投资、联营的征免税问题"规定:"对于以房地产进行投资、联营的,投资、联营的一方以土地(房地产)作价入股进行投资或作为联营条件,将房地产转让到所投资、联营的企业中时,暂免征收土地增值税。对投资、联营企业将上述房地产再转让的,应征收土地增值税。"所以,针对非房地产性质的企业而言,其以土地使用权对外投资或者联营且不是用于房地产开发的,应免征土地增值税。该免税优惠是针对投资方而言,投资方与被投资方是两个独立的法律主体,投资方无论是否免税,都不应该影响被投资方土地成本的确定,不能因投资方免税而将纳税义务转嫁给被投资方,否则就会影响被投资企业其他股东的利益。换个角度,如果因为投资方免税就要求被投资方纳税,那么税收优惠就无法落实。这明显与立法宗旨精神不符。而针对有些房地产开发企业通过土地投资加大开发成本的做法,财政部、国家税务总局已于 2006 年 3 月 2 日以《财政部 国家税务总局关于土地增值税若干问题的通知》(财税〔2006〕21 号)对财税〔1995〕48 号文件部分条款作了修订,规定 "对于以土地(房地产)作价入股进行投资或联营的,凡所投资、联营的企业从事房地产开发的,或者房地产开发企业以其建造的商品房进行投资和联营的,均不适用《财政部 国家税务总局关于土地增值税一些具体问题规定的通知》(财税字〔1995〕048 号)第一条暂免征收土地增值税的规定。" 即从 2006 年 3 月 2 日起,以土地使用权投资到房地产企业用于开发项目,必须视同转让土地使用权缴纳土地增值税。根据 "实体从旧原则" 该文件只适用于 2006 年 3 月 2 日(含本日)以后发生的土地使用权作价投资行为,对此前发生的土地使用权作价投资行为不作追溯。2015 年 1 月 1 日起,《财政部 国家税务总局关于企业改制重组有关土地增值税政策的通知》(财税〔2015〕5 号)延续保留了财税〔1995〕48 号、财税〔2006〕21 号文件精神,即还是分为两种情况处理:一是非房地产性质的单位、个人在改制重组时以国有土地、房屋进行投资,对其将国有土地、房屋权属转移、变更到被投资的企业,暂不征土地增值税。二是以土地使用权投资于房地产企业用于开发,或房地产企业以商品房对外投资,需视同销售转让国有土地使用权或视同销售开发产品征收土地增值税。所以土地增值税的政策与之前并没有发生大的变化。

以上规定,均是针对投资方设定的,但对于被投资方企业而言,笔者认为,无论投资方是否享受免征土地增值税优惠,其在计算土地增值税和企业所得税时,均应以投资作价为基础确定土地成本,有些地方性规范性文件不让被投资方以投资作价为基础确定土地成本,笔者觉得值得商榷。如《新疆维吾尔自治区地方税务局关于土地增值税若干政策问题的公告》(新疆维吾尔自治区地方税务局公告 2014 年第 1 号)第六条规定:"关于以土地(房地产)投资入股进行投资或联营征收土地增值税的扣除问题。

房地产开发企业以接受投资方式取得的土地,并在该宗土地上从事房地产开发,在计算土地增值税时应以《财政部 国家税务总局关于土地增值税若干问题的通知》(财税〔2006〕21 号)规定的执行日期为界限,分以下两种情况确认扣除项目:

(一)2006 年 3 月 2 日之前,以土地(房地产)作价入股进行投资或联营从事房地产开发的,被投资企业在土地增值税清算时,应以投资入股的账面价值作为其取得土地使用权所支付的金额据以扣除。

(二)2006 年 3 月 2 日之后,以土地(房地产)作价入股进行投资或联营从事房地产开发,并按规定征收土地增值税的,以征税时确认的收入作为取得土地使用权所支付的金额据以扣除。"

山东省、青岛市、重庆市等地方税务局也有类似规定,如《山东省地方税务局关于明确投资人股土地征收土地增值税土地扣除项目金额问题的通知》(鲁地税函〔2004〕30 号)规定:"纳税人利用外单位投资入股的土地从事房地产开发的,由于其取得该宗土地使用权时并无支付任何金额,故在转让该宗土地开发建设的房地产计算土地增值税时,不得按照投资入股企业取得土地使用权时支付的金额或投资入股时土地的评估价值作为土地的扣除项目金额予以扣除。"

3. 被投资方企业所得税计税成本确认

《企业所得税法实施条例》第六十六条规定:"通过捐赠、投资、非货币性资产交换、债务重组等方式取得的无形资产,以该资产的公允价值和支付的相关税费为计税基础。"另根据《房地产开发经营业务企业所得税处理办法》(国税发〔2009〕31号)第三十一规定:"企业以非货币交易方式取得土地使用权的,应按下列规定确定其成本:(二)企业、单位以股权的形式,将土地使用权投资企业的,接受投资的企业应在投资交易发生时,按该项土地使用权的市场公允价值和土地使用权转移过程中应支付的相关税费计算确认该项土地使用权的取得成本。如涉及补价,土地使用权的取得成本还应加上应支付的补价款或减除应收到的补价款。"

根据以上规定,盛鸿公司应按接受投资时该项土地使用权的市场公允价值即双方认可的1 450万元/亩和该项土地使用权转移过程中应支付的契税、过户费等相关税费计算确认该项土地使用权的取得成本。如涉及补价,土地使用权的取得成本还应加上应支付的补价款或减除应收到的补价款。

4. 被投资方契税

《中华人民共和国契税暂行条例实施细则》(简称《契税暂行条例实施细则》)第八条规定:"土地、房屋权属以下列方式转移的,视同土地使用权转让、房屋买卖或者房屋赠与征税:(一)以土地、房屋权属作价投资、入股。"

所以对以国有土地使用权投资入股的行为,接受方盛鸿公司要按规定缴纳契税。契税税率为3%～5%。

5. 被投资方印花税

依据同投资方的印花税处理,因为合同双方适用的印花税税目、税率是一样的,这里不再赘述。

第七节 以土地使用权作为投资合作建房涉税问题处理

一、以国有土地使用权投资合作建房相关规定

关于以国有土地使用权投资合作建房问题,《最高人民法院关于审理房地产管理法施行前房地产开发经营案件若干问题解答》(法发〔1996〕2号)明确,享有土地使用权的一方以土地使用权作为投资与他人合作建房,签订的合建合同是土地使用权有偿转让的一种特殊形式,除办理合建审批手续外,还应依法办理土地使用权变更登记手续。未办理土地使用权变更登记手续的,一般应当认定合建合同无效,但双方已实际履行了合同,或房屋已基本建成,又无其他违法行为的,可认定合建合同有效,并责令当事人补办土地使用权变更登记手续。对名为合作建房,实为土地使用权转让的合同,可按合同实际性质处理。如土地使用权的转让符合法律规定的,可认定合同有效,不因以合作建房为名而认定合同无效。

另外,《最高人民法院关于审理涉及国有土地使用权合同纠纷案件适用法律问题的解释》(法释〔2005〕5号)相关条款也明确,合作开发房地产合同,是指当事人订立的以提供出让土地使用权、资金等作为共同投资,共享利润、共担风险合作开发房地产为基本内容的协议。对合作开发房地产合同约定提供土地使用权的当事人不承担经营风险,只收取固定利益的,应当认定为土地使用权转让合同;对合作开发房地产合同约定提供资金的当事人不承担经营风险,只分配固定数量房屋的,应当认定为房屋买卖合同;对合作开发房地产合同约定提供资金的当事人不承担经营风险,只收取固定数额货币的,应当认定为借款合同;对合作开发房地产合同约定提供资金的当事人不承担经营风险,只以租赁或者其他形式使用房屋的,应当认定为房屋租赁合同。

因此合作建房,亦称之为共建或联建房屋,是土地使用权有偿转让的一种特殊表现形式,其实质是享有土地使用权的一方通过合同约定将其部分土地使用权转让给直接以资金形态投资但无土地使用权的合同另一方的行为。合作建房一般有两种模式,第一种是纯粹的"以物易物"模式,即由一方出土地,另一方出资金,联合或以由开发资质的房地产企业一方立项,建成后双方按约定比例分房自用或销售。这时针对出地方而言,其实是以转让部分土地使用权为代价,换取回部分房屋的所有权,发生了转让土地使用权的行为;针对出资方而言,其实是以转让部分房屋的所有权为代价,换取回部分土地的使用权,发生了销售不动产的行为。第二种是"联营",即一方出地,另一方出资,双方成立合营公司,并按约定条款进行运营,既有共担风险,共享利润形式,也有按一定比例分房形式,也有按销售收入的一定比例提成的方式参与分配或提取固定利润的。针对共担风险、共享利润的模式[案例2-9]已经做详细讲解,这里主要针对分享部分房屋产权或一方固定分利等其他分配形式进行讲解。

二、案例

【案例2-10】 鑫华投资集团(没有房地产开发资质)2014年以招拍挂形式取得20亩政府出让地,原计划投资兴建企业总部大厦,后因资金投向改变,企业不想继续投入,经多方洽谈,2016年8月选择协鑫房地产开发公司作为合作对象,由协鑫房地产开发公司投入后续建设资金,负责项目的立项、报批报建以及开发建设和运营管理等事项,由鑫华投资集团投入土地并负责将土地用途变更为综合性商业用地,双方约定按协鑫房地产开发公司65%:35%(鑫华投资集团)比例分配开发产品,协鑫房地产开发公司另需支付2 000万元固定利润给鑫华投资集团。

【问题】 合作建房双方的涉税问题如何处理?

【案例分析】

(一)出地方涉税问题

1. 出地方增值税

正如本章所述,根据《财政部 国家税务总局关于全面推开营业税改征增值税试点的通知》(财税〔2016〕36号)附件1《营业税改征增值税试点实施办法》第十一条规定:"有偿,是指取得货币、货物或者其他经济利益。"一方以土地与他人合作建房,不管是采取"以物易物"模式还是"联营"模式,都是以全部或部分土地使用权为代价,获得一部分货币或换取回一部分房屋或其他经济利益,都是有偿的,应按照财税〔2016〕36号文等"营改增"有关规定缴纳增值税。

据此,鑫华投资集团以土地和他人合作建房获得的全部房屋的35%和2 000万元固定利润,视为是有偿转让了无形资产——土地使用权的行为,应按规定缴纳增值税。但由于除了2 000万元固定利润外,对双方各自分得的房屋并没有进行货币结算,因此对此部分应分别核定双方各自的销售额。到目前为止,"营改增"相关文件尚没有进一步对此进行明确或解释。笔者在此建议财政部和国家税务总局应尽快对《财政部 国家税务总局关于全面推开营业税改征增值税试点的通知》(财税〔2016〕36号)附件1《营业税改征增值税试点实施办法》第十四条"下列情形视同销售服务、无形资产或者不动产"中的"(三)财政部和国家税务总局规定的其他情形"进行明确或解释。因为只有待明确或解释后对这种情况才有办法适用该《营改增实施办法》第四十四条规定的纳税调整,即纳税人发生应税行为价格明显偏低或者偏高且不具有合理商业目的的,或者发生该办法第十四条所列行为而无销售额的,主管税务机关有权按照下列顺序确定销售额:

(1)按照纳税人最近时期销售同类服务、无形资产或者不动产的平均价格确定。

(2)按照其他纳税人最近时期销售同类服务、无形资产或者不动产的平均价格确定。

(3)按照组成计税价格确定。组成计税价格的公式为:

$$组成计税价格=成本\times(1+成本利润率)$$

成本利润率由国家税务总局确定。

不具有合理商业目的,是指以谋取税收利益为主要目的,通过人为安排,减少、免除、推迟缴纳增值税税款,或者增加退还增值税税款。

这里需要强调的是,出地方取得的固定利润2 000万元应作为增值税的应税收入并入销售额纳税,而不能认定为是所谓的"利润"性质。在全面"营改增"之前,国家税务总局早在1994年就在《国家税务总局关于中外合作开发房地产征收营业税问题的批复》(国税函发〔1994〕644号)中明确,对定期获取的固定利润视为转让土地使用权所取得的收入,计算征收营业税。后在《国家税务总局关于印发〈营业税问题解答(之一)〉的通知》(国税函发〔1995〕156号)中再次明确,房屋建成后,甲方如果采取按销售收入的一定比例提成的方式参与分配,或提取固定利润,则不属营业税所称的投资入股不征营业税的行为,而属于甲方将土地使用权转让给合营企业的行为,那么,对甲方取得的固定利润或从销售收入按比例提取的收入按"转让无形资产"征税;对合营企业则按全部房屋的销售收入依"销售不动产"税目征收营业税。全面"营改增"之后,虽然到目前为止,财政部或国家税务总局的相关文件尚未对此进行明确或解释,但根据《财政部 国家税务总局关于全面推开营业税改征增值税试点的通知》(财税〔2016〕36号)《附:销售服务、无形资产、不动产注释》"以货币资金投资收取的固定利润或者保底利润,按照贷款服务缴纳增值税"的规定可知,财政部、国家税务总局对收取的固定利润是认定为销售服务、无形资产或不动产的一种行为,从性质上而言属于增值税的应税收入,应并入增值额纳税,但由于增值税是价外税,因此其取得的2 000万元中是包含了增值税款在内的,应注意进行价税分离。

另根据《财政部　国家税务总局关于进一步明确全面推开营改增试点有关劳务派遣服务、收费公路通行费抵扣等政策的通知》(财税〔2016〕47号)规定,纳税人转让2016年4月30日前取得的土地使用权,可以选择适用简易计税方法,以取得的全部价款和价外费用减去取得该土地使用权的原价后的余额为销售额,按照5%的征收率计算缴纳增值税。据此,鑫华投资集团可以选择适用简易计税方法,以最终确认的收入(包括35%房屋按市场公允价值计算的部分和另行收取的固定利润2000万元)减去土地取得成本后的余额作为销售额,以5%的征收率按规定计算缴纳增值税,并开具增值税专用发票给协鑫房地产开发用以抵扣土地的进项税额。当然鑫华投资集团也可以选择适用11%税率的一般计税方法计算缴纳增值税,并开具相应税率的增值税专用发票给协鑫房地产开发公司用以抵扣土地的进项税额,不过正如本章第二节[案例2-5]所述,由于目前政策尚没有明确一般计税方法下对原购置的土地成本如何扣除,投资方如果按照一般计税方法计算缴纳增值税产生的税负将极高,具体参见本章第二节[案例2-5]相关内容,这里不再赘述。

2. 出地方土地增值税

合作建房的土地增值税处理需要特别注意,虽然《财政部　国家税务总局关于土地增值税一些具体问题规定的通知》(财税字〔1995〕第048号)第二点"关于合作建房的征免税问题"规定:"对于一方出地,一方出资金,双方合作建房,建成后按比例分房自用的,暂免征收土地增值税;建成后转让的,应征收土地增值税。"但正如上述司法解释所述,享有土地使用权的一方以土地使用权作为投资与他人合作建房,签订的合建合同是土地使用权有偿转让的一种特殊形式,除办理合建审批手续外,还应依法办理土地使用权变更登记手续。而对于提供土地使用权的当事人不承担经营风险,只收取固定利益的,应当认定为土地使用权转让。因此笔者认为,对没有依法办理土地使用权变更登记手续、合建审批手续并且不承担经营风险,只收取固定利益的合作建房,不能享受上述暂免征收土地增值税的优惠待遇,而应当认定为土地使用权转让,按照《国家税务总局关于房地产开发企业土地增值税清算管理有关问题的通知》(国税发〔2006〕187号)的规定"房地产开发企业将开发产品用于职工福利、奖励、对外投资、分配给股东或投资人、抵偿债务、换取其他单位和个人的非货币性资产等,发生所有权转移时应视同销售房地产"计算缴纳土地增值税。各地税务机关在实践执行口径中基本都持这一观点,广州市地方税务局更是这一观点的典型代表,根据《广州市地方税务局土地增值税清算工作若干问题处理指引(2012年修订版)》(穗地税函〔2012〕198号)第八点"关于以合作建房形式开发房地产项目的,计算有关土地增值税计税收入和扣除项目金额问题"规定:

"(一)一方出地、一方出资合作开发房地产项目,双方不成立合营企业,合作中出地方以转让部分土地使用权(房地产)为代价,换取部分房地产所有权,出资方以转让部分房地产所有权为代价,换取部分土地使用权(房地产)。对于上述出地方以转让部分土地使用权(房地产)为代价,换取部分房地产所有权的,按187号文第三条第一项确认收入,对于出资方以转让部分房地产所有权为代价,换取部分土地使用权(房地产)的,按187号文第三条第一项分别确认土地增值税计税收入和取得部分土地使用权所支付金额。

(二)出地方以土地使用权(房地产)、出资方以货币资金作价入股,成立合营企业,从事房地产开发,建成后双方采取分配方式为:1.风险共担,利润共享的;2.按销售收入一定比例提成或提取固定利润的;3.按一定比例分配房地产的。对于上述合营企业,以出地方土地使用权(房地产)作价入股时确认的评估价值作为取得土地使用权所支付金额;对于出地方,以土地使用权(房地产)作价入股时确认的评估价值作为转让土地使用权(房地产)所取得土地增值税计税收入。

根据《财政部 国家税务总局关于土地增值税若干问题的通知》(财税〔2006〕21号,以下简称21号文)第六条规定,对于2006年3月2日以后发生的,出地方以土地使用权(房地产)作价入股,成立合营企业从事房地产开发的,应征收土地增值税。"

当然,具体确认收入时一样要把增值税是价外税的因素考虑在内,即根据《财政部 国家税务总局关于营改增后契税、房产税、土地增值税、个人所得税计税依据问题的通知》(财税〔2016〕43号)第三条规定:"土地增值税纳税人转让房地产取得的收入为不含增值税收入。"即营改增后,纳税人转让房地产的土地增值税应税收入不含增值税。适用增值税一般计税方法的纳税人,其转让房地产的土地增值税应税收入不含增值税销项税额;适用简易计税方法的纳税人,其转让房地产的土地增值税应税收入不含增值税应纳税额。

3. 出地方企业所得税

(1)针对"以物易物"类型的合作建房,如上所述,其实是出地方以转让部分土地使用权为代价,换取部分房地产所有权,出资方以转让部分房地产所有权为代价,换取部分土地使用权的一种非货币性资产交换行为,根据《企业所得税法实施条例》(国务院令第512号)第二十五条规定,企业发生非货币性资产交换,以及将货物、财产、劳务用于捐赠、偿债、赞助、集资、广告、样品、职工福利或者利润分配等用途的,应当视同销售货物、转让财产或者提供劳务,但国务院财政、税务主管部门另有规定的除外。《国家税务总局关于企业处置资产所得税处理问题的通知》(国税函〔2008〕828号)第二条也规定,其他改变资产所有权属的用途,因资产所有权属已发生改变而不属于内部处置资产,应按规定视同销售确定收入。据此,鑫华投资集团转移的部分土地使用权(65%)应视同销售无形资产——土地使用权确认财产损益计缴企业所得税。而根据《国家税务总局关于印发〈房地产开发经营业务企业所得税处理办法〉的通知》(国税发〔2009〕31号)第三十七条规定,企业以换取开发产品为目的,将土地使用权投资其他企业房地产开发项目的,按以下规定进行处理:企业应在首次取得开发产品时,将其分解为转让土地使用权和购入开发产品两项经济业务进行所得税处理,并按应从该项目取得的开发产品(包括首次取得的和以后应取得的)的市场公允价值计算确认土地使用权转让所得或损失。另外,《国家税务总局关于企业所得税有关问题的公告》(国家税务总局公告2016年第80号)第二条规定,企业发生《国家税务总局关于企业处置资产所得税处理问题的通知》(国税函〔2008〕828号)第二条规定情形的,除另有规定外,应按照被移送资产的公允价值确定销售收入。据此,鑫华投资集团应以分回的35%房屋的公允价值作为被转移部分土地使用权的公允价值确定转让土地销售收入。

对另外取得的固定分利2 000万元主要应审核认定其是属于税前分利还是税后分利。如果是属于税前分利,则应并入鑫华投资集团当期应纳税所得额计算缴纳企业所得税;如果是属于税后分利,则应审核其是否符合《企业所得税法》第二十六条规定的免税收入,符合条件的可作为免税收入处理,不然也应并入当期应纳税所得额计算缴纳企业所得税。而根据企业所得税法、公司法、企业会计准则等法律法规相关规定,企业当年实现的利润,一般应按照如下顺序进行分配:①弥补以前期间亏损(5 年之内允许税前弥补);②缴纳企业所得税;③提取法定盈余公积;④提取任意盈余公积;⑤向投资者分配利润或股利。换句话说也就是,公司年度利润在缴纳企业所得税之前,如果公司以前年度尚有未弥补的亏损,应当首先用来弥补公司以前年度的亏损,在公司有亏损未弥补的情况下是不可以分配利润的。但是,在公司本年利润缴纳企业所得税之前只可以弥补前溯 5 年以内的亏损,超过 5 年以前年度的亏损不可以用税前利润弥补,只可以用税后利润去弥补,即先缴纳所得税,然后再去弥补。如果公司年度利润用于弥补前溯 5 年以内的亏损后已经没有余额了,那么公司本年度既不用缴纳所得税,也不用提取法定公积金,更不能分配利润。如果公司在有亏损尚未弥补的情况下分配利润,可以被认定为股东抽逃资本,根据公司法的规定将被强令退回。鑫华投资集团要求固定分利显然是不考虑企业亏损与否,不符合法律规定的利润分配要求,因此可认定该固定取得的 2 000 万元利润是属于税前分利性质,应并入当期应纳税所得额计算缴纳企业所得税。

当然,具体确认企业所得税收入时一样要把增值税是价外税的因素考虑在内,即营改增后,纳税人转让房地产的企业所得税应税收入不含增值税。适用增值税一般计税方法的纳税人,其转让房地产的土地增值税应税收入不含增值税销项税额;适用简易计税方法的纳税人,其转让房地产的土地增值税应税收入不含增值税应纳税额。

(2) 对一方出地、另一方出资金作价入股,成立合营企业后采取风险共担,利润共享的合作建房。这种情况正是本章第六节[案例 2-9]讲解的内容,主要是在投资环节土地使用权属发生变更时,出地方应确认企业所得税应税收入,具体内容参见本章第六节[案例 2-9],不再赘述。这里主要讲按"风险共担,利润共享"方式最后取得的利润如何处理问题。根据《企业所得税法》及其实施条例有关规定,居民企业直接投资于其他居民企业取得的股息、红利等权益性投资收益为免税收入,所以鑫华投资集团日后从协鑫房地产开发公司取得的利润可以享受免税待遇,但企业应按《国家税务总局关于发布〈企业所得税优惠政策事项办理办法〉的公告》(国家税务总局公告 2015 年第 76 号)的规定,应当不迟于年度汇算清缴纳税申报时向税务机关履行备案手续,妥善保管留存备查资料,否则不能享受。

(3) 对一方出地、另一方出资金作价入股,成立合营企业后按销售收入一定比例提成的合作建房。出地方取得的分成收入如同固定利润,直接作为企业所得税应税收入处理即可,不再赘述。

(4) 对一方出地、另一方出资金作价入股,成立合营企业后按一定比例分配房地产的合作建房。出地方在投资阶段的企业所得税处理和本章第六节[案例 2-9]一样,分回的房屋在未处理之前不涉及企业所得税问题。

笔者注 如果出地方本身就是房地产企业,即房地产企业拥有土地使用权并以本企业为主体联合其他企业、单位、个人合作或合资开发房地产项目的,则根据《房地产开发经营业务企业所得税处理办法》(国税发〔2009〕31 号)第三十六条规定:"企业以本

企业为主体联合其他企业、单位、个人合作或合资开发房地产项目,且该项目未成立独立法人公司的,按下列规定进行处理:

(一)凡开发合同或协议中约定向投资各方(即合作、合资方,下同)分配开发产品的,企业在首次分配开发产品时,如该项目已经结算计税成本,其应分配给投资方开发产品的计税成本与其投资额之间的差额计入当期应纳税所得额;如未结算计税成本,则将投资方的投资额视同销售收入进行相关的税务处理。

(二)凡开发合同或协议中约定分配项目利润的,应按以下规定进行处理:

1. 企业应将该项目形成的营业利润额并入当期应纳税所得额统一申报缴纳企业所得税,不得在税前分配该项目的利润。同时不能因接受投资方投资额而在成本中摊销或在税前扣除相关的利息支出。

2. 投资方取得该项目的营业利润应视同股息、红利进行相关的税务处理。"

4. 出地方印花税

对出地方而言,不论哪种合作建房,都涉及土地使用权属的变更,所以在印花税处理上同本章第六节[案例2-9],都需要按"产权转移书据"贴花,不再赘述。

(二)出资方的涉税问题

1. 出资方增值税进项税额处理

对出资方而言,不论是纯粹的"以物易物"模式还是"联营"模式的合作建房,都涉及土地的进项税额如何处理问题,因出地方全面"营改增"后不管哪种模式合作建房都需要确认销售无形资产——土地使用权,所以都正如本章第二节[案例2-5]、本章第六节[案例2-9]中所述,出资方协鑫房地产开发公司公司必须取得出地方鑫华投资集团开具的增值税专用发票,才能按增值税专用发票上注明的增值税额经认证相符后作为进项税额抵扣。具体处理依据参见本章第二节[案例2-5]、本章第六节[案例2-9],不再赘述。

2. 出资方土地增值税扣除金额认定

和本章第六节[案例2-9]极为相似,合作建房的合营企业或者出资方是房地产企业的,则在土地增值税清算时,都存在其接受的出地方的土地成本如何认定问题。笔者对此认同广州市地方税务局的做法,即应分为两种情况处理:

一是对"以物易物"模式的合作建房,即一方出地、一方出资合作开发房地产项目,双方不成立合营企业,合作中出地方以转让部分土地使用权(房地产)为代价,换取部分房地产所有权,出资方以转让部分房地产所有权为代价,换取部分土地使用权(房地产)。对于上述出地方以转让部分土地使用权(房地产)为代价,换取部分房地产所有权的,按《国家税务总局关于房地产开发企业土地增值税清算管理有关问题的通知》(国税发〔2006〕187号)第三条第一项确认收入;对于出资方以转让部分房地产所有权为代价,换取部分土地使用权(房地产)的,按《国家税务总局关于房地产开发企业土地增值税清算管理有关问题的通知》(国税发〔2006〕187号)第三条第一项分别确认土地增值税计税收入和取得部分土地使用权所支付金额。

> **笔者注** "以物易物"模式的合作建房,其实类似拆迁安置房的土地增值税处理,根据《国家税务总局关于土地增值税清算有关问题的通知》(国税函〔2010〕220号)第六条第一款规定,房地产企业用建造的本项目房地产安置回迁户的,安置用房视同销售处理,按《国家税务总局关于房地产开发企业土地增值税清算管理有关问题的通知》(国税发〔2006〕187号)第三条第(一)款规定确认收入,同时将此确认为房地产开发项目的拆迁补偿费。房地产开发企业支付给回迁户的补差价款,计入拆迁补偿费;回迁户支付给房地产开发企业的补差价款,应抵减本项目拆迁补偿费。

二是对"联营"模式的合作建房,即出地方以土地使用权(房地产)、出资方以货币资金作价入股,成立合营企业,从事房地产开发,建成后双方采取分配方式为:①风险共担,利润共享的;②按销售收入一定比例提成或提取固定利润的;③按一定比例分配房地产的。对于上述合营企业,以出地方土地使用权(房地产)作价入股时确认的评估价值作为取得土地使用权所支付金额;对于出地方,以土地使用权(房地产)作价入股时确认的评估价值作为转让土地使用权(房地产)所取得土地增值税计税收入。

3. 出资方企业所得税处理

对按一定比例分配开发产品或固定利润给出地方或出资方的房地产企业如本例中的协鑫房地产开发公司而言,其分配出去的35%开发产品应按公允价视同销售开发产品,分配给鑫华集团的固定利润应作为税前分利,不得减少当期应纳税所得额,并据以计算缴纳企业所得税。依据主要有:《企业所得税法实施条例》(国务院令第512号)第二十五条规定:"企业发生非货币性资产交换,以及将货物、财产、劳务用于捐赠、偿债、赞助、集资、广告、样品、职工福利或者利润分配等用途的,应当视同销售货物、转让财产或者提供劳务,但国务院财政、税务主管部门另有规定的除外。"《国家税务总局关于企业处置资产所得税处理问题的通知》(国税函〔2008〕828号)第二条规定:"企业将资产移送他人的下列情形,因资产所有权属已发生改变而不属于内部处置资产,应按规定视同销售确定收入。

(一)用于市场推广或销售;

(二)用于交际应酬;

(三)用于职工奖励或福利;

(四)用于股息分配;

(五)用于对外捐赠;

(六)其他改变资产所有权属的用途。"

《国家税务总局关于企业所得税有关问题的公告》(国家税务总局公告2016年第80号)第二条规定,企业发生《国家税务总局关于企业处置资产所得税处理问题的通知》(国税函〔2008〕828号)第二条规定情形的,除另有规定外,应按照被移送资产的公允价值确定销售收入。

《房地产开发经营业务企业所得税处理办法》(国税发〔2009〕31号)第三十六规定:"企业以本企业为主体联合其他企业、单位、个人合作或合资开发房地产项目,且该项目未

成立独立法人公司的,按下列规定进行处理:

(一)凡开发合同或协议中约定向投资各方(即合作、合资方,下同)分配开发产品的,企业在首次分配开发产品时,如该项目已经结算计税成本,其应分配给投资方开发产品的计税成本与其投资额之间的差额计入当期应纳税所得额;如未结算计税成本,则将投资方的投资额视同销售收入进行相关的税务处理。

(二)凡开发合同或协议中约定分配项目利润的,应按以下规定进行处理:

1. 企业应将该项目形成的营业利润额并入当期应纳税所得额统一申报缴纳企业所得税,不得在税前分配该项目的利润。同时不能因接受投资方投资额而在成本中摊销或在税前扣除相关的利息支出。

2. 投资方取得该项目的营业利润应视同股息、红利进行相关的税务处理。"

另外,对其接受土地的合作建房的另一方(一般为房地产开发企业),其计算企业所得税时,土地成本应按下列规定处理:

《企业所得税法实施条例》第六十六条规定:"通过捐赠、投资、非货币性资产交换、债务重组等方式取得的无形资产,以该资产的公允价值和支付的相关税费为计税基础。"

《房地产开发经营业务企业所得税处理办法》(国税发〔2009〕31号)第三十一条规定:"企业以非货币交易方式取得土地使用权的,应按下列规定确定其成本:

(一)企业、单位以换取开发产品为目的,将土地使用权投资企业的,按下列规定进行处理:

1. 换取的开发产品如为该项土地开发、建造的,接受投资的企业在接受土地使用权时暂不确认其成本,待首次分出开发产品时,再按应分出开发产品(包括首次分出的和以后应分出的)的市场公允价值和土地使用权转移过程中应支付的相关税费计算确认该项土地使用权的成本。如涉及补价,土地使用权的取得成本还应加上应支付的补价款或减除应收到的补价款。

2. 换取的开发产品如为其他土地开发、建造的,接受投资的企业在投资交易发生时,按应付出开发产品市场公允价值和土地使用权转移过程中应支付的相关税费计算确认该项土地使用权的成本。如涉及补价,土地使用权的取得成本还应加上应支付的补价款或减除应收到的补价款。

(二)企业、单位以股权的形式,将土地使用权投资企业的,接受投资的企业应在投资交易发生时,按该项土地使用权的市场公允价值和土地使用权转移过程中应支付的相关税费计算确认该项土地使用权的取得成本。如涉及补价,土地使用权的取得成本还应加上应支付的补价款或减除应收到的补价款。"

4. 出资方契税

关于合作建房的接受土地一方的契税问题,《财政部　国家税务总局关于对河南省财政厅〈关于契税有关政策问题的请示〉的批复》(财税〔2000〕14号)第一点"关于甲乙单位合作建房契税纳税人和计税依据的确定问题"明确,甲单位拥有土地,乙单位提供资金,共建住房。乙单位获得了甲单位的部分土地使用权,属于土地使用权权属转移,根据《契税暂行条例》的规定,对乙单位应征收契税,其计税依据为乙单位取得土地使用权的成交价格。上述甲乙单位合建并各自分得的房屋,不发生权属转移,不征收契税。所以接受土地的合作建房方应按规定缴纳契税,税率为3%～5%。

5. 出资方印花税

同出地方,不论哪种合作建房,都涉及土地使用权属的变更,所以在印花税处理上同本章第六节[案例2-9],都需要按"产权转移书据"贴花,不再赘述。

第八节 | 以股权转让方式取得土地使用权涉税问题处理

【案例2-11】 甲公司注册资本3 000万元(法人股东A公司占70%、自然人股东B占30%),为房地产开发项目公司,2012年以招拍挂方式获取土地100亩,支付土地出让金及过户有关税费15 000万元,取得省级财政票据。2016年甲公司股东准备将该地块转让,经高人指点,甲公司股东认为采取股权转让方式比直接转让土地使用权税收成本较低。乙公司拟受让该地块,经协商,甲公司股东与乙公司同意以土地评估价值作价500万元/亩,要求受让方需负责归还原股东借给公司的债务,并另净收股权转让款38 000万元。后将他们拥有的甲公司股权全部转让给乙公司。甲公司股东与乙公司双方于2016年8月份签订了股权转让协议并于当月到工商登记部门办妥了股权变更登记手续。股权转让后,甲公司变为乙公司全资控股的子公司。假设投资当日,甲公司所有者权益为3 000万元。甲公司资产负债表如表2-1所示:

表2-1 甲公司资产负债表　　　　　　　　　　　　　　单位:万元

资产	金额	负债	金额
		其他应付款——股东A	8 400
无形资产	15 000	其他应付款——股东B	3 600
		实收资本	3 000
资产合计	15 000	负债及权益合计	15 000

【问题】 股权(股份)转让涉及的各方当事人涉税问题如何处理?

【案例分析】

一、股权(股份)转让方涉税处理

1. 股权(股份)转让方增值税

股权是股东权利的简称,是股东因出资而取得的、依法定或者公司章程的规定和程序参与事务并在公司中享受财产利益的、具有可转让性的权利。根据我国现行公司法,一般是指有限责任公司的股权,其特点是资本不是以等额形式存在的,也就是说其资本不是单位化的。

根据我国现行公司法,股份一般是指股份有限公司股东持有的,由股份有限公司的资本划分得来,每一股金额相等,构成公司资本的最小计量单位,是划分股东权利义务的基础和股东在公司中法律地位的象征。股份有限公司又以其是否发行在证券交易所挂牌上市的股份而分为上市公司和非上市公司。

非上市的股份有限公司与有限责任公司在运作中和规范上并没有实质性的差异。只是非上市股份公司有发起设立和募集设立两种方式,有限责任公司是股东共同出资设立,可以理解为发起设立,有限责任公司不能募集。在本案例中将非上市的股份有限公司股东的股份转让和有限责任公司股东的股权转让合并称为"非上市公司股东股权转让"。上市公司的股份一般表现为股票这一有价证券的形式,股票是股份的存在形式,股份是股票的价值内容,股份的持有与转让一般是通过股票的持有与转让进行的。在本案例中称为"上市公司股东股份转让"。

笔者注 有价证券是指标有票面金额,证明持有人有权按期取得一定收入并可自由转让和买卖的所有权或债权凭证。有价证券是虚拟资本的一种形式,它本身没价值,但有价格。有价证券按其所表明的财产权利的不同性质,可分为三类:商品证券、货币证券及资本证券。股票属于有价证券中的资本证券一类。

非上市公司股东股权转让与上市公司股东股份转让在税收上所适用的税收政策并不同。在2016年5月1日全面"营改增"之前,营业税对非上市公司股东股权转让,不分持股主体是个人还是法人或其他组织,均视为不属于营业税管辖范畴的非经营性业务,不征收营业税。依据是《财政部 国家税务总局关于股权转让有关营业税问题的通知》(财税〔2002〕191号)第二条"对股权转让不征收营业税"。而对上市公司股东股份转让,根据《国家税务总局关于印发〈金融保险业营业税申报管理办法〉的通知》(国税发〔2002〕9号)"第三章金融保险业征税范围"第七条"金融商品转让,是指转让外汇、有价证券或非货物期货的所有权的行为。包括:股票转让、债券转让、外汇转让、其他金融商品转让"的规定,股票买卖被归入金融商品转让,属于应征收营业税范畴,适用金融保险业税目税率计算缴纳。但针对持股主体为个人(包括个体工商户及其他个人)的则予以税收优惠,暂免征收营业税,依据是《财政部 国家税务总局关于个人金融商品买卖等营业税若干免税政策的通知》(财税〔2009〕111号)规定:"对个人(包括个体工商户及其他个人,下同)从事外汇、有价证券、非货物期货和其他金融商品买卖业务取得的收入暂免征收营业税。"据此,上市公司股东身份为法人(如有限公司或股份公司)和其他组织(如合伙企业或个人独资企业)的股份转让需要按转让有价证券适用金融保险业税目税率缴纳营业税;对股东身份为个人的股份转让暂免征收营业税。

"营改增"后,股权转让或股份转让行为是否延续营业税的做法?根据全面"营改增"规定,销售服务、无形资产或者不动产的单位和个人,为增值税纳税人,应当按照规定缴纳增值税,不缴纳营业税。股权转让与销售服务、销售不动产无关,关键是看股权属不属于"营改增"规定的无形资产范畴。依据《财政部 国家税务总局关于全面推开营业税改征增值税试点的通知》(财税〔2016〕36号)附件1《营业税改征增值税试点实施办法》附《销售服务、无形资产、不动产注释》第二条规定,销售无形资产,是指转让无形资产所有权或者使用权的业务活动。无形资产,是指不具实物形态,但能带来经济利益的资产,包括技术、商标、著作权、商誉、自然资源使用权和其他权益性无形资产。

技术,包括专利技术和非专利技术。

自然资源使用权,包括土地使用权、海域使用权、探矿权、采矿权、取水权和其他自然资源使用权。

其他权益性无形资产,包括基础设施资产经营权、公共事业特许权、配额、经营权(包括特许经营权、连锁经营权、其他经营权)、经销权、分销权、代理权、会员权、席位权、网络游戏虚拟道具、域名、名称权、肖像权、冠名权、转会费等。

据上可以确认,股权不属于"营改增"规定的无形资产范畴,所以,与营业税一样,不管是个人股东还是法人或其他组织股东转让非上市公司的股权,均不属于增值税的管辖范畴,对案例中股东A、B转让甲公司的股权不征收增值税。

同样依据该《销售服务、无形资产、不动产注释》对"金融服务"的注释,即金融服务,是指经营金融保险的业务活动。包括贷款服务、直接收费金融服务、保险服务和金融商品转让,其中金融商品转让,是指转让外汇、有价证券、非货物期货和其他金融商品所有权的业务活动。如上所述,上市公司股东股份的持有与转让一般是通过股票的持有与转让进行的,而股票属于有价证券范畴,所以上市公司股东的股份转让属于转让了金融商品,应按"金融服务"规定缴纳增值税。另外根据《财政部 国家税务总局关于全面推开营业税改征增值税试点的通知》(财税〔2016〕36号)附件3《营业税改征增值税试点过渡政策的规定》免征增值税项目的规定,对个人从事金融商品转让业务取得的收入免征增值税。所以除个人外,上市公司法人或其他组织股东转让股份的行为均应按"金融服务"规定缴纳增值税。

据以上分析,股权不属于"营改增"规定的无形资产范畴,而股票属于有价证券范畴,因此全面"营改增"后,增值税延续了营业税的认定,对非上市公司股权转让不征收增值税,而对上市公司股份转让则要按"金融服务"税目税率缴纳增值税,但对个人转让上市公司股份则予以税收优惠,免征收增值税。同时,依据《财政部 国家税务总局关于全面推开营业税改征增值税试点的通知》(财税〔2016〕36号)附件2《营业税改征增值税试点有关事项的规定》"(三)销售额"中规定:"3.金融商品转让,按照卖出价扣除买入价后的余额为销售额。转让金融商品出现的正负差,按盈亏相抵后的余额为销售额。若相抵后出现负差,可结转下一纳税期与下期转让金融商品销售额相抵,但年末时仍出现负差的,不得转入下一个会计年度。金融商品的买入价,可以选择按照加权平均法或者移动加权平均法进行核算,选择后36个月内不得变更。"据此,企业股东应以股份转让收入(卖出价)扣除股份取得成本(买入价)后的余额作为销售额计算缴纳增值税。如果企业股东是将其持有的限售股在解禁流通后对外转让的,则应根据《国家税务总局关于营改增试点若干征管问题的公告》(国家税务总局公告2016年第53号)的有关规定来确定股份取得成本(买入价),该文第五点规定:"单位将其持有的限售股在解禁流通后对外转让的,按照以下规定确定买入价:

(1)上市公司实施股权分置改革时,在股票复牌之前形成的原非流通股股份,以及股票复牌首日至解禁日期间由上述股份孳生的送、转股,以该上市公司完成股权分置改革后

股票复牌首日的开盘价为买入价。

（2）公司首次公开发行股票并上市形成的限售股，以及上市首日至解禁日期间由上述股份孳生的送、转股，以该上市公司股票首次公开发行（IPO）的发行价为买入价。

（3）因上市公司实施重大资产重组形成的限售股，以及股票复牌首日至解禁日期间由上述股份孳生的送、转股，以该上市公司因重大资产重组股票停牌前一交易日的收盘价为买入价。"

> **笔者注** 根据《财政部 国家税务总局关于全面推开营业税改征增值税试点的通知》（财税〔2016〕36 号）附件 2《营业税改征增值税试点有关事项的规定》"一、营改增试点期间，试点纳税人有关政策（二）不征收增值税项目 5. 在资产重组过程中，通过合并、分立、出售、置换等方式，将全部或者部分实物资产以及与其相关联的债权、负债和劳动力一并转让"，即符合规定的合并、分立、出售、置换等方式，在转移全部或者部分实物资产时不征收增值税。但大家应该非常清楚的是，资产重组的转让人是企业本身，而股权（股份）转让人是企业的股东，两者并不一样。

2. 股权（股份）转让方土地增值税

股权（股份）转让土地增值税到底需不需要缴纳土地增值税？这里从理论和法律上分析明确一下股权（股份）转让与土地使用权转让两者的差异。

正如上述，不论是个人、法人还是其他组织股东取得股权（股份），只意味着取得了对公司一定程度的财产支配参与权与收益分配权，而不是对公司某个特定财产的拥有权，只有在公司财产分割时才能确认具体财产的权益。股权（股份）转让其实是虚拟资本的转让，受我国现行公司法调整，不能认定为任何特定实体资产的转让。即使在极端的情况下（如公司仅有土地使用权），也不能理解为特定财产的转让。而土地使用权的转让是一种特定实体资产支配权的转让。在我国，土地使用权的转让受《土地管理法》《城市房地产管理法》《物权法》等调整。与股权（股份）转让有本质的不同。尽管股权（股份）转让中涵盖了包括土地使用权等资产在内的支配权的转移，但不能说股权（股权）转让就是土地使用权转让，这是股权（股份）转让与土地使用权转让的根本区别。

正是由于股权（股份）转让与土地使用权转让的特质不同，使两者在实际操作中存在着一系列差异。

区别一：构成要件不同。

转让主体和转让标的不同。在土地使用权转让中，转让的标的是实体资产，即土地使用权，转让的主体是土地使用权人，即公司法人或自然人，而不是股东。

股权（股份）转让，分为股东之间的转让和向股东以外的人转让。在股权（股份）转让中，转让标的是虚拟资本，即股东登记依法所享有的公司股份、股东权利和股东责任，而不仅仅是公司出资人的出资额，更不是其曾拥有的包括土地使用权在内的公司某项现实财产。股权（股份）转让主体是拥有公司股权（股份）的股东或出资人，而不是公司本身。股权（股份）转让主体之间的关系表现为公司股东之间与股东和其他第三人之间的关系。就土地使用权而言,公司依法取得土地使用权后,土地使用权作为法人财产时已表现为货币化或股份化的形式,是公司法人财产的一部分。股东依法转让股权(股份)时,只是股东发生变动,拥有土地使用权的公司法人并未改变,土地使用权的公司法人财产性质也未发生改变,因此,不属于土地使用权转让的范畴。

区别二:转让条件不同。

以出让土地使用权为例,《城市房地产管理法》第三十九条规定,以出让方式取得土地使用权的,转让房地产时,应当符合下列条件:①按照出让合同约定已经支付全部土地使用权出让金,并取得土地使用权证书;②按照出让合同约定进行投资开发,属于房屋建设工程的,完成开发投资总额的25%以上,属于成片开发土地的,形成工业用地或者其他建设用地条件。转让房地产时房屋已经建成的,还应当持有房屋所有权证书。因此,对于土地使用权转让而言,有三项限制条件:已支付全部土地出让金;已取得土地使用权证;开发已完成一定的工作量。

根据受让人的不同,股权(股份)转让分为内部转让和外部转让,内部转让即股东之间的转让,外部转让是指股东将自己的股份全部或部分转让给股东以外的第三人。就内部转让而言,因为股东之间股权的转让只会影响内部股东出资比例即权力的大小,对重视人合因素的有限责任公司来讲,因股东是基于相互间的信任而集合在一起的,股东间的关系较为紧密,股权转让后,其存在基础即股东之间的相互信任没有发生变化。所以,对内部转让的实质要件的规定不太严格,通常可以自由转让,或由公司章程对股东之间转让股权附加其他条件。但对外部转让来说,由于有限责任公司具有人合属性,股东的个人信用及相互关系直接影响到公司的风格甚至信誉,所以各国公司法对有限责任公司股东向公司外第三人转让股权,多有限制性规定。如我国《公司法》规定,股东向股东以外的人转让股权,应当经其他股东过半数同意。而对资合属性明显的股份公司而言,其股份转让更是表现为是一种有价证券的转让,与公司持有的是何种财产半点关系都没有。

区别三:登记部门不同。

土地使用权发生转让的,双方当事人应依法申请办理变更土地登记。有限责任公司股权(股份)发生转让的,无需办理变更土地登记。如果认为股权(股份)发生转让就必须办理变更土地登记,那么,只要上市公司的股份因股票的买进卖出而发生变动,国土资源主管部门就要根据千变万化的股市来实时进行土地登记,这显然是不可行的。

区别四:适用法律不同。

股权(股份)转让与土地使用权转让由不同的法律所调整。土地使用权转让受《土地管理法》《城市房地产管理法》《物权法》《中华人民共和国土地管理法实施条例》等一系列与土地使用权转让有关的法律法规所调整。这些法律、法规明确规定了土地使用权转让的概念、转让方式及转让条件。而股权(股份)转让则适用《公司法》《中华人民共和国证券法》(简称《证券法》)等一系列有关法规。

从上述区别和实践来看,土地使用权转让和股权(股份)转让分属两个不同的范畴。笔者认为,股权(股份)转让不应该征收土地增值税。不能因为股权(股份)转让中的实体资产转让内涵而认定规避了有关税费。任何税费的征收,都是对特定的交易而言,土地税收应是针对土地交易或保有征收,而对股权(股份)转让这种虚拟资本的交易,无法划分什么是土地交易,什么是设备交易,什么是货物交易。虽然从表面来看,似乎股权(股份)转让的税负明显低于土地使用权转让,可以规避土地增值税等。但深入分析,由于股权(股份)转让不涉及拥有土地使用权的公司法人变更,土地使用权未发生转移,而大多数公司特别是房地产开发企业并不以拥有土地为目的,开发建设后一般要转让或分割转让房地产,此时,该公司必须缴纳土地增值税、印花税、营业税("营改增"前)、增值税("营改增"后)等,并且是以最终土地转让价格与原取得土地的价格差额计算土地增值,以此计征土地增值税,该公司并不能真正规避土地增值税,从国家角度看,也并未流失税收收入。因此在税收管征上,土地使用权转让应按规定缴纳营业税("营改增"前)、增值税("营改增"后)、土地增值税、所得税、印花税、契税等。而股权转让(股份),从税收上看,非上市公司的股权转让现阶段主要涉及企业所得税或个人所得税等,上市公司的股份转让还涉及增值税征免问题,但不管怎样,股权转让(股份)都不涉及土地增值税。因《土地增值税暂行条例》第二条明确规定:转让国有土地使用权、地上的建筑物及其附着物(以下简称转让房地产)并取得收入的单位和个人,为土地增值税的纳税义务人,应当依照本条例缴纳土地增值税。毋庸赘言,要把纳税义务人从房地产的转让人,扩展到拥有房地产的公司的股东,从条例字面含义上也是不可能的。

据上分析,笔者对国家税务总局先后几个针对股权转让涉及的土地增值税请示批复件持保留意见,即:

(1)《国家税务总局关于以转让股权名义转让房地产行为征收土地增值税问题的批复》(国税函〔2000〕687号):

"广西壮族自治区地方税务局:

你局《关于以转让股权名义转让房地产行为征收土地增值税问题的请示》(桂地税报〔2000〕32号)收悉。

鉴于深圳市能源集团有限公司和深圳能源投资股份有限公司一次性共同转让深圳能源(钦州)实业有限公司100%的股权,且这些以股权形式表现的资产主要是土地使用权、地上建筑物及附着物,经研究,对此应按土地增值税的规定征税。"

(2)《国家税务总局关于土地增值税相关政策问题的批复》(国税函〔2009〕387号):

"广西壮族自治区地方税务局:

你局《关于土地增值税相关政策问题的请示》(桂地税报〔2009〕13号)收悉。

鉴于广西玉柴营销有限公司在2007年10月30日将房地产作价入股后,于2007年12月6日、18日办理了房地产过户手续,同月25日即将股权进行了转让,且股权转让金额等同于房地产的评估值。

因此,我局认为这一行为实质上是房地产交易行为,应按规定征收土地增值税。"

(3)《国家税务总局关于天津泰达恒生转让土地使用权土地增值税征缴问题的批复》(国税函〔2011〕415号):

"天津市地方税务局:

你局《关于天津泰达恒生转让土地使用权土地增值税征缴问题的请示》(津地税办

〔2011〕6 号)收悉。

经研究,同意你局关于'北京国泰恒生投资有限公司利用股权转让方式让渡土地使用权,实质是房地产交易行为'的认定,应依照《土地增值税暂行条例》的规定,征收土地增值税。"

而且,以上国家税务总局三份函批复件都是针对个案而言,没有普遍适用的法律效力,根据行政法定原则,税法的解释权在国务院、财政部和国家税务总局层面,各地对股权(股份)转让涉及的土地使用权转移内涵,如认为有征收土地增值税必要,也必须层报到国家税务总局研究决定,不能也无权自行决定,各地不能直接引用或参照执行这三个批复函件的内容。因此笔者认为《湖南省税务局财产和行为税处关于明确"以股权转让名义转让房地产"征收土地增值税的通知》(湘地税财行便函〔2015〕3 号):"各市州地方税务局财产行为税科:

据各地反映,以股权转让名义转让房地产规避税收现象时有发生,严重冲击税收公平原则,影响依法治税,造成了税收大量流失。

总局曾下发三个批复明确'以股权转让名义转让房地产'属于土地增值税应税行为。

为了规范我省土地增值税管理,堵塞征管漏洞。对于控股股东以转让股权为名,实质转让房地产并取得了相应经济利益的,应比照国税函〔2000〕687 号、国税函〔2009〕387 号、国税函〔2011〕415 号文件,依法缴纳土地增值税。"扩大了国家税务总局三个批复的适用范围,何况,其本身用的还是"便函"这一非正式规范性文件形式。根据《全国税务机关公文处理办法》第二十二条规定:函,适用于不相隶属机关之间商洽工作、询问和答复问题、请求批准和答复审批事项。函分为商洽函、询问函、请求批准函、答复函、告知函。函属平行文,有隶属关系的上下级机关之间不得使用函。请求批准函仅用于向平级机关或有关主管部门请求批准相关事项。也就是说"函"只适用于商洽工作、通报和汇报有关情况、询问和答复一般事务性问题,不允许通过"函"规定税收政策解释、税收征管问题解释、具体税收征管工作等事宜。而"便函"更不属于其中,所以更不能用以规定税收政策解释、税收征管问题解释、具体税收征管工作等事宜,虽然湖南省地方税务局有关业务主管处室的出发点可以理解,但使用"便函"确有不妥,是无效行为,不能作为执行依据。

3. 股权(股份)转让方企业所得税

企业(包括居民企业或非居民企业)股东转让股权(股份)的企业所得税处理涉及的法律法规和规范性文件众多,为节约篇幅,笔者在此尝试以表格形式来简要说明问题(见表 2-2)。

表 2-2　股权(股份)转让企业所得税处理

第一部分:企业股东转让非上市公司股权处理
一、股权转让的一般性税务处理:根据《财政部　国家税务总局关于企业重组业务企业所得税处理若干问题的通知》(财税〔2009〕59 号)规定,股权收购,是指一家企业(以下称为收购企业)购买另一家企业(以下称为被收购企业)的股权,以实现对被收购企业控制的交易。收购企业支付对价的形式包括股权支付、非股权支付或两者的组合。股权支付,是指企业重组中购买、换取资产的一方支付的对价中,以本企业或其控股企业的股权、股份作为支付的形式;所称非股权支付,是指以本企业的现金、银行存款、应收款项、本企业或其控股企业股权和股份以外的有价证券、存货、固定资产、其他资产以及承担债务等作为支付的形式

(续表)

股权收购的税务处理应区分不同条件分别适用一般性税务处理规定和特殊性税务处理规定,除符合上述通知规定适用特殊性税务处理规定的外,应按以下规定进行税务处理:(1)被收购方应确认股权转让所得或损失。(2)收购方取得股权的计税基础应以公允价值为基础确定。(3)被收购企业的相关所得税事项原则上保持不变

涉税主体	适用税率及税目	应纳税额计算	处理依据
居民企业股东	财产转让所得适用税率25%	股权转让所得=股权转让价－股权成本价 应纳税额=股权转让所得×25% 注:股权转让价应为公允价,下同	《国家税务总局关于贯彻落实企业所得税法若干税收问题的通知》(国税函〔2010〕79号):企业转让股权收入,应于转让协议生效、且完成股权变更手续时,确认收入的实现。转让股权收入扣除为取得该股权所发生的成本后,为股权转让所得。企业在计算股权转让所得时,不得扣除被投资企业未分配利润等股东留存收益中按该项股权所可能分配的金额
非居民企业股东	财产转让所得适用税率25%或10% 注: 非居民企业适用10%的税率的情形是:1.取得所得与设立机构场所没有实际联系的;2.未在我国设立机构场所,却有来源于我国的所得。(以下如无特别说明,均按照该种情形适用)	股权转让所得=股权转让价－股权成本价 应纳税额=股权转让所得×25%或10%	《国家税务总局关于加强非居民企业股权转让所得企业所得税管理的通知》(国税函〔2009〕698号):股权转让所得是指股权转让价减除股权成本价后的差额。 股权转让价是指股权转让人就转让的股权所收取的包括现金、非货币性资产或者权益等形式的金额。如被持股企业有未分配利润或税后提存的各项基金等,股权转让人随股权一并转让该股东留存收益权的金额,不得从股权转让价中扣除。 股权成本价是指股权转让人投资入股时向中国居民企业实际交付的出资金额,或购买该项股权时向该股权的原转让人实际支付的股权转让金额

二、股权转让的特殊性税务处理:根据上述财税〔2009〕59号、《财政部 国家税务总局关于促进企业重组有关企业所得税处理问题的通知》(财税〔2014〕109号)等政策规定,股权收购同时符合下列条件的,适用特殊性税务处理规定:(1)具有合理的商业目的,且不以减少、免除或者推迟缴纳税款为主要目的。(2)收购企业购买的股权不低于被收购企业全部股权的50%。(3)企业重组后的连续12个月内不改变重组资产原来的实质性经营活动。(4)受让企业在该资产收购发生时的股权支付金额不低于其交易支付总额的85%。(5)企业重组中取得股权支付的原主要股东,在重组后连续12个月内,不得转让所取得的股权。

股权收购符合上述规定条件的,交易各方对其交易中的股权支付部分,可以按以下规定进行特殊性税务处理:(1)被收购企业的股东取得收购企业股权的计税基础,以被收购股权的原有计税基础确定。(2)收购企业取得被收购企业股权的计税基础,以被收购股权的原有计税基础确定。(3)收购企业、被收购企业的原有各项资产和负债的计税基础和其他相关所得税事项保持不变

涉税主体	适用税率及税目	应纳税额计算	处理依据
居民企业股东	财产转让所得适用税率25%	非股权支付对应的资产转让所得或损失=(被转让资产的公允价值－被转	《财政部 国家税务总局关于企业重组业务企业所得税处理若干问题的通知》(财税〔2009〕59号)规定,重组交易各方对交易中股权支付暂不确认有关资产的转让所得或

（续表）

涉税主体	适用税率及税目	应纳税额计算	处理依据
		让资产的计税基础)×(非股权支付金额÷被转让资产的公允价值) 应纳税额=非股权支付对应的资产转让所得×25%	损失的,其非股权支付仍应在交易当期确认相应的资产转让所得或损失,并调整相应资产的计税基础
非居民企业股东	财产转让所得适用税率25%或10%	非股权支付对应的资产转让所得或损失=(被转让资产的公允价值—被转让资产的计税基础)×(非股权支付金额÷被转让资产的公允价值) 应纳税额=非股权支付对应的资产转让所得×25%或10%	《国家税务总局关于非居民企业股权转让适用特殊性税务处理有关问题的公告》(国家税务总局公告2013年第72号)规定,符合条件的股权转让可以适用特殊性税务处理。该公告明确了非居民企业股东股权转让是指非居民企业发生《财政部 国家税务总局关于企业重组业务企业所得税处理若干问题的通知》(财税〔2009〕59号)第七条第(一)(二)项规定的"非居民企业转让给另一非居民企业""非居民企业转让给居民企业"情形,包括因境外企业分立、合并导致中国居民企业股权被转让的情形。该公告主要明确了非居民企业股权转让适用特殊性税务处理的主导方、备案资料、备案程序及对未分配利润的税务处理等内容

第二部分:企业股东转让上市公司限售股的处理

根据《财政部 国家税务总局证监会关于个人转让上市公司限售股所得征收个人所得税有关问题的通知》(财税〔2009〕167号)规定的限售股主要有:
1. 上市公司股权分置改革完成后股票复牌日之前股东所持原非流通股股份,以及股票复牌日至解禁日期间由上述股份孳生的送、转股(以下统称股改限售股)。
2. 2006年股权分置改革新老划断后,首次公开发行股票并上市的公司形成的限售股,以及上市首日至解禁日期间由上述股份孳生的送、转股(以下统称新股限售股)。
3. 财政部、税务总局、法制办和证监会共同确定的其他限售股

涉税主体	适用税率及税目	应纳税额计算	处理依据
居民企业股东	财产转让所得适用25%的税率	应纳税所得额=限售股转让收入—(限售股原值+合理税费) 适用的税率为25% 应纳税额=应纳税所得额×25% 1. 限售股原值,是指限售股买入时的买入价及按照规定缴纳的有关费用。	《国家税务总局关于企业转让上市公司限售股有关所得税问题的公告》(国家税务总局公告2011年第39号): 1. 根据企业所得税法第一条及其实施条例第三条的规定,转让限售股取得收入的企业(包括事业单位、社会团体、民办非企业单位等),为企业所得税的纳税义务人。 2. 因股权分置改革造成原由个人出资而由企业代持有的限售股,企业在转让时按以下规定处理: (1) 企业转让上述限售股取得的收入,应作为企业应税收入计算纳税。

(续表)

涉税主体	适用税率及税目	应纳税额计算	处理依据
居民企业股东	财产转让所得适用25%的税率	2. 合理税费,是指转让限售股过程中发生的印花税、佣金、过户费等与交易相关的税费。 3. 如果纳税人未能提供完整、真实的限售股原值凭证,不能准确计算限售股原值。主管税务机关一律按限售股转让收入的15%核定限售股原值及合理税费	依照本条规定完成纳税义务后的限售股转让收入余额转付给实际所有人时不再纳税。 (2)依法院判决、裁定等原因,通过证券登记结算公司,企业将其代持的个人限售股直接变更到实际所有人名下的,不视同转让限售股。 3. 企业在限售股解禁前将其持有的限售股转让给其他企业或个人(以下简称受让方),其企业所得税问题按以下规定处理: (1)企业应按减持在证券登记结算机构登记的限售股取得的全部收入,计入企业当年度应税收入计算纳税; (2)企业持有的限售股在解禁前已签订协议转让给受让方,但未变更股权登记、仍由企业持有的,企业实际减持该限售股取得的收入,依照规定纳税后,其余额转付给受让方的,受让方不再纳税
非居民企业股东	财产转让所得适用税率25%或10%	应纳税所得额＝限售股转让收入－(限售股原值＋合理税费) 应纳税额＝应纳税所得额×25%或10%	同上。依国家税务总局公告2011年第39号的规定,并未对纳税义务人作居民及非居民的区分
第三部分:企业股东转让上市公司二级市场流通股的处理			
涉税主体	适用税率及税目	应纳税额计算	处理依据
居民企业股东	财产转让所得适用25%税率	应纳税所得额＝转让股票所得－取得股票的成本 应纳税额＝应纳税所得额×25%	1.《企业所得税法》第六条规定,企业以货币形式和非货币形式从各种来源取得的收入,为收入总额。包括:(三)转让财产收入。 2.《企业所得税法实施条例》第十六条规定,《企业所得税法》第六条第(三)项所称转让财产收入,是指企业转让固定资产、生物资产、无形资产、股权、债权等财产取得的收入
非居民企业股东	财产转让所得适用税率25%或10%	应纳税所得额＝转让股票所得－取得股票的成本 应纳税额＝应纳税所得额×25%或10%	同上。另依现行的《合格境外机构投资者境内证券投资管理办法》的规定,合格境外机构投资者从事境内证券交易须经中国证监会等主管部门审批

4. 股权(股份)转让方个人所得税

个人股东转让股权(股份)的个人所得税处理涉及的法律法规和规范性文件众多,为节约篇幅,笔者在此尝试以表格形式来简要说明问题(见表2-3)。

表2-3 股权(股份)转让个人所得税处理

第一部分:个人股东转让非上市公司股权处理			
涉税主体	适用税率及税目	应纳税额计算	处理依据
居民纳税人	财产转让所得适用税率20%	股权转让所得=股权转让收入-股权原值-合理费用 应纳税额=股权转让所得×20% 注: 1. 转让收入。 　(1)股权转让收入是指转让方因股权转让而获得的现金、实物、有价证券和其他形式的经济利益。 　(2)转让方取得与股权转让相关的各种款项,包括违约金、补偿金以及其他名目的款项、资产、权益等,均应当并入股权转让收入。 　(3)纳税人按照合同约定,在满足约定条件后取得的后续收入,应当作为股权转让收入。 2. 股权原值。 　(1)以现金出资方式取得的股权,按照实际支付的价款与取得股权直接相关的合理税费之和确认股权原值; 　(2)以非货币性资产出资方式取得的股权,按照税务机关认可或核定的投资入股时非货币性资产价格与取得股权直接相关的合理税费之和确认股权原值; 　(3)通过无偿让渡方式取得股权,具备本办法第十三条第二项所列情形的,按取得股权发生的合理税费与原持有人的股权原值之和确认股权原值; 　(4)被投资企业以资本公积、盈余公积、未分配利润转增股本,个人股东已依法缴纳个人所得税的,以转增额和相关税费之和确认其新转增股本的股权原值; 　(5)除以上情形外,由主管税务机关按照避免重复征收个人所得税的原则合理确认股权原值。 3. 合理费用是指股权转让时按照规定支付的有关税费	《国家税务总局关于发布〈股权转让所得个人所得税管理办法(试行)〉的公告》(国家税务总局公告2014年第67号)规定: 1. 股权是指自然人股东(以下简称个人)投资于在中国境内成立的企业或组织(以下统称被投资企业,不包括个人独资企业和合伙企业)的股权或股份。 2. 股权转让是指个人将股权转让给其他个人或法人的行为,包括以下情形:(1)出售股权;(2)公司回购股权;(3)发行人首次公开发行新股时,被投资企业股东将其持有的股份以公开发行方式一并向投资者发售;(4)股权被司法或行政机关强制过户;(5)以股权对外投资或进行其他非货币性交易;(6)以股权抵偿债务;(7)其他股权转移行为

非居民纳税人	参照居民纳税人	参照居民纳税人	参照居民纳税人

第二部分：个人股东转让上市公司限售股处理

根据《财政部 国家税务总局证监会关于个人转让上市公司限售股所得征收个人所得税有关问题的通知》（财税〔2009〕167号）规定的限售股主要有：

1. 上市公司股权分置改革完成后股票复牌日之前股东所持原非流通股股份，以及股票复牌日至解禁日期间由上述股份孳生的送、转股（以下统称股改限售股）。
2. 2006年股权分置改革新老划断后，首次公开发行股票并上市的公司形成的限售股，以及上市首日至解禁日期间由上述股份孳生的送、转股（以下统称新股限售股）。
3. 财政部、税务总局、法制办和证监会共同确定的其他限售股。

《财政部 国家税务总局 中国证券监督管理委员会关于个人转让上市公司限售股所得征收个人所得税有关问题的补充通知》（财税〔2010〕70号）规定的限售股主要包括以下几种：(1)财税〔2009〕167号文件规定的限售股；(2)个人从机构或其他个人受让的未解禁限售股；(3)个人因依法继承或家庭财产依法分割取得的限售股；(4)个人持有的从代办股份转让系统转到主板市场（或中小板、创业板市场）的限售股；(5)上市公司吸收合并中，个人持有的原被合并方公司限售股所转换的合并方公司股份；(6)上市公司分立中，个人持有的被分立方公司限售股所转换的分立后公司股份；(7)其他限售股

涉税主体	适用税率及税目	应纳税额计算	处理依据
居民纳税人	财产转让所得适用税率20%	应纳税所得额＝限售股转让收入－（限售股原值＋合理税费） 应纳税额＝应纳税所得额×20% 注： 1. 限售股转让收入，是指转让限售股股票实际取得的收入。 2. 限售股原值，是指限售股买入时的买入价及按照规定缴纳的有关费用。 3. 合理税费，是指转让限售股过程中发生的印花税、佣金、过户费等与交易相关的税费。 4. 如果纳税人未能提供完整、真实的限售股原值凭证，不能准确计算限售股原值。主管税务机关一律按限售股转让收入的15%核定限售股原值及合理税费。 5. 应纳税所得额的计算，《财政部 国家税务总局 中国证券监督管理局关于个人转让上市公司限售股所得征收个人所得税有关问题的补充通知》（财税〔2010〕70号）第三点规定了不同情形，可参阅	1. 《财政部 国家税务总局 证监会关于个人转让上市公司限售股所得征收个人所得税有关问题的通知》（财税〔2009〕167号）明确，从2010年1月1日起对个人转让上市公司限售流通股（以下简称限售股）取得的所得征收个人所得税，同时对个人在上海证券交易所、深圳证券交易所转让从上市公司公开发行和转让市场取得的上市公司股票所得，继续免征个人所得税。 2. 《财政部 国家税务总局 中国证券监督管理委员会关于个人转让上市公司限售股所得征收个人所得税有关问题的补充通知》（财税〔2010〕70号）规定，个人转让限售股或发生具有转让限售股实质的其他交易，取得现金、实物、有价证券和其他形式的经济利益均应缴纳个人所得税。限售股在解禁前被多次转让的，转让方对每一次转让所得均应按规定缴纳个人所得税。对具有下列情形的，应按规定征收个人所得税：(1)个人通过证券交易所集中交易系统或大宗交易系统转让限售股；(2)个人用限

（续表）

涉税主体	适用税率及税目	应纳税额计算	处理依据
居民纳税人	财产转让所得适用税率20%		售股认购或申购交易型开放式指数基金(ETF)份额;(3)个人用限售股接受要约收购;(4)个人行使现金选择权将限售股转让给提供现金选择权的第三方;(5)个人协议转让限售股;(6)个人持有的限售股被司法划扣;(7)个人因依法继承或家庭财产分割让渡限售股所有权;(8)个人用限售股偿还上市公司股权分置改革中由大股东代其向流通股股东支付的对价;(9)其他具有转让实质的情形
非居民纳税人	参照居民纳税人	参照居民纳税人	参照居民纳税人。依财税〔2009〕167号文的规定,并未对纳税义务人作居民还是非居民的区分

第三部分:个人股东转让上市公司二级市场流通股处理

涉税主体	适用税率及税目	应纳税额计算	处理依据
居民纳税人	免税	免税	依《关于个人转让股票所得继续暂免征收个人所得税的通知》(财税字〔1998〕61号,下称"财税字〔1998〕61号文")的规定,为了配合企业改制,促进股票市场的稳健发展,经报国务院批准,从1997年1月1日起,对个人转让上市公司股票取得的所得继续暂免征收个人所得税
非居民纳税人	不得买卖A股	不得买卖A股	在现行的法律体制下,外籍人士暂不能够以自身名义买卖人民币普通股(A股);但是境外自然人可以购买人民币特种股票(即B股),根据财税字〔1998〕61号文的精神,暂免征收个人所得税
	可转让B股(免税)	可转让B股(免税)	

5. 股权(股份)转让印花税处理

根据《国家税务局关于印花税若干具体问题的解释和规定的通知》(国税发〔1991〕155号)第十条规定,"财产所有权"转移书据的征税范围是:经政府管理机关登记注册的动产、不动产的所有权转移所立的书据,以及企业股权转让所立的书据。这里的企业股权转让所立的书据,是指未上市公司股权转让所书立的书据,不包括上市公司的股票转让所书立的书据。据此,甲公司签订的股权转让协议应作为计征印花税的依据,按印花税税目税率表的规定,以股权转让协议(产权转移书据)所载金额万分之五贴花。

财政部对上市公司股票转让所书立的书据怎样征收印花税作出了专门规定。对股票转让都只针对出让方征税,而对受让方不征税,这方面的政策主要有:一是《财政部　国家税务总局关于调整证券(股票)交易印花税征收方式的通知》(财税明电〔2008〕2号)规定,从2008年9月19日起,调整证券(股票)交易印花税征收方式,将现行的对买卖、继承、赠与所书立的A股、B股股权转让书据按1‰的税率对双方当事人征收证券(股票)交易印花税,调整为单边征税,即对买卖、继承、赠与所书立的A股、B股股权转让书据的出让方按1‰的税率征收证券(股票)交易印花税,对受让方不再征税。二是《财政部 国家税务总局关于在全国中小企业股份转让系统转让股票有关证券(股票)交易印花税政策的通知》(财税〔2014〕47号)规定,在全国中小企业股份转让系统买卖、继承、赠与股票所书立的股权转让书据,依书立时实际成交金额,由出让方按1‰的税率计算缴纳证券(股票)交易印花税。三是《财政部 国家税务总局关于转让优先股有关证券(股票)交易印花税政策的通知》(财税〔2014〕46号)规定,从2014年6月1日开始,在上海证券交易所、深圳证券交易所、全国中小企业股份转让系统买卖、继承、赠与优先股所书立的股权转让书据,均依书立时实际成交金额,由出让方按1‰的税率计算缴纳证券(股票)交易印花税。

另根据《财政部 国家税务总局关于以上市公司股权出资有关证券(股票)交易印花税政策问题的通知》(财税〔2010〕7号)规定:按照现行印花税政策规定,投资人以其持有的上市公司股权进行出资而发生的股权转让行为,不属于证券(股票)交易印花税的征税范围,不征收证券(股票)交易印花税。即,对投资人以其持有的上市公司股权进行出资而发生的股权转让行为,不属于证券(股票)交易印花税的征税范围,不征收证券(股票)交易印花税,而应根据上述国税发〔1991〕155号文件规定按"产权转移书据"税目税率贴花。同时,《财政部 国家税务总局关于股权分置试点改革有关税收政策问题的通知》(财税〔2005〕103号)规定,改革过程中因非流通股股东向流通股股东支付对价而发生的股权转让,暂免征收印花税。

二、股权(股份)受让方涉税处理

1. 股权(股份)受让方增值税进项税额处理

正如前述,股权不属于"营改增"规定的无形资产范畴,而股票属于有价证券范畴,因此全面"营改增"后,对非上市公司的股权转让不征收增值税,而对上市公司的股份(股票)转让则要按"金融服务"税目税率缴纳增值税,但对个人转让上市公司股份则予以税收优惠,免征收增值税。所以,作为股权(股份)转让交易的另一方,受让人在非上市公司的股权转让交易中没有必要取得增值税发票,也不能取得发票,因为根据《国务院关于修改〈中华人民共和国发票管理办法〉的决定》(国务院令第587号)第三条规定,发票是指在购销商品、提供或者接受服务以及从事其他经营活动中,开具、收取的收付款凭证。《关于修改〈中华人民共和国发票管理办法实施细则〉的决定》(国家税务总局令第37号)第二十六条进一步明确:填开发票的单位和个人必须在发生经营业务确认营业收入时开具发票。未发生经营业务一律不准开具发票。既然非上市公司的股权转让不属于增值税管辖范畴,自然不是增值税的销售收入,不准开具发票。而上市公司的股票买卖则由于是有价证券的一种,属于"营改增"规定的金融商品转让,除个人股东可以享受增值税免税待遇外,企业股东应按"金融服务"税目税率缴纳增值税,所以转让方应开具增值税发票给受让方,但只能开具增值税普通发票,不得开具增值税专用发票。依据是《财政部 国家税务总局关于全面推开营业税改征增值税试点的通知》(财税〔2016〕36号)附件2《营业税改征增值税试点有关事项的规定》规定:"金融商品转让,不得开具增值税专用发票。"

2. 股权(股份)受让方土地成本确认与税负测算

通过股权收购方式获取房地产项目,在土地获取竞争日益激烈的市场现状下,越来越成为一种常见的土地获取方式。在严格控制风险的前提下,加强前期尽职调查、完善相关合同条款及监督好相应的合同履行过程,以合理的价格获取项目土地,减少土地获取的不确定性。对于扩大公司的土地储备,提高公司利润,股权收购方式是一种较佳的土地获取方式。因为与土地直接转让相比,股权转让具有巨大优势,主要体现在下面几个方面:

(1)股权转让程序便捷,易于操作。土地直接转让,由于项目主体发生了变化,因此要进行一系列的名称变更审批登记手续,如土地使用权人的变更、相关项目立项审批手续的更名等。而股权收购,由于项目的实际所有人仍为项目公司,仅需进行股权变更的工商登记手续,因此可以在不改变项目权属变更批准登记手续的情况下,实现转让。

(2)政府审批较为宽松。股权转让,对于不涉及国有股权、上市公司股权收购的,无须审批。对于涉及国有股权的,审批部门包括负责国有股权管理的部门及其地方授权部门,审批要点是股权转让价格是否公平、国有资产是否流失。对于涉及上市公司股权的,审批部门还包括中国证券监督管理委员会,审批要点是上市公司是否仍符合上市条件、是否损害其他股东利益、是否履行信息披露义务等。

(3)不受投资额度的限制。根据《城市房地产管理法》第三十八条第一款规定:"以出让方式取得土地使用权的,转让房地产时,应当符合下列条件:(一)按照出让合同约定已经支付全部土地使用权出让金,并取得土地使用权证书;(二)按照出让合同约定进行投资开发,属于房屋建设工程的,完成开发投资总额的百分之二十五以上,属于成片开发土地的,形成工业用地或者其他建设用地条件。"土地直接转让要受到该规定的约束,即受到一定的投资额度的限制。而通过股权收购方式完成实际的土地使用权的变更,于法定形式上仅仅为股权层面的变更,进行转让时仅需要满足相关法律、法规对股权转让的条件,不涉及权属公司的土地使用权的物权变动,因此无须受《城市房地产管理法》第38条的限制,对于通过股权收购方式间接使未达到规定投资额的土地使用权改变实际控制人,不影响到股权转让的合法性。

(4)可根据实际情况减少需缴纳的税费。与土地直接转让相比,股权收购一般情况下仅需缴纳印花税、企业所得税、个人所得税,不会产生与房地产交易相关的税、费,如增值税及附加税费、土地增值税等。

虽然通过股权收购有诸多优点,但也存在与土地直接转让不同的风险,这里面除了必须调查清楚目标公司的债权债务状况,避免目标公司原有债权债务情况对今后股东的收益产生巨大影响;国有股权、上市公司股份需要履行一定审批、信息披露义务以及目标公司的土地手续等是否完备等等以外,股权(股份)收购方(受让方)还必须考虑股权(股份)是否需要承担转让方的税款扣缴义务、目标公司的土地成本确认以及股权收购溢价款的影响等,下面针对这些问题做一简要分析:

（1）税款扣缴义务。

第一，居民企业股东取得股权（股份）转让收益的企业所得税处理。根据《企业所得税法》第五十条规定，除税收法律、行政法规另有规定外，居民企业以企业登记注册地为纳税地点；但登记注册地在境外的，以实际管理机构所在地为纳税地点。居民企业在中国境内设立不具有法人资格的营业机构的，应当汇总计算并缴纳企业所得税。据此，居民企业股东取得的股权转让收益，一般与其取得的其他收益合并计算缴纳所得税，由居民企业股东回其登记注册地或实际管理机构所在地自行申报或汇总申报，股权（股份）受让方没有代扣代缴税款的义务。

第二，非居民企业股东取得股权（股份）转让收益的企业所得税处理。根据目前法律法规和规范性文件的相关规定，非居民企业股东不论是在境内转让还是境外转让股权（股份），也不论其是直接转让还是间接转让股权（股份），作为支付人的股权（股份）受让方都负有代扣代缴企业所得税税款的义务。这方面的法律法规和规范性文件主要有：一是《企业所得税法》第三十七条规定，对非居民企业取得本法第三条第三款规定的所得应缴纳的所得税，实行源泉扣缴，以支付人为扣缴义务人。税款由扣缴义务人在每次支付或者到期应支付时，从支付或者到期应支付的款项中扣缴。二是《企业所得税法实施条例》第一百零四条规定，企业所得税法第三十七条所称支付人，是指依照有关法律规定或者合同约定对非居民企业直接负有支付相关款项义务的单位或者个人。三是《国家税务总局关于印发〈非居民企业所得税源泉扣缴管理暂行办法〉的通知》（国税发〔2009〕3号）第三条规定，对非居民企业取得来源于中国境内的股息、红利等权益性投资收益和利息、租金、特许权使用费所得、转让财产所得以及其他所得应当缴纳的企业所得税，实行源泉扣缴，以依照有关法律规定或者合同约定对非居民企业直接负有支付相关款项义务的单位或者个人为扣缴义务人。四是《国家税务总局关于非居民企业间接转让财产企业所得税若干问题的公告》（国家税务总局公告2015年第7号）第八条规定，间接转让不动产所得或间接转让股权所得按照本公告规定应缴纳企业所得税的，依照有关法律规定或者合同约定对股权转让方直接负有支付相关款项义务的单位或者个人为扣缴义务人。

同时，相关法律法规和规范性文件还明确了税款扣缴的具体时限，如《企业所得税法》第四十条规定明确，扣缴义务人每次代扣的税款，应当自代扣之日起7日内缴入国库，并向所在地的税务机关报送扣缴企业所得税报告表。对于非居民企业在境外进行间接股权（股份）转让，《国家税务总局关于非居民企业间接转让财产企业所得税若干问题的公告》（国家税务总局公告2015年第7号）也规定了"股权转让方应自纳税义务发生之日起7日内向主管税务机关申报缴纳税款，并提供与计算股权转让收益和税款相关的资料"。当然，国家税务总局公告2015年第7号的这条规定在实际执行中有很大困难。非居民企业间接转让中国应税财产通常在交易前不会在境内备案，加上地理位置、对国内税收政策的不了解等诸多因素，容易导致违反申报缴纳税款规定情况出现。如果扣缴义务人没有及时扣缴税款，则应根据《税收征管法》有关规定进行处理。《中华人民共和国税收征收管理法》（简称《税收征管法》）第六十八条："纳税人、扣缴义务人在规定期限内不缴或者少缴应纳或者应解缴的税款，经税务机关责令限期缴纳，逾期仍未缴纳的，税务机关除依照本法

第四十条的规定采取强制执行措施追缴其不缴或少缴的税款外,可以处不缴或者少缴的税款百分之五十以上五倍以下的罚款。"以及第六十九条:"扣缴义务人应扣未扣、应收而不收税款的,由税务机关向纳税人追缴税款,对扣缴义务人处应扣未扣、应收未收税款百分之五十以上三倍以下的罚款。"对于非居民企业在境外间接转让股权(股份)的行为,《国家税务总局关于非居民企业间接转让财产企业所得税若干问题的公告》(国家税务总局公告 2015 年第 7 号)第八条明确:扣缴义务人未扣缴,且股权转让方未缴纳应纳税款的,主管税务机关可以按照《税收征管法》及其实施细则相关规定追究扣缴义务人责任;但扣缴义务人已在签订股权转让合同或协议之日起 30 日内按本公告第九条规定提交资料的,可以减轻或免除责任。另外,如果境外非居民企业在境内有其他收入项目的,依据《国家税务总局关于印发〈非居民企业所得税源泉扣缴管理暂行办法〉的通知》(国税发〔2009〕3 号)第三十九条规定,依照《企业所得税法》第三十七条、第三十八条规定应当扣缴的所得税,扣缴义务人未依法扣缴或者无法履行扣缴义务的,由纳税人在所得发生地缴纳。纳税人未依法缴纳的,税务机关可以从该纳税人在中国境内其他收入项目的支付人应付的款项中,追缴该纳税人的应纳税款。

第三,个人(包括居民纳税人和非居民纳税人)取得股权(股份)转让收益的个人所得税处理。按照《国家税务总局关于印发〈个人所得税代扣代缴暂行办法〉的通知》(国税发〔1995〕065 号)规定,凡支付个人应纳税所得的企业(公司)、事业单位、机关、社团组织、军队、驻华机构、个体户等单位或者个人,为个人所得税的扣缴义务人。按照税法规定代扣代缴个人所得税是扣缴义务人的法定义务,必须依法履行。扣缴义务人向个人支付(包括现金支付、汇拨支付、转账支付和以有价证券、实物以及其他形式的支付)应纳税所得(包括现金、实物和有价证券)时,不论纳税人是否属于本单位人员,均应代扣代缴其应纳的个人所得税税款。据此,股权(股份)受让方必须负责代扣代缴股权(股份)转让收益的个人所得税。另外在股权转让的纳税地点和纳税时点上,《国家税务总局关于发布〈股权转让所得个人所得税管理办法(试行)〉的公告》(国家税务总局公告 2014 年第 67 号)第十九条明确规定,个人股权转让所得个人所得税以被投资企业所在地地税机关为主管税务机关。也就是说,股权转让所得纳税人需要在被投资企业所在地办理纳税申报。股权转让的纳税时间为股权转让行为发生后的次月 15 日内。国家税务总局公告 2014 年第 67 号文第二十条对何时作为股权转让行为发生时点进行了界定,主要包括六种情形:①受让方已支付或部分支付股权转让价款的;②股权转让协议已签订生效的;③受让方已经实际履行股东职责或享受股东权益的;④国家有关部门判决、登记或公告生效的;⑤办法第三条第四至第七项行为已完成的[指"(四)股权被司法或行政机关强制过户;(五)以股权对外投资或进行其他非货币性交易;(六)以股权抵偿债务;(七)其他股权转移行为"];⑥税务机关认定的其他有证据表明股权已发生转移的情形。扣缴义务人应扣未扣、应收而不收税款的,根据《税收征管法》规定,将由税务机关向纳税人追缴税款,对扣缴义务人处应扣未扣、应收未收税款 50% 以上三倍以下的罚款。股权(股份)受让方应注意其中风险。

(2)收购股权(股份)后,目标公司可列支的土地成本以什么为标准?必须明确的是,股权收购以后,目标公司可列支的成本以原土地取得成本为依据,不会因股权(股份)转让行为而产生任何变化。因为支付的股权（股份）收购成本,是股东的投资成本,不是目标公司的成本,股权（股份）转让收益的获得者是目标公司的原股东,支付的对象也是原股东,而针对目标公司而言,只是拥有它的"主人"换了,它还是它,没有发生任何变化。所以《财政部　国家税务总局关于企业重组业务企业所得税处理若干问题的通知》(财税〔2009〕59号)明确规定,股权收购的税务处理应区分不同条件分别适用一般性税务处理规定和特殊性税务处理规定,被收购企业的原有各项资产和负债的计税基础和其他相关所得税事项保持不变。

(3) 收购股权后,由于收购而对目标公司产生的税费影响。当溢价收购时,收购价超出原土地成本的部分,如果不考虑其他措施,则对于目标公司而言,大致相当于要多支付的税费为:[收购价－土地原成本价(有合法合规发票部分)]×60%~66%。

具体为:

目标公司能够作为增值税销售额扣减、土地增值税扣除项目金额计算和企业所得税前扣除的合法票据只有15 000万元,股权转让溢价款没有办法在甲公司未来计算缴纳的增值税、土地增值税和企业所得税中扣除,而根据有关规定:一是增值税有按一般计税方法适用11%税率征税,也有按简易计税方法适用5%征收率征税,但不管哪种征收方式,土地成本均可以扣减销售额。如果目标公司在2016年5月1日全面"营改增"前已经动工,则可适用5%征收率计算增值税,此种情况下,由于溢价款支出没办法在目标公司土地成本中体现,所以无法扣减未来的房屋销售额,相当于溢价款需另承担增值税税负5%(还不包括附加税费);如果目标公司是在全面"营改增"后才动工,则只能适用11%税率计算增值税,此时溢价款支出一样没办法在目标公司土地成本中体现,所以也无法扣减未来的房屋销售额,相当于溢价款需另承担增值税税负11%(有销项税额没进项抵扣。还不包括附加税费)。二是土地增值税实行超率累进税率,最低税率为30%,最高为60%。假设就适用30%档的税率,股权受让方支付的股权转让溢价款因无法作为目标公司土地成本在清算土地增值税时扣除,也相当于在未来至少需多承担30%的土地增值税税负。三是企业所得税税率为25%,股权转让溢价款因无法在目标公司计算企业所得税时税前扣除,相当于未来需多承担25%的企业所得税税负。以上合计溢价款至少应多承担税费支出60%或66%,还不包括城建税等附加税费在内,也就是说在计算目标公司的所有税费时,可列支的成本仅为15 000万元,按照这个成本基础计算出的利润再减去股权收购款与实际发票的差额方为目标公司项目的实际利润。

另外,在不同的情况下,测算股权收购溢价以及溢价款需要多承担的税费也是不同的,以本例计算:

① 正常情况下,股权（股份）受让人总共要支付的股权（股份）收购款为50 000万元(100亩×500万),其中代目标公司归还债务12 000万元,一是归还给法人股东A公司按投资股权比例借给目标公司的8 400万元,二是归还给自然人股东B按投资股权比例借给目标公司的3 600万元;支付给两个股东的股权转让款为38 000万元(50 000－12 000),一是支付给法人股东A公司股权转让款26 600万元(38 000×70%),二是支付给自然人股东B股权转让款11 400万元(38 000×30%)。从目标公司的账务处理来说,

此时股权(股份)受让方应替换原股东成为目标公司新的债权人,股东变更为乙公司,也就是说股权交易行为完成后,甲公司成为了乙公司全资控股的子公司。在这种股权交易行为中,乙公司需要负责代扣代缴甲公司原自然人股东的股权转让所得20%的个人所得税,否则需要承担法律责任,即:

$$应扣缴的个人所得税款=(11\,400-3\,000×30\%)×20\%$$
$$=2\,100(万元)$$

个人所得税代扣代缴是法定义务不能免除,乙公司实际应支付给自然人股东股权转让款9 300万元(11 400-2 100)。

以上股权受让方完成对甲公司的收购,共需支付50 000万元,其中股权溢价为35 000万元,据此来测算溢价款未来需要多承担的税费。

② 包税价情况下,股权(股份)受让人应承担的股权(股份)收购支出为58 225万元。

其中,一是针对法人股东A公司。按企业所得税法相关规定,一般情况下,法人股东取得的股权转让收益需要按25%交纳企业所得税,当然这个股权转让收益是并入法人股东的当期应纳税所得额计算的,如果法人股东其他方面经营有亏损,应先冲减当期经营亏损或以前年度可以弥补的亏损后余额再计算缴纳企业所得税,在这种情况下,股权转让收益的实际税负率是低于25%的(为说明问题,本例假设A公司没有亏损,即亏损以0计算)。因股权转让方要求得到的是净收款,也就是说其取得的是股权转让的净收益,其真正取得的股权转让收益还要包括应该缴纳的企业所得税款在内,也就是包税价,用下列公式列示:

$$包税价=股权转让收入+企业所得税应纳税额$$
$$企业所得税应纳税额=(股权转让收益-A公司亏损)×25\%$$
$$股权转让收益=股权转让收入-原投入成本$$

因此,列计算方程式如下:

$$包税价=股权转让收÷(1-25\%)+原投入成本$$
$$=26\,600÷0.75+2\,100$$
$$=37\,566.67(万元)$$

正常情况下股东A企业需缴纳的企业所得税为6 125万元,包税价下,股东A企业需缴纳的企业所得税为8 866.67万元,而这也将因包税而转嫁给股权(股份)受让方承担。

二是针对自然人股东B。按个人所得税法律法规和规范性文件相关规定,自然人股东取得的股权转让收益需要按"财产转让所得"税目适用20%税率交纳个人所得税。因自然人股东也是要求得到的是股权转让的净收益,其真正取得的股权转让收益还要包括应该缴纳的个人所得税款在内,也就是包税价,用下列公式列示:

$$包税价=股权转让收入+个人所得税应纳税额$$
$$个人所得税应纳税额=股权转让收益×20\%$$

$$股权转让收益＝股权转让收入－原投入成本$$

因此,列计算方程式如下:

$$包税价＝股权转让收÷(1－20\%)＋原投入成本$$
$$＝11\,400÷0.8＋900$$
$$＝15\,150(万元)$$

正常情况下股东 B 需缴纳的个人所得税为 2 100 万元,包税价下,股东 B 需缴纳的个人所得税为 2 850 万元。以上两项小计需承担 52 716.67 万元支出,加上替甲公司偿还给其原股东 12 000 万元的债务,合计 64 716.67 万元,这就是包税情况下需要承担的股权收购实际支出,相比正常情况下的股权收购支出,需要多承担 14 716.67 万元的企业所得税和个人所得税,股权转让实际溢价 49 716.67 万元(64 716.67－15 000),应以此为依据测算未来需多承担的税费支出。

3. 股权(股份)转让契税处理

根据《财政部 国家税务总局关于进一步支持企业事业单位改制重组有关契税政策的通知》(财税〔2015〕37 号)第九点"公司股权(股份)转让"规定:在股权(股份)转让中,单位、个人承受公司股权(股份),公司土地、房屋权属不发生转移,不征收契税。据此,股权(股份)转让不属于契税征收范畴,受让方不需要考虑契税因素。

4. 股权(股份)转让印花税处理

除上市公司的股票转让由转让方缴纳印花税外,非上市公司股权(股份)转让中的受让方的印花税同转让方,都需要按"产权转移书据"税率和适用税率贴花,不再赘述。

第九节 以合并方式取得土地使用权涉税问题处理

一、企业重组简单介绍

企业重组,是指企业在日常经营活动以外发生的法律结构或经济结构重大改变的交易,包括企业法律形式改变、债务重组、股权收购、资产收购、合并、分立等。

企业法律形式改变,一般情况下,企业发生法律形式改变都比较简单,如企业注册名称、住所以及企业组织形式等发生变更,这种情况下,企业可直接变更税务登记,除另有规定外,有关纳税事项(包括亏损结转、税收优惠等权益和义务)由变更后企业承继,但因住所发生变化而不符合税收优惠条件的除外,比如从西部税收优惠区域转移到东部城市。但如果是存在企业由法人转变为个人独资企业、合伙企业等非法人组织,或将登记注册地转移至中华人民共和国境外(包括港澳台地区)等情况的,则企业应视同企业进行清算、分配,股东重新投资成立新企业。新企业的全部资产以及股东投资的计税基础均应以公允价值为基础确定。

债务重组,是指在债务人发生财务困难的情况下,债权人按照其与债务人达成的书面协议或者法院裁定书,就其债务人的债务作出让步的事项。

股权收购,是指一家企业(以下称为收购企业)购买另一家企业(以下称为被收购企业)的股权,以实现对被收购企业控制的交易。收购企业支付对价的形式包括股权支付、非股权支付或两者的组合。

资产收购,是指一家企业(以下称为受让企业)购买另一家企业(以下称为转让企业)实质经营性资产的交易。受让企业支付对价的形式包括股权支付、非股权支付或两者的组合。

合并,是指一家或多家企业(以下称为被合并企业)将其全部资产和负债转让给另一家现存或新设企业(以下称为合并企业),被合并企业股东换取合并企业的股权或非股权支付,实现两个或两个以上企业的依法合并。

分立,是指一家企业(以下称为被分立企业)将部分或全部资产分离转让给现存或新设的企业(以下称为分立企业),被分立企业股东换取分立企业的股权或非股权支付,实现企业的依法分立。

股权支付,是指企业重组中购买、换取资产的一方支付的对价中,以本企业或其控股企业的股权、股份作为支付的形式;所称非股权支付,是指以本企业的现金、银行存款、应收款项、本企业或其控股企业股权和股份以外的有价证券、存货、固定资产、其他资产以及承担债务等作为支付的形式。

鉴于企业法律形式发生改变视同销售的情况极为罕见,本章前面几节已对直接买卖(资产收购)、以地抵债(债务重组)、以地作投资以及股权转让(股权收购)等方式做详细分析过,现主要针对合并方式取得土地使用权涉及的税收问题做一分析。

合并可以采取吸收合并和新设合并两种形式。吸收合并是指两个以上的企业合并时,其中一个企业吸收了其他企业而存续(对此类企业以下简称"存续企业"),被吸收的企业解散。新设合并是指两个以上企业并为一个新企业,合并各方解散。

企业合并,涉及被合并企业的资产、负债在不同企业法人之间转移所有权,合并企业如何给付合并对价以及合并企业对取得的被合并企业资产和负债计税基础如何计算等问题,因此合并双方都会涉及企业的流转税和企业所得税等问题,以下以一真实事例来说明合并双方的税收处理。

二、案例

【案例2-12】 中西置业有限公司(简称中西置业或甲方)成立于2016年1月18日,注册资本20 000万元,为成宇集团全资子公司,目前正在对某市中心"丽景天成"项目进行建设开发。截至2016年9月30日,中西置业资产总额488 788.30万元,负债总额468 929.65万元,净资产19 858.65万元,营业收入0万元,利润总额-177.50万元,净利润-141.35万元。2016年11月拟吸收合并渝实房地产开发有限公司(简称渝实房地产或乙方)。渝实房地产成立于2013年,注册资本5 000万元,六合房地产开发开发公司出资3 000万元,持有其60%股份,自然人李大维出资2 000万元,持有其40%股份。渝实房地产项目已全部竣工,项目住宅部分已销售完毕,尚余部分商业及车位待售。财务指标如表2-4所示。

表 2-4　渝实房地产最近一年及一期的财务指标　　　　单位(万元)

	资产总额	负债总额	净资产	营业收入	利润总额	净利润
2015 年 12 月 31 日(经审计)	6 105.39	374.93	5 730.46	2 175.22	895.71	341.04
2016 年 9 月 30 日(未经审计)	6 274.99	292.80	5 982.19	724.67	251.73	251.73

甲乙双方签订的《公司合并协议》的主要内容如下:

(1) 甲乙双方同意实行吸收合并,甲方吸收乙方而继续存在,乙方解散并注销。

(2) 甲乙双方合并后,存续公司甲方的注册资本为人民币 25 000 万元,其中成宇集团出资 20 000 万元,占有存续公司甲方的股份为 80%;六合房地产开发公司出资 3 000 万元,占有存续公司甲方的股份为 12%;自然人李大维出资 2 000 万元,占有存续公司甲方的股份为 8%。

(3) 甲乙双方应于 2016 年 12 月 31 日前完成合并及所有与本次合并相关的工商变更。但,合并手续于该日前不能完成时,甲乙双方可以另行签订补充协议,延长办理时限。

(4) 甲乙双方完成合并及完成所有与本次合并相关的工商变更手续之日起的所有财产及权利义务,均由甲方无条件承受,原乙方所有的债务由甲方承担,债权由甲方享有。

(5) 本协议签订后,双方凭该协议办理乙方资产的变更登记、过户等接收手续,相关费用、税收由甲方承担。

(6) 本协议生效后三日内,甲方应另支付现金 500 万元给乙方原股东,其中应支付给六合房地产开发公司人民币 300 万元,应支付给自然人人民币 200 万元。

(7) 乙方全体管理人员及职工,于合并后当然成为甲方管理人员及职工。

(8) 甲乙双方应召开股东会,讨论通过本协议。一方或双方股东会未通过时,本协议自动失效;甲乙双方应于双方股东会通过本协议后登报予以公告并在公告日起 45 日后,持该协议到工商部门办理乙方注销登记和甲方变更登记手续;一方或双方申请未得到审批机关批准时,本协议自动失效。

【问题】　被合并企业及其股东、合并企业的涉税风险主要有哪些?

【案例分析】

(一) 被合并企业的涉税处理

1. 被合并企业资产转让的增值税处理

1) 被合并企业将动产、货物转让给合并企业的增值税征免

《国家税务总局关于纳税人资产重组有关增值税问题的公告》(国家税务总局公告 2011 年第 13 号)规定:"纳税人在资产重组过程中,通过合并、分立、出售、置换等方式,将全部或者部分实物资产以及与其相关联的债权、负债和劳动力一并转让给其他单位和个人,不属于增值税的征税范围,其中涉及的货物转让,不征收增值税。"

《国家税务总局关于纳税人资产重组有关增值税问题的公告》(国家税务总局公告

2013年第66号)规定:"纳税人在资产重组过程中,通过合并、分立、出售、置换等方式,将全部或者部分实物资产以及与其相关联的债权、负债经多次转让后,最终的受让方与劳动力接收方为同一单位和个人的,仍适用《国家税务总局关于纳税人资产重组有关增值税问题的公告》(国家税务总局公告2011年第13号)的相关规定,其中货物的多次转让行为均不征收增值税。资产的出让方需将资产重组方案等文件资料报其主管税务机关。"

2)被合并企业将不动产、土地使用权转让给合并企业的增值税征免

《财政部　国家税务总局关于全面推开营业税改征增值税试点的通知》(财税〔2016〕36号)附件2《营业税改征增值税试点有关事项的规定》规定,在资产重组过程中,通过合并、分立、出售、置换等方式,将全部或者部分实物资产以及与其相关联的债权、负债和劳动力一并转让给其他单位和个人,其中涉及的不动产、土地使用权转让行为,不征收增值税。

综上规定,资产重组增值税处理应注意以下两点:

(1)通过合并、分立、出售、置换等方式,将全部或者部分实物资产以及与其相关联的债权、负债和劳动力一并转让给其他单位和个人,不属于增值税的征税范围。这里有两个关键词,即"实物资产"和"一并"。就是说资产重组的纳税人,在合并、分立、出售、置换过程中,必须将实物资产以及与其相关联的债权、负债和劳动力"一并"转让给其他单位和个人,才不属于增值税的征税范围,不征收增值税。否则是单纯的资产转让行为或资产收购,无论单笔转让的资产金额多大,都应当征收增值税。因此,在实践当中,资产收购或资产转让或整体资产转让都应当征收增值税。针对本例而言,中西置业和渝实房地产签订吸收合并企业协议,协议约定"甲乙双方完成合并及完成所有与本次合并相关的工商变更手续之日起的所有财产及权利义务,均由甲方无条件承受,原乙方所有的债务由甲方承担,债权由甲方享有"和"乙方全体管理人员及职工,于合并后当然成为甲方管理人员及职工",也就是乙方的全部资产、债权、债务和劳动力转移到甲方,乙方注销。这一行为符合上述规定,不征收增值税。如果乙方将其全部资产、转让给甲方,以换取甲方的股权支付、非股权支付或两者结合的支付,但乙方继续存在并不注销,则是甲方收购乙方资产的行为,这一行为实际上属于整体资产转让,乙方在资产转让中,应照章征收增值税。

(2)无论是全部产权转让的资产重组交易,还是部分产权转让的资产重组交易,涉及的资产转让均不属于增值税的征税范围。转让企业全部产权是整体转让企业资产、债权、债务及劳动力的行为;转让企业部分产权是部分转让企业资产、债权、债务及劳动力的行为。

3)被合并企业的增值税留抵税额的处理

《国家税务总局关于纳税人资产重组增值税留抵税额处理有关问题的公告》(国家税务总局公告2012年第55号)第一条规定:"增值税一般纳税人(以下称'原纳税人')在资产重组过程中,将全部资产、负债和劳动力一并转让给其他增值税一般纳税人(以下称'新纳税人'),并按程序办理注销税务登记的,其在办理注销登记前尚未抵扣的进项税额可结转至新纳税人处继续抵扣。"

留抵税额,实际上是纳税人对国家的债权。企业进行资产重组,其所有的资产、负债

和人员全部由重组后新公司承接,作为该企业债权之一的增值税留抵税款,理应也由重组后的新公司继续享有。

2. 被合并企业将不动产、土地使用权转让给合并企业的土地增值税处理

《财政部　国家税务总局关于企业改制重组有关土地增值税政策的通知》(财税〔2015〕5号)第二条规定:"按照法律规定或者合同约定,两个或两个以上企业合并为一个企业,且原企业投资主体存续的,对原企业将国有土地、房屋权属转移、变更到合并后的企业,暂不征土地增值税。"但同时,该文第五条规定:"上述改制重组有关土地增值税政策不适用于房地产开发企业。"

2018年5月16日,为支持企业改制重组,优化市场环境,财政部、国家税务总局出台了《关于继续实施企业改制重组有关土地增值税政策的通知》(财税〔2018〕57号),继续延续了《财政部　国家税务总局关于企业改制重组有关土地增值税政策的通知》(财税〔2015〕5号)有关企业在改制重组过程中涉及的土地增值税政策的执行。其中第二条规定:"按照法律规定或者合同约定,两个或两个以上企业合并为一个企业,且原企业投资主体存续的,对原企业将房地产转移、变更到合并后的企业,暂不征土地增值税。"且第五条再次明确规定:"上述改制重组有关土地增值税政策不适用于房地产转移任意一方为房地产开发企业的情形。"

基于以上规定,若是非房地产企业(必须双方都是)之间依法合并,且原企业投资主体存续的,也就是合并企业给付给被合并企业股东的对价中至少有部分是股权支付,而不可能全部是非股权支付,因为要是全部以非股权支付给原企业股东的话,合并后他们就不会再存续了。那么,原企业将国有土地、房屋权属转移、变更到合并后的企业的行为,暂不征土地增值税。但如果合并企业或被合并企业双方或其中任何一方属于房地产开发企业,则不适用企业改制重组暂不征收土地增值税的优惠政策。其实这不是一项新的规定。早在2006年,为减少税收政策漏洞,避免部分房地产开发企业以"改制"之名,行"转让房地产"之实,规避土地增值税,财政部、国家税务总局就印发了《关于土地增值税若干问题的通知》(财税〔2006〕21号),规定房地产开发企业不得享受改制重组土地增值税优惠政策。考虑到在实际征管中,上述现象仍然存在,2015年财政部、国家税务总局出台的企业改制重组土地增值税优惠政策延续了以前做法,规定任何一方是房地产企业或者改制目的是为了房地产开发的企业之间的改制重组不得享受暂不征收土地增值税的优惠。由于案例中合并企业中西置业和被合并企业渝实房地产双方都属于房地产开发类型的企业,所以渝实房地产将剩余的部分商业和地下车库及其包含的土地使用权转让给合并企业中西置业时,不能享受暂不征收土地增值税的优惠政策,应照章纳税,但由于合并时双方不一定有针对被合并资产进行作价,所以应根据《国家税务总局关于房地产开发企业土地增值税清算管理有关问题的通知》(国税发〔2006〕187号)第三条第一款的规定计算,即:房地产开发企业将开发产品用于职工福利、奖励、对外投资、分配给股东或投资人、抵偿债务、换取其他单位和个人的非货币性资产等,发生所有权转移时应视同销售房地产,其收入按下列方法和顺序确认:

(1)按本企业在同一地区、同一年度销售的同类房地产的平均价格确定。

（2）由主管税务机关参照当地当年、同类房地产的市场价格或评估价值确定。

笔者注 根据《财政部 国家税务总局关于继续实施企业改制重组有关土地增值税政策的通知》（财税〔2018〕57号）有关规定，从2018年1月1日起至2020年12月31日，按照法律规定或者合同约定，两个或两个以上企业合并为一个企业，且原企业投资主体存续的，对原企业将房地产转移、变更到合并后的企业，暂不征土地增值税。但该改制重组有关土地增值税政策不适用于房地产转移任意一方为房地产开发企业的情形。

3. 被合并企业的企业所得税处理

企业合并中，对于被合并方来说，不论是存续合并还是新设合并，也不论是一般性税务处理还是特殊性税务处理，被合并企业都涉及资产被兼并转移，企业要注销，企业股东获得收入，因此都涉及资产转移的税收问题。

《财政部 国家税务总局关于企业重组业务企业所得税处理若干问题的通知》（财税〔2009〕59号）第四条第（四）项规定，除符合本通知规定适用特殊性税务处理规定的外，企业合并，当事各方应按下列规定，即一般性税务处理：①被合并企业及其股东都应按清算进行所得税处理。②被合并企业的亏损不得在合并企业结转弥补。第六条第（四）项规定，企业重组符合本通知第五条规定条件的，交易各方对其交易中的股权支付部分，可以按以下规定进行特殊性税务处理：被合并企业合并前的相关所得税事项由合并企业承继。

根据上述规定，按一般性税务处理，被合并企业将其全部资产和负债转让给合并企业，被合并企业应按清算进行所得税处理；按特殊性税务处理，被合并企业合并前的相关所得税事项由合并企业承继，被合并企业将结束自身业务，不再持续经营，但其资产和债务将由合并企业承继享有和承担，也不存在向投资者分配剩余财产问题。而根据《财政部 国家税务总局关于企业清算业务企业所得税处理若干问题的通知》（财税〔2009〕60号）的规定，企业清算的所得税处理，是指企业在不再持续经营，发生结束自身业务、处置资产、偿还债务以及向所有者分配剩余财产等经济行为时，对清算所得、清算所得税、股息分配等事项的处理。下列企业应进行清算的所得税处理：

（1）按《公司法》《中华人民共和国企业破产法》（简称《企业破产法》）等规定需要进行清算的企业。

（2）企业重组中需要按清算处理的企业。

所以在一般性税务处理下，被合并企业要进行企业所得税清算处理，而在特殊性税务处理下，被合并企业不需要按企业所得税清算处理。而根据财税〔2009〕60号文件第三条规定，企业清算的所得税处理包括以下内容：①全部资产均应按可变现价值或交易价格，确认资产转让所得或损失；②确认债权清理、债务清偿的所得或损失；③改变持续经营核算原则，对预提或待摊性质的费用进行处理；④依法弥补亏损，确定清算所得；⑤计算并缴纳清算所得税；⑥确定可向股东分配的剩余财产、应付股息等。

企业应将整个清算期作为一个独立的纳税年度计算清算所得。企业的全部资产可变现价值或交易价格,减除资产的计税基础、清算费用、相关税费,加上债务清偿损益等后的余额,为清算所得。

财税〔2009〕60号文件第五条规定,企业全部资产的可变现价值或交易价格减除清算费用、职工的工资、社会保险费用和法定补偿金,结清清算所得税、以前年度欠税等税款,清偿企业债务,按规定计算可以向所有者分配的剩余资产。

另外,《公司法》第一百八十七条规定,清算组在清理公司财产、编制资产负债表和财产清单后,应当制定清算方案,并报股东会、股东大会或者人民法院确认。

公司财产在分别支付清算费用、职工的工资、社会保险费用和法定补偿金,缴纳所欠税款,清偿公司债务后的剩余财产,有限责任公司按照股东的出资比例分配,股份有限公司按照股东持有的股份比例分配。

清算期间,公司存续,但不得开展与清算无关的经营活动。公司财产在未依照前款规定清偿前,不得分配给股东。

根据上述规定,被合并企业应按上述规定股东的出资比例向其分配剩余资产。案例中,甲方合并乙方,乙方被合并时账面净资产为5 982.19万元。假设账面净资产5 982.19万元等同于计税基础,这些资产的公允价值评估为10 000万元,则乙方资产评估增值4 017.81万元(10 000-5 982.19)需要按规定缴纳企业所得税,税后按清算分配处理。如果是按一般性税务处理的,此时乙方的亏损(比如,假设乙方2016年一期不是利润而是亏损为-251.73万元,下同)不能够在合并企业甲方进行继续弥补。如果是按特殊性税务处理的,则乙方的-251.73万元亏损可以按规定在合并企业甲方进行继续弥补。

4. 被合并企业的印花税处理

《国家税务总局关于印花税若干具体问题的解释和规定的通知》(国税发〔1991〕155号)第十条规定,"财产所有权"转移书据的征税范围是:经政府管理机关登记注册的动产、不动产的所有权转移所立的书据,以及企业股权转让所立的书据。

依据上述规定,被合并企业渝实房地产在全部资产转让中,涉及的不动产、土地使用权转让和股转让所立的书据应按规定贴花。

(二) 被合并企业股东的涉税处理

1. 一般性税务处理下被合并企业股东的税务处理

上述《财政部 国家税务总局关于企业重组业务企业所得税处理若干问题的通知》(财税〔2009〕59号)第四条第(四)项规定,除符合本通知规定适用特殊性税务处理规定的外,企业合并,当事各方应按下列规定,即一般性税务处理:被合并企业及其股东都应按清算进行所得税处理。

财税〔2009〕60号文件第五条规定,企业全部资产的可变现价值或交易价格减除清算费用、职工的工资、社会保险费用和法定补偿金,结清清算所得税、以前年度欠税等税款,清偿企业债务,按规定计算可以向所有者分配的剩余资产。

被清算企业的股东分得的剩余资产的金额,其中相当于被清算企业累计未分配利润和累计盈余公积中按该股东所占股份比例计算的部分,应确认为股息所得;剩余资产减除股息所得后的余额,超过或低于股东投资成本的部分,应确认为股东的投资转让所得或损失。

被清算企业的股东从被清算企业分得的资产应按可变现价值或实际交易价格确定计税基础。

据此,在一般性税务处理情况下,被合并企业股东应按企业清算来计算其股息所得和投资转让所得或损失,其中股东分得被清算企业的剩余资产金额中,相当于被清算企业累计未分配利润和累计盈余公积中按该股东所占股份比例计算的部分,应确认为股息所得。此时应根据被合并企业股东的不同身份做不同的税收处理:

(1)被合并企业股东如属于居民企业或在中国境内设立机构、场所的非居民企业,则可享受免征企业所得税的税收优惠。其依据是《企业所得税法》第二十六条:"企业的下列收入为免税收入:

(二)符合条件的居民企业之间的股息、红利等权益性投资收益;

(三)在中国境内设立机构、场所的非居民企业从居民企业取得与该机构、场所有实际联系的股息、红利等权益性投资收益。"

《企业所得税法实施条例》第八十三条:"企业所得税法第二十六条第(二)项所称符合条件的居民企业之间的股息、红利等权益性投资收益,是指居民企业直接投资于其他居民企业取得的投资收益。企业所得税法第二十六条第(二)项和第(三)项所称股息、红利等权益性投资收益,不包括连续持有居民企业公开发行并上市流通的股票不足 12 个月取得的投资收益。"

(2)如果被合并企业股东属于在中国境内未设立机构、场所的,或者虽设立机构、场所但取得的所得与其所设机构、场所没有实际联系的非居民企业,则其取得的股息所得全额应按企业所得税法的相关规定计算缴纳企业所得税。其依据是《企业所得税法》第十九条规定,即:"非居民企业取得本法第三条第三款规定的所得,按照下列方法计算其应纳税所得额:

(一)股息、红利等权益性投资收益和利息、租金、特许权使用费所得,以收入全额为应纳税所得额;

(二)转让财产所得,以收入全额减除财产净值后的余额为应纳税所得额。"

(3)如果被合并企业股东属于个人,则其取得的股息所得全额应按规定计算缴纳个人所得税,税率为20%。

另外,被合并企业股东分得的剩余资产减除股息所得后的余额,超过或低于股东投资成本的部分,应确认为股东的投资转让所得或损失。同样需要根据被合并企业股东的不同身份进行不同的税务处理:如果被合并企业股东属于企业,则应按企业所得税的规定计算缴纳;如果被合并企业股东属于个人,则其应按财产转让所得,以转让财产(股权)的收入额减除财产(股权)原值和合理费用后的余额,为应纳税所得额,适用 20%税率计算缴纳个人所得税。

2. 特殊性税务处理下被企业合并股东的税务处理

1)企业合并的特殊性税务处理的条件

根据上述财税〔2009〕59 号文件第五条规定,企业重组同时符合下列条件的,适用特殊性税务处理规定：

（1）具有合理的商业目的，且不以减少、免除或者推迟缴纳税款为主要目的。

（2）被收购、合并或分立部分的资产或股权比例符合本通知规定的比例。

（3）企业重组后的连续 12 个月内不改变重组资产原来的实质性经营活动。

（4）重组交易对价中涉及股权支付金额符合本通知规定比例。

（5）企业重组中取得股权支付的原主要股东，在重组后连续 12 个月内，不得转让所取得的股权。

2）企业合并的特殊性税务处理

根据上述财税〔2009〕59 号文件第六条规定："企业重组符合本通知第五条规定条件的，交易各方对其交易中的股权支付部分，可以按以下规定进行特殊性税务处理：

……

（四）企业合并，企业股东在该企业合并发生时取得的股权支付金额不低于其交易支付总额的 85%，以及同一控制下且不需要支付对价的企业合并，可以选择按以下规定处理：

……

4. 被合并企业股东取得合并企业股权的计税基础，以其原持有的被合并企业股权的计税基础确定。

……

（六）重组交易各方按本条（一）至（五）项规定对交易中股权支付暂不确认有关资产的转让所得或损失的，其非股权支付仍应在交易当期确认相应的资产转让所得或损失，并调整相应资产的计税基础。

非股权支付对应的资产转让所得或损失＝（被转让资产的公允价值－被转让资产的计税基础）×（非股权支付金额÷被转让资产的公允价值）。"

据此，被合并企业股东取得合并企业股权支付部分的计税基础，以其原持有的被合并企业股权的计税基础确定；而对其非股权支付仍应在交易当期确认相应的资产转让所得或损失，并调整相应资产的计税基础。针对本案例，六合房地产开发公司和自然人李大维取得的中西置业股权应以他们各自持有的渝实房地产的股权计税基础确认，但由于他们都有取得现金支付，所以还要按上述公式计算股权转让所得或损失，并调整其各自在中西置业持有的股权的计税基础，即：

（1）针对六合房地产开发公司：

$$\begin{matrix}\text{非股权支付对应的} \\ \text{资产转让所得或损失}\end{matrix}=\left(\begin{matrix}\text{被转让} \\ \text{资产的公允价值}\end{matrix}-\begin{matrix}\text{被转让资产的} \\ \text{计税基础}\end{matrix}\right)\times\left(\begin{matrix}\text{非股权} \\ \text{支付金额}\end{matrix}\div\begin{matrix}\text{被转让资产} \\ \text{的公允价值}\end{matrix}\right)$$
$$=(10\,000-5\,982.19)\times(300\div10\,000)$$
$$=120.53(万元)$$

也就是说，六合房地产开发公司取得的非股权支付 300 万现金中需要确认相对应的股权转让所得 120.53 万元，并按企业所得税有关规定计算缴纳，剩余的没有确认股权转让所得的 179.47 万元(300-120.53)应调整其持有的中西置业股权的计税基础,调整后其持有的中西置业的股权计税基础应为 2 820.53 万元(3 000-179.47)。

(2)针对自然人李大维:

$$\begin{array}{l}\text{非股权支付对应的}\\\text{资产转让所得或损失}\end{array}=\left(\begin{array}{l}\text{被转让资产}\\\text{的公允价值}\end{array}-\begin{array}{l}\text{被转让资产}\\\text{的计税基础}\end{array}\right)\times\left(\begin{array}{l}\text{非股权}\\\text{支付金额}\end{array}\div\begin{array}{l}\text{被转让资产}\\\text{的公允价值}\end{array}\right)$$

$$=(10\,000-5\,982.19)\times(200\div10\,000)$$

$$=80.36(万元)$$

也就是说,自然人李大维取得的非股权支付 200 万现金中需要确认相对应的股权转让所得 80.36 万元,并按有关规定计算缴纳财产转让所得个人所得税,剩余的没有确认股权转让所得的 119.64 万元(200-80.36)应调整其持有的中西置业股权的计税基础,调整后其持有的中西置业的股权计税基础应为 1 880.36 万元(2 000-119.64)。

(三)合并企业的涉税处理

1. 合并企业的增值税等处理

企业合并中,合并企业的支付可能是股权支付和非股权支付的结合或者是纯粹股权支付或非股权支付。从税收方面分析,对于合并方来说,主要是一种支付行为,所以一般不涉及增值税等税收问题,但如果合并方涉及非货币性资产支付,一般情况下就需要按照销售或视同销售进行处理,这时候合并企业就会涉及增值税、企业所得税甚至土地增值税等问题。假设案例中合并企业中西置业非股权支付给被合并企业股东的 500 万元不是现金而是非货币性资产,如其开发的商品房,则中西置业就必须按会计准则和税法的相关规定确认销售收入缴纳增值税、土地增值税以及企业所得税等,在非股权支付中的这种现象需要引起税企双方高度重视,避免由此产生涉税风险或税收执法风险。

2. 合并企业的企业所得税处理

除了上述合并企业以非货币性资产作为非股权支付可能涉及需要确认收入缴纳企业所得税外,一般情况下,企业合并中对合并企业而言,主要是其取得的被合并企业的资产如何确认计税基础,以及被合并企业有亏损的情况下能否在合并企业弥补的问题。

1)一般性税务处理下合并企业取得被合并企业资产的税务处理

《财政部 国家税务总局关于企业重组业务企业所得税处理若干问题的通知》(财税〔2009〕59 号)第四条第(四)项规定,除符合本通知规定适用特殊性税务处理规定的外,企业合并,当事各方应按下列规定,即一般性税务处理:①合并企业应按公允价值确定接受被合并企业各项资产和负债的计税基础。②被合并企业的亏损不得在合并企业结转弥补。

根据上述规定,在一般性税务处理下,合并企业的企业所得税处理与被合并企业相对应,如本案例,被合并企业渝实房地产应按评估的公允价值 10 000 万元确认转让相关资产计算缴纳企业所得税,而合并企业中西置业应按公允价值 10 000 万元确定接受的各项资产和负债的计税基础。但被合并企业渝实房地产的账面亏损不能够在合并企业中西置业进行继续弥补。原因在于一般性税务处理就是买卖,买方不能将卖方的亏损作为自己的亏损处理。

2) 特殊性税务处理下合并企业取得被合并企业资产的税务处理

《财政部 国家税务总局关于企业重组业务企业所得税处理若干问题的通知》(财税〔2009〕59号)第六条规定,"企业重组符合本通知第五条规定条件的,交易各方对其交易中的股权支付部分,可以按以下规定进行特殊性税务处理:

......

(四)企业合并,企业股东在该企业合并发生时取得的股权支付金额不低于其交易支付总额的85%,以及同一控制下且不需要支付对价的企业合并,可以选择按以下规定处理:

1. 合并企业接受被合并企业资产和负债的计税基础,以被合并企业的原有计税基础确定。

2. 被合并企业合并前的相关所得税事项由合并企业承继。

3. 可由合并企业弥补的被合并企业亏损的限额=被合并企业净资产公允价值×截至合并业务发生当年年末国家发行的最长期限的国债利率。

......

(六)重组交易各方按本条(一)至(五)项规定对交易中股权支付暂不确认有关资产的转让所得或损失的,其非股权支付仍应在交易当期确认相应的资产转让所得或损失,并调整相应资产的计税基础。

非股权支付对应的资产转让所得或损失=(被转让资产的公允价值-被转让资产的计税基础)×(非股权支付金额÷被转让资产的公允价值)"。

基于以上规定,在特殊性处理下,合并企业中西置业接受被合并企业渝实房地产的资产和负债的计税基础,以渝实房地产的原有计税基础确定,即资产总额为6 274.99万元,负债总额为292.80万元。同时,渝实房地产2016年一期的-251.73万元亏损可以按规定在中西置业进行继续弥补,因为按企业所得税法及有关规定,5年以内的亏损可以按规定弥补,但需注意的是,被合并企业的亏损延续到合并企业弥补,并不是一次性的,而是有限额的,可由合并企业弥补的被合并企业亏损的限额=被合并企业净资产公允价值×截至合并业务发生当年年末国家发行的最长期限的国债利率。

3. 合并企业的契税处理

《财政部 国家税务总局关于进一步支持企业事业单位改制重组有关契税政策的通知》(财税〔2015〕37号)第三条规定:两个或两个以上的公司,依照法律规定、合同约定,合并为一个公司,且原投资主体存续的,对合并后公司承受原合并各方土地、房屋权属,免征契税。

据此,企业合并中,如果合并企业给付给被合并企业股东的全部是非股权支付,则被合并企业股东在合并事宜完成后将彻底退出不再存续,在这种情况下,对合并后公司承受原合并各方土地、房屋权属,要照章征收契税。如果合并企业给付给被合并企业股东的全部是股权支付或部分股权支付和部分非股权支付结合如本案例,则被合并企业股东在合并事宜完成后将存续成为合并企业的股东,在这种情况下,对合并后公司承受原合并各方土地、房屋权属,免征契税。

一个疑点是,企业重组中购买、换取资产给付的股权支付,既有可能是以本企业股权、股份作为支付对价,但也有可能是以其控股企业(指由本企业直接持有股份的企业)的股权、股份作为支付对价,在以后一种控股企业的股权、股份作为支付对价时,被合并企业的股东并不是存续于合并后的企业里,而是存续在原合并企业控股的企业里,在这种情况下,合并后企业承受原合并各方土地、房屋权属,是否也可以免征契税呢,财税〔2015〕37号文件并没有做进一步说明,笔者认为政策的尺度应该是统一的,即使原投资主体不是存续在合并后的企业里,但只要是合并企业以股权支付的,原投资主体都会存续经营,因此应该也可以适用该政策优惠,免征契税。为避免产生歧义,笔者建议政策应予以明确。

4. 合并企业印花税处理

《国家税务总局关于印花税若干具体问题的解释和规定的通知》(国税发〔1991〕155号)第十条规定,"财产所有权"转移书据的征税范围是:经政府管理机关登记注册的动产、不动产的所有权转移所立的书据,以及企业股权转让所立的书据。

《财政部 国家税务总局关于企业改制过程中有关印花税政策的通知》(财税〔2003〕183号)第二条规定:"以合并或分立方式成立的新企业,其新启用的资金账簿记载的资金,凡原已贴花的部分可不再贴花,未贴花的部分和以后新增加的资金按规定贴花。"

依据上述规定,合并企业在全部资产转让中,涉及的不动产、土地使用权转让和股权转让所立的书据以及合并企业未贴花的部分和以后新增加的资金按规定贴花。

第十节 | 以分立方式取得土地使用权涉税问题处理

【案例 2-13】 通拓伟业文化产业有限责任公司由两个股东合资成立,注册资本 1 亿元(A 公司出资 7 000 万元、B 公司出资 3 000 万元,股权比例分别为 70%、30%),2015 年公司取得文化创意产业用地面积 1 110 亩,按用地规划要求建设为企业研发基地、国际茶文化博览园、动漫研发基地、酒店、温泉 SPA、游客服务中心、商业住宅及艺术家商业展示中心及企业商业服务中心等综合性产业群。规划容积率 1.2,总建筑面积 80 万平方米,计容面积 62 万平方米,预计基地项目建设投资 37 亿元。2017 年初因发展战略需要,经公司股东会决议,决定对公司资产实施重组分立。分立前后的投资主体与股权结构和比例保持不变,均为原通拓伟业文化产业有限责任公司的两个股东。分立后,其中通拓伟业文化产业有限责任公司(甲方,被分立方)存续,注册资本从 1 亿元调整到 3 000 万元,专门从事文化产业经营运作;另新设通拓伟业建设发展有限责任公司(乙方,新设分立方),注册资本 7 000 万元,专门从事文化创意产业基地建设和经营。分立合同对公司资产负债和人员的约定主要内容如下:

(1)分立后,涉及"文化创意产业基地"项目所属地块的土地使用权归属乙方,即原归属于通拓伟业文化产业有限责任公司的面积共 1 110 亩的土地使用权全部划归乙方建设经营;凡与海峡文化创意产业基地相关的其他资产也全部分割划归乙方所有。

(2)与"海峡文化创意产业基地"相关的资产已全部划归乙方,故本协议各方同意,与文化创意产业基地相关的所有负债应同时分割划归乙方承担。根据本协议约定应由分立后乙方承担的第三方相关债务,若因第三方的债权受到一定条件的限制,暂时无法从甲方分割划归乙方,那么,偿还第三方的债权责任(包括但不仅限于本金及相关利息等)全部由乙方负责。

(3)原负责文化产业生产经营的部门包括研发、生产、推广、财务等相关人员由甲方继续保留和接收,原负责文化产业基地运作的部门包括设计、工程、法务、融资等相关人员由乙方负责接收。

【问题】 被分立企业及其股东、分立企业的涉税风险主要有哪些?

【案例分析】

一、被分立企业的涉税处理

(一)被分立企业资产转让的增值税处理

1. 被分立企业将动产、货物转让给分立企业的增值税征免

《国家税务总局关于纳税人资产重组有关增值税问题的公告》(国家税务总局公告2011 年第 13 号)规定:"纳税人在资产重组过程中,通过合并、分立、出售、置换等方式,将全部或者部分实物资产以及与其相关联的债权、负债和劳动力一并转让给其他单位和个人,不属于增值税的征税范围,其中涉及的货物转让,不征收增值税。"

《国家税务总局关于纳税人资产重组有关增值税问题的公告》(国家税务总局公告2013 年第 66 号)规定:"纳税人在资产重组过程中,通过合并、分立、出售、置换等方式,将全部或者部分实物资产以及与其相关联的债权、负债经多次转让后,最终的受让方与劳动力接收方为同一单位和个人的,仍适用《国家税务总局关于纳税人资产重组有关增值税问题的公告》(国家税务总局公告 2011 年第 13 号)的相关规定,其中货物的多次转让行为均不征收增值税。资产的出让方需将资产重组方案等文件资料报其主管税务机关。"

2. 被分立企业将不动产、土地使用权转让给分立企业的增值税征免

《财政部 国家税务总局关于全面推开营业税改征增值税试点的通知》(财税〔2016〕36 号)附件 2《营业税改征增值税试点有关事项的规定》规定,在资产重组过程中,通过合并、分立、出售、置换等方式,将全部或者部分实物资产以及与其相关联的债权、负债和劳动力一并转让给其他单位和个人,其中涉及的不动产、土地使用权转让行为,不征收增值税。

综上规定,资产重组增值税处理应注意以下两点:

(1)通过合并、分立、出售、置换等方式,将全部或者部分实物资产以及与其相关联的债权、负债和劳动力一并转让给其他单位和个人,不属于增值税的征税范围。这里有两个关键词,即"实物资产"和"一并"。就是说资产重组的纳税人,在合并、分立、出售、置换过程中,必须将实物资产以及与其相关联的债权、负债和劳动力"一并"转让给其他单位和个人,才不属于增值税的征税范围,不征收增值税。否则是单纯的资产转让行为或资产收购,无论单笔转让的资产金额多大,都应当征收增值税。因此,在实践当中,资产收购或资产转让或整体资产转让都应当征收增值税。针对本例而言,通拓伟业文化产业有限责任公司采取重组分立形式,将公司资产债务以及相关人员等一分为二,分设两家公司各自负责文化产业和项目开发,公司资产以及相对应的负债、相关部门及人员部分剥离到新设分立企业,符合上述"将全部或者部分实物资产以及与其相关联的债权、负债和劳动力一并转让给其他单位和个人"的规定,不征收增值税。如果甲方将其全部或部分资产转移到新设的乙方通拓伟业建设发展有限责任公司名下,而与转移过去的资产相对应的负债、相关人员没有同步转移的话,则甲方的行为属于全部或部分资产转让,应照章征收增值税。

(2) 无论是全部产权转让的资产重组交易,还是部分产权转让的资产重组交易,涉及的资产转让均不属于增值税的征税范围。转让企业全部产权是整体转让企业资产、债权、债务及劳动力的行为;转让企业部分产权是部分转让企业资产、债权、债务及劳动力的行为。

3. 被分立企业的增值税留抵税额的处理

《国家税务总局关于纳税人资产重组增值税留抵税额处理有关问题的公告》(国家税务总局公告2012年第55号)第一条规定:"增值税一般纳税人(以下称'原纳税人')在资产重组过程中,将全部资产、负债和劳动力一并转让给其他增值税一般纳税人(以下称'新纳税人'),并按程序办理注销税务登记的,其在办理注销登记前尚未抵扣的进项税额可结转至新纳税人处继续抵扣。"

留抵税额,实际上是纳税人对国家的债权。企业进行资产重组,其所有的资产、负债和人员全部由重组后新公司承接,作为该企业债权之一的增值税留抵税款,理应也由重组后新公司继续享有。针对本例而言,如果通拓伟业文化产业有限责任公司采取新设分立,即将其全部财产、负债、劳动力进行分割,并分别归入两个或两个以上新公司,同步解散原公司,则其在办理注销登记前尚未抵扣的进项税额可结转至新纳税人处继续抵扣。

(二) 被分立企业将不动产、土地使用权转让给分立企业的土地增值税处理

《财政部 国家税务总局关于企业改制重组有关土地增值税政策的通知》(财税〔2015〕5号)第三条规定:"按照法律规定或者合同约定,企业分设为两个或两个以上与原企业投资主体相同的企业,对原企业将国有土地、房屋权属转移、变更到分立后的企业,暂不征土地增值税。"但同时,该文第五条规定:"上述改制重组有关土地增值税政策不适用于房地产开发企业。"

2018年5月16日,为支持企业改制重组,优化市场环境,财政部、国家税务总局出台了《关于继续实施企业改制重组有关土地增值税政策的通知》(财税〔2018〕57号),继续延续了《财政部 国家税务总局关于企业改制重组有关土地增值税政策的通知》(财税〔2015〕5号)有关企业在改制重组过程中涉及的土地增值税政策的执行。其中第三条规定:"按照法律规定或者合同约定,企业分设为两个或两个以上与原企业投资主体相同的企业,对原企业将房地产转移、变更到分立后的企业,暂不征土地增值税。"且第五条再次

明确规定:"上述改制重组有关土地增值税政策不适用于房地产转移任意一方为房地产开发企业的情形。"

基于以上规定,若是非房地产企业依法分立,分立后分立各方都不从事房地产开发且原企业投资主体存续的,那么,原企业将国有土地、房屋权属转移、变更到分立后的企业的行为,暂不征土地增值税。但如果分立企业或被分立企业中任何一方属于房地产开发企业或从事房地产开发,则不适用企业改制重组暂不征收土地增值税的优惠政策。其实这不是一项新的规定。早在2006年,为减少税收政策漏洞,避免部分房地产开发企业以"改制"之名,行"转让房地产"之实,规避土地增值税,财政部、国家税务总局就印发了《关于土地增值税若干问题的通知》(财税〔2006〕21号),规定房地产开发企业不得享受改制重组土地增值税优惠政策。考虑到在实际征管中,上述现象仍然存在,2015年财政部、国家税务总局出台的企业改制重组土地增值税优惠政策延续了以前做法,规定任何一方是房地产企业或者改制目的是为了房地产开发的企业之间的改制重组不得享受暂不征收土地增值税的优惠。针对本案例,由于新设分立企业通拓伟业建设发展有限责任公司专门从事文化创意产业基地建设和经营,这属于房地产开发经营的范畴,所以不能享受暂不征收土地增值税的优惠政策,被分立企业通拓伟业文化产业有限责任公司在分立转移房屋建筑物等不动产和土地使用权给分立企业通拓伟业建设发展有限责任公司时,应照章纳税,但由于分立时分立各方不一定有针对被分立资产进行作价,所以应根据《国家税务总局关于房地产开发企业土地增值税清算管理有关问题的通知》(国税发〔2006〕187号)第三条第一款的规定计算,即:房地产开发企业将开发产品用于职工福利、奖励、对外投资、分配给股东或投资人、抵偿债务、换取其他单位和个人的非货币性资产等,发生所有权转移时应视同销售房地产,其收入按下列方法和顺序确认:

(1) 按本企业在同一地区、同一年度销售的同类房地产的平均价格确定。

(2) 由主管税务机关参照当地当年、同类房地产的市场价格或评估价值确定。

笔者注 根据《财政部 国家税务总局关于继续实施企业改制重组有关土地增值税政策的通知》(财税〔2018〕57号)有关规定,从2018年1月1日起至2020年12月31日,按照法律规定或者合同约定,企业分设为两个或两个以上与原企业投资主体相同的企业,对原企业将房地产转移、变更到分立后的企业,暂不征土地增值税。但该改制重组有关土地增值税政策不适用于房地产转移任意一方为房地产开发企业的情形。

(三) 被分立企业的企业所得税处理

《财政部 国家税务总局关于企业重组业务企业所得税处理若干问题的通知》(财税〔2009〕59号)第四条第(五)项规定,除符合本通知规定适用特殊性税务处理规定的外,企业合并,当事各方应按下列规定,即一般性税务处理:①被分立企业对分立出去资产应按公允价值确认资产转让所得或损失。②分立企业应按公允价值确认接受资产的计税基础。③被分立企业继续存在时,其股东取得的对价应视同被分立企业分配进行处理。

④被分立企业不再继续存在时,被分立企业及其股东都应按清算进行所得税处理。⑤企业分立相关企业的亏损不得相互结转弥补。

财税〔2009〕59号文件第六条第(五)项规定,企业分立,被分立企业所有股东按原持股比例取得分立企业的股权,分立企业和被分立企业均不改变原来的实质经营活动,且被分立企业股东在该企业分立发生时取得的股权支付金额不低于其交易支付总额的85%,可以选择按以下规定处理:①被分立企业已分立出去资产相应的所得税事项由分立企业承继。②被分立企业未超过法定弥补期限的亏损额可按分立资产占全部资产的比例进行分配,由分立企业继续弥补。

根据上述规定,针对本案例,通拓伟业文化产业有限责任公司采取存续分立(派生分立),分立前后的投资主体与股权结构和比例保持不变,均为原两个自然人股东。分立企业通拓伟业建设发展有限责任公司和被分立企业通拓伟业文化产业有限责任公司均不改变原来的实质经营活动,且被分立企业股东在该企业分立发生时取得的股权支付金额为其交易支付总额100%,符合特殊性税务处理的规定,所以,被分立企业通拓伟业文化产业有限责任公司已分立出去资产相应的所得税事项由分立企业通拓伟业建设发展有限责任公司承继。如果被分立企业通拓伟业文化产业有限责任公司尚存在未超过法定弥补期限的亏损额可按分立资产占全部资产的比例进行分配,由分立企业通拓伟业建设发展有限责任公司继续弥补。

如果通拓伟业文化产业有限责任公司采取新设分立(解散分立),即分立后通拓伟业文化产业有限责任公司注销,则根据《财政部 国家税务总局关于企业清算业务企业所得税处理若干问题的通知》(财税〔2009〕60号)的规定,企业清算的所得税处理,是指企业在不再持续经营,发生结束自身业务、处置资产、偿还债务以及向所有者分配剩余财产等经济行为时,对清算所得、清算所得税、股息分配等事项的处理。下列企业应进行清算的所得税处理:

(1) 按《公司法》《企业破产法》等规定需要进行清算的企业。

(2) 企业重组中需要按清算处理的企业。

被分立企业通拓伟业文化产业有限责任公司需进行企业所得税清算处理,根据财税〔2009〕60号文件第三条规定,企业清算的所得税处理包括以下内容:①全部资产均应按可变现价值或交易价格,确认资产转让所得或损失;②确认债权清理、债务清偿的所得或损失;③改变持续经营核算原则,对预提或待摊性质的费用进行处理;④依法弥补亏损,确定清算所得;⑤计算并缴纳清算所得税;⑥确定可向股东分配的剩余财产、应付股息等。

企业应将整个清算期作为一个独立的纳税年度计算清算所得。企业的全部资产可变现价值或交易价格,减除资产的计税基础、清算费用、相关税费,加上债务清偿损益等后的余额,为清算所得。

财税〔2009〕60号文件第五条规定,企业全部资产的可变现价值或交易价格减除清算费用,职工的工资、社会保险费用和法定补偿金,结清清算所得税、以前年度欠税等税款,清偿企业债务,按规定计算可以向所有者分配的剩余资产。

（四）被分立企业的印花税处理

《国家税务总局关于印花税若干具体问题的解释和规定的通知》（国税发〔1991〕155号）第十条规定，"财产所有权"转移书据的征税范围是：经政府管理机关登记注册的动产、不动产的所有权转移所立的书据，以及企业股权转让所立的书据。

依据上述规定，被分立企业通拓伟业文化产业有限责任公司在分立过程中涉及的不动产、土地使用权转让所立的书据应按规定贴花。

二、被分立企业股东的涉税处理

1. 一般性税务处理下被分立企业股东的税务处理

上述《财政部　国家税务总局关于企业重组业务企业所得税处理若干问题的通知》（财税〔2009〕59号）第四条第（五）项规定，企业分立，当事各方应按下列规定处理："3.被分立企业继续存在时，其股东取得的对价应视同被分立企业分配进行处理。4.被分立企业不再继续存在时，被分立企业及其股东都应按清算进行所得税处理。"

财税〔2009〕60号文件第五条规定，企业全部资产的可变现价值或交易价格减除清算费用，职工的工资、社会保险费用和法定补偿金，结清清算所得税、以前年度欠税等税款，清偿企业债务，按规定计算可以向所有者分配的剩余资产。

被清算企业的股东分得的剩余资产的金额，其中相当于被清算企业累计未分配利润和累计盈余公积中按该股东所占股份比例计算的部分，应确认为股息所得；剩余资产减除股息所得后的余额，超过或低于股东投资成本的部分，应确认为股东的投资转让所得或损失。

被清算企业的股东从被清算企业分得的资产应按可变现价值或实际交易价格确定计税基础。

据以上规定，在一般性税务处理情况下，被分立企业股东的所得税处理有两种方式：一是采取的是存续分立，被分立企业继续存在，则其股东取得的对价应视同被分立企业分配进行处理，计算其股息红利所得缴纳所得税或享受免税待遇。二是采取的是新设分立，被分立企业不再继续存在，则被分立企业及其股东都应按清算进行所得税处理，计算其股息所得和投资转让所得或损失，其中股东分得被清算企业的剩余资产金额中，相当于被清算企业累计未分配利润和累计盈余公积中按该股东所占股份比例计算的部分，应确认为股息所得。

同时，股息红利所得的企业所得税处理应根据被分立企业股东的不同身份做不同的税收处理：

（1）被分立企业股东如属于居民企业或在中国境内设立机构、场所的非居民企业，则可享受免征企业所得税的税收优惠。其依据是《企业所得税法》第二十六条："企业的下列收入为免税收入：

（二）符合条件的居民企业之间的股息、红利等权益性投资收益；

（三）在中国境内设立机构、场所的非居民企业从居民企业取得与该机构、场所有实际联系的股息、红利等权益性投资收益。"

《企业所得税法实施条例》第八十三条："企业所得税法第二十六条第（二）项所称符合

条件的居民企业之间的股息、红利等权益性投资收益,是指居民企业直接投资于其他居民企业取得的投资收益。企业所得税法第二十六条第(二)项和第(三)项所称股息、红利等权益性投资收益,不包括连续持有居民企业公开发行并上市流通的股票不足12个月取得的投资收益。"

(2) 如果被分立企业股东属于在中国境内未设立机构、场所的,或者虽设立机构、场所但取得的所得与其所设机构、场所没有实际联系的非居民企业,则其取得的股息所得全额应按企业所得税法的相关规定计算缴纳企业所得税。其依据是《企业所得税法》第十九条规定,即:"非居民企业取得本法第三条第三款规定的所得,按照下列方法计算其应纳税所得额:

(一) 股息、红利等权益性投资收益和利息、租金、特许权使用费所得,以收入全额为应纳税所得额;

(二) 转让财产所得,以收入全额减除财产净值后的余额为应纳税所得额。"

(3) 如果被分立企业股东属于个人,则其取得的股息所得全额应按规定计算缴纳个人所得税,税率为20%。

另外,被分立企业股东分得的剩余资产减除股息所得后的余额,超过或低于股东投资成本的部分,应确认为股东的投资转让所得或损失。同样需要根据被合并企业股东的不同身份进行不同的税务处理:如果被分立企业股东属于企业,则应按企业所得税的规定计算缴纳;如果被分立企业股东属于个人,则其应按财产转让所得,以转让财产(股权)的收入额减除财产(股权)原值和合理费用后的余额,为应纳税所得额,适用20%税率计算缴纳个人所得税。

2. 特殊性税务处理下被企业分立股东的税务处理

1) 企业分立的特殊性税务处理的条件

根据上述财税〔2009〕59号文件第五条规定,企业重组同时符合下列条件的,适用特殊性税务处理规定:

(1) 具有合理的商业目的,且不以减少、免除或者推迟缴纳税款为主要目的。

(2) 被收购、合并或分立部分的资产或股权比例符合本通知规定的比例。

(3) 企业重组后的连续12个月内不改变重组资产原来的实质性经营活动。

(4) 重组交易对价中涉及股权支付金额符合本通知规定比例。

(5) 企业重组中取得股权支付的原主要股东,在重组后连续12个月内,不得转让所取得的股权。

2) 企业分立的特殊性税务处理

根据上述财税〔2009〕59号文件第六条规定,"企业重组符合本通知第五条规定条件的,交易各方对其交易中的股权支付部分,可以按以下规定进行特殊性税务处理:……(五)企业分立,被分立企业所有股东按原持股比例取得分立企业的股权,分立企业和被分立企业均不改变原来的实质经营活动,且被分立企业股东在该企业分立发生时取得的股权支付金额不低于其交易支付总额的85%,可以选择按以下规定处理:4.被分立企业的股东取得分立企业的股权(以下简'称新股'),如需部分或全部放弃原持有的被分立企业的股权(以下简称'旧股'),新股的计税基础应以放弃'旧股'的计税基础确定。如不需放弃'旧股',则其取得'新股'的计税基础可从以下两种方法中选择确定:直接将'新股'的计税基础确定为零;或者以被分立企业分立出去的净资产占被分立企业全部净资产的比例先调减原持有的'旧股'的计税基础,再将调减的计税基础平均分配到'新股'上。(六)重组交易各方按本条(一)至(五)项规定对交易中股权支付暂不确认有关资产的转让所得或损失的,其非股权支付仍应在交易当期确认相应的资产转让所得或损失,并调整相应资产的计税基础。

非股权支付对应的资产转让所得或损失=(被转让资产的公允价值-被转让资产的计税基础)×(非股权支付金额÷被转让资产的公允价值)"。

据此,企业分立适用特殊性税务处理除需满足"合理的商业目的""经营连续""权益连续"三个条件外,还要求分立企业股东取得的股权支付额达到整体交易支付总额的85%。存续分立中的交易支付总额是指所剥离的净资产(资产-负债)的公允价值,包括股权支付额和非股权支付额。其中,股权支付额是指被分立企业的股东持有分立企业股权的公允价值,非股权支付额是指被分立企业的股东从被分立企业直接取得的现金和非现金资产的公允价值。新设分立中的交易支付总额实际就是被分立企业净资产的公允价值,其中股权支付额是指被分立企业的股东持有各个分立企业股权的公允价值。被分立企业的股东取得的除股权支付额之外的现金和非现金资产为非股权支付额。

三、分立企业的涉税处理

(一) 分立企业的企业所得税处理

1. 一般性税务处理下分立企业取得被分立企业资产的税务处理

上述财税〔2009〕59号文件第四条第(五)项规定,企业分立,当事各方应按下列规定处理:"2.分立企业应按公允价值确认接受资产的计税基础。……5.企业分立相关企业的亏损不得相互结转弥补。"

据此,在一般性税务处理下,分立企业的企业所得税处理与被分立企业相对应,被分立企业对分立出去资产应按公允价值确认资产转让所得或损失,计算缴纳企业所得税,而分立企业则应按公允价值确认接受资产的计税基础,作为企业所得税税前扣除的依据。

2. 特殊性税务处理下分立企业取得被分立企业资产的税务处理

上述财税〔2009〕59号文件第六条规定,企业重组符合本通知第五条规定条件的,交易各方对其交易中的股权支付部分,可以按以下规定进行特殊性税务处理,"(五) 企业分立,被分立企业所有股东按原持股比例取得分立企业的股权,分立企业和被分立企业均不改变原来的实质经营活动,且被分立企业股东在该企业分立发生时取得的股权支付金额不低于其交易支付总额的85%,可以选择按以下规定处理:

1. 分立企业接受被分立企业资产和负债的计税基础,以被分立企业的原有计税基础确定。

2. 被分立企业已分立出去资产相应的所得税事项由分立企业承继。

3. 被分立企业未超过法定弥补期限的亏损额可按分立资产占全部资产的比例进行分配,由分立企业继续弥补。

（六）重组交易各方按本条（一）至（五）项规定对交易中股权支付暂不确认有关资产的转让所得或损失的,其非股权支付仍应在交易当期确认相应的资产转让所得或损失,并调整相应资产的计税基础。

非股权支付对应的资产转让所得或损失＝（被转让资产的公允价值－被转让资产的计税基础）×（非股权支付金额÷被转让资产的公允价值）"。

（二）分立企业的契税处理

《财政部 国家税务总局关于进一步支持企业事业单位改制重组有关契税政策的通知》（财税〔2015〕37 号）第四条规定,公司依照法律规定、合同约定分立为两个或两个以上与原公司投资主体相同的公司,对分立后公司承受原公司土地、房屋权属,免征契税。

（三）分立企业印花税处理

《国家税务总局关于印花税若干具体问题的解释和规定的通知》（国税发〔1991〕155 号）第十条规定,"财产所有权"转移书据的征税范围是:经政府管理机关登记注册的动产、不动产的所有权转移所立的书据,以及企业股权转让所立的书据。

《财政部 国家税务总局关于企业改制过程中有关印花税政策的通知》（财税〔2003〕183 号）第二条规定:"以合并或分立方式成立的新企业,其新启用的资金账簿记载的资金,凡原已贴花的部分可不再贴花,未贴花的部分和以后新增加的资金按规定贴花。"

据上述规定,分立企业在资产受让中,涉及的不动产、土地使用权转让和股权转让所立的书据以及分立企业未贴花的部分和以后新增加的资金按规定贴花。

Chapter 3
第三章 开工建设阶段涉税问题处理

第一节 | 开工建设阶段涉及费用

一般情况下,房地产开发企业在取得项目用地后,便开始进入项目前期准备、项目建设阶段,这一时间段是企业除了土地成本之外开发成本发生的集中区,需要支出的主要有各种行政事业性收费、政府性基金、经营服务性收费、工程性支出、管理费用、人员工资以及借款费用等,涵盖了项目的前期工程、建安工程、基础设施、公共配套设施等各个方面。

一、前期工程费

前期工程费,是指项目开发前期发生的政府许可费、招标代理费、临时设施费以及水文地质勘察、测绘、规划、设计、可行性研究、咨询论证费、筹建、场地通平等前期费用。

在实务中,通常可以根据管理要求进一步分为勘察设计费、报批报建增容费、"三通一平"费、临时设施费。

1. 勘察设计费

包括勘测丈量费、规划设计费、建筑临时用房费、其他费用。勘测丈量费包括:初勘、详勘等。主要有:水文、地质、文物和地基勘察费,沉降观测费,日照测试费、拨地钉桩验线费、复线费、定线费、施工放线费、建筑面积丈量费等。规划设计费:规划费:方案招标费、规划设计模型制作费、方案评审费、效果图设计费、总体规划设计费;设计费:施工图设计费、修改设计费、环境景观设计费等。其他:可行性研究费、制图、晒图、赶图费、样品制作费等。建筑临时用房费包括:材料及施工费。

2. 报批报建增容费

报批报建增容费包括报批报建费、项目整体性报批报建费、增容费。报批报建费包括:安检费、质检费、标底编制费、交易中心手续费、人防报建费、消防配套设施费、散装水泥集资费、白蚁防治费、墙改基金、建筑面积丈量费、路口开设费等、规划管理费、新材料基金(或墙改专项基金)、教师住宅基金(或中小学教师住宅补贴费)、拆迁管理费、招投标管理费等。项目整体性报批报建:项目报建时按规定向政府有关部门交纳的报批费。增容费包括:水、电、煤气增容费。

3. "三通一平"费

三通一平费主要包括临时通水、通电、通路,场地平整。临时道路:接通红线外施工用临时道路的设计、建造费用。临时用电:接通红线外施工用临时用电规划设计费、临时管线铺设、改造、迁移、临时变压器安装及拆除费用。临时用水:接通红线外施工用临时给排水设施的设计、建造、管线铺设、改造、迁移等费用。场地平整:基础开挖前的场地平整、场地清运、旧房拆除等费用。

4. 临时设施费

临时设施费包括临时围墙、临时办公室、临时场地占用费、临时围挡。临时围墙包括:围墙、围栏设计、建造、装饰费用。临时办公室:租金、建造及装饰费用。临时场地占用费:含施工用临时占道费、临时借用空地租费。临时围板包括:设计、建造、装饰费用。

二、建安工程费

建筑安装工程费,是指开发项目开发过程中发生的各项主体建筑的建筑工程费、安装工程费及精装修费等。

1. 建筑工程费

建筑工程费指项目开发过程中发生的主体内列入土建预算内的各项费用。主要包括基础造价、结构及粗装修造价、门窗工程、公共部位精装修费、户内精装修费。基础造价包括:土石方、桩基、护壁(坡)工程费,基础处理费、桩基咨询及检测费、降水。结构及粗装修造价主要包括:砼框架(含独立柱基和条基等浅基础)、砌体、找平及抹灰、防水、垂直运输、脚手架、超高补贴、散水、沉降缝、伸缩缝、底层花园砌体(高层建筑的裙楼有架空层,原则上架空层结构列入裙楼、有转换层结构并入塔楼)。门窗工程主要包括:单元门、入户门、户内门、外墙门窗、防火门的费用。公共部位精装修费主要包括:大堂、电梯厅、楼梯间、屋面、外立面及雨蓬的精装修费用。户内精装修费主要包括:厨房、卫生间、厅房、阳台、露台的精装修费用。

2. 安装工程费

安装工程费包括室内水暖气电管线设备费、室内设备及其安装费、弱电系统费。室内水暖气电管线设备费主要包括:室内给排水系统费(自来水、排水、直饮水、热水);室内采暖系统费(地板热、电热膜、分户燃气炉、管道系统、暖气片);室内燃气系统费;室内电气工程费包括:楼栋及单元配电箱、电表箱、户配电箱、管线敷设、灯具、开关插座、含弱电工程管盒预埋。室内设备及其安装费:通风空调系统费包括空调设备及安装费用、空调管道、通风系统费用,电梯及其安装费;发电机及其安装费包括发电机供货、安装、机房降噪费;消防系统费包括水消防、电消防、气体灭火、防排烟工程费;人防设备及安装费包括密闭门、气体过滤装置等。弱电系统费:居家防盗系统费用包括阳台及室内红外探测防盗、门磁、紧急按钮等;对讲系统费用包括可视及非可视对讲系统费用;三表远传系统费用包括水、电、气远程抄表系统费用;有线电视费用包括有线电视、卫星电视主体内外布线及终端插座费用;电话系统费用包括主体内外布线及终端插座费用;宽带网包括主体内外布线及终端插座费用等。

三、基础设施费

基础设施建设费,是指开发项目在开发过程中发生的道路、供水、供电、供气、供暖、排污、排洪、消防、通讯、照明、有线电视、宽带网络、智能化等社区管网工程费和环境卫生、园林绿化等园林、景观环境工程费用等。

主要包括:室外给排水系统费、室外采暖系统费、室外燃气系统费、室外电气及高低压设备费、室外智能化系统费、园林环境工程费、环境卫生费。

1. 室外给排水系统费

室外给水系统费主要包括:小区内给水管道、检查井、水泵房设备及外接的消火栓等费用;雨污水系统费用。

2. 室外采暖系统费

室外采暖系统费主要包括:管道系统、热交换站、锅炉房费用。

3. 室外燃气系统费

室外燃气系统费主要包括:管道系统、调压站。

4. 室外电气及高低压设备费

室外电气及高低压设备费包括:高低压配电设备及安装包括红线到配电房的高压线、高压柜、变压器、低压柜及箱式变压设备费用;室外强电管道及电缆敷设包括室外强电总平线路部分费用;室外弱电管道埋设包括用于电视、电话、宽带网、智能化布线的管道预埋、检查井等费用。

5. 室外智能化系统费

室外智能化系统费包括:停车管理系统费用包括露天停车场管理系统、地下室或架空层停车场管理系统的费用;小区闭路监控系统费用包括摄像头、显示屏及电气系统安装等费用;周界红外防越系统费用包括红外对扫等;小区门禁系统费用;电子巡更系统费用;电子公告屏费用等。

6. 园林环境工程费

园林环境工程费指项目所发生的园林环境造价,主要包括绿化建设费、建筑小品、道路、广场建造费、围墙建造费、室外照明、室外背景音乐、室外零星设施。绿化建设费:包括公共绿化、组团宅间绿化、一楼私家花园、小区周边绿化支出;建筑小品包括雕塑、水景、环廊、假山等;道路、广场建造费包括道路广场铺设、开设路口工程及补偿费等;围墙建造费包括永久性围墙、围栏及大门;室外照明:室外照明电气工程,如路灯、草坪灯;室外背景音乐;室外零星设施包括儿童游乐设施、各种指示牌、标识牌、示意图、垃圾桶、座椅、阳伞等。

四、配套设施费

公共配套设施费,是指开发项目内发生的、独立的、非营利性的且产权属于全体业主的,或无偿赠与地方政府、政府公共事业单位的公共配套设施费用等。

配套设施费指房屋开发过程中,根据有关法规,产权及收益权不属于开发商,开发商不能有偿转让也不能转作自留固定资产的公共配套设施支出。主要包括以下几类:

（1）在开发小区内发生的不会产生经营收入的不可经营性公共配套设施支出，包括居委会、派出所、岗亭、儿童乐园、自行车棚等。

（2）在开发小区内发生的根据法规或经营惯例，其经营收入归于经营者或业委会的可经营性公共配套设施的支出，如建造幼托、邮局、图书馆、阅览室、健身房、游泳池、球场等设施的支出。

（3）开发小区内城市规划中规定的大配套设施项目不能有偿转让和取得经营收益权时，发生的没有投资来源的费用。

（4）对于产权、收入归属情况较为复杂的地下室、车位等设施，应根据当地政府法规、开发商的销售承诺等具体情况确定是否摊入本成本项目。如开发商通过补交地价或人防工程费等措施，得到政府部门认可，取得了该配套设施的产权，则应作为经营性项目独立核算。

该成本项目下按各项配套设施设立明细科目进行核算，如：游泳池包括土建、设备、设施；业主会所包括设计、装修费、资产购置、单体会所结构；幼儿园包括建造成本及配套资产购置；学校包括建造成本及配套资产购置；球场；设备用房包括配电房、水泵房土建及装修费；车站建造费包括土建、设备、各项设施。

五、开发间接费

开发间接费，指企业为直接组织和管理开发项目所发生的，且不能将其直接归属于成本核算对象的工程监理费、造价审核费、结算审核费、工程保险费等。为业主代扣代缴的公共维修基金等不得计入产品成本。

在实务中，通常可以根据管理要求进一步分为工程管理费、项目营销设施建造费、物业管理完善费。

1. 工程管理费

主要包括工程监理费、预结算编审费、行政管理费、施工合同外奖金、工程质量监督费、安全监督费、工程保险费。工程监理费：支付给聘请的项目或工程监理单位的费用。预结算编审费：支付给造价咨询公司的预结算的编制、审核费用。行政管理费：直接从事项目开发的部门的人员的工资、奖金、补贴等人工费以及直接从事项目开发的部门的行政费。施工合同外奖金：赶工奖、进度奖。工程质量监督费：建设主管部门的质监费。安全监督费：建设主管部门的安监费。工程保险费：建议主管部门的保险费。

2. 营销设施建造费

主要包括广告设施及发布费、销售环境改造费、售楼处装修、装饰费、其他费用。广告设施及发布费：车站广告、路牌广告。销售环境改造费：会所、推出销售楼盘（含示范单位）周围等销售区域销售期间的现场设计、工程、装饰费；临时销售通道的设计、工程、装饰等费用。售楼处装修、装饰费：设计、工程、装饰等。样板间：包括样板间设计、装修、家具、饰品以及保洁、保安、维修费。主体外搭设的样板间还包括建造费用；主体内样板间销售后回收的设计、装修、家具、家私等费用，在主营业务收入中单列或单独记录，考核时从总费用中扣除。

3. 物业管理完善费

主要包括按规定应由开发商承担的由物业管理公司代管的物业管理基金、公建维修基金或其他专项基金;以及小区入住前投入的物业管理费用。

六、借款费用

借款费用,是指符合资本化条件的借款费用。资本化借款费用包括直接用于项目开发所借入资金的利息支出、折价或溢价摊销和辅助费用,以及因外币借款而发生汇兑差额。因借款而发生的辅助费用包括手续费等。

第二节 开发建设过程中交纳的各种规费的涉税处理

房地产开发企业从公司成立到土地取得再到房屋出售,需要历经有关部门几十上百道程序或手续,缴纳数十项规费,这里面既有行政事业性收费、基金,也有经营服务性收费,其中又以项目开工、建设、竣工这个阶段为甚,这些规费主要包括如表3-1所示的一些项目(具体的收费范围、标准各地可能存在一定差异,不尽相同):

表3-1 房地产行业政府性基金、行政事业性收费及经营服务性收费项目标准一览表

序号	项目	收费标准	收费性质	收费环节	收费部门
1	耕地开垦费(农用地)	×元/亩(耕地)	行政事业性	建设用地上报审批前	国土资源部门
2	新增建设用地有偿使用费(农用地)	×元/m²(新增建设用地面积)	行政事业性	建设用地上报审批前	国土资源部门
3	征地管理费(农用地)	征地补偿费×‰	行政事业性	征用土地安置审批完成之后	国土资源部门
4	水土保持设施补偿费(农用地)	×元/m²(实际占地面积)	行政事业性	一次性或分段交纳	国土资源部门
5	水土流失防治费(农用地)	×元/m²(实际占地面积)	行政事业性	一次性或分段交纳	国土资源部门
6	水利建设基金(农用地)	×元/m²(新增建设用地面积)	政府性基金	办理征地手续时	国土资源部门
7	新菜地开发基金(农用地)	×元/m²(新增建设用地面积)	政府性基金	建设用地上报审批前	国土资源部门
8	城市房屋拆建管理费	×元/m²(建筑面积)	行政事业性	核发拆迁许可证前	拆迁管理部门
9	土地登记费	×元/宗地	行政事业性	核发(换)土地使用费	国土资源部门
10	城市基础设施配套费	×元/m²(建筑面积)	行政事业性	发《建设工程规划许可证》前	建设管理部门
11	环卫费	×元/m²(建筑面积)	行政事业性	发《建设工程规划许可证》前	市容管理部门

(续表)

序号	项目	收费标准	收费性质	收费环节	收费部门
12	防空地下室易地建设费	×元/m²(建筑面积)	行政事业性	发《建设工程规划许可证》前	人防管理部门
13	白蚁防治费	×元/m²(建筑面积)	行政事业性	发《施工许可证》前	房产管理部门
14	绿化补偿费	×元/m²(绿化面积未达标部分)	行政事业性	发《施工许可证》前	园林管理部门
15	散装水泥专项基金	×元/m²(建筑面积)或×元/吨	政府性基金	发《施工许可证》前	建设管理部门
16	新型墙体专项基金	×元/m²(建筑面积)	政府性基金	发《施工许可证》前	建设管理部门
17	建筑企业养老保障金	工程造价的一定比例	行政事业性	发《施工许可证》前	建设管理部门
18	建筑劳务工资保证金	工程造价的一定比例	行政事业性	发《施工许可证》前	建设管理部门
19	城市规划咨询费	×元/m²(建筑面积)	经营服务性	报建前	城市规划咨询服务机构
20	土地交易服务费	一般按土地交易成交额的一定比例	经营服务性	报建前	土地交易服务机构
21	地籍档案资料信息咨询服务费	各地收费标准不一	经营服务性	报建前	规划土地服务机构
22	测绘费	各地收费标准不一	经营服务性	报建前	测绘机构
23	环境影响咨询费	各地收费标准不一	经营服务性	报建前	环评机构
24	环境监测服务费	各地收费标准不一	经营服务性	发《施工许可证》前	环评机构
25	工程质量监督费	一般按建安工作量的一定比例	经营服务性	发《施工许可证》前	质检管理部门
26	工程定额测定费	一般按建安工作量的一定比例	经营服务性	发《施工许可证》前	定额服务机构
27	施工招投标交易服务费	按中标合同价的一定比例由招投标方分担	经营服务性	开标后	招投标交易服务机构
28	招标代理服务费	按中标合同价的一定比例由招投标方分担	经营服务性	开标前	招投标交易服务机构
29	商品砼交易服务费	按中标合同价的一定比例由招投标方分担	经营服务性	开标后	建设工程交易服务机构
30	工程勘察设计费	按合同当事人约定	经营服务性	设计工作完成前后	勘察服务机构

(续表)

序号	项目	收费标准	收费性质	收费环节	收费部门
31	建设工程质量检测试验费	按合同当事人约定	经营服务性	阶段性支付	建设工程质量检测服务机构
32	建设工程施工图审查咨询费	按合同当事人约定	经营服务性	招标前	建设工程设计审查服务机构
33	建筑节能设计技术咨询服务费	一般按工程概预算的一定比例	经营服务性	办施工许可证时	建筑节能管理服务机构
34	土地登记代理费	一般按定额	经营服务性	工程竣工	土地登记发证机构
35	城市建设工程竣工档案整理综合服务费	一般按定额	经营服务性	工程竣工	城市建设档案馆
36	坐标放线费	一般按定额	经营服务性	建设工程开工前	勘测服务机构
37	规划红线定位、验线费	一般按定额	经营服务性	建设工程开工前	规划或国土资源管理部门
38	卫生监督防疫费	一般按定额	经营服务性	建设工程开工前	卫生监督管理部门
39	工程勘察文件审查费	一般按概预算的一定比例	经营服务性	建设工程开工前	建设工程设计审查服务机构
40	抗震设计审查费	一般按概预算的一定比例	经营服务性	建设工程开工前	建设工程设计审查服务机构
41	建设工程环境影响评价费、监测费	一般按定额	经营服务性	建设工程开工前	环保服务机构
42	噪音防治费	×元/m²(建筑面积)	经营服务性	建设工程开工前	环保管理部门
43	房屋测丈费	×元/m²(建筑面积)	经营服务性	竣工交付办证	房产管理部门

【问题】 房地产企业交纳的这些规费应该取得什么样的票据才属于合法有效？取得的票据在增值税方面能否获得进项税额抵扣？

【分析】

一、房地产企业交纳规费应该取得什么样的票据才属于合法有效

首先，根据《中华人民共和国发票管理办法》(国务院令第 587 号，简称该《办法》或《发票管理办法》)第三条规定，本办法所称发票，是指在购销商品、提供或者接受服务以及从事其他经营活动中，开具、收取的收付款凭证。该《办法》的第十九条规定，销售商品、提供服务以及从事其他经营活动的单位和个人，对外发生经营业务收取款项，收款方应当向付款方开具发票;特殊情况下，由付款方向收款方开具发票。《国家税务总局关于修改〈中华人民共和国发票管理办法实施细则〉的决定》(国家税务总局令第 37 号，以下简称《发票管理细则》)第二十六条规定,填开发票的单位和个人必须在发生经营业务确认营业收入时开具发票。未发生经营业务一律不准开具发票。

同时,《发票管理办法》第二十条和第二十一条明确规定,所有单位和从事生产、经营活动的个人在购买商品、接受服务以及从事其他经营活动支付款项,应当向收款方取得发票。取得发票时,不得要求变更品名和金额。不符合规定的发票,不得作为财务报销凭证,任何单位和个人有权拒收。

据此,不论是单位还是个人,对外发生经营业务收取款项时,一般情况下收款方有向付款方开具发票的法定义务,《发票管理办法》用词为"应当",也就是"必须",即填开发票的单位和个人必须在发生经营业务确认营业收入时开具发票。而针对所有单位和从事生产、经营活动的个人而言,也有取得合法有效票据即发票的法定义务,而且规章还明确规定,即使取得了发票,但如果不符合规定要求,也不得作为财务报销凭证。

其次,《发票管理细则》也明确规定,未发生经营业务一律不准开具发票。《财政部国家税务总局关于全面推开营业税改征增值税试点的通知》(财税〔2016〕36号)第十条规定:"销售服务、无形资产或者不动产,是指有偿提供服务、有偿转让无形资产或者不动产,但属于下列非经营活动的情形除外:

(一)行政单位收取的同时满足以下条件的政府性基金或者行政事业性收费。

1. 由国务院或者财政部批准设立的政府性基金,由国务院或者省级人民政府及其财政、价格主管部门批准设立的行政事业性收费;

2. 收取时开具省级以上(含省级)财政部门监(印)制的财政票据;

3. 所收款项全额上缴财政。"

根据上述规定,行政单位收取的并同时符合上述三个条件的政府性基金或行政事业性收费,属于非经营活动,一律不准开具发票。换句话说,如果行政单位收取的但并不同时符合上述三个条件的政府性基金或行政事业性收费,也应当归属于经营活动,应按销售服务征收增值税,并按《发票管理办法》和《发票管理细则》的有关规定在确认营业收入时开具发票。

再者,既然房地产企业交纳的政府性基金、行政事业性收费属于行政单位的非经营活动,那到底需要取得什么样的票据才属于取得符合法律、行政法规和国家税务总局规定的有效凭证呢?其实,这一问题在全面"营改增"相关规定中已经得到了答案。根据《财政部国家税务总局关于全面推开营业税改征增值税试点的通知》(财税〔2016〕36号)附件2《营业税改征增值税试点有关事项的规定》有关"销售额"的规定:"试点纳税人按照上述4~10款的规定从全部价款和价外费用中扣除的价款,应当取得符合法律、行政法规和国家税务总局规定的有效凭证。否则,不得扣除。

上述凭证是指:

······

(4)扣除的政府性基金、行政事业性收费或者向政府支付的土地价款,以省级以上(含省级)财政部门监(印)制的财政票据为合法有效凭证。"

从这一规定可以看出,不论纳税人交纳的政府性基金、行政事业性收费能不能作为增值税扣税凭证,但取得省级以上(含省级)财政部门监(印)制的财政票据才是合法有效凭证。那什么是财政票据? 根据财政部 2012 年 10 月颁布的《财政票据管理办法》(财政部令第 70 号)规定,财政票据是指由财政部门监(印)制、发放、管理,国家机关、事业单位、具有公共管理或者公共服务职能的社会团体及其他组织(简称行政事业单位)依法收取政府非税收入或者从事非营利性活动收取财物时,向公民、法人和其他组织开具的凭证。财政票据是财务收支和会计核算的原始凭证,是财政、审计等部门进行监督检查的重要依据。

财政票据的种类和适用范围如下。

1. 非税收入类票据

(1)非税收入通用票据,是指行政事业单位依法收取政府非税收入时开具的通用凭证。

(2)非税收入专用票据,是指特定的行政事业单位依法收取特定的政府非税收入时开具的专用凭证。主要包括行政事业性收费票据、政府性基金票据、国有资源(资产)收入票据、罚没票据等。

(3)非税收入一般缴款书,是指实施政府非税收入收缴管理制度改革的行政事业单位收缴政府非税收入时开具的通用凭证。

2. 结算类票据

资金往来结算票据,是指行政事业单位在发生暂收、代收和单位内部资金往来结算时开具的凭证。

3. 其他财政票据

(1)公益事业捐赠票据,是指国家机关、公益性事业单位、公益性社会团体和其他公益性组织依法接受公益性捐赠时开具的凭证。

(2)医疗收费票据,是指非营利医疗卫生机构从事医疗服务取得医疗收入时开具的凭证。

(3)社会团体会费票据,是指依法成立的社会团体向会员收取会费时开具的凭证。

(4)其他应当由财政部门管理的票据。

房地产企业交纳不同类型的政府性基金、行政事业性收费时,也必须取得上述规定所相应的财政票据。这里需要强调的是,房地产企业不论是交纳政府性基金、行政事业性收费,还是支付经营服务性收费,无论如何都不能以"资金往来结算票据"来作为入账原始凭证处理。因为根据有关规定,资金往来结算票据,是行政事业单位发生暂收、代收和单位内部资金往来结算等经济活动时开具的凭证。其适用范围仅限于下列行为:

(1)行政事业单位暂收款项。由行政事业单位暂时收取,在经济活动结束后需退还原付款单位或个人,不构成本单位收入的款项,如押金、定金、保证金及其他暂时收取的各种款项等。

(2)行政事业单位代收款项。由行政事业单位代为收取,在经济活动结束后需付给其他收款单位或个人,不构成本单位收入的款项,如代收教材费、体检费、水电费、供暖费、电话费等。

(3) 单位内部各部门之间、单位与个人之间发生的其他资金往来且不构成本单位收入的款项。

(4) 财政部门认定的不作为行政事业单位收入的其他资金往来行为。

而对于下列行为,均不得使用资金往来结算票据:

(1) 行政事业单位按照自愿有偿的原则提供下列服务,其收费属于经营服务性收费,应当依法使用税务发票,不得使用资金往来结算票据。

① 信息咨询、技术咨询、技术开发、技术成果转让和技术服务收费。

② 法律法规和国务院部门规章规定强制进行的培训业务以外,由有关单位和个人自愿参加培训、会议的收费。

③ 组织短期出国培训,为来华工作的外国人员提供境内服务等收取的国际交流服务费。

④ 组织展览、展销会收取的展位费等服务费。

⑤ 创办刊物、出版书籍并向订购单位和个人收取的费用。

⑥ 开展演出活动,提供录音录像服务收取的费用。

⑦ 复印费、打字费、资料费。

⑧ 其他经营服务性收费行为。

(2) 行政事业性收费、政府性基金、国有资源有偿使用收入、国有资产有偿使用收入、国有资本经营收益、彩票公益金、罚没收入、以政府名义接受的捐赠收入、主管部门集中收入等政府非税收入,应当按照规定使用行政事业性收费票据、政府性基金票据、罚没票据、非税收入一般缴款书等相应的财政票据,不得使用资金往来结算票据。

(3) 行政事业单位受政府非税收入执收单位的委托,代行收取政府非税收入,应当按照有关委托手续,使用委托单位领购的有关政府非税收入票据代收相应的政府非税收入,不得使用资金往来结算票据。

(4) 社会团体收取会费收入,使用社会团体会费专用收据;公立医疗机构从事医疗服务取得收入,使用医疗票据;公益性单位接收捐赠收入,使用捐赠票据,均不得使用资金往来结算票据。

(5) 行政事业单位取得的拨入经费、财政补助收入、上级补助收入等形成本单位收入,不得使用资金往来结算票据。

(6) 财政部门认定的其他行为。

二、房地产企业缴纳各种规费取得的票据能否获得增值税进项税额抵扣

根据《财政部 国家税务总局关于全面推开营业税改征增值税试点的通知》(财税〔2016〕36 号)附件 1《营业税改征增值税试点实施办法》第一条规定,在中华人民共和国境内销售服务、无形资产或者不动产(以下称应税行为)的单位和个人,为增值税纳税人,应当按照本办法缴纳增值税,不缴纳营业税。《营改增实施办法》第十一条:"有偿,是指取得货币、货物或者其他经济利益。"

另外,《营改增实施办法》第十条规定:"销售服务、无形资产或者不动产,是指有偿提供服务、有偿转让无形资产或者不动产,但属于下列非经营活动的情形除外:

（一）行政单位收取的同时满足以下条件的政府性基金或者行政事业性收费。

1. 由国务院或者财政部批准设立的政府性基金，由国务院或者省级人民政府及其财政、价格主管部门批准设立的行政事业性收费；

2. 收取时开具省级以上（含省级）财政部门监（印）制的财政票据；

3. 所收款项全额上缴财政。

（二）单位或者个体工商户聘用的员工为本单位或者雇主提供取得工资的服务。

（三）单位或者个体工商户为聘用的员工提供服务。

（四）财政部和国家税务总局规定的其他情形。"

即除了上述的非经营活动情形以外，其他有偿提供服务、有偿转让无形资产或者不动产的行为都属于增值税的应税行为，也就是发生了经营业务，应根据规定征收增值税，而根据上述发票管理的有关规定，收款方的单位和个人必须在发生经营业务确认营业收入时开具发票，特殊的情况下才由付款人开具发票，根据《发票管理细则》第二十四条规定，这一"特殊情况"是指下列情况：①收购单位和扣缴义务人支付个人款项时；②国家税务总局认为其他需要由付款方向收款方开具发票的。

《财政部　国家税务总局关于全面推开营业税改征增值税试点的通知》（财税〔2016〕36号）附件2《营业税改征增值税试点有关事项的规定》明确规定："支付给境内单位或者个人的款项，以发票为合法有效凭证。"而根据《营改增实施办法》第二十五条规定，下列进项税额准予从销项税额中抵扣：

"（一）从销售方取得的增值税专用发票（含税控机动车销售统一发票，下同）上注明的增值税额。

（二）从海关取得的海关进口增值税专用缴款书上注明的增值税额。

（三）购进农产品，除取得增值税专用发票或者海关进口增值税专用缴款书外，按照农产品收购发票或者销售发票上注明的农产品买价和13%的扣除率计算的进项税额。计算公式为：

$$进项税额 = 买价 \times 扣除率$$

买价，是指纳税人购进农产品在农产品收购发票或者销售发票上注明的价款和按照规定缴纳的烟叶税。

购进农产品，按照《农产品增值税进项税额核定扣除试点实施办法》抵扣进项税额的除外。

（四）从境外单位或者个人购进服务、无形资产或者不动产，自税务机关或者扣缴义务人取得的解缴税款的完税凭证上注明的增值税额。"

《营改增实施办法》第二十六条规定："纳税人取得的增值税扣税凭证不符合法律、行政法规或者国家税务总局有关规定的，其进项税额不得从销项税额中抵扣。

增值税扣税凭证，是指增值税专用发票、海关进口增值税专用缴款书、农产品收购发票、农产品销售发票和完税凭证。

纳税人凭完税凭证抵扣进项税额的，应当具备书面合同、付款证明和境外单位的对账单或者发票。资料不全的,其进项税额不得从销项税额中抵扣。"

据此,房地产企业支付的上述经营服务性收费,取得发票应为其唯一的合法有效凭证,若想作为进项税额抵扣,则必须取得符合规定的增值税扣税凭证,房地产企业支付经营服务性收费取得的增值税扣税凭证应为增值税专用发票,否则进项税额不得从销项税额中抵扣。

第三节 | 支付境外设计费等各项支出涉税问题处理

【案例 3-1】 某市东盛投资发展公司成立于 2015 年,属增值税一般纳税人,2016 年通过招拍挂方式在某市 A 区取得一宗开发用地,2017 年 1 月与一家境外公司签订合同,委托该公司对开发项目进行规划设计并获得该设计公司某一品牌 10 年使用权,合同主要条款约定有:①该宗地开发项目规划设计方案由该境外公司全部在境外总部进行,2017 年 12 月 31 日前向东盛公司提交设计成果;②规划设计服务总费用为 200 万美元,合同签订生效后 3 日内委托方应先行预付 50 万美元,余款待提交设计成果同时支付;③授权东盛投资发展公司可在中国境内使用其一品牌的经营权,有效期为 10 年,特许权使用总费用为 300 万美元,合同签约生效 7 日内支付第一年特许权使用费 30 万美元,以后每年都凭着"先付费后使用原则"在年初 1 月 31 日之前支付完毕;④受托方所收取的设计服务总费用、品牌特许权使用费均为净收益,所有按中国法律法规规定应交税、费由委托方自行负责并承担,受托方概不负责。合同签订后,东盛投资发展公司依约向境外公司支付了 80 万美元,其中预付开发项目规划设计费支出 50 万美元,第一年品牌特许权使用费 30 万美元。

为顺利开展开发项目的规划设计工作,合同签订后,该境外公司按合同约定派了两名雇员到项目所在地实地了解项目情况,待了一个月就回国了,其后一直到设计成果交付都没再派人到国内工作。另外,该境外公司在我国没有设立分支机构,也没有代理机构。

【问题】 东盛投资发展公司支付给境外单位或个人的设计费、特许权使用费涉税问题如何处理?

【案例分析】

一、支付给境外设计费、特许权使用费等各项支出的增值税处理

1. 境外公司是否负有增值税纳税义务

首先,根据《财政部 国家税务总局关于全面推开营业税改征增值税试点的通知》(财税〔2016〕36 号)附件 1《营业税改征增值税试点实施办法》第一条规定,在中华人民共和国境内销售服务、无形资产或者不动产(以下称应税行为)的单位和个人,为增值税纳税人,应当按照本办法缴纳增值税,不缴纳营业税。

《营改增实施办法》第十二条:"在境内销售服务、无形资产或者不动产,是指:

(一)服务(租赁不动产除外)或者无形资产(自然资源使用权除外)的销售方或者购

买方在境内；

（二）所销售或者租赁的不动产在境内；

（三）所销售自然资源使用权的自然资源在境内；

（四）财政部和国家税务总局规定的其他情形。"

《营改增实施办法》第十三条："下列情形不属于在境内销售服务或者无形资产：

（一）境外单位或者个人向境内单位或者个人销售完全在境外发生的服务。

（二）境外单位或者个人向境内单位或者个人销售完全在境外使用的无形资产。

（三）境外单位或者个人向境内单位或者个人出租完全在境外使用的有形动产。

（四）财政部和国家税务总局规定的其他情形。"

《国家税务总局关于营改增试点若干征管问题的公告》（国家税务总局公告 2016 年第 53 号）第一条规定，境外单位或者个人发生的下列行为不属于在境内销售服务或者无形资产：

"（一）为出境的函件、包裹在境外提供的邮政服务、收派服务；

（二）向境内单位或者个人提供的工程施工地点在境外的建筑服务、工程监理服务；

（三）向境内单位或者个人提供的工程、矿产资源在境外的工程勘察勘探服务；

（四）向境内单位或者个人提供的会议展览地点在境外的会议展览服务。"

其次，根据《财政部　国家税务总局关于全面推开营业税改征增值税试点的通知》（财税〔2016〕36 号）《附：销售服务、无形资产、不动产注释》的有关规定，设计服务属于销售服务中的"文化创意服务"、特许权使用费属于销售无形资产中的"其他权益性无形资产"。

根据上述规定可以得知，判断销售服务、无形资产是否属于增值税应税行为，关键看服务（租赁不动产除外）、无形资产的销售方或者购买方任何一方是否在中华人民共和国境内。针对本案，东盛投资发展公司是根据我国法律法规规定注册成立的增值税一般纳税人，且开发的项目位于我国某市 A 区，可认定为境外单位或者个人向境内单位或者个人销售在境内发生的服务，属于"中华人民共和国境内"的应税行为，应按我国全面"营改增"的有关规定征收增值税。假设东盛投资发展公司将其位于境外 B 国的一个开发项目的规划设计委托给该境外设计机构全部在境外设计，虽然东盛投资发展公司属于按我国法律法规成立的增值税一般纳税人，但由于其开发的项目位于我国境外，则属于"境外单位或者个人向境内单位或者个人销售完全在境外发生的服务"，不属于在境内销售服务，不征增值税。同理，该境外公司收取的品牌特许权使用费也属于在境内发生的应税行为，应征收增值税。

2. 购买人是否负有增值税款代扣代缴义务

根据《营改增实施办法》第六条规定："中华人民共和国境外（以下称境外）单位或者个人在境内发生应税行为，在境内未设有经营机构的，以购买方为增值税扣缴义务人。财政部和国家税务总局另有规定的除外。"

据此，除财政部和国家税务总局另有规定，因该境外公司在境内未设有经营机构，东盛投资发展公司作为规划设计服务的购买方应作为增值税法定扣缴义务人，负有代扣代缴增值税及附加税费义务。

3. 购买人应如何代扣代缴境外公司的增值税

首先,根据《营改增实施办法》第十五条规定:"增值税税率:

(一)纳税人发生应税行为,除本条第(二)项、第(三)项、第(四)项规定外,税率为6%。

(二)提供交通运输、邮政、基础电信、建筑、不动产租赁服务,销售不动产,转让土地使用权,税率为11%。

(三)提供有形动产租赁服务,税率为17%。

(四)境内单位和个人发生的跨境应税行为,税率为零。具体范围由财政部和国家税务总局另行规定。"

《营改增实施办法》第十六条规定:"增值税征收率为3%,财政部和国家税务总局另有规定的除外。"

其次,《营改增实施办法》第二十条规定,"境外单位或者个人在境内发生应税行为,在境内未设有经营机构的,扣缴义务人按照下列公式计算应扣缴税额:

$$应扣缴税额＝购买方支付的价款÷(1＋税率)×税率"。$$

最后,《营改增实施办法》第三十八条规定:"销售额以人民币计算。

纳税人按照人民币以外的货币结算销售额的,应当折合成人民币计算,折合率可以选择销售额发生的当天或者当月1日的人民币汇率中间价。纳税人应当在事先确定采用何种折合率,确定后12个月内不得变更。"

根据上述规定:

首先,应该明确的是,因销售服务、无形资产的适用税率为6%,扣缴义务人东盛投资发展公司应按销售服务、无形资产的适用税率6%作为扣缴增值税的计算依据,而不能按3%征收率来计算。

其次,由于购买方支付的是美元,所以应根据上述规定选择销售额发生的当天或者当月1日的人民币汇率中间价折合成人民币计算支付的价款。

最后,购买方支付的价款,计算应扣缴增值税款时,需要根据合同的具体约定,分别不同情况进行处理:第一,如果合同约定支付的设计费、特许权使用费等各项支出为包含增值税在内的价格总额,则直接按上述公式计算扣缴增值税即可;第二,如果合同约定支付的设计费、特许权使用费等各项支出为不含税费在内而是对外支付净价的,则扣缴增值税时应进行换算,将其还原为扣缴增值税的计税价格,即需要将代扣代缴的企业所得税、城市维护建设税以及教育费税金及附加包含进来。按照企业所得税法等有关规定,非居民企业在中国境内未设立机构、场所的,或者虽设立机构、场所但取得的所得与其所设机构、场所没有实际联系的,应当就其来源于中国境内的所得减按10%的税率征收企业所得税。假设:①城市维护建设税以及教育费税金及附加合计为增值税的10%;②扣缴义务发生时当月1日美元与人民币的汇率中间价为1:6;③本例境外公司需要承担企业所得税纳税义务,税率减按10%,则本案例设计服务费支出应扣缴增值税额＝200×6÷(1－10%－6%×10%)×6%。如果境外公司不需要承担企业所得税纳税义务,则本例应扣缴增值税额＝200×6÷(1－6%×10%)×6%。特许权使用费支出应扣缴增值税与设计服务费支出应扣缴增值税原理一样,不再赘述。

4. 购买人应在何时代扣代缴境外公司的增值税

《营改增实施办法》第四十五条规定,增值税纳税义务、扣缴义务发生时间为:"(一)纳税人发生应税行为并收讫销售款项或者取得索取销售款项凭据的当天;先开具发票的,为开具发票的当天。

收讫销售款项,是指纳税人销售服务、无形资产、不动产过程中或者完成后收到款项。

取得索取销售款项凭据的当天,是指书面合同确定的付款日期;未签订书面合同或者书面合同未确定付款日期的,为服务、无形资产转让完成的当天或者不动产权属变更的当天。

(二)纳税人提供租赁服务采取预收款方式的,其纳税义务发生时间为收到预收款的当天。

> **笔者注** 根据《财政部 国家税务总局关于建筑服务等营改增试点政策的通知》(财税〔2017〕58号)规定,本项自2017年7月1日起修改为"纳税人提供租赁服务采取预收款方式的,其纳税义务发生时间为收到预收款的当天";同时还规定纳税人提供建筑服务取得预收款,应在收到预收款时,以取得的预收款扣除支付的分包款后的余额,按照规定的预征率预缴增值税。

(三)纳税人从事金融商品转让的,为金融商品所有权转移的当天。

(四)纳税人发生本办法第十四条规定情形的,其纳税义务发生时间为服务、无形资产转让完成的当天或者不动产权属变更的当天。

(五)增值税扣缴义务发生时间为纳税人增值税纳税义务发生的当天。"

根据上述规定,本例应分别情况不同处理:

第一,针对设计服务费。上面已述增值税纳税人应为该境外公司,其从事销售设计服务的纳税义务时间一般情况下应为"发生应税行为并收讫销售款项或者取得索取销售款项凭据的当天",而其2017年1月份从委托方处取得的50万美元时设计服务尚未提供,也就是尚未发生应税行为,所以性质上应为预收款,而根据上述规定,除了纳税人提供租赁服务收到的预收款,其纳税义务发生时间才为收到预收款的当天外,发生其他应税行为收到的预收款都不作为增值税纳税义务发生时间,不需要在收到预收款时征收增值税,所以东盛投资发展公司在支付50万美元设计费预付款时不需要代扣代缴增值税。该境外公司依约在2017年12月31日前交付设计成果并取得剩余150万美元,即属于"发生应税行为并收讫销售款项"了,增值税纳税义务随即产生,应对其取得的全部价款200万美元(包括前期取得的50万美元和交付设计成果时取得的150万美元)承担增值税纳税义务,因其在境内未设有经营机构,所以此时才是购买人东胜房地产开发公司履行代扣代缴增值税义务的时间点。

第二,针对特许权使用费。该境外公司在授权品牌经营权给东盛投资发展公司时,合同明确约定第一年特许权使用费在合同签约生效 7 日内支付完毕。东盛投资发展公司依约依时予以了支付。这证明了该境外公司已经收讫了销售款项,所以增值税纳税义务随即产生,应对其取得的 30 万美元承担增值税纳税义务,因其在境内未设有经营机构,所以此时购买人东胜房地产开发公司应履行代扣代缴增值税义务。而其余年份,东盛投资发展公司履行特许权使用费增值税代扣代缴义务的时间点也都在每年的 1 月份。因双方合同明确约定,每年的特许权使用费都按"先付费后使用原则",在每年年初 1 月 31 日之前支付完毕,这就意味着该境外公司取得了"索取销售款项凭据"。而根据上述规定,取得索取销售款项凭据的当天,是指书面合同确定的付款日期;未签订书面合同或者书面合同未确定付款日期的,为服务、无形资产转让完成的当天或者不动产权属变更的当天。所以本例其余年份该境外公司特许权使用费的增值税纳税义务发生时间应为书面合同确定的付款日期,也就是每年初的 1 月份。

5. 购买人代扣代缴的增值税款能否作为进项税额抵扣

首先,根据《营改增实施办法》第二十四条规定:"进项税额,是指纳税人购进货物、加工修理修配劳务、服务、无形资产或者不动产,支付或者负担的增值税额。"

《营改增实施办法》第二十五条:"下列进项税额准予从销项税额中抵扣:

……

(四) 从境外单位或者个人购进服务、无形资产或者不动产,自税务机关或者扣缴义务人取得的解缴税款的完税凭证上注明的增值税额。"

其次,根据《营改增实施办法》第二十六条规定:"纳税人取得的增值税扣税凭证不符合法律、行政法规或者国家税务总局有关规定的,其进项税额不得从销项税额中抵扣。

增值税扣税凭证,是指增值税专用发票、海关进口增值税专用缴款书、农产品收购发票、农产品销售发票和完税凭证。

纳税人凭完税凭证抵扣进项税额的,应当具备书面合同、付款证明和境外单位的对账单或者发票。资料不全的,其进项税额不得从销项税额中抵扣。"

据上述规定,东盛投资发展公司履行代扣代缴增值税义务取得的解缴税款的完税凭证上注明的增值税额,准予作为进项税额从销项税额中抵扣,但应当具备书面合同、付款证明和境外单位的对账单或者发票。资料不全的,其进项税额不得从销项税额中抵扣。

二、支付给境外设计费等各项支出的企业所得税处理

1. 该境外公司取得的设计劳务、特许权使用费收入是否负有企业所得税纳税义务

首先,根据《企业所得税法》(主席令 2007 年第 63 号)第二条规定,企业分为居民企业和非居民企业。

本法所称非居民企业,是指依照外国(地区)法律成立且实际管理机构不在中国境内,但在中国境内设立机构、场所的,或者在中国境内未设立机构、场所,但有来源于中国境内所得的企业。

其次,《企业所得税法》第三条第二款规定,非居民企业在中国境内设立机构、场所的,应当就其所设机构、场所取得的来源于中国境内的所得,以及发生在中国境外但与其所设机构、场所有实际联系的所得,缴纳企业所得税。

《企业所得税法》第三条第三款规定,非居民企业在中国境内未设立机构、场所的,或者虽设立机构、场所但取得的所得与其所设机构、场所没有实际联系的,应当就其来源于中国境内的所得缴纳企业所得税。

根据《企业所得税法实施条例》(国务院令第 512 号)第六条规定:"企业所得税法第三条所称所得,包括销售货物所得、提供劳务所得、转让财产所得、股息红利等权益性投资所得、利息所得、租金所得、特许权使用费所得、接受捐赠所得和其他所得。"

《企业所得税法实施条例》第七条规定:"企业所得税法第三条所称来源于中国境内、境外的所得,按照以下原则确定:

(一)销售货物所得,按照交易活动发生地确定;

(二)提供劳务所得,按照劳务发生地确定;

(三)转让财产所得,不动产转让所得按照不动产所在地确定,动产转让所得按照转让动产的企业或者机构、场所所在地确定,权益性投资资产转让所得按照被投资企业所在地确定;

(四)股息、红利等权益性投资所得,按照分配所得的企业所在地确定;

(五)利息所得、租金所得、特许权使用费所得,按照负担、支付所得的企业或者机构、场所所在地确定,或者按照负担、支付所得的个人的住所地确定;

(六)其他所得,由国务院财政、税务主管部门确定。"

《企业所得税法实施条例》第八条规定:"企业所得税法第三条所称实际联系,是指非居民企业在中国境内设立的机构、场所拥有据以取得所得的股权、债权,以及拥有、管理、控制据以取得所得的财产等。"

最后,根据《国家税务总局关于外国企业在中国境内提供劳务活动常设机构判定及利润归属问题的批复》(国税函〔2006〕694 号)第一条规定,税收协定常设机构条款"缔约国一方企业通过雇员或其他人员,在缔约国另一方为同一项目或相关联的项目提供劳务,包括咨询劳务,仅以在任何十二个月中连续或累计超过六个月的为限"的规定,具体执行中是指,外国企业在中国境内未设立机构场所,仅派其雇员到中国境内为有关项目提供劳务,包括咨询劳务,当这些雇员在中国境内实际工作时间在任何 12 个月中连续或累计超过 6 个月时,则可判定该外国企业在中国境内构成常设机构。

国税函〔2006〕694 号第二条规定,如果项目历经数年,而外国企业的雇员只在某一期间被派来华提供劳务,劳务时间超过 6 个月,而在项目其他时间内派人来华提供劳务未超过 6 个月的,仍应判定该外国企业在华构成常设机构。该常设机构是对该外国企业在我国境内为有关项目提供的所有劳务而言,而不是某一期间提供的劳务。

国税函〔2006〕694 号第三条规定,外国企业通过其雇员在中国境内为某项目提供劳务构成常设机构的,其源自有关项目境内劳务的利润应视为该常设机构的利润并征税。

针对本案例的设计劳务,根据上述规定,东盛投资发展公司委托境外公司对开发项目进行规划设计,除前期派雇员到国内项目所在地短期驻留了解情况外,其设计活动全部由该境外公司在境外总部进行,可以认定其设计劳务地发生在境外。至于该境外公司派人来华了解情况是否构成常设机构,要根据国税函〔2006〕694 号的规定及与该国的双边协议判断,如果不构成常设机构如本案例,其提供的设计服务收取价款则属于非居民企业来源于境外的所得,不缴纳企业所得税,即境外公司不负有企业所得税纳税义务。

如果构成常设机构,即成为了《企业所得税法》第三条第二款规定的非居民企业,则应当就其所设机构、场所取得的来源于中国境内的所得,以及发生在中国境外但与其所设机构、场所有实际联系的所得,缴纳企业所得税。而根据《国家税务总局关于印发〈非居民企业所得税核定征收管理办法〉的通知》(国税发〔2010〕19号)第七条"非居民企业为中国境内客户提供劳务取得的收入,凡其提供的服务全部发生在中国境内的,应全额在中国境内申报缴纳企业所得税。凡其提供的服务同时发生在中国境内外的,应以劳务发生地为原则划分其境内外收入,并就其在中国境内取得的劳务收入申报缴纳企业所得税。税务机关对其境内外收入划分的合理性和真实性有疑义的,可以要求非居民企业提供真实有效的证明,并根据工作量、工作时间、成本费用等因素合理划分其境内外收入;如非居民企业不能提供真实有效的证明,税务机关可视同其提供的服务全部发生在中国境内,确定其劳务收入并据以征收企业所得税",这种情况下,境外公司就负有企业所得税纳税义务了。

针对本案例的品牌经营权特许权使用费,企业所得税法实施条例明确规定,特许权使用费的所得来源地按照负担、支付所得的企业或者机构、场所所在地来确定,或者按照负担、支付所得的个人的住所地来确定,而东盛投资发展公司是依据我国法律法规在某市注册成立,而且授予的品牌经营权也在境内,所以可以断定特许权使用费所得来源中国境内,根据规定,境外公司应负有企业所得税纳税义务。

2. 支付人是否负有境外公司取得所得的企业所得税代扣代缴义务

首先,根据《企业所得税法》第三十七条:"对非居民企业取得本法第三条第三款规定的所得应缴纳的所得税,实行源泉扣缴,以支付人为扣缴义务人。"

《企业所得税法实施条例》第一百零四条:"企业所得税法第三十七条所称支付人,是指依照有关法律规定或者合同约定对非居民企业直接负有支付相关款项义务的单位或者个人。"

《国家税务总局关于印发〈非居民企业所得税源泉扣缴管理暂行办法〉的通知》(国税发〔2009〕3号,简称《源泉扣缴办法》)第三条:"对非居民企业取得来源于中国境内的股息、红利等权益性投资收益和利息、租金、特许权使用费所得、转让财产所得以及其他所得应当缴纳的企业所得税,实行源泉扣缴,以依照有关法律规定或者合同约定对非居民企业直接负有支付相关款项义务的单位或者个人为扣缴义务人。"

根据上述规定,针对本案例的设计劳务,由于境外公司取得的设计劳务所得不负有企业所得税纳税义务,所以东盛投资发展公司也不负有企业所得税代扣代缴义务。而针对本案例的特许权使用费所得,直接负有支付相关款项义务的东盛投资发展则为境外公司企业所得税的法定扣缴义务人。

3. 支付人应按什么税率代扣代缴境外公司取得所得的企业所得税

根据《企业所得税法》第四条规定,非居民企业取得本法第三条第三款规定的所得,适用税率为20%。

《企业所得税法实施条例》第九十一条规定,非居民企业取得《企业所得税法》第二十七条第(五)项规定的所得,减按10%的税率征收企业所得税。

《企业所得税法》第二十七条:"企业的下列所得,可以免征、减征企业所得税:

(五)本法第三条第三款规定的所得。"

据此,如果境外公司取得的是企业所得税法第三条第三款规定的所得如本案例的特许权使用费所得,作为支付人的东盛投资发展公司应减按10%的税率代扣代缴其应负担的企业所得税。

4. 支付人履行企业所得税代扣代缴义务时对非居民企业取得所得的应纳税所得额如何确定

首先,根据《企业所得税法》第十九条非居民企业取得本法第三条第三款规定的所得,按照下列方法计算其应纳税所得额:

(1)股息、红利等权益性投资收益和利息、租金、特许权使用费所得,以收入全额为应纳税所得额。

(2)转让财产所得,以收入全额减除财产净值后的余额为应纳税所得额。

(3)其他所得,参照前两项规定的方法计算应纳税所得额。

《企业所得税法实施条例》第一百零三条:"依照企业所得税法对非居民企业应当缴纳的企业所得税实行源泉扣缴的,应当依照企业所得税法第十九条的规定计算应纳税所得额。

企业所得税法第十九条所称收入全额,是指非居民企业向支付人收取的全部价款和价外费用。"

其次,《财政部 国家税务总局关于非居民企业征收企业所得税有关问题的通知》(财税〔2008〕130号)规定:"根据《中华人民共和国企业所得税法》第十九条及《中华人民共和国企业所得税法实施条例》第一百零三条规定,在对非居民企业取得《中华人民共和国企业所得税法》第三条第三款规定的所得计算征收企业所得税时,不得扣除上述条款规定以外的其他税费支出。"

《国家税务总局关于营业税改征增值税试点中非居民企业缴纳企业所得税有关问题的公告》(国家税务总局公告2013年第9号)规定,营业税改征增值税试点中的非居民企业,取得《中华人民共和国企业所得税法》第三条第三款规定的所得,在计算缴纳企业所得税时,应以不含增值税的收入全额作为应纳税所得额。

《源泉扣缴办法》第十条:"扣缴义务人与非居民企业签订与本办法第三条规定的所得有关的业务合同时,凡合同中约定由扣缴义务人负担应纳税款的,应将非居民企业取得的不含税所得换算为含税所得后计算征税。"

最后,《源泉扣缴办法》第九条:"扣缴义务人对外支付或者到期应支付的款项为人民币以外货币的,在申报扣缴企业所得税时,应当按照扣缴当日国家公布的人民币汇率中间价,折合成人民币计算应纳税所得额。"

根据上述规定,本案例支付人东盛投资发展公司由于自行承担境外公司应税收入的所得税,所以应将非居民企业取得的不含税所得换算为含税所得后计算征税。同时,按照现行增值税有关规定,增值税为价外税,因此,在计算缴纳企业所得税时,应以不含增值税的收入全额作为企业所得税计税依据。现假设:①城市维护建设税以及教育费税金及附加合计为增值税的10%;②扣缴义务发生时当月1日美元与人民币的汇率中间价为1:6;③本案例境外公司需要承担企业所得税纳税义务,税率减按10%。则本案例第一次支付特许权使用费所得应扣缴企业所得税=30×6÷(1-10%-6%×10%)×10%≈20.13(万美元)。

5. 支付人应在何时履行企业所得税代扣代缴义务

首先,根据《企业所得税法》第三十七条:"对非居民企业取得本法第三条第三款规定的所得应缴纳的所得税,实行源泉扣缴,以支付人为扣缴义务人。税款由扣缴义务人在每次支付或者到期应支付时,从支付或者到期应支付的款项中扣缴。"

《企业所得税法实施条例》第一百零五条:"企业所得税法第三十七条所称支付,包括现金支付、汇拨支付、转账支付和权益兑价支付等货币支付和非货币支付。

企业所得税法第三十七条所称到期应支付的款项,是指支付人按照权责发生制原则应当计入相关成本、费用的应付款项。"

其次,根据《源泉扣缴办法》第七条:"扣缴义务人在每次向非居民企业支付或者到期应支付本办法第三条规定的所得时,应从支付或者到期应支付的款项中扣缴企业所得税。

本条所称到期应支付的款项,是指支付人按照权责发生制原则应当计入相关成本、费用的应付款项。

扣缴义务人每次代扣代缴税款时,应当向其主管税务机关报送《中华人民共和国扣缴企业所得税报告表》(以下简称扣缴表)及相关资料,并自代扣之日起7日内缴入国库。"

《国家税务总局关于非居民企业所得税管理若干问题的公告》(国家税务总局公告2011年第24号)第一点"关于到期应支付而未支付的所得扣缴企业所得税问题"规定:"中国境内企业(以下称为企业)和非居民企业签订与利息、租金、特许权使用费等所得有关的合同或协议,如果未按照合同或协议约定的日期支付上述所得款项,或者变更或修改合同或协议延期支付,但已计入企业当期成本、费用,并在企业所得税年度纳税申报中作税前扣除的,应在企业所得税年度纳税申报时按照企业所得税法有关规定代扣代缴企业所得税。

如果企业上述到期未支付的所得款项,不是一次性计入当期成本、费用,而是计入相应资产原价或企业筹办费,在该类资产投入使用或开始生产经营后分期摊入成本、费用,分年度在企业所得税前扣除的,应在企业计入相关资产的年度纳税申报时就上述所得全额代扣代缴企业所得税。

如果企业在合同或协议约定的支付日期之前支付上述所得款项的,应在实际支付时按照企业所得税法有关规定代扣代缴企业所得税。"

根据以上规定,支付人作为扣缴义务人,应根据实际支付原则在每次支付时负责代扣代缴企业所得税;或者根据权责发生制原则将相关支出计入企业当期成本、费用,并在企业所得税年度纳税申报中作税前扣除的,应在企业所得税年度纳税申报时按照企业所得税法有关规定代扣代缴企业所得税。即使支付人到期应付未付的所得款项,不是一次性计入当期成本、费用,而是计入相应资产原价或企业筹办费,在该类资产投入使用或开始生产经营后分期摊入成本、费用,分年度在企业所得税前扣除的,应在支付人计入相关资产的年度纳税申报时就上述所得全额代扣代缴企业所得税。

第四节 建安工程类支出增值税问题处理

【案例3-2】 A市国有企业君利得房地产开发公司(简称甲方)于2014年取得一开发用地120亩,分两期开发"都市名城",其中第一期项目占地50亩,《建设工程规划许可证》批准的建设总面积为75 000 m²,2015年9月取得第一期项目《建筑工程施工许可证》(注明的开工日期为2015年10月8日),施工单位为B市铭筑建筑集团公司(简称乙方),与乙方签订的工程施工总承包合同中约定的工程预算总造价为10 000万元,钢筋、钢板、管材、门窗、电梯等部分材料由甲方负责提供,且不包含在工程总造价内。乙方后将部分次要工程分包给了第三方章隆建筑工程有限公司(简称丙方),分包工程款为1 500万元。第一期工程开工时乙方取得了甲方拨付的工程预付款500万元,并转付给丙方50万元。第一期工程在2016年4月10日结算工程进度款4 000万元,甲方扣除前期支付的500万元预付款外,实际支付了3 500万元给乙方并取得相应了4 000万元建安增值税发票。

第二期项目占地70亩,《建设工程规划许可证》批准的建筑总面积为93 500 m²,于2016年12月办妥《建筑工程施工许可证》并开工建设。第二期项目还是与铭筑建筑集团公司签约,工程施工总承包合同约定的工程预算总造价为12 800万元,钢筋、钢板、管材、门窗、电梯等部分材料照样由甲方负责提供,且不包含在工程总造价内。铭筑建筑集团承接工程后将其交给全资子公司——海峡建筑工程有限公司(简称丙方)负责施工并作为丙方的收入,未来直接由丙方与发包方结算工程款并开具增值税发票。

【问题】 第一期、第二期工程甲乙双方各自增值税问题应如何处理?

【案例分析】

一、乙方提供建筑服务的增值税问题处理

1. 乙方是否可以选择按3%征收率的简易计税方法缴纳增值税

首先,根据《财政部 国家税务总局关于全面推开营业税改征增值税试点的通知》(财税〔2016〕36号)附件1《营业税改征增值税试点实施办法》第十五条第(二)项规定,提供交通运输、邮政、基础电信、建筑、不动产租赁服务,销售不动产,转让土地使用权,税率为11%。《营改增实施办法》第十六条:"增值税征收率为3%,财政部和国家税务总局另有规定的除外。"

其次,根据《财政部 国家税务总局关于全面推开营业税改征增值税试点的通知》(财税〔2016〕36号)附件2《营业税改征增值税试点有关事项的规定》(简称《营改增有关事项的规定》)第一条第(七)项"建筑服务"规定:"1. 一般纳税人以清包工方式提供的建筑服务,可以选择适用简易计税方法计税。

以清包工方式提供建筑服务,是指施工方不采购建筑工程所需的材料或只采购辅助材料,并收取人工费、管理费或者其他费用的建筑服务。

2. 一般纳税人为甲供工程提供的建筑服务,可以选择适用简易计税方法计税。

甲供工程,是指全部或部分设备、材料、动力由工程发包方自行采购的建筑工程。

3. 一般纳税人为建筑工程老项目提供的建筑服务,可以选择适用简易计税方法计税。

建筑工程老项目,是指:

(1)《建筑工程施工许可证》注明的合同开工日期在 2016 年 4 月 30 日前的建筑工程项目;

(2) 未取得《建筑工程施工许可证》的,建筑工程承包合同注明的开工日期在 2016 年 4 月 30 日前的建筑工程项目。"

再次,《财政部 国家税务总局关于建筑服务等营改增试点政策的通知》(财税〔2017〕58 号)规定:"建筑工程总承包单位为房屋建筑的地基与基础、主体结构提供工程服务,建设单位自行采购全部或部分钢材、混凝土、砌体材料、预制构件的,适用简易计税方法计税。

地基与基础、主体结构的范围,按照《建筑工程施工质量验收统一标准》(GB 50300—2013)附录 B《建筑工程的分部工程、分项工程划分》(详见附件)中的'地基与基础''主体结构'分部工程的范围执行。"

附件《建筑工程施工质量验收统一标准》(GB 50300—2013)附录 B《建筑工程的分部工程、分项工程划分》中的"地基与基础""主体结构"分部工程的范围如表 3-2 所示:

表 3-2 建筑工程的分部分项工程划分表

序号	分部工程	子分部工程	分项工程
1	地基与基础	土方工程	土方开挖,土方回填,场地平整
		基坑支护	排桩,重力式挡土墙,型钢水泥土搅拌墙,土钉墙与复合土钉墙,地下连续墙,沉井与沉箱,钢或混凝土支撑,锚杆,降水与排水
		地基处理	灰土地基、砂和砂石地基、土工合成材料地基,粉煤灰地基,强夯地基,注浆地基,预压地基,振冲地基,高压喷射注浆地基,水泥土搅拌桩地基,土和灰土挤密桩地基,水泥粉煤灰碎石桩地基,夯实水泥土桩地基,砂桩地基
		桩基础	先张法预应力管桩,混凝土预制桩,钢桩,混凝土灌注桩
		地下防水	防水混凝土,水泥砂浆防水层,卷材防水层,涂料防水层,塑料防水板防水层,金属板防水层,膨润土防水材料防水层;细部构造,锚喷支护,地下连续墙,盾构隧道,沉井,逆筑结构;渗排水、盲沟排水,隧道排水,坑道排水,塑料排水板排水;预注浆、后注浆,结构裂缝注浆
		混凝土基础	模板、钢筋、混凝土,后浇带混凝土,混凝土结构缝处理

(续表)

序号	分部工程	子分部工程	分项工程
1	地基与基础	砌体基础	砖砌体,混凝土小型空心砌块砌体,石砌体,配筋砌体
		型钢、钢管混凝土基础	型钢、钢管焊接与螺栓连接,型钢、钢管与钢筋连接,浇筑混凝土
		钢结构基础	钢结构制作,钢结构安装,钢结构涂装
2	主体结构	混凝土结构	模板,钢筋,混凝土,预应力、现浇结构,装配式结构
		砌体结构	砖砌体,混凝土小型空心砌块砌体,石砌体,配筋砌体,填充墙砌体
		钢结构	钢结构焊接,紧固件连接,钢零部件加工,钢构件组装及预拼装,单层钢结构安装,多层及高层钢结构安装,空间格构钢结构制作,空间格构钢结构安装,压型金属板,防腐涂料涂装,防火涂料涂装,天沟安装,雨棚安装
		型钢、钢管混凝土结构	型钢、钢管现场拼装,柱脚锚固,构件安装,焊接、螺栓连接,钢筋骨架安装,型钢、钢管与钢筋连接,浇筑混凝土
		轻钢结构	钢结构制作,钢结构安装,墙面压型板,屋面压型板
		索膜结构	膜支撑构件制作,膜支撑构件安装,索安装,膜单元及附件制作,膜单元及附件安装
		铝合金结构	铝合金焊接,紧固件连接,铝合金零部件加工,铝合金构件组装,铝合金构件预拼装,单层及多层铝合金结构安装,空间格构铝合金结构安装,铝合金压型板,防腐处理,防火隔热
		木结构	方木和原木结构,胶合木结构,轻型木结构,木结构防护

根据以上规定,乙方负责施工的第一期工程,《建筑工程施工许可证》注明的合同开工日期为 2015 年 10 月 8 日,且钢筋、钢板、管材、门窗、电梯等部分材料由甲方负责提供,属于典型的"甲供材料"工程,乙方一律适用简易计税方法计税,无需选择,税务机关和发包方不得要求施工单位按一般计税方法计税并开具税率为 11％的增值税专用发票。

笔者注 根据《财政部　税务总局关于调整增值税税率的通知》(财税〔2018〕32 号)第一条规定,(自 2018 年 5 月 1 日起)纳税人发生增值税应税销售行为或者进口货物,原适用 17％和 11％税率的,税率分别调整为 16％、10％。

2. 乙方在第一期工程开工时预收的 1 500 万元是否应计算缴纳增值税,怎么预缴

首先,根据《财政部　国家税务总局关于建筑服务等营改增试点政策的通知》(财税〔2017〕58 号)第三条规定:"纳税人提供建筑服务取得预收款,应在收到预收款时,以取得的预收款扣除支付的分包款后的余额,按照本条第三款规定的预征率预缴增值税。

按照现行规定应在建筑服务发生地预缴增值税的项目,纳税人收到预收款时在建筑服务发生地预缴增值税。按照现行规定无需在建筑服务发生地预缴增值税的项目,纳税人收到预收款时在机构所在地预缴增值税。

适用一般计税方法计税的项目预征率为 2%,适用简易计税方法计税的项目预征率为 3%。"

其次,《营改增有关事项的规定》第一条第(七)项"建筑服务"规定:"5. 一般纳税人跨县(市)提供建筑服务,选择适用简易计税方法计税的,应以取得的全部价款和价外费用扣除支付的分包款后的余额为销售额,按照 3% 的征收率计算应纳税额。纳税人应按照上述计税方法在建筑服务发生地预缴税款后,向机构所在地主管税务机关进行纳税申报。

6. 试点纳税人中的小规模纳税人(以下称小规模纳税人)跨县(市)提供建筑服务,应以取得的全部价款和价外费用扣除支付的分包款后的余额为销售额,按照 3% 的征收率计算应纳税额。纳税人应按照上述计税方法在建筑服务发生地预缴税款后,向机构所在地主管税务机关进行纳税申报。"

再次,根据《国家税务总局关于发布〈纳税人跨县(市、区)提供建筑服务增值税征收管理暂行办法〉的公告》(税务总局公告 2016 年第 17 号):"第三条纳税人跨县(市、区)提供建筑服务,应按照财税〔2016〕36 号文件规定的纳税义务发生时间和计税方法,向建筑服务发生地主管国税机关预缴税款,向机构所在地主管国税机关申报纳税。

第四条纳税人跨县(市、区)提供建筑服务,按照以下规定预缴税款:

(二)一般纳税人跨县(市、区)提供建筑服务,选择适用简易计税方法计税的,以取得的全部价款和价外费用扣除支付的分包款后的余额,按照 3% 的征收率计算应预缴税款。

(三)小规模纳税人跨县(市、区)提供建筑服务,以取得的全部价款和价外费用扣除支付的分包款后的余额,按照 3% 的征收率计算应预缴税款。"

据以上规定,乙方应在收到预收款时,以取得的预收款 500 万元扣除支付给丙方的分包款 50 万元后的余额,按《国家税务总局关于发布〈纳税人跨县(市、区)提供建筑服务增值税征收管理暂行办法〉的公告》(国家税务总局公告 2016 年第 17 号)第五条第一款第(二)项的规定,即"适用简易计税方法计税的,应预缴税款=(全部价款和价外费用—支付的分包款)÷(1+3%)×3%"向建筑服务发生地 A 市主管税务机关计算预缴增值税,然后向 B 市机构所在地主管国税机关申报纳税。

> **笔者注** 建筑施工企业如果是在同一地级行政区范围内跨县(市、区)提供建筑服务,则根据《国家税务总局关于进一步明确营改增有关征管问题的公告》(国家税务总局公告 2017 年第 11 号)规定,"纳税人在同一地级行政区范围内跨县(市、区)提供建筑服务,不适用《纳税人跨县(市、区)提供建筑服务增值税征收管理暂行办法》(国家税务总局公告 2016 年第 17 号印发)",也就是不采取既向建筑服务发生地主管国税机关预缴增值税又向机构所在地主管国税机关进行申报纳税的异地预征的征管模式,而是直接按《财政部 国家税务总局关于全面推开营业税改征增值税试点的通知》(财税〔2016〕36 号)附件 1《营业税改征增值税试点实施办法》第四十六条规定处理,即提供建筑服务的增值税纳税地点为:

（1）固定业户应当向其机构所在地或者居住地主管税务机关申报纳税。总机构和分支机构不在同一县（市）的，应当分别向各自所在地的主管税务机关申报纳税；经财政部和国家税务总局或者其授权的财政和税务机关批准，可以由总机构汇总向总机构所在地的主管税务机关申报纳税。

（2）非固定业户应当向应税行为发生地主管税务机关申报纳税；未申报纳税的，由其机构所在地或者居住地主管税务机关补征税款。

（3）其他个人提供建筑服务，销售或者租赁不动产，转让自然资源使用权，应向建筑服务发生地、不动产所在地、自然资源所在地主管税务机关申报纳税。

3. 乙方收取预收款时需要开具增值税发票给甲方吗

《营改增实施办法》第四十五条第（二）项规定："纳税人提供建筑服务、租赁服务采取预收款方式的，其纳税义务发生时间为收到预收款的当天。"根据《财政部 国家税务总局关于建筑服务等营改增试点政策的通知》（财税〔2017〕58号）规定，本项从2017年7月1日起修改为："纳税人提供租赁服务采取预收款方式的，其纳税义务发生时间为收到预收款的当天。"据此规定，从2017年7月1日起，建筑企业提供建筑服务取得的预收款，不再是应税行为的纳税义务发生时间，而根据《国家税务总局关于修改〈中华人民共和国发票管理办法实施细则〉的决定》（国家税务总局令第37号）第二十六条规定："填开发票的单位和个人必须在发生经营业务确认营业收入时开具发票。未发生经营业务一律不准开具发票。"《国家税务总局关于修订〈增值税专用发票使用规定〉的通知》（国税发〔2006〕156号）第十一条进一步明确规定，增值税专用发票应按照增值税纳税义务的发生时间开具。同时针对增值税纳税义务发生时间的确认，《营改增实施办法》第四十五条第（一）项明确规定："纳税人发生应税行为并收讫销售款项或者取得索取销售款项凭据的当天；先开具发票的，为开具发票的当天。"

综上所述，从2017年7月1日起，施工企业收取的预收款不再是其提供的建筑服务的纳税义务发生时间，不需要开具增值税发票给甲方，此时针对甲方而言，其既不涉及增值税进项抵扣，也不涉及核算成本损益。若施工企业收取预收款时开具增值税发票给甲方，则应确认为其提供建筑服务纳税义务的发生，此时针对甲方而言，其对所取得的增值税专用发票经法定程序认证后可以申请抵扣进项税额。不过，根据《国家税务总局关于增值税发票管理若干事项的公告》（国家税务总局公告2017年第45号）附件《商品和服务税收分类编码表》中规定的不征税项目，施工企业收取的建筑服务预收款属于其定义的"未发生销售行为的不征税项目"中的一种，可根据甲方的需要开具增值税普通发票给对方。施工企业在开具建筑服务预收款增值税普通发票，设置商品编码、选择税率时，应勾选左下角"享受优惠政策"，选择"是"，并进一步选择"不征税"，发票税率栏显示为"不征税"。

4. 乙方收取工程进度款时开具给甲方的增值税发票有什么特殊要求

根据《国家税务总局关于全面推开营业税改征增值税试点有关税收征收管理事项的

公告》(国家税务总局公告 2016 年第 23 号)第四条第(三)项规定:"提供建筑服务,纳税人自行开具或者税务机关代开增值税发票时,应在发票的备注栏注明建筑服务发生地县(市、区)名称及项目名称。"

另《国家税务总局关于发布〈纳税人跨县(市、区)提供建筑服务增值税征收管理暂行办法〉的公告》(国家税务总局公告 2016 年第 17 号)第六条规定:"纳税人按照上述规定从取得的全部价款和价外费用中扣除支付的分包款,应当取得符合法律、行政法规和国家税务总局规定的合法有效凭证,否则不得扣除。

上述凭证是指:

(1) 从分包方取得的 2016 年 4 月 30 日前开具的建筑业营业税发票。

上述建筑业营业税发票在 2016 年 6 月 30 日前可作为预缴税款的扣除凭证。

(2) 从分包方取得的 2016 年 5 月 1 日后开具的,备注栏注明建筑服务发生地所在县(市、区)、项目名称的增值税发票。

(3) 国家税务总局规定的其他凭证。"

综上,乙方不仅开具给甲方的建筑服务增值税发票,应在发票的备注栏注明建筑服务发生地县(市、区)名称及项目名称,甲方才能作为合法有效扣除凭证。而且自身从分包方取得的其在 2016 年 5 月 1 日后开具的增值税发票,备注栏也必须注明建筑服务发生地所在县(市、区)、项目名称,才可以作为合法有效凭证,允许其支付的分包款从其取得的全部价款和价外费用中扣除后计算缴纳增值税,否则不得扣除。

5. 乙方承接第二期工程的纳税人是谁

根据《国家税务总局关于进一步明确营改增有关征管问题的公告》(国家税务总局公告 2017 年第 11 号)第二条规定:"建筑企业与发包方签订建筑合同后,以内部授权或者三方协议等方式,授权集团内其他纳税人(以下称'第三方')为发包方提供建筑服务,并由第三方直接与发包方结算工程款的,由第三方缴纳增值税并向发包方开具增值税发票,与发包方签订建筑合同的建筑企业不缴纳增值税。发包方可凭实际提供建筑服务的纳税人开具的增值税专用发票抵扣进项税额。"

据此规定,如果乙方铭筑建筑集团公司、丙方海峡建筑工程有限公司与甲方君利得房地产开发公司三者之间签订有三方协议来明确乙方承接甲方工程后交由丙方负责施工,并由丙方直接与甲方结算工程款和开具增值税发票等相关事项的,则增值税的纳税主体为丙方,乙方不作为增值税纳税主体不缴纳增值税,而甲方取得由丙方开具的增值税专用发票可以抵扣进项税额。新政策解决了现实中存在的签订工程项目总承包合同方与实际施工方不一致而产生的合同流与业务流、资金流、发票流等"三流"不完全一致的情况下,如何计算缴纳增值税并开具发票的问题。但需要注意的是,适用该政策必须同时符合两个条件,否则建筑服务增值税纳税人仍然为签订工程项目的总承包方:①签订建筑合同的建筑企业与实际提供建筑服务的第三方必须是同在一个集团内,对非同一集团的企业之间分包或转包不适用该政策,即实际提供建筑服务的第三方如果是集团外部的其他纳税人,税务上还是认定签订建筑合同的乙方为增值税纳税人。企业集团是指以资本为主要联结纽带的母子公司为主体,以集团章程为共同行为规范的母公司、子公司、参股公司及其他成员企业或机构(事业单位法人、社会团体法人等)共同组成的,具有一定规模的,按照《国家工商行政管理局关于印发〈企业集团登记管理暂行规定〉的通知》(工商企字〔1998〕59号)依法登记注册的企业法人联合体。在我国,未经登记不得以企业集团名义从事活动,但企业集团不是一个独立的经济实体,不具有企业法人资格。②必须以内部授权或者三方协议的方式来明确乙方承接甲方工程后交由丙方负责施工,并由丙方直接与甲方结算工程款和开具增值税发票等相关事项。

二、"甲供材"工程对甲方是否有利

1. 甲供工程的界定

根据《财政部 国家税务总局关于全面推开营业税改征增值税试点的通知》(财税〔2016〕36号)的有关规定,甲供工程,是指全部或部分设备、材料、动力由工程发包方自行采购的建筑工程。

理解这个界定,要把握以下几个要点:

第一,不分新老项目,合同或者招标文件只要有甲供条款,工程承包方均可选用简易计税方法。考虑到施工方一般处于弱势,建筑工程发包方往往在"甲供"享受进项抵扣的同时还继续要求施工方要提供一般计税方法11%税率的增值税专用发票,此时施工方将面临无进项抵扣或者进项抵扣极少而造成增值税税负提高,为此,《财政部 国家税务总局关于建筑服务等营改增试点政策的通知》(财税〔2017〕58号)更是明确规定:"建筑工程总承包单位为房屋建筑的地基与基础、主体结构提供工程服务,建设单位自行采购全部或部分钢材、混凝土、砌体材料、预制构件的,适用简易计税方法计税。"即允许施工方一律按3%征收率计算缴纳建筑服务的增值税,不再选择适用11%税率或3%征收率了。

第二,甲供比例没有限制,即无论发包方甲供比例高低,均属于甲供工程。

第三,甲供的对象既包括设备、钢材、混凝土、砌体材料、预制构件等,也包括动力,常见的动力为电力。

第四,工程发包方既包括房地产企业,也包括不动产在建工程的投资方,还包括建筑业企业中的总承包企业和专业分包企业。

2. 甲供工程的模式

根据甲供价款是否计入工程承包方的总承包额范围,可将甲供模式分为差额模式和总额模式两类。

(1)差额模式:合同或招标文件中约定,全部或部分材料、设备、动力由发包方采购后,交由承包方用于工程建设,相应材料、设备、动力构成不动产价值的一部分,即承包方的承包范围和产值收入均不含"甲供"部分。

(2)总额模式:合同或招标文件中约定,全部或部分材料、设备、动力属于承包方承包范围,但由发包方负责采购,供应商将发票开给发包方,发包方将相应材料交由承包方用于工程建设,结算时承包方经营额包括此部分材料、设备、动力价款,即承包方的承包范围和产值收入均包含"甲供"部分。

3. 甲供工程甲方的税务与会计处理

(1)差额模式:对于作为甲供对象的材料、设备、动力等,在差额模式下,甲方采购时取得合规扣税凭证可以全额申报抵扣,材料、设备等用于房地产建设工程时,进项税额不需要转出。

【例3-1】 某房地产开发商甲为一般纳税人,其与施工企业乙在总承包合同中约定,合同价款为 10 000 万元(不含税,下同),价款中不包括工程所需 4 000 万元电梯、钢结构等,所需设备、材料由甲采购后交乙用于本工程,设备、材料对应的工程款计量、支付及最终结算均与乙无关,甲企业对本房地产项目适用一般计税方法,乙企业对本项目选用简易计税方法(单位:万元)。

差额模式下甲方的会计处理:

甲企业自一般纳税人采购电梯、钢结构等时,取得增值税专用发票,金额 4 000 万元,税额 680 万元,款项已支付,发票已认证并申报抵扣:

借:原材料	4 000
应交税费——应交增值税(进项税额)	680
贷:银行存款	4 680

将电梯、钢结构移送给乙企业且用于工程建设时:

借:开发成本——建安工程费	4 000
贷:原材料	4 000

待结算工程款,取得乙企业开具建筑服务增值税专用发票时:

借:开发成本——建安工程费	10 000
应交税费——应交增值税(进项税额)	300
贷:银行存款	10 300

在差额模式下,综合"甲供"部分获得的增值税进项税额和从乙方按简易计税方法开具的3%征收率的增值税专用发票,甲企业总计可以获得增值税进项税额980万元。

(2)总额模式:在总额模式下,甲方采购时取得合规扣税凭证可以全额申报抵扣,移交给乙方用于房地产建设工程时,属于甲方向乙方有偿转让货物的所有权,应按照规定计提销项税额,并向乙方开具增值税发票。

【例3-2】 接例[3-1],即某房地产开发商甲为一般纳税人,其与施工企业乙在总承包合同中约定,合同价款为 10 000 万元(不含税,下同),其中包含工程所需电梯、钢结构等价款 4 000 万元,此部分设备、材料等由甲方负责采购交乙用于本工程,设备、材料等价款将在甲方支付乙方工程款时扣回,甲企业对本房地产项目适用一般计税方法,乙企业对本项目适用一般计税方法(单位:万元)。

总额模式下甲方的会计处理:

甲企业自一般纳税人采购钢材时,取得专用发票,金额 4 000 万元,税额 680 万元,款项已支付,发票已认证并申报抵扣:

借:原材料	4 000
应交税费——应交增值税(进项税额)	680
贷:银行存款	4 680

电梯、钢结构等设备、材料平价移交给乙企业且用于工程建设时,甲方应向乙方开具货物销售增值税发票,金额 4 000 万元,税额 680 万元:

借:预付账款   4 680
  贷:其他业务收入   4 000
    应交税费——应交增值税(销项税额)   680

同时,确认材料销售成本:

借:其他业务成本   4 000
  贷:原材料   4 000

待结算工程款,取得乙企业开具建筑服务增值税专用发票时:

借:开发成本——建安工程费   11 100
  应交税费——应交增值税(进项税额)   1 100
  贷:预付账款   4 680
    银行存款   6 420

在总额模式下,甲企业可以获得增值税进项税额 1 100 万元。

比较甲供工程的两种模式,明显总额模式下甲方获得的增值税进项税额比差额模式下获得的增值税进项税额要更多,对企业更有利。

第五节 园林绿化类工程支出涉税处理

房地产园林绿化景观越来越得到人们的重视与青睐,是否有良好的小区及周边生态环境成为人们选择房地产的重要因素,甚至对其是否购买产生决定性的作用,园林绿化的效果会对房价高低产生直接的影响,低碳、生态、环保成为房地产行业宣传热点、销售卖点,独特的园林景观可以成为一个房地产项目的标志,甚至成为品牌地产的一张名片。可见,居住区园林景观对房地产商或购房者来说都产生了很大的影响。

园林绿化业务包含规划、造型设计、场地整理、种植花卉、林木、草皮、后期养护管理以及花卉租赁等,既涉及工程劳务,又涉及林木销售管护以及花卉租赁。营改增后,园林绿化业务经营过程中涉及增值税、企业所得税、个人所得税等多税种税收政策;而对购买者特别是房地产企业而言,涉及增值税进项扣除、土地增值税开发成本及加计扣除、企业所得税税前扣除等多税种税收政策。现实中,园林绿化经营企业存在有自己种植＋销售、收购他人苗木＋销售以及同时还提供管护服务等多种经营模式,涉及的增值税待遇不同,其中有些属免征增值税和企业所得税、个人所得税税收优惠项目。但实际操作中,哪些属于免税项目、哪些属于征税项目,应该履行哪些报批或备案手续,企业在处理上往往出错,结果该享受的优惠待遇没享受到,不该享受的却不去缴税,这些都给企业经营带来了一些税务上的麻烦或损失。现分析如下。

一、园林绿化、苗圃等经营企业或个人涉税问题处理

(一) 增值税处理

1. 模式一：苗木自主种植＋销售

园林绿化、苗圃等经营企业或个人销售的苗木(含花卉、盆景等,下同)是自己种植的。此类企业或个人免征增值税,主要根据有:

(1)《中华人民共和国增值税暂行条例》(国务院令第538号,以下简称《增值税暂行条例》)第十五条规定,农业生产者销售的自产农产品免征增值税。

(2)《中华人民共和国增值税暂行条例实施细则》(财政部令2011年第65号)第三十五条明确,条例第十五条所称农业是指种植业、养殖业、林业、牧业、水产业。农业生产者包括从事农业生产的单位和个人。农产品是指初级农产品,具体范围由财政部、国家税务总局确定。

(3)《财政部 国家税务总局关于部分货物适用增值税低税率和简易办法征收增值税政策的通知》(财税〔2009〕9号)规定:"农产品,是指种植业、养殖业、林业、牧业、水产业生产的各种植物、动物的初级产品。具体征税范围暂继续按照《财政部 国家税务总局关于印发〈农业产品征税范围注释〉的通知》(财税字〔1995〕52号)及现行相关规定执行"。

(4)《财政部 国家税务总局关于印发〈农业产品征税范围注释〉的通知》(财税字〔1995〕52号,以下简称52号文)规定,农业产品是指种植业、养殖业、林业、牧业、水产业生产的各种植物、动物的初级产品,农业产品的征税范围包括:

"一、植物类

植物类包括人工种植和天然生长的各种植物的初级产品。具体征税范围为:

(十)林业产品

林业产品是指乔木、灌木和竹类植物,以及天然树脂、天然橡胶。林业产品的征税范围包括:

1. 原木,是指将砍伐倒的乔木去其枝芽、梢头或者皮的乔木、灌木,以及锯成一定长度的木段。

锯材不属于本货物的征税范围。

2. 原竹,是指将砍倒的竹去其枝、梢或者叶的竹类植物,以及锯成一定长度的竹段。

3. 天然树脂,是指木科植物的分泌物,包括生漆、树脂和树胶,如松脂、桃胶、樱胶、阿拉伯胶、古巴胶和天然橡胶(包括乳胶和干胶)等。

4. 其他林业产品,是指除上述列举林业产品以外的其他各种林业产品,如竹笋、笋干、棕竹、棕榈衣、树枝、树叶、树皮、藤条等。

盐水竹笋也属于本货物的征税范围。

竹笋罐头不属于本货物的征税范围。

(十一)其他植物

其他植物是指除上述列举上述植物以外的其他各种人工种植和野生的植物,如树苗、花卉、植物种子、植物叶子、草、麦秸、豆类、薯类、藻类植物等。

干花、干草、薯干、干制的藻类植物,农业产品的下脚料等,也属于本货物的征税范围。"

2. 模式二:外购半成品苗木再种植＋销售

现实中,苗木种植一般分成两种情况:一种是自主繁育苗木,即自己从种子培育开始到苗木生长后再出售;一种是外购半成品苗木再种植,即购进种苗经培育后再出售。后者是否符合《增值税暂行条例》所称的自产农产品,在现行增值税法规、政策中没有明确自产苗木的定义,实践中各地税务机关理解不同,有的税务机关视为自产农产品免税,有的视为外购农产品加工销售后再出售不得免税,更多的则是弄不清楚到底要不要免税。究其原因,笔者认为主要是各地对农业种植与制造加工的区分没有弄清楚。

根据 2017 年 10 月 1 日实施的《国民经济行业分类》(GB/T 4754—2017)有关规定,苗木种植属于"A 农、林、牧、渔业"中"02 林业"下的"021 林木的培育和种植";农产品的加工生产则属于"C 制造业",指经物理变化或化学变化后成为了新的产品。例如:

"农副食品加工"指直接以农、林、牧、渔业产品为原料进行的谷物磨制、饲料加工、植物油和制糖加工、屠宰及肉类加工、水产品加工,以及蔬菜、水果和坚果等食品的加工活动。

"锯材加工"指以原木为原料,利用锯木机械或手工工具将原木纵向锯成具有一定断面尺寸(宽、厚度)的木材的加工生产活动,用防腐剂和其他物质浸渍木料或对木料进行化学处理的加工,以及地板毛料的制造。

"木质制品制造"指以木材为原料加工成建筑用木料和木材组件、木容器、软木制品及其他木制品的生产活动,但不包括木质家具的制造。

在区分清楚农业种植与制造业的区别后,可以确定:农业生产者外购苗木种植一段时间再出售仍属于农业种植范围,不属于制造业的加工、生产范围,因此,增值税方面应予免税。

不过鉴于在实际操作中,苗木自产与经销很难区分,缺乏统一的界定标准,征免界线存在模糊性,例如苗木种植户或企业外购苗木种养一段时间,或者外购盆景养护一段时间再出售,这种既像自产又似贩卖的"特殊"经营现象到底是属于免税还是应税呢? 笔者建议参考和借鉴企业所得税法对农、林、牧、渔产品是否可享税收优惠范围进行的厘定,根据《关于实施农林牧业项目企业所得税优惠问题的公告》(国家税务总局公告 2011 年第 48 号)第七条规定:"企业将购入的农、林、牧、渔产品,在自有或租用的场地进行育肥、育秧等再种植、养殖,经过一定的生长周期,使其生物形态发生变化,且并非由于本环节对农产品进行加工而明显增加了产品的使用价值的,可视为农产品的种植、养殖项目享受相应的税收优惠。主管税务机关对企业进行农产品的再种植、养殖是否符合上述条件难以确定的,可要求企业提供县级以上农、林、牧、渔业政府主管部门的确认意见。"只是公告提到的"经过一定的生长周期",税法也一直没有对此进行明确说明,什么是生物形态发生变化更是难以界定。在实际操作中,一般认为要经过 1 年以上的生成周期才算是"经过一定的生长周期",可以"使其生物形态发生变化"。对这些问题,笔者建议国家层面税收政策应尽快予以明确,避免各地执行口径不一,既造成纳税人无所适从也导致税收执法风险的产生。

附1：对外购苗木再种植一段时间后再销售增值税部分信息

❶ 购入花木种植后再销售可免增值税

（摘自2012年5月28日《中国税务报》星期一第3467期《12366》）

问：某花木公司从事花卉苗木的种植项目。该公司有两种销售方式，一种是自己育苗并销售；一种是收购他人苗木，种植一段时间后再销售。公司财务人员向当地税务局12366纳税服务热线咨询，外购苗木种植一段时间后再销售，是否应视同自产农产品免缴增值税？

答：坐席员告诉公司财务，增值税暂行条例第十五条规定，农业生产者销售的自产农产品免征增值税。《财政部 国家税务总局关于印发农业产品征税范围注释的通知》（财税字〔1995〕第052号）规定，农业生产者销售外购的农业产品，以及单位和个人外购农业产品生产、加工后销售的仍然属于注释所列的农业产品，不属于免税的范围，应当按照规定税率缴纳增值税。也就是说，除了种子、种苗外，外购农产品直接销售以及外购农产品生产、加工后销售不得免税。但对于外购苗木种植一段时间后再销售的问题，一直没有明确的政策规定。根据《国民经济行业分类》，苗木种植属于"A 农、林、牧、渔业"中"02 林业"下的"021 林木的培育和种植"。农产品加工生产则属于"C 制造业"，指经物理变化或化学变化后成为了新产品。

坐席员告诉企业会计："我们的理解是，农业生产者外购苗木种植一段时间后再出售，仍属于农业种植范围，不属于制造业的加工、生产范围，应该视同销售自产农产品予以免税。我们会尽快与税务机关协调，取得一致意见后再答复你。"

没过多久，该公司财务接到坐席员的回复电话："经向上级税务机关请示，并与当地税务机关沟通，对企业外购苗木种植一段时间后再销售，可以视同自产农产品免缴增值税，同时可享受企业所得税优惠。"

❷ 外购苗木增值税核算

（信息来源：安徽省国家税务局网站 更新时间：2012年11月23日）

问：我是一家苗木生产企业，有部分自产苗木，部分外购苗木销售。对于外购苗木，根据财税字〔1995〕52号文件规定，外购的农业产品（苗木）是否属于不免税的范围？如不免税，进项税是否按照农产品销售发票或收购发票上注明的农产品买价和13%的扣除率来进行计算，销项税是否按销售收入×13%进行计算？对于外购苗木种植一定时间后再销售是否属于可以免税的自产自销农产品？

答：①外购苗木不属于免税范畴。②外购苗木可抵扣进项税额，按照农产品销售发票或收购发票上注明的农产品买价和13%的扣除率进行抵扣。③外购苗木种植后再销售，属于自产自销农产品。

❸ 云南绿大地生物科技股份有限公司《招股说明书》

《招股说明书》中"竞争优势分析部分"（P98）明确，本公司包括自主繁育特色苗木种苗和外购半成品苗木两种方式，在"公司享受的税收优惠政策部分"（P242）中说明："根据《中华人民共和国增值税暂行条例》第十六条第一款的规定，2001年12月，昆明市国家税务局昆明经济技术开发区分局出具《关于云南绿大地生物科技有限公司申请免征增值税的批复》(昆国税经开分函〔2001〕第 09 号),同意公司销售的自产农业初级产品(花卉)免征增值税。"

④ **北京东方园林股份有限公司《招股说明书》**

《招股说明书》:根据《增值税暂行条例》第十六条第一款和《中华人民共和国增值税暂行条例实施细则》第三十一条的规定,农业生产者销售的自产农业产品免征增值税(农业,是指种植业、养殖业、林业、牧业、水产业;农业生产者,包括从事农业生产的单位和个人)。经北京市朝阳区国家税务局第十税务所审核认定,本公司销售自产苗木免征增值税。

附 2:

① **《园林苗圃学》关于苗木的定义及分类**

(1)苗木是指具有根系和苗干的树苗,凡在苗圃中培育的树苗,不论年龄大小,在未出圃前,都称为苗木。

(2)根据育苗所用的材料和具体方法,可把苗木分为以下几类:

① 实生苗:是指用种子繁殖的苗木。以人工培育的实生苗叫播种苗;天然下种,自己长出的苗叫野生苗,全名应叫实生野生苗。

② 营养繁殖苗:是利用树木的营养器官(如根、枝、叶、组织等)培育出的苗木。营养繁殖苗又按使用器官的部位及手段,分为插条苗、插根苗、压条苗、根蘖苗、插叶苗、嫁接苗和组织培养苗等。

插条苗:是把枝条截成插穗,插入土中培育出的苗木。

压条苗:把未脱离母体的枝条压入土中使之生根,而后与母树切离,培育出的苗。

插根苗:把树根切成段插入土中,育成的苗。如泡桐插根很普遍。

根蘖苗:从根萌蘖出的苗。

嫁接苗:把两个遗传性不同的个体,用人为的方法把它们嫁接在一起,长成的苗。

移植苗:实生苗或营养繁殖苗经过移植后叫移植苗。有实生移植苗和营养繁殖移植苗之分,但生产上一般不分这样细。

② **云南绿大地招股说明书关于苗木的一些基本知识说明**

炼苗:是指对刚出瓶移栽的生根组培苗进行温度、湿度、水分、光照等方面的技术处理,以增强幼苗对新栽培环境的适应性,使其能够顺利成活。

生苗:在苗木由"种苗→成品苗"的生产过程中未进行过移栽或提前断根处理的苗木,若直接用于绿化工程,成活率较低。

熟苗:与生苗相对应,指苗木在"种苗→成品苗"的生产过程中至少进行过一次移栽或进行过断根处理的苗木,由于其成活率较高,后续管养成本较低,相同品种、规格苗木其经济价值一般较生苗高 30%～40%。

半成品苗木:指由于成活率、一致性、规格、抗逆性等因素不能直接用于绿化工程的苗木,通常为生苗,尚需在基地进行适应性培育、栽培管理、养护等再对外销售。

盆栽植物、观赏苗木:盆栽植物主要指以观赏为目的可用容器养护的植物,可分为盆栽花卉、观叶植物和盆景等;观赏苗木主要指以观赏为主要目的用于绿化、美化而种植的植物。

盆栽植物、观赏苗木的主要用途为绿化工程,因此可统称"绿化苗木"或简称"苗木"。就绿化工程用苗而言,盆栽植物与观赏苗木之间没有明确的划分标准,本公司在划分时按惯例将规格较小可用容器养护的植物全部划分为盆栽植物,其余的为观赏苗木自主繁育的苗木:指公司应用组培快繁技术、播种育苗技术及扦插培育技术自主繁育的绿化苗木。

3. 模式三:收购成品苗木+销售

有些园林绿化、苗圃等经营企业或个人承接绿化工程时,除了销售自身种植的苗木外,还需要直接从外部收购部分苗木用于所承接的绿化工程上,这部分购入的苗木一般就是没有经过一定的生长周期,也未使其生物形态发生变化的苗木。对这部分外购的苗木销售,在增值税的处理上与销售自产的苗木可以享受的免税待遇不同,是需要作为征税收入处理计算缴纳增值税,2017年6月30日(含)之前销售,增值税税率为13%,2017年7月1日(含)之后销售,增值税税率为11%。2018年5月1日起销售的,增值税税率为10%。依据主要有:

(1)《财政部 国家税务总局关于部分货物适用增值税低税率和简易办法征收增值税政策的通知》(财税〔2009〕9号)规定,"农业生产者销售的自产农业产品",是指直接从事植物的种植、收割和动物的饲养、捕捞的单位和个人销售的注释所列的自产农业产品;对上述单位和个人外购农业产品,以及单位和个人外购农业产品生产、加工后销售的仍然属于注释所列的农业产品,不属于免税的范围,应当按照规定税率征收增值税。

(2)《财政部 国家税务总局关于部分货物适用增值税低税率和简易办法征收增值税政策的通知》(财税〔2009〕9号)明确农产品继续适用13%的增值税税率,同时明确:"农产品,是指种植业、养殖业、林业、牧业、水产业生产的各种植物、动物的初级产品。具体征税范围暂继续按照《财政部 国家税务总局关于印发〈农业产品征税范围注释〉的通知》(财税字〔1995〕52号)及现行相关规定执行。"

(3)《财政部 税务总局关于简并增值税税率有关政策的通知》(财税〔2017〕37号)规定,自2017年7月1日起,简并增值税税率结构,取消13%的增值税税率,即纳税人销售或者进口下列货物,税率为11%:

农产品(含粮食)、自来水、暖气、石油液化气、天然气、食用植物油、冷气、热水、煤气、居民用煤炭制品、食用盐、农机、饲料、农药、农膜、化肥、沼气、二甲醚、图书、报纸、杂志、音像制品、电子出版物。

根据上文的附件1,上述农产品(含粮食)的具体范围为:农产品,是指种植业、养殖业、林业、牧业、水产业生产的各种植物、动物的初级产品。具体征税范围暂继续按照《财政部 国家税务总局关于印发〈农业产品征税范围注释〉的通知》(财税字〔1995〕52号)及现行相关规定执行,并包括挂面、干姜、姜黄、玉米胚芽、动物骨粒、按照《食品安全国家标准——巴氏杀菌乳》(GB 19645—2010)生产的巴氏杀菌乳、按照《食品安全国家标准——灭菌乳》(GB 25190—2010)生产的灭菌乳。

但需注意的是,如果园林绿化、苗圃等经营企业或个人销售的是苗木的种子、种苗,则根据《财政部　国家税务总局关于若干农业生产资料征免增值税政策的通知》(财税〔2001〕113号)的规定,批发和零售的种子、种苗免征增值税。

(4)根据《财政部　税务总局关于调整增值税税率的通知》(财税〔2018〕32号)第一条规定,(自2018年5月1日起)纳税人发生增值税应税销售行为或者进口货物,原适用17%和11%税率的,税率分别调整为16%、10%。

另外,根据《财政部　国家税务总局关于全面推开营业税改征增值税试点的通知》(财税〔2016〕36号)附件1《营业税改征增值税试点实施办法》第四十一条规定,纳税人兼营免税、减税项目的,应当分别核算免税、减税项目的销售额;未分别核算销售额的,不得免税、减税。据此,经营苗木的企业或个人若同时存在上述苗木自主种植、外购半成品苗木再种植与外购成品苗木情形的,必须分开核算各自的销售额,未分别核算销售额的,不得享受免税税收优惠待遇。

4. **模式四:苗木种植出售＋同时管护**

不论是自主繁育苗木销售还是外购半成品苗木再种植后销售(本文中,笔者持有的观点为免征增值税行为,以下统称"苗木种植出售"),如果同时提供管护服务的,则根据《财政部　国家税务总局关于全面推开营业税改征增值税试点的通知》(财税〔2016〕36号)附件1《营业税改征增值税试点实施办法》第四十条规定:"一项销售行为如果既涉及服务又涉及货物,为混合销售。从事货物的生产、批发或者零售的单位和个体工商户的混合销售行为,按照销售货物缴纳增值税;其他单位和个体工商户的混合销售行为,按照销售服务缴纳增值税。本条所称从事货物的生产、批发或者零售的单位和个体工商户,包括以从事货物的生产、批发或者零售为主,并兼营销售服务的单位和个体工商户在内。"此时,从事以苗木种植出售为主同时提供管护服务的混合销售行为与提供管护服务为主同时存在苗木种植出售的混合销售行为,适用该政策的结果其实是一样的,依据如下:

(1)针对以苗木种植出售为主同时提供管护服务的混合销售行为的经营企业或个体工商户,则由于其销售的苗木属于免税范畴(在本文模式一、二中已详述,这里不再赘述),同时提供的管护服务也免征增值税。

(2)根据《财政部　国家税务总局关于全面推开营业税改征增值税试点的通知》(财税〔2016〕36号)附件3《营业税改征增值税试点过渡政策的规定》第一条"下列项目免征增值税"中第(十)项:"农业机耕、排灌、病虫害防治、植物保护、农牧保险以及相关技术培训业务,家禽、牲畜、水生动物的配种和疾病防治。农业机耕,是指在农业、林业、牧业中使用农业机械进行耕作(包括耕耘、种植、收割、脱粒、植物保护等)的业务;排灌,是指对农田进行灌溉或者排涝的业务;病虫害防治,是指从事农业、林业、牧业、渔业的病虫害测报和防治的业务;农牧保险,是指为种植业、养殖业、牧业种植和饲养的动植物提供保险的业务;相关技术培训,是指与农业机耕、排灌、病虫害防治、植物保护业务相关以及为使农民获得农牧保险知识的技术培训业务;家禽、牲畜、水生动物的配种和疾病防治业务的免税范围,包括与该项服务有关的提供药品和医疗用具的业务。"即提供管护服务属于营改增应税行为,其取得的收入属于销售植物保护行为取得的收入,免征增值税。故以提供管护服务为主同时存在苗木种植出售的混合销售行为的经营企业或个体工商户,由于其提供的管护服务免征增值税,则其同时销售的苗木属于免税范畴。

(3)单独提供的植物管护服务属于免征增值税范畴,理由如上,不再赘述。

5. 模式五:收购成品苗木出售＋同时管护

此行为同样属于混合销售行为,但此时从事以苗木收购出售为主同时提供管护服务的混合销售行为与提供管护服务为主同时存在苗木收购出售的混合销售行为,适用该政策的结果截然不同,一个应税一个免税,须引起相关纳税人高度重视,做好税务规划:

(1)针对从事以苗木收购出售为主同时提供管护服务的混合销售行为,由于其收购成品苗木出售行为属于应征增值税的行为(在本文模式二中已详述,这里不再赘述),所以同时提供的管护服务亦属于增值税应税行为,从 2017 年 7 月 1 日起,增值税适用税率为 11%。

(2)针对以提供管护服务为主同时存在苗木收购出售的混合销售行为,由于其提供管护服务取得的收入属于免征增值税范畴(在本文模式四中已详述,这里不再赘述),所以同时存在苗木收购出售的行为亦属于免征增值税。

6. 模式六:苗木租摆＋维护

近年来,人们生活质量逐步提高,对环境的要求也越来越高,但是由于很多人不懂专业的花卉养护知识,或者没有时间看护,导致许多花被"养死",在这种情况下,苗木(主要是盆景、花卉)租赁业务应运而生,简单地说就是你买花,让专家帮你养花。苗木租赁就是买家支付少量的租金选择自己喜欢的苗木,苗木市场的花农们定期帮助买家调理苗木,给苗木施肥、除虫、修剪,以保证苗木能够更加持久地绽放,买家不用担心苗木培育的问题。

在税务管理上,苗木租摆属于提供有形动产租赁,因为苗木的所有权还是属于出租人。根据《财政部 国家税务总局关于全面推开营业税改征增值税试点的通知》(财税〔2016〕36号)附件1《营业税改征增值税试点实施办法》第十五条第(三)项规定:"提供有形动产租赁服务,税率为 17%。"同时该《营业税改征增值税试点实施办法》第十六条规定:"增值税征收率为 3%,财政部和国家税务总局另有规定的除外。"即提供苗木租摆的一般纳税人应适用 17% 的税率计算销项税额;小规模纳税人适用 3% 的征收率计算缴纳应纳税额。

7. 模式七:农产品混合销售与兼营的税务规划

针对园林绿化项目中存在的混合销售行为和兼营行为税负差异,本节以提供园林绿化工程为主业同时销售苗木的企业和以销售苗木为主业同时提供园林绿化工程服务的企业为例来进行剖析说明,希望能给相关纳税人带去启发(例子均假设为一般纳税人):

(1)以提供园林绿化工程为主业同时销售苗木的企业。

企业提供园林绿化工程服务同时销售苗木,根据《财政部 国家税务总局关于全面推开营业税改征增值税试点的通知》(财税〔2016〕36 号)附件1《营业税改征增值税试点实施办法》所附《销售服务、无形资产、不动产注释》规定:"其他建筑服务指上列工程作业之外的各种工程作业服务,如钻井(打井)、拆除建筑物或者构筑物、平整土地、园林绿化、疏浚、建筑物平移、搭脚手架、爆破、矿山穿孔、表面附着物剥离和清理等工程作业。"增值税适用税率为 11%。从这个规定可以看出,营改增后对于绿化工程需要按销售建筑服务依照 11% 的税率缴纳增值税。但是当一项园林绿化工程涉及苗木销售时,就涉及混合销售问题,即如果纳税人在提供绿化工程时,一并提供绿化所用的苗木,则属于其他单位和个体工商户的混合销售行为(前文已详述,不再赘述),应该按照销售服务缴纳增值税,按照11%的税率缴纳增值税。因此,园林绿化经营企业或个体工商户销售自主繁育苗木或外购半成品再种植后的苗木并同时提供管护服务应与建筑施工工程一并按照11%的税率缴纳增值税。

【例3-3】 乙园林绿化企业与甲房地产公司签订园林绿化施工合同,同时附带苗木销售共计300万元,则乙园林绿化企业应确认增值税销项税额:$300 \div (1+11\%) \times 11\% = 29.73$(万元)。此时销售的苗木涵盖了乙企业自主繁育苗木、外购半成品再种植苗木以及收购成品苗木。

(2)以销售苗木为主业同时提供园林绿化工程服务的企业。

企业销售苗木同时提供园林绿化工程服务,按照上述混合销售的定义,从事货物的生产、批发或者零售的单位和个体工商户的混合销售行为,按照销售货物缴纳增值税。这里又分两种情形,具体参见[例3-4]。

【例3-4】 乙苗木种植企业与甲房地产公司签订销售苗木合同同时提供园林绿化施工服务共计300万元,第一种情形:苗木属于企业自主繁育苗木或外购半成品再种植的苗木,由于销售苗木属于免征增值税(前文已详述,不再赘述),混合销售构成部分的提供园林绿化工程服务也自然属于免税范畴;第二种情形:如果销售的苗木是企业外购的成品苗木,则2017年7月1日后乙苗木种植企业应确认增值税销项税额:$300 \div (1+11\%) \times 11\% = 29.73$(万元)。

(3)变混合销售行为为兼营行为。

【例3-5】 接[例3-3],乙园林绿化企业与甲房地产公司分别签订《苗木销售合同》200万元、《园林绿化施工合同》100万元,并在账务上分别核算,则根据《财政部 国家税务总局关于全面推开营业税改征增值税试点的通知》(财税〔2016〕36号)附件1《营业税改征增值税试点实施办法》中第四十一条"纳税人兼营免税、减税项目的,应当分别核算免税、减税项目的销售额;未分别核算的,不得免税、减税"规定的兼营行为。此时乙园林绿化企业提供园林绿化工程服务与销售苗木就变成两项销售行为而非一项销售行为,从混合销售变成了兼营,增值税待遇产生了变化,又分两种情形,第一种情形:苗木属于企业自主繁育苗木或外购半成品再种植的苗木,则销售苗木属于免征增值税;提供园林绿化工程服务属于应税行为,乙园林绿化企业应确认增值税销项税额 = $100 \div (1+11\%) \times 11\% = 9.91$(万元)。第二种情形:销售的苗木是企业外购的成品苗木,则2017年7月1日后,乙园林绿化企业应确认增值税销项税额 = $300 \div (1+11\%) \times 11\% = 29.73$(万元)。

上述三类企业的情形,反映出同样的经济行为有五种不同的增值税计算方法,给企业的筹划带来巨大的操作空间。不过,为确保具有合理的商业目的,回避税务机关认为具有谋取税收利益为主要目的,通过人为安排,减少、免除、推迟缴纳增值税税款的嫌疑,建议相关纳税人将提供园林绿化服务和销售苗木分设不同的企业来操作,由不同的企业与甲方签订《销售苗木合同》和《园林绿化施工合同》,不要在同一企业名下通过分别签订不同的合同来实现。

(二) 企业所得税处理

从事苗木种植销售的如果是属于法人企业,可以根据企业所得税法及其相关政策规定享受免税或减税税收优惠。主要依据有:

(1) 根据《企业所得税法》(主席令 2007 年第 63 号)第二十七条规定,企业从事农、林、牧、渔业项目的所得,可以免征、减征企业所得税。

(2) 根据《企业所得税法实施条例》(国务院令第 512 号)第八十六条规定,企业所得税法第二十七条第(一)项规定的企业从事农、林、牧、渔业项目的所得,可以免征、减征企业所得税。其中企业从事下列项目的所得,免征企业所得税:①蔬菜、谷物、薯类、油料、豆类、棉花、麻类、糖料、水果、坚果的种植;②农作物新品种的选育;③中药材的种植;④林木的培育和种植;⑤林产品的采集。企业从事花卉、茶以及其他饮料作物和香料作物的种植获得的所得,减半征收企业所得税。

(3) 根据《国家税务总局关于实施农、林、牧、渔业项目企业所得税优惠问题的公告》(国家税务总局公告 2011 年第 48 号,以下简称 "2011 年 48 号公告")规定,企业从事农、林、牧、渔业项目获得的生产加工性所得,可以相应享受企业所得税免税或减税优惠待遇,但企业购买农产品后直接进行销售的贸易活动产生的所得,不能享受农、林、牧、渔业项目的税收优惠政策。同时要求企业从事适用不同企业所得税政策规定项目的,应分别核算,单独计算优惠项目的计税依据及优惠数额;分别核算不清的,可由主管税务机关按照比例分摊法或其他合理方法进行核定。

2011 年 48 号公告主要内容如下:

(1) 企业从事实施条例第八十六条规定的享受税收优惠的农、林、牧、渔业项目,除另有规定外,参照《国民经济行业分类》(GB/T 4754—2002)的规定标准执行。

笔者注 该标准已被 2017 年 10 月 1 日实施的《国民经济行业分类》(GB/T 4754—2017)替代。

企业从事农、林、牧、渔业项目,凡属于《产业结构调整指导目录(2011 年版)》(国家发展和改革委员会令第 9 号)中限制和淘汰类的项目,不得享受实施条例第八十六条规定的优惠政策。

(2) 企业从事农作物新品种选育的免税所得,是指企业对农作物进行品种和育种材料选育形成的成果,以及由这些成果形成的种子(苗)等繁殖材料的生产、初加工、销售一体化取得的所得。

(3) 企业从事林木的培育和种植的免税所得,是指企业对树木、竹子的育种和育苗、抚育和管理以及规模造林活动取得的所得,包括企业通过拍卖或收购方式取得林木所有权并经过一定的生长周期,对林木进行再培育取得的所得。

(4) 观赏性作物的种植,按 "花卉、茶及其他饮料作物和香料作物的种植" 项目处理;

(5) 企业从事实施条例第八十六条第(二)项适用企业所得税减半优惠的种植、养殖项目,并直接进行初加工且符合农产品初加工目录范围的,企业应合理划分不同项目的各项成本、费用支出,分别核算种植、养殖项目和初加工项目的所得,并各按适用的政策享受税收优惠。

(6) 购入农产品进行再种植、养殖的税务处理:企业将购入的农、林、牧、渔产品,在自有或租用的场地进行育肥、育秧等再种植、养殖,经过一定的生长周期,使其生物形态发生变化,且并非由于本环节对农产品进行加工而明显增加了产品的使用价值的,可视为农产品的种植、养殖项目享受相应的税收优惠。主管税务机关对企业进行农产品的再种植、养殖是否符合上述条件难以确定的,可要求企业提供县级以上农、林、牧、渔业政府主管部门的确认意见。

(7) 企业同时从事适用不同企业所得税政策规定项目的,应分别核算,单独计算优惠项目的计税依据及优惠数额;分别核算不清的,可由主管税务机关按照比例分摊法或其他合理方法进行核定。

(8) 企业委托其他企业或个人从事实施条例第八十六条规定农、林、牧、渔业项目取得的所得,可享受相应的税收优惠政策。企业受托从事实施条例第八十六条规定农、林、牧、渔业项目取得的收入,比照委托方享受相应的税收优惠政策。

(9) 企业购买农产品后直接进行销售的贸易活动产生的所得,不能享受农、林、牧、渔业项目的税收优惠政策。

需要关注的是,国家税务总局公告 2011 年 48 号对何谓"观赏性作物的种植"并没有做进一步的明确,在实际执行中容易引起税企双方争议,如企业销售给房地产开发企业的樱花树、桂花树、梅花树等用于小区美观、绿化的植物是否视作"观赏性作物"?在国民经济行业分类相关注释中并没有"观赏性作物种植"分类,只有"园艺作物种植"(包含花卉种植和其他园艺作物种植),如果根据作物用途确定,则对于仅从事种植和销售的企业来说,对其销售的既有观赏价值又有其他价值的作物用途存在难以辨认的问题,应当如何处理?实际操作中有企业将树木幼苗作为净化空气用的盆栽植物出售,其按林木、观赏性作物分类似乎都有一定依据,很难分类。如根据作物品种分类确定,则税务机关不具备辨认作物品种的专业知识,难以操作。实地调研中还发现有企业将花卉嫁接于树木枝干上出售,也很难确定其适用政策。对这些问题笔者认为国家税务总局应对此进行进一步的明确,避免企业涉税风险与税务机关执法风险的产生。

(三) 个人所得税处理

如果从事苗木种植销售的为个人包括个体工商业户、个人独资企业、个人合伙企业等,则可以享受暂不征收个人所得税优惠待遇。主要依据有:

(1) 根据《财政部 国家税务总局关于农村税费改革试点地区有关个人所得税问题的通知》(财税〔2004〕30 号)规定:"农村税费改革试点期间,取消农业特产税、减征或免征农业税后,对个人或个体户从事种植业、养殖业、饲养业、捕捞业,且经营项目属于农业税(包括农业特产税)、牧业税征税范围的,其取得的'四业'所得暂不征收个人所得税。本通知自 2004 年 1 月 1 日起执行。以前规定与本通知有抵触的,按本通知规定执行。"

(2) 根据《财政部 国家税务总局关于个人独资企业和合伙企业投资者取得种植业、

养殖业、饲养业、捕捞业所得有关个人所得税问题的批复》(财税〔2010〕96 号)规定:"对个人独资企业和合伙企业从事种植业、养殖业、饲养业和捕捞业(以下简称'四业'),其投资者取得的'四业'所得暂不征收个人所得税。"

(3)根据《国家税务总局关于进一步落实税收优惠政策促进农民增加收入的通知》(国税发〔2004〕13 号)规定:"要严格执行对进入各类市场销售自产农产品的农民取得所得暂不征收个人所得税的政策。对市场内的经营者和其经营的农产品,如税务机关无证据证明销售者不是'农民'的和不是销售'自产农产品'的,一律按照'农民销售自产农产品'执行政策。"

(四)土地使用税处理

企业或个人取得的直接用于培育种植苗木的土地可以享受免征土地使用税待遇,依据有:

(1)《中华人民共和国城镇土地使用税暂行条例》(国务院令第 483 号)规定,直接用于农、林、牧、渔业生产用地,免缴土地使用税。

(2)《国家税务总局关于调整房产税和土地使用税具体征税范围解释规定的通知》(国税发〔1999〕44 号)规定,对农林牧渔业用地和农民居住用房屋及土地,不征收土地使用税。

(3)《财政部 国家税务总局关于房产税、城镇土地使用税有关政策的通知》(财税〔2006〕186 号)规定,在城镇土地使用税征收范围内经营采摘、观光农业的单位和个人,其直接用于采摘、观光的种植、养殖、饲养的土地,按照直接用于农、林、牧、渔业的生产用地的规定,免征城镇土地使用税。

(五)房产税处理

《国家税务总局关于调整房产税和土地使用税具体征税范围解释规定的通知》(国税发〔1999〕44 号)规定,对农林牧渔业用地和农民居住用房屋及土地,不征收房产税。

(六)契税处理

《契税暂行条例实施细则》(财法字〔1997〕52 号)规定,纳税人承受荒山、荒沟、荒丘、荒滩土地使用权,用于农、林、牧、渔业生产的,免征契税。需要注意的是,免征契税前提是土地性质为荒山、荒沟、荒丘、荒滩,其他土地承受需要缴纳契税,承受是指以受让、购买、受赠、交换等方式取得土地、房屋权属的行为。

二、房地产企业购进园林绿化苗木的涉税问题处理

(一)增值税处理

对房地产企业购进园林绿化用苗木,如何抵扣增值税进项税额,《财政部 税务总局关于简并增值税税率有关政策的通知》(财税〔2017〕37 号,简称 37 号文)专门对此做了明确,即自 2017 年 7 月 1 日起,除营业税改征增值税试点期间,纳税人购进用于生产销售或委托受托加工 17%税率货物的农产品维持原扣除力度不变外,也就是继续按原来的 13%扣除率计算进项扣除,其他的"纳税人购进农产品,取得一般纳税人开具的增值税专用发票或海关进口增值税专用缴款书的,以增值税专用发票或海关进口增值税专用缴款书上

注明的增值税额为进项税额;从按照简易计税方法依照 3% 征收率计算缴纳增值税的小规模纳税人取得增值税专用发票的,以增值税专用发票上注明的金额和 11% 的扣除率计算进项税额;取得(开具)农产品销售发票或收购发票的,以农产品销售发票或收购发票上注明的农产品买价和 11% 的扣除率计算进项税额"。此前有关规定与 37 号文规定的增值税税率、扣除率、相关货物具体范围不一致的,以 37 号文为准。

根据 37 号文规定,销售发票是指农业生产者销售自产农产品适用免征增值税政策而开具的普通发票。这里需要注意的是,销售发票不包含以下两类普通发票:①小规模纳税人销售农产品依照 3% 征收率按简易办法计算缴纳增值税而自行开具或委托税务机关代开的普通发票。②纳税人从批发、零售环节购进适用免征增值税政策的蔬菜、部分鲜活肉蛋而取得的普通发票。这两类普通发票从 2017 年 7 月 1 日起都不得作为计算抵扣进项税额的凭证。

(二)土地增值处理

对房地产企业购买园林绿化用苗木支出能否作为计算土地增值税增值额的扣除项目以及享受加计扣除,《中华人民共和国土地增值税暂行条例实施细则》(财法字〔1995〕006 号)第七条已经做了明确规定,即计算增值额的扣除项目中的开发土地和新建房及配套设施的成本,是指纳税人房地产开发项目实际发生的成本,包括土地征用及拆迁补偿费、前期工程费、建筑安装工程费、基础设施费、公共配套设施费、开发间接费用。而其中的基础设施费,包括开发小区内道路、供水、供电、供气、排污、排洪、通讯、照明、环卫、绿化等工程发生的支出。即园林绿化用苗木支出可以作为计算土地增值税增值额的扣除项目,而且对从事房地产开发的纳税人可按取得土地使用权所支付的金额、开发土地和新建房及配套设施两项规定计算的金额之和,加计 20% 的扣除。

(三)企业所得税处理

(1)根据《企业所得税法》(主席令第 63 号)第八条规定:"企业实际发生的与取得收入有关的、合理的支出,包括成本、费用、税金、损失和其他支出,准予在计算应纳税所得额时扣除。"

(2)根据《国家税务总局关于发布〈企业所得税税前扣除凭证管理办法〉的公告》(国家税务总局公告 2018 年第 28 号)第五条规定,企业发生支出,应取得税前扣除凭证,作为计算企业所得税应纳税所得额时扣除相关支出的依据。而所谓税前扣除凭证,根据该公告第二条的规定,是指企业在计算企业所得税应纳税所得额时,证明与取得收入有关的、合理的支出实际发生,并据以税前扣除的各类凭证。

据此,房地产企业购买园林绿化用苗木的实际支出,若有取得合法有效的税前扣除凭证,包括增值税发票、海关进口增值税缴款书、农产品销售发票或收购发票等,可以在企业所得税税前扣除。

Chapter 4 第四章 商品房预(销)售阶段涉税问题处理

第一节 | 商品房预售阶段涉税问题解析

商品房预售最早出现于中国香港,1956 年香港政府出台了《预售楼花同意书》制度,正式以法律的形式对楼花预售进行规范管理,其基础是完善的律师执业制度、公示制度以及对房地产市场的规范管理。中国住房制度改革初期,由于房地产开发企业普遍缺少资金,商品房供应量小,国内借鉴香港房地产开发经验,引入了商品房预售制度,并通过1994 年颁布的《城市房地产管理法》确立下来。同年,建设部根据这一立法发布第 40 号令,在全国开始实施《建设部关于修改〈城市商品房预售管理办法〉的决定》(建设部令第131 号),对商品房预售作出了明确规定,即商品房预售指房地产开发企业将正在建设中的房屋预先出售给承购人,由承购人支付定金或房价款的行为。《城市商品房预售管理办法》于 2001 年及 2004 年进行了两次修订。作为我国房地产市场中的一项重要制度,商品房预售法律制度所规定的商品房预售,具有五个明显的特征:

第一,预售的商品房必须是作为商品房项目建设的房屋,而不是政府批准的一些社会福利性房屋,或社会保障性、社会救济性质的房屋,也不是一些单位内部自建的集资房或城市居民自购住宅用地所建的等非社会化、商品化房屋。因此,此类房屋具有明显的社会化、商品化和公开销售的特征。

第二,预售的商品房是处于特定状态的房屋,即必须是已经开工建设,正处于正常的施工建设状态,但尚未竣工的商品房。不是尚未开工的商品房项目,也不是已经竣工交付使用的商品房现房,更不是早已停工无法继续施工建设的"半拉子"工程,或时建时停无法预计或确定竣工时间的商品房工程项目。

第三,预售的商品房,必须是客观存在,并正处于正常的施工建设状态。即作为商品房,在竣工交付前却并非现实存在。因此,作为正处在施工建设状态、尚未竣工交付、并非现实存在的房屋提前销售,是预售的最显著的特征。

第四,商品房预售的预售人主体是特殊的商品房开发商,必须是具备商品房预售条件的开发企业,即具有法定性和特定性商品房开发企业。而购房人则是社会不特定的主体,任何要购买预售商品房的公民,都可以成为商品房预售的买方。

第五,商品房预售,必须依照有关法律规定,具备必需的条件,尤其是政府有关部门批准的商品房预售许可证,并将有关预售商品房的资料及有关法律规定向购房人公示,即具备法定公开性。

总体而言,中国的商品房预售制度的确立是由中国房地产市场的发展条件所决定的。从本质上看,商品房预售制度是房地产开发企业融资的一种重要手段,能够加快房地产开发项目的资金周转,提高资金的使用效率,从资金的时间价值角度来看,商品房预售制度还能够降低开发资金的使用成本。为保证财政收入的相对稳定性,我国税收制度根据商品房预售制度这一特点,不论是之前的营业税还是"营改增"后的增值税、土地增值税、企业所得税等税种,都对商品房预售收入作出了相应的征税规定,以便确保税收的及时入库。

【案例4-1】 丙开发商开发的新项目一楼盘开始预售,王先生于2017年8月25日购买了其中一个商业铺面,价格400万元,并按《商品房买卖合同》规定在签约后的第三天支付了50%首付款,计200万元,其余的50%余款根据合同要求办理银行按揭,按揭贷款在2017年11月份也顺利办妥并划转至该开发商账户。该楼盘预计2019年1月竣工,《商品房买卖合同》约定商业铺面于2019年12月31日交付使用。丙开发商企业所得税计税毛利率为15%,土地增值税预征率为3%。

【问题】 丙开发商收到预售商品房款项时该如何进行账务和税务处理?(暂不考虑城建税、教育费附加等附加税费)

【案例分析】

一、开发商收到预售商品房款项时的账务处理

根据我国2006年《企业会计准则第14号——收入》第四条规定,销售商品收入同时满足下列条件的,予以确认:①企业已将商品所有权上的主要风险和报酬转移给购货方;②企业既没有保留通常与所有权相联系的继续管理权,也没有对已售出的商品实施有效控制;③收入的金额能够可靠地计量;④相关的经济利益很可能流入企业;⑤相关的已发生或将发生的成本能够可靠地计量。《企业会计准则第14号——收入》第五条规定,企业应当按照从购货方已收或应收的合同或协议价款确定销售商品收入金额,但已收或应收的合同或协议价款不公允的除外。《企业会计准则第14号——收入》应用指南第三条规定,销售商品收入金额的计量根据本准则第五条规定,企业销售商品满足收入确认条件时,应当按照已收或应收合同或协议价款的公允价值确定销售商品收入金额。按照企业会计准则的规定,采取银行按揭方式销售开发产品的,只要所销售的商品房达到了竣工交付的条件,就应按销售合同约定的价款确认商品房销售收入的实现。也就是说,按揭款项是否收回,与销售收入确认没有关系。而《房地产开发企业会计制度》是以结算账单提交买受人并得到认可作为房地产收入确认的依据。以上会计的确认收入标准,企业在预售阶段长时间陆续销售回款,在财务上只能作为预收账款处理,真正的销售收入是在未来的一个时间节点(如交付使用时点)一次性确认,会计分录(单位:万元):

(1)企业与购房业主签订《商品房预售合同》,2017年8月份收到首付款时:

```
借：银行存款                                                    200
    贷：预收账款——购房款                                        200
```

（2）企业 2017 年 11 月收到银行按揭款时：

```
借：银行存款                                                    200
    贷：预收账款——购房款                                        200
```

（3）竣工验收交付业主使用，全额确认销售收入：

```
借：预收账款——购房款                                          400.00
    贷：主营业务收入——房屋销售                                 360.36
        应交税费——应交增值税(销项税额)                         39.64
```

二、预售收入增值税处理

（一）预售收入如何预缴增值税

根据《财政部 国家税务总局关于全面推开营业税改征增值税试点的通知》(财税〔2016〕36 号)附件 2《营业税改征增值税试点有关事项的规定》第一条第一款第（八）项第 9 目规定："房地产开发企业采取预收款方式销售所开发的房地产项目，在收到预收款时按照 3%的预征率预缴增值税。"

根据《国家税务总局关于发布〈房地产开发企业销售自行开发的房地产项目增值税征收管理暂行办法〉的公告》(国家税务总局公告 2016 年第 18 号)规定："第十条 一般纳税人采取预收款方式销售自行开发的房地产项目，应在收到预收款时按照 3%的预征率预缴增值税。

第十一条 应预缴税款按照以下公式计算：

$$应预缴税款＝预收款÷(1＋适用税率或征收率)×3\%$$

适用一般计税方法计税的，按照 11%的适用税率计算；适用简易计税方法计税的，按照 5%的征收率计算。

第十二条 一般纳税人应在取得预收款的次月纳税申报期向主管国税机关预缴税款。"

据此，丙开发商应在收到首付款 200 万元的次月，即 2017 年 9 月份纳税申报期内向主管国税机关预缴增值税 54 054.05 元[2 000 000÷(1＋11%)×3%]。

根据《财政部关于印发〈增值税会计处理规定〉的通知》(财会〔2016〕22 号)规定，全面试行营业税改征增值税后，"营业税金及附加"科目名称调整为"税金及附加"科目，该科目核算企业经营活动发生的消费税、城市维护建设税、资源税、教育费附加及房产税、土地使用税、车船税、印花税等相关税费；利润表中的"营业税金及附加"项目调整为"税金及附加"项目。

预缴增值税时账务处理为：借记"应交税费——预交增值税"科目，贷记"银行存款"科目，不通过"税金及附加"核算。

丙开发商预缴增值税账务处理如下：

借：应交税费——预交增值税   54 054.05

    贷：银行存款   54 054.05

若丙开发商开发的是老项目并选择适用简易计税方法，则上述适用税率11%应替换为5%征收率来计算应预缴的增值税数额。现以表格形式将房地产开发企业采取预收款方式销售自行开发的房地产项目营改增主要政策作一简要归纳（见表4-1）：

表4-1　房地产开发企业采取预收款方式销售自行开发的房地产项目营改增主要政策一览表

类型	计税方式	预缴税款预征率	预缴税款计算	销售额	税率（征收率）
一般纳税人	一般计税方法（2016年5月1日后开工或4月30日前开工自愿选择使用一般计税方式的）	3%	应预缴税款＝预收款÷（1＋适用税率或征收率）×3%	以取得的全部价款和价外费用，扣除当期销售房地产项目对应的土地价款后的余额计算销售额；销售额＝（全部价款和价外费用－当期允许扣除的土地价款）÷（1＋11%）	11%
	简易计税方法（2016年4月30日前开工项目）	3%		以取得的全部价款和价外费用为销售额	5%
小规模纳税人	简易计税方法	3%	应预缴税款＝预收款÷（1＋5%）×3%	以取得的全部价款和价外费用为销售额	5%

笔者注 （1）房地产开发企业采取预收款方式销售自行开发的房地产项目，向不动产所在地主管国税机关预缴税款。

（2）房地产开发企业的增值税留抵税额不能抵减预缴税款。

（3）房地产开发企业在地税机关已申报营业税未开具发票的，应将缴纳营业税的完税凭证留存备查，并在开具的增值税普通发票备注栏注明"已缴纳营业税，完税凭证号码××××"字样。纳税申报时，可在开具增值税普通发票的当月，以无票收入负数冲减销售收入。

（二）销售不动产纳税义务发生时间如何认定

问题是，丙开发商在2017年11月份收到王先生银行按揭款200万元后的增值税处理是否还是和收到首付款时的处理一样？

上文说过，根据会计的确认收入标准，企业在预售阶段长时间陆续销售回款，在财务上只能作为预收账款处理，真正的销售收入是在未来的一个时间节点（如交付使用时点）一次性确认，但从销售该商业铺面回款情况来看，该商业铺面采取银行按揭销售，销售款项分为首付款和按揭款两部分，首付款在2017年8月份已经收讫，销售余款采取银行按揭，按揭银行也于2017年11月份办理转账到丙开发商账户，至此，应该说，丙开发商销售该商业铺面的所有销售款项已经全部收讫。

根据《财政部　国家税务总局关于全面推开营业税改征增值税试点的通知》(财税〔2016〕36号)附件1《营业税改征增值税试点实施办法》第四十五条有关增值税纳税义务的规定:"(一)纳税人发生应税行为并收讫销售款项或者取得索取销售款项凭据的当天;先开具发票的,为开具发票的当天。收讫销售款项,是指纳税人销售服务、无形资产、不动产过程中或者完成后收到款项。取得索取销售款项凭据的当天,是指书面合同确定的付款日期;未签订书面合同或者书面合同未确定付款日期的,为服务、无形资产转让完成的当天或者不动产权属变更的当天。"

根据2017年11月19日《国务院关于废止〈中华人民共和国营业税暂行条例〉和修改〈中华人民共和国增值税暂行条例〉的决定》第二次修订的《中华人民共和国增值税暂行条例》第十九条第一款第(一)项关于增值税纳税义务发生时间的规定:"(一)发生应税销售行为,为收讫销售款项或者取得索取销售款项凭据的当天;先开具发票的,为开具发票的当天。"

据上述规定,丙开发商销售商业铺面并于2017年11月份全部收到销售款项的行为无疑符合增值税"收讫销售款项"纳税义务发生时间确认条件,在此情形下,采取一般计税方法的一般纳税人,应按扣除受让土地时向政府部门支付的土地价款后(包括土地受让人向政府部门支付的征地和拆迁补偿费用、土地前期开发费用和土地出让收益等)的余额为销售额和增值税税率计算当期销项税额。

允许扣除受让土地时向政府部门支付的土地价款的依据主要有:

(1)《财政部　国家税务总局关于全面推开营业税改征增值税试点的通知》(财税〔2016〕36号)附件2《营业税改征增值税试点有关事项的规定》第一条第(三)项:"10.房地产开发企业中的一般纳税人销售其开发的房地产项目(选择简易计税方法的房地产老项目除外),以取得的全部价款和价外费用,扣除受让土地时向政府部门支付的土地价款后的余额为销售额。

房地产老项目,是指《建筑工程施工许可证》注明的合同开工日期在2016年4月30日前的房地产项目。"

(2)《财政部　国家税务总局关于明确金融、房地产开发、教育辅助服务等增值税政策的通知》(财税〔2016〕140号)第七条规定:"《营业税改征增值税试点有关事项的规定》(财税〔2016〕36号)第一条第(三)项第10点中'向政府部门支付的土地价款',包括土地受让人向政府部门支付的征地和拆迁补偿费用、土地前期开发费用和土地出让收益等。

房地产开发企业中的一般纳税人销售其开发的房地产项目(选择简易计税方法的房地产老项目除外),在取得土地时向其他单位或个人支付的拆迁补偿费用也允许在计算销售额时扣除。纳税人按上述规定扣除拆迁补偿费用时,应提供拆迁协议、拆迁双方支付和取得拆迁补偿费用凭证等能够证明拆迁补偿费用真实性的材料。"

(3)《国家税务总局关于土地价款扣除时间等增值税征管问题的公告》(国家税务总局公告2016年第86号)第一点规定:"房地产开发企业向政府部门支付的土地价款,以及向其他单位或个人支付的拆迁补偿费用,按照财税〔2016〕140号文件第七、八条规定,允许在计算销售额时扣除但未扣除的,从 2016 年 12 月份(税款所属期)起按照现行规定计算扣除。"

同时,对依上述规定计算出来的销项税额,允许扣除当期进项税额(即当期纳税人购进货物、加工修理修配劳务、服务、无形资产或者不动产,支付或者负担的增值税额)来计算增值税应纳税额,但由于预售阶段的房地产往往还处于建设阶段未竣工决算,房地产开发商可能只取得部分甚至尚未取得建筑安装服务增值税专用发票,此时针对开发商而言,将会出现销项税额大,进项税额小,甚至出现有销项税额而无进项税额的尴尬局面,造成当期应纳税额加大,税负提高的后果。此外,在现实中很多房地产开发商是取得一块土地设立一个公司即以项目公司的名义在运作,项目开发完毕,项目公司的使命也告终结,并无后续的项目继续开发。如果真的出现这一现象,开发商可能将出现增值税纳税义务方面一种难以难受的"痛",即当销售款项全部收讫被确认为纳税义务发生时间已经实现,要求要按正常程序确认销项税额,前期由于正处于建设阶段而无法抵扣或足额抵扣进项税额,从而造成当期销项税额大进项税额小,当期应纳税额变多;而待工程竣工取得全部建筑安装服务增值税专用发票时,又由于项目公司的特性而没有后续开发项目,现实将造成取得的巨额增值税进项税额无处抵扣,出现叫天天不应,叫地地不灵,欲哭无泪的超级尴尬局面。2016 年 5 月 1 日全面"营改增"实施后,一些地方为了解决房地产开发纳税义务发生时间出现的税企双方争议问题,往往在"营改增"执行口径中明确房地产企业的纳税义务发生时间为"房屋交付使用时间",例如:湖北省税务局于 2016 年 4 月 28 日发布的《湖北省税务局营改增政策执行口径第一辑》中"关于房地产公司销售不动产纳税义务发生时间的问题"中明确:

"《营业税改征增值税试点实施办法》第四十五条规定,增值税纳税义务、扣缴义务发生时间为:纳税人发生应税行为并收讫销售款项或者取得索取销售款项凭据的当天;先开具发票的,为开具发票的当天。

纳税人发生应税行为是纳税义务发生的前提。房地产公司销售不动产,以房地产公司将不动产交付给买受人的当天作为应税行为发生的时间。

在具体交房时间的辨别上,以《商品房买卖合同》上约定的交房时间为准;若实际交房时间早于合同约定时间的,以实际交付时间为准。

以交房时间作为房地产公司销售不动产纳税义务发生时间,主要是基于以下几点考虑:

一是可以解决税款预缴时间与纳税义务发生时间不明确的问题;

二是可以解决房地产公司销项税额与进项税额发生时间不一致造成的错配问题(如果按收到房屋价款作为纳税义务发生时间,可能形成前期销项税额大、后期进项税额大、长期留抵甚至到企业注销时进项税额仍然没有抵扣完毕的现象)。

三是可以解决从销售额中扣除的土地价款与实现的收入匹配的问题。"

此外,还有多个省(市、自治区)级或计划单列市国家税务局对如何把握销售不动产纳税义务发生时间做了执行口径明确,现简要整理如表 4-2 所示。

表 4-2　销售不动产纳税义务发生时间及开票问题

各地国税	地方执行口径
河北国税	**来源:《河北省国家税务局关于全面推开营改增有关政策问题的解答(之二)》** (2016 年 5 月 3 日) 九、关于房地产开发企业销售自行开发的不动产纳税义务发生时间问题 《营业税改征增值税试点实施办法》第四十五条规定,增值税纳税义务发生时间为:"纳税人发生应税行为并收讫销售款项或者取得索取销售款项凭据的当天;先开具发票的,为开具发票的当天。" 可见,纳税人发生应税行为是纳税义务发生的前提。房地产公司销售不动产,以房地产公司将不动产交付给买受人的当天作为应税行为发生的时间。 交付时间,以《商品房买卖合同》上约定的交房时间为准;若实际交房时间早于合同约定时间的,以实际交付时间为准 ┌─────────────────────────────┐ **笔者注** 河北国税是以不动产交付时间作为销售不动产纳税义务发生时间的,执行中以《商品房买卖合同》约定时间与实际交付孰先原则确定,即如果实际交房时间早于合同约定时间的,以实际交付时间为准;否则就以合同约定时间为准。 └─────────────────────────────┘
四川国税	**来源:四川国税解答《纳税人咨询的营改增十个热点问题》** (2016 年 4 月 28 日) 2. 房地产公司销售不动产纳税义务发生时间如何确定? 答:根据《营业税改增值税试点实施办法》第四十五条规定:增值税纳税义务、扣缴义务发生时间为:纳税人发生应税行为并收讫销售款项或者取得索取销售款项凭据的当天;先开具发票的,为开具发票的当天。 因此,房地产公司销售不动产,以房地产公司将不动产交付给买受人的当天作为应税行为的发生时间 ┌─────────────────────────────┐ **笔者注** 与河北国税不同的是,四川国税对销售不动产纳税义务发生时间只强调不动产交付行为完成当天,未强调合同约定之类的前提条件。 └─────────────────────────────┘
湖北国税	**来源:湖北国税《营改增政策执行口径第一辑》** (2016 年 4 月 25 日) 21. 关于房地产公司销售不动产纳税义务发生时间的问题 《营业税改增值税试点实施办法》第四十五条规定,增值税纳税义务、扣缴义务发生时间为:纳税人发生应税行为并收讫销售款项或者取得索取销售款项凭据的当天;先开具发票的,为开具发票的当天。 纳税人发生应税行为是纳税义务发生的前提。房地产公司销售不动产,以房地产公司将不动产交付给买受人的当天作为应税行为发生的时间。 在具体交房时间的辨别上,以《商品房买卖合同》上约定的交房时间为准;若实际交房时间早于合同约定时间的,以实际交付时间为准。 以交房时间作为房地产公司销售不动产纳税义务发生时间,主要是基于以下几点考虑: 一是可以解决税款预缴时间与纳税义务发生时间不明确的问题; 二是可以解决房地产公司销项税额与进项税额发生时间不一致造成的错配问题(如果按收到房屋价款作为纳税义务发生时间,可能形成前期销项税额大、后期进项税额大、长期留抵甚至到企业注销时进项税额仍然没有抵扣完毕的现象)。 三是可以解决从销售额中扣除的土地价款与实现的收入匹配的问题 ┌─────────────────────────────┐ **笔者注** 湖北国税对为何要以"房地产公司将不动产交付给买受人的当天作为应税行为发生的时间"做了比较清晰的解释,也是目前全国对销售不动产纳税义务发生时间的执行口径中最具说服力的一种解释,易为税企双方所接受。 └─────────────────────────────┘

(续表)

各地国税	地方执行口径
河南国税	**来源:河南国税《营改增问题快速处理机制专期十三(房地产企业专期)》** **(2016年6月8日)** 问题四　房地产开发企业销售房地产项目纳税义务发生时间如何掌握? 答复:房地产企业销售房地产项目纳税义务发生时间为交付房地产项目并取得索取销售款项凭据的当天。 取得索取销售款项凭据的当天,是指书面合同确定的付款日期;未签订书面合同或者书面合同未确定付款日期的,为房地产项目产权属变更的当天 **笔者注** 河南国税对销售不动产纳税义务发生时间的确定,可以说在全国独树一帜非常特殊,不仅认为应以"交付房地产项目"为准,而且还同时要求"取得索取销售款项凭据"的当天,而且还进一步限定为"取得索取销售款项凭据的当天,是指书面合同确定的付款日期;未签订书面合同或者书面合同未确定付款日期的,为房地产项目产权属变更的当天"。笔者个人认为河南国税的此执行口径,自相矛盾,让人无所适从。假设买卖双方签订了书面合同,但书面合同没有确定付款日期,请问此时销售不动产的纳税义务发生时间是"交付房地产项目的当天"还是"房地产项目产权属变更的当天"呢?
安徽国税	**来源:《安徽国税营改增热点难点问题(房地产)》** **(2017年1月3日)** 13. 房地产公司销售不动产纳税义务发生时间如何确定? 答:增值税纳税义务确定的前提是纳税人是否已发生应税行为。对以买卖方式转让的不动产,应对照《商品房买卖合同》上约定的交房时间,房地产开发企业与购买方在合同约定的最迟交房时间之前完成房屋交付手续的,以实际交付时间作为纳税义务发生时间。 因房地产开发企业原因造成延迟交房的,以实际交房时间作为纳税义务发生时间; 因购买方原因未按合同约定完成不动产交付手续的,以合同约定的最迟交房时间作为纳税义务发生时间。 对以投资、分配利润、捐赠、抵债等方式转让的不动产,房地产开发企业应以不动产权属变更的当天作为纳税义务发生时间 **笔者注** 安徽国税将销售不动产这一"应税行为"与房屋"实际交付时间"挂钩,认为只有房屋实际交付了才是销售不动产这一"应税行为"纳税义务发生时间的实现,个人认为这一认定于法无据,值得商榷。而且河南国税还进一步认为"因房地产开发企业原因造成延迟交房的,以实际交房时间作为纳税义务发生时间;因购买方原因未按合同约定完成不动产交付手续的,以合同约定的最迟交房时间作为纳税义务发生时间",更是突破了税款征收不因纳税人经营发生变化而变化,在实践中给了纳税人很大的操作空间,不利于税款的及时入库,不利于维护税收的刚性,这些都值得商榷。不过根据安徽税务局2017年9月13日发布的《房地产业营改增热点问答》中"20.问:房地产企业销售自行开发的异地房产取得的销售收入(非预收款),是否要在项目所在地预缴增值税? 答:根据税务总局对销售不动产的纳税义务发生时间的解读,房地产企业销售自行开发的房地产项目的纳税义务发生时间为不动产的产权转移时间,房地产企业销售房地产从收款到办理产权转移中间必然要间隔一段时间。因此,房地产企业收取的售房款只能是预收款,按规定必须在项目所在地预缴税款。"
内蒙古国税	**来源:《内蒙古自治区国家税务局全面推开营改增政策问题解答二(不动产部分)》** **(2016年6月1日)** (九)关于房地产开发企业销售自行开发的不动产纳税义务发生时间问题。 《营业税改增值税试点实施办法》第四十五条规定,增值税纳税义务发生时间为:"纳税人发生应税行为并收讫销售款项或者取得索取销售款项凭据的当天;先开具发票的,为开具发票的当天。"

(续表)

各地国税	地方执行口径
内蒙古国税	纳税人发生应税行为是纳税义务发生的前提。房地产公司销售不动产,以房地产公司将不动产交付给买受人的当天作为应税行为发生的时间。交付时间,以《商品房买卖合同》上约定的交房时间为准;若实际交房时间早于合同约定时间的,以实际交付时间为准
江西国税	**来源:《江西省税务局8月18日再次解答营改增实务中的37个问题》** (2016年8月18日) 20. 销售房地产项目纳税义务时间如何确认? 答:根据《营业税改增值税试点实施办法》(财税2016年36号文件)第45条规定,纳税人发生应税行为并收讫销售款项或者取得索取销售款项凭据的当天为纳税义务发生时间;先开具发票的,为开具发票的当天。 收讫销售款项,是指纳税人销售服务、无形资产、不动产过程中或者完成后收到款项。取得索取销售款项凭据的当天,是指书面合同确定的付款日期;未签订书面合同或者书面合同未确定付款日期的,为服务、无形资产转让完成的当天或者不动产权属变更的当天。 根据房地产项目销售特点,以房地产公司将不动产交付给买受人的当天作为应税行为发生的时间。具体交房时间以《商品房买卖合同》上约定的交房时间为准;若实际交房时间早于合同约定时间的,以实际交房时间为准。房地产开发企业销售房地产项目纳税义务发生之前收取的款项应作为预收款,按照规定预缴增值税
宁夏国税	**来源:《宁夏国税全面推开营改增政策指引(三)》** (2016年6月17日) 房地产开发企业销售自行开发的房地产项目纳税义务发生时间如何确定? 在预收房款后按3%的预征率缴纳增值税时纳税义务是否发生? 答:房地产开发企业销售自行开发的房地产项目纳税义务发生时间为发生应税行为并收讫销售款项或者取得索取销售款项凭据的当天。房地产开发企业预收房款时纳税义务尚未发生,在总局进一步明确前,暂按《商品房买卖合同》上约定的交房时间为准;若实际交房时间早于合同约定时间的,以实际交房时间为准 ┌─────────────────────────────┐ **笔者注** 宁夏国税和青岛国税(详见下文)一样,在全国国税系统中首先明确了"预收房款时纳税义务尚未发生",这个规定也是基于销售不动产这一"应税行为"尚未发生的考虑。 └─────────────────────────────┘
湖南国税	**来源:《湖南省国家税务局营业税改征增值税政策指引之四》** (2016年12月26日) 一、房地产开发企业销售自行开发的房地产项目,其发生应税行为时间应如何确定? 根据《营业税改增值税试点实施办法》规定,房地产开发企业销售自行开发的房地产项目,其发生应税行为的时间为销售合同约定的交房时间。若实际交房时间早于销售合同约定交房时间的,以实际交房时间为准;若实际交房时间晚于销售合同约定交房时间的,以销售合同约定的交房时间为准
青岛国税	**来源:《青岛税务局解答房地产业营改增的12个问题》** (2017年7月4日) 问题9:房地产开发企业收到预收款按3%的预征率预缴的税款,次月申报期能否抵缴申报税款? 答:房地产开发企业采取预收款方式销售自行开发的房地产项目收到预收款不作为纳税义务发生时间。其收到的预收款不计入当期申报销售额,因此其按3%预征率预缴的税款不得抵缴其申报税款。待按规定确定纳税义务时间,根据销售额和适用税率或征收率计算应纳税额后,可以抵减已预缴税款

但也有部分省(市、自治区)级或计划单列市国家税务局持不同观点,笔者也对其中的代表进行了简要整理(见表4-3):

表4-3 销售不动产纳税义务发生时间的地方执行口经差异

北京国税	**来源:《北京市国家税务局房地产业营改增税收指引》** **(2016年3月30日)** 八、纳税义务发生时间 1. 纳税人销售、出租不动产,为发生应税行为并收讫销售款项或者取得索取销售款项凭据的当天;先开具发票的,为开具发票的当天。 收讫销售款项,是指纳税人销售、出租不动产过程中或者完成后收到款项。 取得索取销售款项凭据的当天,是指书面合同确定的付款日期;未签订书面合同或者书面合同未确定付款日期的,为不动产权属变更的当天。 2. 纳税人提供租赁服务采取预收款方式的,其纳税义务发生时间为收到预收款的当天 ┌──────────────────────────┐ **笔者注** 北京国税对销售不动产纳税义务发生时间无疑是直接引用《营业税改征增值税试点实施办法》第四十五条的规定。 └──────────────────────────┘
广东国税	**《广东国税房地产业营改增十问十答》** **(2016年4月8日)** 问题十:房地产业的纳税义务发生时间如何确定? 答:(一)纳税人销售、租赁不动产,为发生应税行为并收讫销售款项或者取得索取销售款项凭据的当天;先开具发票的,为开具发票的当天。 收讫销售款项,是指纳税人销售、出租不动产过程中或者完成后收到款项。取得索取销售款项凭据的当天,是指书面合同确定的付款日期;未签订书面合同或者书面合同未确定付款日期的,为不动产权属变更的当天。 (二)纳税人提供不动产租赁服务采取预收款方式的,其纳税义务发生时间为收到预收款的当天
海南国税	**《海南国税建筑业和房地产开发业若干税收政策指引》** **(2016年11月21日)** 二、关于房地产开发企业销售自行开发的房地产项目税收征管问题 (一)增值税纳税义务发生时间 财税36号文附件一第四十五条规定,增值税纳税义务发生时间为:纳税人发生应税行为并收讫销售款项或者取得索取销售款项凭据的当天;先开具发票的,为开具发票的当天。收讫销售款项,是指纳税人销售服务、无形资产、不动产过程中或者完成后收到款项。取得索取销售款项凭据的当天,是指书面合同确定的付款日期;未签订书面合同或者书面合同未确定付款日期的,为服务、无形资产转让完成的当天或者不动产权属变更的当天。 根据上述规定,纳税人销售自行开发的房地产,收讫销售款项或者签订书面合同约定付款日期或开具发票,满足此三个条件中任何一个条件即为发生纳税义务,应该按适用税率计算缴纳增值税。除上述情况外,其他时间收到的款项可视为预收款,按3%计算预缴增值税。 省局2016年7月印发的《房地产业营改增税收政策指引》第五、六条相应废止 ┌──────────────────────────┐ **笔者注1** 海南国税2016年7月印发的《房地产业营改增税收政策指引》第五、六条规定: "五、关于房地产公司销售不动产纳税义务发生时间的问题《营业税改征增值税试点实施办法》第四十五条规定,增值税纳税义务、扣缴义务发生时间为:纳税人发生应税行为并收讫销售款项或者取得索取销售款项凭据的当天;先开具发票的,为开具发票的当天。 └──────────────────────────┘

(续表)

纳税人发生应税行为是纳税义务发生的前提。房地产公司销售不动产,以房地产公司将不动产交付给买受人的当天作为应税行为发生的时间。

在具体交房时间的辨别上,以《商品房买卖合同》上约定的交房时间为准;若实际交房时间早于合同约定时间的,以实际交付时间为准。

六、关于房地产开发企业预收款的范围问题

房地产开发企业的预收款,为不动产交付业主之前所收到的款项,但不含签订房地产销售合同之前所收取的诚意金、认筹金和订金等。"

笔者注2 海南国税对销售不动产纳税义务发生时间的这个前后认知的变化,主要还是由对财税〔2016〕36号文规定的收款概念重新认识而来的。对销售服务而言,由于没有存在需要办理"过户"手续,纳税义务发生时间按"纳税人发生应税行为并收讫销售款项或者取得索取销售款项凭据的当天"应该说是没有问题的,也是为大家所能接受的。但是销售不动产,这是一种特殊的商品,根据我国相关法律法规规定,其需要经过办理产权转移的程序和手续才算是交易的最终实现,在这之前所销售的房屋要是发生坍塌、倒塌等意外事故,其责任主体还是在出售者而不是购买者,所以在会计处理上还属于"主要风险和报酬"没有转移给购货方,不确认销售收入的实现而作为预收账款处理。此时若从发生应税行为的角度来看,笔者认为"房屋交付时间"作为"应税行为"的完成更具合理性,以此作为销售不动产的纳税义务发生时间也更有说服力。

而对于预收款项的预缴税款,其纳税义务发生时间是没有发生的,只是预缴的概念,是从财政收入方面的一种考虑和安排,没什么可以值得探讨的问题。

另外,还有个别地方更特殊,如计划单列市厦门市税务局2016年5月21日发布的《营改增热点知识问答(二)》规定:"11、房地产开发企业销售自行开发的不动产纳税义务发生时间如何确定?

答:《营业税改征增值税试点实施办法》第四十五条规定,增值税纳税义务发生时间为:纳税人发生应税行为并收讫销售款项或者取得索取销售款项凭据的当天;先开具发票的,为开具发票的当天。房地产公司销售不动产,产权转移的当天作为应税行为发生的时间。"

厦门市国家税务局认为产权转移的当天才是销售不动产纳税义务发生时间,这在全国独一无二。从上述各地对销售不动产的纳税义务发生时间的执行口径的把握来看,可谓五花八门,让人不知哪个才真正符合税法精神和宗旨,所以笔者强烈建议财政部和国家税务局层面应尽快对此进行细化或明确,以便全国执行统一的口径,维护税法权威和刚性。

三、预售收入企业所得税处理

(一) 企业所得税对收入实现的确认

所谓预售收入,也就是房地产开发企业的开发产品达到了预售条件,取得了《商品房预售许可证》,将正在建设中的房屋预先出售给承购人,由承购人支付定金或商品房价款的行为而取得的价款收入。根据企业会计相关规定,房地产企业预售业务的会计处理为:当企业收到预售款项时,由于不符合收入的确认原则,不确认收入,而是作为负债计入"预收账款"科目中核算,待房屋交给购买方时,再确认收入。

但根据《国家税务总局关于印发〈房地产开发经营业务企业所得税处理办法〉的通知》

(国税发〔2009〕31号,以下简称国税发〔2009〕31号文)第六条规定,企业通过正式签订《房地产销售合同》或《房地产预售合同》所取得的收入,应确认为销售收入的实现。

从国税发〔2009〕31号文的规定可以明显看出,销售不动产预售收入的企业所得税处理是将会计上的"预收账款"提前确认为收入。也就是说,从企业所得税的角度,不再存在"预收账款"的概念,房地产开发企业只要与购买者签订了《房地产销售合同》或《房地产预售合同》并收取款项,不管产品是否完工,全部确认为收入,即按国税发〔2009〕31号文规定,房地产企业"所得税收入"不同于"会计收入"。

(二) 企业所得税收入确认的具体内容

根据国税发〔2009〕31号文第五条规定,开发产品销售收入的范围为销售开发产品过程中取得的全部价款,包括现金、现金等价物及其他经济利益。企业代有关部门、单位和企业收取的各种基金、费用和附加等,凡纳入开发产品价内或由企业开具发票的,应按规定全部确认为销售收入;未纳入开发产品价内并由企业之外的其他收取部门、单位开具发票的,可作为代收代缴款项进行管理。

国税发〔2009〕31号文第六条规定,企业通过正式签订《房地产销售合同》或《房地产预售合同》所取得的收入,应确认为销售收入的实现,具体按以下规定确认:

(1) 采取一次性全额收款方式销售开发产品的,应于实际收讫价款或取得索取价款凭据(权利)之日,确认收入的实现。

> **笔者注** 这种方式下,预售房地产未实际收到预收款但已经根据合同等达到应收款时间的,企业应当确认企业所得税预计毛利。这种方式下企业所得税确认收入的时间应当不晚于增值税下收到预收款的时间,所以计算预计毛利的基数应当大于等于实际收到的预收款。

(2) 采取分期收款方式销售开发产品的,应按销售合同或协议约定的价款和付款日确认收入的实现。付款方提前付款的,在实际付款日确认收入的实现。

> **笔者注** 与一次性全额收款类似,此种方式下以合同约定和实际收款孰早来确认企业所得税收入,计算预计毛利的基数也会大于等于实际收到的预收款。

(3) 采取银行按揭方式销售开发产品的,应按销售合同或协议约定的价款确定收入额,其首付款应于实际收到日确认收入的实现,余款在银行按揭贷款办理转账之日确认收入的实现。

(4) 采取委托方式销售开发产品的,应按以下原则确认收入的实现:

① 采取支付手续费方式委托销售开发产品的,应按销售合同或协议中约定的价款于收到受托方已销开发产品清单之日确认收入的实现。

② 采取视同买断方式委托销售开发产品的,属于企业与购买方签订销售合同或协议,或企业、受托方、购买方三方共同签订销售合同或协议的,如果销售合同或协议中约定

的价格高于买断价格,则应按销售合同或协议中约定的价格计算的价款于收到受托方已销开发产品清单之日确认收入的实现;如果属于前两种情况中销售合同或协议中约定的价格低于买断价格,以及属于受托方与购买方签订销售合同或协议的,则应按买断价格计算的价款于收到受托方已销开发产品清单之日确认收入的实现。

③ 采取基价(保底价)并实行超基价双方分成方式委托销售开发产品的,属于由企业与购买方签订销售合同或协议,或企业、受托方、购买方三方共同签订销售合同或协议的,如果销售合同或协议中约定的价格高于基价,则应按销售合同或协议中约定的价格计算的价款于收到受托方已销开发产品清单之日确认收入的实现,企业按规定支付受托方的分成额,不得直接从销售收入中减除;如果销售合同或协议约定的价格低于基价的,则应按基价计算的价款于收到受托方已销开发产品清单之日确认收入的实现。属于由受托方与购买方直接签订销售合同的,则应按基价加上按规定取得的分成额于收到受托方已销开发产品清单之日确认收入的实现。

④ 采取包销方式委托销售开发产品的,包销期内可根据包销合同的有关约定,参照上述①至③项规定确认收入的实现;包销期满后尚未出售的开发产品,企业应根据包销合同或协议约定的价款和付款方式确认收入的实现。

(三) 企业所得税对未完工开发产品取得的销售收入的处理

国税发〔2009〕31号文第九条规定,企业销售未完工开发产品取得的收入,应先按预计计税毛利率分季(或月)计算出预计毛利额,计入当期应纳税所得额。开发产品完工后,企业应及时结算其计税成本并计算此前销售收入的实际毛利额,同时将其实际毛利额与其对应的预计毛利额之间的差额,计入当年度企业本项目与其他项目合并计算的应纳税所得额。

在年度纳税申报时,企业须出具对该项开发产品实际毛利额与预计毛利额之间差异调整情况的报告以及税务机关需要的其他相关资料。

国税发〔2009〕31号文第八条规定,企业销售未完工开发产品的计税毛利率由各省、自治、直辖市国家税务局、地方税务局按下列规定进行确定:

(1) 开发项目位于省、自治区、直辖市和计划单列市人民政府所在地城市城区和郊区的,不得低于15%。

(2) 开发项目位于地及地级市城区及郊区的,不得低于10%。

(3) 开发项目位于其他地区的,不得低于5%。

(4) 属于经济适用房、限价房和危改房的,不得低于3%。

适用上述政策需要值得注意的是:

(1) 上述未完工开发产品的计税毛利率怎么确定决定权在省级国地税(国税发〔2009〕31号文确认的被授权方),市、县两级无权确定(被授权方不能再转授权)。

(2) 一般商品房小区若存在配套建设经济适用住房、限价房的,一般商品房与经济适用房、限价房应分别确认成本核算对象,分别核算销售收入,分别计算预计毛利额;不能分别核算的,一律从高适用计税毛利率。

另外,对经济适用房、限价房项目中配套建设的商铺、车库、车位等未完工产品取得的收入,不得按照经济适用房、限价房和危改房的计税毛利率执行。

根据上述规定,丙开发商销售商业铺面取得的预售收入400万元应按15%计税毛利率来计算缴纳企业所得税当期应纳税所得额,同时根据国税发〔2009〕31号文第十二条规定,企业发生的期间费用、已销开发产品计税成本、营业税金及附加、土地增值税准予当期按规定扣除。当然,全面营改增后,根据有关规定,增值税进项税额允许在销项税额中计算抵扣的,不允许在企业所得税税前扣除,不能或不允许抵扣的增值税,才可以在企业所得税前扣除。待开发产品完工后,再结算其计税成本并计算此前销售收入的实际毛利额,同时将其实际毛利额与其对应的预计毛利额之间的差额,计入当年度企业本项目与其他项目合并计算的应纳税所得额。

这里需要注意的是,在企业所得税确认计算毛利时,除上述不同销售方式的不同规定外,还应当注意是否可以扣除预缴增值税的问题。企业所得税确认的收入应当为不含税收入,这里所说的税应当是根据销售额计算的销项税额(一般计税方法)或应纳税额(简易计税方法)。而在预售阶段,增值税的纳税义务尚未发生,其销售额没有确定,根据销售额计算的销项税额或应纳税额也没有确定,所以在预售阶段计算预计毛利的基数应当是收到的预收款全额,不能扣除预缴的增值税。

(四) 如何区分未完工开发产品和完工开发产品

(1)国税发〔2009〕31号文第三条明确规定:"企业房地产开发经营业务包括土地的开发,建造、销售住宅、商业用房以及其他建筑物、附着物、配套设施等开发产品。除土地开发之外,其他开发产品符合下列条件之一的,应视为已经完工:

(一)开发产品竣工证明材料已报房地产管理部门备案。

(二)开发产品已开始投入使用。

(三)开发产品已取得了初始产权证明。"

据此,完工条件的确认是采用竣工、使用、产权孰早的原则,开发产品只要符合上述条件之一的,房地产开发企业应按规定及时结算开发产品计税成本并计算此前以预售方式销售开发产品所取得收入的实际毛利额,同时将开发产品实际毛利额与其对应的预计毛利额之间的差额,计入当年(完工年度)应纳税所得额。

(2)《国家税务总局关于房地产企业开发产品完工标准税务确认条件的批复》(国税函〔2009〕342号)规定:"根据《国家税务总局关于房地产开发经营业务征收企业所得税问题的通知》(国税发〔2006〕31号)规定的精神,房地产开发企业建造、开发的开发产品无论工程质量是否通过验收合格,或是否办理完工(竣工)备案手续以及会计决算手续,当其开发产品开始投入使用时均应视为已经完工。房地产开发企业应按规定及时结算开发产品计税成本并计算此前以预售方式销售开发产品所取得收入的实际毛利额,同时将开发产品实际毛利额与其对应的预计毛利额之间的差额,计入当年(完工年度)应纳税所得额。

开发产品开始投入使用是指房地产开发企业开始办理开发产品交付手续(包括入住手续)或已开始实际投入使用。"

上述批复件强调房地产开发企业建造、开发的开发产品无论工程质量是否通过验收合格,或是否办理完工(竣工)备案手续以及会计决算手续,当其开发产品开始投入使用时均应视为已经完工。并解释"开发产品开始投入使用"是指房地产开发企业开始办理开发产品交付手续(包括入住手续)或已开始实际投入使用。这是由于实务中很多开发企业虽然已经符合开发产品已开始投入使用条件,但仍采用种种手段,延迟结转收入,例如虽为业务办理了交房手续,但以办理竣工决算为收入结转的时点,通过延迟办理竣工决算拖延收入结转的时间;以款项收齐开具正式发票为结转收入的时点,收入确认由企业人为控制,推迟收入确认时间等等。虽然,国税发〔2009〕31号文明确了完工产品的三个条件,有利于遏制企业故意延迟结转收入的现象,但效果似乎仍不理想。

(3)《国家税务总局关于房地产开发企业开发产品完工条件确认问题的通知》(国税函〔2010〕201号)规定:"根据《国家税务总局关于房地产开发经营业务征收企业所得税问题的通知》(国税发〔2006〕31号)规定精神和《国家税务总局关于印发〈房地产开发经营业务企业所得税处理办法〉的通知》(国税发〔2009〕31号)第三条规定,房地产开发企业建造、开发的开发产品,无论工程质量是否通过验收合格,或是否办理完工(竣工)备案手续以及会计决算手续,当企业开始办理开发产品交付手续(包括入住手续)、或已开始实际投入使用时,为开发产品开始投入使用,应视为开发产品已经完工。房地产开发企业应按规定及时结算开发产品计税成本,并计算企业当年度应纳税所得额。"

对同一个问题,国家税务总局三令五申予以强调,实为罕见,值得纳税人警惕。建议企业加强税务风险管理,关注开发产品的完工条件,尤其是开发产品已开始投入使用这一条件,及时作出相应正确税务处理。

四、预售收入土地增值税处理

(1)根据《中华人民共和国土地增值税暂行条例实施细则》(财法字〔1995〕006号)第十六条规定:"纳税人在项目全部竣工结算前转让房地产取得的收入,由于涉及成本确定或其他原因,而无法据以计算土地增值税的,可以预征土地增值税,待该项目全部竣工、办理结算后再进行清算,多退少补。具体办法由各省、自治区、直辖市地方税务局根据当地情况制定。"

(2)根据《国家税务总局关于营改增后土地增值税若干征管规定的公告》(国家税务总局公告2016年第70号),"一、关于营改增后土地增值税应税收入确认问题"规定:"营改增后,纳税人转让房地产的土地增值税应税收入不含增值税。适用增值税一般计税方法的纳税人,其转让房地产的土地增值税应税收入不含增值税销项税额;适用简易计税方法的纳税人,其转让房地产的土地增值税应税收入不含增值税应纳税额。

为方便纳税人,简化土地增值税预征税款计算,房地产开发企业采取预收款方式销售自行开发的房地产项目的,可按照以下方法计算土地增值税预征计征依据:土地增值税预征的计征依据=预收款-应预缴增值税税款"。

据上述规定,丙开发商采取预收款方式销售自行开发的房地产项目的,可按照以下方法计算土地增值税预征计征依据:

$$土地增值税预征的计征依据=预收款-应预缴增值税税款$$
$$=4\,000\,000-54\,054.05$$
$$=3\,945\,945.95(元)$$

$$应预征土地增值税＝3\,945\,945.95×3\%$$
$$＝118\,378.38(元)$$

从上可以看出,土地增值税预征的计征依据和增值税计算预缴税额的依据是不一致的,前者是将取得的预售收入款减除应预缴增值税款后的余额作为计征依据;后者是以取得的预售收入款除以(1＋适用税率11%或征收率5%)后的余额为计征依据的。而且,土地增值税预征的计征依据与企业所得税计算毛利额的依据也是不同的,如上述,在预售阶段,企业所得税确认计算预计毛利的基数应当是收到的预收款全额,不能扣除预缴的增值税;而土地增值税却明确规定应减除应预缴增值税。

第二节 | 房地产项目折扣促销模式的涉税处理

销售者为回报或鼓励购买者的某些行为,采取折扣价格促销策略,对批量购买、提前付款或者淡季购买等客户,将部分产品基本价格调低,给购买者一定比例和额度的价格优惠。具体办法有:数量折扣、现金折扣、商业折扣和季节性折扣等,这在房地产行业项目销售中可谓司空见惯,各个房地产项目通常都会有设置一些折扣方式和优惠幅度,掌握在不同级别员工的手中。也有的房地产行业项目销售在销售旺季的"五一"劳动节、"金九银十"、春节、房交会等期间,或者在淡季的时候,通常会设有节日优惠,给予购房者一定折扣点优惠,一般2至4个折扣点不等。国内采取此种优惠方式比较多的房地产公司有合生、富力、万科等。

现实中,房地产项目折扣促销模式方面主要有如表4-4所示的一些做法:

表4-4 房地产项目折扣促销主要模式

促销方式	内容解析	实操步骤或内容
直接降价	采用直接下降价格的方式进行促销	1. 通过短信、电话或媒体等渠道宣传告知; 2. 开盘当天举办活动,直接签订协议
折扣	购房就可享受折扣优惠	1. 一次性付款的享受九七折优惠; 2. 办理银行贷款的享受九八折优惠; 3. 老客户(购买本公司之前开发的项目或本项目一套以上的客户)一次性付款的享受九六折优惠,办理银行贷款的享受九七折优惠
现金冲抵	如存3万元抵5万元	通过办理VIP会员卡、购房券等手段在蓄水期收取购房诚意金,开盘时减免抵减一定额度房款
一口价	对开盘或尾盘部分房源进行特价销售	1. 一般将低层单位或者较差户型下调价格; 2. 总价取意彩头好的整数,如99.99万元、88.88万元等
半价认购	对部分房源实行半价认购	特选部分高端、利润高或户型特殊的房源以内部半价认购形式刺激市场,激发购买欲望带动整个楼盘销售

(续表)

促销方式	内容解析	实操步骤或内容
清货价	一般针对项目剩余的尾盘采取的销售策略,给予购买者较高的折扣,来加速尾盘销售	以 "响应政府加快消化空置商品房的要求" 为由,低价开售,降幅达 15% 或更高
返现金减总价	从总价或首期中直接减去部分金额,可定额,或根据不同房型送不同额度	按成交不同户型、不同楼层、房号等在总价额外减一定金额
节日折扣	在销售旺季的五一、十一、房交会期间,或者在淡季的时候,通常会设有节日优惠	特定节日期间购房签约的都享受一定额度或一定比例折扣优惠,比如 2 至 4 折、3 至 5 万等
团购价格	通常都是由某媒体出面组织,或者开发商与某个单位联合运作,这是目前房地产电商最基本最普及的一种商业模式	以乐居 E 金券为例,乐居通过线上的网站平台发布项目信息,帮助项目进行宣传扩大影响,并同时配有团购优惠信息,购房者在完成看房后可以购买团购优惠券(一般为现场刷卡,打入制定账户亦可),其后凭 E 金券可在开盘时享受购房优惠。客户刷卡支付的资金归乐居所有,而开发商通过 E 金券购买数量来确定意向购房人数,为后期开盘定价做参考

上述表格中的不同促销方式,除了直接降价外,其余的其实还是离不开上述所谓的商业折扣、现金折扣以及数量折扣等几种模式。

所谓商业折扣,又称 "折扣销售",是指实际销售商品或提供劳务时,将目录单中的报价打一个折扣后提供给客户,这个折扣就叫商业折扣。简单来说,商业折扣是先折扣后销售,企业为促进销售而在商品标价上给予的扣除,后销售发生,所以商业折扣通常以百分数明列出来的,如 5%、10% 的形式表示出来,买方只需按照标明价格的百分比付款即可。这是房地产企业最普遍最常用的一种促销模式,上述表格中的 "折扣" "一口价" "半价认购" "清货价" 以及 "节日折扣" 等都属于这一类型。

所谓现金折扣,也称销售折扣,是指债权人为了鼓励债务人在规定的期限内付款,而向债务人提供的债务扣除。简单来说,销售折扣,销售先发生后,为鼓励购货方在信用期限内尽快付款而给予的销货折扣。现金折扣一般用符号 "折扣/付款日期" 表示。例如,3/10 表示买方在 10 日内付款,可以享受售价的 3% 的折扣;2/20 表示买方在 20 日内付款,可以按售价享受 2% 的折扣;n/30 表示这笔交易额付款期限为 30 日之内,若 20 日之后 30 日之内付款,不享受任何的折扣。房地产企业比较少采取这种促销模式,但上述的 "返现金减总价" 其实就属于这一类型,因为 "返现金减总价" 首先是按总价销售给购房者,而后才返还部分现金给客户,所以变相对客户进行优惠。

所谓数量折扣又称批量作价,是企业对大量购买产品的顾客给予的一种减价优惠,有如批发价和零售价的差异,一般购买量越多,折扣也越大,以鼓励顾客增加购买量。尽管数量折扣使产品价格下降,单位产品利润减少,但销量的增加、销售速度的加快,使企业的资金周转次数增加了,流通费用下降了,产品成本降低了,导致企业总盈利水平上升,对企业来说利大于弊。房地产企业采取的团购销售其实就是这个意思。严格来说,数量折扣其实也是商业折扣一种形式,只是折扣的比例或幅度更大而已,因此现金折扣、商业折扣应该说是现行商业运作中最常见的促销模式。

一、现金折扣的会计和税务处理

【案例 4-2】 甲房地产开发公司(简称甲方)为增值税一般纳税人,适用的增值税率为 11%,其开发的 2016 年 5 月后动工的"环宇天下"商业项目于 2017 年 3 月份开始内部认购,乙投资公司(简称乙方)有意向购买其中一层精装写字楼,不含增值税的售价总额按价目表上标明的价格计算为 2 000 万元,甲乙双方在洽商过程中,甲方同意乙方在认购协议签订之日起 1 年内分 30%、30%、40%共三期付清房款,为鼓励促进乙方购买及早日付清款项,甲方承诺乙方签订认购协议支付首期款后一次性给予返还现金 100 万元,正式《商品房买卖合同》按扣除返还现金后的金额签订。写字楼预计在 2019 年 6 月份交付使用。

【问题】 甲房地产公司在此项业务中应如何进行会计和税务处理?存在什么风险?
【案例分析】
(一)现金折扣会计处理规则

现金折扣的会计处理方式有总价法与净价法两种。我国会计实务处理中通常采用总价法。总价法,是在销售业务发生时,应收账款和销售收入按未扣减现金折扣前的实际发生的现金折扣作为对购货方提前付款的鼓励性支出。

(二)现金折扣增值税处理规则

(1)根据《财政部 国家税务总局关于全面推开营业税改征增值税试点的通知》(财税〔2016〕36 号)附件 1《营业税改征增值税试点实施办法》第四十三条规定:"纳税人发生应税行为,将价款和折扣额在同一张发票上分别注明的,以折扣后的价款为销售额;未在同一张发票上分别注明的,以价款为销售额,不得扣减折扣额。"

(2)根据《国家税务总局关于印发〈增值税若干具体问题的规定〉的通知》(国税发〔1993〕154 号)规定:"纳税人采取折扣方式销售货物,如果销售额和折扣额在同一张发票上分别注明的,可按折扣后的销售额征收增值税;如果将折扣额另开发票,不论其在财务上如何处理,均不得从销售额中减除折扣额。"

(3)根据《国家税务总局关于折扣额抵减增值税应税销售额问题通知》(国税函〔2010〕56 号)规定:"《国家税务总局关于印发〈增值税若干具体问题的规定〉的通知》(国税发〔1993〕154 号)第二条第(二)项规定:'纳税人采取折扣方式销售货物,如果销售额和折扣额在同一张发票上分别注明的,可按折扣后的销售额征收增值税。'纳税人采取折扣方式销售货物,销售额和折扣额在同一张发票上分别注明是指销售额和折扣额在同一张发票上的'金额'栏分别注明的,可按折扣后的销售额征收增值税。未在同一张发票'金额'栏注明折扣额,而仅在发票的'备注'栏注明折扣额的,折扣额不得从销售额中减除。"

根据上述增值税相关政策,税法中认可的销售折扣仅指销售折扣与销售额在同一张发票注明的状况,企业采取现金折扣方式销售商品的,销售额和折扣额必须在同一张发票的"金额"栏分别注明,才可按折扣后的销售额征收增值税。如果没有在同一张发票"金额"栏注明折扣额,而仅仅在发票的"备注"栏注明折扣额的,应按销售额征收增值税,折扣额不得从销售额中减除。例子中甲房地产开发公司为鼓励乙投资公司购买及早日付清款项,承诺乙投资公司签订认购协议支付首期款后一次性给予返还现金 100 万元,并在正式《商品房买卖合同》按扣除返还现金后的金额也就是 1 900 万元签订,不仅存在不符合在"同一张发票'金额'栏分别注明销售额和折扣额"的增值税管理要求,甲房地产开发公司应按销售额 2 000 万元来计算缴纳增值税,而且还把返还的现金 100 万元直接从销售额中减除后也就是按 1 900 万元来签订正式的《商品房买卖合同》,根据《税收征管法》(主席令第 5 号)第六十三条规定:"第六十三条 纳税人伪造、变造、隐匿、擅自销毁账簿、记账凭证,或者在账簿上多列支出或者不列、少列收入,或者经税务机关通知申报而拒不申报或者进行虚假的纳税申报,不缴或者少缴应纳税款的,是偷税。对纳税人偷税的,由税务机关追缴其不缴或者少缴的税款、滞纳金,并处不缴或者少缴的税款百分之五十以上五倍以下的罚款;构成犯罪的,依法追究刑事责任。"甲房地产开发公司未来极可能由此而产生偷税风险,因为正式的《商品房买卖合同》若是按扣除返还现金后的金额即 1 900 万元签订的话,则今后增值税发票必然是按 1 900 万元来开具,账上体现的收入也肯定是 1 900 万元,这就和企业真实的销售情况不相吻合,涉税风险自然产生,建议有此销售模式的房地产企业一定要注意其中的涉税风险。

另外,根据本章第一节的论述,目前全国大部分地方是以"房屋交付使用时间"作为销售不动产的纳税义务发生时间的,因此甲房地产开发公司收到的乙投资公司分期购买款也属于预收账款,不再确认纳税义务的发生,应按照《国家税务总局关于发布〈房地产开发企业销售自行开发的房地产项目增值税征收管理暂行办法〉的公告》(国家税务总局公告 2016 年第 18 号)的相关规定预缴增值税,不再赘述。

(三)现金折扣的企业所得税处理规则

《国家税务总局关于确认企业所得税收入若干问题的通知》(国税函〔2008〕875 号)规定:"债权人为鼓励债务人在规定的期限内付款而向债务人提供的债务扣除属于现金折扣,销售商品涉及现金折扣的,应当按扣除现金折扣前的金额确定销售商品收入金额,现金折扣在实际发生时作为财务费用扣除。"

据此,甲房地产开发公司应按扣除现金折扣前的金额即 2 000 万元确定为销售精装写字楼取得的收入金额,给予乙方的 100 万元现金折扣应作为财务费用处理,而现实中甲房地产开发公司却极可能是把扣除 100 万元现金折扣后的金额 1 900 万元作为销售精装写字楼取得的收入金额,而给予乙方的 100 万元现金折扣账务处理中并没有体现处理,属于明显的处理错误,涉税风险极大。

(四)现金折扣的个人所得税处理规则

根据《财政部 国家税务总局关于企业促销展业赠送礼品有关个人所得税问题的通知》(财税〔2011〕50 号)规定:"一、企业在销售商品(产品)和提供服务过程中向个人赠送礼品,属于下列情形之一的,不征收个人所得税:1.企业通过价格折扣、折让方式向个人销售商品(产品)和提供服务。"

个人获得的现金折扣部分金额符合在销售商品(产品)和提供服务过程中通过"价格折扣"取得的条件,不征收个人所得税。

二、商业折扣的会计和税务处理

【案例4-3】 甲房地产开发公司(简称甲方)为增值税一般纳税人,适用的增值税率为11%,其开发的2016年5月后动工的"环宇天下"商业项目于2017年8月份开始预售,为尽快回笼资金,避免受房地产市场的不确定性影响,甲房地产开发公司计划抓住"金九银十"的黄金销售时期,特推出精装写字楼折扣销售策略,约定只要在"十一"国庆期间内签订购买精装写字楼认购书或正式网签《商品房买卖合同》的客户,均可以享受9.3至9.5折优惠。乙投资公司(简称乙方)有意向购买其中一层精装写字楼,不含增值税的售价总额按价目表上标明的价格计算为2 000万元,甲乙双方在洽商过程中,甲方同意给予乙方9.3折优惠,正式《商品房买卖合同》按折扣后的金额1 860万元签订。写字楼预计在2019年6月份交付使用。

【问题】 甲房地产公司在此项业务中应如何进行会计和税务处理?

【案例分析】

(一)商业折扣的会计处理规则

根据《企业会计原则第14号——收入》的规则,销售商品涉及商业折扣的,应该遵照扣除商业折扣后的金额肯定销售商品收入金额。在商业折扣的状况下,企业销售收入入账金额应按扣除销售折扣以后的实际销售金额加以确认,即以整个销售净额除税后贷记主营业务收入,以整个销售净额借记应收账款或银行贷款,以应收账款与产品销售收入两者的差额贷记应交税费——应交增值税(销项税额)。以本案例而言,甲房地产开发公司收到乙投资公司分期购房款时,因尚未发生纳税义务发生时间,属于预收账款性质,所以应借记"银行存款"科目,贷记"预收账款"科目,并按增值税、企业所得税等相关规定预缴或缴纳相关税费。

(二)商业折扣增值税处理规则

商业折扣的增值税处理与现金折扣的增值税处理所适用的增值税规则是一样的,都是强调销售折扣额与销售额必须在同一张发票"金额"栏进行注明,但由于商业折扣本身是先打折再销售,买卖双方是按打折后的金额来确认商品售价的,此时增值税发票的"金额"栏反映的价款金额实际上是打折后的金额,也就是售价(以本例不含增值税售价来说明),所以没有必要再体现所谓的折扣额了。

(三)商业折扣企业所得税处理规则

《国家税务总局关于确认企业所得税收入若干问题的通知》(国税函〔2008〕875号)规定:"企业为促进商品销售而在商品价格上给予的价格扣除属于商业折扣,商品销售触及商业折扣的,应该遵照扣除商业折扣后的金额确定销售商品收入金额。"

也就是说,企业所得税对商业折扣的处理遵照的是按扣除商业折扣后的金额来确定销售商品收入金额,以本例而言,甲房地产开发企业按9.3折卖给乙投资公司的精装写字楼真正不含增值税售价为1 860万元,符合税法规定,不须做纳税调整。

(四)商业折扣的个人所得税处理规则

根据《财政部　国家税务总局关于企业促销展业赠送礼品有关个人所得税问题的通知》(财税〔2011〕50号)规定:"一、企业在销售商品(产品)和提供服务过程中向个人赠送礼品,属于下列情形之一的,不征收个人所得税:1.企业通过价格折扣、折让方式向个人销售商品(产品)和提供服务。"

个人获得的商业折扣部分优惠金额符合在销售商品(产品)和提供服务过程中通过"价格折扣"取得的条件,不征收个人所得税。

第三节 | 房地产项目"买一赠一"营销模式的涉税处理

房地产项目促销,除了本章第二节所说的折扣促销外,房地开发商通常会把一些法规中无法算入面积的部分作为搭赠送给消费者,其实那些面积也已经摊入大均价中。或者把一些房产相关的东西搭赠作为促销,还有一些开发商为扩大宣传效果促进项目销售而对看房客户或签订购房意向的客户给予的小物品赠送,这就是所谓的"看房有礼"或"买一赠一"的营销模式。

一、房地产项目"买一赠一"营销模式主要形式

现实中,"看房有礼"或"买一赠一"营销模式实质分为两类,一种是对非购房交易成交客户的赠送;另一种是对购房交易成交客户的赠送。

第一种是对非购房交易成交客户的赠送,往往表现为开发商为促销活动而对看房者或签订认购意向交纳部分诚意金的客户人人均送的小礼品,如小餐具、保温杯、小玩具、小电器等。交纳购房诚意金的客户并不代表其一定会购买,没购买的时候这些客户交纳的购房诚意金一般要无息退还给客户的。

第二种是对购房交易成交客户的赠送,又分为以下两类情形:

(1)赠送自行开发产品或与开发产品息息相关的物品,主要做法有如下一些:

① 送露台:露台不可以计入销售面积的,所以开发商通常把赠送或大或小面积的露台作为某个产品或某个户型的卖点,这种赠送一般局限在别墅、洋房、裙楼或平层顶楼等范围内。

② 送阁楼:层高低于2.2米的建筑部分是不能计入销售面积的,所以很多设计为尖形屋顶的顶楼都会赠送阁楼。这样可以把原本不是很好销售的顶楼的缺点弱化,甚至把缺点转化为优势,顶楼的销售单价反而更高,受众更多。

③ 送小院:与送阁楼的道理相同,转化一楼的不良位置条件,送小院会博得很多老年人的青睐。另外大面积的庭院是别墅最大的卖点。

④ 送空中花园:满足都市人返璞归真的心理,其实是把顶楼的缺点转化为优势的一种营销策略。

⑤ 送储物间:有的开发商把一层架空层变相阻隔成储物间用于赠送,作为销售卖点。

⑥ 送装修:羊毛出在羊身上,每平方米动辄几百上千元的装修费,开发商不会白白送给客户的,不过从促销角度看,特别是对小户型房源销售确实是个很好的营销策略。

⑦ 送车位车库:一些销售情况不是太理想的楼盘,开发商会把一些车位车库作为随赠品,通过买房同时随送或通过抽奖、摇奖等方式予以赠送,这些车位车库有的是有产权的,有的是有使用权的。

⑧) 送地下室:送地下室通常是别墅和洋房的首层采取的销售策略,和送车位车库一样,有的是有产权,有的是有使用权。

⑨ 送商铺免租使用权:某些开发商为促进楼铺互相销售,推出购买住宅房即送指定商铺一定期限的免租使用期,同时以带租约的名义促进该商铺的销售,商铺使用期间的每月租金由开发商支付给真正购买商铺的业主。

⑩ 送一定期限的物业管理费:赠送物业管理费目前在房地产项目营销中使用较普遍,与业主利益直接相关,效果较好。

⑪ 送月供:某些开发商为促进楼盘销售,推出购房送月供营销策略,根据不同面积计算赠送的总金额,对购房者实行购房送一定年限的月供,购房后由开发商在一定年限内比如 2 年内将每月月供款打入购房者账户内,这种营销策略对年轻人很有吸引力。

(2) 赠送外购物品,主要有如下一些做法:

① 送汽车:开发商与车行合作,互惠互利,买房即享受指定车辆的所有权或使用权或指定车行的购车优惠。

② 送家电家私:买房的同时或者通过抽奖方式获得赠送冰箱、空调、家私等,这是开发商常用的营销策略、促销手段,尤以送空调最受欢迎,送家私多用于酒店式公寓。

③ 送保险:开发商与保险公司签订合作协议,购买楼盘赠送终生医疗等保险。

④ 送旅游:开发商与当地旅行社达成合作,购房者签订购房协议后可以到指定的知名景点旅游。

⑤ 送学习:购房即可获得当地名校学位,这种营销策略多用于开发商与当地优质教育资源已经进行成功嫁接的楼盘,对有子女的家庭具有强烈的吸引力。

⑥ 送黄金、钻石等贵重物品:购房就可以获赠黄金、钻石等贵重物品,在房地产项目营销中可谓独树一帜,相对罕见。

对房地产项目"买一赠一"营销模式的税务处理,在营业税时代此模式税企双方就一直存在争议,全面"营改增"进入增值税时代后,这个问题变得尤为突出,分析如下。

二、"买一赠一"增值税处理规则

(一)"买一赠一"增值税处理相关规定

(1) 根据《增值税暂行条例实施细则》(财政部 国家税务总局令第 50 号)第四条规定,单位或者个体工商户的下列行为,视同销售货物:"(八)将自产、委托加工或者购进的货物无偿赠送其他单位或者个人。"

(2) 根据《财政部 国家税务总局关于全面推开营业税改征增值税试点的通知》(财税〔2016〕36 号)附件 1《营业税改征增值税试点实施办法》第十四条规定,下列情形视同销售服务、无形资产或者不动产:"(一)单位或者个体工商户向其他单位或者个人无偿提供服务,但用于公益事业或者以社会公众为对象的除外。

(二)单位或者个人向其他单位或者个人无偿转让无形资产或者不动产,但用于公益事业或者以社会公众为对象的除外。

(三)财政部和国家税务总局规定的其他情形。"

(3)根据《财政部 国家税务总局关于全面推开营业税改征增值税试点的通知》(财税〔2016〕36 号)附件 3《营业税改征增值税试点过渡政策的规定》第一条"下列项目免征增值税"规定:"(三十六)涉及家庭财产分割的个人无偿转让不动产、土地使用权。

家庭财产分割,包括下列情形:离婚财产分割;无偿赠与配偶、父母、子女、祖父母、外祖父母、孙子女、外孙子女、兄弟姐妹;无偿赠与对其承担直接抚养或者赡养义务的抚养人或者赡养人;房屋产权所有人死亡,法定继承人、遗嘱继承人或者受遗赠人依法取得房屋产权。"

(4)根据《国家税务总局关于增值税若干征收问题的通知》(国税发〔1994〕122 号)第三点"关于无偿赠送货物可否开具专用发票问题"规定:"一般纳税人将货物无偿赠送给他人,如果受赠者为一般纳税人,可以根据受赠者的要求开具专用发票。"

从上面规定可以看出,"无偿赠送"是一条原则性很强的规定,《增值税暂行条例实施细则》并没有进一步明确何为"无偿赠送",到目前为止,国家层面也没有下发其他增值税政策来明确"无偿赠送"的内涵与外延,造成各地把握尺度各异、执行口径不一(详见下文笔者附注)。

(二) 对"买一赠一"促销行为的增值税定性处理判断

本文尝试从增值税立法本意和宗旨对"无偿赠送"是否视同销售作一简单分析,以供广大读者参考:

第一类是对非商品或服务交易成交客户的赠送,如本文房地产开发商对看房客户或签订购房意向客户赠送的保温杯、小电器等礼品,符合无偿赠送的规定,需要视同销售征收增值税。此类赠送首先意味着一定物品的财产所有权或服务的使用权发生了转移,即由商品出售者所有转移给他人所有,或由服务提供者为他人提供了相应服务,他人由此获得了服务受益。而财产所有权的转移、服务的提供和受益正是我国增值税重要的征税原则、立法宗旨;其次,纳税人将物品或服务用于无偿赠送,都会增加自身成本费用开支,特别针对一般纳税人而言,其用于赠予的物品,不论是自产、委托加工还是购进的,符合增值税规定条件的都可以获得进项税额抵扣;其无偿提供的服务一般情况下也会涉及一定的进项税额抵扣,所以对外无偿赠送的处置环节如果不确认视同销售,将造成纳税人一边可以享受进项税额抵扣,一边不需要确认销项税额,这是一个巨大的增值税抵扣链条漏洞,不利于增值税的征收和管理。

第二类是对商品或服务交易成交客户的赠送。其实又可以分为两种情况:

第一种情况和第一类无偿赠送性质非常类似,也应该视同销售处理,即不是与销售的商品或服务交易同时给予随赠品已经确定的"买一赠一",如移动公司开展的"存话费送手机"活动,而是在销售的商品或服务交易完成后,为促销而通过抽奖、摇奖等随机性很强且随赠品不确定的"买一赠一"。这种的"买一赠一",客户只是对所购买的商品或服务支付对价,对所获得的赠品或赠品的种类明显在支付的对价之外,而且带有偶然性,所以个人所得税对个人随机或抽奖获得的赠品要求按"其他所得"或"偶然所得"征税。而对销售商品或服务的一方而言,其行为属于在商品或服务的价格以外单独无偿提供的商品或服务,应视同销售商品或服务,按适用税率征收增值税。

第二种情况是在销售的商品或服务交易的同时给予客户的随赠品。例如,某开发商项目开盘时促销方案明确规定,前50位购房者在签订《商品房买卖合同》并付清首付款的同时均可获得一台远大中央空调主机,价值2万元人民币;前51至150位购房者在签订《商品房买卖合同》并付清首付款的同时均可获得两台奥克斯空调,价值1 000万元。这种赠送是典型的"买一赠一"模式,对消费者而言,其支付购房对价中其实已经涵盖了所获得的并已经确定了的赠品,所以这种"买一赠一"应视为是"加量不加价",是一种"有偿"赠送,此时开发商若在《商品房买卖合同》中明确注明所赠送的物品(含汽车、车位车库、阁楼花园、装修装饰、家具家电等等,下同),则这种"买一赠一"其实已经包含在房价中,因此不属于税法中所称的无偿赠送,无需视同销售。且根据《国家税务总局关于印发〈增值税若干具体问题的规定〉的通知》(国税发〔1993〕154号)规定:"纳税人采取折扣方式销售货物,如果销售额和折扣额在同一张发票上分别注明的,可按折扣后的销售额征收增值税;如果将折扣额另开发票,不论其在财务上如何处理,均不得从销售额中减除折扣额。"开发商日后开具给购房者的增值税发票上,若能在发票"金额"栏上注明所赠送的物品,其销售额还可以按折扣后的销售额征收增值税。

但须引起广大房地产企业纳税人注意的是,如果在销售不动产时赠送的是需要办理产权的汽车或者是有产权的车位车库,则在税务处理上基本是不可行的。汽车是一种特殊商品,获得赠品者必须办理车辆所有权登记,此时车辆的发票必须开具赠品获得者名称,开发商将无法取得相应的增值税专用发票获得进项税额抵扣,并极可能由于有效凭证不合法而无法在企业所得税税前扣除;有产权的车位车库性质与汽车相类似,由于获得车位车库赠品的购房者办理产权就需要开具发票,而此时开发商销售不动产的销售额已经全部体现在房屋的售价(面积、单价)中了,增值税发票也是体现房屋的售价,因此车位车库就必须另开发票,开发票必须有相应的销售金额,那就不符合"销售额和折扣额在同一张发票上分别注明"的要求,不但不能按折扣后的销售额征收增值税,而且还得另加上车位车库的开票金额(一般也得按同类车位车库的公允价开具)来计算销售不动产总的销售额。

关于各省级国税对无偿赠送是否视同销售的执行口径如表4-5所示。

表4-5 无偿赠送视同销售各地执行口径(以下发文件形式)

地区	执行口径
安徽国税	《安徽省国家税务局关于若干增值税政策和管理问题的通知》(皖国税函〔2008〕10号)规定:关于商业企业促销返券的征税问题,商业企业在顾客购买一定金额的商品后,给予顾客一定数额的代金券,允许顾客在指定时间和指定商品范围内,使用代金券购买商品的行为,不属于无偿赠送商品的行为,不应按视同销售征收增值税 **笔者注** 安徽国税的此一执行口径,其实是把促销返券当做商业折扣处理。

地区	执行口径
安徽国税	《安徽省国家税务局关于明确若干增值税政策和管理问题的通知》(皖国税函〔2009〕105 号)规定:一般纳税人在交际应酬中所赠送的自产、委托加工或外购的货物,其进项税额不得抵扣,但不需按视同销售中的无偿赠送征收增值税 **笔者注:** 安徽国税此一执行口径在实践中其实并不好执行,交际应酬中所赠送的自产、委托加工或外购的货物,其中委托加工和外购的货物进项税额是多少可能比较好掌握,但自产的货物进项税额如何掌握呢?
福建国税	《福建省国家税务局关于增值税一般纳税人销项税额管理若干问题的通知》(闽国税发〔1999〕126 号)规定:纳税人将自产、委托加工或外购货物无偿赠送(包括作为广告、宣传用途等)应按规定征税;对随销售行为发生的货物赠送应征收增值税,其进项税额不作转出处理 **笔者注:** 福建国税除对用于包括但不仅限于作为广告、宣传用途等的无偿赠送应按规定征税,同时对随销售行为发生的货物赠送也认为应征收增值税。
广东国税	《广州市国家税务局关于明确增值税征管若干问题的通知》(穗国税函发〔2005〕304 号)规定:(一) 纳税人与购买方约定购买指定货物或达到约定的购买金额、数量后赠送货物等与直接销售货物行为相关的赠送行为,是纳税人促销经营手段,是销售折扣的一种形式,按《国家税务总局关于印发〈增值税若干具体问题的规定〉的通知》(国税发〔1993〕154 号)第二条第(二)款"纳税人采取折扣方式销售货物,如果销售额和折扣额在同一张发票上分别注明的,可按折扣后的销售额征收增值税;如果将折扣额另开发票,不论其在财务上如何处理,均不得从销售额中减除折扣额"的规定,在销售单据上填列销售和折扣货物的名称数量、金额的,纳税人可按取得的进货发票计算进项税额,按最终实现的销售价格计算销项税额,附带赠送货物不作视同销售处理。 (二) 纳税人与上述第(一)款所指直接销售货物行为无关的赠送货物,属于《增值税暂行条例实施细则》第四条第(八)款"将自产、委托加工或购买的货物无偿赠送他人"的行为,应作视同销售处理
贵州国税	《贵州省国家税务局关于促销行为增值税处理有关问题的公告》(贵州省税务局公告 2012 年第 12 号)规定:一、购物赠物方式,指在销售货物的同时赠送同类或其他货物,并且在同一项销售货物行为中完成,赠送货物的价格不高于销售货物收取的金额。纳税人采取购物赠物方式销售货物,按照实际收到的货款计算缴纳增值税,在账务上将实际收到的销售金额,按销售货物和随同销售赠送货物的公允价值的比例来分摊确认其销售收入,同时应将销售货物和随同销售赠送的货物品名、数量以及按各项商品公允价值的比例分摊确认的价格和金额在同一张发票上注明。 对随同赠送的货物品种较多,不能在同一张发票上列明赠送货物的品名、数量的,可统一开具"赠品一批",同时需开具加盖发票专用章的《随同销售赠送货物明细清单》(见附件,略),作为记账的原始凭证。 对使用《机动车销售统一发票》的纳税人,有随同销售机动车赠送货物的,可在《机动车销售统一发票》的"价税合计"栏大写金额后写明"含赠品",并开具加盖发票专用章的《随同销售赠送货物明细清单》,作为记账的原始凭证。 二、购物返券方式,指纳税人在销售货物后,对购货方返还一定金额购物券的促销行为。纳税人采取购物返券方式销售货物,所返购物券在购买货物时应在发票上注明货物名称、数量及金额,并标注"返券购买(金额)",对价格超过购物券金额部分的,应计入销售收入申报缴纳增值税。 三、购物抽奖、积分送礼、进店有礼以及其他不符合本公告第一款、第二款方式所赠送的货物,应视同销售按有关规定计算缴纳增值税。

（续表）

地区	执行口径
贵州国税	四、增值税一般纳税人用于赠送的货物在购进时取得的增值税扣税凭证，可以按规定作为增值税进项税额 **笔者注** 贵州国税对无偿赠送专门发文明确，而且分析赠送到底属于"有偿"或"无偿"方面也最全面，容易理解，点赞。
河北国税	《河北省国家税务局关于企业若干销售行为征收增值税问题的通知》（冀国税函〔2009〕247号）规定：二、企业在促销中，以"买一赠一"、购物返券、购物积分等方式组合销售货物的，对于主货物和赠品（返券商品、积分商品，下同）不开发票的，就其实际收到的货款征收增值税。对于主货物与赠品开在同一张发票上的，或者分别开具发票的，应按发票注明的合计金额征收增值税。纳税义务发生时间均为收到货款的当天。 企业应将总的销售金额按各项商品的公允价值的比例来分摊确认各项的销售收入。 三、对于企业采取进店有礼等活动无偿赠送的礼品，应按《中华人民共和国增值税暂行条例实施细则》第四条的规定，视同销售货物，缴纳增值税
吉林国税	《吉林省国家税务局关于印发〈增值税税收政策问题各市、州、县（市、区）国家税务局解答〉的通知》（吉国税发〔2001〕245号）规定：四、酒厂外购人参、鹿茸等货物送给购买者，对赠送的这部分货物是否征收增值税？ 答：对赠送的这部分货物应按有关规定征收增值税。 五、酒厂为了促销，采取购买一百箱酒赠送一箱的办法，对赠送的这部分酒应如何征收增值税？ 答：对赠送的酒应按该酒的同类产品价格征收增值税 **笔者注** 吉林国税不分"有偿赠送"或"无偿赠送"，都认为要做销售处理。
江西国税	《江西省国家税务局关于修改〈江西省百货零售企业增值税管理办法〉的公告》（江西省税务局公告2013年第12号）规定：以买一送一、随货赠送、捆绑销售等方式销售货物，如将销售货物和赠送货物的各自原价和折扣额在同一张销售发票上注明的，按实际收取的价款确认销售额。销售货物与赠送货物适用增值税税率不同的，应分别以各自原价扣除折扣额后的余额按适用税率计算缴纳增值税。未按上述规定在同一张销售发票上注明的，销售货物按其实际收取的价款确认销售额，随同销售赠送的货物按视同销售确定销售额。 以购物返券、购物返积分等方式销售货物的，销售货物时按其实际收取的价款确认销售额。购买者使用上述返券（积分）抵项部分或全部价款购买货物时，应在销售发票上注明货物名称、数量及原价和返券（积分）抵项金额，按其实际收取的价款确认销售额；未按上述规定在销售发票上注明的，对使用返券（积分）兑换的货物，按视同销售确定销售额。 以来店有礼、进店即送、积分送礼等非随同销售方式赠送的货物，一律按视同销售确定销售额
内蒙古国税	《内蒙古自治区国家税务局关于发布〈内蒙古自治区商业零售企业增值税管理办法（试行）〉的公告》（内蒙古自治区税务局公告2010年第1号）规定：买一赠一、有奖销售和积分返礼等与直接销售货物相关的赠送行为，应该在实现商品兑换时按照《中华人民共和国增值税暂行条例实施细则》第十六条的规定确定其销售额 **笔者注** 内蒙古国税的执行口径与江西国税明显不同，把买一赠一、有奖销售和积分返礼一律作为无偿赠送视同销售处理。

(续表)

地区	执行口径
四川国税	《四川省国家税务局关于买赠行为增值税处理问题的公告》(四川省税务局公告2011年第6号)规定: 一、"买物赠物"方式,是指在销售货物的同时赠送同类或其他货物,并且在同一项销
四川国税	售货物行为中完成,赠送货物的价格不高于销售货物收取的金额。对纳税人的该种销售行为,按其实际收到的货款申报缴纳增值税,但应按照《国家税务总局关于确认企业所得税收入若干问题的通知》(国税函〔2008〕875号)第三条的规定,在账务上将实际收到的销售金额,按销售货物和随同销售赠送货物的公允价值的比例来分摊确认其销售收入,同时应将销售货物和随同销售赠送的货物品名、数量以及按各项商品公允价值的比例分摊确认的价格和金额在同一张发票上注明。 对随同销售赠送的货物品种较多,不能在同一张发票上列明赠送货物的品名、数量的,可统一开具"赠品一批",同时需开具《随同销售赠送货物清单》(见附件),并作为记账的原始凭证。 对使用《机动车销售统一发票》的纳税人,有随同销售机动车赠送货物的,可在《机动车销售统一发票》的"价税合计"栏大写金额后写明"(含赠品)"并开具《随同销售赠送货物明细清单》作为记账的原始凭证。 二、纳税人采取"购物返券"方式销售货物,所返购物券在购买货物时应在发票上注明货物名称、数量及金额,并标注"返券购买",对价格超过购物券金额部分的,应计入销售收入申报缴纳增值税。 三、纳税人采取"来店有礼""积分送礼""积分抽奖"等方式赠送货物,应按无偿赠送的相关规定计算并申报缴纳增值税
湖北国税	**无偿赠送视同销售各地执行口径(全面"营改增"口径,均无文件)** **《湖北省税务局营改增政策执行口径第一辑》** (2016年4月28日) 19. 关于保险公司在承揽业务时的洗车卡、油卡等是否视同销售的问题 在承揽业务时送的洗车卡、油卡等,要视同销售处理。销售实现时间为洗车卡、油卡等消费卡实际赠送的当天。 总局明确的销售货物时无偿赠送的服务,如销售空调同时免费安装所指的情形是指与销售货物密切相关的服务。 视同销售的服务能够取得抵扣凭证且符合抵扣范围的,其进项税额可以抵扣 **笔者注** 内蒙古国税、海南国税也是持这种口径。 **《湖北省税务局营改增政策执行口径第二辑》** (2016年5月23日) 51. 房地产企业将建设的医院、幼儿园、学校、供水设施、变电站、市政道路等配套设施无偿赠送(移交)给政府的,是否视同销售的问题 房地产企业将建设的医院、幼儿园、学校、供水设施、变电站、市政道路等配套设施无偿赠送(移交)给政府的,如果上述设施在可售面积之外,作为无偿赠送的服务用于公益事业,不视同销售;如果上述配套设施在可售面积之内,则应视同销售,征收增值税。 52. 房地产企业销售不动产的同时,无偿提供家具、家电等货物的征税问题 房地产企业销售不动产,将不动产与货物一并销售,且货物包含在不动产价格以内的,不单独对货物按照适用税率征收增值税。例如随精装房一并销售的家具、家电等货物,不单独对货物按17%税率征收增值税。 房地产企业销售不动产时,在房价以外单独无偿提供的货物,应视同销售货物,按货物适用税率征收增值税。例如,房地产企业销售商品房时,为促销举办抽奖活动赠送的家电,应视同销售货物,按货物适用税率征收增值税

(续表)

地区	执行口径
河北国税	**《河北国税全面推开营改增有关政策问题解答(之二)》** (2016年5月5日) 十二、关于房地产开发企业销售精装修房所含装饰、设备是否视同销售问题 《营业税改征增值税试点实施办法》第十四条第二款规定,视同销售不动产的范围是:"单位或者个人向其他单位或者个人无偿转让无形资产或者不动产,但用于公益事业或者以社会公众为对象的除外。" 房地产开发企业销售精装修房,已在《商品房买卖合同》中注明的装修费用(含装饰、设备等费用),已经包含在房价中,因此不属于税法中所称的无偿赠送,无需视同销售。房地产企业"买房赠家电"等营销方式的纳税比照本原则处理。 例如:房地产公司销售精装修房一套,其中精装修部分含电器、家具的购进价格为10万元,销售价格200万元,并按200万元全额开具增值税发票,按照11%税率申报销项税额。此时,无需对10万元电器部分单独按照销售货物征收增值税 ┄┄ **笔者注** 河北国税对双方买卖交易成交同时的赠送即所谓的"买房赠家电"行为明确认为"不属于税法中所称的无偿赠送,无需视同销售"。应该说符合税法的本意和宗旨。对销售精装房送设备、装饰认为无需视同销售的还有厦门国税。开开开
河南国税	**《河南国税营改增问题快速处理机制专期十六》** 问题一 银行以积分兑换形式赠送的货物或金融服务,是否视同销售? 答复:银行以积分兑换形式赠送货物,属于无偿赠送货物,应当视同销售,按照货物适用的税率缴纳增值税。视同销售货物的销售额,按照《中华人民共和国增值税暂行条例实施细则》第十六条的规定执行。购进用于积分兑换的货物取得增值税专用发票等扣税凭证的,其进项税额允许抵扣。 银行以积分兑换形式赠送的金融服务,不征收增值税
江西国税	**《江西省税务局明确营改增实务中的81个问题》** 7. 信用卡积分兑换应当如何缴纳增值税 **答**:纳税人对外发行信用卡的持卡人用积分兑换商品或服务的,属于无偿赠送货物或者无偿提供服务,纳税人应当视同销售按照适用税率缴纳增值税,同时,购进用于兑换的商品或服务取得增值税专用发票的,其进项税额允许抵扣。 **《江西国税金融业营改增的25个具体问题》** (2016年11月28日) 9. 赠送、发放、奖励是否视同销售 问题:纳税人将外购货物、服务发放给单位员工,或赠送客户、奖励营销员,是否视同销售? 意见:① 将外购货物、服务发放给单位员工,属于用于集体福利,其进项税额不得抵扣; ② 纳税人发生应税行为的同时将外购的货物、服务赠送给购买方,不属于无偿赠送,不视同销售,其进项税额可以抵扣;否则,应视同销售
海南国税	**《海南国税全面推开营改增政策指引——重点关注问题解答(三)》** (2016年5月12日) 八、酒店业赠送餐饮服务是否视同销售的问题 酒店住宿的同时,免费提供餐饮服务(以早餐居多),是酒店的一种营销模式,消费者也已统一支付对价,且适用税率相同,不应列为视同销售范围,不需另外组价征收,按酒店实际收取的价款,依适用税率计算缴纳增值税。 ┄┄ **笔者注** 海南国税将住宿送早餐认定为是一种"加量不加价"行为,不属于无偿赠送,无

（续表）

地区	执行口径
海南国税	需视同销售。对酒店住宿送早餐采取这种执行口径的还有四川国税、新疆国税、河南国税、云南国税、安徽国税等。 **《海南省国家税务局全面推开营改增政策指引——四大行业座谈会问题系列解答之房地产业》** **(2016年6月24日)** 五、征收范围界定问题 （三）关于房地产开发企业销售精装修房所含装饰、设备是否视同销售问题。《营业税改征增值税试点实施办法》第十四条第二款规定,视同销售不动产的范围是:"单位或者个人向其他单位或者个人无偿转让无形资产或者不动产,但用于公益事业或者以社会公众为对象的除外。" 房地产开发企业销售精装修房,已在《商品房买卖合同》中注明的装修费用（含装饰、家具、家电等费用）,已经包含在房价中,因此不属于税法中所称的无偿赠送,无需视同销售。 房地产企业销售不动产时,在房价以外单独无偿提供的货物,应视同销售货物,按货物适用税率征收增值税。例如,房地产企业销售商品房时,为促销举办抽奖活动赠送的家电,应视同销售货物,按货物适用税率征收增值税。 （五）随房赠送物业管理费如何确认销售额。买房送物业管理费视同销售,按市场公允价,确定销售额征税
云南国税	**《云南省税务局营改增问题解答（十）》** **(2016年8月8日)** 六、销售货物时无偿赠送服务的问题 对于销售货物时无偿赠送服务,赠送的服务是否需要单独核定服务收入并征收增值税。 答:举个简单例子,卖空调同时免费安装的,交营业税时,没有单独核定安装费让企业交税。改交增值税了,同样不需要单独核定安装费的收入让企业交税。 **《云南省税务局营改增问题解答（十）》** **(2016年8月8日)** 一、对企业提供服务同时赠送货物的,如何计算销售额? 答:对企业提供服务同时赠送货物的,货物按有偿赠送处理,企业提供服务同时赠送货物收到的款项应当按服务、货物分别核算（货物的销售额不得低于购进价）,分别适用税率;未分别核算的,从高适用税率
大连国税	**《大连市国家税务局发〈营改增热点问题解答〉》** **(2016年5月25日)** 76. 银行保险业在提供贷款、保险等金融服务时,免费赠送给客户的洗车卡、加油卡等业务,是否视同销售或进行进项税额转出,如何进行账务处理? 答:不视同销售,不做进项税额转出
湖南国税	**《湖南省国家税务局营业税改征增值税政策指引之三》** **(2016年5月31日)** （十三）金融企业提供金融服务的同时向客户赠送的促销品是否应视同销售征收增值税? 金融企业提供金融服务的同时向客户赠送的促销品,如金融服务销售价格包含促销品,则不按视同销售货物处理,如在销售价格之外赠送其他单位和个人的促销品,应视同销售货物处理。其他纳税人有类似情形的,比照处理

(续表)

地区	执行口径
内蒙古国税	**《内蒙古自治区国家税务局全面推开营改增政策问题解答二(不动产部分)》** (2016 年 6 月 1 日) 七、征收范围界定问题 (三)关于房地产开发企业销售精装修房所含装饰、设备是否视同销售问题。《营业税改征增值税试点实施办法》第十四条第二款规定,视同销售不动产的范围是:"单位或者个人向其他单位或者个人无偿转让无形资产或者不动产,但用于公益事业或者以社会公众为对象的除外。" 房地产开发企业销售精装修房,已在《商品房买卖合同》中注明的装修费用(含装饰、设备等费用),已经包含在房价中,因此不属于税法中所称的无偿赠送,无需视同销售。"买一赠一"赠送部分视同销售,按"平进平出"计算缴纳增值税销项税额。 (六)随房赠送物业管理费如何确认销售额。买房送物业管理费视同销售,按市场公允价,确定销售额征税。 **笔者注** 内蒙古国税前文说"装修费用(含装饰、设备等费用),已经包含在房价中,因此不属于税法中所称的无偿赠送,无需视同销售",后文又说"'买一赠一'赠送部分视同销售,按'平进平出'计算缴纳增值税销项税额"。到底是"无需视同销售"还是"视同销售"呢?而对同样性质的"随房赠送物业管理费"要求"视同销售,按市场公允价,确定销售额征税"。那就不存在"无需视同销售"的现象了
安徽国税	**《安徽省国家税务局营改增热点难点问题(房地产)》** (2017 年 1 月 3 日) 3. 房地产开发公司为其开发的房地产项目配套建设的学校、幼儿园,其相应的进项税额能否抵扣?若将学校、幼儿园无偿赠送给政府,是作为视同销售处理,还是做进项转出处理? 答:房地产开发公司为其开发的房地产项目配套建设的学校、幼儿园,其相应的进项税额可以抵扣。若将学校、幼儿园无偿赠送给政府,不需要按视同销售计提销项税额,也不要做进项税额转出。 9. 房地产企业销售自行开发的毛坯房同时赠送家电业务,是否需要视同销售?房地产企业销售自行开发的精装房(装修标准里包含家电、家具等),是否需要视同销售? 答:房地产企业销售毛坯房或精装房(装修标准里包含家电、家具等),不需要按不同货物适用的税率分别计提销项税,对销售收入全额按销售不动产征收增值税。 **《安徽省国家税务局营改增热点难点问题(金融保险业)》** (2017 年 1 月 3 日) 4. 银行、保险公司奖励给员工的旅游奖励,是否做视同销售处理?能否取得增值税专用发票进行抵扣?银行、保险公司采购礼品赠送客户,是否做是同销售进行处理? 答:(1)银行、保险公司奖励给员工的旅游奖励属于企业向职工提供的服务,不需要按视同销售缴税,其取得的进项税用于集体福利,因此不能抵扣。 对银行、保险公司外赠的礼品,凡是以购买金融保险服务为前提的,不需按视同销售缴纳增值税;不是以购买金融保险服务为前提的,应按视同销售缴纳增值税。其购买的礼品取得进项税额,可以按规定凭票抵扣
福建国税	**《福建国税 12366 营改增热点问答(2016.6.13)》** 4. 房地产企业销售自行开发的不动产,赠送的面积是否征税,如何开具发票? 答:赠送的面积部分应一并计入不动产总价缴纳增值税,不再单独计算缴纳增值税。 **《福建国税 12366 营改增热点问答(2016.6.20)》** 8. 银行给客户办理业务,为了推广业务向客户赠送印有银行标志的抱枕和保温瓶,是否属于混合销售行为?

(续表)

地区	执行口径
福建国税	答:纳税人提供应税服务并无偿赠送货物的,应当分别核算应税服务的销售额和货物的销售额,其中不构成服务内容且发生所有权转移的货物部分(低值易耗品除外),暂按不低于成本价计提销项税额,购进货物的进项税额可以抵扣。 **《福建国税 2016 年 5 月 12366 咨询热点和难点》** (2016 年 6 月 29 日) 49.我司为房地产企业,一般纳税人,销售某房地产老项目采取简易征收,现开展卖房送家电活动,购进的家电已取得增值税专用发票,该行为是否要视同销售,进项是否能抵扣? 答:根据《中华人民共和国增值税暂行条例实施细则》(财政部 国家税务总局令第 50 号)第四条规定:“单位或者个体工商户的下列行为,视同销售货物:…… (八)将自产、委托加工或者购进的货物无偿赠送其他单位或者个人。” 因此,赠送家电部分应该视同销售,按照市场公允价,确定销售额按适用税率缴纳增值税,取得的进项增值税专用发票可以认证抵扣。 **《福建国税 12366 营改增热点问答(2016.7.4)》** 14.房地产企业将建设的医院、幼儿园、学校、供水设施、变电站、市政道路等配套设施无偿赠送(移交)给政府的,是否视同销售? 答:房地产企业将建设的医院、幼儿园、学校、供水设施、变电站、市政道路等配套设施无偿赠送(移交)给政府的,如果上述设施属于未单独作价结算的配套公共设施,无偿赠送用于公益事业,不视同销售;否则,则应视同销售征收增值税。 16.保险公司销售保险时赠送促销品是否征收增值税? 答:纳税人提供应税服务并无偿赠送货物的,应当分别核算应税服务的销售额和货物的销售额,其中不构成服务内容且发生所有权转移的货物部分(低值易耗品除外),暂按不低于成本价计提销项税额,购进货物的进项税额可以抵扣
吉林国税	**《吉林省税务局营改增热点问题解答》** (2016 年 8 月 10 日) 5.金融机构给客户赠送的加油卡,商品券等是否视同销售? 答:根据规定,对于“无偿赠送”商品,要视同销售征收增值税。因此,是否视同销售,重点要判断该行为属于“无偿”赠送还是“有偿”赠送。 金融机构给购买了其服务的客户赠送的商品,是一种经济利益的让渡,应视为“有偿”赠送,不做视同销售处理。其用于赠送客户的外购商品取得的进项税也应区别处理。如果该商品构成其销售服务的主体(如电信公司存话费赠手机,手机与话费形成一份“合约套餐”),则该商品购进的进项税允许抵扣,但销售额要以其取得的全部价款和价外费用分别核算,按不同税率分别计税。另一种情况是,该商品不构成销售服务的主体(如金融机构赠送客户的加油卡、商品券等),该部分商品不构成企业生产经营必须成本,属于赠送回馈客户,性质上与“交际应酬类消费”相同,比照“纳税人的交际应酬类消费”属于个人消费,不得抵扣进项税。 金融机构将购买的商品赠送非特定客户,如宣传活动中的商品赠送,视同销售征收增值税
山东国税	**《山东国税 8 月 15 日 12366 营改增热点问题》** 3.保险公司销售保险时,附带赠送给客户的促销品需要做视同销售处理吗? 答:根据全面推开营改增试点政策指引(八)的规定,保险公司销售保险时,附带赠送客户的促销品,如行车记录仪等,作为保险公司的一种营销模式,购买者已统一支付对价,不列为视同销售范围,按保险公司实际收取的价款,依适用税率计算缴纳增值税。

（续表）

地区	执行口径
	《山东国税 9 月 3 日 12366 营改增热点问题》 1. 房地产业纳税人咨询,买房送装修、送家电如何纳税? 答:根据《全面推开营改增试点政策指引(七)》规定,房地产开发企业销售住房赠送装修、家电,作为房地产开发企业的一种营销模式,其主要目的为销售住房。购房者统一支付对价,可参照混合销售的原则,按销售不动产适用税率申报缴纳增值税。 **《山东国税 9 月 15 日 12366 营改增热点问题》** 2. 房地产业纳税人咨询,买房送装修、送家电如何纳税? 答:房地产开发企业销售住房赠送装修、家电,作为房地产开发企业的一种营销模式,其主要目的为销售住房。购房者统一支付对价,可参照混合销售的原则,按销售不动产适用税率申报缴纳增值税

三、“买一赠一”企业所得税处理规则

(一)“买一赠一”企业所得税处理相关规定

(1) 根据《中华人民共和国企业所得税法实施条例》(国务院令第 512 号)第二十五条规定:“企业发生非货币性资产交换,以及将货物、财产、劳务用于捐赠、偿债、赞助、集资、广告、样品、职工福利或者利润分配等用途的,应当视同销售货物、转让财产或者提供劳务,但国务院财政、税务主管部门另有规定的除外。”

(2) 根据《国家税务总局关于企业处置资产所得税处理问题的通知》(国税函〔2008〕828 号)规定:“二、企业将资产移送他人的下列情形,因资产所有权属已发生改变而不属于内部处置资产,应按规定视同销售确定收入。(一)用于市场推广或销售;(二)用于交际应酬;(三)用于职工奖励或福利;(四)用于股息分配;(五)用于对外捐赠;(六)其他改变资产所有权属的用途。”

(3) 根据《国家税务总局关于确认企业所得税收入若干问题的通知》(国税函〔2008〕875 号)第三条规定:“企业以买一赠一等方式组合销售本企业商品的,不属于捐赠,应将总的销售金额按各项商品的公允价值的比例来分摊确认各项的销售收入。”

(4) 根据《国家税务总局关于印发〈房地产开发经营业务企业所得税处理办法〉的通知》(国税发〔2009〕31 号)第七条规定:“企业将开发产品用于捐赠、赞助、职工福利、奖励、对外投资、分配给股东或投资人、抵偿债务、换取其他企事业单位和个人的非货币性资产等行为,应视同销售,于开发产品所有权或使用权转移,或于实际取得利益权利时确认收入(或利润)的实现。确认收入(或利润)的方法和顺序为:(一)按本企业近期或本年度最近月份同类开发产品市场销售价格确定;(二)由主管税务机关参照当地同类开发产品市场公允价值确定;(三)按开发产品的成本利润率确定。开发产品的成本利润率不得低于 15%,具体比例由主管税务机关确定。”

(5) 根据《国家税务总局关于企业取得财产转让等所得企业所得税处理问题的公告》(国家税务总局公告 2010 年第 19 号)规定:“企业取得财产(包括各类资产、股权、债权等)转让收入、债务重组收入、接受捐赠收入、无法偿付的应付款收入等,不论是以货币形式、

还是非货币形式体现,除另有规定外,均应一次性计入确认收入的年度计算缴纳企业所得税。"

(6)《国家税务总局关于企业所得税有关问题的公告》(国家税务总局公告2016年第80号)规定:"企业发生《国家税务总局关于企业处置资产所得税处理问题的通知》(国税函〔2008〕828号)第二条规定情形的,除另有规定外,应按照被移送资产的公允价值确定销售收入。"

(二)"买一赠一"促销行为的企业所得税定性处理判断

与增值税原则性很强的无偿赠送规定不同的是,企业所得税对"买一赠一"行为的定性相当明确,即国税函〔2008〕875号第三条规定:"企业以买一赠一等方式组合销售本企业商品的,不属于捐赠,应将总的销售金额按各项商品的公允价值的比例来分摊确认各项的销售收入。"这就明确告知,在这种"买一赠一"模式中,赠送品是与主卖品同时销售、组合销售的,并不是在主卖品销售完毕后而通过"积分有奖"、抽奖等方式给予的。所以本节中的第一类情形和第二类情形中的第一种情况即"送露台"和"送汽车"都不符合企业所得税"买一赠一"的规定,应根据赠送品的不同分别按《企业所得税法实施条例》、国税函〔2008〕828号、国税发〔2009〕31号、国家税务总局公告2016年第80号等文件进行税务处理,而对于获得赠送品的法人企业而言,应按税务总局公告2010年第19号的规定一次性计入确认收入的年度计算缴纳企业所得税。

四、"买一赠一"个人所得税处理规则

(一)"买一赠一"个人所得税处理规定

"买一赠一"个人所得税方面,根据《财政部 国家税务总局关于企业促销展业赠送礼品有关个人所得税问题的通知》(财税〔2011〕50号)规定:"一、企业在销售商品(产品)和提供服务过程中向个人赠送礼品,属于下列情形之一的,不征收个人所得税:

1. 企业通过价格折扣、折让方式向个人销售商品(产品)和提供服务;

2. 企业在向个人销售商品(产品)和提供服务的同时给予赠品,如通信企业对个人购买手机赠话费、入网费,或者购话费赠手机等;

3. 企业对累积消费达到一定额度的个人按消费积分反馈礼品。

二、企业向个人赠送礼品,属于下列情形之一的,取得该项所得的个人应依法缴纳个人所得税,税款由赠送礼品的企业代扣代缴:

1. 企业在业务宣传、广告等活动中,随机向本单位以外的个人赠送礼品,对个人取得的礼品所得,按照'其他所得'项目,全额适用20%的税率缴纳个人所得税。

2. 企业在年会、座谈会、庆典以及其他活动中向本单位以外的个人赠送礼品,对个人取得的礼品所得,按照'其他所得'项目,全额适用20%的税率缴纳个人所得税。

3. 企业对累积消费达到一定额度的顾客,给予额外抽奖机会,个人的获奖所得,按照'偶然所得'项目,全额适用20%的税率缴纳个人所得税。

三、企业赠送的礼品是自产产品(服务)的,按该产品(服务)的市场销售价格确定个人的应税所得;是外购商品(服务)的,按该商品(服务)的实际购置价格确定个人的应税所得。"

(二)"买一赠一"个人所得税定性处理的判断

根据上述规定可以看出,个人所得税对"买一赠一"营销模式定性分为两种:

第一种是企业在销售商品(产品)和提供服务过程中向个人赠送礼品,对个人获得者,不征收个人所得税。主要有个人通过价格折扣、折让方式获得的购买商品(产品)和提供服务的优惠部分,如"本章第二节房地产项目折扣促销模式的涉税处理"所述;企业在向个人销售商品(产品)和提供服务的同时给予个人的赠品,如通信企业对个人购买手机赠话费、入网费,或者购话费赠手机等;个人按消费积分获得企业反馈的礼品,这点与增值税、企业所得税的定性都有所不同,须引起重视。本节第二类第二种情况完全符合这个规定,不交个人所得税。

第二种是个人在企业的业务宣传、广告等活动中或者在企业的年会、座谈会、庆典以及其他活动中随机获得的赠品,或者是由于累积消费达到一定额度而通过额外抽奖机会而获得的奖品,对前者要按照"其他所得"项目,全额适用20%的税率缴纳个人所得税。对后者要按照"偶然所得"项目,全额适用20%的税率缴纳个人所得税。回到本节,第一类和第二类第一种情况符合个人所得税的这个规定,应按"偶然所得"项目,全额适用20%的税率缴纳个人所得税,税款由开发商负责代扣代缴。

第四节 合作建房涉税问题处理

合作建房,原始的意思是住户联合做开发商,共同出资,成立房地产公司,大家按各自购买能力一起出资金,综合汇总户型并计算总面积,选购合适地块,找设计公司设计、找建筑公司施工,最后验收付款入住。通俗一些来讲就是志同道合的人合伙出钱,自己买地,自己雇人盖房子,但现实中由于种种原因很难达到这种初始意义合作建房。现在所讲的合作建房一般是指一方提供土地使用权,另一方或多方提供资金合作开发房地产的房地产开发形式。

实践操作中,合作开发模式分配形式多样,主要的有:①一方提供土地,一方提供资金,建成的房屋按投资比例或按约定比例分享销售利润;②一方提供土地,一方提供资金,在合同约定的期限和条件下给付出资方的本息;③一方提供土地,一方提供资金,出资方享有建成房屋的若干年使用权;④一方提供土地,一方提供资金,出地方获取收益,出资方独享建成的房屋;⑤一方提供土地,一方提供资金,出资方获取约定数量的房屋。这些形式归根结底,不外乎就是一方有地没钱,另一方有钱没地,双方一拍即合,合作共赢。

从合作开发模式的组织结构上来看,主要也有两种。第一种是"结婚生子式",即合作双方一方出地,另一方出钱,成立合营公司,按双方合作协议约定的出资比例共担风险、共享利润。第二种是"友情同居式",即合作双方一方出地,一方出钱,但不成立合营公司,双方只是按合作协议的约定方式进行分成或分配。现实中第一种模式较少,因为如果出地方不是以自身的名义采取增资扩股等方式引进合作方,而是采取单纯的出地与出资方一起成立合营公司,很难操作,一是这种模式下对出地方而言,其没有取得现金流收入但却要承担巨额的投资环节视同销售产生的增值税、土地增值税、企业所得税等税收成本支出;二是国家出于限制"炒地皮"等考虑,对用于开发的土地没有达到一定投资量(比如,投资总额的 25% 以上)是不允许办理土地转移过户手续的。倒是第二种"友情同居式"的合作建房,在现实中比较常见,这种模式一般不涉及土地转移过户,合作双方只是以一纸合作合同或协议来约定双方的权利和义务,约束合作双方的行为,因此相对容易也比较好操作。根据我国相关法律法规的规定,符合规定的合作建房合同或协议,是受法律承认和保护的。

【案例 4-4】 以下是一家房地产开发企业(简称甲方)和另一家投资公司(简称乙方)签订的《合作建房合同书》的一些主要条款内容(笔者有删节),分析里面涉及的税收问题。

(1) 合作标的:甲方同意提供依现状上述第一条所指的地块的土地使用权(甲方提供的土地总面积约 1.775 03 公顷,用地性质:商住),乙方同意按约定提供建房资金,双方合作开发大卫城第三街区项目,建筑面积不得大于 133 125 平方米;容积率:7.5;公共设施配套要求:公共厕所、派出所、开闭所、街道办事处(建筑规划不小于 6 000 平方米),地块除满足自身建车位要求外,还须提供 80 个以上的社会停车位。

(2) 建房资金:经协商双方同意,建房资金预计为人民币 3 亿元,全部由乙方提供,实际建筑成本高于或低于该预计数额的部分由乙方承担和享有。建房资金指本合同生效后至房屋经验收合格且甲方取得房地产证时止所需的全部建安成本和其他一切成本、费用。该建房资金不包括甲方因取得土地使用权而应缴的地价款及办理过户手续过程中所缴纳的税收与其他费用。

(3) 报批手续及办理房地产证:除按规定应由甲方办理的报批手续外,包括本合同在内的所有报批手续均由甲、乙双方共同负责办理,甲方有义务毫不迟延地提供办理报批手续所需的材料;因法律法规所限,房地产权证只能是土地使用权人,所以房地产权证只办理甲方,但产权属甲、乙双方共同拥有。

(4) 产权分成:全部建筑的产权由甲、乙双方按下列方式或比例分成:甲方拥有所有房屋 50% 的产权,乙方拥有所有房屋 50% 的产权,具体房源分配依本合同附件 1 执行(略)。甲方应在工程竣工验收合格后 90 日内为乙方办理好所得房屋的房地产证,使乙方产权合法化。

(5) 双方的权利和义务:①甲、乙双方确认房产和土地一体,房产和土地所有权甲乙双方各占 50%,在条件成熟的情况下,将土地使用权登记变更为双方共有或分户登记;②自本协议签订之日起,在土地权属没有变更登记期间甲方应保证乙方享有产权共有人的权利,本条款不可撤销。③自本协议签订之日起,若出现房产被政府征用或强制拆迁情况的,包括房产和土地的拆迁收益(包括拆迁补偿费、回迁安置房产、现金补偿)等相关补偿双方各得 50%。

【问题】 甲、乙双方在此合作建房过程中涉及的各自税收问题有哪些?
【案例分析】

首先应该确认的是,这是一种典型的"友情同居式"的合作建房,合作双方并没有成立合营企业,甲方也并没有拿土地对外投资,而是以自己名义,拿一个项目与他人合作,引进资金,然后根据约定比例进行分房自用或出售。

除了上述"友情同居式"合作建房外,也有部分企业将通过招拍挂等方式获得的土地与他人合作建商品房,双方成立合作公司,领取营业执照,出地方将土地使用权转移到合作公司,出资方负责兴建商品房的一定额度或一切资金,双方采取分建筑面积、分销售收入、提取固定利润等分配形式,这种合作经营模式就是所谓的"结婚生子式"合作建房。

对合作建房是否作为应征税收入,在全面"营改增"之前,国家税务总局曾从营业税、土地增值税和企业所得税等税种角度出台一些政策,但鉴于实践中合作建房的具体情况复杂多样,出台的相关政策在实际执行中税企争议不断,甚至为此通过司法诉讼渠道解决。在全面"营改增"后,国家税务总局迄今并没有出台有关合作建房的增值税具体政策规定,因而在实践中参考过去营业税的政策是非常必要的。也鉴于此,本文将通过对营业税政策的适用与司法判例来分析全面"营改增"后增值税问题的处理。

一、合作建房"营改增"前的营业税问题处理

1. 合作建房营业税政策相关规定及处理

截止到全面"营改增",关于合作建房下发的营业税文件或批复件主要有:

(1)《国家税务总局关于中外合作开发房地产征收营业税问题的批复》(国税函发〔1994〕644号)规定:"一、关于中外双方合作建房的征税问题

中方将获得的土地与外方合作,办理土地使用权转移后,不论是按建成的商品房分配面积,还是按商品房销售后的收入进行分配,均不符合现行政策关于'以无形资产投资入股,参与接受投资方的利润分配、共同承担投资风险的行为,不征营业税'的规定,因此,应按'转让无形资产'税目征收营业税;其营业额为实际取得的全部收入,包括价外收费;其纳税义务发生时间为取得收入的当天。

同时,对销售商品房也应征税。如果采取分房(包括分面积)各自销房的,则对中外双方各自销售商品房收入按'销售不动产'征营业税;如果采取统一销房再分配销售收入的,则就统一的销售商品房收入按'销售不动产'征营业税;如果采取对中方支付固定利润方式的,则对外方销售商品房的全部收入按'销售不动产'征营业税。

二、关于中方取得的前期工程开发费征税问题

外方提前支付给中方的前期工程的开发费用,视为中方以预收款方式取得的营业收入,按转让土地使用权,计算征收营业税。对该项已税的开发费用,在中外双方分配收入时如数从中方应得收入中扣除的,可直接冲减中方当期的营业收入。

三、对中方定期获取的固定利润视为转让土地使用权所取得的收入,计算征收营业税。"

(2)《国家税务总局关于印发〈营业税问题解答(之一)〉的通知》(国税函发〔1995〕156号,简称国税发〔1995〕156号文件)规定:"十七、问:对合作建房行为应如何征收营业税?

答:合作建房,是指由一方(以下简称甲方)提供土地使用权,另一方(以下简称乙方)提供资金,合作建房。合作建房的方式一般有两种:

第一种方式是纯粹的'以物易物',即双方以各自拥有的土地使用权和房屋所有权相互交换。具体的交换方式也有以下两种:

1. 土地使用权和房屋所有权相互交换,双方都取得了拥有部分房屋的所有权。在这一合作过程中,甲方以转让部分土地使用权为代价,换取部分房屋的所有权,发生了转让土地使用权的行为;乙方则以转让部分房屋的所有权为代价,换取部分土地的使用权,发生了销售不动产的行为。因而合作建房的双方都发生了营业税的应税行为。对甲方应按'转让无形资产'税目中的'转让土地使用权'子目征税;对乙方应按'销售不动产'税目征税。由于双方没有进行货币结算,因此应当按照《中华人民共和国营业税暂行条例实施细则》第十五条的规定分别核定双方各自的营业额。如果合作建房的双方(或任何一方)将分得的房屋销售出去,则又发生了销售不动产行为,应对其销售收入再按'销售不动产'税目征收营业税。

2. 以出租土地使用权为代价换取房屋所有权。例如,甲方将土地使用权出租给乙方若干年,乙方投资在该土地上建造建筑物并使用,租赁期满后,乙方将土地使用权连同所建的建筑物归还甲方。在这一经营过程中,乙方是以建筑物为代价换得若干年的土地使用权,甲方是以出租土地使用权为代价换取建筑物。甲方发生了出租土地使用权的行为,对其按'服务业—租赁业'征营业税;乙方发生了销售不动产的行为,对其按'销售不动产'税目征营业税。对双方分别征税时,其营业额也按《中华人民共和国营业税暂行条例实施细则》第十五条的规定核定。

第二种方式是甲方以土地使用权、乙方以货币资金合股,成立合营企业,合作建房。对此种形式的合作建房,则要视具体情况确定如何征税:

1. 房屋建成后,如果双方采取风险共担、利润共享的分配方式,按照营业税'以无形资产投资入股,参与接受投资方的利润分配、共同承担投资风险的行为,不征营业税'的规定,对甲方向合营企业提供的土地使用权,视为投资入股,对其不征营业税;只对合营企业销售房屋取得的收入按销售不动产征税;对双方分得的利润不征营业税。

2. 房屋建成后,甲方如果采取按销售收入的一定比例提成的方式参与分配,或提取固定利润,则不属营业税所称的投资入股不征营业税的行为,而属于甲方将土地使用权转让给合营企业的行为,那么,对甲方取得的固定利润或从销售收入按比例提取的收入按'转让无形资产'征税;对合营企业则按全部房屋的销售收入依'销售不动产'税目征收营业税。

3. 如果房屋建成后双方按一定比例分配房屋,则此种经营行为,也未构成营业税所称的以无形资产投资入股,共同承担风险的不征营业税的行为。因此,首先对甲方向合营企业转让的土地,按'转让无形资产'征税,其营业额按实施细则第十五条的规定核定。其次,对合营企业的房屋,在分配给甲、乙方后,如果各自销售,则再按'销售不动产'征税。"

(3)《国家税务总局关于中国××化学工程公司征收营业税问题的批复》(国税函〔1996〕174号)规定:"在中国××化学工程公司与四川国际经济开发招商股份有限公司合作建房的过程中,中国××化学工程公司负责出地和申请建设项目,建成后的房屋所有权也归其所有;四川国际经济开发招商股份有限公司负责出资金,取得底楼商业用房15年的使用权。在此项合作中,中国××化学工程公司发生了在约定的时间内将房屋转让他人使用的行为。根据《营业税税目注释》的有关规定,对中国××化学工程公司从四川国际经济开发招商股份有限公司取得的收入应按'服务业'税目中'租赁'项目征收营业税,纳税义务发生时间为收讫价款或取得索取营业收入款项凭据的当天。"

(4)《国家税务总局关于个人从事房地产经营业务征收营业税问题的批复》(国税函〔1996〕718 号)规定:"个人以各购房户代表的身份与提供土地使用权的单位或个人(以下简称'地主')签订联合建房协议,由个人出资并负责雇请施工队建房,房屋建成后,再由个人将分得的房屋销售给各购房户,这实际上是个人先通过合作建房的方式取得房屋,再将房屋销售给各购房户。因此对个人应按'销售不动产'税目征营业税,其营业额为个人向各购房户收取的全部价款和价外费用。另一方面,个人与地主的关系,属于一方提供土地使用权,另一方提供资金合作建房的行为,对其双方应按《国家税务总局关于印发〈营业税问题解答(之一)〉的通知》(国税函发〔1995〕156 号)第十七条的有关规定征收营业税。"

(5)《国家税务总局关于合作建房营业税问题的批复》(国税函〔2004〕241 号)规定:"156 号文件第十七条'合作建房是指由一方提供土地使用权,另一方提供资金'规定中的'一方提供土地使用权',包括一方提供有关土地使用权益的行为,如取得规划局批准的《建设用地规划许可证》、国土局核发的《建设用地批准书》《建设用地通知书》《土地使用证》,以及通过土地行政主管部门核发的其他建设用地文件中当事人享有的土地使用权益。"

(6)《国家税务总局关于合作建房营业税问题的批复》(国税函〔2005〕1003 号,简称国税函〔2005〕1003 号批复件)规定:"鉴于该项目开发建设过程中,土地使用权人和房屋所有权人均为甲方,未发生《中华人民共和国营业税条例》规定的转让无形资产的行为。因此,甲方提供土地使用权,乙方提供所需资金,以甲方名义合作开发房地产项目的行为,不属于合作建房,不适用《国家税务总局关于印发〈营业税问题解答(之一)〉的通知》(国税发〔1995〕156 号)第十七条有关合作建房征收营业税的规定。"

从上述有关合作建房的营业税政策和批复件可以看出,国家层面对合作双方中一方有存在土地使用权或不动产所有权转移给另一方的行为,认定为合作建房,应按国税发〔1995〕156 号文件的规定按"转让无形资产""销售不动产""租赁"等征收营业税。若土地使用权人和房屋所有权人均为合作双方中的一方,即合作双方中的一方(如甲方)提供土地使用权,另一方(如乙方)提供所需资金,以甲方名义合作开发房地产项目的行为,不属于合作建房,不能按合作建房的营业税规定征收营业税。而本案例明显属于需要为资金投入方(乙方)办理好所得房屋的房地产证使之产权合法化的行为,所以若发生在"营改增"之前,对甲方肯定要按规定征收"销售不动产"营业税。

这里需要特别做一说明的是国税函〔2005〕1003 号批复件,该批复件是国家税务总局为答复海南省地方税务局《关于我省海口紫荆花园合作开发税收问题的请示》(琼地税发〔2005〕57 号)而作出的批复。海口紫荆花园当初是由海南两家法人企业协议合作开发的一个房地产项目,《合作开发合同书》约定的主要内容有:"合作方式是甲方提供 45.5 亩土地,享有 25%建筑面积的销售权及其收入,并交纳其税费;乙方投入开发建设资金,享有75%建筑面积的销售权及其收入,并交纳其税费;水电增容费、销售房屋的广告费双方按

25%：75%比例分担。为了便于操作,该款土地使用证仍使用甲方的名字。甲乙双方同意以甲方的名义申报办理本项目的规划、勘察、设计、报建、消防、办理房屋预售证,从事销售活动,进行财务结算,缴纳税费以及与政府有关部门的协调活动等有关事宜,在乙方投入资金并开始建设后,不能认为使用甲方名义办理项目有关手续就视为甲方独立拥有该项目,而应视为甲乙双方共同拥有该项目。双方不能将该项目转让给第三方。"从这份合作建房合同书可以看出,对投入资金方而言,其获得的只是约定房屋的销售权及其收入,这些约定房屋的所有权及占用土地的使用权全部在原有的土地使用权人(甲方)名下,所以才有国家税务总局"土地使用权人和房屋所有权人均为甲方,未发生《中华人民共和国营业税条例》规定的转让无形资产的行为"。

2. 合作建房的司法判例参考

【基本案情】2007年12月5日,杨某作为乙方与作为甲方的化州市河西街北岸社区居委会共同签订《合作开发房地产协议书》。该协议书约定:

(1) 合作项目:甲、乙双方共同合作兴建化州市北岸社区综合商品房。合作项目地点坐落于化州市河西街道办北岸社区长寿岭开发区。

(2) 合作方式:甲方提供土地,土地使用权永远归甲方所有。乙方除支付甲方二层以上楼面空间占用补偿款人民币一百万元外,还须提供全部开发资金方式共同合作开发本协议约定的建设项目。

(3) 利益分配:①乙方投资兴建合作项目的首层建筑房屋的使用权及收益权归甲方所有,从首层通往二层以上步梯或电梯所占的公共部分由甲、乙双方共同使用。②乙方投资兴建的该合作项目二层以上的商品房,乙方享有独立的对外销售权,其销售收益全部归乙方所有,甲方不得干涉。但涉及应纳的税费全部由乙方承担。③该合作项目二层以上的建筑面积由乙方根据自己的资金实力量力开发。

(4) 权利义务:①本协议生效后,甲方应积极无条件地协助乙方办理该合作项目的报建手续,报建手续费全部由乙方承担。②甲方应积极无条件地协助乙方办理该合作项目二层以上的商品房预售、按揭、销售、出租以及商品房办证等手续,其手续费全部由乙方承担。③乙方负责与有相应资质的建筑公司签订具体《建筑工程施工合同》,该合作项目在建设、销售过程中发生的一切安全、质量责任等问题全部由乙方承担。

2009年1月7日、9月15日及9月27日,北岸居委会分别取得了与杨某合作项目的十三层楼房、十四层楼房及首层楼房的房地产权证。

2011年1月4日,广东省化州市地方税务局以"选案部门接到茂名市地方税务局违法案件举报中心交办单的要求",对北岸居委会及杨某从事土地开发销售、市场出租等进行税务稽查立案。2012年10月18日,化州市税务局向北岸居委会作出《税务处理决定书》,认定北岸居委会存在以下违法事实,并要求北岸居委会补交营业税及其附加、企业所得税等相应税款:

(1) 北岸居委会与杨某合作开发房地产,以土地换取所开发住宅楼首层的商铺所有权;经评估该房屋价值5 126 205元。遂确定北岸居委会以土地换取房屋取得转让土地使用权收入5 126 205元。

(2) 北岸居委会与杨某合作开发房地产,以土地换取所开发住宅楼十三层和十四层的住宅所有权;经评估该房屋价值为 66 715 84 元。遂确定北岸居委会以土地换取房屋取得转让土地使用权收入 6 671 584 元。

后化州市税务局多次向北岸居委会发出缴税通知,北岸居委会一直未按照处理决定补交相应税款。2012 年 10 月 24 日,化州市税务局向北岸居委会作出《税务行政处罚决定书》,认定其存在经通知申报而拒不申报的偷税行为,对其处以税款 1 倍的罚款。

北岸居委会不服化州市税务局所作出的处理及处罚决定,向茂名市税务局提起行政复议,后复议机关作出维持决定。北岸居委会仍不服,于 2013 年 11 月 27 日向化州市人民法院提起行政诉讼。

【法院判决】法院经审理认为,本案的核心争议焦点系北岸居委会在与杨某合作开发房地产的过程中,是否存在以土地换取房屋的转让土地使用权的应税行为。化州市税务局作出的处理决定和处罚决定均是建立在认定北岸居委会存在以地换房的行为的基础之上,而北岸居委会则否认与杨某之间存在以地换房的行为。

根据北岸居委会与杨某签订的合作开发协议及协议履行情况来看,北岸居委会提供土地使用权,杨某提供资金合作开发建房,双方并未办理合作报建手续,而是以北岸居委会的名义合作开发房地产,杨某自始至终均未取得土地使用权及所建商品楼的权属证书。而应税的合作建房行为是双方均能够取得土地使用权证及房屋所有权证的行为。因此,北岸居委会并没有作出转让土地使用权的行为,杨某也没有作出销售房屋的行为,北岸居委会不应承担补交营业税的义务。化州市税务局存在事实认定不清、证据不足及法律适用错误的问题。

法院遂判决撤销化州市税务局作出的《税务处理决定书》及《税务行政处罚决定书》,所扣税款应予返还。

3. 合作建房司法认定适用的法律法规及司法解释

在司法实践中,合作建房引起的经济纠纷性质、效力认定比较复杂。本书大致梳理了处理此类经济纠纷的基本办案依据及裁判规则,为推送方便,除个别能体现本书意图的法律法规和司法解释详细列明具体内容外,大部分法律法规省略了相关法条的具体内容,读者可自行检索。

(1)《中华人民共和国物权法》(2007 年 3 月 16 日第十届全国人民代表大会第五次会议通过)第一百四十三条:"建设用地使用权人有权将建设用地使用权转让、互换、出资、赠与或者抵押,但法律另有规定的除外。"

(2)《中华人民共和国土地管理法(2004 年修订)》(2004 年 8 月 28 日第十届全国人民代表大会常务委员会第十一次会议《关于修改〈中华人民共和国土地管理法〉的决定》第二次修正)第二条第三款:"任何单位和个人不得侵占、买卖或者以其他形式非法转让土地。土地使用权可以依法转让。"

(3)《中华人民共和国城市房地产管理法(2007 年修正)》(主席令第 72 号)规定:"第二十八条 依法取得的土地使用权,可以依照本法和有关法律、行政法规的规定,作价入股,合资、合作开发经营房地产。"

《中华人民共和国城市房地产管理法(2007年修正)》(主席令第72号)第三十七条、第三十八条、第三十九条、第四十条、第四十八条、第五十六条。

(4)《中华人民共和国城镇国有土地使用权出让和转让暂行条例》(1990年5月19日国务院令第55号):第四条、第十九条、第四十四条、第四十五条、第四十六条。

(5)《城市房地产开发经营管理条例》(国务院令第588号,2011年1月8日):第二十条。

(6)《最高人民法院关于审理涉及国有土地使用权合同纠纷案件适用法律问题的解释》(法释〔2005〕5号,2005年8月1日)规定:"第十四条 本解释所称的合作开发房地产合同,是指当事人订立的以提供出让土地使用权、资金等作为共同投资,共享利润、共担风险合作开发房地产为基本内容的协议。

第十五条 合作开发房地产合同的当事人一方具备房地产开发经营资质的,应当认定合同有效。

当事人双方均不具备房地产开发经营资质的,应当认定合同无效。但起诉前当事人一方已经取得房地产开发经营资质或者已依法合作成立具有房地产开发经营资质的房地产开发企业的,应当认定合同有效。

第十六条 土地使用权人未经有批准权的人民政府批准,以划拨土地使用权作为投资与他人订立合同合作开发房地产的,应当认定合同无效。但起诉前已经办理批准手续的,应当认定合同有效。

第二十四条 合作开发房地产合同约定提供土地使用权的当事人不承担经营风险,只收取固定利益的,应当认定为土地使用权转让合同。

第二十五条 合作开发房地产合同约定提供资金的当事人不承担经营风险,只分配固定数量房屋的,应当认定为房屋买卖合同。

第二十六条 合作开发房地产合同约定提供资金的当事人不承担经营风险,只收取固定数额货币的,应当认定为借款合同。

第二十七条 合作开发房地产合同约定提供资金的当事人不承担经营风险,只以租赁或者其他形式使用房屋的,应当认定为房屋租赁合同。"

(7)《最高人民法院关于国有土地开荒后用于农耕的土地使用权转让合同纠纷案件如何适用法律问题的批复》(2012年9月4日):全文。

(8)《城市房地产转让管理规定》(2001年8月15日修正):第三条、第六条、第十条、第十一条、第十二条、第十三条。

(9)《划拨土地使用权管理暂行办法》(1992年3月8日):第三条、第四条、第五条、第六条、第七条、第八条、第九条、第十条、第二十九条、第四十条。

(10)《国务院办公厅关于加强土地转让管理严禁炒卖土地的通知》(1999年5月6日):四、五。

(11)《国务院关于深化改革严格土地管理的决定》(2004年10月21日):(十七)。

(12)《最高人民法院关于当前形势下进一步做好房地产纠纷案件审判工作的指导意见》(2009年7月9日):一、二。

根据上述法律法规等规定,合作建房是我国法律认可的一种市场行为。法释〔2005〕5号司法解释认为合作建房应该是共同投资,共享利润、共担风险合作开发房地产为基本内容的协议。这种的合作建房至少应具备三个条件:一是以合作双方的名义办理合建报批报建相关手续;二是用于合作建房的土地使用权应变更为合作双方共有;三是合作双方中至少一方具有房地产开发资质。这些条件中的第一个和第三个在现实中都有企业办到,但第二个条件也就是"用于合作建房的土地使用权应变更为合作双方共有"在现实中很难操作,几乎没有企业成功办理过,因为这是一种变相的土地使用权转让,是受我国法律和政策限制的。而对于提供土地使用权的当事人不承担经营风险,只收取固定利益的,法释〔2005〕5号司法解释认定应当为土地使用权转让合同。对于提供资金的当事人不承担经营风险,只分配固定数量房屋的,认定为房屋买卖合同;只收取固定数额货币的,应当认定为借款合同;只以租赁或者其他形式使用房屋的,应当认定为房屋租赁合同。法释〔2005〕5号司法解释和"营改增"前营业税、"营改增"后增值税的对相关经济行为的认定极为相符,如国税发〔1995〕156号文件对以出租土地使用权若干年为代价换取房屋所有权的行为,认为应按"服务业—租赁业"征营业税;再如财税〔2016〕36号文《财政部 国家税务总局关于全面推开营业税改征增值税试点的通知》附件1《营业税改征增值税试点实施办法》附《销售服务、无形资产、不动产注释》明确:"以货币资金投资收取的固定利润或者保底利润,按照贷款服务缴纳增值税。"

二、合作建房"营改增"后的增值税处理

全面"营改增"中,虽说增值税基本平移了原营业税的征税规则,但从《财政部 国家税务总局关于全面推开营业税改征增值税试点的通知》(财税〔2016〕36号)等涉及"营改增"的相关政策来看,目前国家层面尚未对合作建房等一些原征收营业税的特殊事项如何适用增值税政策作出明确,只有一些相对原则的规定,如《财政部 国家税务总局关于全面推开营业税改征增值税试点的通知》附件1《营业税改征增值税试点实施办法》(财税〔2016〕36号)第一条、第十条、第十一条等条款明确:在中华人民共和国境内以有偿方式包括取得货币、货物或者其他经济利益等销售服务、无形资产或者不动产(以下称应税行为)的单位和个人,为增值税纳税人,应当按照本办法缴纳增值税,不缴纳营业税。从合作建房的模式来看,如果是存在土地使用权或不动产所有权在合作双方之间转移的合作建房,无疑符合增值税"有偿"定义,征收增值税应该没什么异议;但对于没有存在土地使用权或不动产所有权在合作双方之间转移的合作建房,如上述国税函〔2005〕1003号批复件和司法判例中所描述的"土地使用权和不动产所有权"都在合作建房中的一方,是否符合增值税所谓的"有偿"或需要视同销售的"无偿",即上述《营业税改征增值税试点实施办法》第十四条规定:"下列情形视同销售服务、无形资产或者不动产:(一)单位或者个体工商户向其他单位或个人无偿提供服务,但用于公益事业或者以社会公众为对象的除外。(二)单位或者个人向其他单位或者个人无偿转让无形资产或者不动产,但用于公益事业或者以社会公众为对象的除外。(三)财政部和国家税务总局规定的其他情形",没有明确,导致对于一些类似的合作建房所适用的增值税政策存在真空状态,纳税人的税法遵从成本较高、难度较大。笔者建议国家层面包括财政部和国家税务总局应尽快对相关问题

如何适用增值税予以明确。同时,为了避免类似于上述司法判例中的税企双方争议事项出现,企业及个人在签订合作建房合同或协议时要充分考虑现行具体的增值税、土地增值税等税收政策规定,拟定清楚、明白的条款,分析权利义务内容在税收上的意义,有针对性地防范和抵御税务风险。

三、合作建房土地增值税处理

《财政部 国家税务总局关于土地增值税一些具体问题规定的通知》(财税字〔1995〕048 号)规定:"对于一方出地,一方出资金,双方合作建房,建成后按比例分房自用的,暂免征收土地增值税;建成后转让的,应征收土地增值税。"

迄今为止,土地增值税对合作建房就出台过上述这一政策,而且是原则性极强,操作性很差的政策,在实际执行中,税企双方的争议极大。针对本案例,合作协议明确约定,因法律法规所限,房地产权证只能是土地使用权人,所以房地产权证只办理甲方,但产权属甲、乙双方共同拥有。而且全部建筑建成后,乙方所得 50% 房屋产权,甲方应在工程竣工验收合格后 90 日内为乙方办理好所得房屋的房地产证,使乙方产权合法化。在这种情况下,是否属于"一方出地,一方出资金,双方合作建房,建成后按比例分房自用"呢?笔者认为,遵循上述法释〔2005〕5 号司法解释的认定,此种的合作建房实际上是乙方出资购买了甲方名下 50% 的房屋及其占用的土地使用权,应认定为甲方销售不动产行为成立,不仅需要缴纳流转税,同样应作为土地增值税应税收入予以计算缴纳土地增值税,而不能按"一方出地,一方出资金,双方合作建房,建成后按比例分房自用"的政策暂免征土地增值税。

四、合作建房企业所得税处理

(一) 房地产开发企业为主体联合他人合作开发房地产项目的处理

根据《国家税务总局关于印发〈房地产开发经营业务企业所得税处理办法〉的通知》(国税发〔2009〕31 号)第三十六条规定:"企业以本企业为主体联合其他企业、单位、个人合作或合资开发房地产项目,且该项目未成立独立法人公司的,按下列规定进行处理:

(一) 凡开发合同或协议中约定向投资各方(即合作、合资方,下同)分配开发产品的,企业在首次分配开发产品时,如该项目已经结算计税成本,其应分配给投资方开发产品的计税成本与其投资额之间的差额计入当期应纳税所得额;如未结算计税成本,则将投资方的投资额视同销售收入进行相关的税务处理。

(二) 凡开发合同或协议中约定分配项目利润的,应按以下规定进行处理:

1. 企业应将该项目形成的营业利润额并入当期应纳税所得额统一申报缴纳企业所得税,不得在税前分配该项目的利润。同时不能因接受投资方投资额而在成本中摊销或在税前扣除相关的利息支出。

2. 投资方取得该项目的营业利润应视同股息、红利进行相关的税务处理。"

根据这一规定,企业所得税对没有成立独立法人企业的合作建房,主要是根据其分配形式不同而处理不一,对合作合同或协议约定是向投资人分配开发产品的,那就以投资人的投资额为基数来确认企业所得税收入,其中合作的项目如果已经结算计税成本的,那应分配给投资方开发产品的计税成本与其投资额之间的差额就作为当期应纳税所得额处理来计算缴纳企业所得税；如合作的项目还未结算计税成本，则将投资方的投资额视同销售收入进行相关的税务处理，也就是先按计税毛利率来计算计税毛利额，然后按规定扣除允许税前扣除的项目后作为当期应纳税所得额进行相关的税务处理。针对本案例，甲方应分配给投资人乙方的50%房屋产权的企业所得税计税依据就是乙方投入的3亿元，而不是惯常所认为的50%房屋的市场公允价值，然后再看合作项目是否已经开始结算计税成本再做不同的税务处理。

如果合作合同或协议约定是向投资人分配项目利润的，则须按一般企业分红来操作，即接受投资的企业首先应将该项目产生的营业利润额并入企业当期应纳税所得额统一申报缴纳企业所得税，不得在税前分配该项目的利润。同时，由于投资方投入的资金是以投资形式而不是借款形式存在，所以接受投资的企业不能因接受投资方投资额而在成本中摊销或在税前扣除相关的利息支出。而对于投资方而言，投资方取得该项目的营业利润应视同股息、红利进行相关的税务处理，即：①投资方属于居民企业的，其取得该项目的营业利润依据《中华人民共和国企业所得税法》（主席令第63号）第二十六条第（二）项"符合条件的居民企业之间的股息、红利等权益性投资收益"及《中华人民共和国企业所得税法实施条例》（国务院令第512号）第八十三条"企业所得税法第二十六条第（二）项所称符合条件的居民企业之间的股息、红利等权益性投资收益，是指居民企业直接投资于其他居民企业取得的投资收益"的规定，享受免税待遇。当然，投资方企业若想切实享受到免征企业所得税的优惠待遇，还得依据《国家税务总局关于发布〈企业所得税优惠政策事项办理办法〉的公告》（国家税务总局公告2015年第76号）的相关规定，向税务机关报送《企业所得税优惠事项备案表》，履行备案程序。②投资方属于非居民企业的，其取得该项目的营业利润则须依据《企业所得税法》《企业所得税法实施条例》以及《国家税务总局关于非居民企业所得税源泉扣缴有关问题的公告》（国家税务总局公告2017年第37号）等有关规定执行。③投资方属于应征收个人所得税的自然人、个人独资企业、合伙企业等性质的，则须依据个人所得税法相关规定按"股息红利所得"计算缴纳。

（二）以换取开发产品为目的，将土地使用权投资其他企业房地产开发项目的处理

根据《国家税务总局关于印发〈房地产开发经营业务企业所得税处理办法〉的通知》（国税发〔2009〕31号）第三十七条规定："企业以换取开发产品为目的，将土地使用权投资其他企业房地产开发项目的，按以下规定进行处理：

企业应在首次取得开发产品时，将其分解为转让土地使用权和购入开发产品两项经济业务进行所得税处理，并按应从该项目取得的开发产品（包括首次取得的和以后应取得的）的市场公允价值计算确认土地使用权转让所得或损失。"

这种情形下，土地使用权在投资环节就需要办理过户手续，土地使用权属随之发生变化，根据我国土地管理方面的法律法规和流转税（营业税、增值税等）和所得税等税收法规、政策规定，无疑需要作为销售处理，但由于土地权属的转移是为了换取相应的开发产品，没有产生现金流收入，所以在涉税处理方面，一般是按其后期取得的开发产品的公允价值作为计算其土地使用权转让所得或损失。

(三) 企业以非货币交易方式取得土地使用权成本的处理

对于接受土地使用权作为合作条件的另一方而言,其取得土地使用权的成本,则由于其合作的形式不同而处理不同,即根据《国家税务总局关于印发〈房地产开发经营业务企业所得税处理办法〉的通知》(国税发〔2009〕31号)第三十一条规定:"企业以非货币交易方式取得土地使用权的,应按下列规定确定其成本:

(一) 企业、单位以换取开发产品为目的,将土地使用权投资企业的,按下列规定进行处理:

1. 换取的开发产品如为该项土地开发、建造的,接受投资的企业在接受土地使用权时暂不确认其成本,待首次分出开发产品时,再按应分出开发产品(包括首次分出的和以后应分出的)的市场公允价值和土地使用权转移过程中应支付的相关税费计算确认该项土地使用权的成本。如涉及补价,土地使用权的取得成本还应加上应支付的补价款或减除应收到的补价款。

2. 换取的开发产品如为其他土地开发、建造的,接受投资的企业在投资交易发生时,按应付出开发产品市场公允价值和土地使用权转移过程中应支付的相关税费计算确认该项土地使用权的成本。如涉及补价,土地使用权的取得成本还应加上应支付的补价款或减除应收到的补价款。

(二) 企业、单位以股权的形式,将土地使用权投资企业的,接受投资的企业应在投资交易发生时,按该项土地使用权的市场公允价值和土地使用权转移过程中应支付的相关税费计算确认该项土地使用权的取得成本。如涉及补价,土地使用权的取得成本还应加上应支付的补价款或减除应收到的补价款。"

需要注意的是,企业所得税对接受土地投资的企业,在允许土地成本税前扣除方面是以分出的开发产品(包括首次分出的和以后应分出的)的市场公允价值和土地使用权转移过程中应支付的相关税费计算确认该项土地使用权的成本。或者是以该项土地使用权的市场公允价值和土地使用权转移过程中应支付的相关税费计算确认该项土地使用权的取得成本。两者涉及补价的,土地使用权的取得成本还需要加上应支付的补价款或减除应收到的补价款。没有强调必须取得出地方开具土地票据。但从增值税的角度出发,以土地使用权对外投资不论是否有作价,都需要视为是一种转让无形资产——土地使用权的行为征收增值税,而对于接受土地投资的那方而言,此时必须取得相应的土地转让增值税专用发票才有办法获得相应的进项税额抵扣,否则接受投资方将蒙受重大损失。因此,结合增值税和企业所得税的规定,笔者认为企业、单位(简称出地方)若以股权的形式将土地使用权投资企业的,接受投资的企业应在投资交易发生时,要求出地方按该项土地使用权的市场公允价值开具增值税专用发票。若企业、单位是以换取开发产品为目的将土地使用权投资企业的,而且换取的开发产品如为该项土地开发、建造的,接受投资的企业应在首次分出开发产品时,要求出地方按应分出开发产品(包括首次分出的和以后应分出的)的市场公允价值开具增值税专用发票;如果换取的开发产品如为其他土地开发、建造的,接受投资的企业应在投资交易发生时,要求出地方按应付出开发产品市场公允价值开具增值税专用发票。

第五节 | 房地产企业视同销售项目的涉税处理

视同销售,一般是指纳税人在会计上有些不作为销售核算或虽作为销售核算,但没有现金流入产生,而在税收上都要作为销售确认收入计缴税金的商品或劳务、服务、无形资产以及不动产的转移行为。增值税上的视同销售,本质为增值税"抵扣进项并产生销项"的链条终止,比如,将货物用于无偿赠送,用于个人消费或者职工福利等等,而会计上没有做销售处理。企业所得税上的视同销售,代表货物的所有权属发生转移,而会计上没有做收入处理。会计上的视同销售,是指没有产生收入但是视同产生收入了。近年来,随着我国房地产行业的不断发展,房地产开发企业的资产经营行为也日趋增多,视同销售行为也就时有发生。为规范房地产开发企业的纳税行为,不同税法针对房地产开发企业视同销售的收入的确认问题都做了相关规定,尽管同样属于视同视同销售行为,但税法在增值税、土地增值税及企业所得税上的处理规则并不一致,税税之间存在着一定的差异,企业在日常的税务处理中,如不引起重视将面临着一定的纳税风险。本文尝试从房地产企业应作为视同销售的行为、收入确认时限以及收入确认方法等三个方面对税税之间的差异做一简要分析。

一、增值税对视同销售行为的处理规则

(一) 增值税对视同销售行为的认定

1. 增值税暂行条例实施细则的规定

根据《中华人民共和国增值税暂行条例实施细则》(财政部 国家税务总局令 2008 年第 50 号)第四条规定,单位或者个体工商户的下列行为,视同销售货物:"(一)将货物交付其他单位或者个人代销;(二)销售代销货物;(三)设有两个以上机构并实行统一核算的纳税人,将货物从一个机构移送其他机构用于销售,但相关机构设在同一县(市)的除外;(四)将自产或者委托加工的货物用于非增值税应税项目;(五)将自产、委托加工的货物用于集体福利或者个人消费;(六)将自产、委托加工或者购进的货物作为投资,提供给其他单位或者个体工商户;(七)将自产、委托加工或者购进的货物分配给股东或者投资者;(八)将自产、委托加工或者购进的货物无偿赠送其他单位或者个人。"

《增值税暂行条例实施细则》规定的八种视同销售行为,因 2017 年 11 月 19 日国务院令第 691 号废止了营业税暂行条例,其中第(四)项"将自产或者委托加工的货物用于非增值税应税项目"中的"非增值税应税项目"可能需进一步予以明确,其余的七种视同销售行为不仅只适用于老增值税纳税人,"营改增"纳税人发生同类事项的一样要适用,这个需要引起"营改增"纳税人重视。

2. "营改增"文件的规定

根据《财政部 国家税务总局关于全面推开营业税改征增值税试点的通知》(财税〔2016〕36 号)附件 1《营业税改征增值税试点实施办法》第十四条规定,下列情形视同销售

服务、无形资产或者不动产:"(一)单位或者个体工商户向其他单位或者个人无偿提供服务,但用于公益事业或者以社会公众为对象的除外。(二)单位或者个人向其他单位或者个人无偿转让无形资产或者不动产,但用于公益事业或者以社会公众为对象的除外。(三)财政部和国家税务总局规定的其他情形。"

上述规定中所谓的"公益事业",根据《中华人民共和国公益事业捐赠法》有关规定,是指非营利的下列事项:

(1) 救助灾害、救济贫困、扶助残疾人等困难的社会群体和个人的活动。

(2) 教育、科学、文化、卫生、体育事业。

(3) 环境保护、社会公共设施建设。

(4) 促进社会发展和进步的其他社会公共和福利事业。

根据我国宪法规定,社会公众是指参与社会活动的民众群体。房地产企业所建造的基础设施或公共配套设施如学校、医院、幼儿园、会所、文体场馆、车位车库等的处置处理都有可能涉及视同销售问题,详见下文分析。

(二) 增值税对视同销售收入确认时限的认定

1. 增值税暂行条例实施细则的规定

根据《国务院关于废止〈中华人民共和国营业税暂行条例〉和修改〈中华人民共和国增值税暂行条例〉的决定》(国务院令第 691 号)第十九条规定,增值税纳税义务发生时间:"(一)发生应税销售行为,为收讫销售款项或者取得索取销售款项凭据的当天;先开具发票的,为开具发票的当天。"

《增值税暂行条例实施细则》第三十八条规定,条例第十九条第一款第(一)项规定的收讫销售款项或者取得索取销售款项凭据的当天,按销售结算方式的不同,具体为:"(五)委托其他纳税人代销货物,为收到代销单位的代销清单或者收到全部或者部分货款的当天。未收到代销清单及货款的,为发出代销货物满 180 天的当天;

(六)销售应税劳务,为提供劳务同时收讫销售款或者取得索取销售款的凭据的当天;

(七)纳税人发生本细则第四条第(三)项至第(八)项所列视同销售货物行为,为货物移送的当天。"

2. "营改增"文件的规定

《营改增实施办法》第四十五条规定,增值税纳税义务、扣缴义务发生时间为:"(四)纳税人发生本办法第十四条规定情形的,其纳税义务发生时间为服务、无形资产转让完成的当天或者不动产权属变更的当天。"

(三) 增值税对视同销售收入额确认的认定

1. 增值税暂行条例实施细则的规定

《增值税暂行条例实施细则》第十六条规定,纳税人有条例第七条所称价格明显偏低并无正当理由或者有本细则第四条所列视同销售货物行为而无销售额者,按下列顺序确定销售额:"(一)按纳税人最近时期同类货物的平均销售价格确定;

(二) 按其他纳税人最近时期同类货物的平均销售价格确定;

（三）按组成计税价格确定。组成计税价格的公式为：

$$组成计税价格＝成本×(1＋成本利润率)$$

属于应征消费税的货物,其组成计税价格中应加计消费税额。

公式中的成本是指:销售自产货物的为实际生产成本,销售外购货物的为实际采购成本。公式中的成本利润率由国家税务总局确定。"

2."营改增"文件的规定

《营改增实施办法》第四十四条规定,纳税人发生应税行为价格明显偏低或者偏高且不具有合理商业目的的,或者发生本办法第十四条所列行为而无销售额的,主管税务机关有权按照下列顺序确定销售额:"（一）按照纳税人最近时期销售同类服务、无形资产或者不动产的平均价格确定。

（二）按照其他纳税人最近时期销售同类服务、无形资产或者不动产的平均价格确定。

（三）按照组成计税价格确定。组成计税价格的公式为：

$$组成计税价格＝成本×(1＋成本利润率)$$

成本利润率由国家税务总局确定。

不具有合理商业目的,是指以谋取税收利益为主要目的,通过人为安排,减少、免除、推迟缴纳增值税税款,或者增加退还增值税税款。"

（四）房地产企业视同销售情形

根据上述增值税对视同销售认定的相关规定,针对房地产企业而言,其在日常经营中可能出现的视同销售主要有如下一些情形。

1. 视同销售情形之一:将开发产品用于对外投资、分配等用途的,需视同销售缴纳增值税

房地产开发企业将开发产品用于集体福利或个人消费、对外投资、分配给股东或者投资者、无偿赠送等应当视同销售。房地产视同销售包括以下四种情形,视同发生销售行为,应按规定缴纳增值税。

（1）将开发产品用于集体福利或个人消费。

（2）将开发产品作为投资,提供给其他单位或个体经营者。

（3）将开发产品用于分配给股东或投资者。

根据《增值税暂行条例实施细则》规定,房地产企业若出现将开发产品用于上述用途的,都需要视同销售要缴纳增值税。

2. 视同销售情形之二:公共配套设施无偿赠送其他单位或者个人的,需视同销售缴纳增值税

一般情况下,房地产开发企业在项目开发中都会发生一定额度的公共配套设施费。所谓公共配套设施费是指开发项目内发生的、独立的、非营利性的且产权属于全体业主的,或无偿赠与地方政府、政府公共事业单位的公共配套设施费用等。房地产开发企业建成的公共配套设施主要有物业管理用房、人防设施、变电站、热力站、水厂、居委会、派出

所、托儿所、幼儿园、学校、医院、邮电通讯、车位、车库、会所等房产。房地产企业为建造这些公共配套设施发生的成本费用支出,一般都会将其摊入可售面积中去,也就是说可售面积的售价中其实已经包含了这些建造成本费用支出。在全面"营改增"之前,营业税曾经对这些公共配套设施转让给他人时是否作为应税收入作出过明确规定,已经被《国家税务总局关于公布全文失效废止和部分条款废止的税收规范性文件目录的公告》(国家税务总局公告 2016 年第 34 号)自 2016 年 5 月 29 日起废止的《国家税务总局关于外商投资企业从事城市住宅小区建设征收营业税问题的批复》(国税函发〔1995〕549 号)规定:"对最终转让时未作价结算的住宅区配套公共设施(如居委会用房、车棚、托儿所等),凡转让收入已包含在住宅房屋转让价格中并已征收营业税的,不再征收营业税。"全面"营改增"之后,相关"营改增"规定尚未对此作出明确规定,各地执行口径不一,如《湖北省税务局营改增政策执行口径第二辑》(2016 年 5 月 23 日)第 51 个问题"房地产企业将建设的医院、幼儿园、学校、供水设施、变电站、市政道路等配套设施无偿赠送(移交)给政府的,是否视同销售的问题"明确:"房地产企业将建设的医院、幼儿园、学校、供水设施、变电站、市政道路等配套设施无偿赠送(移交)给政府的,如果上述设施在可售面积之外,作为无偿赠送的服务用于公益事业,不视同销售;如果上述配套设施在可售面积之内,则应视同销售,征收增值税。"而《安徽省国家税务局营改增热点难点问题(房地产)》(2017 年 1 月 3 日)在对第 3 个问题"房地产开发公司为其开发的房地产项目配套建设的学校、幼儿园,其相应的进项税额能否抵扣? 若将学校、幼儿园无偿赠送给政府,是作为视同销售处理,还是做进项转出处理?"回答中明确"房地产开发公司为其开发的房地产项目配套建设的学校、幼儿园,其相应的进项税额可以抵扣。若将学校、幼儿园无偿赠送给政府,不需要按视同销售计提销项税额,也不要做进项税额转出。"再者,《福建国税 12366 营改增热点问答(2016.7.4)》中"14、房地产企业将建设的医院、幼儿园、学校、供水设施、变电站、市政道路等配套设施无偿赠送(移交)给政府的,是否视同销售"明确"答:房地产企业将建设的医院、幼儿园、学校、供水设施、变电站、市政道路等配套设施无偿赠送(移交)给政府的,如果上述设施属于未单独作价结算的配套公共设施,无偿赠送用于公益事业,不视同销售;否则,则应视同销售征收增值税。"

　　三个地方三种口径,其中湖北国税认为公共配套设施不需要视同销售的条件有三:一是受赠(移交)的对象是政府;二是配套设施在可售面积之外;三是用于公益事业。而对于在可售面积之内的配套设施,则不论是否无偿赠送(移交)给政府,也不论是否用于公益事业都认为应视同销售,征收增值税。湖北国税的这个认定,笔者认为与《营改增实施办法》第十四条第(二)项的规定有一定差异,值得商榷。安徽国税则不论学校、幼儿园无偿赠送给政府是否用于公益事业,都认为不需要按视同销售。对除学校、幼儿园以外的其他公共配套设施(如医院、邮电通讯等)无偿赠送给政府或其他单位是否视同销售态度不明。福建国税无疑延续了原营业税时代的做法,认为如果"属于未单独作价结算的配套公共设施"且无偿赠送用于公益事业,不视同销售;否则,则应视同销售征收增值税。笔者个人比较同意福建国税的口径。建议国家层面应尽快对此类问题予以明确。

　　其他的诸如"拆一还一""买一赠一"以及合作建房等视同销售,在前面的章节都已经

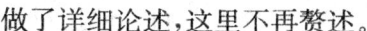

做了详细论述，这里不再赘述。

二、土地增值税对视同销售行为的处理规则

土地增值税对我国境内单位和个人的转让国有土地使用权、地上的建筑物及其附着物，即房地产权属发生转移的行为是否视同销售出台的相关政策规定主要有：

（1）根据《中华人民共和国土地增值税暂行条例实施细则》（财法字〔1995〕006号）规定："第二条条例第二条所称的转让国有土地使用权、地上的建筑物及其附着物取得收入，是指以出售或者其他方式有偿转让房地产的行为。不包括以继承、赠与方式无偿转让房地产的行为。"

（2）根据《财政部　国家税务总局关于土地增值税一些具体问题规定的通知》（财税字〔1995〕048号）规定："四、关于细则中'赠与'所包括的范围问题

细则所称的'赠与'是指如下情况：（一）房产所有人、土地使用权所有人将房屋产权、土地使用权赠与直系亲属开承担直接赡养义务人的。（二）房产所有、土地使用权所有人通过中国境内非营利的社会团体、国家机关将房屋产权、土地使用权赠与教育、民政和其他社会福利、公益事业的。

上述社会团体是指中国青少年发展基金会、希望工程基金会、宋庆龄基金会、减灾委员会、中国红十字会、中国残疾人联合会、全国老年基金会、老区促进会以及经民政部门批准成立的其他非营利的公益性组织。"

（3）根据《国家税务总局关于房地产开发企业土地增值税清算管理有关问题的通知》（国税发〔2006〕187号）第三条"非直接销售和自用房地产的收入确定"和《国家税务总局关于印发〈土地增值税清算管理规程〉的通知》（国税发〔2009〕91号）第十九条"非直接销售和自用房地产的收入确定"同时规定："（一）房地产开发企业将开发产品用于职工福利、奖励、对外投资、分配给股东或投资人、抵偿债务、换取其他单位和个人的非货币性资产等，发生所有权转移时应视同销售房地产，其收入按下列方法和顺序确认：1.按本企业在同一地区、同一年度销售的同类房地产的平均价格确定；2.由主管税务机关参照当地当年、同类房地产的市场价格或评估价值确定。"

（4）根据《国家税务总局关于印发〈土地增值税清算鉴证业务准则〉的通知》（国税发〔2007〕132号）第二十三条规定，纳税人将开发的房地产用于职工福利、奖励、对外投资、分配给股东或投资人、抵偿债务、换取其他单位和个人的非货币性资产等，发生所有权转移时应视同销售房地产，其视同销售收入按下列方法和顺序审核确认：

①　按本企业当月销售的同类房地产的平均价格核定。

②　按本企业在同一地区、同一年度销售的同类房地产的平均价格确认。

③　参照当地当年、同类房地产的市场价格或评估价值确认。

（5）根据《国家税务总局关于土地增值税清算有关问题的通知》（国税函〔2010〕220号）第六条"关于拆迁安置土地增值税计算问题"中规定："（一）房地产企业用建造的本项目房地产安置回迁户的，安置用房视同销售处理，按《国家税务总局关于房地产开发企业土地增值税清算管理有关问题的通知》（国税发〔2006〕187号）第三条第（一）款规定确认

收入,同时将此确认为房地产开发项目的拆迁补偿费。房地产开发企业支付给回迁户的补差价款,计入拆迁补偿费;回迁户支付给房地产开发企业的补差价款,应抵减本项目拆迁补偿费。(二)开发企业采取异地安置,异地安置的房屋属于自行开发建造的,房屋价值按国税发〔2006〕187号第三条第(一)款的规定计算,计入本项目的拆迁补偿费;异地安置的房屋属于购入的,以实际支付的购房支出计入拆迁补偿费。(三)货币安置拆迁的,房地产开发企业凭合法有效凭据计入拆迁补偿费。"

(6)根据《国家税务总局关于营改增后土地增值税若干征管规定的公告》(国家税务总局公告2016年第70号)规定:"一、关于营改增后土地增值税应税收入确认问题

营改增后,纳税人转让房地产的土地增值税应税收入不含增值税。适用增值税一般计税方法的纳税人,其转让房地产的土地增值税应税收入不含增值税销项税额;适用简易计税方法的纳税人,其转让房地产的土地增值税应税收入不含增值税应纳税额。

为方便纳税人,简化土地增值税预征税款计算,房地产开发企业采取预收款方式销售自行开发的房地产项目的,可按照以下方法计算土地增值税预征计征依据:

土地增值税预征的计征依据＝预收款－应预缴增值税税款

二、关于营改增后视同销售房地产的土地增值税应税收入确认问题

纳税人将开发产品用于职工福利、奖励、对外投资、分配给股东或投资人、抵偿债务、换取其他单位和个人的非货币性资产等,发生所有权转移时应视同销售房地产,其收入应按照《国家税务总局关于房地产开发企业土地增值税清算管理有关问题的通知》(国税发〔2006〕187号)第三条规定执行。纳税人安置回迁户,其拆迁安置用房应税收入和扣除项目的确认,应按照《国家税务总局关于土地增值税清算有关问题的通知》(国税函〔2010〕220号)第六条规定执行。"

从上述规定可以看出,除继承房地产,将房地产赠与给直系亲属或承担直接赡养义务人,通过中国境内非营利的社会团体、国家机关将房屋产权、土地使用权赠与教育、民政和其他社会福利、公益事业的等几种情形外,包括房地产企业在内的房产所有人、土地使用权所有人将房地产不论是用于职工福利、奖励、对外投资、分配给股东或投资人、抵偿债务、换取其他单位和个人的非货币性资产等,还是用于无偿赠与等行为,只要房地产权属发生转移,都要视同销售。视同销售收入确认的时限是以发生所有权转移为标准。视同销售收入额确认主要有两种方法和顺序确认:①按本企业在同一地区、同一年度销售的同类房地产的平均价格确定;②由主管税务机关参照当地当年、同类房地产的市场价格或评估价值确定。针对房地产开发项目,税务师事务所、会计师事务所等中介鉴证机构在进行土地增值税清算鉴证业务时,还可以按房地产开发企业当月销售的同类房地产的平均价格核定。

三、企业所得税对视同销售行为的处理规则

企业所得税对企业发生房地产权属转移行为是否视同销售出台的相关政策规定主要有:

(1)《中华人民共和国企业所得税法实施条例》(国务院令第512号)第二十五条规

定:"企业发生非货币性资产交换,以及将货物、财产、劳务用于捐赠、偿债、赞助、集资、广告、样品、职工福利或者利润分配等用途的,应当视同销售货物、转让财产或者提供劳务,但国务院财政、税务主管部门另有规定的除外。"

(2)《国家税务总局关于企业处置资产所得税处理问题的通知》(国税函〔2008〕828号)规定:"根据《中华人民共和国企业所得税法实施条例》第二十五条规定,现就企业处置资产的所得税处理问题通知如下:

一、企业发生下列情形的处置资产,除将资产转移至境外以外,由于资产所有权属在形式和实质上均不发生改变,可作为内部处置资产,不视同销售确认收入,相关资产的计税基础延续计算。

(一)将资产用于生产、制造、加工另一产品;

(二)改变资产形状、结构或性能;

(三)改变资产用途(如,自建商品房转为自用或经营);

(四)将资产在总机构及其分支机构之间转移;

(五)上述两种或两种以上情形的混合;

(六)其他不改变资产所有权属的用途。

二、企业将资产移送他人的下列情形,因资产所有权属已发生改变而不属于内部处置资产,应按规定视同销售确定收入。

(一)用于市场推广或销售;

(二)用于交际应酬;

(三)用于职工奖励或福利;

(四)用于股息分配;

(五)用于对外捐赠;

(六)其他改变资产所有权属的用途。"

(3)《国家税务总局关于印发〈房地产开发经营业务企业所得税处理办法〉的通知》(国税发〔2009〕31号,简称国税发〔2009〕31号文件)第七条规定:"企业将开发产品用于捐赠、赞助、职工福利、奖励、对外投资、分配给股东或投资人、抵偿债务、换取其他企事业单位和个人的非货币性资产等行为,应视同销售,于开发产品所有权或使用权转移,或于实际取得利益权利时确认收入(或利润)的实现。确认收入(或利润)的方法和顺序为:(一)按本企业近期或本年度最近月份同类开发产品市场销售价格确定;(二)由主管税务机关参照当地同类开发产品市场公允价值确定;(三)按开发产品的成本利润率确定。开发产品的成本利润率不得低于15%,具体比例由主管税务机关确定。"

(4)《国家税务总局关于资产(股权)划转企业所得税征管问题的公告》(国家税务总局公告2015年第40号)规定:"一、《通知》第三条所称'100%直接控制的居民企业之间,以及受同一或相同多家居民企业100%直接控制的居民企业之间按账面净值划转股权或资产',限于以下情形:(一)100%直接控制的母子公司之间,母公司向子公司按账面净值划转其持有的股权或资产,母公司获得子公司100%的股权支付。母公司按增加长期股权投资处理,子公司按接受投资(包括资本公积,下同)处理。母公司获得子公司股权的计税基础以划转股权或资产的原计税基础确定。(二)100%直接控制的母子公司之间,母公司向子公司按账面净值划转其持有的股权或资产,母公司没有获得任何股权或非股权支付。母公司按冲减实收资本(包括资本公积,下同)处理,子公司按接受投资处理。(三)100%直接控制的母子公司之间,子公司向母公司按账面净值划转其持有的股权或资产,子公司没有获得任何股权或非股权支付。母公司按收回投资处理,或按接受投资处理,子公司按冲减实收资本处理。母公司应按被划转股权或资产的原计税基础,相应调减持有子公司股权的计税基础。(四)受同一或相同多家母公司100%直接控制的子公司之间,在母公司主导下,一家子公司向另一家子公司按账面净值划转其持有的股权或资产,划出方没有获得任何股权或非股权支付。划出方按冲减所有者权益处理,划入方按接受投资处理。

七、交易一方在股权或资产划转完成日后连续12个月内发生生产经营业务、公司性质、资产或股权结构等情况变化,致使股权或资产划转不再符合特殊性税务处理条件的,发生变化的交易一方应在情况发生变化的30日内报告其主管税务机关,同时书面通知另一方。另一方应在接到通知后30日内将有关变化报告其主管税务机关。

八、本公告第七条所述情况发生变化后60日内,原交易双方应按以下规定进行税务处理:

(一)属于本公告第一条第(一)项规定情形的,母公司应按原划转完成时股权或资产的公允价值视同销售处理,并按公允价值确认取得长期股权投资的计税基础;子公司按公允价值确认划入股权或资产的计税基础。

属于本公告第一条第(二)项规定情形的,母公司应按原划转完成时股权或资产的公允价值视同销售处理;子公司按公允价值确认划入股权或资产的计税基础。

属于本公告第一条第(三)项规定情形的,子公司应按原划转完成时股权或资产的公允价值视同销售处理;母公司应按撤回或减少投资进行处理。

属于本公告第一条第(四)项规定情形的,划出方应按原划转完成时股权或资产的公允价值视同销售处理;母公司根据交易情形和会计处理对划出方按分回股息进行处理,或者按撤回或减少投资进行处理,对划入方按以股权或资产的公允价值进行投资处理;划入方按接受母公司投资处理,以公允价值确认划入股权或资产的计税基础。

(二)交易双方应调整划转完成纳税年度的应纳税所得额及相应股权或资产的计税基础,向各自主管税务机关申请调整划转完成纳税年度的企业所得税年度申报表,依法计算缴纳企业所得税。"

笔者注 上述文件中所谓的《通知》系指《财政部国家税务总局关于促进企业重组有关企业所得税处理问题的通知》(财税〔2014〕109号)。

(5)根据《财政部 国家税务总局关于公益股权捐赠企业所得税政策问题的通知》(财税〔2016〕45号)规定:"一、企业向公益性社会团体实施的股权捐赠,应按规定视同转让股权,股权转让收入额以企业所捐赠股权取得时的历史成本确定。前款所称的股权,是指企业持有的其他企业的股权、上市公司股票等。"

(6)《国家税务总局关于企业所得税有关问题的公告》(国家税务总局公告2016年第80号)规定:"企业发生《国家税务总局关于企业处置资产所得税处理问题的通知》(国税函〔2008〕828号)第二条规定情形的,除另有规定外,应按照被移送资产的公允价值确定销售收入。上述规定适用于2016年度及以后年度企业所得税汇算清缴。"

(7)《国家税务总局关于确认企业所得税收入若干问题的通知》(国税函〔2008〕875号)规定:"三、企业以买一赠一等方式组合销售本企业商品的,不属于捐赠,应将总的销售金额按各项商品的公允价值的比例来分摊确认各项的销售收入。"

从企业所得税规定看出,企业只要发生非货币性资产交换或存在将货物、财产、劳务移送给他人的行为,因资产所有权属已发生改变,都要求按规定视同销售确定收入;而即使是资产所有权属在形式和实质上均不发生改变的内部处置资产,但如果是将资产转移至境外如资产从境内总机构转移到境外分支机构,也要求按规定视同销售确定收入。但对于企业以买一赠一等方式组合销售本企业商品的,认定为不属于捐赠,不需要按规定视同销售确定收入。此外,从视同销售收入确认的时限和收入额来看,企业所得税要求在资产权属发生转移时要按照被移送资产的公允价值确定销售收入,而针对房地产开发企业将开发产品用于捐赠、赞助、职工福利、奖励、对外投资、分配给股东或投资人、抵偿债务、换取其他企事业单位和个人的非货币性资产等行为,国税发〔2009〕31号文件明确规定应在开发产品所有权或使用权转移,或于实际取得利益权利时确认收入(或利润)的实现。确认收入(或利润)的方法和顺序为:①按本企业近期或本年度最近月份同类开发产品市场销售价格确定;②由主管税务机关参照当地同类开发产品市场公允价值确定;③按开发产品的成本利润率确定。开发产品的成本利润率不得低于15%,具体比例由主管税务机关确定。针对企业存在的股权或资产划转行为,企业所得税要求交易一方在股权或资产划转完成日后连续12个月内不得发生生产经营业务、公司性质、资产或股权结构等情况变化,否则母公司或子公司都应按原划转完成时股权或资产的公允价值视同销售处理,同时允许接受股权或资产的划转方按公允价值确认划入股权或资产的计税基础。

第六节 | 房地产项目售后回租销售模式的涉税处理

售后回租,又称售后包租、售后返租、售后承租,本意是承租人将其拥有所有权的物品出售给出租人,再从出租人手里将该物品重新租回使用,是一种集销售和融资为一体的特殊形式,是企业筹集资金的新型方法。在售后回租交易中,承租人与出租人都具有双重身份,进行双重交易,形成资产价值和使用价值的离散现象,具体表现在以下几个方面:

(1)交易业务的双重性。售后回租交易双方具有业务上的双重身份,因而业务处理上具有重叠性。其一,资产销售方同时又是承租人,一方面企业通过销售业务实现资产销售,取得销售收入,另一方面又作为承租方向对方租入资产用于生产过程,从而实现资产价值和交换价值,具有经济业务的双重身份。其二,资产购买者同时又是出租方,企业通过购买对方单位的资产取得资产所有权,同时又作为出租方转移资产使用权,取得资产使用权转让收入,实现资产的使用价值的再循环,具有业务上的双重性,是融资产销售和资产租赁为一体的特殊交易行为。

(2)资产价值转移与实物转移相分离。在售后回租的交易过程中,出售方对资产所有权转让并不要求资产实物发生转移,因而出售方(承租方)在售后回租交易过程中可以不间断地使用资产。作为购买方即出租方,则只是取得资产的所有权,取得商品所有权上的风险与报酬,并没有在实质上掌握资产的实物,因而形成实物转移与价值转移的分离。

(3)资产形态发生转换。售后回租交易是承租人在不改变其对租赁物占用和使用的前提下,将固定资产及类似资产向流动资产转换的过程,从而增强了长期资产价值的流动性,促进了本不活跃的长期资金发生流动,提高了全部资金的使用效率。这样,一方面解决了企业流动资金困难的问题,另一方面盘活了固定资产,有效地利用现有资产,加速资金再循环,产生资本扩张效应。

(4)资产转让收益的非实时性。《企业会计准则——租赁》规定,卖主(即承租人)不得将售后回租损益确认为当期损益,而应予递延,分期计入各期损益。一般认为,资产转让收益应计入当期损益,而在售后回租交易中,资产的售价与资产的租金是相互联系的,因此,资产的转让损益在以后各会计期间予以摊销,而不作为当期损益考虑。这样做的目的是为了防止承租人利用这种交易达到人为操纵利润的目的,同时避免承租人由于租赁业务产生各期损益的波动。

而房地产行业的"售后回租"业务,经常被用于各类商业地产的促销及推广。一般是指开发商在向购房者销售商铺、写字楼、酒店式公寓等房产的同时,又与购房者签订该房产的房屋租赁合同的一种特殊销售模式。购房者所购商品房在一定期限内由开发商统一承租经营,并且开发商承诺将给予购房者一定比例的租金回报。在该种模式下,投资者可以通过商业房地产的不断升值获取投资收益,还可以享受稳定的租金回报,因此不必劳神费力即可坐享"低风险投资、高收益回报"。但是投资者也面临着诸多不确定的风险,甚至发生开发商承担不起后期的租金支出而"跑路"现象,而开发商在这种销售模式中,虽然可以快速回笼资金,甚至还可以借此抬高房产的售价,但运作不当也会产生很多涉税风险。

【案例4-5】 甲开发商为增值税一般纳税人,2017年采用售后返租方式销售某一2015年开工建设的老项目商铺。开发商与购房者同时签订房地产买卖合同和租赁合同,约定包租10年,商铺按优惠价80%(假设不含税售价100万元,即按80万元)出售。在双方签订的《委托经营管理合同》中约定,前两年租金作为销售折扣已直接从应支付的总房款中扣除,这一期间商铺的出租收益归属开发商所有。从第3年开始,开发商每年分两期按不含税售价的10%支付租金给购房者,购房者取得租金收益时不需要出具相应的租金票据。商铺在销售时,开发商直接按80万元与购房者签订《商品房买卖合同》,并按80万元开具销售不动产增值税发票。

【问题】 甲开发商与购房者在售(购)房以及后续委托经营管理过程中各自的涉税风险有哪些?

【案例分析】

一、甲开发商销售回租商铺涉及的税收风险

(一)销售回租商铺涉及的增值税风险

(1)根据《财政部 国家税务总局关于全面推开营业税改征增值税试点的通知》(财税〔2016〕36号)附件2《营业税改征增值税试点有关事项的规定》第一条第(三)项"销售额"中规定:"10.房地产开发企业中的一般纳税人销售其开发的房地产项目(选择简易计税方法的房地产老项目除外),以取得的全部价款和价外费用,扣除受让土地时向政府部门支付的土地价款后的余额为销售额。

房地产老项目,是指《建筑工程施工许可证》注明的合同开工日期在2016年4月30日前的房地产项目。"

(2)根据《营改增有关事项的规定》第一条第(八)项"销售不动产"中规定:"7.房地产开发企业中的一般纳税人,销售自行开发的房地产老项目,可以选择适用简易计税方法按照5%的征收率计税。"

(3)根据《国家税务总局关于发布〈房地产开发企业销售自行开发的房地产项目增值税征收管理暂行办法〉的公告》(国家税务总局公告2016年第18号)规定:"第八条 一般纳税人销售自行开发的房地产老项目,可以选择适用简易计税方法按照5%的征收率计税。一经选择简易计税方法计税的,36个月内不得变更为一般计税方法计税。

房地产老项目,是指:

(一)《建筑工程施工许可证》注明的合同开工日期在2016年4月30日前的房地产项目;

(二)《建筑工程施工许可证》未注明合同开工日期或者未取得《建筑工程施工许可证》但建筑工程承包合同注明的开工日期在2016年4月30日前的建筑工程项目。

第九条 一般纳税人销售自行开发的房地产老项目适用简易计税方法计税的,以取得的全部价款和价外费用为销售额,不得扣除对应的土地价款。"

(4)根据《财政部 国家税务总局关于全面推开营业税改征增值税试点的通知》(财税〔2016〕36号)附件1《营业税改征增值税试点实施办法》第四十三条规定:"纳税人发生应税行为,将价款和折扣额在同一张发票上分别注明的,以折扣后的价款为销售额;未在同一张发票上分别注明的,以价款为销售额,不得扣减折扣额。"

根据上述规定,一般纳税人销售自行开发的房地产老项目适用简易计税方法计税的,必须以取得的全部价款和价外费用为销售额,不得扣除对应的土地价款,也不得扣除未在同一张发票上分别注明的折扣额。针对本案例而言,甲开发商"商铺按优惠价80%出售",但销售价款100万元和折扣额20万元没有在"同一张发票上分别注明",所以必须以销售价款100万元为销售额,不得扣减折扣额。更关键的是,根据甲开发商与购房者双方签订的《委托经营管理合同》的约定,所谓的"商铺按优惠价80%出售",是开发商采取售后返租方式销售商铺,返租期10年,每年应支付给购房者的租金高达不含税售价的

10%,优惠的 20%价款实际上是前两年应支付给购房者的租金!把应支付给购房者的租金作为销售折扣直接从购房者应支付的总房款中扣除,不仅牛头不对马嘴,一个是销售收入,一个是应负担的承租成本,怎么能对减? 而且企业直接按 80 万元与购房者签订《商品房买卖合同》,并按 80 万元开具销售不动产增值税发票。也就是说,企业的财务账务处理是以 80 万元作为销售商铺取得的销售额,根据《中华人民共和国税收征收管理法》(主席令第 5 号)第六十三条规定:"纳税人伪造、变造、隐匿、擅自销毁账簿、记账凭证,或者在账簿上多列支出或者不列、少列收入,或者经税务机关通知申报而拒不申报或者进行虚假的纳税申报,不缴或者少缴应纳税款的,是偷税。对纳税人偷税的,由税务机关追缴其不缴或者少缴的税款、滞纳金,并处不缴或者少缴的税款百分之五十以上五倍以下的罚款;构成犯罪的,依法追究刑事责任。"对以销售折扣名义直接从总房款中扣除的前两年应付租金,其实是甲开发商应收而不收的 20%房款,甲开发商明显涉嫌偷税,不仅造成增值税及其附加税费少缴,土地增值税、企业所得税、印花税等各税一样由于计税依据减少而受损。另外,甲开发商的行为还造成购房者缴纳契税、印花税等的计税依据减少。根据《中华人民共和国税收征收管理法实施细则》(国务院令第 362 号)第九十三条规定:"为纳税人、扣缴义务人非法提供银行账户、发票、证明或者其他方便,导致未缴、少缴税款或者骗取国家出口退税款的,税务机关除没收其违法所得外,可以处未缴、少缴或者骗取的税款 1 倍以下的罚款。"对甲开发商的这种行为还可以处以购房者未缴或少缴的税款额 1 倍以下的罚款,如果在此过程中还有获得违法所得的,还要没收其违法所得。

笔者注 销售的若是新项目或者是选择适用一般计税方法的老项目,则须根据以下一些税收政策做相应的税务处理:

(1)《国家税务总局关于发布〈房地产开发企业销售自行开发的房地产项目增值税征收管理暂行办法〉的公告》(国家税务总局公告 2016 年第 18 号)规定:"第四条 房地产开发企业中的一般纳税人(以下简称一般纳税人)销售自行开发的房地产项目,适用一般计税方法计税,按照取得的全部价款和价外费用,扣除当期销售房地产项目对应的土地价款后的余额计算销售额。销售额的计算公式如下:

$$销售额=(全部价款和价外费用-当期允许扣除的土地价款)\div(1+11\%)$$

第五条 当期允许扣除的土地价款按照以下公式计算:

$$\text{当期允许扣除的土地价款}=\left(\frac{\text{当期销售房地产项目建筑面积}}{\text{房地产项目可供销售建筑面积}}\right)\times\text{支付的土地价款}$$

当期销售房地产项目建筑面积,是指当期进行纳税申报的增值税销售额对应的建筑面积。

房地产项目可供销售建筑面积,是指房地产项目可以出售的总建筑面积,不包括销售房地产项目时未单独作价结算的配套公共设施的建筑面积。

支付的土地价款,是指向政府、土地管理部门或受政府委托收取土地价款的单位直接支付的土地价款。"

(2)《财政部　国家税务总局关于明确金融、房地产开发、教育辅助服务等增值税政策的通知》（财税〔2016〕140号）"七、《营业税改征增值税试点有关事项的规定》（财税〔2016〕36号）第一条第（三）项第10点中'向政府部门支付的土地价款'，包括土地受让人向政府部门支付的征地和拆迁补偿费用、土地前期开发费用和土地出让收益等。

房地产开发企业中的一般纳税人销售其开发的房地产项目（选择简易计税方法的房地产老项目除外），在取得土地时向其他单位或个人支付的拆迁补偿费用也允许在计算销售额时扣除。纳税人按上述规定扣除拆迁补偿费用时，应提供拆迁协议、拆迁双方支付和取得拆迁补偿费用凭证等能够证明拆迁补偿费用真实性的材料。"

(3)《国家税务总局关于土地价款扣除时间等增值税征管问题的公告》（国家税务总局公告2016年第86号）规定："一、房地产开发企业向政府部门支付的土地价款，以及向其他单位或个人支付的拆迁补偿费用，按照财税〔2016〕140号文件第七、八条规定，允许在计算销售额时扣除但未扣除的，从2016年12月份（税款所属期）起按照现行规定计算扣除。"

（二）销售回租商铺涉及的土地增值税风险

(1) 根据《中华人民共和国土地增值税暂行条例》（国务院令第138号）第二条规定："转让国有土地使用权、地上的建筑物及其附着物（以下简称转让房地产）并取得收入的单位和个人，为土地增值税的纳税义务人（以下简称纳税人），应当依照本条例缴纳土地增值税。"

(2)《土地增值税暂行条例》第五条规定："纳税人转让房地产所取得的收入，包括货币收入、实物收入和其他收入。"

(3)《中华人民共和国土地增值税暂行条例实施细则》（财法字〔1995〕006号）第五条规定："条例第二条所称的收入，包括转让房地产的全部价款及有关的经济收益。"

(4)《国家税务总局关于营改增后土地增值税若干征管规定的公告》（国家税务总局公告2016年第70号）第一条"关于营改增后土地增值税应税收入确认问题"规定，"营改增后，纳税人转让房地产的土地增值税应税收入不含增值税。适用增值税一般计税方法的纳税人，其转让房地产的土地增值税应税收入不含增值税销项税额；适用简易计税方法的纳税人，其转让房地产的土地增值税应税收入不含增值税应纳税额。

为方便纳税人，简化土地增值税预征税款计算，房地产开发企业采取预收款方式销售自行开发的房地产项目的，可按照以下方法计算土地增值税预征计征依据：土地增值税预征的计征依据＝预收款－应预缴增值税税款"。

根据上述规定，计算缴纳土地增值税的计税依据为有偿转让房地产取得的全部价款及有关的经济收益，包括货币收入、实物收入和其他收入等。而根据上述增值税问题的论述，甲开发商销售商铺的不含税售价实际为100万元，作为销售折扣从购房者应付总房款中扣除的不是20%房价的优惠额度，而是应支付给购房者前两年的租金，所以甲开发商计算预征土地增值税以及土地增值税清算的计税依据应该为 100 万元而非 80 万元。土地增值税和增值税一样,甲开发商将应付租金直接从房价中扣除,并按扣除后的金额签订《商品房买卖合同》和开具售房发票的行为也是属于偷税行为,应根据《税收征管法》及其《实施细则》的有关规定进行处理,涉嫌犯罪的,还需移送司法机关进行处理。

(三) 销售回租商铺涉及的企业所得税风险

(1) 根据《中华人民共和国企业所得税法》(主席令第 63 号)第六条规定:"企业以货币形式和非货币形式从各种来源取得的收入,为收入总额。"

(2)《中华人民共和国企业所得税法实施条例》(国务院令第 512 号)第十二条规定:"企业所得税法第六条所称企业取得收入的货币形式,包括现金、存款、应收账款、应收票据、准备持有至到期的债券投资以及债务的豁免等。

企业所得税法第六条所称企业取得收入的非货币形式,包括固定资产、生物资产、无形资产、股权投资、存货、不准备持有至到期的债券投资、劳务以及有关权益等。"

(3)《企业所得税法实施条例》第十三条规定:"企业所得税法第六条所称企业以非货币形式取得的收入,应当按照公允价值确定收入额。

前款所称公允价值,是指按照市场价格确定的价值。"

(4)《国家税务总局关于印发〈房地产开发经营业务企业所得税处理办法〉的通知》(国税发〔2009〕31 号)第五条规定:"开发产品销售收入的范围为销售开发产品过程中取得的全部价款,包括现金、现金等价物及其他经济利益。企业代有关部门、单位和企业收取的各种基金、费用和附加等,凡纳入开发产品价内或由企业开具发票的,应按规定全部确认为销售收入;未纳入开发产品价内并由企业之外的其他收取部门、单位开具发票的,可作为代收代缴款项进行管理。"

(5)《关于从事房地产开发的外商投资企业售后回租业务所得税处理问题的批复》(国税函〔2007〕603 号)规定:"从事房地产开发经营的外商投资企业以销售方式转让其生产、开发的房屋、建筑物等不动产,又通过租赁方式从买受人回租该资产,企业无论采取何种租赁方式,均应将售后回租业务分解为销售和租赁两项业务分别进行账务处理。企业销售或转让有关不动产所有权的收入与该被转让的不动产所有权相关的成本、费用的差额,应作为业务发生当期的损益,计入当期应纳税所得额。"

与增值税、土地增值税相比,企业所得税对收入的定义范围更广,不仅包括企业在销售商品或服务过程中取得的全部价款,包括现金、现金等价物及其他经济利益,还包括了企业以货币形式和非货币形式从各种来源取得的其他类型收入。与增值税、土地增值税一样,甲开发商在销售开发产品取得的企业所得税应税收入方面同样存在少记了 20% 房款,但从企业所得税的角度出发,甲开发商应支付给购房者的前两年租金,若是符合《企业所得税法》第八条:"企业实际发生的与取得收入有关的、合理的支出,包括成本、费用、税金、损失和其他支出,准予在计算应纳税所得额时扣除"的规定,是准予在企业所得税税前扣除的。从这个角度来说,甲开发商将回租商铺应支付给购房者的前两年租金直接作为销售折扣,从购房者应支付给甲开发商的总房款中扣除的做法并没有直接造成企业所得税偷税行为,但由于购房者收取回租商铺的租金是一种提供租赁服务的营利性经营行为,根据有关规定,甲开发商必须取得购房者开具或税务机关代开的增值税发票才是可以作为税前扣除的合法有效凭证,否则不得扣除。而本案例的购房者在取得租金收益时不需要出具相应的租金票据,甲开发商自然无法取得合法有效凭证在税前扣除,所以从结果而言,20%应收而未收的房款还是造成了企业所得税偷税。

关于合法有效凭证的法律法规政策依据主要有如下几部,供读者参考:

(1) 根据《税收征管法》第十九条规定:"纳税人、扣缴义务人按照有关法律、行政法规和国务院财政、税务主管部门的规定设置账簿,根据合法、有效凭证记账,进行核算。"

(2)《中华人民共和国会计法(2017)》第十四条规定:"会计凭证包括原始凭证和记账凭证。

办理本法第十条所列的经济业务事项,必须填制或者取得原始凭证并及时送交会计机构。

会计机构、会计人员必须按照国家统一的会计制度的规定对原始凭证进行审核,对不真实、不合法的原始凭证有权不予接受,并向单位负责人报告;对记载不准确、不完整的原始凭证予以退回,并要求按照国家统一的会计制度的规定更正、补充。

原始凭证记载的各项内容均不得涂改;原始凭证有错误的,应当由出具单位重开或者更正,更正处应当加盖出具单位印章。原始凭证金额有错误的,应当由出具单位重开,不得在原始凭证上更正。

记账凭证应当根据经过审核的原始凭证及有关资料编制。"

(3)《国务院关于修改〈中华人民共和国发票管理办法〉的决定》(国务院令第587号)规定:"第十九条 销售商品、提供服务以及从事其他经营活动的单位和个人,对外发生经营业务收取款项,收款方应当向付款方开具发票;特殊情况下,由付款方向收款方开具发票。

第二十条 所有单位和从事生产、经营活动的个人在购买商品、接受服务以及从事其他经营活动支付款项时,应当向收款方取得发票。取得发票时,不得要求变更品名和金额。

第二十一条 不符合规定的发票,不得作为财务报销凭证,任何单位和个人有权拒收。"

(4)《国家税务总局关于修改〈中华人民共和国发票管理办法实施细则〉的决定》(国家税务总局令第37号)第二十六条规定:"填开发票的单位和个人必须在发生经营业务确认营业收入时开具发票。未发生经营业务一律不准开具发票。"

(5)《财政部 国家税务总局关于全面推开营业税改征增值税试点的通知》(财税〔2016〕36号)附件1《营业税改征增值税试点实施办法》第二十六条规定:"纳税人取得的增值税扣税凭证不符合法律、行政法规或者国家税务总局有关规定的,其进项税额不得从销项税额中抵扣。

增值税扣税凭证,是指增值税专用发票、海关进口增值税专用缴款书、农产品收购发票、农产品销售发票和完税凭证。

纳税人凭完税凭证抵扣进项税额的,应当具备书面合同、付款证明和境外单位的对账单或者发票。资料不全的,其进项税额不得从销项税额中抵扣。"

(6)《国家税务总局关于开展打击制售假发票和非法代开发票专项整治行动有关问题的通知》(国税发〔2008〕40 号)规定:"对于不符合规定的发票和其他凭证,包括虚假发票和非法代开发票,均不得用以税前扣除、出口退税、抵扣税款。"

(7)《国家税务总局关于进一步加强普通发票管理工作的通知》(国税发〔2008〕80 号)规定:"在日常检查中发现纳税人使用不符合规定发票特别是没有填开付款方全称的发票,不得允许纳税人用于税前扣除、抵扣税款、出口退税和财务报销。"

(8)《国家税务总局关于加强企业所得税管理的意见》(国税发〔2008〕88 号)规定:"加强发票核实工作,不符合规定的发票不得作为税前扣除凭据。"

除了上述增值税、土地增值税、企业所得税等税种外,根据规定,印花税也是需要按销售额贴花的,由于甲开发商与购房者签订的《商品房买卖合同》所载金额与真实销售金额相比变小,一样也造成印花税偷税。此外还有城市维护建设税、教育费附加等都造成少缴结果。总之一句话,甲开发商售后回租销售模式采取将租金直接抵房价并按抵后价款签订《商品房买卖合同》和开票的行为,可能造成各种偷税、费产生。

二、甲开发商在回租(委托经营管理)商铺运营过程中涉及的税收风险

(一)回租商铺运营过程涉及的增值税进项税额抵扣风险

(1)《营改增实施办法》规定:"第二十四条 进项税额,是指纳税人购进货物、加工修理修配劳务、服务、无形资产或者不动产,支付或者负担的增值税额。

第二十五条 下列进项税额准予从销项税额中抵扣:(一)从销售方取得的增值税专用发票(含税控机动车销售统一发票,下同)上注明的增值税额。

(二)从海关取得的海关进口增值税专用缴款书上注明的增值税额。

(三)购进农产品,除取得增值税专用发票或者海关进口增值税专用缴款书外,按照农产品收购发票或者销售发票上注明的农产品买价和 11% 的扣除率计算的进项税额。计算公式为:

$$进项税额 = 买价 \times 扣除率$$

买价,是指纳税人购进农产品在农产品收购发票或者销售发票上注明的价款和按照规定缴纳的烟叶税。

购进农产品,按照《农产品增值税进项税额核定扣除试点实施办法》抵扣进项税额的除外。

(四)从境外单位或者个人购进服务、无形资产或者不动产,自税务机关或者扣缴义务人取得的解缴税款的完税凭证上注明的增值税额。

第二十六条 纳税人取得的增值税扣税凭证不符合法律、行政法规或者国家税务总局有关规定的,其进项税额不得从销项税额中抵扣。

增值税扣税凭证,是指增值税专用发票、海关进口增值税专用缴款书、农产品收购发票、农产品销售发票和完税凭证。

纳税人凭完税凭证抵扣进项税额的,应当具备书面合同、付款证明和境外单位的对账

单或者发票。资料不全的，其进项税额不得从销项税额中抵扣。"

（2）《国家税务总局关于发布〈纳税人提供不动产经营租赁服务增值税征收管理暂行办法〉的公告》（国家税务总局公告 2016 年第 16 号）规定："第三条 一般纳税人出租不动产，按照以下规定缴纳增值税：

（一）一般纳税人出租其 2016 年 4 月 30 日前取得的不动产，可以选择适用简易计税方法，按照 5% 的征收率计算应纳税额。

不动产所在地与机构所在地不在同一县（市、区）的，纳税人应按照上述计税方法向不动产所在地主管国税机关预缴税款，向机构所在地主管国税机关申报纳税。

不动产所在地与机构所在地在同一县（市、区）的，纳税人向机构所在地主管国税机关申报纳税。

（二）一般纳税人出租其 2016 年 5 月 1 日后取得的不动产，适用一般计税方法计税。

不动产所在地与机构所在地不在同一县（市、区）的，纳税人应按照 3% 的预征率向不动产所在地主管国税机关预缴税款，向机构所在地主管国税机关申报纳税。

不动产所在地与机构所在地在同一县（市、区）的，纳税人应向机构所在地主管国税机关申报纳税。

一般纳税人出租其 2016 年 4 月 30 日前取得的不动产适用一般计税方法计税的，按照上述规定执行。

第四条 小规模纳税人出租不动产，按照以下规定缴纳增值税：

（一）单位和个体工商户出租不动产（不含个体工商户出租住房），按照 5% 的征收率计算应纳税额。个体工商户出租住房，按照 5% 的征收率减按 1.5% 计算应纳税额。

不动产所在地与机构所在地不在同一县（市、区）的，纳税人应按照上述计税方法向不动产所在地主管国税机关预缴税款，向机构所在地主管国税机关申报纳税。

不动产所在地与机构所在地在同一县（市、区）的，纳税人应向机构所在地主管国税机关申报纳税。

（二）其他个人出租不动产（不含住房），按照 5% 的征收率计算应纳税额，向不动产所在地主管地税机关申报纳税。其他个人出租住房，按照 5% 的征收率减按 1.5% 计算应纳税额，向不动产所在地主管地税机关申报纳税。"

（3）国家税务总局公告 2016 年第 16 号规定："第十一条 小规模纳税人中的单位和个体工商户出租不动产，不能自行开具增值税发票的，可向不动产所在地主管国税机关申请代开增值税发票。

其他个人出租不动产，可向不动产所在地主管地税机关申请代开增值税发票。

第十二条 纳税人向其他个人出租不动产，不得开具或申请代开增值税专用发票。"

（4）《国家税务总局关于营业税改征增值税委托税务局代征税款和代开增值税发票的通知》（税总函〔2016〕145 号）规定："增值税小规模纳税人销售其取得的不动产以及其他个人出租不动产，购买方或承租方不属于其他个人的，纳税人缴纳增值税后可以向税务局申请代开增值税专用发票。不能自开增值税普通发票的小规模纳税人销售其取得的不动产，以及其他个人出租不动产，可以向税务局申请代开增值税普通发票。税务局代开发票部门通过增值税发票管理新系统代开增值税发票,系统自动在发票上打印'代开'字样。"

(5)《财政部 税务总局关于延续小微企业增值税政策的通知》(财税〔2017〕76号)规定:"为支持小微企业发展,自2018年1月1日至2020年12月31日,继续对月销售额2万元(含本数)至3万元的增值税小规模纳税人,免征增值税。"

(6)《国家税务总局关于营改增试点若干征管问题的公告》(国家税务总局公告2016年第53号)规定:"其他个人采取一次性收取租金的形式出租不动产,取得的租金收入可在租金对应的租赁期内平均分摊,分摊后的月租金收入不超过3万元的,可享受小微企业免征增值税优惠政策。"

(7)《中华人民共和国增值税暂行条例》(国务院令第691号)第二十一条规定:"纳税人发生应税销售行为,应当向索取增值税专用发票的购买方开具增值税专用发票,并在增值税专用发票上分别注明销售额和销项税额。

属于下列情形之一的,不得开具增值税专用发票:

(一)应税销售行为的购买方为消费者个人的;

(二)发生应税销售行为适用免税规定的。"

根据上述规定,购房者不论是企业、个体工商业户还是其他个人(自然人),其发生不动产租赁取得的租金收入都可以按规定自行开具或者由税务机关代开增值税专用发票,若甲开发商有取得购房者自行开具或由税务机关代开增值税专用发票的,经法定程序认证后都可以申请获得进项税额抵扣。当然如果购房者取得的月租金收入没有超过3万元而享受小微企业免征增值税优惠政策的,则只能开具增值税普通发票而不能开具增值税专用发票。由于本案例中购房者在收取租金收益时不需要向承租人甲开发商提供发票,甲开发商不仅回租商铺前两年与房款相抵的租金支出无法获得增值税进项税额抵扣而蒙受损失,而且从第3年开始到第10年,每年支付的租金支出都无法获得增值税进项税额抵扣,这对甲开发商后续回租商铺的转租或自我经营等业务而言,无形中损失巨大。这种现象也是目前房地产行业售后回租商业模式在后续运作中最容易出现问题的领域,不少开发商由于后期对回租商铺运营不当而无法维持和承担购房者的租金而纠纷四起,特别是后续租金回报率越高回租期限越长的越容易出现问题,甚至出现有的开发商到最后索性"跑路"了事。

(二)回租商铺运营过程涉及的个人所得税代扣代缴义务风险

(1)根据《全国人民代表大会常务委员会关于修改〈中华人民共和国个人所得税法〉的决定》(主席令第48号,简称《个人所得税法》)第三条第五项规定:"特许权使用费所得,利息、股息、红利所得,财产租赁所得,财产转让所得,偶然所得和其他所得,适用比例税率,税率为20%。"

(2)根据《个人所得税法》第六条第四项规定:"劳务报酬所得、稿酬所得、特许权使用费所得、财产租赁所得,每次收入不超过4000元的,减除费用800元;4000元以上的,减除20%的费用,其余额为应纳税所得额。"

(3)根据《国务院关于修改〈中华人民共和国个人所得税法实施条例〉的决定》(国务

院第600号)第二十一条规定:"税法第六条第一款第四项、第六项所说的每次,按照以下方法确定:(四)财产租赁所得,以一个月内取得的收入为一次。"

(4)《个人所得税法》第八条规定:"个人所得税,以所得人为纳税义务人,以支付所得的单位或者个人为扣缴义务人。个人所得超过国务院规定数额的,在两处以上取得工资、薪金所得或者没有扣缴义务人的,以及具有国务院规定的其他情形的,纳税义务人应当按照国家规定办理纳税申报。扣缴义务人应当按照国家规定办理全员全额扣缴申报。"

(5)根据《国家税务总局关于印发〈征收个人所得税若干问题的规定〉的通知》(国税发〔1994〕089号)规定:"纳税义务人出租财产取得财产租赁收入,在计算征税时,除可依法减除规定费用和有关税、费外,还准予扣除能够提供有效、准确凭证,证明由纳税义务人负担的该出租财产实际开支的修缮费用。允许扣除的修缮费用,以每次800元为限,一次扣除不完的,准予在下一次继续扣除,直至扣完为止。"

(6)根据《财政部 国家税务总局关于调整住房租赁市场税收政策的通知》(财税〔2000〕125号)规定:"对个人出租房屋取得的所得暂减按10%的税率征收个人所得税。"

(7)根据《国家税务总局关于印发〈个人所得税全员全额扣缴申报管理暂行办法〉的通知》(国税发〔2005〕205号)规定:"第三条 本办法所称个人所得税全员全额扣缴申报(以下简称扣缴申报),是指扣缴义务人向个人支付应税所得时,不论其是否属于本单位人员、支付的应税所得是否达到纳税标准,扣缴义务人应当在代扣税款的次月内,向主管税务机关报送其支付应税所得个人(以下简称个人)的基本信息、支付所得项目和数额、扣缴税款数额以及其他相关涉税信息。

本办法所称扣缴义务人,是指向个人支付应税所得的单位和个人。

第四条 实行个人所得税全员全额扣缴申报的应税所得包括:

(一)工资、薪金所得;

(二)劳务报酬所得;

(三)稿酬所得;

(四)特许权使用费所得;

(五)利息、股息、红利所得;

(六)财产租赁所得;

(七)财产转让所得;

(八)偶然所得;

(九)经国务院财政部门确定征税的其他所得。"

(8)根据《国家税务总局关于酒店产权式经营业主税收问题的批复》(国税函〔2006〕478号)规定:"酒店产权式经营业主(以下简称业主)在约定的时间内提供房产使用权与酒店进行合作经营,如房产产权并未归属新的经济实体,业主按照约定取得的固定收入和分红收入均应视为租金收入,根据有关税收法律、行政法规的规定,应按照'服务业——租赁业'征收营业税,按照财产租赁所得项目征收个人所得税。"

(9)根据《财政部 国家税务总局关于廉租住房、经济适用住房和住房租赁有关税收政策的通知》(财税〔2008〕24号)规定:"对个人出租住房取得的所得减按10%的税率征收个人所得税。与住房租赁相关的新的优惠政策自 2008 年 3 月 1 日起执行。其他政策仍按现行规定继续执行。"

(10)《国家税务总局关于个人与房地产开发企业签订有条件优惠价格协议购买商店征收个人所得税问题的批复》(国税函〔2008〕576 号)规定:"房地产开发企业与商店购买者个人签订协议规定,房地产开发企业按优惠价格出售其开发的商店给购买者个人,但购买者个人在一定期限内必须将购买的商店无偿提供给房地产开发企业对外出租使用。其实质是购买者个人以所购商店交由房地产开发企业出租而取得的房屋租赁收入支付了部分购房价款。

根据个人所得税法的有关规定精神,对上述情形的购买者个人少支出的购房价款,应视同个人财产租赁所得,按照"财产租赁所得"项目征收个人所得税。每次财产租赁所得的收入额,按照少支出的购房价款和协议规定的租赁月份数平均计算确定。"

(11)《国家税务总局关于个人转租房屋取得收入征收个人所得税问题的通知》(国税函〔2009〕639 号)第三条规定:"《国家税务总局关于个人所得税若干业务问题的批复》(国税函〔2002〕146 号)有关财产租赁所得个人所得税前扣除税费的扣除次序调整为:(一)财产租赁过程中缴纳的税费;(二)向出租方支付的租金;(三)由纳税人负担的租赁财产实际开支的修缮费用;(四)税法规定的费用扣除标准。"

(12)《财政部 国家税务总局关于营改增后契税、房产税、土地增值税、个人所得税计税依据问题的通知》(财税〔2016〕43 号)规定:"个人出租房屋的个人所得税应税收入不含增值税,计算房屋出租所得可扣除的税费不包括本次出租缴纳的增值税。个人转租房屋的,其向房屋出租方支付的租金及增值税额,在计算转租所得时予以扣除。"

根据上述规定,甲开发商与商铺个人购买者签订协议规定,甲开发商按总房价的80% 优惠价格出售其开发的商铺给个人购买者,但个人购买者在两年内必须将购买的商铺无偿提供给甲开发商对外出租或经营使用。其实质是个人购买者将其所购商铺交由甲开发商出租或经营使用而取得的房屋租赁收入支付了部分购房价款。所以对个人购买者少支出的购房价款,应视同个人财产租赁所得,按照"财产租赁所得"项目征收个人所得税。而作为支付给个人购买者租金所得的甲开发商根据法律规定负有法定的全员全额代扣代缴义务。同时因个人购买者出租的是商铺而不是住宅,不能享受暂减按 10% 的税率征收个人所得税的优惠待遇,甲开发商履行代扣代缴义务时应按 20% 税率履行。个人购买者在财产租赁过程中若有缴纳相关租赁税费(按相关法规规定,因增值税为价外税,由下一手消费者承担,不能扣除)和由个人购买者负担的租赁财产实际开支的修缮费用可以扣除。但在本案例中,个人购买者不需要开具租赁发票给甲开发商,也极可能意味着个人购买者并没有为此而付出相关税费。因此,从理论上而言,甲开发商在以折扣方式将租金抵房款的销售商铺过程以及后续的回租商铺转租或经营过程中,存在需要按应支付给个人购买者租金的全额履行代扣代缴 20% 的财产租赁所得个人所得税风险。

(三)回租商铺运营过程涉及的房产税缴纳风险

(1)根据《中华人民共和国房产税暂行条例》(国发〔1986〕90 号,简称《房产税暂行条例》)规定:"第二条 房产税由产权所有人缴纳。产权属于全民所有的,由经营管理的单位缴纳。产权出典的,由承典人缴纳。产权所有人、承典人不在房产所在地的,或者产权未确定及租典纠纷未解决的,由房产代管人或者使用人缴纳。

前款列举的产权所有人、经营管理单位、承典人、房产代管人或者使用人,统称为纳税义务人(以下简称纳税人)。

第三条 房产税依照房产原值一次减除10%至30%后的余值计算缴纳。具体减除幅度,由省、自治区、直辖市人民政府规定。

没有房产原值作为依据的,由房产所在地税务机关参考同类房产核定。

房产出租的,以房产租金收入为房产税的计税依据。

第四条 房产税的税率,依照房产余值计算缴纳的,税率为1.2%;依照房产租金收入计算缴纳的,税率为12%。"

(2)根据《财政部 国家税务总局关于营改增后契税、房产税、土地增值税、个人所得税计税依据问题的通知》(财税〔2016〕43号)第二条规定:"房产出租的,计征房产税的租金收入不含增值税。"

根据上述规定,如果甲开发商没有要求购房者必须在取得租金收益时提供相应的租赁票据,则甲开发商对回租商铺照样存在需要按12%税率缴纳租赁收入房产税的风险。因为:一是虽然《房产税暂行条例》规定房产税由产权所有人缴纳,但现实中产权所有人可能来自五湖四海,并不都在所购买的房产所在地。在这种情况下,《房产税暂行条例》明确规定,产权所有人不在房产所在地的,房产税由房产代管人或者使用人缴纳。二是从本案例来看,甲开发商与购房者回租商铺签订的是《委托经营管理合同》,从字眼上看,双方之间存在着委托和受托的法律关系,甲开发商作为受托人履行代管人责任,所以符合《房产税暂行条例》所谓的"房产代管人或者使用人"规定,应以自己作为纳税人缴纳房产税。如果甲开发商取得了购房者提供的相应租赁票据,则甲开发商在未来的转租或经营运作过程中就无需再次缴纳房产税,差异巨大,不得不慎。

(四)回租商铺运营过程涉及的企业所得税税前扣除风险

从本书上述对合法有效凭证论述中可以得知,企业所得税法允许企业实际发生的与取得收入有关的、合理的支出,准予在计算应纳税所得额时扣除,但按规定必须取得合法有效凭证才行。本案例购房者在取得租金收益(总额为100万元)时不需要开具相应票据给甲开发商,也就意味着甲开发商因没有取得合法有效凭证而无法在税前扣除,在回租商铺运营过程无疑承担巨额的税前扣除损失。

综上第一、二两大点,甲开发商若是以本案例所说的售后回租方式销售商铺,销售商铺得到的不含税金额80万元可能还不够承担在销售过程中由于各种税收的偷税造成的补税、滞纳金、罚款等损失和在未来回租商铺运营过程中所承受的代扣代缴个人所得税、房产税、企业所得税税前扣除等风险。

三、购房者涉及的税收风险

(1)根据《中华人民共和国契税暂行条例》(国务院令第224号)第四条规定:"契税的计税依据:(一)国有土地使用权出让、土地使用权出售、房屋买卖,为成交价格。"

(2)根据《中华人民共和国契税暂行条例细则》(财法字〔1997〕52号)第九条规定:"条

例所称成交价格,是指土地、房屋权属转移合同确定的价格。包括承受者应交付的货币、实物、无形资产或者其他经济利益。"

从本案例购房者的角度来说,由于和甲开发商签订的《商品房买卖合同》是按租金抵房款后的所谓优惠价80万元来签的,而不是销售商铺真实的不含税成交价格100万元,所以购房者一样存在少缴契税而被税务机关补税、加收滞纳金、罚款等风险。

另外,由于购房者在取得租金收益时不需要提供相应的租赁增值税发票给甲开发商,这在客观上也会引诱或造成购房者不向主管税务机关主动申报缴纳不动产租赁环节应该缴纳的包括增值税及附加税费、房产税、个人所得税等相关税费,一样存在会被主管税务机关予以补税、加收滞纳金、罚款等风险,不再赘述。

四、融资性售后回租业务的涉税处理

融资性售后回租业务是指承租方以融资为目的将资产出售给经批准从事融资租赁业务的企业后,又将该项资产从该融资租赁企业租回的行为。融资性售后回租业务中承租方出售资产时,资产所有权以及与资产所有权有关的全部报酬和风险并未完全转移。

根据《国家税务总局关于融资性售后回租业务中承租方出售资产行为有关税收问题的公告》(国家税务总局公告2010年第13号)、《财政部 国家税务总局关于全面推开营业税改征增值税试点的通知》(财税〔2016〕36号)等相关规定,融资性售后回租业务中出售方(承租方)和受让人(出租方)的税收问题主要有:

(一)出售方(承租方)的增值税处理

国家税务总局公告2010年第13号第一条规定:"根据现行增值税和营业税有关规定,融资性售后回租业务中承租方出售资产的行为,不属于增值税和营业税征收范围,不征收增值税和营业税。"

(二)受让人(出租方)的增值税处理

(1)《财政部 国家税务总局关于全面推开营业税改征增值税试点的通知》(财税〔2016〕36号)附件1《营业税改征增值税试点实施办法》附《销售服务、无形资产、不动产注释》"一、销售服务"中"(五)金融服务"中"1.贷款服务"中规定:"融资性售后回租,是指承租方以融资为目的,将资产出售给从事融资性售后回租业务的企业后,从事融资性售后回租业务的企业将该资产出租给承租方的业务活动。"

(2)《财政部 国家税务总局关于全面推开营业税改征增值税试点的通知》(财税〔2016〕36号)附件2《营业税改征增值税试点有关事项的规定》"一、营改增试点期间,试点纳税人[指按照《营业税改征增值税试点实施办法》(以下称《试点实施办法》)缴纳增值税的纳税人]有关政策"中的"(三)销售额"中的"5.融资租赁和融资性售后回租业务"中规定:"(1)经人民银行、银监会或者商务部批准从事融资租赁业务的试点纳税人,提供融资租赁服务,以取得的全部价款和价外费用,扣除支付的借款利息(包括外汇借款和人民币借款利息)、发行债券利息和车辆购置税后的余额为销售额。

(2)经人民银行、银监会或者商务部批准从事融资租赁业务的试点纳税人,提供融资性售后回租服务,以取得的全部价款和价外费用(不含本金),扣除对外支付的借款利息(包括外汇借款和人民币借款利息)、发行债券利息后的余额作为销售额。

（3）试点纳税人根据2016年4月30日前签订的有形动产融资性售后回租合同,在合同到期前提供的有形动产融资性售后回租服务,可继续按照有形动产融资租赁服务缴纳增值税。

继续按照有形动产融资租赁服务缴纳增值税的试点纳税人,经人民银行、银监会或者商务部批准从事融资租赁业务的,根据2016年4月30日前签订的有形动产融资性售后回租合同,在合同到期前提供的有形动产融资性售后回租服务,可以选择以下方法之一计算销售额:

① 以向承租方收取的全部价款和价外费用,扣除向承租方收取的价款本金,以及对外支付的借款利息(包括外汇借款和人民币借款利息)、发行债券利息后的余额为销售额。

纳税人提供有形动产融资性售后回租服务,计算当期销售额时可以扣除的价款本金,为书面合同约定的当期应当收取的本金。无书面合同或者书面合同没有约定的,为当期实际收取的本金。

试点纳税人提供有形动产融资性售后回租服务,向承租方收取的有形动产价款本金,不得开具增值税专用发票,可以开具普通发票。

② 以向承租方收取的全部价款和价外费用,扣除支付的借款利息(包括外汇借款和人民币借款利息)、发行债券利息后的余额为销售额。

（4）经商务部授权的省级商务主管部门和国家经济技术开发区批准的从事融资租赁业务的试点纳税人,2016年5月1日后实收资本达到1.7亿元的,从达到标准的当月起按照上述第(1)、(2)、(3)规定执行;2016年5月1日后实收资本未达到1.7亿元但注册资本达到1.7亿元的,在2016年7月31日前仍可按照上述第(1)、(2)、(3)点规定执行,2016年8月1日后开展的融资租赁业务和融资性售后回租业务不得按照上述第(1)、(2)、(3)点规定执行。"

（3）《财政部　国家税务总局关于明确金融、房地产开发、教育辅助服务等增值税政策的通知》(财税〔2016〕140号)第六条规定:"《财政部　国家税务总局关于全面推开营业税改征增值税试点的通知》(财税〔2016〕36号)所称'人民银行、银监会或者商务部批准''商务部授权的省级商务主管部门和国家经济技术开发区批准'从事融资租赁业务(含融资性售后回租业务)的试点纳税人(含试点纳税人中的一般纳税人),包括经上述部门备案从事融资租赁业务的试点纳税人。"

根据国家税务总局公告2010年第13号的规定,融资性售后回租业务中承租方出售资产时,资产所有权以及与资产所有权有关的全部报酬和风险并未完全转移。改变了过去从形式看待售后回租的行为,将资产的出售和租回视为同一项交易,因此,税务处理上不再分解为出售和租赁两笔业务,不属于增值税征收范围。但不征收增值税是相对于出售方(承租方)而言的,对受让人(出租方)仍应按上述财税〔2016〕36号等营改增相关政策规定,自2016年5月1日起,从事融资性售后回租业务活动的单位和个人,都是增值税纳税人,应当按照贷款服务缴纳增值税,具体的为:

（1）2016年5月1日起,从事融资性售后回租业务的纳税人在满足以下条件时,可以享受差额征税的政策:

① 取得人民银行、银监会或者商务部批准从事融资租赁业务。

② 取得商务部授权的省级商务主管部门或者国家经济技术开发区批准的从事融资租赁业务的纳税人,在 2016 年 5 月 1 日至 2016 年 7 月 31 日前,实收资本或者注册资本其中一项达到 1.7 亿元仍可享受差额征税政策;2016 年 8 月 1 日起,实收资本必须达到 1.7 亿元才能享受差额征税政策。

(2) 继续按照有形动产融资租赁服务缴纳增值税的试点纳税人,经人民银行、银监会或者商务部批准从事融资租赁业务的,根据 2016 年 4 月 30 日前签订的有形动产融资性售后回租合同,在合同到期前提供的有形动产融资性售后回租服务,可以选择以下方法之一计算销售额:

① 纳税人选择扣除本金差额征税方法计算缴纳增值税的,增值税税率为 17%,在实际操作中需注意两点:

一是当期扣除本金数额的确定,如果合同明确约定了当期应收取的本金数额,不论当期实际收到多少本金,一律以合同约定金额为准;如果合同没有明确当期应收取的本金数额,则以当期实际收取的本金作为当期可以扣除的本金数额。

二是本金开具发票的规定。从事融资性售后回租业务的纳税人对于收到的有形动产价款本金,不得开具增值税专用发票,只能开具普通发票。

② 纳税人选择上述销售额第二种差额征税方式计算方法缴纳增值税的,增值税税率为 17%,纳税人可以给承租方开具含本金的增值税专用发票。

(三) 出售方(承租方)的企业所得税的处理

国家税务总局公告 2010 年第 13 号第二条规定:"根据现行企业所得税法及有关收入确定规定,融资性售后回租业务中,承租人出售资产的行为,不确认为销售收入,对融资性租赁的资产,仍按承租人出售前原账面价值作为计税基础计提折旧。租赁期间,承租人支付的属于融资利息的部分,作为企业财务费用在税前扣除。"

基于此规定,融资性售后回租业按照以下三种情况进行企业所得税处理:

第一,由于承租方出售资产时,资产所有权以及与资产所有权有关的全部报酬和风险并未完全转移,根据现行企业所得税法及有关收入确定规定,融资性售后回租业务中,承租人出售资产的行为,不符合收入确认条件,因此,不确认为销售收入。

第二,出售方(承租方)仍按出售前原账面价值作为计税基础计提折旧,也就是折旧处理上同未发生过售后回租行为一样,仍同自有资产一样继续计提折旧。

第三,对于融资租赁利息部分支出,作为财务费用予以扣除。

《企业所得税法实施条例》第五十八条规定,融资租入的固定资产,以租赁合同约定的付款总额和承租人在签订租赁合同过程中发生的相关费用为计税基础;租赁合同未约定付款总额的,以该资产的公允价值和承租人在签订租赁合同过程中发生的相关费用为计税基础。第四十七条规定,以融资租赁方式租入固定资产发生的租赁费支出,按照规定构成融资租入固定资产价值的部分应当提取折旧费用,分期扣除。税法对融入固定资产,采用相对简化的处理方式,按合同规定的租赁付款额或者公允价值作为固定资产的入账价值,将会计准则中确认的未实现融资费用直接计入固定资产原值,然后分期计提折旧。可

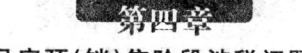

见融资性售后回租的支付税前扣除政策不同于融资租赁的税前扣除政策。

（四）售后回租业务的契税处理

根据《财政部 国家税务总局关于企业以售后回租方式进行融资等有关契税政策的通知》（财税〔2012〕82号）第一条规定："对金融租赁公司开展售后回租业务，承受承租人房屋、土地权属的，照章征税。对售后回租合同期满，承租人回购原房屋、土地权属的，免征契税。"

五、参考：全国首个房地产"售后回租＋保理"融资项目①

2004年4月，全国首个房地产"售后回租＋保理"融资项目正式签约——上海一家大型房地产公司将其拥有的一座大酒店出售给金融租赁公司，并签订了5年的"售后回租"合同；金融租赁公司又与一家股份制商业银行签订了"国内保理业务"合同，将房地产售后回租形成的租金应收款卖给银行，房地产公司一次性完成融资金额高达6亿元。

在国家相关政策允许的范围内，房地产开发企业、金融租赁公司、股份制商业银行三方，通过融资租赁平台成功"牵手"。

售后回租这一创新的融资租赁项目，为房地产企开辟了一条创新渠道，既可以充分利用社会资源，以物权管理为中心整合各资源的优势，又可以规避和分散风险，共享项目利益。形成了金融租赁公司、房地产开发企业以及商业银行三方"共赢"的局面。

首先，金融租赁公司拓展了其业务领域。售后租回交易是一种特殊形式的租赁业务，是指房地产开发企业（即承租人）将一房地产项目的资产出售后，又将该项资产从金融租赁公司（即出租人）那里租回，习惯称之为"回租"。在售后回租方式下，通过售后回租交易，资产的原所有者房地产开发企业（即承租人）在保留对资产的占有权、使用权和控制权的前提下，将固定资产转化为货币资本，在出售时可取得全部价款的现金。金融租赁公司回租给房地产开发企业，并收取租金应收款。同时，金融租赁公司根据房产项目的质量以及租金应收款的风险程度，收取2%～5%的融资租赁费用。

其次，金融租赁公司再将房地产开发企业的租金应收款"打包"卖给银行。银行再以买断房地产开发企业（即承租人）的租金应收款为基础，为金融租赁公司提供租金应收款的催收和信用风险控制等服务，拓展了银行中介业务——"保理业务"。银行在收取租金应收款的同时，还可以收取不低于保理融资额1%的保理业务手续费。同时，将风险降到最低，在"保理业务"有追索权的情况下，一旦承租人（房地产开发企业）无法按时支付租金，可由承租人的担保公司支付；如果担保公司支付不了的话，银行可将抵押的房产拍卖，所得款项仍不足的部分，再由金融租赁公司补足。

最后，房地产开发企业通过金融租赁公司的房地产售后回租，一方面获得了自有资金，并将其充抵新开发项目的资本金（与直接向银行办理抵押贷款的资金性质完全不同，抵押贷款不能作为企业的自有资金及冲抵新开发项目的资本金），或者投资其他任何项目（而房地产开发企业用房地产产权作银行抵押，所得的贷款资金用途是指定的，无法用于投资新开发项目）；另一方面通过售后回租，房地产企业仍可经营原来的地产项目，形成现

---

① 摘自网络，作者不明，略有删减。

金流,通过"每年还本,每季还息"的办法,在融资租赁到期时,依照合同向金融租赁公司赎回原来的房地产项目。

专家分析,在目前直接向银行抵押贷款受到诸多限制的情况下,对于房地产开发企业而言,通过"售后回租+银行保理"项目,虽然在融资成本上有所提高,但最大的利益在于,房产变现的资金可作为新开发项目资本金。

对"直接银行贷款"和"租赁融资"两种方式进行比较就会发现:办理银行抵押贷款一般为 6 折至 7 折,也就是说,要融资 6 亿元的话,必须拿出价值 9 亿元的房产,且有时候中介的收费相当高,房地产开发企业融资总成本(银行+中介的费用)并不低;而作为一种中、长期的融资方式的金融租赁,一般则是按房产价值的 7 折至 8 折计算,融资 6 亿元只需 8 亿元的房产。金融租赁公司收取 2%～5% 的融资租赁费用,根据不同项目最低仅收 1%～2%。加上银行约 6% 的融资成本,房地产开发企业总的融资成本并不算高。

第一节 开发产品转为自持物业的涉税问题处理

【案例 5-1】 我单位是一民营房地产企业,开发一商业综合体,商业部分大约 3.4 万 m²,住宅部分大约 18 万 m²。现住宅已全部对外销售完毕,但商业部分销售情况并不理想,公司董事会决定先将剩余未售的 3 万 m² 左右商业部分房地产转为自持招商经营,待商圈做旺,物业增值后再销售。现该商业部分房地产已经有部分商家入驻,但我公司不知道将开发产品转为自用或经营是否需要视同销售(先期卖出的商铺均价大约 1.8 万元/m²)缴纳增值税、土地增值税等,也不知道是否必须从开发成本(包括土地成本大约 3 亿元)转为固定资产,能不能计提折旧。如果计提折旧,我公司能否按税法不低于 20 年的规定计提折旧呢? 还是应按土地成本(无形资产,商业土地为 40 年)和建筑物成本分开计提折旧呢?

上述是一家纳税人向某省局 12366 平台提出的问题,鉴于问题内涵比较丰富,且该局的答复不够详尽,本文以案例分析的形式做一解剖,供读者参考。

【案例分析】
一、自持开发产品的增值税处理
(一)开发产品转为自持物业的增值税进项税额抵扣问题

根据我国《中华人民共和国不动产登记暂行条例》(简称《不动产登记暂行条例》)及其实施细则等有关规定,从 2015 年 3 月 1 日起施行的不动产登记分为不动产首次登记、变更登记、转移登记、注销登记、更正登记、异议登记、预告登记、查封登记等。其中不动产首次登记,是指不动产权利第一次登记。未办理不动产首次登记的,不得办理不动产其他类型登记,但法律、行政法规另有规定的除外。不动产以不动产单元为基本单位进行登记。不动产单元具有唯一编码。不动产登记机构应当按照国务院国土资源主管部门的规定设立统一的不动产登记簿。不动产登记簿应当记载以下事项:

(1)不动产的坐落、界址、空间界限、面积、用途等自然状况。

(2)不动产权利的主体、类型、内容、来源、期限、权利变化等权属状况。

(3)涉及不动产权利限制、提示的事项。

（4）其他相关事项。

由于房地产开发企业对其所开发的项目拥有土地使用权和不动产所有权，因此对于商品房的首次登记即商品房注册及开发地块土地分割登记，应由房地产开发公司提出申请。但登记的不再是房屋初始产权登记即我们俗称的办理"大产权"，而是按规定直接以不动产单元为基本单位进行登记。登记的内容涵盖权利人名称、共有情况（如单独所有、按份共有等）、不动产坐落、不动产单元号（具有唯一编码性质）、权利类型（如国有建设用地使用权/房屋所有权）、权利性质（如出让/商品房）、用途（如商业用地/商业）、面积（包括土地使用权面积和房屋建筑面积）、使用期限（一般只记载国有建设用地使用权使用截止时间）以及权利其他状况等。首次登记后，如果出现下列情形之一的，不动产权利人（如房地产开发企业）可以向不动产登记机构申请变更登记：

（1）权利人的姓名、名称、身份证明类型或者身份证明号码发生变更的。

（2）不动产的坐落、界址、用途、面积等状况变更的。

（3）不动产权利期限、来源等状况发生变化的。

（4）同一权利人分割或者合并不动产的。

（5）抵押担保的范围、主债权数额、债务履行期限、抵押权顺位发生变化的。

（6）最高额抵押担保的债权范围、最高债权额、债权确定期间等发生变化的。

（7）地役权的利用目的、方法等发生变化的。

（8）共有性质发生变更的。

（9）法律、行政法规规定的其他不涉及不动产权利转移的变更情形。

如果是因下列情形导致不动产权利转移的，则由当事人（如购买人或受让方）向不动产登记机构申请转移登记：

（1）买卖、互换、赠与不动产的。

（2）以不动产作价出资（入股）的。

（3）法人或者其他组织因合并、分立等原因致使不动产权利发生转移的。

（4）不动产分割、合并导致权利发生转移的。

（5）继承、受遗赠导致权利发生转移的。

（6）共有人增加或者减少以及共有不动产份额变化的。

（7）因人民法院、仲裁委员会的生效法律文书导致不动产权利发生转移的。

（8）因主债权转移引起不动产抵押权转移的。

（9）因需役地不动产权利转移引起地役权转移的。

（10）法律、行政法规规定的其他不动产权利转移情形。

从上述不动产登记的相关规定可以看出，房地产开发企业对自持的开发产品，在首次登记后，如果没有发生变更登记和转移登记事项，不需要再次办理什么权属登记。这和《不动产登记暂行条例》出台之前的做法存在很大差异，当时存在着土地总登记、土地初始登记和房屋初始登记、设定登记等相关类型，房地产开发企业若为了融资、经营租赁以及自用等需要，将开发产品转为自持，不仅需要办理房屋初始登记即"大产权证"，确权到自己名下时还需要办小产权证。而如果是购买者办理商品房产权登记，则需在房地产开发企业的首次登记完成之后方能办理转移登记。在此情况下，房地产开发企业将已经办理了首次登记的不动产（开发产品）转为自用或经营的物业，如果在会计制度上没有按固定资产进行核算管理，从理论上说其还是一种库存商品，不属于房地产开发企业自身的不动产，但从不动产登记的相关规则规定来看，在没有发生转移登记事项并办理好不动产转移登记手续之前，这些开发产品无疑就是房地产开发企业的不动产。那么，在会计制度上，按固定资产核算和不按固定资产核算的已经办理了首次登记的不动产，在增值税进项税额抵扣方面是否不同呢？

（1）根据《财政部　国家税务总局关于全面推开营业税改征增值税试点的通知》（财税〔2016〕36号）附件1《营业税改征增值税试点实施办法》："第二十四条　进项税额，是指纳税人购进货物、加工修理修配劳务、服务、无形资产或者不动产，支付或者负担的增值税额。

第二十五条　下列进项税额准予从销项税额中抵扣：

（一）从销售方取得的增值税专用发票（含税控机动车销售统一发票，下同）上注明的增值税额。

（二）从海关取得的海关进口增值税专用缴款书上注明的增值税额。

（三）购进农产品，除取得增值税专用发票或者海关进口增值税专用缴款书外，按照农产品收购发票或者销售发票上注明的农产品买价和11%的扣除率计算的进项税额。计算公式为：

$$进项税额＝买价×扣除率$$

买价，是指纳税人购进农产品在农产品收购发票或者销售发票上注明的价款和按照规定缴纳的烟叶税。

购进农产品，按照《农产品增值税进项税额核定扣除试点实施办法》抵扣进项税额的除外。

（四）从境外单位或者个人购进服务、无形资产或者不动产，自税务机关或者扣缴义务人取得的解缴税款的完税凭证上注明的增值税额。

第二十六条　纳税人取得的增值税扣税凭证不符合法律、行政法规或者国家税务总局有关规定的，其进项税额不得从销项税额中抵扣。

增值税扣税凭证，是指增值税专用发票、海关进口增值税专用缴款书、农产品收购发票、农产品销售发票和完税凭证。

纳税人凭完税凭证抵扣进项税额的，应当具备书面合同、付款证明和境外单位的对账单或者发票。资料不全的，其进项税额不得从销项税额中抵扣。

第二十七条　下列项目的进项税额不得从销项税额中抵扣：

（一）用于简易计税方法计税项目、免征增值税项目、集体福利或者个人消费的购进货物、加工修理修配劳务、服务、无形资产和不动产。其中涉及的固定资产、无形资产、不动产，仅指专用于上述项目的固定资产、无形资产（不包括其他权益性无形资产）、不动产。

纳税人的交际应酬消费属于个人消费。

（二）非正常损失的购进货物，以及相关的加工修理修配劳务和交通运输服务。

（三）非正常损失的在产品、产成品所耗用的购进货物(不包括固定资产)、加工修理修配劳务和交通运输服务。

（四）非正常损失的不动产，以及该不动产所耗用的购进货物、设计服务和建筑服务。

（五）非正常损失的不动产在建工程所耗用的购进货物、设计服务和建筑服务。

纳税人新建、改建、扩建、修缮、装饰不动产，均属于不动产在建工程。

（六）购进的旅客运输服务、贷款服务、餐饮服务、居民日常服务和娱乐服务。

（七）财政部和国家税务总局规定的其他情形。

本条第（四）项、第（五）项所称货物，是指构成不动产实体的材料和设备，包括建筑装饰材料和给排水、采暖、卫生、通风、照明、通讯、煤气、消防、中央空调、电梯、电气、智能化楼宇设备及配套设施。

第二十八条　不动产、无形资产的具体范围，按照本办法所附的《销售服务、无形资产或者不动产注释》执行。

固定资产，是指使用期限超过12个月的机器、机械、运输工具以及其他与生产经营有关的设备、工具、器具等有形动产。

非正常损失，是指因管理不善造成货物被盗、丢失、霉烂变质，以及因违反法律法规造成货物或者不动产被依法没收、销毁、拆除的情形。"

（2）《财政部　国家税务总局关于全面推开营业税改征增值税试点的通知》（财税〔2016〕36号）附件2《营业税改征增值税试点有关事项的规定》和《国家税务总局关于发布〈不动产进项税额分期抵扣暂行办法〉的公告》（国家税务总局公告2016年第15号）第二条第一款规定，适用一般计税方法的试点纳税人，2016年5月1日后取得并在会计制度上按固定资产核算的不动产或者2016年5月1日后取得的不动产在建工程，其进项税额应自取得之日起分2年从销项税额中抵扣，第一年抵扣比例为60%，第二年抵扣比例为40%。

而根据国家税务总局公告2016年第15号第二条第二至四款规定："取得的不动产，包括以直接购买、接受捐赠、接受投资入股以及抵债等各种形式取得的不动产。

纳税人新建、改建、扩建、修缮、装饰不动产，属于不动产在建工程。

房地产开发企业自行开发的房地产项目，融资租入的不动产，以及在施工现场修建的临时建筑物、构筑物，其进项税额不适用上述分2年抵扣的规定。"

根据上述现有规定，适用一般计税方法的房地产开发企业，为建造转为自持的开发产品而支付或者负担的增值税额，取得符合规定扣税凭证的，经正常程序认证后可以作为增值税进项税额进行抵扣，即可以在房地产开发企业用于出售的开发产品部分所产生的销项税额中抵扣，不需要按取得的不动产或者不动产在建工程分2年抵扣进项税额。但对转为自持的开发产品占用土地所包括的土地价款，则不允许在房地产开发企业用于出售的开发产品部分所产生的销项税额中抵扣，允许扣除的土地价款必须是与当期销售房地产项目相对应的，其依据是《国家税务总局关于发布〈房地产开发企业销售自行开发的房地产项目增值税征收管理暂行办法〉的公告》（国家税务总局公告2016年第18号）的规定，即："第四条　房地产开发企业中的一般纳税人（以下简称一般纳税人）销售自行开发的房地产项目,适用一般计税方法计税,按照取得的全部价款和价外费用,扣除当期销售房地产项目对应的土地价款后的余额计算销售额。销售额的计算公式如下:

$$销售额 = (全部价款和价外费用 - 当期允许扣除的土地价款) \div (1 + 11\%)$$

第五条 当期允许扣除的土地价款按照以下公式计算:

$$\begin{array}{c}当期允许扣除\\的土地价款\end{array} = \left(\begin{array}{c}当期销售房地产\\项目建筑面积\end{array} \div \begin{array}{c}房地产项目可供\\销售建筑面积\end{array}\right) \times \begin{array}{c}支付的\\土地价款\end{array}$$

当期销售房地产项目建筑面积,是指当期进行纳税申报的增值税销售额对应的建筑面积。

房地产项目可供销售建筑面积,是指房地产项目可以出售的总建筑面积,不包括销售房地产项目时未单独作价结算的配套公共设施的建筑面积。

支付的土地价款,是指向政府、土地管理部门或受政府委托收取土地价款的单位直接支付的土地价款。"

(二)开发产品转为自持物业是否需要视同销售问题

(1)《营改增实施办法》第一条规定:"在中华人民共和国境内(以下称境内)销售服务、无形资产或者不动产(以下称应税行为)的单位和个人,为增值税纳税人,应当按照本办法缴纳增值税,不缴纳营业税。"

(2)《营改增实施办法》第十条规定:"销售服务、无形资产或者不动产,是指有偿提供服务、有偿转让无形资产或者不动产,但属于下列非经营活动的情形除外:

(一)行政单位收取的同时满足以下条件的政府性基金或者行政事业性收费。

1.由国务院或者财政部批准设立的政府性基金,由国务院或者省级人民政府及其财政、价格主管部门批准设立的行政事业性收费;

2.收取时开具省级以上(含省级)财政部门监(印)制的财政票据;

3.所收款项全额上缴财政。

(二)单位或者个体工商户聘用的员工为本单位或者雇主提供取得工资的服务。

(三)单位或者个体工商户为聘用的员工提供服务。

(四)财政部和国家税务总局规定的其他情形。"

(3)《营改增实施办法》第十一条规定:"有偿,是指取得货币、货物或者其他经济利益。"

(4)《营改增实施办法》第十四条规定:"下列情形视同销售服务、无形资产或者不动产:

(一)单位或者个体工商户向其他单位或者个人无偿提供服务,但用于公益事业或者以社会公众为对象的除外。

(二)单位或者个人向其他单位或者个人无偿转让无形资产或者不动产,但用于公益事业或者以社会公众为对象的除外。

(三)财政部和国家税务总局规定的其他情形。"

(5)《国家税务总局关于发布〈纳税人转让不动产增值税征收管理暂行办法〉的公告》

(国家税务总局公告2016年第14号)第二条规定:"纳税人转让其取得的不动产,适用本办法。

本办法所称取得的不动产,包括以直接购买、接受捐赠、接受投资入股、自建以及抵债等各种形式取得的不动产。

房地产开发企业销售自行开发的房地产项目不适用本办法。"

根据上述规定,是否成为增值税纳税人的前提条件是其是否在境内有偿提供了服务、转让了无形资产或者不动产以及虽然是无偿提供服务、无偿转让无形资产或者不动产但按规定必须视同销售的行为,其中的"转让不动产"不管是有偿还是无偿的,都会导致不动产权利发生转移,根据《不动产登记暂行条例》及其实施细则的规定,当事人都需要向不动产登记机构申请办理不动产转移登记,因此不动产权利转移与否也成了是否作为增值税应税行为判断的一个关键。其实《营改增实施办法》第四十五条也明确了这个关键点,即规定:"增值税纳税义务、扣缴义务发生时间为:

(一)纳税人发生应税行为并收讫销售款项或者取得索取销售款项凭据的当天;先开具发票的,为开具发票的当天。

收讫销售款项,是指纳税人销售服务、无形资产、不动产过程中或者完成后收到款项。取得索取销售款项凭据的当天,是指书面合同确定的付款日期;未签订书面合同或者书面合同未确定付款日期的,为服务、无形资产转让完成的当天或者不动产权属变更的当天。

……

(四)纳税人发生本办法第十四条规定情形的,其纳税义务发生时间为服务、无形资产转让完成的当天或者不动产权属变更的当天。"

除了《营改增实施办法》规定对转让建筑物永久使用权按照销售不动产缴纳增值税外,如果房地产开发企业没有发生买卖、赠予等转移登记情形,即使发生分割、合并等变更登记事项,不动产权利人还是为房地产开发企业自身,权属并没有发生变更。因此,房地产开发企业将开发产品转为自持物业,不论财务处理上是否作为固定资产进行管理,都不做销售或视同销售进行增值税处理,而且也不按转让不动产政策来执行。湖北省国家税务局曾经在2016年7月21日发布的《湖北省国家税务局营改增政策执行口径第三辑》中对房地产开发企业将开发产品转为自用认为办理产权权属登记的应视同销售,即该第三辑执行口径的第22个问题:"房地产开发企业将开发产品转为自用,是否需要视同销售缴纳增值税?

答:房地产开发企业将开发产品转为自用时,不开具发票,且不办理产权权属登记的,不属于销售不动产,不需要缴纳增值税。否则,应按规定缴纳增值税。"不过,这个认定在湖北省税务局2017年5月5日发布的《湖北省营改增政策执行口径第五辑》中已经予以了纠正。即第五辑执行口径第14个问题:"房地产开发企业将自行开发的房地产项目转为自有或者自用的,是否需要缴纳增值税?

答:房地产开发企业将自行开发的房地产项目转为自有或者自用的,虽然按规定以房地产开发企业名义办理了产权登记,但是不属于增值税的应税行为,不需要缴纳增值税,也不需要开具发票。房地产开发企业将自行开发的房地产项目转为自有或者自用以后再对外销售的,按照房地产开发企业销售自行开发的房地产项目缴纳增值税。

《湖北省税务局营改增政策执行口径第三辑》第二十二条废止。"

笔者非常认同湖北省税务局对房地产开发企业将自行开发的房地产项目转为自有或者自用认为不属于增值税的应税行为不需要缴纳增值税的判断。

二、自持开发产品的土地增值税处理

根据《国家税务总局关于房地产开发企业土地增值税清算管理有关问题的通知》(国税发〔2006〕187号)第三条第(二)款规定:"房地产开发企业将开发的部分房地产转为企业自用或用于出租等商业用途时,如果产权未发生转移,不征收土地增值税,在税款清算时不列收入,不扣除相应的成本和费用。"

《国家税务总局关于印发〈土地增值税清算管理规程〉的通知》(国税发〔2009〕91号)第十九条第(二)款也有相同表述规定。根据这些规定,房地产开发企业将部分开发产品转为自持物业用于自用或出租经营,不动产权属都在房地产开发企业名下,没有发生转移,因此不属于征收土地增值税范畴,在土地增值税清算时不视同销售作为收入处理,当然也不能扣除相应的成本和费用。

不过对房地产开发企业转为自用或经营的开发产品,需要广大房地产业纳税人注意的是,根据土地增值税有关规定,新建房和旧房在征收增值税时处理规则是不同的,待遇也是不一样的。

(1)根据《财政部 国家税务总局关于土地增值税一些具体问题规定的通知》(财税字〔1995〕048号)第七条"关于新建房与旧房的界定问题"规定:"新建房是指建成后未使用的房产。凡是已使用一定时间或达到一定磨损程度的房产均属旧房。使用时间和磨损程度标准可由各省、自治区、直辖市财政厅(局)和地方税务局具体规定。"

(2)而如果转让的是旧房,根据财税字〔1995〕048号第十条"关于转让旧房如何确定扣除项目金额的问题"规定:"转让旧房的,应按房屋及建筑物的评估价格、取得土地使用权所支付的地价款和按国家统一规定交纳的有关费用以及在转让环节缴纳的税金作为扣除项目金额计征土地增值税。对取得土地使用权时未支付地价款或不能提供已支付的地价款凭据的,不允许扣除取得土地使用权所支付的金额。"其中的"房屋及建筑物的评估价格"是指在转让已使用的房屋及建筑物时,由政府批准设立的房地产评估机构评定的重置成本价乘以成新度折扣率后的价格。评估价格须经当地税务机关确认。另外,纳税人转让旧房及建筑物时因计算纳税的需要而对房地产进行评估,其支付的评估费用允许在计算增值额时予以扣除。

(3)根据《财政部 国家税务总局关于土地增值税若干问题的通知》(财税〔2006〕21号)第二条规定:"纳税人转让旧房及建筑物,凡不能取得评估价格,但能提供购房发票的,经当地税务部门确认,《条例》第六条第(一)、(三)项规定的扣除项目的金额,可按发票所载金额并从购买年度起至转让年度止每年加计5%计算。对纳税人购房时缴纳的契税,凡能提供契税完税凭证的,准予作为'与转让房地产有关的税金'予以扣除,但不作为加计5%的基数。对于转让旧房及建筑物,既没有评估价格,又不能提供购房发票的,地方税务

机关可以根据《中华人民共和国税收征收管理法》(以下简称《税收征管法》)第35条的规定,实行核定征收。"

(4)《国家税务总局关于土地增值税清算有关问题的通知》(国税函〔2010〕220号)对转让旧房准予扣除项目的加计问题给予了进一步明确,加强了政策的可操作性,规定:"《财政部 国家税务总局关于土地增值税若干问题的通知》(财税〔2006〕21号)第二条第一款规定'纳税人转让旧房及建筑物,凡不能取得评估价格,但能提供购房发票的,经当地税务部门确认,《条例》第六条第(一)、(三)项规定的扣除项目的金额,可按发票所载金额并从购买年度起至转让年度止每年加计5%计算'。计算扣除项目时'每年'按购房发票所载日期起至售房发票开具之日止,每满12个月计一年;超过一年,未满12个月但超过6个月的,可以视同为一年。"

(5)全面"营改增"后,由于增值税为价外税,不计入销售收入计算,2016年11月10日国家税务总局发布了《关于营改增后土地增值税若干征管规定的公告》(国家税务总局公告2016年第70号),规定:"营改增后,纳税人转让旧房及建筑物,凡不能取得评估价格,但能提供购房发票的,《中华人民共和国土地增值税暂行条例》第六条第一、三项规定的扣除项目的金额按照下列方法计算:

(一)提供的购房凭据为营改增前取得的营业税发票的,按照发票所载金额(不扣减营业税)并从购买年度起至转让年度止每年加计5%计算。

(二)提供的购房凭据为营改增后取得的增值税普通发票的,按照发票所载价税合计金额从购买年度起至转让年度止每年加计5%计算。

(三)提供的购房发票为营改增后取得的增值税专用发票的,按照发票所载不含增值税金额加上不允许抵扣的增值税进项税额之和,并从购买年度起至转让年度止每年加计5%计算。"

根据上述规定,除了允许扣除的旧房屋及建筑物的评估价格出现不同变化外,转让旧房还能够作为扣除项目金额只剩下"取得土地使用权所支付的地价款"和"按国家统一规定交纳的有关费用"以及"在转让环节缴纳的税金"这几项,也就是说,房地产开发企业转让旧房不能像转让新建房那样享受加计扣除优惠待遇。即新建房可以根据《中华人民共和国土地增值税暂行条例实施细则》(财法字〔1995〕006号)第七条第(六)款规定的:"根据条例第六条(五)项规定,对从事房地产开发的纳税人可按本条(一)[取得土地使用权所支付的金额(笔者注)],(二)[开发土地和新建房及配套设施的成本(笔者注)]项法规计算的金额之和,加计20%的扣除。"目前全国各省、自治区、直辖市财政厅(局)和地方税务局对"凡是已使用一定时间或达到一定磨损程度的房产均属旧房"的具体规定大部分是把握是1年或12个月,即凡是已使用1年或12个月以上的房产均属旧房。但也有部分地方把握的口径比较特殊,如《安徽省地方税务局关于明确房产税、土地增值税等税种若干政策问题的通知》(皖地税政三字〔1997〕277号)规定:"凡是已使用一定时间达到一定磨损程序的房产均属于旧房。并应包括:1.新建成的房产使用时间满一年的,在转让时应作为旧房;2.购买新房再转让的,不论其是否使用,均作为旧房;3.个人新建房产转让,不论其建成后使用时间长短,均作为旧房。"再如,《河北省地方税务局、河北省财政厅、河北省国家税务局转发财政部、国家税务总局关于土地增值税一些具体问题规定的通知》（冀地税发〔1995〕71号）规定："关于该文等七条 新房与旧房的界定问题，经研究做如下补充规定：建成后未使用的房产为新房。凡已经使用的房产，不论其使用时间和磨损程度如何，一律为旧房。"请广大纳税人关注各自省级财政部门和税务部门出台的对新建房和旧房的界定标准，注意其中的风险。

三、自持开发产品的企业所得税处理

根据《国家税务总局关于企业处置资产所得税处理问题的通知》（国税函〔2008〕828号）第一条规定："企业发生下列情形的处置资产，除将资产转移至境外以外，由于资产所有权属在形式和实质上均不发生改变，可作为内部处置资产，不视同销售确认收入，相关资产的计税基础延续计算。

（一）将资产用于生产、制造、加工另一产品；

（二）改变资产形状、结构或性能；

（三）改变资产用途（如，自建商品房转为自用或经营）；

（四）将资产在总机构及其分支机构之间转移；

（五）上述两种或两种以上情形的混合；

（六）其他不改变资产所有权属的用途。"

上述规定非常明确，房地产开发企业将自建商品房转为自用或经营，仅仅是属于改变不动产用途，而不动产的所有权属没有发生转移，因此在企业所得税处理上不视同销售确认收入。不过，在此情况下，房地产开发企业要是将自持物业在会计制度上按固定资产核算，应以发生的开发成本（包括土地成本大约3亿元）转为固定资产进行核算，并据此作为计提累计折旧的依据。要是没有将自持物业在会计制度上按固定资产核算管理，而是继续记在"开发产品"科目进行核算管理，则性质上还是属于企业的库存商品，不得计提折旧。

（1）根据《中华人民共和国企业所得税法》（主席令第63号）第十一条规定："在计算应纳税所得额时，企业按照规定计算的固定资产折旧，准予扣除。"

（2）根据《中华人民共和国企业所得税法实施条例》（国务院令第512号）第六十条规定："除国务院财政、税务主管部门另有规定外，固定资产计算折旧的最低年限如下：（一）房屋、建筑物，为20年。"

根据上述规定，房地产开发企业将自持物业在会计制度上按固定资产核算管理，可以按最低20年年限提取折旧并允许税前扣除。

四、自持开发产品的房产税处理

（1）根据《中华人民共和国房产税暂行条例》（国发〔1986〕90号）规定："第二条 房产税由产权所有人缴纳。产权属于全民所有的，由经营管理的单位缴纳。产权出典的，由承典人缴纳。产权所有人、承典人不在房产所在地的，或者产权未确定及租典纠纷未解决的，由房产代管人或者使用人缴纳。

前款列举的产权所有人、经营管理单位、承典人、房产代管人或者使用人，统称为纳税义务人（以下简称纳税人）。

第三条　房产税依照房产原值一次减除10%至30%后的余值计算缴纳。具体减除幅度,由省、自治区、直辖市人民政府规定。

没有房产原值作为依据的,由房产所在地税务机关参考同类房产核定。

房产出租的,以房产租金收入为房产税的计税依据。

第四条　房产税的税率,依照房产余值计算缴纳的,税率为1.2%;依照房产租金收入计算缴纳的,税率为12%。"

(2)《财政部　国家税务总局关于房产税若干具体问题的解释和暂行规定》(财税地字〔1986〕第008号)规定:"纳税人自建的房屋,自建成之次月起征收房产税。纳税人委托施工企业建设的房屋,从办理验收手续之次月起征收房产税。纳税人在办理验收手续前已使用或出租、出借的新建房屋,应按规定征收房产税。"

(3)根据《国家税务总局关于房产税、城镇土地使用税有关政策规定的通知》(国税发〔2003〕89号)规定:"一、关于房地产开发企业开发的商品房征免房产税问题

鉴于房地产开发企业开发的商品房在出售前,对房地产开发企业而言是一种产品,因此,对房地产开发企业建造的商品房,在售出前,不征收房产税;但对售出前房地产开发企业已使用或出租、出借的商品房应按规定征收房产税。

二、关于确定房产税、城镇土地使用税纳税义务发生时间问题

(一)购置新建商品房,自房屋交付使用之次月起计征房产税和城镇土地使用税。

(二)购置存量房,自办理房屋权属转移、变更登记手续,房地产权属登记机关签发房屋权属证书之次月起计征房产税和城镇土地使用税。

(三)出租、出借房产,自交付出租、出借房产之次月起计征房产税和城镇土地使用税。

(四)房地产开发企业自用、出租、出借本企业建造的商品房,自房屋使用或交付之次月起计征房产税和城镇土地使用税。"

笔者注 根据2006年12月25日发布的《财政部　国家税务总局关于房产税城镇土地使用税有关政策的通知》(财税〔2006〕186号)规定,上文"第二条第四款中有关房地产开发企业城镇土地使用税纳税义务发生时间的规定自2007年1月1日起同时废止。"

(4)《财政部　国家税务总局关于具备房屋功能的地下建筑征收房产税的通知》(财税〔2005〕181号)规定:"一、凡在房产税征收范围内的具备房屋功能的地下建筑,包括与地上房屋相连的地下建筑以及完全建在地面以下的建筑、地下人防设施等,均应当依照有关规定征收房产税。

上述具备房屋功能的地下建筑是指有屋面和维护结构,能够遮风避雨,可供人们在其中生产、经营、工作、学习、娱乐、居住或储藏物资的场所。

二、自用的地下建筑,按以下方式计税:

1.工业用途房产,以房屋原价的50%~60%作为应税房产原值。

应纳房产税的税额＝应税房产原值×[1－(10%－30%)]×1.2%。

2. 商业和其他用途房产,以房屋原价的70%～80%作为应税房产原值。

应纳房产税的税额＝应税房产原值×[1－(10%－30%)]×1.2%。

房屋原价折算为应税房产原值的具体比例,由各省、自治区、直辖市和计划单列市财政和地方税务部门在上述幅度内自行确定。

3. 对于与地上房屋相连的地下建筑,如房屋的地下室、地下停车场、商场的地下部分等,应将地下部分与地上房屋视为一个整体按照地上房屋建筑的有关规定计算征收房产税。

三、出租的地下建筑,按照出租地上房屋建筑的有关规定计算征收房产税。"

(5)根据《财政部 国家税务总局关于房产税、城镇土地使用税有关问题的通知》(财税〔2008〕152号)规定:"对依照房产原值计税的房产,不论是否记载在会计账簿'固定资产'科目中,均应按照房屋原价计算缴纳房产税。房屋原价应根据国家有关会计制度规定进行核算。对纳税人未按国家会计制度规定核算并记载的,应按规定予以调整或重新评估。"

(6)《财政部 国家税务总局关于安置残疾人就业单位城镇土地使用税等政策的通知》(财税〔2010〕121号)规定:"对出租房产,租赁双方签订的租赁合同约定有免收租金期限的,免收租金期间由产权所有人按照房产原值缴纳房产税。"

(7)《财政部 国家税务总局关于安置残疾人就业单位城镇土地使用税等政策的通知》(财税〔2010〕121号)规定:"对按照房产原值计税的房产,无论会计上如何核算,房产原值均应包含地价,包括为取得土地使用权支付的价款、开发土地发生的成本费用等。宗地容积率低于0.5的,按房产建筑面积的2倍计算土地面积并据此确定计入房产原值的地价。"

根据上述规定,房地产开发企业将开发产品转为自用或者经营租赁,不论是否在会计制度上按固定资产进行核算管理,都必须按规定缴纳房产税,其中自用的,按转为自用开发产品原值(包括这些开发产品所占用土地成本、建造成本等)减除一定比例后的余值从投入使用的次月起计算缴纳房产税,具体的减除幅度由各省、自治区、直辖市和计划单列市财政和地方税务部门在上述幅度内自行确定。自用的如果是地下建筑物,则须根据其性质不同而纳税义务不同:没有与地上房屋相连而占有独立空间的,应作为自用单独建筑物按前述做法缴纳房产税;没有占用独立空间而是与地上房屋相连的地下建筑,如房屋的地下室、地下停车场、商场的地下部分等,则应将地下部分与地上房屋视为一个整体按照地上房屋建筑的有关规定计算缴纳房产税。

如果是用于经营租赁的,则不论是地上建筑物还是地下建筑物,一律以租金收入按照12%税率从交付使用的次月起计算缴纳房产税。如果租赁合同约定有免收租金期限的,免收租金期间由房地产开发企业按照房产原值缴纳房产税。

五、自持开发产品的城镇土地使用税处理

(1)《财政部 国家税务总局关于房产税城镇土地使用税有关政策的通知》(财税〔2006〕186号)规定:"以出让或转让方式有偿取得土地使用权的,应由受让方从合同约定交付土地时间的次月起缴纳城镇土地使用税;合同未约定交付土地时间的,由受让方从合同签订的次月起缴纳城镇土地使用税。"

(2)《国家税务总局关于通过招拍挂方式取得土地缴纳城镇土地使用税问题的公告》(国家税务总局公告2014年第74号)规定:"通过招标、拍卖、挂牌方式取得的建设用地,不属于新征用的耕地,纳税人应按照《财政部 国家税务总局关于房产税、城镇土地使用税有关政策的通知》(财税〔2006〕186号)第二条规定,从合同约定交付土地时间的次月起缴纳城镇土地使用税;合同未约定交付土地时间的,从合同签订的次月起缴纳城镇土地使用税。"

(3)《财政部 国家税务总局关于房产税、城镇土地使用税有关问题的通知》(财税〔2008〕152号)规定:"纳税人因房产、土地的实物或权利状态发生变化而依法终止房产税、城镇土地使用税纳税义务的,其应纳税款的计算应截止到房产、土地的实物或权利状态发生变化的当月末。"

(4)《财政部 国家税务总局关于房产税城镇土地使用税有关问题的通知》(财税〔2009〕128号)规定:"对在城镇土地使用税征税范围内单独建造的地下建筑用地,按规定征收城镇土地使用税。其中,已取得地下土地使用权证的,按土地使用权证确认的土地面积计算应征税款;未取得地下土地使用权证或地下土地使用权证上未标明土地面积的,按地下建筑垂直投影面积计算应征税款。

对上述地下建筑用地暂按应征税款的50%征收城镇土地使用税。"

(5)《国家税务局关于印发〈关于土地使用税若干具体问题的补充规定〉的通知》(国税地字〔1989〕140号)规定:"对企业厂区(包括生产、办公及生活区)以内的绿化用地,应照章征收土地使用税,厂区以外的公共绿化用地和向社会开放的公园用地,暂免征收土地使用税。"

(6)《财政部 国家税务总局关于承租集体土地城镇土地使用税有关政策的通知》(财税〔2017〕29号)规定:"在城镇土地使用税征税范围内,承租集体所有建设用地的,由直接从集体经济组织承租土地的单位和个人,缴纳城镇土地使用税。"

根据上述规定,房地产开发企业不论是通过招拍挂程序获得国有建设用地土地使用权,还是承租集体所有建设用地的,都需要按规定缴纳城镇土地使用税。计算缴纳城镇土地使用税的截止时限为房产、土地的实物或权利状态发生变化的当月末,实践中对此执行口径一般理解为:售出商品房为新建房的,则为新建商品房交付使用的当月为房地产开发企业截止缴纳城镇土地使用税的时点;售出商品房为存量房的,则为存量房办理房屋权属转移、变更登记手续,房地产权属登记机关签发房屋权属证书的当月作为房地产开发企业截止缴纳城镇土地使用税的时点。这是因为根据《国家税务总局关于房产税、城镇土地使用税有关政策规定的通知》(国税发〔2003〕89号)规定,购置新建商品房,自房屋交付使用之次月起计征房产税和城镇土地使用税。购置存量房,自办理房屋权属转移、变更登记手续,房地产权属登记机关签发房屋权属证书之次月起计征房产税和城镇土地使用税。也就是说,针对按规定需要征收房产税、城镇土地使用税的购买者而言,其计算缴纳房产税和城镇土地使用税的起始时点为新建商品房交付使用的次月或者存量房由房地产权属登记机关签发房屋权属证书的次月。至此,转让方纳税义务终结,受让方纳税义务开始,衔接成功。因此,房地产开发企业将开发产品转为自用或者经营,其房地产权属均为自身所有,没有发生转移、变更,应按规定计算缴纳城镇土地使用税。

此外,房地产开发企业将开发产品转为自用或者经营,如果还占有或者分摊部分开发小区内道路、绿化、公园等用地的,也需要按规定计算缴纳城镇土地使用税。

六、自持开发产品的契税问题处理

《中华人民共和国契税暂行条例》(国务院令第 224 号)规定:"第一条　在中华人民共和国境内转移土地、房屋权属,承受的单位和个人为契税的纳税人,应当依照本条例的规定缴纳契税。

第二条　本条例所称转移土地、房屋权属是指下列行为:

(一)国有土地使用权出让;

(二)土地使用权转让,包括出售、赠与和交换;

(三)房屋买卖;

(四)房屋赠与;

(五)房屋交换。

前款第二项土地使用权转让,不包括农村集体土地承包经营权的转移。"

据此,房地产开发企业将开发产品转为自用或经营,相当于一般企业的自建自用行为,没有发生土地、房屋权属转移,不征收契税。

第二节 | 自持物业运营租赁涉税问题处理

本章第一节对房地产开发企业将开发产品转为自持物业时是否视同销售以及房产税、土地使用税等涉税问题如何处理做了比较详尽的分析,但转为自持物业的开发产品在运营中涉及的税收问题又是如何处理的呢? 本文以商业用房为例尝试做一比较分析,以便读者理解和参考。

【案例 5-2】　宝隆房地产开发公司开发的"城市之光"商住综合体占地 300 余亩,集餐饮、娱乐、购物、休闲、办公、酒店式公寓等业态于一体,项目中住宅 40 万余 m² 和 4.3 万 m² 层高 5 米的酒店式公寓已经基本销售完毕,余下的商业用房主要包括一座地面四层地下一层共 5 层的购物中心(4 万 m² 左右)和层高 6 米可分割产权商铺(3 万 m² 左右,产权面积 15 m² 至 70 m²),由于项目位于城市核心地段,交通便利,人口聚集,区位优势明显,在项目开发之初就是计划自持,待商圈运营成熟后再根据具体情况进行相应处置。现有几个运营方案供董事会选择决定,请比较分析各自的涉税处理优劣点。

方案一:"自主经营模式"。由宝隆公司自行组建市场运营团队,对购物中心和可分割产权商铺进行统一规划设计、统一企业形象、统一招商布局、统一品牌经营、统一营销策划、统一收款结算、统一物业管理,创建"城市之光"购物广场品牌。对入驻购物中心的商户或厂家采取没有保底价的流水倒扣,即直接按照商户或厂家的每月产生流水销售额从中收取一定比例的费用,没有保底费用;对入驻可分割产权商铺的商户采取保底价的流水倒扣,即一般按照商户的每月产生流水销售额从中收取一定比例的费用,但收取的费用要是没有达到双方约定的保底价的,按保底价收取。

方案二:"自行出租模式"。由宝隆公司的市场招商部直接负责对外招商出租。根据市场调查,购物中心第一年平均租金为100元/月(其中负一层30元/月,一层150元/月,二层120元/月,三层50元/月,四层40元/月),前三年每年在上年租金的基础上递增5%;第四年至第六年每年在上年租金的基础上递增8%;从第七年开始每年在上年租金的基础上递增10%,承租期最长可以签订15年,其中装修免租期最长可以达6个月。可分割产权商铺第一年平均租金为180元/月,租金递增方式与购物中心的一致,不过最长租金只能签10年,免租期最长为3个月。出租方式采取"押三付一,先付后用",经测算,采取自行出租的,预计需要一年时间可实现80%的入驻率。

方案三:由宝隆公司出资设立全资商业运管子公司,交由商业运管子公司运作。具体的又分三种模式:模式一"作价出资",直接以自持物业评估作价投资设立商业运管子公司,由商业运管子公司日后负责自持物业的全部经营、销售事宜;模式二"整体出租",自持物业不动产所有权继续保留在宝隆公司,并以整体出租方式交由商业运管子公司运作,租金按市场零租平均租金的50%左右计算;模式三"委托管理",自持物业不动产所有权继续保留在宝隆公司,并以支付委托管理费方式委托商业运管子公司负责运作。

【案例分析】

一、方案一"自主经营模式"的涉税处理

(一)自主经营的增值税及其附加税费处理

首先应该明确的是,房地产开发企业若是采取"自主经营"模式运作自持物业,则需要变更增加相应的生产经营范围,同时必须一律按宝隆公司名义对外,以宝隆公司向消费者收款开票,承担在销售商品过程发生的法律责任,而入驻商户和厂家必须开相应增值税发票给宝隆公司作为进项税额或成本处理。在这种情况下,宝隆公司是按销售商品产生的销售额来计算缴纳增值税及其附加税费,而宝隆公司将开发产品转为自持经营性物业这种行为由于不动产所有权没有发生转移,所以不需要视同销售缴纳增值税及其附加税费,具体的分析详见本章第一节,这里不再赘述。

(二)自主经营其他税收问题的处理

宝隆公司将开发产品转为自持经营性物业,只是改变了资产的用途,没有改变资产的所有权,根据土地增值税、企业所得税的相关规定,这是一种内部处置资产行为,性质还是企业自持自用,因此都不视同销售确认收入。另外,从房地产的角度出发,企业自持自用的,应按从价计征;城镇土地使用税应按实际占用的土地面积计算缴纳。这几种税的处理在本章第一节中都做了详尽分析,不再赘述。

二、方案二"自行出租模式"的涉税处理

(一)自行出租的增值税处理

根据增值税有关规定,租赁服务,包括融资租赁服务和经营租赁服务。

融资租赁服务,是指具有融资性质和所有权转移特点的租赁活动。即出租人根据承租人所要求的规格、型号、性能等条件购入有形动产或者不动产租赁给承租人,合同期内租赁物所有权属于出租人,承租人只拥有使用权,合同期满付清租金后,承租人有权按照残值购入租赁物,以拥有其所有权。不论出租人是否将租赁物销售给承租人,均属于融资租赁。

按照标的物的不同,融资租赁服务可分为有形动产融资租赁服务和不动产融资租赁服务。

经营租赁服务,是指在约定时间内将有形动产或者不动产转让他人使用且租赁物所有权不变更的业务活动。

按照标的物的不同,经营租赁服务可分为有形动产经营租赁服务和不动产经营租赁服务。

将建筑物、构筑物等不动产或者飞机、车辆等有形动产的广告位出租给其他单位或者个人用于发布广告,按照经营租赁服务缴纳增值税。

车辆停放服务、道路通行服务(包括过路费、过桥费、过闸费等)等按照不动产经营租赁服务缴纳增值税。

宝隆公司将开发产品转为自持物业这一行为,并没有改变不动产的所有权,所以其对外出租行为应属于经营租赁服务,并据此按有关规定计算缴纳增值税。

(1)《财政部 国家税务总局关于全面推开营业税改征增值税试点的通知》(财税〔2016〕36号)附件1《营业税改征增值税试点实施办法》第四十五条第(二)款规定:"纳税人提供租赁服务采取预收款方式的,其纳税义务发生时间为收到预收款的当天。"

(2)《营改增实施办法》第十五条第(二)款规定:"提供交通运输、邮政、基础电信、建筑、不动产租赁服务,销售不动产,转让土地使用权,税率为11%。"

(3)《营改增实施办法》第十六条规定:"增值税征收率为3%,财政部和国家税务总局另有规定的除外。"

(4)《财政部 国家税务总局关于全面推开营业税改征增值税试点的通知》(财税〔2016〕36号)附件2《营业税改征增值税试点有关事项的规定》和《国家税务总局关于发布〈纳税人提供不动产经营租赁服务增值税征收管理暂行办法〉的公告》(国家税务总局公告2016年第16号)对"不动产经营租赁服务"的规定主要有:①一般纳税人出租其2016年4月30日前取得的不动产,可以选择适用简易计税方法,按照5%的征收率计算应纳税额。②小规模纳税人出租其取得的不动产(不含个人出租住房),应按照5%的征收率计算应纳税额。③其他个人出租其取得的不动产(不含住房),应按照5%的征收率计算应纳税额。④个人出租住房,应按照5%的征收率减按1.5%计算应纳税额。

(5)国家税务总局公告2016年第16号规定:"取得的不动产,包括以直接购买、接受捐赠、接受投资入股、自建以及抵债等各种形式取得的不动产。"

(6)国家税务总局公告2016年第16号规定:"第十一条 小规模纳税人中的单位和个体工商户出租不动产,不能自行开具增值税发票的,可向不动产所在地主管国税机关申请代开增值税发票。

其他个人出租不动产,可向不动产所在地主管地税机关申请代开增值税发票。

第十二条　纳税人向其他个人出租不动产，不得开具或申请代开增值税专用发票。”

(7)《国家税务总局关于营改增试点若干征管问题的公告》（国家税务总局公告2016年第53号）规定：“其他个人采取一次性收取租金的形式出租不动产，取得的租金收入可在租金对应的租赁期内平均分摊，分摊后的月租金收入不超过3万元的，可享受小微企业免征增值税优惠政策。”

(8)《财政部　国家税务总局关于进一步明确全面推开营改增试点有关再保险、不动产租赁和非学历教育等政策的通知》（财税〔2016〕68号）规定：“(1)房地产开发企业中的一般纳税人，出租自行开发的房地产老项目，可以选择适用简易计税方法，按照5%的征收率计算应纳税额。纳税人出租自行开发的房地产老项目与其机构所在地不在同一县(市)的，应按照上述计税方法在不动产所在地预缴税款后，向机构所在地主管税务机关进行纳税申报。房地产开发企业中的一般纳税人，出租其2016年5月1日后自行开发的与机构所在地不在同一县(市)的房地产项目，应按照3%预征率在不动产所在地预缴税款后，向机构所在地主管税务机关进行纳税申报。

(2)房地产开发企业中的小规模纳税人，出租自行开发的房地产项目，按照5%的征收率计算应纳税额。纳税人出租自行开发的房地产项目与其机构所在地不在同一县(市)的，应按照上述计税方法在不动产所在地预缴税款后，向机构所在地主管税务机关进行纳税申报。”

根据上述规定，不论是否属于增值税一般纳税人，除其他个人(也就是自然人)出租住房外(下同)，出租其2016年4月30日前通过直接购买、接受捐赠、接受投资入股、自建(含自行开发)以及抵债等各种形式取得的不动产，均可以按简易计税方法按照5%征收率计算增值税应纳税额；如果是出租2016年5月1日以后以上述各种途径取得的不动产，一般纳税人必须按一般计税方法适用11%税率计算增值税销项税额，小规模纳税人一律适用简易计税方法按照5%征收率计算增值税应纳税额；自然人出租住宅，则按应按照5%的征收率减按1.5%计算增值税应纳税额。在发票开具方面，能自行开具增值税发票的纳税人自行开具，否则可以到税务机关申请开具增值税发票。据此，宝隆公司用于对外经营租赁的自持开发产品，如果是属于2016年4月30日前已经开工建设的房地产老项目，可以选择适用简易计税方法，按照5%的征收率计算应纳税额。如果属于2016年5月1日后开工建设的房地产新项目，则只能适用一般计税方法，按照11%税率计算增值税销项税额。并可根据承租者的需要提供增值税普通发票或增值税专用发票，但承租者如果是其他个人，则只能开具增值税普通发票，不得开具增值税专用发票给对方。此外，宝隆公司与承租客户签订的租赁合同采取“押三付一，先付后用”出租方式，先付后用取得的款项属于预收款性质，所以其提供租赁服务的纳税义务发生时间为收到预收款的当天，但其收到的押金，如果租赁合同约定承租期结束后需要归还给承租户的，笔者认为不属于租金收入的价外费用，不应征收增值税；如果合同约定承租期结束后需要根据约定条件相应扣除押金的，应在扣除押金当期确认为租金收入的价外费用(含税)，并据以计算缴纳增值税。建议对此问题应尽快予以明确。

(二) 自行出租的其他税收处理

根据《财政部　国家税务总局关于营改增后契税、房产税、土地增值税、个人所得税计税依据问题的通知》(财税〔2016〕43号)规定:"房产出租的,计征房产税的租金收入不含增值税。"宝隆公司将自持物业用于经营租赁,应按从价计征原则就取得的租金收入(不含增值税)计算缴纳房产税,具体的税率、计算方法等本章第一节均已作详尽论述,不再赘述。

房地产开发企业用于经营租赁的自持物业,涉及土地增值税、城镇土地使用税、契税等税种的处理在本章第一节均已作详尽论述,不再赘述。

三、方案三之"作价出资模式"的涉税处理

(一)开发产品作价出资的增值税处理

房地产开发企业将自行开发的开发产品作价对外投资,取得被投资方相应的股权(股份),是一种等价有偿的非货币性资产交换行为,应根据有关规定征收增值税。主要依据有:

(1)《财政部 国家税务总局关于全面推开营业税改征增值税试点的通知》(财税〔2016〕36号)附件1《营业税改征增值税试点实施办法》第一条规定,在中华人民共和国境内销售服务、无形资产或者不动产的单位和个人,为增值税纳税人,应当按照本办法缴纳增值税,不缴纳营业税。

(2)《营改增实施办法》第十条规定:"销售服务、无形资产或者不动产,是指有偿提供服务、有偿转让无形资产或者不动产,但属于下列非经营活动的情形除外:

(一)行政单位收取的同时满足以下条件的政府性基金或者行政事业性收费。

1.由国务院或者财政部批准设立的政府性基金,由国务院或者省级人民政府及其财政、价格主管部门批准设立的行政事业性收费;

2.收取时开具省级以上(含省级)财政部门监(印)制的财政票据;

3.所收款项全额上缴财政。

(二)单位或者个体工商户聘用的员工为本单位或者雇主提供取得工资的服务。

(三)单位或者个体工商户为聘用的员工提供服务。

(四)财政部和国家税务总局规定的其他情形。"

(3)《营改增实施办法》第十一条规定:"有偿,是指取得货币、货物或者其他经济利益。"

(4)国家税务总局货劳司在《全面推开营业税改征增值税试点政策培训参考材料》中的第十条政策解读,对如何理解"有偿"进行了解读,即:

(1)有偿,是确立一项经济行为是否缴纳增值税的前置条件之一。

(2)有偿,包括取得货币、货物或者其他经济利益。

以开发产品作价对外投资,是以不动产为对价换取了被投资企业的股权,取得了"其他经济利益",应当缴纳增值税。

北京、上海、江西、海南、安徽、新疆、河北、河南等地在全面"营改增"执行口径中也有类似的明确,如《上海税务局2016年4月20日上午营改增在线访谈回答纳税人关注的26个实务问题》中:"问题十九:以无形资产、不动产投资入股,参与接受投资方利润分配,共同承担投资风险的行为,是否应征收增值税?

答:以无形资产、不动产投资入股,参与接受投资方利润分配,共同承担投资风险的行

为,应按销售无形资产、不动产征收增值税。"

再如《河北国税全面推开营改增有关政策问题解答(之二)》(2016年5月5日)中:"十三、关于以不动产对外投资是否缴纳增值税问题

《营业税改征增值税试点实施办法》第十条规定:'销售服务、无形资产或者不动产,是指有偿提供服务、有偿转让无形资产或者不动产。'

《营业税改征增值税试点实施办法》第十一条规定:'有偿,是指取得货币、货物或者其他经济利益。'

以不动产投资,是以不动产为对价换取了被投资企业的股权,取得了'其他经济利益',应当缴纳增值税。"

需要注意的是,根据增值税的有关规定,不动产对外投资取得被投资方的股权(股份),是一种有偿行为,不能按《营改增实施办法》第十四条的规定适用视同销售的政策,即单位或者个人向其他单位或者个人无偿转让无形资产或者不动产,但用于公益事业或者以社会公众为对象的除外。

(二) 开发产品作价出资的土地增值税处理

(1)《国家税务总局关于房地产开发企业土地增值税清算管理有关问题的通知》(国税发〔2006〕187号,简称国税发〔2006〕187号文件)第三条第一款规定:"房地产开发企业将开发产品用于职工福利、奖励、对外投资、分配给股东或投资人、抵偿债务、换取其他单位和个人的非货币性资产等,发生所有权转移时应视同销售房地产,其收入按下列方法和顺序确认:1.按本企业在同一地区、同一年度销售的同类房地产的平均价格确定;2.由主管税务机关参照当地当年、同类房地产的市场价格或评估价值确定。"

(2)《财政部 国家税务总局关于企业改制重组有关土地增值税政策的通知》(财税〔2015〕5号,简称财税〔2015〕5号文件)规定:"四、单位、个人在改制重组时以国有土地、房屋进行投资,对其将国有土地、房屋权属转移、变更到被投资的企业,暂不征土地增值税。

五、上述改制重组有关土地增值税政策不适用于房地产开发企业。"

(3)《财政部 国家税务总局关于营改增后契税、房产税、土地增值税、个人所得税计税依据问题的通知》(财税〔2016〕43号)第三条规定:"土地增值税纳税人转让房地产取得的收入为不含增值税收入。"

据上述规定,房地产开发企业(宝隆公司)将开发产品作价对外投资,不适用财税〔2015〕5号文件的规定享受暂不征收土地增值税的待遇,应按国税发〔2006〕187号文件第三条第一款的规定视同销售缴纳土地增值税。作价部分如果包含增值税的,应换算成不含税价后计算缴纳土地增值税,其中以2016年4月30日之前开工建设的房地产老项目对外投资,可以选择适用简易计税方法的,其计算转让房地产的土地增值税应税收入不含增值税应纳税额。对选择适用增值税一般计税方法的房地产老项目和以2016年5月1日以后开工建设的房地产新项目对外作价投资的,其转让房地产的土地增值税应税收入不含增值税销项税额。

(三) 开发产品作价出资的企业所得税处理

(1)《中华人民共和国企业所得税法实施条例》(国务院令第512号)第二十五条规

定："企业发生非货币性资产交换，以及将货物、财产、劳务用于捐赠、偿债、赞助、集资、广告、样品、职工福利或者利润分配等用途的，应当视同销售货物、转让财产或者提供劳务，但国务院财政、税务主管部门另有规定的除外。"

（2）《国家税务总局关于企业处置资产所得税处理问题的通知》（国税函〔2008〕828号）第二条规定，其他改变资产所有权属的用途，因资产所有权属已发生改变而不属于内部处置资产，应按规定视同销售确定收入。

（3）《国家税务总局关于企业所得税有关问题的公告》（国家税务总局公告2016年第80号）第二条规定："企业发生《国家税务总局关于企业处置资产所得税处理问题的通知》（国税函〔2008〕828号）第二条规定情形的，除另有规定外，应按照被移送资产的公允价值确定销售收入。"

（4）《国家税务总局关于印发〈房地产开发经营业务企业所得税处理办法〉的通知》（国税发〔2009〕31号）第七条规定："企业将开发产品用于捐赠、赞助、职工福利、奖励、对外投资、分配给股东或投资人、抵偿债务、换取其他企事业单位和个人的非货币性资产等行为，应视同销售，于开发产品所有权或使用权转移，或于实际取得利益权利时确认收入（或利润）的实现。确认收入（或利润）的方法和顺序为：

（一）按本企业近期或本年度最近月份同类开发产品市场销售价格确定；

（二）由主管税务机关参照当地同类开发产品市场公允价值确定；

（三）按开发产品的成本利润率确定。开发产品的成本利润率不得低于15%，具体比例由主管税务机关确定。"

根据上述规定，宝隆公司以开发产品作价投资入股行为，应在开发产品所有权或使用权转移，或于实际取得利益权利时确认收入（或利润）视同销售，确认财产损益计缴企业所得税。

（四）开发产品作价出资的印花税处理

根据《国家税务局关于印花税若干具体问题的解释和规定的通知》（国税发〔1991〕155)号规定，"财产所有权"转移书据的征税范围是：经政府管理机关登记注册的动产、不动产的所有权转移所立的书据，以及企业股权转让所立的书据。宝隆公司将开发产品作价投资，投资合同必然涉及土地使用权、房屋和建筑物等不动产产权转移，因此应按"产权转移书据"贴花。由签订"产权转移书据"的投资与被投资双方按万分之五的税率缴纳印花税。

（五）开发产品作价出资的契税处理

对于接受开发产品作价投资的被投资方商业运管子公司来说，根据《契税暂行条例实施细则》第八条规定："土地、房屋权属以下列方式转移的，视同土地使用权转让、房屋买卖或者房屋赠与征税：（一）以土地、房屋权属作价投资、入股。"

所以，对以开发产品作价投资入股的行为，接受方商业运管子公司要按规定缴纳契税。契税税率为3%～5%。

四、方案三之"整体出租模式"的涉税处理

宝隆公司将自持物业以"整体出租"形式交由商业运管子公司运作，其税收上的处理

与本节第二点 "自行出租模式" 的涉税处理没什么两样,不再赘述。关键是 "租金按市场零租平均租金的 50% 左右计算" 是否合理应特别注意。一般而言,整体一次性全部出租的租金比企业自行招商零租的租金要低,但低多少企业应根据当地大型商场出租的市场租金如沃尔玛、家乐福、华润万家等等入驻的租金情况来把握,不能自以为是。整体出租的租金如果定价合理,无疑会增加企业的整体收益。因为根据增值税原理,宝隆公司整体出租给商业运管子公司,按规定可以开具增值税专用发票给商业运管子公司作为进项税额抵扣,因此对商业运管子公司而言,其再次对外出租的增值税税负并不会由此增加。但对于房产税而言,根据《中华人民共和国房产税暂行条例》(国发〔1986〕90 号)第二条 "房产税由产权所有人缴纳" 和第三条第三款 "房产出租的,以房产租金收入为房产税的计税依据" 的规定,宝隆公司可以仅就其取得的市场零租平均租金的 50% 计算缴纳,而对于商业运管子公司而言,其再次出租也即转租取得的租金收入不需要再次缴纳房产税,因此对企业整体而言房产税收益巨大。但若是整体出租的租金定价不合理,则根据《税收征收管理法》及其《实施细则》等有关税收法律法规政策的规定可能需要进行相关的纳税调整,补缴税款并加收滞纳金,企业可能由此而受损。以下为相关纳税调整的主要法律法规依据。

1. 税收征收管理法纳税调整相关规定

(1)《中华人民共和国税收征收管理法》(主席令第 5 号)第三十五条规定:"纳税人有下列情形之一的,税务机关有权核定其应纳税额:(六)纳税人申报的计税依据明显偏低,又无正当理由的。"

(2)《税收征管法》第三十六条规定:"企业或者外国企业在中国境内设立的从事生产、经营的机构、场所与其关联企业之间的业务往来,应当按照独立企业之间的业务往来收取或者支付价款、费用;不按照独立企业之间的业务往来收取或者支付价款、费用,而减少其应纳税的收入或者所得额的,税务机关有权进行合理调整。"

(3)《中华人民共和国税收征收管理法实施细则》(国务院令〔2002〕362 号)规定:"第五十一条 税收征管法第三十六条所称关联企业,是指有下列关系之一的公司、企业和其他经济组织:

(一)在资金、经营、购销等方面,存在直接或者间接的拥有或者控制关系;

(二)直接或者间接地同为第三者所拥有或者控制;

(三)在利益上具有相关联的其他关系。

纳税人有义务就其与关联企业之间的业务往来,向当地税务机关提供有关的价格、费用标准等资料。具体办法由国家税务总局制定。

第五十二条 税收征管法第三十六条所称独立企业之间的业务往来,是指没有关联关系的企业之间按照公平成交价格和营业常规所进行的业务往来。

第五十三条 纳税人可以向主管税务机关提出与其关联企业之间业务往来的定价原则和计算方法,主管税务机关审核、批准后,与纳税人预先约定有关定价事项,监督纳税人执行。

第五十四条 纳税人与其关联企业之间的业务往来有下列情形之一的,税务机关可以调整其应纳税额:

（一）购销业务未按照独立企业之间的业务往来作价；

（二）融通资金所支付或者收取的利息超过或者低于没有关联关系的企业之间所能同意的数额，或者利率超过或者低于同类业务的正常利率；

（三）提供劳务，未按照独立企业之间业务往来收取或者支付劳务费用；

（四）转让财产、提供财产使用权等业务往来，未按照独立企业之间业务往来作价或者收取、支付费用；

（五）未按照独立企业之间业务往来作价的其他情形。

第五十五条　纳税人有本细则第五十四条所列情形之一的，税务机关可以按照下列方法调整计税收入额或者所得额：

（一）按照独立企业之间进行的相同或者类似业务活动的价格；

（二）按照再销售给无关联关系的第三者的价格所应取得的收入和利润水平；

（三）按照成本加合理的费用和利润；

（四）按照其他合理的方法。

第五十六条　纳税人与其关联企业未按照独立企业之间的业务往来支付价款、费用的，税务机关自该业务往来发生的纳税年度起3年内进行调整；有特殊情况的，可以自该业务往来发生的纳税年度起10年内进行调整。"

2. 增值税纳税调整相关规定

《财政部　国家税务总局关于全面推开营业税改征增值税试点的通知》（财税〔2016〕36号）附件1《营业税改征增值税试点实施办法》第四十四条规定："纳税人发生应税行为价格明显偏低或者偏高且不具有合理商业目的的，或者发生本办法第十四条所列行为而无销售额的，主管税务机关有权按照下列顺序确定销售额：

（一）按照纳税人最近时期销售同类服务、无形资产或者不动产的平均价格确定。

（二）按照其他纳税人最近时期销售同类服务、无形资产或者不动产的平均价格确定。

（三）按照组成计税价格确定。组成计税价格的公式为：

$$组成计税价格＝成本×（1＋成本利润率）$$

成本利润率由国家税务总局确定。

不具有合理商业目的，是指以谋取税收利益为主要目的，通过人为安排，减少、免除、推迟缴纳增值税税款，或者增加退还增值税税款。"

3. 企业所得税纳税调整相关规定

(1)《中华人民共和国企业所得税法》（主席令第63号）规定："第四十一条　企业与其关联方之间的业务往来，不符合独立交易原则而减少企业或者其关联方应纳税收入或者所得额的，税务机关有权按照合理方法调整。

企业与其关联方共同开发、受让无形资产，或者共同提供、接受劳务发生的成本，在计算应纳税所得额时应当按照独立交易原则进行分摊。

第四十二条　企业可以向税务机关提出与其关联方之间业务往来的定价原则和计算

方法,税务机关与企业协商、确认后,达成预约定价安排。"

(2)《中华人民共和国企业所得税法实施条例》(国务院令第 512 号)规定:"第一百零九条企业所得税法第四十一条所称关联方,是指与企业有下列关联关系之一的企业、其他组织或者个人:

(一)在资金、经营、购销等方面存在直接或者间接的控制关系;

(二)直接或者间接地同为第三者控制;

(三)在利益上具有相关联的其他关系。

第一百一十条　企业所得税法第四十一条所称独立交易原则,是指没有关联关系的交易各方,按照公平成交价格和营业常规进行业务往来遵循的原则。

第一百一十一条　企业所得税法第四十一条所称合理方法,包括:

(一)可比非受控价格法,是指按照没有关联关系的交易各方进行相同或者类似业务往来的价格进行定价的方法;

(二)再销售价格法,是指按照从关联方购进商品再销售给没有关联关系的交易方的价格,减除相同或者类似业务的销售毛利进行定价的方法;

(三)成本加成法,是指按照成本加合理的费用和利润进行定价的方法;

(四)交易净利润法,是指按照没有关联关系的交易各方进行相同或者类似业务往来取得的净利润水平确定利润的方法;

(五)利润分割法,是指将企业与其关联方的合并利润或者亏损在各方之间采用合理标准进行分配的方法;

(六)其他符合独立交易原则的方法。"

(3)《国家税务总局关于完善关联申报和同期资料管理有关事项的公告》(国家税务总局公告 2016 年第 42 号)规定:"二、企业与其他企业、组织或者个人具有下列关系之一的,构成本公告所称关联关系:

(一)一方直接或者间接持有另一方的股份总和达到 25% 以上;双方直接或者间接同为第三方所持有的股份达到 25% 以上。

如果一方通过中间方对另一方间接持有股份,只要其对中间方持股比例达到 25% 以上,则其对另一方的持股比例按照中间方对另一方的持股比例计算。

两个以上具有夫妻、直系血亲、兄弟姐妹以及其他抚养、赡养关系的自然人共同持股同一企业,在判定关联关系时持股比例合并计算。

(二)双方存在持股关系或者同为第三方持股,虽持股比例未达到本条第(一)项规定,但双方之间借贷资金总额占任一方实收资本比例达到 50% 以上,或者一方全部借贷资金总额的 10% 以上由另一方担保(与独立金融机构之间的借贷或者担保除外)。

借贷资金总额占实收资本比例=年度加权平均借贷资金/年度加权平均实收资本,其中:

年度加权平均借贷资金=i 笔借入或者贷出资金账面金额×i 笔借入或者贷出资金年度实际占用天数/365
年度加权平均实收资本=i 笔实收资本账面金额×i 笔实收资本年度实际占用天数/365

(三)双方存在持股关系或者同为第三方持股,虽持股比例未达到本条第(一)项规定,但一方的生产经营活动必须由另一方提供专利权、非专利技术、商标权、著作权等特许权才能正常进行。

（四）双方存在持股关系或者同为第三方持股,虽持股比例未达到本条第（一）项规定,但一方的购买、销售、接受劳务、提供劳务等经营活动由另一方控制。

上述控制是指一方有权决定另一方的财务和经营政策,并能据以从另一方的经营活动中获取利益。

（五）一方半数以上董事或者半数以上高级管理人员（包括上市公司董事会秘书、经理、副经理、财务负责人和公司章程规定的其他人员）由另一方任命或者委派,或者同时担任另一方的董事或者高级管理人员;或者双方各自半数以上董事或者半数以上高级管理人员同为第三方任命或者委派。

（六）具有夫妻、直系血亲、兄弟姐妹以及其他抚养、赡养关系的两个自然人分别与双方具有本条第（一）至（五）项关系之一。

（七）双方在实质上具有其他共同利益。

除本条第（二）项规定外,上述关联关系年度内发生变化的,关联关系按照实际存续期间认定。

三、仅因国家持股或者由国有资产管理部门委派董事、高级管理人员而存在本公告第二条第（一）至（五）项关系的,不构成本公告所称关联关系。

四、关联交易主要包括:

（一）有形资产使用权或者所有权的转让。有形资产包括商品、产品、房屋建筑物、交通工具、机器设备、工具器具等。

（二）金融资产的转让。金融资产包括应收账款、应收票据、其他应收款项、股权投资、债权投资和衍生金融工具形成的资产等。

（三）无形资产使用权或者所有权的转让。无形资产包括专利权、非专利技术、商业秘密、商标权、品牌、客户名单、销售渠道、特许经营权、政府许可、著作权等。

（四）资金融通。资金包括各类长短期借贷资金（含集团资金池）、担保费、各类应计息预付款和延期收付款等。

（五）劳务交易。劳务包括市场调查、营销策划、代理、设计、咨询、行政管理、技术服务、合约研发、维修、法律服务、财务管理、审计、招聘、培训、集中采购等。"

五、方案三之"委托管理模式"涉税处理

房地产开发企业将自持物业委托给第三人负责运营管理并向其支付委托管理费方式,并不改变物业的所有权权属,而且不论受托人按委托合同或协议约定是履行自主经营还是对外出租或者是其他方式的受托义务,取得的收入还是归属于房地产开发企业所有,受托人仅仅依据委托合同或协议约定获得管理报酬。因此,从税收法律关系而言,房地产开发企业的纳税义务并没有因为委托关系的存在而发生转移,应就委托资产取得的收入按其性质计算缴纳各种税收,具体参考本节上述各点答疑论述,不再赘述。另外对房地产开发企业支付给第三人的委托管理费用,取得合法有效扣税凭证的,都可以获得增值税进项税额抵扣和计算企业所得税应纳税所得额时在税前扣除。

附录一　房地产业涉及的"营改增"重要税收法规政策

1. 财税〔2016〕36 号

财政部　国家税务总局关于全面推开营业税改征增值税试点的通知

文号:财税〔2016〕36 号　发布日期:2016-03-23

各省、自治区、直辖市、计划单列市财政厅(局)、国家税务局、地方税务局,新疆生产建设兵团财务局:

经国务院批准,自 2016 年 5 月 1 日起,在全国范围内全面推开营业税改征增值税(以下称营改增)试点,建筑业、房地产业、金融业、生活服务业等全部营业税纳税人,纳入试点范围,由缴纳营业税改为缴纳增值税。现将《营业税改征增值税试点实施办法》《营业税改征增值税试点有关事项的规定》《营业税改征增值税试点过渡政策的规定》和《跨境应税行为适用增值税零税率和免税政策的规定》印发你们,请遵照执行。

本通知附件规定的内容,除另有规定执行时间外,自 2016 年 5 月 1 日起执行。《财政部　国家税务总局关于将铁路运输和邮政业纳入营业税改征增值税试点的通知》(财税〔2013〕106 号)、《财政部　国家税务总局关于铁路运输和邮政业营业税改征增值税试点有关政策的补充通知》(财税〔2013〕121 号)、《财政部　国家税务总局关于将电信业纳入营业税改征增值税试点的通知》(财税〔2014〕43 号)、《财政部　国家税务总局关于国际水路运输增值税零税率政策的补充通知》(财税〔2014〕50 号)和《财政部　国家税务总局关于影视等出口服务适用增值税零税率政策的通知》(财税〔2015〕118 号),除另有规定的条款外,相应废止。

各地要高度重视营改增试点工作,切实加强试点工作的组织领导,周密安排,明确责任,采取各种有效措施,做好试点前的各项准备以及试点过程中的监测分析和宣传解释等工作,确保改革的平稳、有序、顺利进行。遇到问题请及时向财政部和国家税务总局反映。

附件　1. 营业税改征增值税试点实施办法
　　　2. 营业税改征增值税试点有关事项的规定
　　　3. 营业税改征增值税试点过渡政策的规定
　　　4. 跨境应税行为适用增值税零税率和免税政策的规定

附件 1

营业税改征增值税试点实施办法

第一章　纳税人和扣缴义务人

第一条　在中华人民共和国境内(以下称境内)销售服务、无形资产或者不动产(以下称应税行为)

的单位和个人,为增值税纳税人,应当按照本办法缴纳增值税,不缴纳营业税。

单位,是指企业、行政单位、事业单位、军事单位、社会团体及其他单位。

个人,是指个体工商户和其他个人。

第二条 单位以承包、承租、挂靠方式经营的,承包人、承租人、挂靠人(以下统称承包人)以发包人、出租人、被挂靠人(以下统称发包人)名义对外经营并由发包人承担相关法律责任的,以该发包人为纳税人。否则,以承包人为纳税人。

第三条 纳税人分为一般纳税人和小规模纳税人。

应税行为的年应征增值税销售额(以下称应税销售额)超过财政部和国家税务总局规定标准的纳税人为一般纳税人,未超过规定标准的纳税人为小规模纳税人。

年应税销售额超过规定标准的其他个人不属于一般纳税人。年应税销售额超过规定标准但不经常发生应税行为的单位和个体工商户可选择按照小规模纳税人纳税。

第四条 年应税销售额未超过规定标准的纳税人,会计核算健全,能够提供准确税务资料的,可以向主管税务机关办理一般纳税人资格登记,成为一般纳税人。

会计核算健全,是指能够按照国家统一的会计制度规定设置账簿,根据合法、有效凭证核算。

第五条 符合一般纳税人条件的纳税人应当向主管税务机关办理一般纳税人资格登记。具体登记办法由国家税务总局制定。

除国家税务总局另有规定外,一经登记为一般纳税人后,不得转为小规模纳税人。

第六条 中华人民共和国境外(以下称境外)单位或者个人在境内发生应税行为,在境内未设有经营机构的,以购买方为增值税扣缴义务人。财政部和国家税务总局另有规定的除外。

第七条 两个或者两个以上的纳税人,经财政部和国家税务总局批准可以视为一个纳税人合并纳税。具体办法由财政部和国家税务总局另行制定。

笔者注 根据 2017 年 7 月 11 日《财政部　国家税务总局关于建筑服务等营改增试点政策的通知》(财税〔2017〕58 号)本条规定自 2017 年 7 月 1 日起废止。

第八条 纳税人应当按照国家统一的会计制度进行增值税会计核算。

第二章　征税范围

第九条 应税行为的具体范围,按照本办法所附的《销售服务、无形资产、不动产注释》执行。

第十条 销售服务、无形资产或者不动产,是指有偿提供服务、有偿转让无形资产或者不动产,但属于下列非经营活动的情形除外:

(一)行政单位收取的同时满足以下条件的政府性基金或者行政事业性收费。

1. 由国务院或者财政部批准设立的政府性基金,由国务院或者省级人民政府及其财政、价格主管部门批准设立的行政事业性收费;

2. 收取时开具省级以上(含省级)财政部门监(印)制的财政票据;

3. 所收款项全额上缴财政。

(二)单位或者个体工商户聘用的员工为本单位或者雇主提供取得工资的服务。

(三)单位或者个体工商户为聘用的员工提供服务。

(四)财政部和国家税务总局规定的其他情形。

第十一条 有偿,是指取得货币、货物或者其他经济利益。

第十二条 在境内销售服务、无形资产或者不动产,是指:

(一)服务(租赁不动产除外)或者无形资产(自然资源使用权除外)的销售方或者购买方在境内;

(二)所销售或者租赁的不动产在境内;

(三)所销售自然资源使用权的自然资源在境内;

(四)财政部和国家税务总局规定的其他情形。

第十三条 下列情形不属于在境内销售服务或者无形资产:

(一)境外单位或者个人向境内单位或者个人销售完全在境外发生的服务。

(二)境外单位或者个人向境内单位或者个人销售完全在境外使用的无形资产。

(三)境外单位或者个人向境内单位或者个人出租完全在境外使用的有形动产。

(四)财政部和国家税务总局规定的其他情形。

笔者注 根据《国家税务总局关于营改增试点若干征管问题的公告》(国家税务总局公告 2016 年第 53 号)补充规定——境外单位或者个人发生的下列行为不属于在境内销售服务或者无形资产:

(1)为出境的函件、包裹在境外提供的邮政服务、收派服务。

(2)向境内单位或者个人提供的工程施工地点在境外的建筑服务、工程监理服务。

(3)向境内单位或者个人提供的工程、矿产资源在境外的工程勘察勘探服务。

(4)向境内单位或者个人提供的会议展览地点在境外的会议展览服务。

第十四条 下列情形视同销售服务、无形资产或者不动产:

(一)单位或者个体工商户向其他单位或者个人无偿提供服务,但用于公益事业或者以社会公众为对象的除外。

(二)单位或者个人向其他单位或者个人无偿转让无形资产或者不动产,但用于公益事业或者以社会公众为对象的除外。

(三)财政部和国家税务总局规定的其他情形。

笔者注 根据《国家税务总局关于土地价款扣除时间等增值税征管问题的公告》(国家税务总局公告 2016 年第 86 号)补充规定——纳税人出租不动产,租赁合同中约定免租期的,不属于《营业税改征增值税试点实施办法》(财税〔2016〕36 号文件印发)第十四条规定的视同销售服务。

第三章 税率和征收率

第十五条 增值税税率:

(一)纳税人发生应税行为,除本条第(二)项、第(三)项、第(四)项规定外,税率为 6%。

(二)提供交通运输、邮政、基础电信、建筑、不动产租赁服务,销售不动产,转让土地使用权,税率为 11%。

(三)提供有形动产租赁服务,税率为 17%。

(四)境内单位和个人发生的跨境应税行为,税率为零。具体范围由财政部和国家税务总局另行规定。

第十六条 增值税征收率为 3%,财政部和国家税务总局另有规定的除外。

第四章 应纳税额的计算

第一节 一般性规定

第十七条 增值税的计税方法,包括一般计税方法和简易计税方法。

第十八条 一般纳税人发生应税行为适用一般计税方法计税。

一般纳税人发生财政部和国家税务总局规定的特定应税行为,可以选择适用简易计税方法计税,但一经选择,36个月内不得变更。

第十九条 小规模纳税人发生应税行为适用简易计税方法计税。

第二十条 境外单位或者个人在境内发生应税行为,在境内未设有经营机构的,扣缴义务人按照下列公式计算应扣缴税额:

$$应扣缴税额=购买方支付的价款\div(1+税率)\times税率$$

第二节 一般计税方法

第二十一条 一般计税方法的应纳税额,是指当期销项税额抵扣当期进项税额后的余额。应纳税额计算公式:

$$应纳税额=当期销项税额-当期进项税额$$

当期销项税额小于当期进项税额不足抵扣时,其不足部分可以结转下期继续抵扣。

第二十二条 销项税额,是指纳税人发生应税行为按照销售额和增值税税率计算并收取的增值税额。销项税额计算公式:

$$销项税额=销售额\times税率$$

第二十三条 一般计税方法的销售额不包括销项税额,纳税人采用销售额和销项税额合并定价方法的,按照下列公式计算销售额:

$$销售额=含税销售额\div(1+税率)$$

第二十四条 进项税额,是指纳税人购进货物、加工修理修配劳务、服务、无形资产或者不动产,支付或者负担的增值税额。

第二十五条 下列进项税额准予从销项税额中抵扣:

(一)从销售方取得的增值税专用发票(含税控机动车销售统一发票,下同)上注明的增值税额。

(二)从海关取得的海关进口增值税专用缴款书上注明的增值税额。

(三)购进农产品,除取得增值税专用发票或者海关进口增值税专用缴款书外,按照农产品收购发票或者销售发票上注明的农产品买价和11%的扣除率计算的进项税额。计算公式为:

$$进项税额=买价\times扣除率$$

买价,是指纳税人购进农产品在农产品收购发票或者销售发票上注明的价款和按照规定缴纳的烟叶税。

购进农产品,按照《农产品增值税进项税额核定扣除试点实施办法》抵扣进项税额的除外。

【笔者注】 根据2017年4月28日《财政部 国家税务总局关于简并增值税税率有关政策的通知》(财税〔2017〕37号)规定,自2017年7月1日起,本条第(三)项规定的扣除率调整为按财税〔2017〕37号规定执行:①除第(二)项规定外,纳税人购进农产品,取得一般纳税人开具的增值税专用发票或海关进口增值税专用缴款书的,以增值税专用发票或海关进口增值税专用缴款书上注明的增值税额为进项税额;从按照简易计税方法依照 3% 征收率计算缴纳增值税的小规模纳税人取得增值税专用发票的,以增值税专用发票上注明的金额和 11% 的扣除率计算进项税额;取得(开具)农产品销售发票或收购发票的,以农产品销售发票或收购发票上注明的农产品买价和 11% 的扣除率计算进项税额。②营业税改征增值税试点期间,纳税人购进用于生产销售或委托受托加工 17% 税率货物的农产品维持原扣除力度 13% 不变。

(四)从境外单位或者个人购进服务、无形资产或者不动产,自税务机关或者扣缴义务人取得的解缴税款的完税凭证上注明的增值税额。

第二十六条 纳税人取得的增值税扣税凭证不符合法律、行政法规或者国家税务总局有关规定的,其进项税额不得从销项税额中抵扣。

增值税扣税凭证,是指增值税专用发票、海关进口增值税专用缴款书、农产品收购发票、农产品销售发票和完税凭证。

纳税人凭完税凭证抵扣进项税额的,应当具备书面合同、付款证明和境外单位的对账单或者发票。资料不全的,其进项税额不得从销项税额中抵扣。

第二十七条 下列项目的进项税额不得从销项税额中抵扣:

(一)用于简易计税方法计税项目、免征增值税项目、集体福利或者个人消费的购进货物、加工修理修配劳务、服务、无形资产和不动产。其中涉及的固定资产、无形资产、不动产,仅指专用于上述项目的固定资产、无形资产(不包括其他权益性无形资产)、不动产。

纳税人的交际应酬消费属于个人消费。

(二)非正常损失的购进货物,以及相关的加工修理修配劳务和交通运输服务。

(三)非正常损失的在产品、产成品所耗用的购进货物(不包括固定资产)、加工修理修配劳务和交通运输服务。

(四)非正常损失的不动产,以及该不动产所耗用的购进货物、设计服务和建筑服务。

(五)非正常损失的不动产在建工程所耗用的购进货物、设计服务和建筑服务。

纳税人新建、改建、扩建、修缮、装饰不动产,均属于不动产在建工程。

(六)购进的旅客运输服务、贷款服务、餐饮服务、居民日常服务和娱乐服务。

(七)财政部和国家税务总局规定的其他情形。

本条第(四)项、第(五)项所称货物,是指构成不动产实体的材料和设备,包括建筑装饰材料和给排水、采暖、卫生、通风、照明、通讯、煤气、消防、中央空调、电梯、电气、智能化楼宇设备及配套设施。

第二十八条 不动产、无形资产的具体范围,按照本办法所附的《销售服务、无形资产或者不动产注释》执行。

固定资产,是指使用期限超过 12 个月的机器、机械、运输工具以及其他与生产经营有关的设备、工具、器具等有形动产。

非正常损失,是指因管理不善造成货物被盗、丢失、霉烂变质,以及因违反法律法规造成货物或者不动产被依法没收、销毁、拆除的情形。

第二十九条 适用一般计税方法的纳税人,兼营简易计税方法计税项目、免征增值税项目而无法划分不得抵扣的进项税额,按照下列公式计算不得抵扣的进项税额:

$$\text{不得抵扣的进项税额} = \text{当期无法划分的全部进项税额} \times \left(\text{当期简易计税方法计税项目销售额} + \text{免征增值税项目销售额} \right) \div \text{当期全部销售额}$$

主管税务机关可以按照上述公式依据年度数据对不得抵扣的进项税额进行清算。

第三十条 已抵扣进项税额的购进货物（不含固定资产）、劳务、服务，发生本办法第二十七条规定情形（简易计税方法计税项目、免征增值税项目除外）的，应当将该进项税额从当期进项税额中扣减；无法确定该进项税额的，按照当期实际成本计算应扣减的进项税额。

第三十一条 已抵扣进项税额的固定资产、无形资产或者不动产，发生本办法第二十七条规定情形的，按照下列公式计算不得抵扣的进项税额：

$$不得抵扣的进项税额＝固定资产、无形资产或者不动产净值×适用税率$$

固定资产、无形资产或者不动产净值，是指纳税人根据财务会计制度计提折旧或摊销后的余额。

第三十二条 纳税人适用一般计税方法计税的，因销售折让、中止或者退回而退还给购买方的增值税额，应当从当期的销项税额中扣减；因销售折让、中止或者退回而收回的增值税额，应当从当期的进项税额中扣减。

第三十三条 有下列情形之一者，应当按照销售额和增值税税率计算应纳税额，不得抵扣进项税额，也不得使用增值税专用发票：

（一）一般纳税人会计核算不健全，或者不能够提供准确税务资料的。

（二）应当办理一般纳税人资格登记而未办理的。

第三节 简易计税方法

第三十四条 简易计税方法的应纳税额，是指按照销售额和增值税征收率计算的增值税额，不得抵扣进项税额。应纳税额计算公式：

$$应纳税额＝销售额×征收率$$

第三十五条 简易计税方法的销售额不包括其应纳税额，纳税人采用销售额和应纳税额合并定价方法的，按照下列公式计算销售额：

$$销售额＝含税销售额÷（1＋征收率）$$

第三十六条 纳税人适用简易计税方法计税的，因销售折让、中止或者退回而退还给购买方的销售额，应当从当期销售额中扣减。扣减当期销售额后仍有余额造成多缴的税款，可以从以后的应纳税额中扣减。

第四节 销售额的确定

第三十七条 销售额，是指纳税人发生应税行为取得的全部价款和价外费用，财政部和国家税务总局另有规定的除外。

价外费用，是指价外收取的各种性质的收费，但不包括以下项目：

（一）代为收取并符合本办法第十条规定的政府性基金或者行政事业性收费。

（二）以委托方名义开具发票代委托方收取的款项。

第三十八条 销售额以人民币计算。

纳税人按照人民币以外的货币结算销售额的，应当折合成人民币计算，折合率可以选择销售额发生的当天或者当月 1 日的人民币汇率中间价。纳税人应当在事先确定采用何种折合率，确定后 12 个月内不得变更。

第三十九条 纳税人兼营销售货物、劳务、服务、无形资产或者不动产，适用不同税率或者征收率的，应当分别核算适用不同税率或者征收率的销售额；未分别核算的，从高适用税率。

第四十条 一项销售行为如果既涉及服务又涉及货物，为混合销售。从事货物的生产、批发或者零售的单位和个体工商户的混合销售行为,按照销售货物缴纳增值税;其他单位和个体工商户的混合销售行为,按照销售服务缴纳增值税。

本条所称从事货物的生产、批发或者零售的单位和个体工商户,包括以从事货物的生产、批发或者零售为主,并兼营销售服务的单位和个体工商户在内。

第四十一条 纳税人兼营免税、减税项目的,应当分别核算免税、减税项目的销售额;未分别核算的,不得免税、减税。

第四十二条 纳税人发生应税行为,开具增值税专用发票后,发生开票有误或者销售折让、中止、退回等情形的,应当按照国家税务总局的规定开具红字增值税专用发票;未按照规定开具红字增值税专用发票的,不得按本办法第三十二条和第三十六条的规定扣减销项税额或者销售额。

第四十三条 纳税人发生应税行为,将价款和折扣额在同一张发票上分别注明的,以折扣后的价款为销售额;未在同一张发票上分别注明的,以价款为销售额,不得扣减折扣额。

第四十四条 纳税人发生应税行为价格明显偏低或者偏高且不具有合理商业目的的,或者发生本办法第十四条所列行为而无销售额的,主管税务机关有权按照下列顺序确定销售额:

(一)按照纳税人最近时期销售同类服务、无形资产或者不动产的平均价格确定。

(二)按照其他纳税人最近时期销售同类服务、无形资产或者不动产的平均价格确定。

(三)按照组成计税价格确定。组成计税价格的公式为:

$$组成计税价格 = 成本 \times (1 + 成本利润率)$$

成本利润率由国家税务总局确定。

不具有合理商业目的,是指以谋取税收利益为主要目的,通过人为安排,减少、免除、推迟缴纳增值税税款,或者增加退还增值税税款。

第五章 纳税义务、扣缴义务发生时间和纳税地点

第四十五条 增值税纳税义务、扣缴义务发生时间为:

(一)纳税人发生应税行为并收讫销售款项或者取得索取销售款项凭据的当天;先开具发票的,为开具发票的当天。

收讫销售款项,是指纳税人销售服务、无形资产、不动产过程中或者完成后收到款项。

取得索取销售款项凭据的当天,是指书面合同确定的付款日期;未签订书面合同或者书面合同未确定付款日期的,为服务、无形资产转让完成的当天或者不动产权属变更的当天。

(二)纳税人提供租赁服务采取预收款方式的,其纳税义务发生时间为收到预收款的当天。

笔者注 根据 2017 年 7 月 11 日《财政部 国家税务总局关于建筑服务等营改增试点政策的通知》(财税〔2017〕58 号)规定,本项自 2017 年 7 月 1 日起修改为"纳税人提供租赁服务采取预收款方式的,其纳税义务发生时间为收到预收款的当天";同时还规定纳税人提供建筑服务取得预收款,应在收到预收款时,以取得的预收款扣除支付的分包款后的余额,按照规定的预征率预缴增值税。

(三)纳税人从事金融商品转让的,为金融商品所有权转移的当天。

(四)纳税人发生本办法第十四条规定情形的,其纳税义务发生时间为服务、无形资产转让完成的当天或者不动产权属变更的当天。

(五)增值税扣缴义务发生时间为纳税人增值税纳税义务发生的当天。

第四十六条 增值税纳税地点为:

（一）固定业户应当向其机构所在地或者居住地主管税务机关申报纳税。总机构和分支机构不在同一县（市）的，应当分别向各自所在地的主管税务机关申报纳税；经财政部和国家税务总局或者其授权的财政和税务机关批准，可以由总机构汇总向总机构所在地的主管税务机关申报纳税。

（二）非固定业户应当向应税行为发生地主管税务机关申报纳税；未申报纳税的，由其机构所在地或者居住地主管税务机关补征税款。

（三）其他个人提供建筑服务，销售或者租赁不动产，转让自然资源使用权，应向建筑服务发生地、不动产所在地、自然资源所在地主管税务机关申报纳税。

（四）扣缴义务人应当向其机构所在地或者居住地主管税务机关申报缴纳扣缴的税款。

第四十七条 增值税的纳税期限分别为 1 日、3 日、5 日、10 日、15 日、1 个月或者 1 个季度。纳税人的具体纳税期限，由主管税务机关根据纳税人应纳税额的大小分别核定。以 1 个季度为纳税期限的规定适用于小规模纳税人、银行、财务公司、信托投资公司、信用社，以及财政部和国家税务总局规定的其他纳税人。不能按照固定期限纳税的，可以按次纳税。

纳税人以 1 个月或者 1 个季度为 1 个纳税期的，自期满之日起 15 日内申报纳税；以 1 日、3 日、5 日、10 日或者 15 日为 1 个纳税期的，自期满之日起 5 日内预缴税款，于次月 1 日起 15 日内申报纳税并结清上月应纳税款。

扣缴义务人解缴税款的期限，按照前两款规定执行。

> **笔者注** 根据《国家税务总局关于营改增试点若干征管问题的公告》（国家税务总局公告 2016 年第 53 号）补充规定：以 1 个季度为纳税期限的增值税纳税人，其取得的全部增值税应税收入、消费税应税收入，均可以 1 个季度为纳税期限。

第六章 税收减免的处理

第四十八条 纳税人发生应税行为适用免税、减税规定的，可以放弃免税、减税，依照本办法的规定缴纳增值税。放弃免税、减税后，36 个月内不得再申请免税、减税。

纳税人发生应税行为同时适用免税和零税率规定的，纳税人可以选择适用免税或者零税率。

第四十九条 个人发生应税行为的销售额未达到增值税起征点的，免征增值税；达到起征点的，全额计算缴纳增值税。

增值税起征点不适用于登记为一般纳税人的个体工商户。

第五十条 增值税起征点幅度如下：

（一）按期纳税的，为月销售额 5 000～20 000 元（含本数）。

（二）按次纳税的，为每次（日）销售额 300～500 元（含本数）。

起征点的调整由财政部和国家税务总局规定。省、自治区、直辖市财政厅（局）和国家税务局应当在规定的幅度内，根据实际情况确定本地区适用的起征点，并报财政部和国家税务总局备案。

对增值税小规模纳税人中月销售额未达到 2 万元的企业或非企业性单位，免征增值税。2017 年 12 月 31 日前，对月销售额 2 万元（含本数）至 3 万元的增值税小规模纳税人，免征增值税。

> **笔者注** 根据《国家税务总局关于明确营改增试点若干征管问题的公告》（国家税务总局公告 2016 年第 26 号）补充规定：按差额前的销售额确定是否免税。

第七章　征收管理

第五十一条　营业税改征的增值税,由国家税务局负责征收。纳税人销售取得的不动产和其他个人出租不动产的增值税,国家税务局暂委托地方税务局代为征收。

第五十二条　纳税人发生适用零税率的应税行为,应当按期向主管税务机关申报办理退(免)税,具体办法由财政部和国家税务总局制定。

第五十三条　纳税人发生应税行为,应当向索取增值税专用发票的购买方开具增值税专用发票,并在增值税专用发票上分别注明销售额和销项税额。

属于下列情形之一的,不得开具增值税专用发票:

(一)向消费者个人销售服务、无形资产或者不动产。

(二)适用免征增值税规定的应税行为。

第五十四条　小规模纳税人发生应税行为,购买方索取增值税专用发票的,可以向主管税务机关申请代开。

第五十五条　纳税人增值税的征收管理,按照本办法和《中华人民共和国税收征收管理法》及现行增值税征收管理有关规定执行。

附:销售服务、无形资产、不动产注释

附

销售服务、无形资产、不动产注释

一、销售服务

销售服务,是指提供交通运输服务、邮政服务、电信服务、建筑服务、金融服务、现代服务、生活服务。

(一)交通运输服务。

交通运输服务,是指利用运输工具将货物或者旅客送达目的地,使其空间位置得到转移的业务活动。包括陆路运输服务、水路运输服务、航空运输服务和管道运输服务。

1. 陆路运输服务。

陆路运输服务,是指通过陆路(地上或者地下)运送货物或者旅客的运输业务活动,包括铁路运输服务和其他陆路运输服务。

(1)铁路运输服务,是指通过铁路运送货物或者旅客的运输业务活动。

(2)其他陆路运输服务,是指铁路运输以外的陆路运输业务活动。包括公路运输、缆车运输、索道运输、地铁运输、城市轻轨运输等。

出租车公司向使用本公司自有出租车的出租车司机收取的管理费用,按照陆路运输服务缴纳增值税。

2. 水路运输服务。

水路运输服务,是指通过江、河、湖、川等天然、人工水道或者海洋航道运送货物或者旅客的运输业务活动。

水路运输的程租、期租业务,属于水路运输服务。

程租业务,是指运输企业为租船人完成某一特定航次的运输任务并收取租赁费的业务。

期租业务,是指运输企业将配备有操作人员的船舶承租给他人使用一定期限,承租期内听候承租方调遣,不论是否经营,均按天向承租方收取租赁费,发生的固定费用均由船东负担的业务。

3. 航空运输服务。

航空运输服务,是指通过空中航线运送货物或者旅客的运输业务活动。

航空运输的湿租业务,属于航空运输服务。

湿租业务,是指航空运输企业将配备有机组人员的飞机承租给他人使用一定期限,承租期内听候承租方调遣,不论是否经营,均按一定标准向承租方收取租赁费,发生的固定费用均由承租方承担的业务。

航天运输服务,按照航空运输服务缴纳增值税。

航天运输服务,是指利用火箭等载体将卫星、空间探测器等空间飞行器发射到空间轨道的业务活动。

4. 管道运输服务。

管道运输服务,是指通过管道设施输送气体、液体、固体物质的运输业务活动。

无运输工具承运业务,按照交通运输服务缴纳增值税。

无运输工具承运业务,是指经营者以承运人身份与托运人签订运输服务合同,收取运费并承担承运人责任,然后委托实际承运人完成运输服务的经营活动。

> **笔者注** 根据 2017 年 8 月 14 日《国家税务总局关于跨境应税行为免税备案等增值税问题的公告》(国家税务总局公告 2017 年第 30 号)第二条规定:纳税人以承运人身份与托运人签订运输服务合同,收取运费并承担承运人责任,然后委托实际承运人完成全部或部分运输服务时,自行采购并交给实际承运人使用的成品油和支付的道路、桥、闸通行费进项税额准予从销项税额抵扣的条件。

(二)邮政服务。

邮政服务,是指中国邮政集团公司及其所属邮政企业提供邮件寄递、邮政汇兑和机要通信等邮政基本服务的业务活动。包括邮政普遍服务、邮政特殊服务和其他邮政服务。

1. 邮政普遍服务。

邮政普遍服务,是指函件、包裹等邮件寄递,以及邮票发行、报刊发行和邮政汇兑等业务活动。

函件,是指信函、印刷品、邮资封片卡、无名址函件和邮政小包等。

包裹,是指按照封装上的名址递送给特定个人或者单位的独立封装的物品,其重量不超过五十千克,任何一边的尺寸不超过一百五十厘米,长、宽、高合计不超过三百厘米。

2. 邮政特殊服务。

邮政特殊服务,是指义务兵平常信函、机要通信、盲人读物和革命烈士遗物的寄递等业务活动。

3. 其他邮政服务。

其他邮政服务,是指邮册等邮品销售、邮政代理等业务活动。

(三)电信服务。

电信服务,是指利用有线、无线的电磁系统或者光电系统等各种通信网络资源,提供语音通话服务,传送、发射、接收或者应用图像、短信等电子数据和信息的业务活动。包括基础电信服务和增值电信服务。

1. 基础电信服务。

基础电信服务,是指利用固网、移动网、卫星、互联网,提供语音通话服务的业务活动,以及出租或者出售带宽、波长等网络元素的业务活动。

2. 增值电信服务。

增值电信服务,是指利用固网、移动网、卫星、互联网、有线电视网络,提供短信和彩信服务、电子数据和信息的传输及应用服务、互联网接入服务等业务活动。

卫星电视信号落地转接服务,按照增值电信服务缴纳增值税。

（四）建筑服务。

建筑服务，是指各类建筑物、构筑物及其附属设施的建造、修缮、装饰，线路、管道、设备、设施等的安装以及其他工程作业的业务活动。包括工程服务、安装服务、修缮服务、装饰服务和其他建筑服务。

> **笔者注** 根据《国家税务总局关于在境外提供建筑服务等有关问题的公告》（国家税务总局公告2016年第69号）补充规定：纳税人提供建筑服务，被工程发包方从应支付的工程款中扣押的质押金、保证金，未开具发票的，以纳税人实际收到质押金、保证金的当天为纳税义务发生时间。

1. 工程服务。

工程服务，是指新建、改建各种建筑物、构筑物的工程作业，包括与建筑物相连的各种设备或者支柱、操作平台的安装或者装设工程作业，以及各种窑炉和金属结构工程作业。

2. 安装服务。

安装服务，是指生产设备、动力设备、起重设备、运输设备、传动设备、医疗实验设备以及其他各种设备、设施的装配、安置工程作业，包括与被安装设备相连的工作台、梯子、栏杆的装设工程作业，以及被安装设备的绝缘、防腐、保温、油漆等工程作业。

固定电话、有线电视、宽带、水、电、燃气、暖气等经营者向用户收取的安装费、初装费、开户费、扩容费以及类似收费，按照安装服务缴纳增值税。

3. 修缮服务。

修缮服务，是指对建筑物、构筑物进行修补、加固、养护、改善，使之恢复原来的使用价值或者延长其使用期限的工程作业。

4. 装饰服务。

装饰服务，是指对建筑物、构筑物进行修饰装修，使之美观或者具有特定用途的工程作业。

> **笔者注** 根据《财政部 国家税务总局关于明确金融、房地产开发、教育辅助服务等增值税政策的通知》（财税〔2016〕140号）补充规定：物业服务企业为业主提供的装修服务，按"建筑服务"缴纳增值税。

5. 其他建筑服务。

其他建筑服务，是指上列工程作业之外的各种工程作业服务，如钻井（打井）、拆除建筑物或者构筑物、平整土地、园林绿化、疏浚（不包括航道疏浚）、建筑物平移、搭脚手架、爆破、矿山穿孔、表面附着物（包括岩层、土层、沙层等）剥离和清理等工程作业。

> **笔者注** 根据《财政部 国家税务总局关于明确金融、房地产开发、教育辅助服务等增值税政策的通知》（财税〔2016〕140号）补充规定：纳税人将建筑施工设备出租给他人使用并配备操作人员的，按照"建筑服务"缴纳增值税。

（五）金融服务。

金融服务，是指经营金融保险的业务活动。包括贷款服务、直接收费金融服务、保险服务和金融商品转让。

> **笔者注1** 根据《财政部 国家税务总局关于明确金融、房地产开发、教育辅助服务等增值税政策的通知》(财税〔2016〕140号)补充规定:资管产品运营过程中发生的增值税应税行为,以资管产品管理人为增值税纳税人。

> **笔者注2** 根据《财政部 国家税务总局关于资管产品增值税政策有关问题的补充通知》(财税〔2017〕2号)补充规定:2017年7月1日(含)以后,资管产品运营过程中发生的增值税应税行为,以资管产品管理人为增值税纳税人,按照现行规定缴纳增值税。

> **笔者注3** 根据《财政部 国家税务总局关于资管产品增值税有关问题的通知》(财税〔2017〕56号)补充规定:对资管产品管理人运营资管产品过程中发生的增值税应税行为,暂适用简易计税方法,按照3%的征收率缴纳增值税。

资管产品管理人,包括银行、信托公司、公募基金管理公司及其子公司、证券公司及其子公司、期货公司及其子公司、私募基金管理人、保险资产管理公司、专业保险资产管理机构、养老保险公司。

资管产品,包括银行理财产品、资金信托(包括集合资金信托、单一资金信托)、财产权信托、公开募集证券投资基金、特定客户资产管理计划、集合资产管理计划、定向资产管理计划、私募投资基金、债权投资计划、股权投资计划、股债结合型投资计划、资产支持计划、组合类保险资产管理产品、养老保障管理产品。

财政部和税务总局规定的其他资管产品管理人及资管产品。

1. 贷款服务。

贷款,是指将资金贷与他人使用而取得利息收入的业务活动。

各种占用、拆借资金取得的收入,包括金融商品持有期间(含到期)利息(保本收益、报酬、资金占用费、补偿金等)收入、信用卡透支利息收入、买入返售金融商品利息收入、融资融券收取的利息收入,以及融资性售后回租、押汇、罚息、票据贴现、转贷等业务取得的利息及利息性质的收入,按照贷款服务缴纳增值税。

融资性售后回租,是指承租方以融资为目的,将资产出售给从事融资性售后回租业务的企业后,从事融资性售后回租业务的企业将该资产出租给承租方的业务活动。

以货币资金投资收取的固定利润或者保底利润,按照贷款服务缴纳增值税。

> **笔者注** 根据《财政部 国家税务总局关于明确金融、房地产开发、教育辅助服务等增值税政策的通知》(财税〔2016〕140号)补充规定——《销售服务、无形资产、不动产注释》(财税〔2016〕36号)第一条第(五)项第1点所称其中"保本收益、报酬、资金占用费、补偿金",是指合同中明确承诺到期本金可全部收回的投资收益。金融商品持有期间(含到期)取得的非保本的上述收益,不属于利息或利息性质的收入,不征收增值税。

2. 直接收费金融服务。

直接收费金融服务,是指为货币资金融通及其他金融业务提供相关服务并且收取费用的业务活动。包括提供货币兑换、账户管理、电子银行、信用卡、信用证、财务担保、资产管理、信托管理、基金管理、金融交易场所(平台)管理、资金结算、资金清算、金融支付等服务。

3. 保险服务。

保险服务,是指投保人根据合同约定,向保险人支付保险费,保险人对于合同约定的可能发生的事故因其发生所造成的财产损失承担赔偿保险金责任,或者当被保险人死亡、伤残、疾病或者达到合同约定的年龄、期限等条件时承担给付保险金责任的商业保险行为。包括人身保险服务和财产保险服务。

笔者注1 根据《国家税务总局关于个人保险代理人税收征管有关问题的公告》(国家税务总局公告2016 年第 45 号)补充规定:"人身保险服务,是指以人的寿命和身体为保险标的的保险业务活动。

财产保险服务,是指以财产及其有关利益为保险标的的保险业务活动。

个人保险代理人为保险企业提供保险代理服务税收征管有关问题:委托保险企业代征,申请汇总代开发票。

证券经纪人、信用卡和旅游等行业的个人代理人比照执行。"

笔者注2 《国家税务总局关于土地价款扣除时间等增值税征管问题的公告》(国家税务总局公告2016 年第 86 号)补充规定:"保险公司开展共保业务时,按照以下规定开具增值税发票:(一)主承保人与投保人签订保险合同并全额收取保费,然后再与其他共保人签订共保协议并支付共保保费的,由主承保人向投保人全额开具发票,其他共保人向主承保人开具发票;(二)主承保人和其他共保人共同与投保人签订保险合同并分别收取保费的,由主承保人和其他共保人分别就各自获得的保费收入向投保人开具发票。"

4. 金融商品转让。

金融商品转让,是指转让外汇、有价证券、非货物期货和其他金融商品所有权的业务活动。

其他金融商品转让包括基金、信托、理财产品等各类资产管理产品和各种金融衍生品的转让。

笔者注 根据《财政部 国家税务总局关于明确金融、房地产开发、教育辅助服务等增值税政策的通知》(财税〔2016〕140 号)补充规定:纳税人购入基金、信托、理财产品等各类资产管理产品持有至到期,不属于《销售服务、无形资产、不动产注释》(财税〔2016〕140 号)第一条第(五)项第 4 点所称的金融商品转让。

纳税人 2016 年 1 至 4 月份转让金融商品出现的负差,可结转下一纳税期,与 2016 年 5 至 12月份转让金融商品销售额相抵。

(六)现代服务。

现代服务,是指围绕制造业、文化产业、现代物流产业等提供技术性、知识性服务的业务活动。包括研发和技术服务、信息技术服务、文化创意服务、物流辅助服务、租赁服务、鉴证咨询服务、广播影视服务、商务辅助服务和其他现代服务。

1. 研发和技术服务。

研发和技术服务,包括研发服务、合同能源管理服务、工程勘察勘探服务、专业技术服务。

(1)研发服务,也称技术开发服务,是指就新技术、新产品、新工艺或者新材料及其系统进行研究与试验开发的业务活动。

(2)合同能源管理服务,是指节能服务公司与用能单位以契约形式约定节能目标,节能服务公司提供必要的服务,用能单位以节能效果支付节能服务公司投入及其合理报酬的业务活动。

(3)工程勘察勘探服务,是指在采矿、工程施工前后,对地形、地质构造、地下资源蕴藏情况进行实地调查的业务活动。

(4)专业技术服务,是指气象服务、地震服务、海洋服务、测绘服务、城市规划、环境与生态监测服务等专项技术服务。

2. 信息技术服务。

信息技术服务,是指利用计算机、通信网络等技术对信息进行生产、收集、处理、加工、存储、运输、检索和利用,并提供信息服务的业务活动。包括软件服务、电路设计及测试服务、信息系统服务、业务流程管理服务和信息系统增值服务。

(1)软件服务,是指提供软件开发服务、软件维护服务、软件测试服务的业务活动。

(2)电路设计及测试服务,是指提供集成电路和电子电路产品设计、测试及相关技术支持服务的业务活动。

(3)信息系统服务,是指提供信息系统集成、网络管理、网站内容维护、桌面管理与维护、信息系统应用、基础信息技术管理平台整合、信息技术基础设施管理、数据中心、托管中心、信息安全服务、在线杀毒、虚拟主机等业务活动。包括网站对非自有的网络游戏提供的网络运营服务。

(4)业务流程管理服务,是指依托信息技术提供的人力资源管理、财务经济管理、审计管理、税务管理、物流信息管理、经营信息管理和呼叫中心等服务的活动。

(5)信息系统增值服务,是指利用信息系统资源为用户附加提供的信息技术服务。包括数据处理、分析和整合、数据库管理、数据备份、数据存储、容灾服务、电子商务平台等。

3. 文化创意服务。

文化创意服务,包括设计服务、知识产权服务、广告服务和会议展览服务。

(1)设计服务,是指把计划、规划、设想通过文字、语言、图画、声音、视觉等形式传递出来的业务活动。包括工业设计、内部管理设计、业务运作设计、供应链设计、造型设计、服装设计、环境设计、平面设计、包装设计、动漫设计、网游设计、展示设计、网站设计、机械设计、工程设计、广告设计、创意策划、文印晒图等。

(2)知识产权服务,是指处理知识产权事务的业务活动。包括对专利、商标、著作权、软件、集成电路布图设计的登记、鉴定、评估、认证、检索服务。

(3)广告服务,是指利用图书、报纸、杂志、广播、电视、电影、幻灯、路牌、招贴、橱窗、霓虹灯、灯箱、互联网等各种形式为客户的商品、经营服务项目、文体节目或者通告、声明等委托事项进行宣传和提供相关服务的业务活动。包括广告代理和广告的发布、播映、宣传、展示等。

(4)会议展览服务,是指为商品流通、促销、展示、经贸洽谈、民间交流、企业沟通、国际往来等举办或者组织安排的各类展览和会议的业务活动。

> **笔者注** 根据《财政部 国家税务总局关于明确金融、房地产开发、教育辅助服务等增值税政策的通知》(财税〔2016〕140 号)补充规定:宾馆、旅馆、旅社、度假村和其他经营性住宿场所提供会议场地及配套服务的活动,按照"会议展览服务"缴纳增值税。

4. 物流辅助服务。

物流辅助服务,包括航空服务、港口码头服务、货运客运场站服务、打捞救助服务、装卸搬运服务、仓储服务和收派服务。

(1) 航空服务,包括航空地面服务和通用航空服务。

航空地面服务,是指航空公司、飞机场、民航管理局、航站等向在境内航行或者在境内机场停留的境内外飞机或者其他飞行器提供的导航等劳务性地面服务的业务活动。包括旅客安全检查服务、停机坪管理服务、机场候机厅管理服务、飞机清洗消毒服务、空中飞行管理服务、飞机起降服务、飞行通讯服务、地面信号服务、飞机安全服务、飞机跑道管理服务、空中交通管理服务等。

通用航空服务,是指为专业工作提供飞行服务的业务活动,包括航空摄影、航空培训、航空测量、航空勘探、航空护林、航空吊挂播洒、航空降雨、航空气象探测、航空海洋监测、航空科学实验等。

(2) 港口码头服务,是指港务船舶调度服务、船舶通讯服务、航道管理服务、航道疏浚服务、灯塔管理服务、航标管理服务、船舶引航服务、理货服务、系解缆服务、停泊和移泊服务、海上船舶溢油清除服务、水上交通管理服务、船只专业清洗消毒检测服务和防止船只漏油服务等为船只提供服务的业务活动。

港口设施经营人收取的港口设施保安费按照港口码头服务缴纳增值税。

(3) 货运客运场站服务,是指货客运场站提供货物配载服务、运输组织服务、中转换乘服务、车辆调度服务、票务服务、货物打包整理、铁路线路使用服务、加挂铁路客车服务、铁路行包专列发送服务、铁路到达和中转服务、铁路车辆编解服务、车辆挂运服务、铁路接触网服务、铁路机车牵引服务等业务活动。

(4) 打捞救助服务,是指提供船舶人员救助、船舶财产救助、水上救助和沉船沉物打捞服务的业务活动。

(5) 装卸搬运服务,是指使用装卸搬运工具或者人力、畜力将货物在运输工具之间、装卸现场之间或者运输工具与装卸现场之间进行装卸和搬运的业务活动。

(6) 仓储服务,是指利用仓库、货场或者其他场所代客贮放、保管货物的业务活动。

(7) 收派服务,是指接受寄件人委托,在承诺的时限内完成函件和包裹的收件、分拣、派送服务的业务活动。

收件服务,是指从寄件人收取函件和包裹,并运送到服务提供方同城的集散中心的业务活动。

分拣服务,是指服务提供方在其集散中心对函件和包裹进行归类、分发的业务活动。

派送服务,是指服务提供方从其集散中心将函件和包裹送达同城的收件人的业务活动。

5. 租赁服务。

租赁服务,包括融资租赁服务和经营租赁服务。

(1) 融资租赁服务,是指具有融资性质和所有权转移特点的租赁活动。即出租人根据承租人所要求的规格、型号、性能等条件购入有形动产或者不动产租赁给承租人,合同期内租赁物所有权属于出租人,承租人只拥有使用权,合同期满付清租金后,承租人有权按照残值购入租赁物,以拥有其所有权。不论出租人是否将租赁物销售给承租人,均属于融资租赁。

按照标的物的不同,融资租赁服务可分为有形动产融资租赁服务和不动产融资租赁服务。

融资性售后回租不按照本税目缴纳增值税。

笔者注 根据《财政部 国家税务总局关于出口货物劳务增值税和消费税政策的通知》(财税〔2016〕140号)补充规定:自2017年1月1日起,生产企业销售自产的海洋工程结构物,或者融资租赁企业及其设立的项目子公司、金融租赁公司及其设立的项目子公司购买并以融资租赁方式出租的国内生产企业生产的海洋工程结构物,应按规定缴纳增值税,不再适用《财政部 国家税务总局关于出口货物劳务增值税和消费税政策的通知》(财税〔2012〕39号)或者《财政部 国家税务总局关于在全国开展融资租赁货物出口退税政策试点的通知》(财税〔2014〕62号)规定的增值税出口退税政策,但购买方或者承租方为按实物征收增值税的中外合作油(气)田开采企业的除外。

2017年1月1日前签订的海洋工程结构物销售合同或者融资租赁合同,在合同到期前,可继续按现行相关出口退税政策执行。

(2) 经营租赁服务,是指在约定时间内将有形动产或者不动产转让他人使用且租赁物所有权不变更的业务活动。

按照标的物的不同,经营租赁服务可分为有形动产经营租赁服务和不动产经营租赁服务。

将建筑物、构筑物等不动产或者飞机、车辆等有形动产的广告位出租给其他单位或者个人用于发布广告,按照经营租赁服务缴纳增值税。

车辆停放服务、道路通行服务(包括过路费、过桥费、过闸费等)等按照不动产经营租赁服务缴纳增值税。

水路运输的光租业务、航空运输的干租业务,属于经营租赁。

光租业务,是指运输企业将船舶在约定的时间内出租给他人使用,不配备操作人员,不承担运输过程中发生的各项费用,只收取固定租赁费的业务活动。

干租业务,是指航空运输企业将飞机在约定的时间内出租给他人使用,不配备机组人员,不承担运输过程中发生的各项费用,只收取固定租赁费的业务活动。

6. 鉴证咨询服务。

鉴证咨询服务,包括认证服务、鉴证服务和咨询服务。

(1) 认证服务,是指具有专业资质的单位利用检测、检验、计量等技术,证明产品、服务、管理体系符合相关技术规范、相关技术规范的强制性要求或者标准的业务活动。

(2) 鉴证服务,是指具有专业资质的单位受托对相关事项进行鉴证,发表具有证明力的意见的业务活动。包括会计鉴证、税务鉴证、法律鉴证、职业技能鉴定、工程造价鉴证、工程监理、资产评估、环境评估、房地产土地评估、建筑图纸审核、医疗事故鉴定等。

(3) 咨询服务,是指提供信息、建议、策划、顾问等服务的活动。包括金融、软件、技术、财务、税收、法律、内部管理、业务运作、流程管理、健康等方面的咨询。

翻译服务和市场调查服务按照咨询服务缴纳增值税。

7. 广播影视服务。

广播影视服务,包括广播影视节目(作品)的制作服务、发行服务和播映(含放映,下同)服务。

(1) 广播影视节目(作品)制作服务,是指进行专题(特别节目)、专栏、综艺、体育、动画片、广播剧、电视剧、电影等广播影视节目和作品制作的服务。具体包括与广播影视节目和作品相关的策划、采编、拍摄、录音、音视频文字图片素材制作、场景布置、后期的剪辑、翻译(编译)、字幕制作、片头、片尾、片花制作、特效制作、影片修复、编目和确权等业务活动。

(2) 广播影视节目(作品)发行服务,是指以分账、买断、委托等方式,向影院、电台、电视台、网站等单位和个人发行广播影视节目(作品)以及转让体育赛事等活动的报道及播映权的业务活动。

(3) 广播影视节目(作品)播映服务,是指在影院、剧院、录像厅及其他场所播映广播影视节目(作品),以及通过电台、电视台、卫星通信、互联网、有线电视等无线或者有线装置播映广播影视节目(作品)的业务活动。

8. 商务辅助服务。

商务辅助服务,包括企业管理服务、经纪代理服务、人力资源服务、安全保护服务。

(1) 企业管理服务,是指提供总部管理、投资与资产管理、市场管理、物业管理、日常综合管理等服务的业务活动。

笔者注 根据《国家税务总局关于物业管理服务中收取的自来水水费增值税问题的公告》(国家税务总局公告 2016 年第 54 号)补充规定:提供物业管理服务的纳税人,向服务接受方收取的自来水水费,以扣除其对外支付的自来水水费后的余额为销售额,按照简易计税方法依 3% 的征收率计算缴纳增值税。

(2) 经纪代理服务,是指各类经纪、中介、代理服务。包括金融代理、知识产权代理、货物运输代理、代理报关、法律代理、房地产中介、职业中介、婚姻中介、代理记账、拍卖等。

货物运输代理服务,是指接受货物收货人、发货人、船舶所有人、船舶承租人或者船舶经营人的委托,以委托人的名义,为委托人办理货物运输、装卸、仓储和船舶进出港口、引航、靠泊等相关手续的业务活动。

代理报关服务,是指接受进出口货物的收、发货人委托,代为办理报关手续的业务活动。

> **笔者注** 根据《国家税务总局关于在境外提供建筑服务等有关问题的公告》(国家税务总局公告2016年第69号)补充规定:纳税人代理进口按规定免征进口增值税的货物,其销售额不包括向委托方收取并代为支付的货款。向委托方收取并代为支付的款项,不得开具增值税专用发票,可以开具增值税普通发票。

(3) 人力资源服务,是指提供公共就业、劳务派遣、人才委托招聘、劳动力外包等服务的业务活动。

> **笔者注1** 根据《财政部 国家税务总局关于进一步明确全面推开营改增试点有关劳务派遣服务、收费公路通行费抵扣等政策的通知》(财税〔2016〕47号)补充规定:提供劳务派遣服务可以选择差额纳税,以取得的全部价款和价外费用,扣除代用工单位支付给劳务派遣员工的工资、福利和为其办理社会保险及住房公积金后的余额为销售额,按照简易计税方法依5%的征收率计算缴纳增值税。
>
> 选择差额纳税的纳税人,向用工单位收取用于支付给劳务派遣员工工资、福利和为其办理社会保险及住房公积金的费用,不得开具增值税专用发票,可以开具普通发票。
>
> 纳税人提供人力资源外包服务,按照经纪代理服务缴纳增值税,其销售额不包括受客户单位委托代为向客户单位员工发放的工资和代理缴纳的社会保险、住房公积金。向委托方收取并代为发放的工资和代理缴纳的社会保险、住房公积金,不得开具增值税专用发票,可以开具普通发票。

> **笔者注2** 《财政部 国家税务总局关于进一步明确全面推开营改增试点有关再保险不动产租赁和非学历教育等政策的通知》(财税〔2016〕68号)补充规定:纳税人提供安全保护服务,比照劳务派遣服务政策执行。

(4) 安全保护服务,是指提供保护人身安全和财产安全,维护社会治安等的业务活动。包括场所住宅保安、特种保安、安全系统监控以及其他安保服务。

> **笔者注** 根据《财政部 国家税务总局关于明确金融、房地产开发、教育辅助服务等增值税政策的通知》(财税〔2016〕140号)补充规定:纳税人提供武装守护押运服务,按照"安全保护服务"缴纳增值税。

9. 其他现代服务。

其他现代服务,是指除研发和技术服务、信息技术服务、文化创意服务、物流辅助服务、租赁服务、鉴证咨询服务、广播影视服务和商务辅助服务以外的现代服务。

(七) 生活服务。

生活服务,是指为满足城乡居民日常生活需求提供的各类服务活动。包括文化体育服务、教育医疗服务、旅游娱乐服务、餐饮住宿服务、居民日常服务和其他生活服务。

1. 文化体育服务。

文化体育服务,包括文化服务和体育服务。

(1) 文化服务,是指为满足社会公众文化生活需求提供的各种服务。包括:文艺创作、文艺表演、文化比赛,图书馆的图书和资料借阅,档案馆的档案管理,文物及非物质遗产保护,组织举办宗教活动、科技活动、文化活动,提供游览场所。

(2) 体育服务,是指组织举办体育比赛、体育表演、体育活动,以及提供体育训练、体育指导、体育管理的业务活动。

笔者注 根据《财政部 国家税务总局关于明确金融、房地产开发、教育辅助服务等增值税政策的通知》(财税〔2016〕140号)补充规定:纳税人在游览场所经营索道、摆渡车、电瓶车、游船等取得的收入,按照"文化体育服务"缴纳增值税。

2. 教育医疗服务。

教育医疗服务,包括教育服务和医疗服务。

(1) 教育服务,是指提供学历教育服务、非学历教育服务、教育辅助服务的业务活动。

学历教育服务,是指根据教育行政管理部门确定或者认可的招生和教学计划组织教学,并颁发相应学历证书的业务活动。包括初等教育、初级中等教育、高级中等教育、高等教育等。

非学历教育服务,包括学前教育、各类培训、演讲、讲座、报告会等。

教育辅助服务,包括教育测评、考试、招生等服务。

笔者注1 根据《国家税务总局关于在境外提供建筑服务等有关问题的公告》(国家税务总局公告2016年第69号)补充规定:境外单位通过教育部考试中心及其直属单位在境内开展考试,教育部考试中心及其直属单位应以取得的考试费收入扣除支付给境外单位考试费后的余额为销售额,按提供"教育辅助服务"缴纳增值税;就代为收取并支付给境外单位的考试费统一扣缴增值税。教育部考试中心及其直属单位代为收取并支付给境外单位的考试费,不得开具增值税专用发票,可以开具增值税普通发票。

笔者注2 根据《财政部 国家税务总局关于明确金融、房地产开发、教育辅助服务等增值税政策的通知》(财税〔2016〕140号)补充规定:一般纳税人提供教育辅助服务,可以选择简易计税方法按照3%征收率计算缴纳增值税。

(2) 医疗服务,是指提供医学检查、诊断、治疗、康复、预防、保健、接生、计划生育、防疫服务等方面的服务,以及与这些服务有关的提供药品、医用材料器具、救护车、病房住宿和伙食的业务。

3. 旅游娱乐服务。

旅游娱乐服务,包括旅游服务和娱乐服务。

(1) 旅游服务,是指根据旅游者的要求,组织安排交通、游览、住宿、餐饮、购物、文娱、商务等服务的业务活动。

笔者注 根据《国家税务总局关于在境外提供建筑服务等有关问题的公告》(国家税务总局公告 2016 年第 69 号)补充规定:纳税人提供旅游服务,将火车票、飞机票等交通费发票原件交付给旅游服务购买方而无法收回的,以交通费发票复印件作为差额扣除凭证。

(2) 娱乐服务,是指为娱乐活动同时提供场所和服务的业务。

具体包括:歌厅、舞厅、夜总会、酒吧、台球、高尔夫球、保龄球、游艺(包括射击、狩猎、跑马、游戏机、蹦极、卡丁车、热气球、动力伞、射箭、飞镖)。

4. 餐饮住宿服务。

餐饮住宿服务,包括餐饮服务和住宿服务。

(1) 餐饮服务,是指通过同时提供饮食和饮食场所的方式为消费者提供饮食消费服务的业务活动。

笔者注1 根据《国家税务总局关于明确营改增试点若干征管问题的公告》(国家税务总局公告 2016 年第 26 号)补充规定:餐饮行业增值税一般纳税人购进农业生产者自产农产品,可以使用国税机关监制的农产品收购发票,按照现行规定计算抵扣进项税额。(有条件可推进核定扣除办法)

笔者注2 根据《财政部 国家税务总局关于明确金融、房地产开发、教育辅助服务等增值税政策的通知》(财税〔2016〕140 号)补充规定:提供餐饮服务的纳税人销售的外卖食品,按照"餐饮服务"缴纳增值税。

(2) 住宿服务,是指提供住宿场所及配套服务等的活动。包括宾馆、旅馆、旅社、度假村和其他经营性住宿场所提供的住宿服务。

笔者注 根据《国家税务总局关于在境外提供建筑服务等有关问题的公告》(国家税务总局公告 2016 年第 69 号)补充规定——纳税人以长(短)租形式出租酒店式公寓并提供配套服务的,按照住宿服务缴纳增值税。

全面开展住宿业小规模纳税人自行开具增值税专用发票试点。住宿业小规模纳税人销售其取得的不动产,需要开具增值税专用发票的,仍须向地税机关申请代开。

5. 居民日常服务。

居民日常服务,是指主要为满足居民个人及其家庭日常生活需求提供的服务,包括市容市政管理、家政、婚庆、养老、殡葬、照料和护理、救助救济、美容美发、按摩、桑拿、氧吧、足疗、沐浴、洗染、摄影扩印等服务。

6. 其他生活服务。

其他生活服务,是指除文化体育服务、教育医疗服务、旅游娱乐服务、餐饮住宿服务和居民日常服务之外的生活服务。

笔者注1 根据《国家税务总局关于在境外提供建筑服务等有关问题的公告》(国家税务总局公告 2016 年第 69 号)补充规定:纳税人提供签证代理服务,以取得的全部价款和价外费用,扣除向服务接受方收取并代为支付给外交部和外国驻华使(领)馆的签证费、认证费后的余额为销售额。向服务接受方收取并代为支付的签证费、认证费,不得开具增值税专用发票,可以开具增值税普通发票。

笔者注2 根据《国家税务总局关于土地价款扣除时间等增值税征管问题的公告》(国家税务总局公告 2016 年第 86 号)补充规定:《财政部 国家税务总局关于明确金融、房地产开发、教育辅助服务等增值税政策的通知》财税〔2016〕140 号文件第九、十、十一、十四、十五、十六条明确的税目适用问题的处理:(一)不涉及税率适用问题的不调整申报;(二)纳税人原适用的税率高于财税〔2016〕140 号文件所明确税目对应税率的,多申报的销项税额可以抵减以后月份的销项税额;(三)纳税人原适用的税率低于财税〔2016〕140 号文件所明确税目对应税率的,不调整申报,并从 2016 年 12 月份(税款所属期)起按照财税〔2016〕140 号文件执行。

纳税人已就相关业务向购买方开具增值税专用发票的,应将增值税专用发票收回并重新开具;无法收回的不再调整。

二、销售无形资产

销售无形资产,是指转让无形资产所有权或者使用权的业务活动。无形资产,是指不具实物形态,但能带来经济利益的资产,包括技术、商标、著作权、商誉、自然资源使用权和其他权益性无形资产。

技术,包括专利技术和非专利技术。

自然资源使用权,包括土地使用权、海域使用权、探矿权、采矿权、取水权和其他自然资源使用权。

其他权益性无形资产,包括基础设施资产经营权、公共事业特许权、配额、经营权(包括特许经营权、连锁经营权、其他经营权)、经销权、分销权、代理权、会员权、席位权、网络游戏虚拟道具、域名、名称权、肖像权、冠名权、转会费等。

三、销售不动产

销售不动产,是指转让不动产所有权的业务活动。不动产,是指不能移动或者移动后会引起性质、形状改变的财产,包括建筑物、构筑物等。

建筑物,包括住宅、商业营业用房、办公楼等可供居住、工作或者进行其他活动的建造物。

构筑物,包括道路、桥梁、隧道、水坝等建造物。

转让建筑物有限产权或者永久使用权的,转让在建的建筑物或者构筑物所有权的,以及在转让建筑物或者构筑物时一并转让其所占土地的使用权的,按照销售不动产缴纳增值税。

附件 2

营业税改征增值税试点有关事项的规定

一、营改增试点期间,试点纳税人〔指按照《营业税改征增值税试点实施办法》(以下称《试点实施办法》)缴纳增值税的纳税人〕有关政策

(一)兼营。

试点纳税人销售货物、加工修理修配劳务、服务、无形资产或者不动产适用不同税率或者征收率的,应当分别核算适用不同税率或者征收率的销售额,未分别核算销售额的,按照以下方法适用税率或者征收率:

1. 兼有不同税率的销售货物、加工修理修配劳务、服务、无形资产或者不动产,从高适用税率。

2. 兼有不同征收率的销售货物、加工修理修配劳务、服务、无形资产或者不动产,从高适用征收率。

3. 兼有不同税率和征收率的销售货物、加工修理修配劳务、服务、无形资产或者不动产,从高适用税率。

(二)不征收增值税项目。

1. 根据国家指令无偿提供的铁路运输服务、航空运输服务,属于《试点实施办法》第十四条规定的用于公益事业的服务。

2. 存款利息。

3. 被保险人获得的保险赔付。

4. 房地产主管部门或者其指定机构、公积金管理中心、开发企业以及物业管理单位代收的住宅专项维修资金。

5. 在资产重组过程中,通过合并、分立、出售、置换等方式,将全部或者部分实物资产以及与其相关联的债权、负债和劳动力一并转让给其他单位和个人,其中涉及的不动产、土地使用权转让行为。

> **笔者注**《财政部 国家税务总局关于进一步明确全面推开营改增试点有关再保险不动产租赁和非学历教育等政策的通知》(财税〔2016〕68号)补充规定:各党派、共青团、工会、妇联、中科协、青联、台联、侨联收取党费、团费、会费,以及政府间国际组织收取会费,属于非经营活动,不征收增值税。

(三)销售额。

1. 贷款服务,以提供贷款服务取得的全部利息及利息性质的收入为销售额。

> **笔者注** 根据《国家税务总局关于营改增试点若干征管问题的公告》(国家税务总局公告2016年第53号)补充规定:银行提供贷款服务按期计收利息的,结息日当日计收的全部利息收入,均应计入结息日所属期的销售额,按照现行规定计算缴纳增值税。

2. 直接收费金融服务,以提供直接收费金融服务收取的手续费、佣金、酬金、管理费、服务费、经手费、开户费、过户费、结算费、转托管费等各类费用为销售额。

3. 金融商品转让,按照卖出价扣除买入价后的余额为销售额。

转让金融商品出现的正负差,按盈亏相抵后的余额为销售额。若相抵后出现负差,可结转下一纳税期与下期转让金融商品销售额相抵,但年末时仍出现负差的,不得转入下一个会计年度。

金融商品的买入价,可以选择按照加权平均法或者移动加权平均法进行核算,选择后36个月内不得变更。

金融商品转让,不得开具增值税专用发票。

> **笔者注** 根据《国家税务总局关于营改增试点若干征管问题的公告》(国家税务总局公告2016年第53号)补充规定:单位将其持有的限售股在解禁流通后对外转让的,应按照规定确定买入价。

4. 经纪代理服务,以取得的全部价款和价外费用,扣除向委托方收取并代为支付的政府性基金或者行政事业性收费后的余额为销售额。向委托方收取的政府性基金或者行政事业性收费,不得开具增值税专用发票。

5. 融资租赁和融资性售后回租业务。

> **笔者注** 根据《财政部 国家税务总局关于明确金融、房地产开发、教育辅助服务等增值税政策的通知》(财税〔2016〕140号)补充规定:《财政部 国家税务总局关于全面推开营业税改征增值税试点的通知》(财税〔2016〕36号)所称"人民银行、银监会或者商务部批准""商务部授权的省级商务主管部门和国家经济技术开发区批准"从事融资租赁业务(含融资性售后回租业务)的试点纳税人(含试点纳税人中的一般纳税人),包括经上述部门备案从事融资租赁业务的试点纳税人。

（1）经人民银行、银监会或者商务部批准从事融资租赁业务的试点纳税人，提供融资租赁服务，以取得的全部价款和价外费用，扣除支付的借款利息（包括外汇借款和人民币借款利息）、发行债券利息和车辆购置税后的余额为销售额。

（2）经人民银行、银监会或者商务部批准从事融资租赁业务的试点纳税人，提供融资性售后回租服务，以取得的全部价款和价外费用（不含本金），扣除对外支付的借款利息（包括外汇借款和人民币借款利息）、发行债券利息后的余额作为销售额。

（3）试点纳税人根据 2016 年 4 月 30 日前签订的有形动产融资性售后回租合同，在合同到期前提供的有形动产融资性售后回租服务，可继续按照有形动产融资租赁服务缴纳增值税。

继续按照有形动产融资租赁服务缴纳增值税的试点纳税人，经人民银行、银监会或者商务部批准从事融资租赁业务的，根据 2016 年 4 月 30 日前签订的有形动产融资性售后回租合同，在合同到期前提供的有形动产融资性售后回租服务，可以选择以下方法之一计算销售额：

① 以向承租方收取的全部价款和价外费用，扣除向承租方收取的价款本金，以及对外支付的借款利息（包括外汇借款和人民币借款利息）、发行债券利息后的余额为销售额。

纳税人提供有形动产融资性售后回租服务，计算当期销售额时可以扣除的价款本金，为书面合同约定的当期应当收取的本金。无书面合同或者书面合同没有约定的，为当期实际收取的本金。

试点纳税人提供有形动产融资性售后回租服务，向承租方收取的有形动产价款本金，不得开具增值税专用发票，可以开具普通发票。

② 以向承租方收取的全部价款和价外费用，扣除支付的借款利息（包括外汇借款和人民币借款利息）、发行债券利息后的余额为销售额。

（4）经商务部授权的省级商务主管部门和国家经济技术开发区批准的从事融资租赁业务的试点纳税人，2016 年 5 月 1 日后实收资本达到 1.7 亿元的，从达到标准的当月起按照上述第（1）、（2）、（3）点规定执行；2016 年 5 月 1 日后实收资本未达到 1.7 亿元但注册资本达到 1.7 亿元的，在 2016 年 7 月 31 日前仍可按照上述第（1）、（2）、（3）点规定执行，2016 年 8 月 1 日后开展的融资租赁业务和融资性售后回租业务不得按照上述第（1）、（2）、（3）点规定执行。

6. 航空运输企业的销售额，不包括代收的机场建设费和代售其他航空运输企业客票而代收转付的价款。

7. 试点纳税人中的一般纳税人（以下称一般纳税人）提供客运场站服务，以其取得的全部价款和价外费用，扣除支付给承运方运费后的余额为销售额。

8. 试点纳税人提供旅游服务，可以选择以取得的全部价款和价外费用，扣除向旅游服务购买方收取并支付给其他单位或者个人的住宿费、餐饮费、交通费、签证费、门票费和支付给其他接团旅游企业的旅游费用后的余额为销售额。

选择上述办法计算销售额的试点纳税人，向旅游服务购买方收取并支付的上述费用，不得开具增值税专用发票，可以开具普通发票。

9. 试点纳税人提供建筑服务适用简易计税方法的，以取得的全部价款和价外费用扣除支付的分包款后的余额为销售额。

10. 房地产开发企业中的一般纳税人销售其开发的房地产项目（选择简易计税方法的房地产老项目除外），以取得的全部价款和价外费用，扣除受让土地时向政府部门支付的土地价款后的余额为销售额。

房地产老项目，是指《建筑工程施工许可证》注明的合同开工日期在 2016 年 4 月 30 日前的房地产项目。

笔者注1 根据《财政部 国家税务总局关于明确金融、房地产开发、教育辅助服务等增值税政策的通知》(财税〔2016〕140号)补充规定:《营业税改征增值税试点有关事项的规定》(财税〔2016〕36号)第一条第(三)项第10点中"向政府部门支付的土地价款",包括土地受让人向政府部门支付的征地和拆迁补偿费用、土地前期开发费用和土地出让收益等。

房地产开发企业中的一般纳税人销售其开发的房地产项目(选择简易计税方法的房地产老项目除外),在取得土地时向其他单位或个人支付的拆迁补偿费用也允许在计算销售额时扣除。纳税人按上述规定扣除拆迁补偿费用时,应提供拆迁协议、拆迁双方支付和取得拆迁补偿费用凭证等能够证明拆迁补偿费用真实性的材料。

笔者注2 根据《国家税务总局关于土地价款扣除时间等增值税征管问题的公告》(国家税务总局公告2016年第86号)补充规定:房地产开发企业向政府部门支付的土地价款,以及向其他单位或个人支付的拆迁补偿费用,按照财税〔2016〕140号文件第七、八条规定,允许在计算销售额时扣除但未扣除的,从2016年12月份(税款所属期)起按照现行规定计算扣除。

11. 试点纳税人按照上述4~10款的规定从全部价款和价外费用中扣除的价款,应当取得符合法律、行政法规和国家税务总局规定的有效凭证。否则,不得扣除。

上述凭证是指:

(1) 支付给境内单位或者个人的款项,以发票为合法有效凭证。

(2) 支付给境外单位或者个人的款项,以该单位或者个人的签收单据为合法有效凭证,税务机关对签收单据有疑议的,可以要求其提供境外公证机构的确认证明。

(3) 缴纳的税款,以完税凭证为合法有效凭证。

(4) 扣除的政府性基金、行政事业性收费或者向政府支付的土地价款,以省级以上(含省级)财政部门监(印)制的财政票据为合法有效凭证。

(5) 国家税务总局规定的其他凭证。

纳税人取得的上述凭证属于增值税扣税凭证的,其进项税额不得从销项税额中抵扣。

(四)进项税额。

1. 适用一般计税方法的试点纳税人,2016年5月1日后取得并在会计制度上按固定资产核算的不动产或者2016年5月1日后取得的不动产在建工程,其进项税额应自取得之日起分2年从销项税额中抵扣,第一年抵扣比例为60%,第二年抵扣比例为40%。

取得不动产,包括以直接购买、接受捐赠、接受投资入股、自建以及抵债等各种形式取得不动产,不包括房地产开发企业自行开发的房地产项目。

融资租入的不动产以及在施工现场修建的临时建筑物、构筑物,其进项税额不适用上述分2年抵扣的规定。

2. 按照《试点实施办法》第二十七条第(一)项规定不得抵扣且未抵扣进项税额的固定资产、无形资产、不动产,发生用途改变,用于允许抵扣进项税额的应税项目,可在用途改变的次月按照下列公式计算可以抵扣的进项税额:

可以抵扣的进项税额=固定资产、无形资产、不动产净值/(1+适用税率)×适用税率

上述可以抵扣的进项税额应取得合法有效的增值税扣税凭证。

3. 纳税人接受贷款服务向贷款方支付的与该笔贷款直接相关的投融资顾问费、手续费、咨询费等费

用,其进项税额不得从销项税额中抵扣。

> **笔者注** 根据《财政部 国家税务总局关于收费公路通行费增值税抵扣有关问题的通知》(财税〔2016〕86 号)补充规定,收费公路通行费增值税抵扣进项税额计算:增值税一般纳税人支付的道路、桥、闸通行费,暂凭取得的通行费发票(不含财政票据,下同)上注明的收费金额按照下列公式计算可抵扣的进项税额:
>
> 高速公路通行费可抵扣进项税额＝高速公路通行费发票上注明的金额÷(1＋3%)×3%。
>
> 一级公路、二级公路、桥、闸通行费可抵扣进项税额＝一级公路、二级公路、桥、闸通行费发票上注明的金额÷(1＋5%)×5%。
>
> 通行费,是指有关单位依法或者依规设立并收取的过路、过桥和过闸费用。

(五)一般纳税人资格登记。

《试点实施办法》第三条规定的年应税销售额标准为 500 万元(含本数)。财政部和国家税务总局可以对年应税销售额标准进行调整。

(六)计税方法。

一般纳税人发生下列应税行为可以选择适用简易计税方法计税:

1. 公共交通运输服务。

公共交通运输服务,包括轮客渡、公交客运、地铁、城市轻轨、出租车、长途客运、班车。

班车,是指按固定路线、固定时间运营并在固定站点停靠的运送旅客的陆路运输服务。

2. 经认定的动漫企业为开发动漫产品提供的动漫脚本编撰、形象设计、背景设计、动画设计、分镜、动画制作、摄制、描线、上色、画面合成、配音、配乐、音效合成、剪辑、字幕制作、压缩转码(面向网络动漫、手机动漫格式适配)服务,以及在境内转让动漫版权(包括动漫品牌、形象或者内容的授权及再授权)。

动漫企业和自主开发、生产动漫产品的认定标准和认定程序,按照《文化部 财政部 国家税务总局关于印发〈动漫企业认定管理办法(试行)〉的通知》(文市发〔2008〕51 号)的规定执行。

3. 电影放映服务、仓储服务、装卸搬运服务、收派服务和文化体育服务。

4. 以纳入营改增试点之日前取得的有形动产为标的物提供的经营租赁服务。

5. 在纳入营改增试点之日前签订的尚未执行完毕的有形动产租赁合同。

> **笔者注1** 根据《财政部 国家税务总局关于进一步明确全面推开营改增试点金融业有关政策的通知》(财税〔2016〕46 号)补充规定:农村信用社、村镇银行、农村资金互助社、由银行业机构全资发起设立的贷款公司、法人机构在县(县级市、区、旗)及县以下地区的农村合作银行和农村商业银行提供金融服务收入,可以选择适用简易计税方法按照 3% 的征收率计算缴纳增值税。
>
> 对中国农业银行纳入"三农金融事业部"改革试点的各省、自治区、直辖市、计划单列市分行下辖的县域支行和新疆生产建设兵团分行下辖的县域支行(也称县事业部),提供农户贷款、农村企业和农村各类组织贷款(具体贷款业务清单见附件)取得的利息收入,可以选择适用简易计税方法按照 3% 的征收率计算缴纳增值税。

> **笔者注2** 根据《财政部 国家税务总局关于进一步明确全面推开营改增试点有关劳务派遣服务、收费公路通行费抵扣等政策的通知》(财税〔2016〕47 号)补充规定:一般纳税人提供人力资源外包服务,可以选择适用简易计税方法,按照 5% 的征收率计算缴纳增值税。

笔者注 根据《财政部 国家税务总局关于进一步明确全面推开营改增试点有关再保险不动产租赁和非学历教育等政策的通知》（财税〔2016〕68号）补充规定：一般纳税人提供非学历教育服务，可以选择适用简易计税方法按照3%征收率计算应纳税额。

笔者注4 根据《财政部 国家税务总局关于明确金融、房地产开发、教育辅助服务等增值税政策的通知》（财税〔2016〕140号）补充规定：非企业性单位中的一般纳税人提供的研发和技术服务、信息技术服务、鉴证咨询服务，以及销售技术、著作权等无形资产，可以选择简易计税方法按照3%征收率计算缴纳增值税。

非企业性单位中的一般纳税人提供《营业税改征增值税试点过渡政策的规定》（财税〔2016〕36号）第一条第（二十六）项中的"技术转让、技术开发和与之相关的技术咨询、技术服务"，可以参照上述规定，选择简易计税方法按照3%征收率计算缴纳增值税。

（七）建筑服务。

1. 一般纳税人以清包工方式提供的建筑服务，可以选择适用简易计税方法计税。

以清包工方式提供建筑服务，是指施工方不采购建筑工程所需的材料或只采购辅助材料，并收取人工费、管理费或者其他费用的建筑服务。

2. 一般纳税人为甲供工程提供的建筑服务，可以选择适用简易计税方法计税。

甲供工程，是指全部或部分设备、材料、动力由工程发包方自行采购的建筑工程。

3. 一般纳税人为建筑工程老项目提供的建筑服务，可以选择适用简易计税方法计税。

建筑工程老项目，是指：

（1）《建筑工程施工许可证》注明的合同开工日期在2016年4月30日前的建筑工程项目；

（2）未取得《建筑工程施工许可证》的，建筑工程承包合同注明的开工日期在2016年4月30日前的建筑工程项目。

笔者注 2017年11月26日，根据《国家税务总局关于简化建筑服务增值税简易计税方法备案事项的公告》（国家税务总局公告2017年第43号）规定，增值税一般纳税人提供建筑服务，按规定适用或选择适用简易计税方法计税的，实行一次备案制，自2018年1月1日起施行，具体内容详见：国家税务总局公告2017年第43号。

4. 一般纳税人跨县（市）提供建筑服务，适用一般计税方法计税的，应以取得的全部价款和价外费用为销售额计算应纳税额。纳税人应以取得的全部价款和价外费用扣除支付的分包款后的余额，按照2%的预征率在建筑服务发生地预缴税款后，向机构所在地主管税务机关进行纳税申报。

5. 一般纳税人跨县（市）提供建筑服务，选择适用简易计税方法计税的，应以取得的全部价款和价外费用扣除支付的分包款后的余额为销售额，按照3%的征收率计算应纳税额。纳税人应按照上述计税方法在建筑服务发生地预缴税款后，向机构所在地主管税务机关进行纳税申报。

6. 试点纳税人中的小规模纳税人（以下称小规模纳税人）跨县（市）提供建筑服务，应以取得的全部价款和价外费用扣除支付的分包款后的余额为销售额，按照3%的征收率计算应纳税额。纳税人应按照上述计税方法在建筑服务发生地预缴税款后，向机构所在地主管税务机关进行纳税申报。

（八）销售不动产。

1. 一般纳税人销售其 2016 年 4 月 30 日前取得（不含自建）的不动产，可以选择适用简易计税方法，以取得的全部价款和价外费用减去该项不动产购置原价或者取得不动产时的作价后的余额为销售额，按照 5％的征收率计算应纳税额。纳税人应按照上述计税方法在不动产所在地预缴税款后，向机构所在地主管税务机关进行纳税申报。

2. 一般纳税人销售其 2016 年 4 月 30 日前自建的不动产，可以选择适用简易计税方法，以取得的全部价款和价外费用为销售额，按照 5％的征收率计算应纳税额。纳税人应按照上述计税方法在不动产所在地预缴税款后，向机构所在地主管税务机关进行纳税申报。

3. 一般纳税人销售其 2016 年 5 月 1 日后取得（不含自建）的不动产，应适用一般计税方法，以取得的全部价款和价外费用为销售额计算应纳税额。纳税人应以取得的全部价款和价外费用减去该项不动产购置原价或者取得不动产时的作价后的余额，按照 5％的预征率在不动产所在地预缴税款后，向机构所在地主管税务机关进行纳税申报。

4. 一般纳税人销售其 2016 年 5 月 1 日后自建的不动产，应适用一般计税方法，以取得的全部价款和价外费用为销售额计算应纳税额。纳税人应以取得的全部价款和价外费用，按照 5％的预征率在不动产所在地预缴税款后，向机构所在地主管税务机关进行纳税申报。

5. 小规模纳税人销售其取得（不含自建）的不动产（不含个体工商户销售购买的住房和其他个人销售不动产），应以取得的全部价款和价外费用减去该项不动产购置原价或者取得不动产时的作价后的余额为销售额，按照 5％的征收率计算应纳税额。纳税人应按照上述计税方法在不动产所在地预缴税款后，向机构所在地主管税务机关进行纳税申报。

6. 小规模纳税人销售其自建的不动产，应以取得的全部价款和价外费用为销售额，按照 5％的征收率计算应纳税额。纳税人应按照上述计税方法在不动产所在地预缴税款后，向机构所在地主管税务机关进行纳税申报。

7. 房地产开发企业中的一般纳税人，销售自行开发的房地产老项目，可以选择适用简易计税方法按照 5％的征收率计税。

8. 房地产开发企业中的小规模纳税人，销售自行开发的房地产项目，按照 5％的征收率计税。

9. 房地产开发企业采取预收款方式销售所开发的房地产项目，在收到预收款时按照 3％的预征率预缴增值税。

10. 个体工商户销售购买的住房，应按照附件 3《营业税改征增值税试点过渡政策的规定》第五条的规定征免增值税。纳税人应按照上述计税方法在不动产所在地预缴税款后，向机构所在地主管税务机关进行纳税申报。

11. 其他个人销售其取得（不含自建）的不动产（不含其购买的住房），应以取得的全部价款和价外费用减去该项不动产购置原价或者取得不动产时的作价后的余额为销售额，按照 5％的征收率计算应纳税额。

笔者注1 根据《财政部 国家税务总局关于进一步明确全面推开营改增试点有关劳务派遣服务、收费公路通行费抵扣等政策的通知》（财税〔2016〕47 号）补充规定：纳税人转让 2016 年 4 月 30 日前取得的土地使用权，可以选择适用简易计税方法，以取得的全部价款和价外费用减去取得该土地使用权的原价后的余额为销售额，按照 5％的征收率计算缴纳增值税。

笔者注2 根据《纳税人转让不动产增值税征收管理暂行办法》(国家税务总局公告2016年第14号)补充规定:纳税人转让其取得的不动产,适用本办法。本办法所称取得的不动产,包括以直接购买、接受捐赠、接受投资入股、自建以及抵债等各种形式取得的不动产。

房地产开发企业销售自行开发的房地产项目不适用本办法。

笔者注3 根据《国家税务总局关于纳税人销售其取得的不动产办理产权过户手续使用的增值税发票联次问题的通知》(税总函〔2016〕190号)补充规定:纳税人销售其取得的不动产,自行开具或者税务机关代开增值税发票时,使用六联增值税专用发票或者五联增值税普通发票。纳税人办理产权过户手续需要使用发票的,可以使用增值税专用发票第六联或者增值税普通发票第三联。

笔者注4 根据《国家税务总局关于纳税人转让不动产缴纳增值税差额扣除有关问题的公告》(国家税务总局公告2016年第73号)补充规定:如因丢失等原因无法提供取得不动产时的发票,可向税务机关提供其他能证明契税计税金额的完税凭证等资料,进行差额扣除。公式:①2016年4月30日及以前缴纳契税的:增值税应纳税额=[全部交易价格(含增值税)−契税计税金额(含营业税)]÷(1+5%)×5%;②2016年5月1日及以后缴纳契税的:增值税应纳税额=[全部交易价格(含增值税)÷(1+5%)−契税计税金额(不含增值税)]×5%。纳税人同时保留取得不动产时的发票和其他能证明契税计税金额的完税凭证等资料的,应当凭发票进行差额扣除。

(九)不动产经营租赁服务。

1. 一般纳税人出租其2016年4月30日前取得的不动产,可以选择适用简易计税方法,按照5%的征收率计算应纳税额。纳税人出租其2016年4月30日前取得的与机构所在地不在同一县(市)的不动产,应按照上述计税方法在不动产所在地预缴税款后,向机构所在地主管税务机关进行纳税申报。

2. 公路经营企业中的一般纳税人收取试点前开工的高速公路的车辆通行费,可以选择适用简易计税方法,减按3%的征收率计算应纳税额。

试点前开工的高速公路,是指相关施工许可证明上注明的合同开工日期在2016年4月30日前的高速公路。

3. 一般纳税人出租其2016年5月1日后取得的、与机构所在地不在同一县(市)的不动产,应按照3%的预征率在不动产所在地预缴税款后,向机构所在地主管税务机关进行纳税申报。

4. 小规模纳税人出租其取得的不动产(不含个人出租住房),应按照5%的征收率计算应纳税额。纳税人出租与机构所在地不在同一县(市)的不动产,应按照上述计税方法在不动产所在地预缴税款后,向机构所在地主管税务机关进行纳税申报。

5. 其他个人出租其取得的不动产(不含住房),应按照5%的征收率计算应纳税额。

6. 个人出租住房,应按照5%的征收率减按1.5%计算应纳税额。

笔者注1 《财政部 国家税务总局关于进一步明确全面推开营改增试点有关劳务派遣服务、收费公路通行费抵扣等政策的通知》(财税〔2016〕47号)补充规定:纳税人以经营租赁方式将土地出租给他人使用,按照不动产经营租赁服务缴纳增值税。

笔者注2 《国家税务总局关于营改增试点若干征管问题的公告》(国家税务总局公告2016年第53号)补充规定:其他个人采取一次性收取租金的形式出租不动产,取得的租金收入可在租金对应的租赁期内平均分摊,分摊后的月租金收入不超过3万元的,可享受小微企业免征增值税优惠政策。

笔者注3 根据《财政部 国家税务总局关于进一步明确全面推开营改增试点有关劳务派遣服务、收费公路通行费抵扣等政策的通知》(财税〔2016〕47号)补充规定:般纳税人2016年4月30日前签订的不动产融资租赁合同,或以2016年4月30日前取得的不动产提供的融资租赁服务,可以选择适用简易计税方法,按照5%的征收率计算缴纳增值税。

笔者注4 根据《财政部 国家税务总局关于进一步明确全面推开营改增试点有关再保险不动产租赁和非学历教育等政策的通知》(财税〔2016〕68号)补充规定:房地产开发企业从事不动产经营租赁:房地产开发企业中的一般纳税人,出租自行开发的房地产老项目,可以选择适用简易计税方法,按照5%的征收率计算应纳税额。纳税人出租自行开发的房地产老项目与其机构所在地不在同一县(市)的,应按照上述计税方法在不动产所在地预缴税款后,向机构所在地主管税务机关进行纳税申报。

房地产开发企业中的一般纳税人,出租其2016年5月1日后自行开发的与机构所在地不在同一县(市)的房地产项目,应按照3%预征率在不动产所在地预缴税款后,向机构所在地主管税务机关进行纳税申报。

房地产开发企业中的小规模纳税人,出租自行开发的房地产项目,按照5%的征收率计算应纳税额。纳税人出租自行开发的房地产项目与其机构所在地不在同一县(市)的,应按照上述计税方法在不动产所在地预缴税款后,向机构所在地主管税务机关进行纳税申报。

笔者注5 根据《财政部 国家税务总局关于明确金融、房地产开发、教育辅助服务等增值税政策的通知》(财税〔2016〕140号)补充规定:房地产开发企业(包括多个房地产开发企业组成的联合体)受让土地向政府部门支付土地价款后,设立项目公司对该受让土地进行开发,同时符合下列条件的,可由项目公司按规定扣除房地产开发企业向政府部门支付的土地价款:①房地产开发企业、项目公司、政府部门三方签订变更协议或补充合同,将土地受让人变更为项目公司;②政府部门出让土地的用途、规划等条件不变的情况下,签署变更协议或补充合同时,土地价款总额不变;③项目公司的全部股权由受让土地的房地产开发企业持有。

(十)一般纳税人销售其2016年4月30日前取得的不动产(不含自建),适用一般计税方法计税的,以取得的全部价款和价外费用为销售额计算应纳税额。上述纳税人应以取得的全部价款和价外费用减去该项不动产购置原价或者取得不动产时的作价后的余额,按照5%的预征率在不动产所在地预缴税款后,向机构所在地主管税务机关进行纳税申报。

房地产开发企业中的一般纳税人销售房地产老项目,以及一般纳税人出租其2016年4月30日前取得的不动产,适用一般计税方法计税的,应以取得的全部价款和价外费用,按照3%的预征率在不动产所在地预缴税款后,向机构所在地主管税务机关进行纳税申报。

一般纳税人销售其2016年4月30日前自建的不动产,适用一般计税方法计税的,应以取得的全部价款和价外费用为销售额计算应纳税额。纳税人应以取得的全部价款和价外费用,按照5%的预征率在不动产所在地预缴税款后,向机构所在地主管税务机关进行纳税申报。

(十一)一般纳税人跨省(自治区、直辖市或者计划单列市)提供建筑服务或者销售、出租取得的与机构所在地不在同一省(自治区、直辖市或者计划单列市)的不动产,在机构所在地申报纳税时,计算的应纳税额小于已预缴税额,且差额较大的,由国家税务总局通知建筑服务发生地或者不动产所在地省级税务机关,在一定时期内暂停预缴增值税。

(十二)纳税地点。

属于固定业户的试点纳税人,总分支机构不在同一县(市),但在同一省(自治区、直辖市、计划单列市)范围内的,经省(自治区、直辖市、计划单列市)财政厅(局)和国家税务局批准,可以由总机构汇总向总机构所在地的主管税务机关申报缴纳增值税。

(十三)试点前发生的业务。

1. 试点纳税人发生应税行为,按照国家有关营业税政策规定差额征收营业税的,因取得的全部价款和价外费用不足以抵减允许扣除项目金额,截至纳入营改增试点之日前尚未扣除的部分,不得在计算试点纳税人增值税应税销售额时抵减,应当向原主管地税机关申请退还营业税。

2. 试点纳税人发生应税行为,在纳入营改增试点之日前已缴纳营业税,营改增试点后因发生退款减除营业额的,应当向原主管地税机关申请退还已缴纳的营业税。

3. 试点纳税人纳入营改增试点之日前发生的应税行为,因税收检查等原因需要补缴税款的,应按照营业税政策规定补缴营业税。

(十四)销售使用过的固定资产。

一般纳税人销售自己使用过的、纳入营改增试点之日前取得的固定资产,按照现行旧货相关增值税政策执行。

使用过的固定资产,是指纳税人符合《试点实施办法》第二十八条规定并根据财务会计制度已经计提折旧的固定资产。

(十五)扣缴增值税适用税率。

境内的购买方为境外单位和个人扣缴增值税的,按照适用税率扣缴增值税。

(十六)其他规定。

1. 试点纳税人销售电信服务时,附带赠送用户识别卡、电信终端等货物或者电信服务的,应将其取得的全部价款和价外费用进行分别核算,按各自适用的税率计算缴纳增值税。

2. 油气田企业发生应税行为,适用《试点实施办法》规定的增值税税率,不再适用《财政部 国家税务总局关于印发〈油气田企业增值税管理办法〉的通知》(财税〔2009〕8号)规定的增值税税率。

二、原增值税纳税人〔指按照《中华人民共和国增值税暂行条例》(国务院令第538号)(以下称《增值税暂行条例》)缴纳增值税的纳税人〕有关政策

(一)进项税额。

1. 原增值税一般纳税人购进服务、无形资产或者不动产,取得的增值税专用发票上注明的增值税额为进项税额,准予从销项税额中抵扣。

2016年5月1日后取得并在会计制度上按固定资产核算的不动产或者2016年5月1日后取得的不动产在建工程,其进项税额应自取得之日起分2年从销项税额中抵扣,第一年抵扣比例为60%,第二年抵扣比例为40%。

融资租入的不动产以及在施工现场修建的临时建筑物、构筑物,其进项税额不适用上述分2年抵扣的规定。

2. 原增值税一般纳税人自用的应征消费税的摩托车、汽车、游艇,其进项税额准予从销项税额中

抵扣。

3. 原增值税一般纳税人从境外单位或者个人购进服务、无形资产或者不动产,按照规定应当扣缴增值税的,准予从销项税额中抵扣的进项税额为自税务机关或者扣缴义务人取得的解缴税款的完税凭证上注明的增值税额。

纳税人凭完税凭证抵扣进项税额的,应当具备书面合同、付款证明和境外单位的对账单或者发票。资料不全的,其进项税额不得从销项税额中抵扣。

4. 原增值税一般纳税人购进货物或者接受加工修理修配劳务,用于《销售服务、无形资产或者不动产注释》所列项目的,不属于《增值税暂行条例》第十条所称的用于非增值税应税项目,其进项税额准予从销项税额中抵扣。

5. 原增值税一般纳税人购进服务、无形资产或者不动产,下列项目的进项税额不得从销项税额中抵扣:

(1) 用于简易计税方法计税项目、免征增值税项目、集体福利或者个人消费。其中涉及的无形资产、不动产,仅指专用于上述项目的无形资产(不包括其他权益性无形资产)、不动产。

纳税人的交际应酬消费属于个人消费。

(2) 非正常损失的购进货物,以及相关的加工修理修配劳务和交通运输服务。

(3) 非正常损失的在产品、产成品所耗用的购进货物(不包括固定资产)、加工修理修配劳务和交通运输服务。

(4) 非正常损失的不动产,以及该不动产所耗用的购进货物、设计服务和建筑服务。

(5) 非正常损失的不动产在建工程所耗用的购进货物、设计服务和建筑服务。

纳税人新建、改建、扩建、修缮、装饰不动产,均属于不动产在建工程。

(6) 购进的旅客运输服务、贷款服务、餐饮服务、居民日常服务和娱乐服务。

(7) 财政部和国家税务总局规定的其他情形。

上述第(4)点、第(5)点所称货物,是指构成不动产实体的材料和设备,包括建筑装饰材料和给排水、采暖、卫生、通风、照明、通讯、煤气、消防、中央空调、电梯、电气、智能化楼宇设备及配套设施。

纳税人接受贷款服务向贷款方支付的与该笔贷款直接相关的投融资顾问费、手续费、咨询费等费用,其进项税额不得从销项税额中抵扣。

6. 已抵扣进项税额的购进服务,发生上述第5点规定情形(简易计税方法计税项目、免征增值税项目除外)的,应当将该进项税额从当期进项税额中扣减;无法确定该进项税额的,按照当期实际成本计算应扣减的进项税额。

7. 已抵扣进项税额的无形资产或者不动产,发生上述第5点规定情形的,按照下列公式计算不得抵扣的进项税额:

$$不得抵扣的进项税额 = 无形资产或者不动产净值 \times 适用税率$$

8. 按照《增值税暂行条例》第十条和上述第5点不得抵扣且未抵扣进项税额的固定资产、无形资产、不动产,发生用途改变,用于允许抵扣进项税额的应税项目,可在用途改变的次月按照下列公式,依据合法有效的增值税扣税凭证,计算可以抵扣的进项税额:

$$可以抵扣的进项税额 = 固定资产、无形资产、不动产净值 / (1 + 适用税率) \times 适用税率$$

上述可以抵扣的进项税额应取得合法有效的增值税扣税凭证。

(二)增值税期末留抵税额。

原增值税一般纳税人兼有销售服务、无形资产或者不动产的,截止到纳入营改增试点之日前的增值税期末留抵税额,不得从销售服务、无形资产或者不动产的销项税额中抵扣。

> **笔者注** 根据《国家税务总局关于调整增值税一般纳税人留抵税额申报口径的公告》(国家税务总局公告 2016 年第 75 号)补充规定:一般纳税人增值税申报表附表一调整:"上期留抵税额""期末留抵税额"取消本年累计,计入本月数。

（三）混合销售。

一项销售行为如果既涉及货物又涉及服务,为混合销售。从事货物的生产、批发或者零售的单位和个体工商户的混合销售行为,按照销售货物缴纳增值税;其他单位和个体工商户的混合销售行为,按照销售服务缴纳增值税。

上述从事货物的生产、批发或者零售的单位和个体工商户,包括以从事货物的生产、批发或者零售为主,并兼营销售服务的单位和个体工商户在内。

附件 3

营业税改征增值税试点过渡政策的规定

一、下列项目免征增值税

（一）托儿所、幼儿园提供的保育和教育服务。

托儿所、幼儿园,是指经县级以上教育部门审批成立、取得办园许可证的实施 0～6 岁学前教育的机构,包括公办和民办的托儿所、幼儿园、学前班、幼儿班、保育院、幼儿园。

公办托儿所、幼儿园免征增值税的收入是指,在省级财政部门和价格主管部门审核报省级人民政府批准的收费标准以内收取的教育费、保育费。

民办托儿所、幼儿园免征增值税的收入是指,在报经当地有关部门备案并公示的收费标准范围内收取的教育费、保育费。

超过规定收费标准的收费,以开办实验班、特色班和兴趣班等为由另外收取的费用以及与幼儿入园挂钩的赞助费、支教费等超过规定范围的收入,不属于免征增值税的收入。

（二）养老机构提供的养老服务。

养老机构,是指依照民政部《养老机构设立许可办法》(民政部令第 48 号)设立并依法办理登记的为老年人提供集中居住和照料服务的各类养老机构;养老服务,是指上述养老机构按照民政部《养老机构管理办法》(民政部令第 49 号)的规定,为收住的老年人提供的生活照料、康复护理、精神慰藉、文化娱乐等服务。

（三）残疾人福利机构提供的育养服务。

（四）婚姻介绍服务。

（五）殡葬服务。

殡葬服务,是指收费标准由各地价格主管部门会同有关部门核定,或者实行政府指导价管理的遗体接运(含抬尸、消毒)、遗体整容、遗体防腐、存放(含冷藏)、火化、骨灰寄存、吊唁设施设备租赁、墓穴租赁及管理等服务。

（六）残疾人员本人为社会提供的服务。

（七）医疗机构提供的医疗服务。

医疗机构,是指依据国务院《医疗机构管理条例》(国务院令第 149 号)及卫生部《医疗机构管理条例实施细则》(卫生部令第 35 号)的规定,经登记取得《医疗机构执业许可证》的机构,以及军队、武警部队各级各类医疗机构。具体包括:各级各类医院、门诊部(所)、社区卫生服务中心(站)、急救中心(站)、城乡卫生院、护理院(所)、疗养院、临床检验中心,各级政府及有关部门举办的卫生防疫站(疾病控制中心)、各种专科疾病防治站(所),各级政府举办的妇幼保健所(站)、母婴保健机构、儿童保健机构,各级政府举办的血站(血液中心)等医疗机构。

本项所称的医疗服务,是指医疗机构按照不高于地(市)级以上价格主管部门会同同级卫生主管部门及其他相关部门制定的医疗服务指导价格(包括政府指导价和按照规定由供需双方协商确定的价格等)为就医者提供《全国医疗服务价格项目规范》所列的各项服务,以及医疗机构向社会提供卫生防疫、卫生检疫的服务。

(八)从事学历教育的学校提供的教育服务。

1. 学历教育,是指受教育者经过国家教育考试或者国家规定的其他入学方式,进入国家有关部门批准的学校或者其他教育机构学习,获得国家承认的学历证书的教育形式。具体包括:

(1)初等教育:普通小学、成人小学。

(2)初级中等教育:普通初中、职业初中、成人初中。

(3)高级中等教育:普通高中、成人高中和中等职业学校(包括普通中专、成人中专、职业高中、技工学校)。

(4)高等教育:普通本专科、成人本专科、网络本专科、研究生(博士、硕士)、高等教育自学考试、高等教育学历文凭考试。

2. 从事学历教育的学校,是指:

(1)普通学校。

(2)经地(市)级以上人民政府或者同级政府的教育行政部门批准成立、国家承认其学员学历的各类学校。

(3)经省级及以上人力资源社会保障行政部门批准成立的技工学校、高级技工学校。

(4)经省级人民政府批准成立的技师学院。

上述学校均包括符合规定的从事学历教育的民办学校,但不包括职业培训机构等国家不承认学历的教育机构。

3. 提供教育服务免征增值税的收入,是指对列入规定招生计划的在籍学生提供学历教育服务取得的收入,具体包括:经有关部门审核批准并按规定标准收取的学费、住宿费、课本费、作业本费、考试报名费收入,以及学校食堂提供餐饮服务取得的伙食费收入。除此之外的收入,包括学校以各种名义收取的赞助费、择校费等,不属于免征增值税的范围。

学校食堂是指依照《学校食堂与学生集体用餐卫生管理规定》(教育部令第 14 号)管理的学校食堂。

笔者注 根据《财政部 国家税务总局关于进一步明确全面推开营改增试点有关再保险不动产租赁和非学历教育等政策的通知》(财税〔2016〕68 号)补充规定:一般纳税人提供非学历教育服务,可以选择适用简易计税方法按照 3%征收率计算应纳税额。

(九)学生勤工俭学提供的服务。

(十)农业机耕、排灌、病虫害防治、植物保护、农牧保险以及相关技术培训业务,家禽、牲畜、水生动物的配种和疾病防治。

农业机耕,是指在农业、林业、牧业中使用农业机械进行耕作(包括耕耘、种植、收割、脱粒、植物保护等)的业务;排灌,是指对农田进行灌溉或者排涝的业务;病虫害防治,是指从事农业、林业、牧业、渔业的病虫害测报和防治的业务;农牧保险,是指为种植业、养殖业、牧业种植和饲养的动植物提供保险的业务;相关技术培训,是指与农业机耕、排灌、病虫害防治、植物保护业务相关以及为使农民获得农牧保险知识的技术培训业务;家禽、牲畜、水生动物的配种和疾病防治业务的免税范围,包括与该项服务有关的提供药品和医疗用具的业务。

(十一)纪念馆、博物馆、文化馆、文物保护单位管理机构、美术馆、展览馆、书画院、图书馆在自己的场所提供文化体育服务取得的第一道门票收入。

(十二)寺院、宫观、清真寺和教堂举办文化、宗教活动的门票收入。

(十三)行政单位之外的其他单位收取的符合《试点实施办法》第十条规定条件的政府性基金和行政事业性收费。

(十四)个人转让著作权。

(十五)个人销售自建自用住房。

(十六)2018年12月31日前,公共租赁住房经营管理单位出租公共租赁住房。

公共租赁住房,是指纳入省、自治区、直辖市、计划单列市人民政府及新疆生产建设兵团批准的公共租赁住房发展规划和年度计划,并按照《关于加快发展公共租赁住房的指导意见》(建保〔2010〕87号)和市、县人民政府制定的具体管理办法进行管理的公共租赁住房。

(十七)台湾航运公司、航空公司从事海峡两岸海上直航、空中直航业务在大陆取得的运输收入。

台湾航运公司,是指取得交通运输部颁发的"台湾海峡两岸间水路运输许可证"且该许可证上注明的公司登记地址在台湾的航运公司。

台湾航空公司,是指取得中国民用航空局颁发的"经营许可"或者依据《海峡两岸空运协议》和《海峡两岸空运补充协议》规定,批准经营两岸旅客、货物和邮件不定期(包机)运输业务,且公司登记地址在台湾的航空公司。

(十八)纳税人提供的直接或者间接国际货物运输代理服务。

1. 纳税人提供直接或者间接国际货物运输代理服务,向委托方收取的全部国际货物运输代理服务收入,以及向国际运输承运人支付的国际运输费用,必须通过金融机构进行结算。

2. 纳税人为大陆与香港、澳门、台湾地区之间的货物运输提供的货物运输代理服务参照国际货物运输代理服务有关规定执行。

3. 委托方索取发票的,纳税人应当就国际货物运输代理服务收入向委托方全额开具增值税普通发票。

(十九)以下利息收入。

1. 2016年12月31日前,金融机构农户小额贷款。

小额贷款,是指单笔且该农户贷款余额总额在10万元(含本数)以下的贷款。

所称农户,是指长期(一年以上)居住在乡镇(不包括城关镇)行政管理区域内的住户,还包括长期居住在城关镇所辖行政村范围内的住户和户口不在本地而在本地居住一年以上的住户,国有农场的职工和农村个体工商户。位于乡镇(不包括城关镇)行政管理区域内和在城关镇所辖行政村范围内的国有经济的机关、团体、学校、企事业单位的集体户;有本地户口,但举家外出谋生一年以上的住户,无论是否保留承包耕地均不属于农户。农户以户为统计单位,既可以从事农业生产经营,也可以从事非农业生产经营。农户贷款的判定应以贷款发放时的承贷主体是否属于农户为准。

2. 国家助学贷款。

3. 国债、地方政府债。

4. 人民银行对金融机构的贷款。

5. 住房公积金管理中心用住房公积金在指定的委托银行发放的个人住房贷款。

6. 外汇管理部门在从事国家外汇储备经营过程中，委托金融机构发放的外汇贷款。

7. 统借统还业务中，企业集团或企业集团中的核心企业以及集团所属财务公司按不高于支付给金融机构的借款利率水平或者支付的债券票面利率水平，向企业集团或者集团内下属单位收取的利息。

统借方向资金使用单位收取的利息，高于支付给金融机构借款利率水平或者支付的债券票面利率水平的，应全额缴纳增值税。

统借统还业务，是指：

(1) 企业集团或者企业集团中的核心企业向金融机构借款或对外发行债券取得资金后，将所借资金分拨给下属单位(包括独立核算单位和非独立核算单位，下同)，并向下属单位收取用于归还金融机构或债券购买方本息的业务。

(2) 企业集团向金融机构借款或对外发行债券取得资金后，由集团所属财务公司与企业集团或者集团内下属单位签订统借统还贷款合同并分拨资金，并向企业集团或者集团内下属单位收取本息，再转付企业集团，由企业集团统一归还金融机构或债券购买方的业务。

(二十) 被撤销金融机构以货物、不动产、无形资产、有价证券、票据等财产清偿债务。

被撤销金融机构，是指经人民银行、银监会依法决定撤销的金融机构及其分设于各地的分支机构，包括被依法撤销的商业银行、信托投资公司、财务公司、金融租赁公司、城市信用社和农村信用社。除另有规定外，被撤销金融机构所属、附属企业，不享受被撤销金融机构增值税免税政策。

(二十一) 保险公司开办的一年期以上人身保险产品取得的保费收入。

一年期以上人身保险，是指保险期间为一年期及以上返还本利的人寿保险、养老年金保险，以及保险期间为一年期及以上的健康保险。

人寿保险，是指以人的寿命为保险标的的人身保险。

养老年金保险，是指以养老保障为目的，以被保险人生存为给付保险金条件，并按约定的时间间隔分期给付生存保险金的人身保险。养老年金保险应当同时符合下列条件：

1. 保险合同约定给付被保险人生存保险金的年龄不得小于国家规定的退休年龄。

2. 相邻两次给付的时间间隔不得超过一年。

健康保险，是指以因健康原因导致损失为给付保险金条件的人身保险。

上述免税政策实行备案管理，具体备案管理办法按照《国家税务总局关于一年期以上返还性人身保险产品免征营业税审批事项取消后有关管理问题的公告》(国家税务总局公告 2015 年第 65 号)规定执行。

笔者注1 根据《财政部　国家税务总局关于进一步明确全面推开营改增试点金融业有关政策的通知》(财税〔2016〕46 号)补充规定：《过渡政策的规定》第一条第(二十一)项中，享受免征增值税的一年期及以上返还本利的人身保险包括其他年金保险，其他年金保险是指养老年金以外的年金保险。

笔者注2 根据《财政部　国家税务总局关于进一步明确全面推开营改增试点有关再保险不动产租赁和非学历教育等政策的通知》(财税〔2016〕68 号)对再保险服务的补充规定：①境内保险公司向境外保险公司提供的完全在境外消费的再保险服务，免征增值税。②试点纳税人提供再保险服务(境内保险公司向境外保险公司提供的再保险服务除外)，实行与原保险服务一致的增值税政策。再保险合同对应多个原保险合同的，所有原保险合同均适用免征增值税政策时，该再保险合同适用免征增值税政策。否则，该再保险合同应按规定缴纳增值税。原保险服务，是指保险分出方与投保人之间直接签订保险合同而建立保险关系的业务活动。

(二十二)下列金融商品转让收入。

1. 合格境外投资者(qfii)委托境内公司在我国从事证券买卖业务。

2. 香港市场投资者(包括单位和个人)通过沪港通买卖上海证券交易所上市 a 股。

3. 对香港市场投资者(包括单位和个人)通过基金互认买卖内地基金份额。

4. 证券投资基金(封闭式证券投资基金,开放式证券投资基金)管理人运用基金买卖股票、债券。

5. 个人从事金融商品转让业务。

> **笔者注** 根据《财政部 国家税务总局关于金融机构同业往来等增值税政策的补充通知》(财税〔2016〕70号)补充规定:人民币合格境外投资者(rqfii)委托境内公司在我国从事证券买卖业务,以及经人民银行认可的境外机构投资银行间本币市场取得的收入属于金融商品转让收入。

(二十三)金融同业往来利息收入。

1. 金融机构与人民银行所发生的资金往来业务。包括人民银行对一般金融机构贷款,以及人民银行对商业银行的再贴现等。

> **笔者注** 根据《财政部 国家税务总局关于金融机构同业往来等增值税政策的补充通知》(财税〔2016〕70号)补充规定:商业银行购买央行票据、与央行开展货币掉期和货币互存等业务属于金融机构与人民银行所发生的资金往来业务。

2. 银行联行往来业务。同一银行系统内部不同行、处之间所发生的资金账务往来业务。

> **笔者注** 根据《财政部 国家税务总局关于金融机构同业往来等增值税政策的补充通知》(财税〔2016〕70号)补充规定:境内银行与其境外的总机构、母公司之间,以及境内银行与其境外的分支机构、全资子公司之间的资金往来业务属于银行联行往来业务。

3. 金融机构间的资金往来业务。是指经人民银行批准,进入全国银行间同业拆借市场的金融机构之间通过全国统一的同业拆借网络进行的短期(一年以下含一年)无担保资金融通行为。

4. 金融机构之间开展的转贴现业务。

> **笔者注** 根据 2017 年 7 月 11 日《财政部 国家税务总局关于建筑服务等营改增试点政策的通知》(财税〔2017〕58号)补充规定:第4点自2018年1月1日起废止。同时还规定:"自2018年1月1日起,金融机构开展贴现、转贴现业务,以其实际持有票据期间取得的利息收入作为贷款服务销售额计算缴纳增值税。此前贴现机构已就贴现利息收入全额缴纳增值税的票据,转贴现机构转贴现利息收入继续免征增值税。"

金融机构是指:

(1)银行:包括人民银行、商业银行、政策性银行。

(2)信用合作社。

(3)证券公司。

(4)金融租赁公司、证券基金管理公司、财务公司、信托投资公司、证券投资基金。

　　(5) 保险公司。

　　(6) 其他经人民银行、银监会、证监会、保监会批准成立且经营金融保险业务的机构等。

笔者注1　根据《财政部　国家税务总局关于进一步明确全面推开营改增试点金融业有关政策的通知》(财税〔2016〕46号)补充规定:金融机构开展质押式买入返售金融商品、持有政策性金融债券业务取得的利息收入,属于金融同业往来利息收入。

笔者注2　根据《财政部　国家税务总局关于金融机构同业往来等增值税政策的补充通知》(财税〔2016〕70号)补充规定:金融机构开展同业存款、同业借款、同业代付、买断式买入返售金融商品、持有金融债券、同业存单业务取得的利息收入,属于金融同业往来利息收入。

　　(二十四) 同时符合下列条件的担保机构从事中小企业信用担保或者再担保业务取得的收入(不含信用评级、咨询、培训等收入)3年内免征增值税:

　　1. 已取得监管部门颁发的融资性担保机构经营许可证,依法登记注册为企(事)业法人,实收资本超过2 000万元。

　　2. 平均年担保费率不超过银行同期贷款基准利率的50%。平均年担保费率=本期担保费收入/(期初担保余额+本期增加担保金额)×100%。

　　3. 连续合规经营2年以上,资金主要用于担保业务,具备健全的内部管理制度和为中小企业提供担保的能力,经营业绩突出,对受保项目具有完善的事前评估、事中监控、事后追偿与处置机制。

　　4. 为中小企业提供的累计担保贷款额占其两年累计担保业务总额的80%以上,单笔800万元以下的累计担保贷款额占其累计担保业务总额的50%以上。

　　5. 对单个受保企业提供的担保余额不超过担保机构实收资本总额的10%,且平均单笔担保责任金额最多不超过3 000万元人民币。

　　6. 担保责任余额不低于其净资产的3倍,且代偿率不超过2%。

　　担保机构免征增值税政策采取备案管理方式。符合条件的担保机构应到所在地县(市)主管税务机关和同级中小企业管理部门履行规定的备案手续,自完成备案手续之日起,享受3年免征增值税政策。3年免税期满后,符合条件的担保机构可按规定程序办理备案手续后继续享受该项政策。

　　具体备案管理办法按照《国家税务总局关于中小企业信用担保机构免征营业税审批事项取消后有关管理问题的公告》(国家税务总局公告2015年第69号)规定执行,其中税务机关的备案管理部门统一调整为县(市)级国家税务局。

　　(二十五) 国家商品储备管理单位及其直属企业承担商品储备任务,从中央或者地方财政取得的利息补贴收入和价差补贴收入。

　　国家商品储备管理单位及其直属企业,是指接受中央、省、市、县四级政府有关部门(或者政府指定管理单位)委托,承担粮(含大豆)、食用油、棉、糖、肉、盐(限于中央储备)等6种商品储备任务,并按有关政策收储、销售上述6种储备商品,取得财政储备经费或者补贴的商品储备企业。利息补贴收入,是指国家商品储备管理单位及其直属企业因承担上述商品储备任务从金融机构贷款,并从中央或者地方财政取得的用于偿还贷款利息的贴息收入。价差补贴收入包括销售价差补贴收入和轮换价差补贴收入。销售价差补贴收入,是指按照中央或者地方政府指令销售上述储备商品时,由于销售收入小于库存成本而从中央或者地方财政获得的全额价差补贴收入。轮换价差补贴收入,是指根据要求定期组织政策性储备商品轮换而从中央或者地方财政取得的商品新陈品质价差补贴收入。

（二十六）纳税人提供技术转让、技术开发和与之相关的技术咨询、技术服务。

1. 技术转让、技术开发，是指《销售服务、无形资产、不动产注释》中"转让技术""研发服务"范围内的业务活动。技术咨询，是指就特定技术项目提供可行性论证、技术预测、专题技术调查、分析评价报告等业务活动。

与技术转让、技术开发相关的技术咨询、技术服务，是指转让方（或者受托方）根据技术转让或者开发合同的规定，为帮助受让方（或者委托方）掌握所转让（或者委托开发）的技术，而提供的技术咨询、技术服务业务，且这部分技术咨询、技术服务的价款与技术转让或者技术开发的价款应当在同一张发票上开具。

2. 备案程序。试点纳税人申请免征增值税时，须持技术转让、开发的书面合同，到纳税人所在地省级科技主管部门进行认定，并持有关的书面合同和科技主管部门审核意见证明文件报主管税务机关备查。

（二十七）同时符合下列条件的合同能源管理服务：

1. 节能服务公司实施合同能源管理项目相关技术，应当符合国家质量监督检验检疫总局和国家标准化管理委员会发布的《合同能源管理技术通则》（GB/T 24915—2010）规定的技术要求。

2. 节能服务公司与用能企业签订节能效益分享型合同，其合同格式和内容，符合《中华人民共和国合同法》和《合同能源管理技术通则》（GB/T 24915—2010）等规定。

（二十八）2017 年 12 月 31 日前，科普单位的门票收入，以及县级及以上党政部门和科协开展科普活动的门票收入。

科普单位，是指科技馆、自然博物馆，对公众开放的天文馆（站、台）、气象台（站）、地震台（站），以及高等院校、科研机构对公众开放的科普基地。

科普活动，是指利用各种传媒以浅显的、让公众易于理解、接受和参与的方式，向普通大众介绍自然科学和社会科学知识，推广科学技术的应用，倡导科学方法，传播科学思想，弘扬科学精神的活动。

（二十九）政府举办的从事学历教育的高等、中等和初等学校（不含下属单位），举办进修班、培训班取得的全部归该学校所有的收入。

全部归该学校所有，是指举办进修班、培训班取得的全部收入进入该学校统一账户，并纳入预算全额上缴财政专户管理，同时由该学校对有关票据进行统一管理和开具。

举办进修班、培训班取得的收入进入该学校下属部门自行开设账户的，不予免征增值税。

（三十）政府举办的职业学校设立的主要为在校学生提供实习场所、并由学校出资自办、由学校负责经营管理、经营收入归学校所有的企业，从事《销售服务、无形资产或者不动产注释》中"现代服务"（不含融资租赁服务、广告服务和其他现代服务）、"生活服务"（不含文化体育服务、其他生活服务和桑拿、氧吧）业务活动取得的收入。

（三十一）家政服务企业由员工制家政服务员提供家政服务取得的收入。

家政服务企业，是指在企业营业执照的规定经营范围中包括家政服务内容的企业。

员工制家政服务员，是指同时符合下列 3 个条件的家政服务员：

1. 依法与家政服务企业签订半年及半年以上的劳动合同或者服务协议，且在该企业实际上岗工作。

2. 家政服务企业为其按月足额缴纳了企业所在地人民政府根据国家政策规定的基本养老保险、基本医疗保险、工伤保险、失业保险等社会保险。对已享受新型农村养老保险和新型农村合作医疗等社会保险或者下岗职工原单位继续为其缴纳社会保险的家政服务员，如果本人书面提出不再缴纳企业所在地人民政府根据国家政策规定的相应的社会保险，并出具其所在乡镇或者原单位开具的已缴纳相关保险的证明，可视同家政服务企业已为其按月足额缴纳了相应的社会保险。

3. 家政服务企业通过金融机构向其实际支付不低于企业所在地适用的经省级人民政府批准的最低工资标准的工资。

（三十二）福利彩票、体育彩票的发行收入。

（三十三）军队空余房产租赁收入。

（三十四）为了配合国家住房制度改革,企业、行政事业单位按房改成本价、标准价出售住房取得的收入。

（三十五）将土地使用权转让给农业生产者用于农业生产。

笔者注 2017 年 7 月 11 日《财政部　国家税务总局关于建筑服务等营改增试点政策的通知》（财税〔2017〕58 号）规定:自 2017 年 7 月 1 日起"纳税人采取转包、出租、互换、转让、入股等方式将承包地流转给农业生产者用于农业生产,免征增值税"。

（三十六）涉及家庭财产分割的个人无偿转让不动产、土地使用权。

家庭财产分割,包括下列情形:离婚财产分割;无偿赠与配偶、父母、子女、祖父母、外祖父母、孙子女、外孙子女、兄弟姐妹;无偿赠与对其承担直接抚养或者赡养义务的抚养人或者赡养人;房屋产权所有人死亡,法定继承人、遗嘱继承人或者受遗赠人依法取得房屋产权。

（三十七）土地所有者出让土地使用权和土地使用者将土地使用权归还给土地所有者。

（三十八）县级以上地方人民政府或自然资源行政主管部门出让、转让或收回自然资源使用权（不含土地使用权）。

（三十九）随军家属就业。

1. 为安置随军家属就业而新开办的企业,自领取税务登记证之日起,其提供的应税服务 3 年内免征增值税。

享受税收优惠政策的企业,随军家属必须占企业总人数的 60%（含）以上,并有军（含）以上政治和后勤机关出具的证明。

2. 从事个体经营的随军家属,自办理税务登记事项之日起,其提供的应税服务 3 年内免征增值税。

随军家属必须有师以上政治机关出具的可以表明其身份的证明。

按照上述规定,每一名随军家属可以享受一次免税政策。

（四十）军队转业干部就业。

1. 从事个体经营的军队转业干部,自领取税务登记证之日起,其提供的应税服务 3 年内免征增值税。

2. 为安置自主择业的军队转业干部就业而新开办的企业,凡安置自主择业的军队转业干部占企业总人数 60%（含）以上的,自领取税务登记证之日起,其提供的应税服务 3 年内免征增值税。

享受上述优惠政策的自主择业的军队转业干部必须持有师以上部队颁发的转业证件。

二、增值税即征即退

（一）一般纳税人提供管道运输服务,对其增值税实际税负超过 3% 的部分实行增值税即征即退政策。

（二）经人民银行、银监会或者商务部批准从事融资租赁业务的试点纳税人中的一般纳税人,提供有形动产融资租赁服务和有形动产融资性售后回租服务,对其增值税实际税负超过 3% 的部分实行增值税即征即退政策。商务部授权的省级商务主管部门和国家经济技术开发区批准的从事融资租赁业务和融资性售后回租业务的试点纳税人中的一般纳税人,2016 年 5 月 1 日后实收资本达到 1.7 亿元的,从达到标准的当月起按照上述规定执行;2016 年 5 月 1 日后实收资本未达到 1.7 亿元但注册资本达到 1.7 亿元的,在 2016 年 7 月 31 日前仍可按照上述规定执行,2016 年 8 月 1 日后开展的有形动产融资租赁业务和有形动产融资性售后回租业务不得按照上述规定执行。

(三)本规定所称增值税实际税负,是指纳税人当期提供应税服务实际缴纳的增值税额占纳税人当期提供应税服务取得的全部价款和价外费用的比例。

笔者注1 根据《财政部 国家税务总局关于促进残疾人就业增值税优惠政策的通知》(财税〔2016〕52 号)补充规定:对安置残疾人的单位和个体工商户(以下称纳税人),实行由税务机关按纳税人安置残疾人的人数,限额即征即退增值税的办法。

笔者注2 《促进残疾人就业增值税优惠政策管理办法》(国家税务总局公告 2016 年第 33 号)对纳税人享受安置残疾人增值税即征即退优惠政策作出了明确规定,具体内容详见国家税务总局公告 2016 年第 33 号。

三、扣减增值税规定

(一)退役士兵创业就业。

1. 对自主就业退役士兵从事个体经营的,在 3 年内按每户每年 8 000 元为限额依次扣减其当年实际应缴纳的增值税、城市维护建设税、教育费附加、地方教育附加和个人所得税。限额标准最高可上浮 20%,各省、自治区、直辖市人民政府可根据本地区实际情况在此幅度内确定具体限额标准,并报财政部和国家税务总局备案。

纳税人年度应缴纳税款小于上述扣减限额的,以其实际缴纳的税款为限;大于上述扣减限额的,应以上述扣减限额为限。纳税人的实际经营期不足一年的,应当以实际月份换算其减免税限额。换算公式为:减免税限额=年度减免税限额÷12×实际经营月数。

纳税人在享受税收优惠政策的当月,持《中国人民解放军义务兵退出现役证》或《中国人民解放军士官退出现役证》以及税务机关要求的相关材料向主管税务机关备案。

2. 对商贸企业、服务型企业、劳动就业服务企业中的加工型企业和街道社区具有加工性质的小型企业实体,在新增加的岗位中,当年新招用自主就业退役士兵,与其签订 1 年以上期限劳动合同并依法缴纳社会保险费的,在 3 年内按实际招用人数予以定额依次扣减增值税、城市维护建设税、教育费附加、地方教育附加和企业所得税优惠。定额标准为每人每年 4 000 元,最高可上浮 50%,各省、自治区、直辖市人民政府可根据本地区实际情况在此幅度内确定具体定额标准,并报财政部和国家税务总局备案。

本条所称服务型企业是指从事《销售服务、无形资产、不动产注释》中"不动产租赁服务""商务辅助服务"(不含货物运输代理和代理报关服务)、"生活服务"(不含文化体育服务)范围内业务活动的企业以及按照《民办非企业单位登记管理暂行条例》(国务院令第 251 号)登记成立的民办非企业单位。

3. 享受上述优惠政策的人员按以下规定申领《就业创业证》:

(1)按照《就业服务与就业管理规定》(劳动和社会保障部令第 28 号)第六十三条的规定,在法定劳动年龄内,有劳动能力,有就业要求,处于无业状态的城镇常住人员,在公共就业服务机构进行失业登记,申领《就业创业证》。其中,农村进城务工人员和其他非本地户籍人员在常住地稳定就业满 6 个月的,失业后可以在常住地登记。

(2)零就业家庭凭社区出具的证明,城镇低保家庭凭低保证明,在公共就业服务机构登记失业,申领《就业创业证》。

（3）毕业年度内高校毕业生在校期间凭学生证向公共就业服务机构按规定申领《就业创业证》，或委托所在高校就业指导中心向公共就业服务机构按规定代为其申领《就业创业证》；毕业年度内高校毕业生离校后直接向公共就业服务机构按规定申领《就业创业证》。

（4）上述人员申领相关凭证后，由就业和创业地人力资源社会保障部门对人员范围、就业失业状态、已享受政策情况进行核实，在《就业创业证》上注明"自主创业税收政策""毕业年度内自主创业税收政策"或"企业吸纳税收政策"字样，同时符合自主创业和企业吸纳税收政策条件的，可同时加注；主管税务机关在《就业创业证》上加盖戳记，注明减免税所属时间。

4. 上述税收优惠政策的执行期限为 2016 年 5 月 1 日至 2016 年 12 月 31 日，纳税人在 2016 年 12 月 31 日未享受满 3 年的，可继续享受至 3 年期满为止。

按照《财政部　国家税务总局、人力资源社会保障部关于继续实施支持和促进重点群体创业就业有关税收政策的通知》（财税〔2014〕39 号）规定享受营业税优惠政策的纳税人，自 2016 年 5 月 1 日起按照上述规定享受增值税优惠政策，在 2016 年 12 月 31 日未享受满 3 年的，可继续享受至 3 年期满为止。

《财政部、国家税务总局关于将铁路运输和邮政业纳入营业税改征增值税试点的通知》（财税〔2013〕106 号）附件 3 第一条第（十三）项失业人员就业增值税优惠政策，自 2014 年 1 月 1 日起停止执行。在 2013 年 12 月 31 日未享受满 3 年的，可继续享受至 3 年期满为止。

四、金融企业发放贷款后，自结息日起 90 天内发生的应收未收利息按现行规定缴纳增值税，自结息日起 90 天后发生的应收未收利息暂不缴纳增值税，待实际收到利息时按规定缴纳增值税。

上述所称金融企业，是指银行（包括国有、集体、股份制、合资、外资银行以及其他所有制形式的银行）、城市信用社、农村信用社、信托投资公司、财务公司。

笔者注 根据《财政部　国家税务总局关于明确金融、房地产开发、教育辅助服务等增值税政策的通知》（财税〔2016〕140 号）补充规定：证券公司、保险公司、金融租赁公司、证券基金管理公司、证券投资基金以及其他经人民银行、银监会、证监会、保监会批准成立且经营金融保险业务的机构发放贷款后，自结息日起 90 天内发生的应收未收利息按现行规定缴纳增值税，自结息日起 90 天后发生的应收未收利息暂不缴纳增值税，待实际收到利息时按规定缴纳增值税。

五、个人将购买不足 2 年的住房对外销售的，按照 5% 的征收率全额缴纳增值税；个人将购买 2 年以上（含 2 年）的住房对外销售的，免征增值税。上述政策适用于北京市、上海市、广州市和深圳市之外的地区。

个人将购买不足 2 年的住房对外销售的，按照 5% 的征收率全额缴纳增值税；个人将购买 2 年以上（含 2 年）的非普通住房对外销售的，以销售收入减去购买住房价款后的差额按照 5% 的征收率缴纳增值税；个人将购买 2 年以上（含 2 年）的普通住房对外销售的，免征增值税。上述政策仅适用于北京市、上海市、广州市和深圳市。

办理免税的具体程序、购买房屋的时间、开具发票、非购买形式取得住房行为及其他相关税收管理规定，按照《国务院办公厅转发建设部等部门关于做好稳定住房价格工作意见的通知》（国办发〔2005〕26 号）、《国家税务总局、财政部、建设部关于加强房地产税收管理的通知》（国税发〔2005〕89 号）和《国家税务总局关于房地产税收政策执行中几个具体问题的通知》（国税发〔2005〕172 号）的有关规定执行。

六、上述增值税优惠政策除已规定期限的项目和第五条政策外，其他均在营改增试点期间执行。如果试点纳税人在纳入营改增试点之日前已经按照有关政策规定享受了营业税税收优惠，在剩余税收优惠政策期限内，按照本规定享受有关增值税优惠。

附件 4

跨境应税行为适用增值税零税率和免税政策的规定

一、中华人民共和国境内(以下称境内)的单位和个人销售的下列服务和无形资产,适用增值税零税率:

(一)国际运输服务。

国际运输服务,是指:

1. 在境内载运旅客或者货物出境。

2. 在境外载运旅客或者货物入境。

3. 在境外载运旅客或者货物。

(二)航天运输服务。

(三)向境外单位提供的完全在境外消费的下列服务:

1. 研发服务。

2. 合同能源管理服务。

3. 设计服务。

4. 广播影视节目(作品)的制作和发行服务。

5. 软件服务。

6. 电路设计及测试服务。

7. 信息系统服务。

8. 业务流程管理服务。

9. 离岸服务外包业务。

离岸服务外包业务,包括信息技术外包服务(ito)、技术性业务流程外包服务(bpo)、技术性知识流程外包服务(kpo),其所涉及的具体业务活动,按照《销售服务、无形资产、不动产注释》相对应的业务活动执行。

10. 转让技术。

(四)财政部和国家税务总局规定的其他服务。

二、境内的单位和个人销售的下列服务和无形资产免征增值税,但财政部和国家税务总局规定适用增值税零税率的除外:

(一)下列服务:

1. 工程项目在境外的建筑服务。

笔者注 根据《国家税务总局关于在境外提供建筑服务等有关问题的公告》(国家税务总局公告 2016 年第 69 号)补充规定:办理免税备案手续时,凡与发包方签订的建筑合同注明施工地点在境外的,可不再提供工程项目在境外的其他证明材料。

---

2. 工程项目在境外的工程监理服务。

3. 工程、矿产资源在境外的工程勘察勘探服务。

4. 会议展览地点在境外的会议展览服务。

5. 存储地点在境外的仓储服务。

6. 标的物在境外使用的有形动产租赁服务。

7. 在境外提供的广播影视节目(作品)的播映服务。

8. 在境外提供的文化体育服务、教育医疗服务、旅游服务。

> **笔者注** 根据《国家税务总局关于在境外提供建筑服务等有关问题的公告》(国家税务总局公告 2016 年第 69 号)补充规定:在境外提供旅游服务,办理免税备案手续时,以下列材料之一作为服务地点在境外的证明材料:(一)旅游服务提供方派业务人员随同出境的,出境业务人员的出境证件首页及出境记录页复印件。出境业务人员超过 2 人的,只需提供其中 2 人的出境证件复印件。(二)旅游服务购买方的出境证件首页及出境记录页复印件。旅游服务购买方超过 2 人的,只需提供其中 2 人的出境证件复印件。

(二)为出口货物提供的邮政服务、收派服务、保险服务。

为出口货物提供的保险服务,包括出口货物保险和出口信用保险。

(三)向境外单位提供的完全在境外消费的下列服务和无形资产:

1. 电信服务。

2. 知识产权服务。

3. 物流辅助服务(仓储服务、收派服务除外)。

4. 鉴证咨询服务。

5. 专业技术服务。

6. 商务辅助服务。

7. 广告投放地在境外的广告服务。

8. 无形资产。

(四)以无运输工具承运方式提供的国际运输服务。

(五)为境外单位之间的货币资金融通及其他金融业务提供的直接收费金融服务,且该服务与境内的货物、无形资产和不动产无关。

(六)财政部和国家税务总局规定的其他服务。

三、按照国家有关规定应取得相关资质的国际运输服务项目,纳税人取得相关资质的,适用增值税零税率政策,未取得的,适用增值税免税政策。

境内的单位或个人提供程租服务,如果租赁的交通工具用于国际运输服务和港澳台运输服务,由出租方按规定申请适用增值税零税率。

境内的单位和个人向境内单位或个人提供期租、湿租服务,如果承租方利用租赁的交通工具向其他单位或个人提供国际运输服务和港澳台运输服务,由承租方适用增值税零税率。境内的单位或个人向境外单位或个人提供期租、湿租服务,由出租方适用增值税零税率。

境内单位和个人以无运输工具承运方式提供的国际运输服务,由境内实际承运人适用增值税零税率;无运输工具承运业务的经营者适用增值税免税政策。

四、境内的单位和个人提供适用增值税零税率的服务或者无形资产,如果属于适用简易计税方法的,实行免征增值税办法。如果属于适用增值税一般计税方法的,生产企业实行免抵退税办法,外贸企业外购服务或者无形资产出口实行免退税办法,外贸企业直接将服务或自行研发的无形资产出口,视同生产企业连同其出口货物统一实行免抵退税办法。

服务和无形资产的退税率为其按照《试点实施办法》第十五条第(一)至(三)项规定适用的增值税税率。实行退(免)税办法的服务和无形资产,如果主管税务机关认定出口价格偏高的,有权按照核定的出口价格计算退(免)税,核定的出口价格低于外贸企业购进价格的,低于部分对应的进项税额不予退税,转入成本。

五、境内的单位和个人销售适用增值税零税率的服务或无形资产的,可以放弃适用增值税零税率,选择免税或按规定缴纳增值税。放弃适用增值税零税率后,36个月内不得再申请适用增值税零税率。

六、境内的单位和个人销售适用增值税零税率的服务或无形资产,按月向主管退税的税务机关申报办理增值税退(免)税手续。具体管理办法由国家税务总局商财政部另行制定。

七、本规定所称完全在境外消费,是指:

(一)服务的实际接受方在境外,且与境内的货物和不动产无关。

(二)无形资产完全在境外使用,且与境内的货物和不动产无关。

(三)财政部和国家税务总局规定的其他情形。

八、境内单位和个人发生的与香港、澳门、台湾有关的应税行为,除本文另有规定外,参照上述规定执行。

九、2016年4月30日前签订的合同,符合《财政部 国家税务总局关于将铁路运输和邮政业纳入营业税改征增值税试点的通知》(财税〔2013〕106号)附件4和《财政部、国家税务总局关于影视等出口服务适用增值税零税率政策的通知》(财税〔2015〕118号)规定的零税率或者免税政策条件的,在合同到期前可以继续享受零税率或者免税政策。

> **笔者注** 《营业税改征增值税跨境应税行为增值税免税管理办法(试行)》(国家税务总局公告2016年第29号)对营业税改征增值税跨境应税行为增值税免税作出了具体管理办法,具体内容详见国家税务总局公告2016年第29号。

2. 国家税务总局公告2016年第14号

国家税务总局关于发布《纳税人转让不动产增值税征收管理暂行办法》的公告

文号:国家税务总局公告2016年第14号 发布日期:2016-03-31

国家税务总局制定了《纳税人转让不动产增值税征收管理暂行办法》,现予以公布,自2016年5月1日起施行。

特此公告。

纳税人转让不动产增值税征收管理暂行办法

第一条 根据《财政部 国家税务总局关于全面推开营业税改征增值税试点的通知》(财税〔2016〕36号)及现行增值税有关规定,制定本办法。

第二条 纳税人转让其取得的不动产,适用本办法。

本办法所称取得的不动产,包括以直接购买、接受捐赠、接受投资入股、自建以及抵债等各种形式取得的不动产。

房地产开发企业销售自行开发的房地产项目不适用本办法。

第三条 一般纳税人转让其取得的不动产,按照以下规定缴纳增值税:

(一)一般纳税人转让其2016年4月30日前取得(不含自建)的不动产,可以选择适用简易计税方法计税,以取得的全部价款和价外费用扣除不动产购置原价或者取得不动产时的作价后的余额为销售额,按照5%的征收率计算应纳税额。纳税人应按照上述计税方法向不动产所在地主管地税机关预缴税款,向机构所在地主管国税机关申报纳税。

(二)一般纳税人转让其2016年4月30日前自建的不动产,可以选择适用简易计税方法计税,以取得的全部价款和价外费用为销售额,按照5%的征收率计算应纳税额。纳税人应按照上述计税方法向不动产所在地主管地税机关预缴税款,向机构所在地主管国税机关申报纳税。

(三)一般纳税人转让其2016年4月30日前取得(不含自建)的不动产,选择适用一般计税方法计税的,以取得的全部价款和价外费用为销售额计算应纳税额。纳税人应以取得的全部价款和价外费用扣除不动产购置原价或者取得不动产时的作价后的余额,按照5%的预征率向不动产所在地主管地税机关预缴税款,向机构所在地主管国税机关申报纳税。

(四)一般纳税人转让其2016年4月30日前自建的不动产,选择适用一般计税方法计税的,以取得的全部价款和价外费用为销售额计算应纳税额。纳税人应以取得的全部价款和价外费用,按照5%的预征率向不动产所在地主管地税机关预缴税款,向机构所在地主管国税机关申报纳税。

(五)一般纳税人转让其2016年5月1日后取得(不含自建)的不动产,适用一般计税方法,以取得的全部价款和价外费用为销售额计算应纳税额。纳税人应以取得的全部价款和价外费用扣除不动产购置原价或者取得不动产时的作价后的余额,按照5%的预征率向不动产所在地主管地税机关预缴税款,向机构所在地主管国税机关申报纳税。

(六)一般纳税人转让其2016年5月1日后自建的不动产,适用一般计税方法,以取得的全部价款和价外费用为销售额计算应纳税额。纳税人应以取得的全部价款和价外费用,按照5%的预征率向不动产所在地主管地税机关预缴税款,向机构所在地主管国税机关申报纳税。

第四条 小规模纳税人转让其取得的不动产,除个人转让其购买的住房外,按照以下规定缴纳增值税:

(一)小规模纳税人转让其取得(不含自建)的不动产,以取得的全部价款和价外费用扣除不动产购置原价或者取得不动产时的作价后的余额为销售额,按照5%的征收率计算应纳税额。

(二)小规模纳税人转让其自建的不动产,以取得的全部价款和价外费用为销售额,按照5%的征收率计算应纳税额。

除其他个人之外的小规模纳税人,应按照本条规定的计税方法向不动产所在地主管地税机关预缴税款,向机构所在地主管国税机关申报纳税;其他个人按照本条规定的计税方法向不动产所在地主管地税机关申报纳税。

第五条 个人转让其购买的住房,按照以下规定缴纳增值税:

(一)个人转让其购买的住房,按照有关规定全额缴纳增值税的,以取得的全部价款和价外费用为销售额,按照5%的征收率计算应纳税额。

(二)个人转让其购买的住房,按照有关规定差额缴纳增值税的,以取得的全部价款和价外费用扣除购买住房价款后的余额为销售额,按照5%的征收率计算应纳税额。

个体工商户应按照本条规定的计税方法向住房所在地主管地税机关预缴税款,向机构所在地主管国税机关申报纳税;其他个人应按照本条规定的计税方法向住房所在地主管地税机关申报纳税。

第六条 其他个人以外的纳税人转让其取得的不动产,区分以下情形计算应向不动产所在地主管地税机关预缴的税款:

(一)以转让不动产取得的全部价款和价外费用作为预缴税款计算依据的,计算公式为:

$$应预缴税款 = 全部价款和价外费用 \div (1+5\%) \times 5\%$$

（二）以转让不动产取得的全部价款和价外费用扣除不动产购置原价或者取得不动产时的作价后的余额作为预缴税款计算依据的，计算公式为：

应预缴税款＝（全部价款和价外费用－不动产购置原价或者取得不动产时的作价）÷（1＋5％）×5％

第七条 其他个人转让其取得的不动产，按照本办法第六条规定的计算方法计算应纳税额并向不动产所在地主管地税机关申报纳税。

第八条 纳税人按规定从取得的全部价款和价外费用中扣除不动产购置原价或者取得不动产时的作价的，应当取得符合法律、行政法规和国家税务总局规定的合法有效凭证。否则，不得扣除。

上述凭证是指：

（一）税务部门监制的发票。

（二）法院判决书、裁定书、调解书，以及仲裁裁决书、公证债权文书。

（三）国家税务总局规定的其他凭证。

第九条 纳税人转让其取得的不动产，向不动产所在地主管地税机关预缴的增值税税款，可以在当期增值税应纳税额中抵减，抵减不完的，结转下期继续抵减。

纳税人以预缴税款抵减应纳税额，应以完税凭证作为合法有效凭证。

第十条 小规模纳税人转让其取得的不动产，不能自行开具增值税发票的，可向不动产所在地主管地税机关申请代开。

第十一条 纳税人向其他个人转让其取得的不动产，不得开具或申请代开增值税专用发票。

第十二条 纳税人转让不动产，按照本办法规定应向不动产所在地主管地税机关预缴税款而自应当预缴之月起超过6个月没有预缴税款的，由机构所在地主管国税机关按照《中华人民共和国税收征收管理法》及相关规定进行处理。

纳税人转让不动产，未按照本办法规定缴纳税款的，由主管税务机关按照《中华人民共和国税收征收管理法》及相关规定进行处理。

3. 国家税务总局公告 2016 年第 15 号

国家税务总局关于发布《不动产进项税额分期抵扣暂行办法》的公告

文号：国家税务总局公告 2016 年第 15 号　发布日期：2016-03-31

国家税务总局制定了《不动产进项税额分期抵扣暂行办法》，现予以公布，自 2016 年 5 月 1 日起施行。

特此公告。

不动产进项税额分期抵扣暂行办法

第一条 根据《财政部　国家税务总局关于全面推开营业税改征增值税试点的通知》（财税〔2016〕36号）及现行增值税有关规定，制定本办法。

第二条 增值税一般纳税人（以下称纳税人）2016 年 5 月 1 日后取得并在会计制度上按固定资产核算的不动产，以及 2016 年 5 月 1 日后发生的不动产在建工程，其进项税额应按照本办法有关规定分 2 年从销项税额中抵扣，第一年抵扣比例为 60％，第二年抵扣比例为 40％。

取得的不动产，包括以直接购买、接受捐赠、接受投资入股以及抵债等各种形式取得的不动产。

纳税人新建、改建、扩建、修缮、装饰不动产，属于不动产在建工程。

房地产开发企业自行开发的房地产项目,融资租入的不动产,以及在施工现场修建的临时建筑物、构筑物,其进项税额不适用上述分2年抵扣的规定。

第三条 纳税人2016年5月1日后购进货物和设计服务、建筑服务,用于新建不动产,或者用于改建、扩建、修缮、装饰不动产并增加不动产原值超过50%的,其进项税额依照本办法有关规定分2年从销项税额中抵扣。

不动产原值,是指取得不动产时的购置原价或作价。

上述分2年从销项税额中抵扣的购进货物,是指构成不动产实体的材料和设备,包括建筑装饰材料和给排水、采暖、卫生、通风、照明、通讯、煤气、消防、中央空调、电梯、电气、智能化楼宇设备及配套设施。

第四条 纳税人按照本办法规定从销项税额中抵扣进项税额,应取得2016年5月1日后开具的合法有效的增值税扣税凭证。

上述进项税额中,60%的部分于取得扣税凭证的当期从销项税额中抵扣;40%的部分为待抵扣进项税额,于取得扣税凭证的当月起第13个月从销项税额中抵扣。

第五条 购进时已全额抵扣进项税额的货物和服务,转用于不动产在建工程的,其已抵扣进项税额的40%部分,应于转用的当期从进项税额中扣减,计入待抵扣进项税额,并于转用的当月起第13个月从销项税额中抵扣。

第六条 纳税人销售其取得的不动产或者不动产在建工程时,尚未抵扣完毕的待抵扣进项税额,允许于销售的当期从销项税额中抵扣。

第七条 已抵扣进项税额的不动产,发生非正常损失,或者改变用途,专用于简易计税方法计税项目、免征增值税项目、集体福利或者个人消费的,按照下列公式计算不得抵扣的进项税额:

$$不得抵扣的进项税额=(已抵扣进项税额+待抵扣进项税额)\times 不动产净值率$$
$$不动产净值率=(不动产净值\div 不动产原值)\times 100\%$$

不得抵扣的进项税额小于或等于该不动产已抵扣进项税额的,应于该不动产改变用途的当期,将不得抵扣的进项税额从进项税额中扣减。

不得抵扣的进项税额大于该不动产已抵扣进项税额的,应于该不动产改变用途的当期,将已抵扣进项税额从进项税额中扣减,并从该不动产待抵扣进项税额中扣减不得抵扣的进项税额与已抵扣进项税额的差额。

第八条 不动产在建工程发生非正常损失的,其所耗用的购进货物、设计服务和建筑服务已抵扣的进项税额应于当期全部转出;其待抵扣进项税额不得抵扣。

第九条 按照规定不得抵扣进项税额的不动产,发生用途改变,用于允许抵扣进项税额项目的,按照下列公式在改变用途的次月计算可抵扣进项税额。

$$可抵扣进项税额=增值税扣税凭证注明或计算的进项税额\times 不动产净值率$$

依照本条规定计算的可抵扣进项税额,应取得2016年5月1日后开具的合法有效的增值税扣税凭证。

按照本条规定计算的可抵扣进项税额,60%的部分于改变用途的次月从销项税额中抵扣,40%的部分为待抵扣进项税额,于改变用途的次月起第13个月从销项税额中抵扣。

第十条 纳税人注销税务登记时,其尚未抵扣完毕的待抵扣进项税额于注销清算的当期从销项税额中抵扣。

第十一条 待抵扣进项税额记入"应交税金——待抵扣进项税额"科目核算,并于可抵扣当期转入

"应交税金——应交增值税(进项税额)"科目。

对不同的不动产和不动产在建工程,纳税人应分别核算其待抵扣进项税额。

第十二条 纳税人分期抵扣不动产的进项税额,应据实填报增值税纳税申报表附列资料。

第十三条 纳税人应建立不动产和不动产在建工程台账,分别记录并归集不动产和不动产在建工程的成本、费用、扣税凭证及进项税额抵扣情况,留存备查。

用于简易计税方法计税项目、免征增值税项目、集体福利或者个人消费的不动产和不动产在建工程,也应在纳税人建立的台账中记录。

第十四条 纳税人未按照本办法有关规定抵扣不动产和不动产在建工程进项税额的,主管税务机关应按照《中华人民共和国税收征收管理法》及有关规定进行处理。

4. 国家税务总局公告 2016 年第 16 号

国家税务总局关于发布《纳税人提供不动产经营租赁服务增值税征收管理暂行办法》的公告

文号:国家税务总局公告 2016 年第 16 号　发布日期:2016-03-31

国家税务总局制定了《纳税人提供不动产经营租赁服务增值税征收管理暂行办法》,现予以公布,自 2016 年 5 月 1 日起施行。

特此公告。

纳税人提供不动产经营租赁服务增值税征收管理暂行办法

第一条 根据《财政部　国家税务总局关于全面推开营业税改征增值税试点的通知》(财税〔2016〕36号)及现行增值税有关规定,制定本办法。

第二条 纳税人以经营租赁方式出租其取得的不动产(以下简称出租不动产),适用本办法。

取得的不动产,包括以直接购买、接受捐赠、接受投资入股、自建以及抵债等各种形式取得的不动产。

纳税人提供道路通行服务不适用本办法。

第三条 一般纳税人出租不动产,按照以下规定缴纳增值税:

(一)一般纳税人出租其 2016 年 4 月 30 日前取得的不动产,可以选择适用简易计税方法,按照 5% 的征收率计算应纳税额。

不动产所在地与机构所在地不在同一县(市、区)的,纳税人应按照上述计税方法向不动产所在地主管国税机关预缴税款,向机构所在地主管国税机关申报纳税。

不动产所在地与机构所在地在同一县(市、区)的,纳税人向机构所在地主管国税机关申报纳税。

(二)一般纳税人出租其 2016 年 5 月 1 日后取得的不动产,适用一般计税方法计税。

不动产所在地与机构所在地不在同一县(市、区)的,纳税人应按照 3% 的预征率向不动产所在地主管国税机关预缴税款,向机构所在地主管国税机关申报纳税。

不动产所在地与机构所在地在同一县(市、区)的,纳税人应向机构所在地主管国税机关申报纳税。

一般纳税人出租其 2016 年 4 月 30 日前取得的不动产适用一般计税方法计税的,按照上述规定执行。

第四条 小规模纳税人出租不动产,按照以下规定缴纳增值税:

（一）单位和个体工商户出租不动产(不含个体工商户出租住房)，按照 5% 的征收率计算应纳税额。个体工商户出租住房，按照 5% 的征收率减按 1.5% 计算应纳税额。

不动产所在地与机构所在地不在同一县(市、区)的，纳税人应按照上述计税方法向不动产所在地主管国税机关预缴税款，向机构所在地主管国税机关申报纳税。

不动产所在地与机构所在地在同一县(市、区)的，纳税人应向机构所在地主管国税机关申报纳税。

（二）其他个人出租不动产(不含住房)，按照 5% 的征收率计算应纳税额，向不动产所在地主管地税机关申报纳税。其他个人出租住房，按照 5% 的征收率减按 1.5% 计算应纳税额，向不动产所在地主管地税机关申报纳税。

第五条 纳税人出租的不动产所在地与其机构所在地在同一直辖市或计划单列市但不在同一县(市、区)的，由直辖市或计划单列市国家税务局决定是否在不动产所在地预缴税款。

第六条 纳税人出租不动产，按照本办法规定需要预缴税款的，应在取得租金的次月纳税申报期或不动产所在地主管国税机关核定的纳税期限预缴税款。

第七条 预缴税款的计算

（一）纳税人出租不动产适用一般计税方法计税的，按照以下公式计算应预缴税款：

$$应预缴税款 = 含税销售额 \div (1 + 11\%) \times 3\%$$

（二）纳税人出租不动产适用简易计税方法计税的，除个人出租住房外，按照以下公式计算应预缴税款：

$$应预缴税款 = 含税销售额 \div (1 + 5\%) \times 5\%$$

（三）个体工商户出租住房，按照以下公式计算应预缴税款：

$$应预缴税款 = 含税销售额 \div (1 + 5\%) \times 1.5\%$$

第八条 其他个人出租不动产，按照以下公式计算应纳税款：

（一）出租住房：

$$应纳税款 = 含税销售额 \div (1 + 5\%) \times 1.5\%$$

（二）出租非住房：

$$应纳税款 = 含税销售额 \div (1 + 5\%) \times 5\%$$

第九条 单位和个体工商户出租不动产，按照本办法规定向不动产所在地主管国税机关预缴税款时，应填写《增值税预缴税款表》。

第十条 单位和个体工商户出租不动产，向不动产所在地主管国税机关预缴的增值税款，可以在当期增值税应纳税额中抵减，抵减不完的，结转下期继续抵减。

纳税人以预缴税款抵减应纳税额，应以完税凭证作为合法有效凭证。

第十一条 小规模纳税人中的单位和个体工商户出租不动产，不能自行开具增值税发票的，可向不动产所在地主管国税机关申请代开增值税发票。

其他个人出租不动产，可向不动产所在地主管地税机关申请代开增值税发票。

第十二条 纳税人向其他个人出租不动产，不得开具或申请代开增值税专用发票。

第十三条 纳税人出租不动产，按照本办法规定应向不动产所在地主管国税机关预缴税款而自应当预缴之月起超过 6 个月没有预缴税款的，由机构所在地主管国税机关按照《中华人民共和国税收征收管理法》及相关规定进行处理。

5. 国家税务总局公告 2016 年第 18 号

国家税务总局关于发布《房地产开发企业销售自行开发的房地产项目增值税征收管理暂行办法》的公告

文号:国家税务总局公告 2016 年第 18 号　发布日期:2016-03-31

国家税务总局制定了《房地产开发企业销售自行开发的房地产项目增值税征收管理暂行办法》,现予以公布,自 2016 年 5 月 1 日起施行。

特此公告。

房地产开发企业销售自行开发的房地产项目增值税征收管理暂行办法

第一章　适用范围

第一条　根据《财政部　国家税务总局关于全面推开营业税改征增值税试点的通知》(财税〔2016〕36 号)及现行增值税有关规定,制定本办法。

第二条　房地产开发企业销售自行开发的房地产项目,适用本办法。

自行开发,是指在依法取得土地使用权的土地上进行基础设施和房屋建设。

第三条　房地产开发企业以接盘等形式购入未完工的房地产项目继续开发后,以自己的名义立项销售的,属于本办法规定的销售自行开发的房地产项目。

第二章　一般纳税人征收管理

第一节　销售额

第四条　房地产开发企业中的一般纳税人(以下简称一般纳税人)销售自行开发的房地产项目,适用一般计税方法计税,按照取得的全部价款和价外费用,扣除当期销售房地产项目对应的土地价款后的余额计算销售额。销售额的计算公式如下:

$$销售额 = (全部价款和价外费用 - 当期允许扣除的土地价款) \div (1 + 11\%)$$

第五条　当期允许扣除的土地价款按照以下公式计算:

$$\frac{当期允许扣除}{的土地价款} = \left(\frac{当期销售房地产}{项目建筑面积} \div \frac{房地产项目}{可供销售建筑面积} \right) \times \frac{支付的}{土地价款}$$

当期销售房地产项目建筑面积,是指当期进行纳税申报的增值税销售额对应的建筑面积。

房地产项目可供销售建筑面积,是指房地产项目可以出售的总建筑面积,不包括销售房地产项目时未单独作价结算的配套公共设施的建筑面积。

支付的土地价款,是指向政府、土地管理部门或受政府委托收取土地价款的单位直接支付的土地价款。

> **笔者注**　2016 年 12 月 24 日《国家税务总局关于土地价款扣除时间等增值税征管问题的公告》(国家税务总局公告 2016 年第 86 号)明确本条中的"当期销售房地产项目建筑面积""房地产项目可供销售建筑面积",是指计容积率地上建筑面积,不包括地下车位建筑面积。

第六条 在计算销售额时从全部价款和价外费用中扣除土地价款,应当取得省级以上(含省级)财政部门监(印)制的财政票据。

第七条 一般纳税人应建立台账登记土地价款的扣除情况,扣除的土地价款不得超过纳税人实际支付的土地价款。

第八条 一般纳税人销售自行开发的房地产老项目,可以选择适用简易计税方法按照5%的征收率计税。一经选择简易计税方法计税的,36个月内不得变更为一般计税方法计税。

房地产老项目,是指:

(一)《建筑工程施工许可证》注明的合同开工日期在2016年4月30日前的房地产项目;

(二)《建筑工程施工许可证》未注明合同开工日期或者未取得《建筑工程施工许可证》但建筑工程承包合同注明的开工日期在2016年4月30日前的建筑工程项目。

第九条 一般纳税人销售自行开发的房地产老项目适用简易计税方法计税的,以取得的全部价款和价外费用为销售额,不得扣除对应的土地价款。

第二节 预缴税款

第十条 一般纳税人采取预收款方式销售自行开发的房地产项目,应在收到预收款时按照3%的预征率预缴增值税。

第十一条 应预缴税款按照以下公式计算:

$$应预缴税款 = 预收款 \div (1 + 适用税率或征收率) \times 3\%$$

适用一般计税方法计税的,按照11%的适用税率计算;适用简易计税方法计税的,按照5%的征收率计算。

第十二条 一般纳税人应在取得预收款的次月纳税申报期向主管国税机关预缴税款。

第三节 进项税额

第十三条 一般纳税人销售自行开发的房地产项目,兼有一般计税方法计税、简易计税方法计税、免征增值税的房地产项目而无法划分不得抵扣的进项税额的,应以《建筑工程施工许可证》注明的"建设规模"为依据进行划分。

$$不得抵扣的进项税额 = \frac{当期无法划分的}{全部进项税额} \times \left(\frac{简易计税、免税}{房地产项目建设规模} \div 房地产项目总建设规模 \right)$$

第四节 纳税申报

第十四条 一般纳税人销售自行开发的房地产项目适用一般计税方法计税的,应按照《营业税改征增值税试点实施办法》(财税〔2016〕36号文件印发,以下简称《试点实施办法》)第四十五条规定的纳税义务发生时间,以当期销售额和11%的适用税率计算当期应纳税额,抵减已预缴税款后,向主管国税机关申报纳税。未抵减完的预缴税款可以结转下期继续抵减。

第十五条 一般纳税人销售自行开发的房地产项目适用简易计税方法计税的,应按照《试点实施办法》第四十五条规定的纳税义务发生时间,以当期销售额和5%的征收率计算当期应纳税额,抵减已预缴税款后,向主管国税机关申报纳税。未抵减完的预缴税款可以结转下期继续抵减。

第五节 发票开具

第十六条 一般纳税人销售自行开发的房地产项目,自行开具增值税发票。

第十七条 一般纳税人销售自行开发的房地产项目,其2016年4月30日前收取并已向主管地税机关申报缴纳营业税的预收款,未开具营业税发票的,可以开具增值税普通发票,不得开具增值税专用发票。

第十八条　一般纳税人向其他个人销售自行开发的房地产项目,不得开具增值税专用发票。

第三章　小规模纳税人征收管理

第一节　预缴税款

第十九条　房地产开发企业中的小规模纳税人(以下简称小规模纳税人)采取预收款方式销售自行开发的房地产项目,应在收到预收款时按照 3% 的预征率预缴增值税。

第二十条　应预缴税款按照以下公式计算:

$$应预缴税款＝预收款÷(1＋5\%)×3\%$$

第二十一条　小规模纳税人应在取得预收款的次月纳税申报期或主管国税机关核定的纳税期限向主管国税机关预缴税款。

第二节　纳税申报

第二十二条　小规模纳税人销售自行开发的房地产项目,应按照《试点实施办法》第四十五条规定的纳税义务发生时间,以当期销售额和 5% 的征收率计算当期应纳税额,抵减已预缴税款后,向主管国税机关申报纳税。未抵减完的预缴税款可以结转下期继续抵减。

第三节　发票开具

第二十三条　小规模纳税人销售自行开发的房地产项目,自行开具增值税普通发票。购买方需要增值税专用发票的,小规模纳税人向主管国税机关申请代开。

第二十四条　小规模纳税人销售自行开发的房地产项目,其 2016 年 4 月 30 日前收取并已向主管地税机关申报缴纳营业税的预收款,未开具营业税发票的,可以开具增值税普通发票,不得申请代开增值税专用发票。

第二十五条　小规模纳税人向其他个人销售自行开发的房地产项目,不得申请代开增值税专用发票。

第四章　其他事项

第二十六条　房地产开发企业销售自行开发的房地产项目,按照本办法规定预缴税款时,应填报《增值税预缴税款表》。

第二十七条　房地产开发企业以预缴税款抵减应纳税额,应以完税凭证作为合法有效凭证。

第二十八条　房地产开发企业销售自行开发的房地产项目,未按本办法规定预缴或缴纳税款的,由主管国税机关按照《中华人民共和国税收征收管理法》及相关规定进行处理。

附录二　房地产业涉及的土地 增值税重要法规政策

1. 财税字〔1995〕048 号

财政部　国家税务总局关于土地增值税一些具体问题规定的通知
文号：财税字〔1995〕048 号　发布日期：1995-05-25

按照《中华人民共和国土地增值税暂行条例》（以下简称条例）和《中华人民共和国土地增值税暂行条例实施细则》（以下简称细则）的规定，现对土地增值税一些具体问题规定如下：

一、关于以房地产进行投资、联营的征免税问题

对于以房地产进行投资、联营的，投资、联营的一方以土地（房地产）作价入股进行投资或作为联营条件，将房地产转让到所投资、联营的企业中时，暂免征收土地增值税。对投资、联营企业将上述房地产再转让的，应征收土地增值税。

> **笔者注1** 根据 2006 年 3 月 2 日《财政部　国家税务总局关于土地增值税若干问题的通知》（财税〔2006〕21 号）第五条规定"对于以土地（房地产）作价入股进行投资或联营的，凡所投资、联营的企业从事房地产开发的，或者房地产开发企业以其建造的商品房进行投资和联营的"，均不适用本条暂免征收土地增值税的规定。

> **笔者注2** 根据 2015 年 2 月 2 日《财政部　国家税务总局关于企业改制重组有关土地增值税政策的通知》（财税〔2015〕5 号）规定：本文第一条自 2015 年 1 月 1 日起废止。

二、关于合作建房的征免税问题

对于一方出地，一方出资金，双方合作建房，建成后按比例分房自用的，暂免征收土地增值税；建成后转让的，应征收土地增值税。

三、关于企业兼并转让房地产的征免税问题

在企业兼并中，对被兼并企业将房地产转让到兼并企业中的，暂免征收土地增值税。

> **笔者注** 根据 2015 年 2 月 2 日《财政部　国家税务总局关于企业改制重组有关土地增值税政策的通知》（财税〔2015〕5 号）规定：本文第三条自 2015 年 1 月 1 日起废止。

四、关于细则中"赠与"所包括的范围问题

细则所称的"赠与"是指如下情况:

(一)房产所有人、土地使用权所有人将房屋产权、土地使用权赠与直系亲属开承担直接赡养义务人的。

(二)房产所有、土地使用权所有人通过中国境内非营利的社会团体、国家机关将房屋产权、土地使用权赠与教育、民政和其他社会福利、公益事业的。

上述社会团体是指中国青少年发展基金会、希望工程基金会、宋庆龄基金会、减灾委员会、中国红十字会、中国残疾人联合会、全国老年基金会、老区促进会以及经民政部门批准成立的其他非营利的公益性组织。

五、关于个人互换住房的征免税问题

对个人之间互换自有居住用房地产的,经当地税务机关核实,可以免征土地增值税。

六、关于地方政府要求房地产开发企业代收的费用如何计征土地增值税的问题。

对于县级及县级以上人民政府要求房地产开发企业在售房时代收的各项费用,如果代收费用是计入房价中向购买方一并收取的,可作为转让房地产所取得的收入计税;如果代收费用未计入房价中,而是在房价之外单独收取的,可以不作为转让房地产的收入。

对于代收费用作为转让收入计税的,在计算扣除项目金额时,可予以扣除,但不允许作为加计20%扣除的基数;对于代收费用未作为转让房地产的收入计税的,在计算增值额时不允许扣除代收费用。

七、关于新建房与旧房的界定问题。

新建房是指建成后未使用的房产。凡是已使用一定时间或达到一定磨损程度的房产均属旧房。使用时间和磨损程度标准可由各省、自治区、直辖市财政厅(局)和地方税务局具体规定。

八、关于扣除项目金额中的利息支出如何计算问题

(一)利息的上浮幅度按国家的有关规定执行,超过上浮幅度的部分不允许扣除。

(二)对于超过贷款期限的利息部分和加罚的利息不允许扣除。

九、关于计算增值额时扣除已缴纳印花税的问题

细则中规定允许扣除的印花税,是指在转让房地产时缴纳的印花税。房地产开发企业按照《施工、房地产开发企业财产制度》的有关规定,其缴纳的印花税列入管理费用,已相应予以扣除。其他的土地增值税纳税义务人在计算土地增值税时允许扣除在转让时缴纳的印花税。

十、关于转让旧房如何确定扣除项目金额的问题

转让旧房的,应按房屋及建筑物的评估价格、取得土地使用权所支付的地价款和按国家统一规定交纳的有关费用以及在转让环节缴纳的税金作为扣除项目金额计征土地增值税。对取得土地使用权时未支付地价款或不能提供已支付的地价款凭据的,不允许扣除取得土地使用权所支付的金额。

十一、关于已缴纳的契税可否在计税时扣除的问题

对于个人购入房地产再转让的,其在购入时已缴纳的契税,在旧房及建筑物的评估价中已包括了此项因素,在计征土地增值税时,不另作为"与转让房地产有关的税金"予以扣除。

十二、关于评估费用可否在计算增值额时扣除的问题

纳税人转让旧房及建筑物时因计算纳税的需要而对房地产进行评估,其支付的评估费用允许在计算增值额时予以扣除。对条例第九条规定的纳税人隐瞒、虚报房地产成交价格等情形而按房地产评估价格计算征收土地增值税所发生的评估费用,不允许在计算土地增值税时予以扣除。

十三、关于既建普通标准住宅又搞其他类型房地产开发的如何计税的问题

对纳税人既建普通标准住宅又搞其他房地产开发的,应分别核算增值额。不分别核算增值额或不

能准确核算增值额的,其建造的普通标准住宅不能适用条例第八条(一)项的免税规定。

十四、关于预售房地产所取得的收入是否申报纳税问题

根据细则的规定,对纳税人在项目全部竣工结算前转让房地产取得的收入可以预征土地增值税。具体办法由各省、自治区、直辖市地方税务局根据当地情况制定。因此,对纳税人预售房地产所取得的收入,当地税务机关规定预征土地增值税税纳税人应当到主管税务机关办理纳税申报,并按规定比例预交、待办理决算后,多退少补;当地税务机关规定不预征土地增值税的,也应在取得收入时先到税务机关登记或备案。

十五、关于分期收款的外币收入如何折合人民币的问题

对于取得的收入为外国货币的,依照细则规定,以取得收入当天或当月 1 日国家公布的市场汇价折合人民币,据以计算土地增值税税额。对于以分期收款形式取得的外币收入,也应按实际收款日或收款当月 1 日国家公布的市场汇价折合人民币。

十六、关于纳税期限的问题

根据条例第十条、第十二条和细则第十五条的规定,税务机关核定的纳税期限,应在纳税人签订房地产转让合同之后、办理房地产权属转让(即过户及登记)手续之前。

十七、关于财政部、国家税务总局《关于对 1994 年 1 月 1 日前签订开发及转让合同的房地产征免土地增值税的通知》(财法字〔1995〕7 号)适用范围的问题。

该通知规定的适用范围,限于房地产开发企业转让新建房地产的行为,非房地产开发企业或房地产开发企业转让存量房地产的,不适用此规定。

2. 国税发〔2006〕187 号

国家税务总局关于房地产开发企业土地增值税清算管理有关问题的通知

文号:国税发〔2006〕187 号　发布日期:2006-12-28

各省、自治区、直辖市和计划单列市地方税务局,西藏、宁夏自治区国家税务局:

为进一步加强房地产开发企业土地增值税清算管理工作,根据《中华人民共和国税收征收管理法》《中华人民共和国土地增值税暂行条例》及有关规定,现就有关问题通知如下:

一、土地增值税的清算单位

土地增值税以国家有关部门审批的房地产开发项目为单位进行清算,对于分期开发的项目,以分期项目为单位清算。

开发项目中同时包含普通住宅和非普通住宅的,应分别计算增值额。

二、土地增值税的清算条件

(一)符合下列情形之一的,纳税人应进行土地增值税的清算:

1. 房地产开发项目全部竣工、完成销售的;

2. 整体转让未竣工决算房地产开发项目的;

3. 直接转让土地使用权的。

(二)符合下列情形之一的,主管税务机关可要求纳税人进行土地增值税清算:

1. 已竣工验收的房地产开发项目,已转让的房地产建筑面积占整个项目可售建筑面积的比例在 85% 以上,或该比例虽未超过 85%,但剩余的可售建筑面积已经出租或自用的;

2. 取得销售(预售)许可证满三年仍未销售完毕的;

3. 纳税人申请注销税务登记但未办理土地增值税清算手续的;

4. 省税务机关规定的其他情况。

三、非直接销售和自用房地产的收入确定

(一)房地产开发企业将开发产品用于职工福利、奖励、对外投资、分配给股东或投资人、抵偿债务、换取其他单位和个人的非货币性资产等,发生所有权转移时应视同销售房地产,其收入按下列方法和顺序确认:

1. 按本企业在同一地区、同一年度销售的同类房地产的平均价格确定;

2. 由主管税务机关参照当地当年、同类房地产的市场价格或评估价值确定。

(二)房地产开发企业将开发的部分房地产转为企业自用或用于出租等商业用途时,如果产权未发生转移,不征收土地增值税,在税款清算时不列收入,不扣除相应的成本和费用。

四、土地增值税的扣除项目

(一)房地产开发企业办理土地增值税清算时计算与清算项目有关的扣除项目金额,应根据土地增值税暂行条例第六条及其实施细则第七条的规定执行。除另有规定外,扣除取得土地使用权所支付的金额、房地产开发成本、费用及与转让房地产有关税金,须提供合法有效凭证;不能提供合法有效凭证的,不予扣除。

(二)房地产开发企业办理土地增值税清算所附送的前期工程费、建筑安装工程费、基础设施费、开发间接费用的凭证或资料不符合清算要求或不实的,地方税务机关可参照当地建设工程造价管理部门公布的建安造价定额资料,结合房屋结构、用途、区位等因素,核定上述四项开发成本的单位面积金额标准,并据以计算扣除。具体核定方法由省税务机关确定。

(三)房地产开发企业开发建造的与清算项目配套的居委会和派出所用房、会所、停车场(库)、物业管理场所、变电站、热力站、水厂、文体场馆、学校、幼儿园、托儿所、医院、邮电通讯等公共设施,按以下原则处理:

1. 建成后产权属于全体业主所有的,其成本、费用可以扣除;

2. 建成后无偿移交给政府、公用事业单位用于非营利性社会公共事业的,其成本、费用可以扣除;

3. 建成后有偿转让的,应计算收入,并准予扣除成本、费用。

(四)房地产开发企业销售已装修的房屋,其装修费用可以计入房地产开发成本。

房地产开发企业的预提费用,除另有规定外,不得扣除。

(五)属于多个房地产项目共同的成本费用,应按清算项目可售建筑面积占多个项目可售总建筑面积的比例或其他合理的方法,计算确定清算项目的扣除金额。

五、土地增值税清算应报送的资料

符合本通知第二条第(一)项规定的纳税人,须在满足清算条件之日起90日内到主管税务机关办理清算手续;符合本通知第二条第(二)项规定的纳税人,须在主管税务机关限定的期限内办理清算手续。

纳税人办理土地增值税清算应报送以下资料:

(一)房地产开发企业清算土地增值税书面申请、土地增值税纳税申报表;

(二)项目竣工决算报表、取得土地使用权所支付的地价款凭证、国有土地使用权出让合同、银行贷款利息结算通知单、项目工程合同结算单、商品房购销合同统计表等与转让房地产的收入、成本和费用有关的证明资料;

(三)主管税务机关要求报送的其他与土地增值税清算有关的证明资料等。

纳税人委托税务中介机构审核鉴证的清算项目,还应报送中介机构出具的《土地增值税清算税款鉴证报告》。

六、土地增值税清算项目的审核鉴证

税务中介机构受托对清算项目审核鉴证时,应按税务机关规定的格式对审核鉴证情况出具鉴证报告。对符合要求的鉴证报告,税务机关可以采信。

税务机关要对从事土地增值税清算鉴证工作的税务中介机构在准入条件、工作程序、鉴证内容、法律责任等方面提出明确要求,并做好必要的指导和管理工作。

七、土地增值税的核定征收

房地产开发企业有下列情形之一的,税务机关可以参照与其开发规模和收入水平相近的当地企业的土地增值税税负情况,按不低于预征率的征收率核定征收土地增值税:

(一)依照法律、行政法规的规定应当设置但未设置账簿的;

(二)擅自销毁账簿或者拒不提供纳税资料的;

(三)虽设置账簿,但账目混乱或者成本资料、收入凭证、费用凭证残缺不全,难以确定转让收入或扣除项目金额的;

(四)符合土地增值税清算条件,未按照规定的期限办理清算手续,经税务机关责令限期清算,逾期仍不清算的;

(五)申报的计税依据明显偏低,又无正当理由的。

八、清算后再转让房地产的处理

在土地增值税清算时未转让的房地产,清算后销售或有偿转让的,纳税人应按规定进行土地增值税的纳税申报,扣除项目金额按清算时的单位建筑面积成本费用乘以销售或转让面积计算。

单位建筑面积成本费用＝清算时的扣除项目总金额÷清算的总建筑面积

本通知自 2007 年 2 月 1 日起执行。各省税务机关可依据本通知的规定并结合当地实际情况制定具体清算管理办法。

3. 国税函〔2010〕220 号

国家税务总局关于土地增值税清算有关问题的通知

文号:国税函〔2010〕220 号　发布日期:2010-05-19

各省、自治区、直辖市地方税务局,宁夏、西藏、青海省(自治区)国家税务局:

为了进一步做好土地增值税清算工作,根据《中华人民共和国土地增值税暂行条例》及实施细则的规定,现将土地增值税清算工作中有关问题通知如下:

一、关于土地增值税清算时收入确认的问题

土地增值税清算时,已全额开具商品房销售发票的,按照发票所载金额确认收入;未开具发票或未全额开具发票的,以交易双方签订的销售合同所载的售房金额及其他收益确认收入。销售合同所载商品房面积与有关部门实际测量面积不一致,在清算前已发生补、退房款的,应在计算土地增值税时予以调整。

二、房地产开发企业未支付的质量保证金,其扣除项目金额的确定问题

房地产开发企业在工程竣工验收后,根据合同约定,扣留建筑安装施工企业一定比例的工程款,作为开发项目的质量保证金,在计算土地增值税时,建筑安装施工企业就质量保证金对房地产开发企业开具发票的,按发票所载金额予以扣除;未开具发票的,扣留的质保金不得计算扣除。

三、房地产开发费用的扣除问题

(一)财务费用中的利息支出,凡能够按转让房地产项目计算分摊并提供金融机构证明的,允许据实

扣除,但最高不能超过按商业银行同类同期贷款利率计算的金额。其他房地产开发费用,在按照"取得土地使用权所支付的金额"与"房地产开发成本"金额之和的5%以内计算扣除。

(二)凡不能按转让房地产项目计算分摊利息支出或不能提供金融机构证明的,房地产开发费用在按"取得土地使用权所支付的金额"与"房地产开发成本"金额之和的10%以内计算扣除。

全部使用自有资金,没有利息支出的,按照以上方法扣除。

上述具体适用的比例按省级人民政府此前规定的比例执行。

(三)房地产开发企业既向金融机构借款,又有其他借款的,其房地产开发费用计算扣除时不能同时适用本条(一)、(二)项所述两种办法。

(四)土地增值税清算时,已经计入房地产开发成本的利息支出,应调整至财务费用中计算扣除。

四、房地产企业逾期开发缴纳的土地闲置费的扣除问题

房地产开发企业逾期开发缴纳的土地闲置费不得扣除。

五、房地产开发企业取得土地使用权时支付的契税的扣除问题

房地产开发企业为取得土地使用权所支付的契税,应视同"按国家统一规定交纳的有关费用",计入"取得土地使用权所支付的金额"中扣除。

六、关于拆迁安置土地增值税计算问题

(一)房地产企业用建造的本项目房地产安置回迁户的,安置用房视同销售处理,按《国家税务总局关于房地产开发企业土地增值税清算管理有关问题的通知》(国税发〔2006〕187号)第三条第(一)款规定确认收入,同时将此确认为房地产开发项目的拆迁补偿费。房地产开发企业支付给回迁户的补差价款,计入拆迁补偿费;回迁户支付给房地产开发企业的补差价款,应抵减本项目拆迁补偿费。

(二)开发企业采取异地安置,异地安置的房屋属于自行开发建造的,房屋价值按国税发〔2006〕187号第三条第(一)款的规定计算,计入本项目的拆迁补偿费;异地安置的房屋属于购入的,以实际支付的购房支出计入拆迁补偿费。

(三)货币安置拆迁的,房地产开发企业凭合法有效凭据计入拆迁补偿费。

七、关于转让旧房准予扣除项目的加计问题

《财政部 国家税务总局关于土地增值税若干问题的通知》(财税〔2006〕21号)第二条第一款规定"纳税人转让旧房及建筑物,凡不能取得评估价格,但能提供购房发票的,经当地税务部门确认,《条例》第六条第(一)、(三)项规定的扣除项目的金额,可按发票所载金额并从购买年度起至转让年度止每年加计5%计算"。计算扣除项目时"每年"按购房发票所载日期起至售房发票开具之日止,每满12个月计一年;超过一年,未满12个月但超过6个月的,可以视同为一年。

八、土地增值税清算后应补缴的土地增值税加收滞纳金问题

纳税人按规定预缴土地增值税后,清算补缴的土地增值税,在主管税务机关规定的期限内补缴的,不加收滞纳金。

4. 财税〔2006〕21号

财政部 国家税务总局关于土地增值税若干问题的通知

文号:财税〔2006〕21号 发布日期:2006-03-02

各省、自治区、直辖市、计划单列市财政厅(局)、地方税务局,新疆生产建设兵团财务局:

根据《中华人民共和国土地增值税暂行条例》(以下简称《条例》)及其实施细则和有关规定精神,现将土地增值税有关问题明确如下：

一、关于纳税人建造普通标准住宅出售和居民个人转让普通住宅的征免税问题

《条例》第八条中"普通标准住宅"和《财政部、国家税务总局关于调整房地产市场若干税收政策的通知》（财税字〔1999〕210号）第三条中"普通住宅"的认定，一律按各省、自治区、直辖市人民政府根据《国务院办公厅转发建设部等部门关于做好稳定住房价格工作意见的通知》（国办发〔2005〕26号）制定并对社会公布的"中小套型、中低价位普通住房"的标准执行。纳税人既建造普通住宅，又建造其他商品房的，应分别核算土地增值额。

在本文件发布之日前已向房地产所在地地方税务机关提出免税申请，并经税务机关按各省、自治区、直辖市人民政府原来确定的普通标准住宅的标准审核确定，免征土地增值税的普通标准住宅，不做追溯调整。

二、关于转让旧房准予扣除项目的计算问题

纳税人转让旧房及建筑物，凡不能取得评估价格，但能提供购房发票的，经当地税务部门确认，《条例》第六条第（一）、（三）项规定的扣除项目的金额，可按发票所载金额并从购买年度起至转让年度止每年加计5%计算。对纳税人购房时缴纳的契税，凡能提供契税完税凭证的，准予作为"与转让房地产有关的税金"予以扣除，但不作为加计5%的基数。

对于转让旧房及建筑物，既没有评估价格，又不能提供购房发票的，地方税务机关可以根据《中华人民共和国税收征收管理法》（以下简称《税收征管法》）第35条的规定，实行核定征收。

三、关于土地增值税的预征和清算问题

各地要进一步完善土地增值税预征办法，根据本地区房地产业增值水平和市场发展情况，区别普通住房、非普通住房和商用房等不同类型，科学合理地确定预征率，并适时调整。工程项目竣工结算后，应及时进行清算，多退少补。

对未按预征规定期限预缴税款的，应根据《税收征管法》及其实施细则的有关规定，从限定的缴纳税款期限届满的次日起，加收滞纳金。

对已竣工验收的房地产项目，凡转让的房地产的建筑面积占整个项目可售建筑面积的比例在85%以上的，税务机关可以要求纳税人按转让房地产的收入与扣除项目金额配比的原则，对已转让的房地产进行土地增值税的清算。具体清算办法由各省、自治区、直辖市和计划单列市地方税务局规定。

四、关于因城市实施规划、国家建设需要而搬迁，纳税人自行转让房地产的征免税问题

《中华人民共和国土地增值税暂行条例实施细则》第十一条第四款所称：因"城市实施规划"而搬迁，是指因旧城改造或因企业污染、扰民（指产生过量废气、废水、废渣和噪音，使城市居民生活受到一定危害），而由政府或政府有关主管部门根据已审批通过的城市规划确定进行搬迁的情况；因"国家建设的需要"而搬迁，是指因实施国务院、省级人民政府、国务院有关部委批准的建设项目而进行搬迁的情况。

五、关于以房地产进行投资或联营的征免税问题

对于以土地（房地产）作价入股进行投资或联营的，凡所投资、联营的企业从事房地产开发的，或者房地产开发企业以其建造的商品房进行投资和联营的，均不适用《财政部、国家税务总局关于土地增值税一些具体问题规定的通知》（财税字〔1995〕048号）第一条暂免征收土地增值税的规定。

笔者注 根据2015年2月2日《财政部、国家税务总局关于企业改制重组有关土地增值税政策的通知》（财税〔2015〕5号）规定，本文第五条自2015年1月1日起废止。

六、本文自2006年3月2日起执行。

5. 财税〔2015〕5 号

财政部 国家税务总局关于企业改制重组有关土地增值税政策的通知

文号：财税〔2015〕5 号　发布日期：2015-02-02

各省、自治区、直辖市、计划单列市财政厅（局）、地方税务局，西藏、宁夏、青海省（自治区）国家税务局，新疆生产建设兵团财务局：

为贯彻落实《国务院关于进一步优化企业兼并重组市场环境的意见》（国发〔2014〕14 号），现将企业在改制重组过程中涉及的土地增值税政策通知如下：

一、按照《中华人民共和国公司法》的规定，非公司制企业整体改建为有限责任公司或者股份有限公司，有限责任公司（股份有限公司）整体改建为股份有限公司（有限责任公司）。对改建前的企业将国有土地、房屋权属转移、变更到改建后的企业，暂不征土地增值税。

本通知所称整体改建是指不改变原企业的投资主体，并承继原企业权利、义务的行为。

二、按照法律规定或者合同约定，两个或两个以上企业合并为一个企业，且原企业投资主体存续的，对原企业将国有土地、房屋权属转移、变更到合并后的企业，暂不征土地增值税。

三、按照法律规定或者合同约定，企业分设为两个或两个以上与原企业投资主体相同的企业，对原企业将国有土地、房屋权属转移、变更到分立后的企业，暂不征土地增值税。

四、单位、个人在改制重组时以国有土地、房屋进行投资，对其将国有土地、房屋权属转移、变更到被投资的企业，暂不征土地增值税。

五、上述改制重组有关土地增值税政策不适用于房地产开发企业。

六、企业改制重组后再转让国有土地使用权并申报缴纳土地增值税时，应以改制前取得该宗国有土地使用权所支付的地价款和按国家统一规定缴纳的有关费用，作为该企业"取得土地使用权所支付的金额"扣除。企业在重组改制过程中经省级以上（含省级）国土管理部门批准，国家以国有土地使用权作价出资入股的，再转让该宗国有土地使用权并申报缴纳土地增值税时，应以该宗土地作价入股时省级以上（含省级）国土管理部门批准的评估价格，作为该企业"取得土地使用权所支付的金额"扣除。办理纳税申报时，企业应提供该宗土地作价入股时省级以上（含省级）国土管理部门的批准文件和批准的评估价格，不能提供批准文件和批准的评估价格的，不得扣除。

七、企业按本通知有关规定享受相关土地增值税优惠政策的，应及时向主管税务机关提交相关房产、国有土地权证、价值证明等书面材料。

八、本通知执行期限为 2015 年 1 月 1 日至 2017 年 12 月 31 日。《财政部 国家税务总局关于土地增值税一些具体问题规定的通知》（财税字〔1995〕48 号）第一条、第三条，《财政部 国家税务总局关于土地增值税若干问题的通知》（财税〔2006〕21 号）第五条同时废止。

6. 国家税务总局公告 2016 年第 70 号

国家税务总局关于营改增后土地增值税若干征管规定的公告

文号：国家税务总局公告 2016 年第 70 号　发布日期：2016-11-10

为进一步做好营改增后土地增值税征收管理工作，根据《中华人民共和国土地增值税暂行条例》及其实施细则、《财政部 国家税务总局关于营改增后契税、房产税、土地增值税、个人所得税计税依据问题

的通知》(财税〔2016〕43号)等规定,现就土地增值税若干征管问题明确如下:

一、关于营改增后土地增值税应税收入确认问题

营改增后,纳税人转让房地产的土地增值税应税收入不含增值税。适用增值税一般计税方法的纳税人,其转让房地产的土地增值税应税收入不含增值税销项税额;适用简易计税方法的纳税人,其转让房地产的土地增值税应税收入不含增值税应纳税额。

为方便纳税人,简化土地增值税预征税款计算,房地产开发企业采取预收款方式销售自行开发的房地产项目的,可按照以下方法计算土地增值税预征计征依据:

土地增值税预征的计征依据=预收款−应预缴增值税税款

二、关于营改增后视同销售房地产的土地增值税应税收入确认问题

纳税人将开发产品用于职工福利、奖励、对外投资、分配给股东或投资人、抵偿债务、换取其他单位和个人的非货币性资产等,发生所有权转移时应视同销售房地产,其收入应按照《国家税务总局关于房地产开发企业土地增值税清算管理有关问题的通知》(国税发〔2006〕187号)第三条规定执行。纳税人安置回迁户,其拆迁安置用房应税收入和扣除项目的确认,应按照《国家税务总局关于土地增值税清算有关问题的通知》(国税函〔2010〕220号)第六条规定执行。

三、关于与转让房地产有关的税金扣除问题

(一)营改增后,计算土地增值税增值额的扣除项目中"与转让房地产有关的税金"不包括增值税。

(二)营改增后,房地产开发企业实际缴纳的城市维护建设税(以下简称"城建税")、教育费附加,凡能够按清算项目准确计算的,允许据实扣除。凡不能按清算项目准确计算的,则按该清算项目预缴增值税时实际缴纳的城建税、教育费附加扣除。

其他转让房地产行为的城建税、教育费附加扣除比照上述规定执行。

四、关于营改增前后土地增值税清算的计算问题

房地产开发企业在营改增后进行房地产开发项目土地增值税清算时,按以下方法确定相关金额:

(一)土地增值税应税收入=营改增前转让房地产取得的收入+营改增后转让房地产取得的不含增值税收入

(二)与转让房地产有关的税金=营改增前实际缴纳的营业税、城建税、教育费附加+营改增后允许扣除的城建税、教育费附加

五、关于营改增后建筑安装工程费支出的发票确认问题

营改增后,土地增值税纳税人接受建筑安装服务取得的增值税发票,应按照《国家税务总局关于全面推开营业税改征增值税试点有关税收征收管理事项的公告》(国家税务总局公告2016年第23号)规定,在发票的备注栏注明建筑服务发生地县(市、区)名称及项目名称,否则不得计入土地增值税扣除项目金额。

六、关于旧房转让时的扣除计算问题

营改增后,纳税人转让旧房及建筑物,凡不能取得评估价格,但能提供购房发票的,《中华人民共和国土地增值税暂行条例》第六条第一、三项规定的扣除项目的金额按照下列方法计算:

(一)提供的购房凭据为营改增前取得的营业税发票的,按照发票所载金额(不扣减营业税)并从购买年度起至转让年度止每年加计5%计算。

(二)提供的购房凭据为营改增后取得的增值税普通发票的,按照发票所载价税合计金额从购买年度起至转让年度止每年加计5%计算。

（三）提供的购房发票为营改增后取得的增值税专用发票的，按照发票所载不含增值税金额加上不允许抵扣的增值税进项税额之和，并从购买年度起至转让年度止每年加计5%计算。

本公告自公布之日起施行。

特此公告。

附录三　房地产业涉及的企业所得税重要法规政策

国家税务总局关于印发《房地产开发经营业务企业所得税处理办法》的通知

文号:国税发〔2009〕31号　发布日期:2009-03-06

各省、自治区、直辖市和计划单列市国家税务局、地方税务局:

为了加强从事房地产开发经营企业的企业所得税征收管理,规范从事房地产开发经营业务企业的纳税行为,根据《中华人民共和国企业所得税法》及其实施条例、《中华人民共和国税收征收管理法》及其实施细则等有关税收法律、行政法规的规定,结合房地产开发经营业务的特点,国家税务总局制定了《房地产开发经营业务企业所得税处理办法》,现印发给你们,请遵照执行。

二〇〇九年三月六日

房地产开发经营业务企业所得税处理办法

第一章　总则

第一条　根据《中华人民共和国企业所得税法》及其实施条例、《中华人民共和国税收征收管理法》及其实施细则等有关税收法律、行政法规的规定,制定本办法。

第二条　本办法适用于中国境内从事房地产开发经营业务的企业(以下简称企业)。

第三条　企业房地产开发经营业务包括土地的开发,建造、销售住宅、商业用房以及其他建筑物、附着物、配套设施等开发产品。除土地开发之外,其他开发产品符合下列条件之一的,应视为已经完工:

(一)开发产品竣工证明材料已报房地产管理部门备案。

(二)开发产品已开始投入使用。

(三)开发产品已取得了初始产权证明。

第四条　企业出现《中华人民共和国税收征收管理法》第三十五条规定的情形,税务机关可对其以往应缴的企业所得税按核定征收方式进行征收管理,并逐步规范,同时按《中华人民共和国税收征收管理法》等税收法律、行政法规的规定进行处理,但不得事先确定企业的所得税按核定征收方式进行征收、管理。

第二章　收入的税务处理

第五条　开发产品销售收入的范围为销售开发产品过程中取得的全部价款,包括现金、现金等价物及其他经济利益。企业代有关部门、单位和企业收取的各种基金、费用和附加等,凡纳入开发产品价内或由企业开具发票的,应按规定全部确认为销售收入;未纳入开发产品价内并由企业之外的其他收取部门、单位开具发票的,可作为代收代缴款项进行管理。

第六条 企业通过正式签订《房地产销售合同》或《房地产预售合同》所取得的收入,应确认为销售收入的实现,具体按以下规定确认:

(一)采取一次性全额收款方式销售开发产品的,应于实际收讫价款或取得索取价款凭据(权利)之日,确认收入的实现。

(二)采取分期收款方式销售开发产品的,应按销售合同或协议约定的价款和付款日确认收入的实现。付款方提前付款的,在实际付款日确认收入的实现。

(三)采取银行按揭方式销售开发产品的,应按销售合同或协议约定的价款确定收入额,其首付款应于实际收到日确认收入的实现,余款在银行按揭贷款办理转账之日确认收入的实现。

(四)采取委托方式销售开发产品的,应按以下原则确认收入的实现:

1. 采取支付手续费方式委托销售开发产品的,应按销售合同或协议中约定的价款于收到受托方已销开发产品清单之日确认收入的实现。

2. 采取视同买断方式委托销售开发产品的,属于企业与购买方签订销售合同或协议,或企业、受托方、购买方三方共同签订销售合同或协议的,如果销售合同或协议中约定的价格高于买断价格,则应按销售合同或协议中约定的价格计算的价款于收到受托方已销开发产品清单之日确认收入的实现;如果属于前两种情况中销售合同或协议中约定的价格低于买断价格,以及属于受托方与购买方签订销售合同或协议的,则应按买断价格计算的价款于收到受托方已销开发产品清单之日确认收入的实现。

3. 采取基价(保底价)并实行超基价双方分成方式委托销售开发产品的,属于由企业与购买方签订销售合同或协议,或企业、受托方、购买方三方共同签订销售合同或协议的,如果销售合同或协议中约定的价格高于基价,则应按销售合同或协议中约定的价格计算的价款于收到受托方已销开发产品清单之日确认收入的实现,企业按规定支付受托方的分成额,不得直接从销售收入中减除;如果销售合同或协议约定的价格低于基价的,则应按基价计算的价款于收到受托方已销开发产品清单之日确认收入的实现。属于由受托方与购买方直接签订销售合同的,则应按基价加上按规定取得的分成额于收到受托方已销开发产品清单之日确认收入的实现。

4. 采取包销方式委托销售开发产品的,包销期内可根据包销合同的有关约定,参照上述 1 至 3 项规定确认收入的实现;包销期满后尚未出售的开发产品,企业应根据包销合同或协议约定的价款和付款方式确认收入的实现。

第七条 企业将开发产品用于捐赠、赞助、职工福利、奖励、对外投资、分配给股东或投资人、抵偿债务、换取其他企事业单位和个人的非货币性资产等行为,应视同销售,于开发产品所有权或使用权转移,或于实际取得利益权利时确认收入(或利润)的实现。确认收入(或利润)的方法和顺序为:

(一)按本企业近期或本年度最近月份同类开发产品市场销售价格确定;

(二)由主管税务机关参照当地同类开发产品市场公允价值确定;

(三)按开发产品的成本利润率确定。开发产品的成本利润率不得低于 15%,具体比例由主管税务机关确定。

第八条 企业销售未完工开发产品的计税毛利率由各省、自治、直辖市国家税务局、地方税务局按下列规定进行确定:

(一)开发项目位于省、自治区、直辖市和计划单列市人民政府所在地城市城区和郊区的,不得低于 15%。

（二）开发项目位于地及地级市城区及郊区的,不得低于 10％。

（三）开发项目位于其他地区的,不得低于 5％。

（四）属于经济适用房、限价房和危改房的,不得低于 3％。

第九条 企业销售未完工开发产品取得的收入,应先按预计计税毛利率分季(或月)计算出预计毛利额,计入当期应纳税所得额。开发产品完工后,企业应及时结算其计税成本并计算此前销售收入的实际毛利额,同时将其实际毛利额与其对应的预计毛利额之间的差额,计入当年度企业本项目与其他项目合并计算的应纳税所得额。

在年度纳税申报时,企业须出具对该项开发产品实际毛利额与预计毛利额之间差异调整情况的报告以及税务机关需要的其他相关资料。

第十条 企业新建的开发产品在尚未完工或办理房地产初始登记、取得产权证前,与承租人签订租赁预约协议的,自开发产品交付承租人使用之日起,出租方取得的预租价款按租金确认收入的实现。

第三章 成本、费用扣除的税务处理

第十一条 企业在进行成本、费用的核算与扣除时,必须按规定区分期间费用和开发产品计税成本、已销开发产品计税成本与未销开发产品计税成本。

第十二条 企业发生的期间费用、已销开发产品计税成本、营业税金及附加、土地增值税准予当期按规定扣除。

第十三条 开发产品计税成本的核算应按第四章的规定进行处理。

第十四条 已销开发产品的计税成本,按当期已实现销售的可售面积和可售面积单位工程成本确认。可售面积单位工程成本和已销开发产品的计税成本按下列公式计算确定:

$$可售面积单位工程成本＝成本对象总成本÷成本对象总可售面积$$

$$已销开发产品的计税成本＝已实现销售的可售面积×可售面积单位工程成本$$

第十五条 企业对尚未出售的已完工开发产品和按照有关法律、法规或合同规定对已售开发产品(包括共用部位、共用设施设备)进行日常维护、保养、修理等实际发生的维修费用,准予在当期据实扣除。

第十六条 企业将已计入销售收入的共用部位、共用设施设备维修基金按规定移交给有关部门、单位的,应于移交时扣除。

第十七条 企业在开发区内建造的会所、物业管理场所、电站、热力站、水厂、文体场馆、幼儿园等配套设施,按以下规定进行处理:

（一）属于非营利性且产权属于全体业主的,或无偿赠与地方政府、公用事业单位的,可将其视为公共配套设施,其建造费用按公共配套设施费的有关规定进行处理。

（二）属于营利性的,或产权归企业所有的,或未明确产权归属的,或无偿赠与地方政府、公用事业单位以外其他单位的,应当单独核算其成本。除企业自用应按建造固定资产进行处理外,其他一律按建造开发产品进行处理。

第十八条 企业在开发区内建造的邮电通讯、学校、医疗设施应单独核算成本,其中,由企业与国家有关业务管理部门、单位合资建设,完工后有偿移交的,国家有关业务管理部门、单位给予的经济补偿可直接抵扣该项目的建造成本,抵扣后的差额应调整当期应纳税所得额。

第十九条 企业采取银行按揭方式销售开发产品的,凡约定企业为购买方的按揭贷款提供担保的,其销售开发产品时向银行提供的保证金(担保金)不得从销售收入中减除,也不得作为费用在当期税前扣除,但实际发生损失时可据实扣除。

第二十条 企业委托境外机构销售开发产品的,其支付境外机构的销售费用(含佣金或手续费)不超过委托销售收入 10％的部分,准予据实扣除。

第二十一条 企业的利息支出按以下规定进行处理:

(一)企业为建造开发产品借入资金而发生的符合税收规定的借款费用,可按企业会计准则的规定进行归集和分配,其中属于财务费用性质的借款费用,可直接在税前扣除。

(二)企业集团或其成员企业统一向金融机构借款分摊集团内部其他成员企业使用的,借入方凡能出具从金融机构取得借款的证明文件,可以在使用借款的企业间合理的分摊利息费用,使用借款的企业分摊的合理利息准予在税前扣除。

第二十二条 企业因国家无偿收回土地使用权而形成的损失,可作为财产损失按有关规定在税前扣除。

第二十三条 企业开发产品(以成本对象为计量单位)整体报废或毁损,其净损失按有关规定审核确认后准予在税前扣除。

第二十四条 企业开发产品转为自用的,其实际使用时间累计未超过 12 个月又销售的,不得在税前扣除折旧费用。

第四章　计税成本的核算

第二十五条 计税成本是指企业在开发、建造开发产品(包括固定资产,下同)过程中所发生的按照税收规定进行核算与计量的应归入某项成本对象的各项费用。

第二十六条 成本对象是指为归集和分配开发产品开发、建造过程中的各项耗费而确定的费用承担项目。计税成本对象的确定原则如下:

(一)可否销售原则。开发产品能够对外经营销售的,应作为独立的计税成本对象进行成本核算;不能对外经营销售的,可先作为过渡性成本对象进行归集,然后再将其相关成本摊入能够对外经营销售的成本对象。

(二)分类归集原则。对同一开发地点、竣工时间相近、产品结构类型没有明显差异的群体开发的项目,可作为一个成本对象进行核算。

(三)功能区分原则。开发项目某组成部分相对独立,且具有不同使用功能时,可以作为独立的成本对象进行核算。

(四)定价差异原则。开发产品因其产品类型或功能不同等而导致其预期售价存在较大差异的,应分别作为成本对象进行核算。

(五)成本差异原则。开发产品因建筑上存在明显差异可能导致其建造成本出现较大差异的,要分别作为成本对象进行核算。

(六)权益区分原则。开发项目属于受托代建的或多方合作开发的,应结合上述原则分别划分成本对象进行核算。

成本对象由企业在开工之前合理确定,并报主管税务机关备案。成本对象一经确定,不能随意更改或相互混淆,如确需改变成本对象的,应征得主管税务机关同意。

> **笔者注** 根据 2014 年 6 月 16 日《国家税务总局关于房地产开发企业成本对象管理问题的公告》(国家税务总局公告 2014 年第 35 号)规定,本款规定自该公告发布之日起 30 日后废止。

第二十七条 开发产品计税成本支出的内容如下:

（一）土地征用费及拆迁补偿费。指为取得土地开发使用权（或开发权）而发生的各项费用，主要包括土地买价或出让金、大市政配套费、契税、耕地占用税、土地使用费、土地闲置费、土地变更用途和超面积补交的地价及相关税费、拆迁补偿支出、安置及动迁支出、回迁房建造支出、农作物补偿费、危房补偿费等。

（二）前期工程费。指项目开发前期发生的水文地质勘察、测绘、规划、设计、可行性研究、筹建、场地通平等前期费用。

（三）建筑安装工程费。指开发项目开发过程中发生的各项建筑安装费用。主要包括开发项目建筑工程费和开发项目安装工程费等。

（四）基础设施建设费。指开发项目在开发过程中所发生的各项基础设施支出，主要包括开发项目内道路、供水、供电、供气、排污、排洪、通讯、照明等社区管网工程费和环境卫生、园林绿化等园林环境工程费。

（五）公共配套设施费：指开发项目内发生的、独立的、非营利性的，且产权属于全体业主的，或无偿赠与地方政府、政府公用事业单位的公共配套设施支出。

（六）开发间接费。指企业为直接组织和管理开发项目所发生的，且不能将其归属于特定成本对象的成本费用性支出。主要包括管理人员工资、职工福利费、折旧费、修理费、办公费、水电费、劳动保护费、工程管理费、周转房摊销以及项目营销设施建造费等。

第二十八条 企业计税成本核算的一般程序如下：

（一）对当期实际发生的各项支出，按其性质、经济用途及发生的地点、时间区进行整理、归类，并将其区分为应计入成本对象的成本和应在当期税前扣除的期间费用。同时还应按规定对有关预提费用和待摊费用进行计量与确认。

（二）对应计入成本对象中的各项实际支出、预提费用、待摊费用等合理的划分为直接成本、间接成本和共同成本，并按规定将其合理的归集、分配至已完工成本对象、在建成本对象和未建成本对象。

（三）对期前已完工成本对象应负担的成本费用按已销开发产品、未销开发产品和固定资产进行分配，其中应由已销开发产品负担的部分，在当期纳税申报时进行扣除，未销开发产品应负担的成本费用待其实际销售时再予扣除。

（四）对本期已完工成本对象分类为开发产品和固定资产并对其计税成本进行结算。其中属于开发产品的，应按可售面积计算其单位工程成本，据此再计算已销开发产品计税成本和未销开发产品计税成本。对本期已销开发产品的计税成本，准予在当期扣除，未销开发产品计税成本待其实际销售时再予扣除。

（五）对本期未完工和尚未建造的成本对象应当负担的成本费用，应按分别建立明细台账，待开发产品完工后再予结算。

第二十九条 企业开发、建造的开发产品应按制造成本法进行计量与核算。其中，应计入开发产品成本中的费用属于直接成本和能够分清成本对象的间接成本，直接计入成本对象，共同成本和不能分清负担对象的间接成本，应按受益的原则和配比的原则分配至各成本对象，具体分配方法可按以下规定选择其一：

（一）占地面积法。指按已动工开发成本对象占地面积占开发用地总面积的比例进行分配。

1. 一次性开发的，按某一成本对象占地面积占全部成本对象占地总面积的比例进行分配。

2. 分期开发的，首先按本期全部成本对象占地面积占开发用地总面积的比例进行分配，然后再按某一成本对象占地面积占期内全部成本对象占地总面积的比例进行分配。

期内全部成本对象应负担的占地面积为期内开发用地占地面积减除应由各期成本对象共同负担的

占地面积。

(二)建筑面积法。指按已动工开发成本对象建筑面积占开发用地总建筑面积的比例进行分配。

1.一次性开发的,按某一成本对象建筑面积占全部成本对象建筑面积的比例进行分配。

2.分期开发的,首先按期内成本对象建筑面积占开发用地计划建筑面积的比例进行分配,然后再按某一成本对象建筑面积占期内成本对象总建筑面积的比例进行分配。

(三)直接成本法。指按期内某一成本对象的直接开发成本占期内全部成本对象直接开发成本的比例进行分配。

(四)预算造价法。指按期内某一成本对象预算造价占期内全部成本对象预算造价的比例进行分配。

第三十条 企业下列成本应按以下方法进行分配:

(一)土地成本,一般按占地面积法进行分配。如果确需结合其他方法进行分配的,应经商税务机关同意。

土地开发同时连结房地产开发的,属于一次性取得土地分期开发房地产的情况,其土地开发成本经商税务机关同意后可先按土地整体预算成本进行分配,待土地整体开发完毕再行调整。

(二)单独作为过渡性成本对象核算的公共配套设施开发成本,应按建筑面积法进行分配。

(三)借款费用属于不同成本对象共同负担的,按直接成本法或按预算造价法进行分配。

(四)其他成本项目的分配法由企业自行确定。

第三十一条 企业以非货币交易方式取得土地使用权的,应按下列规定确定其成本:

(一)企业、单位以换取开发产品为目的,将土地使用权投资企业的,按下列规定进行处理:

1.换取的开发产品如为该项土地开发、建造的,接受投资的企业在接受土地使用权时暂不确认其成本,待首次分出开发产品时,再按应分出开发产品(包括首次分出的和以后应分出的)的市场公允价值和土地使用权转移过程中应支付的相关税费计算确认该项土地使用权的成本。如涉及补价,土地使用权的取得成本还应加上应支付的补价款或减除应收到的补价款。

2.换取的开发产品如为其他土地开发、建造的,接受投资的企业在投资交易发生时,按应付出开发产品市场公允价值和土地使用权转移过程中应支付的相关税费计算确认该项土地使用权的成本。如涉及补价,土地使用权的取得成本还应加上应支付的补价款或减除应收到的补价款。

(二)企业、单位以股权的形式,将土地使用权投资企业的,接受投资的企业应在投资交易发生时,按该项土地使用权的市场公允价值和土地使用权转移过程中应支付的相关税费计算确认该项土地使用权的取得成本。如涉及补价,土地使用权的取得成本还应加上应支付的补价款或减除应收到的补价款。

第三十二条 除以下几项预提(应付)费用外,计税成本均应为实际发生的成本。

(一)出包工程未最终办理结算而未取得全额发票的,在证明资料充分的前提下,其发票不足金额可以预提,但最高不得超过合同总金额的10%。

(二)公共配套设施尚未建造或尚未完工的,可按预算造价合理预提建造费用。此类公共配套设施必须符合已在售房合同、协议或广告、模型中明确承诺建造且不可撤销,或按照法律法规规定必须配套建造的条件。

(三)应向政府上交但尚未上交的报批报建费用、物业完善费用可以按规定预提。物业完善费用是指按规定应由企业承担的物业管理基金、公建维修基金或其他专项基金。

第三十三条 企业单独建造的停车场所,应作为成本对象单独核算。利用地下基础设施形成的停车场所,作为公共配套设施进行处理。

第三十四条 企业在结算计税成本时其实际发生的支出应当取得但未取得合法凭据的,不得计入

计税成本,待实际取得合法凭据时,再按规定计入计税成本。

第三十五条 开发产品完工以后,企业可在完工年度企业所得税汇算清缴前选择确定计税成本核算的终止日,不得滞后。凡已完工开发产品在完工年度未按规定结算计税成本,主管税务机关有权确定或核定其计税成本,据此进行纳税调整,并按《中华人民共和国税收征收管理法》的有关规定对其进行处理。

第五章 特定事项的税务处理

第三十六条 企业以本企业为主体联合其他企业、单位、个人合作或合资开发房地产项目,且该项目未成立独立法人公司的,按下列规定进行处理:

(一)凡开发合同或协议中约定向投资各方(即合作、合资方,下同)分配开发产品的,企业在首次分配开发产品时,如该项目已经结算计税成本,其应分配给投资方开发产品的计税成本与其投资额之间的差额计入当期应纳税所得额;如未结算计税成本,则将投资方的投资额视同销售收入进行相关的税务处理。

(二)凡开发合同或协议中约定分配项目利润的,应按以下规定进行处理:

1. 企业应将该项目形成的营业利润额并入当期应纳税所得额统一申报缴纳企业所得税,不得在税前分配该项目的利润。同时不能因接受投资方投资额而在成本中摊销或在税前扣除相关的利息支出。

2. 投资方取得该项目的营业利润应视同股息、红利进行相关的税务处理。

第三十七条 企业以换取开发产品为目的,将土地使用权投资其他企业房地产开发项目的,按以下规定进行处理:

企业应在首次取得开发产品时,将其分解为转让土地使用权和购入开发产品两项经济业务进行所得税处理,并按应从该项目取得的开发产品(包括首次取得的和以后应取得的)的市场公允价值计算确认土地使用权转让所得或损失。

第六章 附则

第三十八条 从事房地产开发经营业务的外商投资企业在 2007 年 12 月 31 日前存有销售未完工开发产品取得的收入,至该项开发产品完工后,一律按本办法第九条规定的办法进行税务处理。

第三十九条 本通知自 2008 年 1 月 1 日起执行。